새로운 심리학의 가능성 탐색 I

이상적 인간형론의 동·서 비교

조 긍 호 지음

지식산업사

저자 **조긍호**(趙兢鎬)

-1948년 경기도 양평 출생. 서울대학교 문리과대학 심리학과 졸업. 서울대학교 대학원 문학
석사·문학박사. 전남대학교 심리학과 교수. 미국 미시간대학교 객원연구교수.
-한국 사회 및 성격심리학회 회장 역임. 대한민국학술원상(인문사회과학부문) 수상(1999년).
-현재 서강대학교 심리학과 교수, 한국심리학회 회장(2005. 9~2006. 8)
-저서 《유학심리학》(학술원상 수상), 《동양심리학》(공저), 《불평등사상의 연구》(공저),
《심리학 : 인간의 이해》(공저), 《한국인 이해의 개념틀》

이상적 인간형론의 동·서 비교

초판 제1쇄 발행 2006. 8. 7.
초판 제2쇄 발행 2007. 7. 30.

지은이   조긍호
펴낸이   김경희
펴낸곳   ㈜지식산업사
          서울시 종로구 통의동 35-18
          전화 (02)734-1978(대) 팩스 (02)720-7900
          인터넷한글문패   지식산업사
          인터넷영문문패   www.jisik.co.kr
          전자우편 jsp@jisik.co.kr
          등록번호 1-363
          등록날짜 1969. 5. 8.

책값은 뒤표지에 있습니다.

ISBN 89-423-3066-5 93180

이 책을 읽고 문의하고자 하는 이는 지식산업사 전자우편으로 연락 바랍니다.

책머리에

　필자가 유학(儒學) 경전들을 심리학에 바탕을 두고 읽는 일에 본격적으로 매달리기 시작한 때가 전남대에서 서강대로 자리를 옮긴 지 한 해쯤 뒤인 1985년 여름 무렵이니까, 20여 년의 세월이 지났다. 눈 깜짝할 사이 같은데, 어느덧 강산이 두 번 바뀔 만큼 시간이 흐른 셈이다. 지나간 세월에 견주어 쌓인 성과는 너무 보잘것없으니, 짙어가는 허망함을 주체할 길이 없다. '유수(流水) 같은 세월'이라더니, 진부한 것 같던 옛 사람의 이 말이 나이가 들어갈수록 매서운 경구(警句)가 되어 섬뜩하게 가슴에 와 닿는 것을 느낀다. 이 책은 "그래도 허송세월한 것만은 아니다"라는 자위를 하면서, 그러한 허망함과 섬뜩함에서 조금이나마 벗어나려는 바램에서 엮어본 것이다. 그러나 자질의 부족만을 더욱 절감하였을 뿐, 기대했던 소득은 얻어진 것 같지 않으니 스스로 부끄러울 따름이다.

　동양 고전을 심리학에 바탕을 두고 읽기 시작한 지 10여 년이 지난 1997년 늦은 봄, 한국심리학회에서 그해 10월 말에 개최되는 추계 심포지엄의 주제를 '동양심리학의 모색'으로 잡고, 필자에게도 그동안 읽어왔던 '선진유학(先秦儒學) 사상에 담긴 심리학적 함의'를 정리하여 발표해 달라는 요청을 해왔다. 이 준비를 위해 그때까지 발표했던 맹자(孟子)에 관한 두 논문과 순자(荀子)에 관한 세 논문, 그리고 초고 형태를 갖추어가던 순자에 관한 또 다른 논문을 검토하면서 깨달은 바가 있었다. 곧 선진유학의 사상은, 우주 안에서 인간이 지닌 독특한 위치와 특성에 관한 사색〔人性論〕, 이러한 독특함을 지닌 사람으로서 지향해야 할 최고의 이상적인 상태에 관한 사색〔聖人論·君子論〕, 사회적 존재로서 이러한 이상적 인간이 지녀야 할 삶의 양태에 관한 사색〔道德實踐論·禮論〕, 그리고 개인 차원에서나 사회관계 차원에서 이러한 이상적 상태를 이루기 위해 인간이 해야 할 일에 관한 사색〔修養論〕의 네 체계로 정리될 수 있을 것이라는 점이었다. 물론 그 이전에도 대체로 이러한 체계에 따라 맹자와 순자를 정리해 오고는 있었지만 막연할 뿐이었는데, 이때의 깨달음은 그야말로 개안(開眼)의 수준이었다고 할 수 있었다. 워낙 우둔한 사람인지라, 고전을 읽기 시작한 지 한참이 지나서야 겨우 눈이 떠져서, 막막하기만 하던 선진유학 체계의 대체적인 모습이나마 그려볼 수 있게 되었던 것이다. 그해 늦은 봄부터 초가을까지 5개월 남짓, 필자는 개안의 흥분 속에서 이 네 체계에 담긴 심리학적 의미를 찾는 일에 몰두하였는데, 이러한 작업을 거치며 지금까지 알아온 서양 현대심리학과는 다른 동양심리학의 얼개를 선진유학 사상의 체계에서 끌어낼 수 있음을 확인하였다.

우선 선진유학의 인성론에서는 현대 서양심리학과는 다른 심리구성체론(心理構成體論)을 이끌어낼 수 있다. 서양심리학은 인간의 심성(心性)이 지·정·의(知·情·意) 세 요소로 구성되어 있다는, 고대 그리스 시대부터 이어온 심성론에 근거를 두어왔으며, 이 세 요소 가운데 지적인 요소가 핵심이라는 인지우월론(認知優越論)을 주조로 삼아 발전해 왔다. 이와는 대조적으로, 유학의 체계에서는 이 세 요소 말고도 도덕 의지와 도덕 실천 능력이 인간의 심성에 본디부터 있다는 덕·지·정·의(德·知·情·意) 4요소설의 인성론을 가지고 있으며, 이 네 요소 가운데 덕의 요소가 중심이라는 덕성우월론(德性優越論)의 관점을 견지하고 있다. 필자는 이러한 '심리구성체론의 동·서 차이'를 바탕으로, 서양심리학이 도덕성의 문제를 외면하거나 또는 부차적인 것으로 다루는 것과 달리, 동양심리학은 도덕성의 문제를 중핵으로 삼는 새로운 체계가 되지 않을 수 없다는 추론에 이르렀다.

다음으로 선진유학의 성인론·군자론에서는 서양 현대심리학과는 다른 이상적 인간형론(理想的人間型論)을 끌어낼 수 있다. 타인과 구분되는 독립적 실체인 개인 존재를 사회 구성의 기본 단위로 인식해 온 서양에서는, 개인이 개체로서 지닌 독특한 능력과 특성을 현실 세계에서 최대한 발휘하는 자기실현(自己實現)을 이상적 인간의 기본 조건이라 여겨왔다. 이는 타인과 공동체에 대한 관심과 배려보다 삶의 여러 측면에서 개인이 성취하는 탁월성(aretē)을 크게 여겨 덕(virtue)의 원형을 개념화해 온, 고대 그리스 시대부터 이어진 개인 중심 인간관에서 필연적으로 생겨나는 관점이라 볼 수 있다. 이와는 대조적으로, 유학사상에서 말하는 성인이나 군자는, 수기(修己)를 통해 도덕적 자기 완성(自己完成)을 이루어야 할 뿐만 아니라, 이렇게 터득한 도(道)를 타인에게까지 미쳐 그들 또한 도를 몸소 지니게 도와줌으로써, 그들과 함께 더 나은 공동체를 이루고자 노력하는 인간상(人間像)으로 그려진다. 이는 타인과 공동체에 대한 관심과 배려를 축으로 삼아 덕을 이해하는 유학사상의 관계 중심 인간관에서 자연스럽게 생겨나는 지론인 것이다. 이러한 '이상적 인간형론의 동·서 차이'를 근거로 필자는 현대심리학의 지나친 개체 중심성(個體中心性)이라는 굴레에서 벗어나, 인간의 개체적 존재 특성과 사회적 존재 특성을 아우르는 새로운 심리학을 세울 이론적 토대를 발견할 수 있다고 믿는다.

이어서 선진유학의 도덕실천론·예론에서 현대심리학이 전개하는 것과는 다른 모습의 사회관계론(社會關係論)이 나오게 된다. 현대 사회심리학에서 사회관계를 보는 기본틀은 모든 대인관계를 교환의 관점에서 보는 합리적 계산자 모형(計算者模型)이다. 이 모형은 사람들은 정보, 도움, 보상, 애정 들을 주고받는 교환을 통해 자기의 이익을 최대화하려는 이기적 존재라는 기본 시각에서 출발한다. 이렇게 자기 이익 최대화를 꾀하는 과정에서는 필연적으로 이익 갈등이 빚어질 수밖에 없으므로, 이를 해소하고 원만한 관계를 유지하려면 공정한 교환이라는 규범이 필요하게 된다. 이러한 교호성(交互性)과 공정성(公正性)을 원칙으로 삼는 합리적 계산의 과정에 따라 사회관계를 개념화하는 것이 현대 사회심리학에서 제시해 온 사회관계론의 핵심이다. 이에 견주어, 유학사상에서는 사람들 사이의 관계에서 요구되는 질서와 조화를 추구하는 것이 사회관계의 목표라는 전제에서 출발한다. 이는 서로 독립적인 개인이 아니라 사람들 사이의 관계가 사회 구성의 기본 단위라고 보는 데서 생겨나는 관점이다. 이러한 관점에서는, 독립적인 개인끼리 공정한 교환을 거쳐 이익을 추구하는 것이 사회관계의 목표가 아니라, 특정 관계 당사자들[父子·君臣·夫婦·長幼·朋友] 사이에서 추구하고 달성해야 할 기본적인 조화[親·義·別·序·信]가 사회관계의 목표라고 볼 수밖에 없다. 나아가 유학사상에서는 이러한 조화의 달성은 각 관계에 본래부터 내포되어 있는 역할을 수행함으로써 이루어진다고 보아, 역할 수행을 사회관계 유지의 핵심 규범으로 보는데, 이것이 이른바 "군주는 군주의 역할을 다하고, 신하는 신하의 역할을 다하며, 부모는 부모의 역할을 다하고, 자식은 자식의 역할을 다해야 한다"(君君 臣臣 父父 子子, 《論語》, 〈顔淵〉 11)는 정명론(正名論)의 체계인 것이다. 이렇게 보면, 역할의 문제는 사회 구성 다음에 필요한 사회제도의 한 가지로 생겨나는 것이 아니라, 인간 존재가 본래부터 지닌 특성이 된다. 이러한 '사회관계론의 동·서 차이'를 근거로 필자는 지금까지 사회학의 연구 분야라는 이유로 관심을 두지 않았던 역할과 그 수행의 문제를 심리학자들이 적극 나서서 받아들여, 이를 주축으로 삼는 새로운 사회심리학의 체계를 세울 필요가 있다고 생각하기에 이르렀다.

　마지막으로, 선진유학의 수양론에서는 현대 서양심리학이 전개하는 것과는 다른 자기통제론(自己統制論)을 끌어낼 수 있다. 전통적으로 서양심리학에서는 인간과 환경을 대립항으로 놓고, 환경의 자극에서 오는 영향력을 제어하는 것이 통제(control)의 핵심이라고 여겨왔으며, 이러한 환경에 대한 통제력이 자기효능감(self-efficacy)을 구성하는 중추라고 인식해 왔다. 이는 인간과 자연, 이성과 감성, 개인과 집단, 신과 악마, 선과 악 같은 이분법(二分法)으로 세상사를 개념화하는, 고대 그리스 시대부터 이어온 집요한 서양식 사상체계가 필연적으로 빚어내는 결과였다. 이에 견주어, 유학사상에서는 인간과 자연, 개인과 사회를 서로 대립하는 실체로 보지 않고, 서로가 서로를 내포하고 있어서 넓고 크게 서로 끌어안아 조화를 이루고 있는 광대화해(廣大和諧)의 존재들로 받아들였다. 따라서 통제해야 할 대상은 외부의 환경세계가 아니라 모든 삶의 주체인 자기 자신이었으며, 결과적으로 자기의 생물적, 이기적 욕구와 감정을 다스리는 자기통제력이 수양의 핵심이자 효능감의 원천이라 여겨왔던 것이다. 이러한 '자기통제론의 동·서 차이'에서 필자는 현대심리학의 기계론적 환원론(還元論)이라는 고질병을 치료하고, 능동적 주체인 인간 존재의 특성을 바르게 이해할 수 있는 새로운 심리학체계의 서광을 본다.

이상과 같은 상식적인 입론을 바탕으로, 지금까지 필자는 유학사상의 체계를 인성론·성인론(군자론)·도덕실천론(예론)·수양론의 네 체계로 나누고, 이들 체계를 따라 심리구성체론·이상적 인간형론·사회관계론·자기통제론과 관련된 심리학적 함의를 정리해 왔다. 그리고 그 결과를 1997년 10월의 한국심리학회 추계 심포지엄에서는 물론, 1998년 12월에 출간한 《유학심리학 : 맹자·순자편》(나남출판)과, 1999년 12월에 윤호균(尹虎均, 가톨릭대)·고 이수원(李秀遠, 전 한양대)·최상진(崔祥鎭, 중앙대)·한덕웅(韓德雄, 성균관대) 교수와 같은 동양심리학 동호인들과 함께 펴낸 《동양심리학 : 서구심리학에 대한 대안 모색》(지식산업사)이라는 저술에 발표하여 동학(同學)들의 검토를 기다려왔다. 많은 비판을 받아도 좋은 것만 담아두었다가 기운 떨어질 때마다 원기보충제로 골라 먹는 좋지 않은 습성 때문인지, 다음 두 가지가 특히 기억에 남는다. 필자를 이 분야의 공부로 이끌었던 고 이수원 교수는 1997년의 발표 논문을 보고 "그래, 그렇게 하면 될 것 같군!" 하고 평가해 주었으며, 필자의 학문과 삶의 사표(師表)이신 고 이인(里仁) 정양은(鄭良殷) 선생님(전 서울대)께서는 1998년 출간된 《유학심리학》을 학술원에 추천하셔서, 필자가 44회 대한민국 학술원상을 받는 분에 넘치는 영광을 얻게 해주셨다.

이러한 격려와 성원에 힘을 얻어, 필자는 심리구성체론·이상적 인간형론·사회관계론·자기통제론에 관한 '동·서 비교 시리즈'를 책으로 펴내겠다는 생각을 하기에 이르렀다. 이 시리즈는 필자가 이 분야를 공부하기 시작할 때부터 꿈이었던 '유학사상의 눈으로 본 심리학체계'를 구성하기 위한 기초 작업이 되는 것들이다. 곧 "공자·맹자·순자가 오늘날 다시 태어나서 심리학자가 되었다면, 그들은 심리학의 체계를 어떻게 구성하였을까?" 하는 관점에서 '공·맹·순이 조아무개의 손을 빌려 저술한 심리학개론'을 써보겠다는 것이 평생의 꿈인데, 인성론을 바탕으로 삼는 심리구성체론, 성인론(군자론)에 근거를 둔 이상적 인간형론, 도덕실천론(예론)을 기초로 한 사회관계론, 수양론에 연원을 둔 자기통제론이 이 작업의 핵심체계가 되어야 할 것이라고 필자는 생각한다.

이 책은 필자가 계획하고 있는 이러한 일련의 작업의 시작이다. 물론 논리적으로는, 이 책보다 《심리구성체론의 동·서 비교》가 앞서야 하겠지만, 이 분야에 관해서는 아직 독서가 부족한 관계로, 그런대로 준비가 이루어진 《이상적 인간형론의 동·서 비교》의 문제부터 손을 대기로 하였다.

이 책은 네 부분으로 짜여 있다. 1부에서는 두 개의 장에 걸쳐 문화 유형에 따른 인간관과 동·서양인들이 드러내는 심리적, 행동적 특징의 차이에 대해 고찰해 보았다. 이를 위해 우선 1장에서 저마다 집단주의와 개인주의 문화의 특징을 지니고 있는 동양과 서양의 문화차의 배경과 두 문화를 가르는 기준을 검토한 다음, 2장에서 이 두 문화권에 살고 있는 사람들의 여러 심리적, 행동적 특징의 차이를 현대 문화비교심리학의 연구 결과들을 통해 살펴보았다.

2부에서는 서양의 개인 중심 문화권에서 제시하는 이상적 인간형에 대해 진술하였다. 3장에서는 서양에서 전개된 개인중심주의의 문화사적 배경을 살펴보았다. 필자에게 낯선 이 장의 내용을 진술하려면 많은 새로운 독서가 필요하였는데, 필자는 서양사학자인 김영한(金榮漢) 교수(서강대)의 도움을 받아 2004년을 거의 이 분야에 필요한 독서를 위해 바쳤다. 고맙게도, 김교수께서는 여러 가지 일로 매우 바쁘신데도, 이 장의 초고를 읽고 고쳐주는 수고를 아끼지 않으셨다. 이어서 4장에서는 현대심리학에서 이루어진 성숙인격(成熟人格)에 관한 연구를 통해, 개인 중심 문화권에서 제시하는 이상적 인간형의 특징과 그 발달 과정에 관해 알아보았다. 성숙인격의 문제는 고 김성태(金聖泰) 교수(전 고려대)의 평생에 걸친 연구 작업이셨는데, 선생님의 저서 《성숙인격론》(고려대학교출판부)은 이 분야를 정리하는 길잡이가 되었다.

3부에서는 동아시아의 관계 중심 문화권에서 제시하는 이상적 인간형에 대해 서술하였다. 한국·중국·일본을 비롯한 동아시아 사회를 지배해 온 전통사상은 유학·불교·도교의 사상체계였다. 이 가운데서 도교는 꾸준히 대중적인 인기는 끌어왔으나 세상을 등진 은자(隱者)의 이념체계였을 뿐이고, 국가 경영의 지표로 받아들여져 공식적, 조직적으로 인간의 삶에 커다란 영향을 미쳐온 이념체계는 유학과 불교 사상이었다. 이 가운데서 가장 최근까지 국가 권력의 비호를 받으면서 동아시아인의 삶에 크나큰 영향을 미쳐온 체계는 유학사상이었다. 그 결과, 동아시아인의 의식구조 속에는 오늘날까지도 '마음의 유교적 습성들'이 살아남아 있으며, 이러한 삶의 태도는 이 지역 사람들의 공통적인 문화전통을 낳았던 것이다. 이러한 맥락에서 3부에서는 유학사상을 중심으로 동양 집단주의 문화권의 이상적 인간형론을 정리하려 하였다. 먼저 5장에서는 유학의 체계가 동아시아 지역에 집단주의 문화가 형성되게 한 사상적 배경임을 밝혔다. 이어서 6장에서는 동양 집단주의 문화권에서 말하는 이상적 인간형의 특징과 발달 과정에 대해, 그 사상적 배경인 유학체계가 제시하는 성인(聖人)과 군자(君子)에 관한 논의를 통해 살펴보았다. 이렇게 동양의 이상적 인간형론을 유학의 체계에만 국한하여 고찰하고 있다는 사실은 이 책이 안고 있는 가장 큰 문제점이다. 이는 필자의 역량 부족에 따른 것으로, 언젠가는 여기에 최소한 대승불교(大乘佛敎)의 보살관(菩薩觀)에 관한 논의는 포함시킬 필요가 있다고 생각한다.

마지막 4부에서는 2부와 3부에서 전개한 내용을 종합하여, 여기에서 끌어낼 수 있는 새로운 심리학의 가능성에 대해 정리하였다. 먼저 7장에서는 동·서양의 이상적 인간형의 차이를 종합적으로 대비해 보고, 이러한 이상적 인간형론의 차이에 담긴 심리학적 의미를 찾아보았다. 그리고 8장에서는 서양의 자기실현인(自己實現人)과는 달리, 타인과 사회를 배려하고 사회적 책임을 도맡아 완수하고자 노력하는 동양의 성인·군자론에서 끌어낼 수 있는 새로운 심리학의 내용을 시론 차원에서 고찰하였다.

여기서 한 가지 분명히 해둘 것은, 이 책에서 끌어낸 동양과 서양의 이상적 인간형은 다만 비교의 편의를 위해 그 핵심 강조점을 대비한 결과라는 사실이다. 이 책에서 제시한 서양의 이상적 인간형은 자기실현인으로서, 개인이 개체로서 지닌 능력과 특성을 현실 세계에서 최대한 성취하는 인간상으로 그려지고 있다. 얼핏 보면, 이러한 자기실현인은 다른 사람이나 사회에 대한 관심과 배려가 거의 없는, 지나치게 이기적인 존재로 여겨지기 쉽다. 그러나 서양인들도 타인과 사회에 대한 관심과 헌신의 정도가 높고, 서양사상사에서도 집단과 사회에 대한 관심과 헌신을 개인의 발전이나 행복보다 높이 평가하는 사상체계가 있었던 것이 사실이다. 또한 유학사상이 제시하는 군자와 성인이 개체의 발전과 행복은 무시하고, 집단과 사회에 대한 관심과 헌신만을 중요하게 여기는 인간상으로 비쳐질 수도 있다. 하지만 성인과 군자가 타인과 사회에 대해 발휘하는 관심과 헌신은 자기를 닦아 이룬 자기 완성, 곧 수기(修己)의 결과로 제시되고 있다는 점에 주목해야 한다.

이렇게 보면, 동·서양 할 것 없이 어느 사회에서나, 개체로서 개인이 누리는 발전이나 행복뿐만 아니라 함께 살아가는 다른 사람들과 사회에 대한 관심과 헌신을 바람직한 인간상의 조건으로 모두 중요하게 삼는다고 생각할 수 있다. 이는 독립적인 개체(個體)이면서 동시에 사회적 관계체(關係體)로서 존재하는 인간의 이중적인 특성에서 비롯하는 필연적인 결과일 것이다. 그러나 문제는 사회에 따라 이 둘 가운데 어느 면을 중심으로 인간 존재를 파악해 왔느냐 하는 점이 다르다는 사실에 있다.

르네상스 이후 근대 서양사회에서는 이 두 측면 가운데 개체로서 지닌 개

인 존재의 특성에 주목하여 인간의 삶의 문제를 파악해 왔으며, 결과적으로
이상적 인간형도 이러한 면을 중심으로 개념화해 왔다고 볼 수 있다. 곧 개
인이 개체로서 누리는 발전과 행복이 사회에 대한 관심이나 헌신보다 우선
하며, 후자는 전자를 위한 효율적인 수단이 될 수 있다는 관점에서 이상적
인 인간의 삶의 양태를 인식해 왔던 것이다. 말하자면, 타인과 사회에 대한
관심과 헌신은 개인의 발전과 행복의 증진에 도움이 될 수 있는 조건으로서
의미를 갖는다고 보는 경향이 강했으며, 결과적으로 개인의 발전과 행복에
초점을 맞추어 이상적 인간형의 문제에 접근하려 했던 것이다.

   이에 견주어 동양의 유학사상에서는 군신·부자·부부·장유·붕우 같
은 더불어 살아가는 사람들 사이의 관계는 인간 존재의 근본적인 전제 조
건이며, 이들에 대한 관심과 배려 및 사회에 헌신하는 일은 인간 존재가
본래 지닌 의무 또는 인간의 삶의 궁극적인 목적 그 자체가 된다고 보아왔
다. 곧 동양사회에서는 사회적 관계체로서 존재하는 특성을 중심으로 인간
의 삶을 규정해 왔으며, 결과적으로 이상적 인간상도 개인의 발전과 행복
보다는 사람들 사이의 관계 및 사회의 조화와 발전을 중핵으로 삼아 개념
화해 왔다. 말하자면, 이들에게 개인의 발전과 행복은 최종 목표인 사람들
사이의 관계와 사회의 발전 및 행복을 위한 바탕 또는 기초 단계로서 의미
를 가지고 있었던 것이다.

   이렇게 개인과 사회의 두 측면은 서양인과 동양인 모두에게 관심의 대상
이 되어왔으나, 서양인들은 개인에 초점을 두어온 것과 달리, 동양인들은
사회에 초점을 두는 차이를 드러내고 있다고 할 수 있다. 이 책에서 제시된
'이상적 인간형의 동·서 차이'는 이러한 강조점의 차이를 지적한 것일 뿐,
이 둘이 배타적으로 서로를 무시하거나 외면한다고 보는 것은 아니다. 그
러나 이 책을 읽다보면 동·서의 이상적인 인간형의 차이가 강조점이 다른
데서 온 것만이 아니라, 완전히 배타적인 것 또는 수준의 차이를 뜻하는
것으로 인식하기 쉽다. 이는 이 책이 가지는 중대한 문제점이다. 모든 비교
논의에는 비교 대상들을 상호 배타적인 것처럼 그리기 쉬운 함정이 있는
데, 이 책도 바로 이러한 문제를 안고 있는 셈이다.

이 책은 2003년 늦가을부터 구상하기 시작하였다. 책의 얼개를 대충 엮어서, 그해 12월 26일부터 28일까지 박영석(朴泳錫) 교수(가톨릭대)의 주선으로 전남 해남의 두륜산(頭崙山) 자락 유선장(遊仙莊) 여관에서 열렸던 두륜회(頭崙會)의 겨울 모임에 가지고 갔다. 두륜회는 이인(里仁) 선생님의 제자들이 여름과 겨울방학 때마다 2박 3일가량 모여, 심리학과 철학 문제에 대해 토론을 하면서 즐기는 동호인 모임이다. 이때 우리는 두 방에 나누어 묵었는데, 필자는 이틀 동안 이인 선생님을 모시고 같은 방에서 지냈다. 회원들의 충고를 듣기 위하여 가지고는 갔으나, 책의 구상이 너무 모호하여 공식적인 토론의 주제로 부치지는 못하고 망설이고 있다가, 모임이 끝난 뒤 선생님과 자리에 누워, 어렵게 말문을 열어 집필 구상에 대해 말씀 드렸다. 언제나 그러신 것처럼 선생님께서는 필자의 이야기를 조용히 경청하신 다음, 매우 늦은 시간이었는데도 이틀 동안이나 새벽녘까지 함께 토론하고 부족한 점을 지적해 주셨다. 선생님의 따끔한 가르침을 받자, 그때까지 모호하던 집필 구상이 많이 구체화되었던 기억이 새롭다. 이 모임이 끝난 지 한 달여 만인 2004년 2월 8일에 선생님께서 갑자기 돌아가셨으니, 필자에게 이 책은 선생님의 마지막 가르침이었던 셈이다. 삼가 다시 한번 선생님의 명복(冥福)을 빈다.

선생님께서 타계하신 뒤 가진 두륜회 첫 모임은 2004년 7월 31일부터 8월 2일까지 강원도 용평에 있는 이관용(李寬鎔) 교수(전 서울대)의 예쁜 별저(別邸)에서 열렸다. 이 모임에서 필자는 선생님의 가르침으로 많이 구체화된 이 책의 얼개를 공식적으로 발표하고 충고를 구하였다. 이 모임에서 홍대식(洪大植, 성신여대)·안신호(安晨鎬, 부산대)·민경환(閔庚煥, 서울대)·장성수(張聖洙, 한양대)·장재윤(張在閏, 성신여대)·이주일(李柱一, 한림대)·정혜선(鄭惠先, 한림대) 교수의 많은 꾸지람과 격려를 받아, 이 책은 오늘과 같은 체제를 갖추게 되었다. 특히 신호 형은 필자가 계획하고 있는 각 장과 절의 구상에 이르기까지 매우 세심하게 관심을 보이고 토론해 주었다. 두륜회원 모두에게 감사드린다.

이 책을 쓰는 동안 필자의 악필을 아내가 컴퓨터로 정리해 주었다. 올해는 우리가 결혼한 지 30년이 되는 해이다. 그동안 사랑으로 모든 어려움을 견디어준 고마움은 이루 말로 표현할 길이 없다. 아직도 다음 책들로 함께 더 고생하자고 할 수밖에 없는데……. 함께 보고, 쓰고, 치고 하여 펴낸 이 책이 매우 모자라기는 하지만, 30년 기념품의 일부라도 되기를 바랄 뿐이다.

노모(老母)께서는 여전히 집안 살림을 맡아주셨으며, 아라와 한민(漢珉)이, 그리고 여러 가족들은 언제나 한결같이 자기 일에 열심들이어서, 필자가 다른 일로 마음을 빼앗기지 않도록 해주었다. 늘 마음으로 성원해 주는 친구들도 변함없는 지원과 격려를 보내주었다. 상업적인 측면을 따져서는 도저히 맡지 않을 이 책의 출판을 지식산업사의 김경희(金京熙) 사장께서는 기꺼이 수락해 주셨으며, 편집부의 김세준(金世埈) 씨는 필자의 터무니없는 성냄과 짜증에도 아랑곳 않고 마치 자기의 글인 양 원고가 새빨갛게 되도록 어색하거나 어법에 맞지 않는 표현을 고치고 다듬어주었다. 모든 분들께 감사의 인사를 드린다.

2005년 11월 22일
지이재(止耳齋) 동창(東窓) 아래에서
조긍호(趙兢鎬)

차 례

4부 종합 고찰 ·421

일러두기

1. 본문에서 직접 언급한 인명은 찾아보기에, 괄호 속에 들어 있는 저자 인명은 참고문헌에 분류하였다.

2. 국내 저자를 밝힌 인용문(예 : 조긍호 2003, pp. 110~113)은 원문을 그대로 옮겼으나, 해외 원서의 출판연도와 번역 출판연도만 밝힌 경우(예 : Laurent, 1993/2001, pp. 93~94) 올바른 한글 어법에 따라 더러 수정한 곳도 있다.

3. 유학 경전의 장 번호 또는 쪽수는 참고문헌에 밝힌 판본에 따른 구분임을 밝혀두며, 찾아 보기를 참고할 수 있다.

4. 찾아보기 항목 가운데 본문에 나오는 비슷한 범주의 용어는 더러 대표할 수 있는 하나의 용어로 대치하였다.

1부 문화와 인간 행동

지난 20~30여 년에 걸쳐 심리학자들 사이에서는 문화가 인간의 심성과 행동에 미치는 영향에 관한 연구를 놓고 지속적으로 관심이 증폭되어 왔다. 인간은 자신이 생산하고 창출한 문화체계 안에서 이의 영향을 받으면서 살아가는 존재들이기 때문에, 문화의 영향을 고려하지 않고 인간을 이해한다는 것은 불가능할 뿐만 아니라, 이를 외면한 인간에 대한 이해는 그 자체가 무의미한 일이라는 사실을 심리학자들이 깨닫기 시작하였던 것이다. 그리하여 문화가 인간의 행동과 심성에 미치는 영향을 다각도로 분석하려는 작업들이 전개되어 왔다. 이러한 문화 관련 심리학의 연구는 문화집단 사이의 여러 가지 심리·행동의 차이를 확인해 보려는 문화비교심리학, 특정 문화집단의 토착적인 행동과 심리 내용의 독특성을 탐구해 보려는 토착심리학, 그리고 문화가 인간 행동과 심리 과정에 미치는 영향을 전반적으로 탐구해 보려는 문화심리학 따위의 영역으로 나누어 진행되었다.

물론 이론적, 실제적인 관점에서 여러 가지 문제점이 드러나기는 하였지만, 연구의 역사가 가장 깊고 성과가 컸던 것은 문화비교심리학이었다. 문화비교심리학은 주로 호프스테드(Hofstede, 1980)가 제시한 개인주의-집단주의 틀을 바탕으로 하여, 북미와 북서유럽을 비롯한 개인주의 문화권과 동아시아 집단주의 문화권에 살고 있는 사람들의 심리적, 행동적인 여러 가지 차이를 찾아 개념화하는 작업을 위주로 진행되어 왔다. 이러한 연구에서는 이 두 문화권 사람들이 인지·정서·동기를 비롯한 인간 심성과 행동의 거의 모든 분야에서 대조적인 차이를 보인다는 사실이 드러나고 있으며, 이러한 배경에는 이 두 문화권 사람들이 세상사와 인간을 인식하는 양식에서 기본적인 차이를 갖는다는 점이 확인되고 있다.

세상사와 인간을 보는 눈의 이러한 동·서 차이는 곧바로 동·서양인의 삶의 양식과 가치관 및 행동의 차이를 낳는다. 이 책은 동·서양인의 삶의 양식과 가치관의 차이를 각자 설정하고 있는 이상적 인간상의 차이를 통해 살펴보고자 하는 것이다. "세상은 어떤 곳이며, 인간은 어떤 존재인가?"에 대한 관점의 차이는 반드시 "세상에서 어떻게 사는 것이 바람직한가?" 그리고 "어떻게 해야 그러한 바람직한 상태에 이를 수 있는가?"라는 문제를 대하는 관점의 차이를 낳게 될 것이며, 이러한 이상적 인간형의 차이를 통해 동·서양인이 지닌 삶의 양식의 차이가 잘 드러날 수 있을 것이기 때문이다. 이를 위해 1장에서는 우선 인간 존재의 문화구속성에 관한 논의에서 시작하여 동·서 문화를 집단주의와 개인주의로 분류하는 근거와 기준을 제시하고자 한다. 다음으로 2장에서는 현대 문화비교심리학이 밝혀낸, 개인주의와 집단주의 문화권의 사람들이 인지·정서·동기의 영역에서 드러내는 여러 가지 차이를 확인함으로써, 앞으로 전개할 논의의 기초 자료로 삼고자 한다.

1장

문화 유형의 분류

　현대 사회심리학 연구의 최대 화두는 문화(文化, culture)이다.[1] 인간의 심성과 행동에 미치는 문화의 영향에 관한 탐구는 심리학이 지향하는 인간 이해의 지평을 시공간적으로 넓히는 데 중추 구실을 하고 있다. 이러한 문화비교 연구들에서 공통적으로 밝혀지고 있는 것은, 한국·중국·일본 같은 동아시아 사회와 미국·캐나다·북서유럽 같은 서구 사회 사이에는 세상사와 인간을 보는 관점에서 근본적인 차이가 나타난다는 사실이다.

　인지론의 관점에서 현대 문화비교 연구를 이끌고 있는 대표적인 학자인

---

1) 이렇게 문화에 대한 탐구가 최근 사회심리학 연구의 특징이 되고 있다는 사실은, 가장 널리 읽히는 사회심리학 교과서들 가운데 하나인 Sears와 공저자들의 교과서가 7판(Sears, Peplau, & Taylor, 1991)까지와 달리 8판부터는(Taylor, Peplau, & Sears, 1994, 1997, 2000, 2003), 사회 문화적 관점[sociocultural perspectives : 2000년의 10판과 2003년의 11판에서는 '사회 문화적 이론(sociocultural theories)'이라 표현하여, 분명하게 확립된 하나의 이론체계로 진술하고 있다]을 동기이론, 학습이론, 인지이론, 의사결정이론, 사회교환이론[social exchange theories : 10판과 11판에서는 '상호의존성 이론(interdependence theories)'으로 기술하여, 교환 당사자들 사이의 상호 관계에 초점을 맞추는 표현으로 바꾸고 있다]과 함께 사회 행동을 설명하는 핵심적인 이론체계[10판과 11판에서는 여기에 '진화 사회심리학(evolutionary social psychology)'을 첨가하여, 일곱 가지 이론적 관점으로 여러 가지 사회 행동을 설명하고 있다] 가운데 하나로 강조하고 있으며, 또한 장마다 '문화적 초점(cultural highlight)'이라는 난을 따로 마련하여, 해당 분야에서 문화적 관점에 따른 연구를 특별히 소개하고 있다는 사실에서 잘 드러난다. 또한 최근에 출간된 《사회심리학 편람(The Handbook of Social Psychology)》의 4판(Gilbert, Fiske, & Lindzey, 1998)에서 '새로 떠오르는 연구 관점(emerging perspectives)'으로 '진화 사회심리학'(39장 "Evolutionary social psycho-logy", Buss & Kenrick, 1998)과 함께 '사회심리학의 문화적 기반'(38장 "The cultural matrix of social psychology", Fiske, Kitayama, Markus, & Nisbett, 1998)을 들고 있다는 사실도 사회심리학에서 문화 연구가 가지는 위상을 잘 드러내주고 있다.

니스벳(Nisbett, 2003)에 따르면, 고대 그리스 시대부터 서양인들은 세계를 이루고 있는 모든 것들은 저마다 독립적이고 개별적인 존재들이라고 여겨, 이들 각각에게 스스로를 규제하는 주도성(主導性, agency)을 부여함으로써, 세상사의 이해는 곧 독립적이고 개별적인 실체(reality)들의 속성을 파악하는 일과 같다고 보는 경향이 강하였다. 따라서 서양인들은 이러한 세상에 살고 있는 사람들도 독립적이고 개별적인 존재들이므로, 저마다 지닌 독특한 성격·능력·감정·의도 같은 특성을 파악하는 것이 인간 이해의 지름길이 된다고 보았다.

이와는 대조적으로, 동양인들은 세계를 이루고 있는 모든 것들은 상호 연계되고 의존적인 관계 속에 들어 있어서, 이러한 관계 속의 조화성(調和性, harmony)을 추구하는 존재들이라고 보는 전통이 강하였다. 따라서 이들은 하나의 존재를 이해하려면 그것의 속성에만 의지할 수는 없고, 다양한 존재들의 상호 역동적인 연계성과 의존성을 파악해 보아야 한다고 생각한다. 이러한 맥락에서 동양인들은 인간에 대한 이해도 각 개인의 개별적인 존재 특성이 아니라, 상호 의존적인 연계성에서 요구되는 역할과 의무를 최우선으로 하여 이루어져야 한다고 본다. 이 장에서는 이러한 두 문화권의 차이가 생겨나는 배경을 간단히 고찰하기로 하겠다.

1. 인간의 문화적 존재구속성

인간의 특성에 관한 다양한 규정들 가운데서 가장 많은 사람들이 언급해 온 것은 아마도 "인간은 사회적 동물"이라는 말일 것이다. 아리스토텔레스(Aristoteles)가 했다는 "인간은 정치적 동물(zoon politicon)"이라는 규정[2]의 변형인 이 말은 인간의 삶이 사회 속에서 다른 사람들과 맺는 관계를

---

2) Lamprecht, S. P.(1955). *Our philosophical tradition : A brief history of philosophy in Western civilization.* New York : Appleton-Century Crofts. (김태길·윤명로·최명길 역. 《서양철학사》. 서울 : 을유문화사. 1963, p. 99)

통해 이루어질 수밖에 없음을 갈파한 명언이다. 사회 속에서 이루어지는
여러 삶의 양식을 흔히 문화라고 한다. 그러니까 '인간은 사회적 동물'이라
는 말은 곧 '인간은 문화적 동물'이라는 말과 같은 뜻이 된다. 곧 인간은
과거의 문화적 전통의 영향을 받아 새로운 문화 전통을 생산하면서 살아가
고 있는 문화적 존재인 것이다. 이렇게 보면, 인간의 삶과 심성 및 행동에
대한 이해는 그를 둘러싸고 있는 문화의 영향을 고려하지 않고서는 이루어
질 수 없는 일이다.

오늘날에 와서는 자명해진 이러한 사실을 '인간의 심성과 행동에 대한
과학적 이해'를 학문적 목표로 삼는 심리학자들이 분명하게 인식하게 된
것은 최근에 들어서이다. 비교적 최근까지도 심리학은, 더구나 사회심리학
까지도 시간과 공간을 뛰어넘어 어느 시대 어느 사회에서나 공통적으로 인
간의 심성과 행동을 지배하는 보편적인 원리가 있다는 전제 아래, 이러한
원리를 찾아 체계화하려는 보편주의(universalism)의 사조를 따라 연구를
진행해 왔다. 이러한 조류는 인간과 사회뿐만 아니라 우주의 운행까지도
합리적 질서에 지배받고 있으며, 이러한 질서의 배경에 놓여 있는 보편적
원리는 인간의 이성으로 파악할 수 있다는 믿음, 곧 모든 과학적 탐구의
배경이 되어 온 서구 근대주의(modernism)의 기본 전제에서 필연적으로
파생했던 것이다.

오늘날의 대표적인 과학철학자이며 문명비평가인 스티픈 툴민(Stephen
Toulmin, 1990)에 따르면, 17세기부터 20세기까지 이어진 근대주의의 핵심
은 인간의 이성(reason)과 합리성(rationality)에 대한 확신에 있었으며, 이 이
성주의 또는 합리주의(rationalism)의 시대에는 그 이전의 인문주의(huma-
nism) 시대에 중요하게 여기던 수사학(구전)·특수성·국지성·일시성(시의
적절성)에서 형식논리학(기록)·보편성·일반성·항구성으로 관심이 옮
겨지게 되었다고 한다. 그 결과, 시간과 공간 및 대상의 구속에서 벗어나서
인간과 자연을 지배하는 항구적이며 일반적인 보편 원리를 찾아내어 이를
형식논리학의 규칙에 따라 정리하려는 작업, 곧 과학(science)이 근대성
(modernity)을 상징하게 되었다는 것이다. 현대심리학도 이러한 근대주의

의 사조에 따라 태동한 학문체계이며, 결국 앞서 말한 대로 보편주의를 기
반으로 진행될 수밖에 없었던 것이다.

그러나 1960년대와 1970년대를 거치면서 이러한 인간의 합리성에 대한
확신은 흔들리기 시작했고, 1980년대 이후의 문명사는 이성주의가 퇴조하
고 다시 인문주의가 부활하는 대 전환기를 맞이하고 있다고 툴민은 주장한
다. 곧 인간의 특성을 파악하는 데 기준이 되는 핵심 가치가 합리성에서
적합성(reasonableness)으로 달라지게 되었고, 결과적으로 다시 구전적이고
구체적인 것, 특수한 것, 국지적인 것, 그리고 일시적이고 시의적절한 것을
추구하는 데로 관심이 옮겨지고 있으며, 이것이 탈근대성(post-modernity)
의 특징이 된다는 것이다. 말하자면 이러한 탈근대주의(post-modernism)
사조 아래서, 보편적이고 항구적이며 절대적인 일반 원리보다는, 구체적이
고 시공간의 제약을 받으며 상대적인 특수 원리들에 더 관심을 기울이게
되었고, 따라서 합리성에 근거를 두고 지금까지 추구해 왔던 보편성·항구
성·절대성이 해체되는 점이 탈근대 사회의 특징이라는 것이다.

툴민의 이러한 주장은 1980년대 이후에 인류 문명사의 어느 한두 분야
만이 아니라, 정치·사회·경제·문화·학술을 비롯한 인간사의 전 방위
에서 관찰되는 일반적인 현상을 두고 이루어진 통찰에 근거하고 있다. 지
난 세기 후반부터 시작된 이러한 탈근대성의 추구는 새로운 세기에 들어선
오늘날의 시대정신(Zeitgeist)이 되고 있다. 심리학도 이러한 도도한 시대의
흐름에서 벗어나지 못하였다. 아니 오히려 귀인편향(歸因偏向, attributional
bias)3)이나 추단율(推斷律, heuristic)4) 같은 현상에 관한 연구를 통해 근대

---

3) 타인과 자신의 행동의 원인을 추론하는 과정이 귀인(歸因, attribution) 과정이다. 이
   문제에 관한 연구는 Heider(1958)가 시작하였다. 그는 사람들은 세상사와 환경세계
   에 대해 정확하게 이해하고 통제하려는 욕구를 가지고 있는데, 이러한 욕구를 달성
   하기 위해 자신과 타인의 행동을 포함하여 주변에서 벌어지는 일들의 원인을 마치
   자연과학자들이 자연현상의 원인을 대하듯이 체계적, 논리적, 합리적으로 분석하게
   된다고 본다. 곧 사람들은 일상생활에서 자신과 타인의 행동과 그들에게 벌어지는
   일들의 원인을 과학적, 합리적으로 분석하는 '일상적 과학자(naive scientist)'라는 전
   제에 따라, 이들의 합리적이고 체계적인 인과추론의 과정(귀인 과정)을 탐구해 보아

정신의 핵심인 인간의 합리성에 대한 확신에 찬물을 끼얹음으로써, 탈근대
사조의 형성을 이끌었다고 볼 수도 있을 것이다.

심리학의 여러 분과 가운데서 이러한 탈근대주의 사조의 영향을 가장 많

야 한다는 것이다. 그 뒤 이 분야에서는 이러한 귀인의 합리적 모형을 확인하려는
작업들, 예를 들면 Jones와 Davis(1965)의 부합적 추론모형(符合的推論模型, corres-
pondent inference model)과 Kelley(1967)의 공변모형(共變 模型, covariation model)
에 관한 연구들이 줄을 이었다.

　그러나 뒤에 이루어진 귀인에 관한 연구들에서는 실제의 귀인 과정이 이러한 모
형이 전제하듯이, 그렇게 합리적, 논리적, 체계적으로 이루어지는 것만은 아니라는
사실이 계속 밝혀졌다. 예를 들면, 자신의 행동에 대해서는 사실 이상으로 외부 환
경에 귀인하는 경향이 높은 데 반해, 다른 사람의 행동에 대해서는 그의 성격·동
기·능력 같은 내적 성향에 귀인하는 경향이 높다든지(Jones & Nisbett, 1972), 자
기의 성공에 대해서는 사실 이상으로 능력이나 노력 등 자신의 내부에서 원인을 찾
으려 하는 것과 달리, 자기의 실패에 대해서는 나쁜 운과 같은 외적 조건에 귀인하
는 경향이 강하다는 사실(Miller & Ross, 1975)을 비롯하여 비합리적인 귀인경향들
이 지속적으로 확인되었던 것이다. 이를 귀인편향이라 하는데, 이러한 귀인편향에
관한 연구들을 살펴보면, 귀인 과정에 관한 연구들은 어떻게 보면 인간의 합리적
판단 경향(합리성)을 밝혀내려는 목적에서 출발하였다가, 결국은 인간의 비합리적
판단 경향(비합리성)을 밝혀내는 역설을 낳았다고 생각할 수도 있다.

4) 어떤 대상 또는 인물이 어떤 종류의 더 큰 범주에 속하는가 하는 소속 범주를 판단
하거나, 어떤 사건 또는 일이 발생하는 빈도를 추정하는 식으로 불확실한 장면에서
여러 가지 사회적 사건이나 대상을 두고 판단과 추론을 할 경우, 일상생활을 하는
보통의 사람들은 철학·수학·통계학에서 가정하듯이 형식논리적 추론 규칙이나 수
학 및 통계적 규칙에 따라 가능한 한 정확하게 추론하려 하지 않고, 그때그때 눈에
띄거나 생각하기 쉬운 것 또는 단순히 겉보기에 비슷한 것을 기준으로 삼아 판단하
면서, 비록 정확성을 잃더라도 되도록 간단하고 쉬운 방식으로 추측하여 단정짓는
경향을 보인다는 점이 Tversky와 Kahneman(1974 ; Kahneman, Slovic, & Tversky,
1982) 및 Nisbett과 Ross(1980) 등의 집중적인 연구를 통해 밝혀져 왔다. 일상인들이
일상생활을 하면서 형식논리적, 수학적, 통계적 추론 규칙 대신에 사용하는 간단하
고 손쉬운 일상적인 추론 규칙을 추단율이라 하는데, 많은 경우 이러한 추단율은 부
정확하거나 올바르지 못한 판단과 추론을 낳게 된다. 이러한 추단율에 관한 연구들
도 일상생활에서 인간의 추론과 판단이 합리적으로 이루어지기보다는 비합리적으로
이루어지는 경우가 더 많다는 사실을 알려주고 있으며, 결과적으로 인간의 합리성에
관한 확신을 훼손하는 결과를 불러왔던 것이다.

이 받았거나 또는 이 사조를 앞장서 이끌어온 분야는 사회심리학이었다. 1980년대부터 사회심리학 연구의 흐름을 주도하고 있는 문화 연구에 대한 관심은 이러한 탈근대주의 사조를 잘 반영하고 있다. 이러한 문화 연구에 대한 관심은 인간의 심성 및 행동과 문화 사이에 작용하는 영향에 관한 연구와 다양한 문화비교 연구들을 낳았는데, 이러한 연구 결과들을 통해 심리학자들은 지금까지 전통적인 서구심리학에서 근대주의의 이념에 따라 획일적으로 이루어진 인간의 보편성에 관한 추구가 허구에 지나지 않음을 깨닫게 되었던 것이다. 이러한 연구들에서 주장하는 보편성 추구의 허구성에 관한 논거는 다음의 두 가지로 정리할 수 있다.[5]

그 하나는 기존의 심리학에서 보편적인 것으로 밝혀진 많은 원리들의 실상은 서구인, 특히 미국 백인이 지닌 고도의 개인 중심적 인간관에 바탕을 둔 문화특수적인 것일 뿐, 관계 중심적 인간관을 지닌 문화권에도 일관되게 적용할 수 있는 원리는 아니라는 사실이다. 이러한 점은 현대 미국 사회심리학의 핵심적인 연구 30건을 선정하여 이스라엘에서 재검증한 아미르와 샤론(Amir & Sharon, 1987)의 연구에서, 여섯 건만 동일한 결과를 얻었고, 네 건은 부분적으로만 결과가 반복된 것과 달리, 스무 건은 완전히 반대되는 결과가 나왔다는 사실에서 잘 드러난다.

기존의 심리학에서 자명한 보편 원리로 받아들여졌으나, 서구와 다른 문화권, 특히 동양문화권에서는 적용되지 않는 것으로 밝혀진 대표적인 현상으로는 피아제(Piaget, 1926)의 인지(認知) 능력의 발달 원리[6]와 로스(Ross, 1977)의 근본적 귀인 오류(fundamental attribution error)[7]가 있다. 여러 연

---

5) 조긍호(1993, pp. 124~126 ; 1998a, pp. 45~48 ; 2003a, pp. 31~41) 참조.
6) 인지 발달의 이상적인 종착점을 가설 연역적 사고가 가능한 서구식 과학적, 논리적 사고 유형으로 잡고(Greenfield, 1976, 2000), 인간의 인지능력은 사고 이전의 감각·운동도식(2세 이전)과 전조작 도식(6~7세 이전) 단계를 거쳐, 구체적 사고 및 추론 양식(12세 이전)에서 추상적 사고 및 추론양식(12세 이후)으로 발달한다는 원리.
7) 타인의 행동의 원인을 그가 처해 있는 조건이나 맡은 일, 또는 어쩔 수 없는 제약이나 운 따위의 상황적 요인보다는 그의 성격 특성이나 능력 또는 의도와 같은 성향적 요인에서 찾는 경향.

령층의 미국인과 인도인을 비교한 밀러(Miller, 1984, 1986, 1987, 1991, 2002 ; Miller & Bersoff, 1992, 1994 ; Miller, Bersoff, & Harwood, 1990 ; Miller & Luthar, 1989 등)의 집중적인 연구에 따르면, 인도인은 미국인과는 달리 연령이나 사회·경제적 지위에 상관없이 타인의 행동을 구체적 대인관계의 맥락에 따라 기술하거나 설명해 내고 있다. 한 연구에서 밀러(1984)는 미국과 인도의 8세, 11세, 15세의 아동과 성인들에게 개인적으로 잘 아는 사람들이 최근에 했던 친사회행동(prosocial behavior)[8]과 일탈행동(deviant behavior)[9] 두 개씩을 들고, 그가 왜 그런 행동을 했는지 설명해 보게 하였다. 참가자들이 제시한 설명을 성격·가치·태도·기호·능력 같은 행위자의 성향 요인과 사회적, 시공간적 위치와 관계된 규범이나 소임과 같은 상황 요인으로 나누어 분석해 보았더니, 미국인은 낮은 연령 집단에서는 구체적 상황에서 행동의 원인을 찾는 구체적 추론 경향이 더 강하다가, 연령이 높아지면서 성격이나 가치관 같은 내적 성향에서 행동의 원인을 찾는 추상적 추론 경향이 더 강하여 피아제와 로스의 이론을 뒷받침하고 있다. 그러나 인도인은 연령이 높아지면서 추상적 추론양식뿐 아니라 구체적 추론양식도 늘어나는 양상을 보이며, 연령이 높아질수록 구체적 추론양식이 차지하는 비율이 훨씬 커지고 있다. 이는 인도인은 연령 증가와 더불어 사람이 처한 사회적, 시공간적 위치와 맡은 소임들에 관한 구체적인 상황 정보를 더욱 분화하여 사고함을 의미하는 것으로, 피아제와 로스의 이론과는 반대되는 결과이다.

이렇게 미국인은 연령이 높아짐에 따라 개인이 가진 성향을 추상화하여 여기에서 행동의 원인을 찾는 경향이 크게 증가하지만, 인도인은 연령이 높아지면서 외적 상황을 더욱 구체화하여 여기에서 행동의 원인을 찾는 경향이 증가한다는 결과들은, 기존의 심리학에서 가정했던 인지 발달의 원리(구체적 추론양식에서 추상적 추론양식으로 발달한다는 원리)와 근본적

---

8) 부모님께 효도하거나 곤경에 빠진 사람을 도와주는 것과 같이 사회 규범이 권장하는 대인 행동.

9) 남의 물건을 빼앗거나 남을 괴롭히고 때리는 것과 같이 사회 규범이 금지하는 대인 행동.

귀인 오류 현상(개인의 내적 성향에서 행동의 원인을 찾는 경향)의 보편성
에 의문을 제기하기에 충분한 것이다. 이러한 결과들은 기존의 심리학 연구
들이 밝힌 원리들이 바로 자율적, 자기결정적, 독립적인 개인을 이상형으로
보아, 개인이 지니고 있는 내적 성향이 궁극적인 행위의 원천이며, 이들은
기본적으로 삶의 목표인 자기 완성의 근거가 된다는 서구, 특히 미국식 개
인주의 인간관(Gergen & Gergen, 1988 ; Gilligan, 1982 ; Greenfiled, 2000 ; Kim,
1995, 2000 ; Markus & Kitayama, 1991a, b ; Nisbett, 2003 ; Sampson, 1977, 1989 ;
Schwartz, 1986 ; Zebrowitz, 1990 등)의 반영일 뿐임을 드러내고 있다.

심리학에서 주장하는 보편성 추구의 허구성에 관한 또 다른 논거는, 사
회 행동의 문화 간 차이를 설명하는 기존 서구심리학의 시각이 목적론적
관점(teleological viewpoint)의 오류에 빠져 있다는 사실이다(Bond &
Hwang, 1986 ; Miller, 1984 등). 기존의 심리학에서 문화차를 해석하는 시각
으로는, 비서구인은 비록 성인일지라도 서구의 아동과 마찬가지로 추상적
사고능력이 부족하다고 보는 인지능력 차이 가설(Livesley & Bromley, 1973)
과, 이들은 추상적 인지능력의 발달을 가져오는 근대화(modernization)와
관련된 경험이 부족하다는 경험 차이 가설(Scribner & Cole, 1973)이 대표
적이다. 이러한 이론들은 개체 발달과 사회 발달이 지향하는 최종 목표를
추상적 표상양식(인지능력 차이 가설)이나 근대화(경험 차이 가설)라고
보는, 진화론에 바탕을 둔 목적론적 견해를 바탕에 깔고 있다. 그리하여 이
들의 연구는 이러한 문화 간 차이가 미분화하거나 개발이 덜 된 상황에서
나타나는 것으로, 이는 인간 행동의 보편 원리를 끌어내는 데 오염변인(汚
染變因, contaminating variable)으로 작용할 뿐이라고 보아(Burr, 2002, p. 20),
이를 제거하거나 외면하려는 경향을 띠어왔던 것이다(Aronson, Brewer, &
Carlsmith, 1986).

그러나 추상적 추론양식 대신 구체적 추론양식이 특징인 인도인들도 과
제에 따라서는 서구인들과 마찬가지로 고도의 추상적 추론의 경향을 보이
며, 이러한 경향은 그들의 근대화와 관련된 사회·경제적 배경과 상관없이
일관되어 있다는 밀러 등(Miller, 1984, 1986, 1987, 1991 ; Miller et al., 1989,

1990, 1992)의 연구 결과는 목적론적 해석의 허구성을 잘 드러내주고 있다. 또한 개인과 사회의 발달이 목적론적 관점에서 전제하듯이 정해진 방향에 따라 과연 진보하는 것인가 하는 점에 대해서도 많은 의문이 드는 것이 사실이다(Kuhn, 1962 ; Shweder, 1984). 이는 고도로 근대화한 개인주의 사회일수록 범죄율이 높고, 정신건강의 지표도 낮다는 사실(Triandis, 1990 ; Triandis, Bontempo, Villareal, Asai, & Lucca, 1988 등)에서도 간접적으로 드러난다. 게다가 이러한 목적론적 견해는 문화우월성 또는 열등성이라는 제국주의적 사고 또는 체념적 사고를 낳게 되어(이수원, 1997), 현실 파악이나 개조를 위한 노력에 소홀하게 만들고(Ross & Nisbett, 1991), 결과적으로 심리학을 기존 사회체제나 규범의 유지에 기여할 뿐인 과학으로 전락시킬 가능성(Mehryar, 1984 ; Sampson, 1983)도 안고 있다.

　이러한 사정에 비추어볼 때, 미국심리학으로 대표되는 전통적인 서구심리학은 탈맥락화(脫脈絡化)하지 못하고, "자기 자신의 관점(서구식 개인주의의 관점)에 함몰되어 대상을 인식하는 자아 중심성"(이수원, 1990, p. 63. 괄호 안은 필자가 덧붙임)에서 벗어나지 못했다고 볼 수 있다. 이러한 자아 중심성에서 벗어나 인간의 역사적, 문화적 존재구속성이라는 인간 행동의 본질을 정확히 이해하기 위해서는, 심리학이 서구 중심성에서 벗어날 필요가 있는 것이다(Brislin, Lonner, & Thorndike, 1973). 이러한 맥락에서 심리학, 특히 사회심리학이 문화의 연구를 그 영역 속에 포함시켜야 하는 것은 당연한 문명사적 요구이며(Moscovici, 1981), 탈근대주의 사조의 도입과 함께 심리학계에 불어닥친 문화 연구의 열기는 바로 이러한 요구의 반영이라고 볼 수 있다.

2. 문화 유형 : 집단주의와 개인주의

　문화에 대한 연구에서 가장 먼저 부딪쳐 해결할 문제는 서로 비교할 수 있는 전형적인 유형으로 다양한 문화들을 분류하는 일이다. 이것이 바로

문화비교 연구의 기본틀이 될 것이기 때문이다. 이러한 시도에서 문화 간
차이를 비교하는 다양한 체계가 제시되었는데, 그 가운데서 대표적인 것은
호프스테드(Hofstede, 1980, 1983, 1991)가 66개국(53개 문화집단)에 걸친
광범위한 비교 연구를 통해 제시한 개인주의-집단주의(individualism-
collectivism)의 분류체계이다(Berry, Poortinga, Segall, & Dasen, 1992).

호프스테드는 다국적 거대기업인 IBM에 근무하는 66개국 11만 7천 명
의 종업원을 대상으로 작업 목표와 가치에 관한 조사를 하였다. 이 연구의
대상은 모두 IBM이라는 같은 회사에 근무하는 종업원들이었으므로, 근로
조건, 학력, 연령 같은 요인은 대체로 비슷하고 단지 국적만 다르다는 점에
비추어 보면, 이 조사에서 드러난 차이는 곧 국가 또는 문화의 차이를 그대
로 반영하는 것이라고 호프스테드는 생각하였다. 그 결과, 각 국가 또는 문
화의 차이를 잘 드러내는 차원으로 권력거리(power distance : 사회 내 권
력 분포의 불평등 지표), 개인주의(개인의 자유와 선택을 중시하고, 개인
간의 구속력이 느슨한 정도를 나타내는 지표), 남성성(masculinity : 자기주
장, 물질, 경쟁 같은 남성적 가치를 선호하는 정도), 불확실성 회피
(uncertainty avoidance : 불확실하거나 판단하기 어려운 상황으로 말미암아
위협을 느끼는 정도)의 네 가지 요인구조를 밝혀내었다.

이 네 가지 요인 가운데 호프스테드 이후의 연구자들, 특히 트리안디스
(Triandis, 1988, 1989, 1990, 1994a, b, 1995, 1996 ; Triandis, Leung, Villareal, &
Clark, 1985) 등이 문화차를 가장 잘 드러낼 것으로 여겨 주목한 것이 개인
주의-집단주의의 요인이었으며(Berry et al., 1992 ; Bond, 2002 ; Fiske, 2002 ;
Kitayama, 2002 ; Miller, 2002), 따라서 1980년대부터 문화비교 연구들은 이
요인을 중심으로 이루어져 왔다(Kagitcibasi, 1994, 1997 ; Oyserman, Coon, &
Kemmelmeier, 2002).

호프스테드(1991/1995, p. 87, 표 3-1)의 자료에 따르면, 우리나라는 개인주
의 점수가 18점으로[10] 홍콩(25점)·싱가포르(20점)·대만(17점)과 함께

---

10) 이 분석에서 개인주의 점수의 분포 범위는 1~100점으로, 점수가 높을수록 개인주

집단주의 쪽에 크게 치우쳐 있다. 이 자료에서 개인주의의 극단에 있는 나라들은 미국(91점)·오스트레일리아(90점)·영국(89점)·캐나다(80점)·네덜란드(80점)처럼 대부분 북미와 북유럽의 국가들이다. 이렇게 개인주의는 북미와 북서유럽의 국가들에서 지배적인 문화 유형이고, 집단주의는 아시아와 남미 및 아프리카의 국가들에서 지배적인 문화 유형이다 (Hostede, 1980, 1991). 두 문화 유형은 지역적 분포 양상이 이렇게 다를 뿐만 아니라, 사상적 배경에서도 커다란 차이를 보인다. 곧 개인주의 문화는 고대 그리스 철학과 중세 이후의 자유주의(liberalism) 사상을 배경으로 하고 있으며, 집단주의 특히 동아시아 집단주의 문화의 배경은 유학(儒學, Confucianism)사상에서 그 뿌리를 찾아볼 수 있다(이광세, 1998 ; 이승환, 1999 ; 조긍호, 1998a, 2003a ; 한규석, 2002 ; Bond & Hwang, 1986 ; Fiske et al., 1998 ; Kagitcibasi, 1997 ; Kim, 1994, 1995 ; Kim & Choi, 1993 ; King & Bond, 1985 ; Lew, 1977 ; Nisbett, 2003 ; Nisbett, Peng, Choi, & Norenzayan, 2001 ; Triandis, 1995 ; Tu Wei-Ming, 1985).

1) 집단주의-개인주의 문화의 배경

최근의 문화비교연구에서 개인주의-집단주의 분류체계에 관심이 집중된 데는 다음과 같은 배경이 있다. 우선 개인주의-집단주의 분류체계가 "전 세계에 걸친 다양한 문화들 사이에 사회 행동의 차이를 가져오는 가장 중요한 차원"(Triandis, 1988, p. 60)으로서, 문화차를 설명하는 보편 원칙이 될 수 있다는 기대(Kagitcibasi & Berry, 1989)를 낳았다는 점이다. 다음으로는 이 분류체계를 통해 개인주의와 경제발전 사이의 관계를 설정함으로써, 사회현상(경제발전)을 심리적 특징(성취동기, 근대화 성향, 개인주의 성향)으로 설명하려는 사회과학자들의 오랜 관심사(Bond, 1994 ; Inkeles,

---

의가 강하고, 점수가 낮을수록 집단주의가 강함을 나타내며, 이론적으로 기대되는 평균치는 50점이다.

1969 ; Inkeles & Smith, 1974 ; Kagitcibasi, 1990 ; McClelland, 1961)를 부추길 수 있었다는 점이다.[11] 그리고 이 분류체계가 하나의 설명 수단으로서 단순성과 포괄성을 가지고 있어서, 과학 이론에 요구되는 절약의 법칙(law of parsimony)[12]에 잘 부합하였다는 점도 1980년대 이후 연구자들의 관심을 끌어모을 수 있는 요인이었다고 볼 수 있을 것이다.

그러나 이러한 개인주의-집단주의의 분류체계가 현대에 와서 갑자기 생겨난 것은 아니다. "이는 인간의 본성과 인간 존재들 사이의 관계에 관

---

11) 사회과학자들의 오랜 관심사 가운데 하나는 경제발전과 같은 사회현상의 원인을 가치관이나 태도 따위의 심리적 특징에서 찾아보려는 것이었다(Kagitcibasi, 1990). Max Weber(1904~1905, 1930)의 《프로테스탄티즘의 윤리와 자본주의 정신》이 이러한 관심사의 대표적인 작업이라 볼 수 있다. 성취동기나 개인적 근대성과 같은 심리적 중개 변인에 따라 경제발전과 같은 사회현상을 설명하려는 '성취동기이론'(McClelland, 1961 ; McClelland, Atkinson, Clark, & Lowell, 1953)과 '근대화 이론'(Inkeles, 1969 ; Inkeles & Smith, 1974)도 이러한 범주에 속하는 이론이었다. Hofstede(1980)는 자기의 원자료에 포함된 40개국의 개인주의 점수와 각국의 1970년도 1인당 GNP 사이에 $r = 0.82$의 높은 상관이 있다는 사실을 근거로, 개인주의와 경제발전을 연결지으려 하고 있다. 그에 따르면, "개인주의는 근대화와 상응하기"(Hofstede, 1991, p. 74) 때문에, 경제발전의 중개 변인으로 작용한다는 것이다. 그러나 Schwartz(1994)는 자율성-보수성(autonomy-conservation) 차원(각각 개인주의-집단주의에 해당)의 점수와 각국의 1988년도 1인당 GNP 사이에 이보다 훨씬 낮은 $r = 0.40$의 상관을 얻어내고 있다. 이는 일본·한국·싱가포르·대만·홍콩과 같은 동아시아 집단주의 국가들이 1970~1980년대에 눈부신 경제 성장을 이루었던 사실이 반영된 결과이다. 이제 더 이상 이른바 개인주의 국가들만 부유한 것은 아니며, 따라서 서구 경제선진국이 극단의 개인주의 문화권에 속하기 때문에 개인주의는 경제발전의 근거이고, 결과적으로 개인주의 성향이 근대성과 일치한다는 등식은 성립할 수 없다(Bond, 1994 ; Kagitcibasi, 1994, 1997 ; Marsella & Choi, 1994 ; Schwartz, 1994 ; Yu & Yang, 1994). 이렇게 한 사회의 개인주의가 진전된 정도를 통해 그 사회의 경제발전의 정도를 가늠하려는 Hofstede(1980, 1991)의 시도는, 사회과학자들의 오랜 관심사에 편승하여 개인주의-집단주의 분류체계가 지배적인 문화차 연구틀로 부상하는 결과를 가져오기는 했지만, 결국은 이전의 '성취동기이론'이나 '근대화이론'과 마찬가지로 실패로 끝나고 말았다고 볼 수 있다. 이에 관해서는 조긍호(2003a, pp. 110~113) 참조.

12) 최소의 가정으로 가능한 한 많은 현상을 설명할 수 있어야 한다는 법칙.

한 사회사상에서 오랫동안 중요하게 다루어졌던 문제인 것이다"(Kagitcibasi, 1997, p. 8). 클러크혼(Kluckhohn, 1956)에 따르면, 가치 문제를 이항 대립의 양식으로 개념화하는 것은 전 세계적으로 보편적인 경향인데, 그 가운데 대표적인 문제가 개인과 집단 사이의 관계에서 개인을 중심에 놓을 것인지, 아니면 집단을 중심에 놓을 것인지 하는 문제라는 것이다. 곧 많은 철학자들과 사회과학자들이 부딪혔던 근본적인 물음은 바로 "개인이 어떻게 사회의 원인이면서 동시에 결과일 수 있는가?"(Allport, 1968, p. 8), 또는 "(개인들로 구성된) 사회의 질서는 어떻게 해야 이루어질 수 있는가?"(Kagitcibasi, 1997, p. 8. 괄호 안은 필자가 덧붙임) 하는 문제였으며, 이러한 사색은 개인과 사회(집단)의 접점에서 개인을 강조할 것인가, 아니면 사회 또는 집단을 강조할 것인가를 선택하는 문제로 귀결되었던 것이다(Allport, 1968 ; Fiske et al., 1998 ; Greenfield, 2000 ; Kagitcibasi, 1997 ; Kim, 1995 ; Nisbett, 2003 ; Triandis, 1995). 이러한 선택이 이루어지는 배후에서는 생태적 조건, 외계와 세상사 인식의 양식, 그리고 개인의 욕구체계가 영향을 미치고 있다.

(1) 생태적 조건

"생태(生態, ecology)란 물리적 환경과 삶의 형태 사이의 전반적 관계를 가리켜 이른다"(Kim, 1995, p. 5). 기후와 자연 조건(온도, 습도, 강수량, 토질, 일조량, 산세와 지형 따위)은 인간을 포함한 모든 생명체의 삶의 양식에 크나큰 영향을 미친다. 곧 환경조건이 달라지면, 사람들은 이에 적응하여 살아남기 위하여 서로 다른 다양한 삶의 양식을 찾아나서 갖추게 되며, 결과적으로 서로 다른 문화가 발달하게 되는 것이다.[13] 어떤 생태적 적소

---

13) "몽테스키외(Montesquieu)를 거슬러 올라가 고대 그리스조차 서구의 지적 사고에는 문화적 차이점을 자연 환경의 차이점에 직접 귀인시킴으로써 설명하려는 오래된 전통이 있어 왔다"(Kaplan & Manners, 1972/1994, p. 150). 이를 '환경결정론(environmental determinism)'이라 하는데, 이는 "'아테네 토양의 불모성은 그곳에서 민주정치를 이룩했고, 스파르타의 비옥성은 귀족정치를 이루어 놓았다'라고 진

(生態的適所, ecological niche)에서 적응하고 생존하는 데 영향을 미치는 핵심 요소는 가용 식량 공급과 그 축적의 문제이다(Berry, 1979 ; Kim, 1995 ; Segal, Dasen, Berry, & Poortinga, 1999 ; Triandis, 1990).

식량 공급을 수렵과 채취에 의존하는 부족들은 식량 조달에 한계가 많으므로 핵가족과 같은 소단위를 유지하는 것이 생존에 유리했을 것이고, 식량 공급의 원천으로서 개인의 사냥과 채취 기술을 높이 평가하게 되었을 것이다. 또 그들은 먹을 것을 구하기 위해 늘 이동할 수밖에 없었을 것이며, 이러한 과정에서 생활양식이나 사고양식이 다른 집단 사람들과 자주 맞부딪칠 수밖에 없었을 것이다. 이러한 생존 조건은 그들의 사회화 과정에 영향을 미쳐, 어려서부터 아이들에게 자기 주장·자율성·경쟁·자립·독립성을 북돋움으로써(Barry, Child, & Bacon, 1959), "원시개인주의(原始個人主義, protoindividualism)"(Triandis, 1990, p. 71)의 특징을 낳게 되었을 것이다.

술한 몽테스키외의 주장으로부터, 열대지방에서 살아온 아프리카의 흑인이나 동남아시아의 니그리토들은 게을러서 고급 문명을 탄생시킬 수 없었으며, 비교적 추운 지방에서 강인하게 적응해 온 서구 백인들은 그 반대의 문명사를 이룩했다고 하는 세간에 유전하는 언표와 인식들에 이르기까지, 기후나 지리적인 환경 요인들을 특수한 문화의 (절대적인) 결정인자로 간주하는"(전경수, 1994, p. 91. 괄호 안은 필자가 덧붙임) 견해이다.

그러나 이와 같은 극단적인 환경결정론은 같은 환경조건에 사는 사람들일지라도 종족에 따라 형성하는 문화 내용이 달라질 수 있다는 비교문화적인 자료가 제시되면서 '환경가능론(environmental possibilism)'의 도전을 받게 되었다. 이 견해에 따르면, "환경 서식처의 특성은 결정적인 역할을 수행하는 것이 아니라, 어떤 방향으로는 기회를 제공하고, 다른 방향으로는 기회는 제한하는 구실(permissive or limiting rule)을 하는 것으로 간주된다"(Kaplan & Manners, 1972/1994, pp. 150~151). 이러한 가능론은 환경조건과 접촉하는 인간 집단의 능동적 구실을 전제하는 견해이다(전경수, 1994).

이미 극단적인 환경결정론은 환경가능론에 지배적인 이론의 자리를 넘겨준 지 오래이다. 그러나 이 환경가능론의 관점에 선다고 해도 환경조건이 문화 유형의 조성에 크나큰 영향을 미친다는 사실은 부정할 수 없으며, 따라서 "문화는 환경에의 적응체계라는 등식의 논리가 성립되는 것이다"(전경수, 1994, p. 96).

식량 공급을 농경에 의존하는 사람들은 넓은 평원 지역에 정주(定住)하고, 또 관개시설과 성의 축조 따위에 많은 사람의 공동 노력이 필요하다 보니, 대가족과 같은 대단위의 조직을 유지하는 것이 생존에 유리했을 것이다. 이렇게 농경사회에서는 대단위의 협동이 생존의 전제 조건이 됨으로써, 집단 내 조화와 질서의 유지가 요청될 수밖에 없었을 것이다. 그리고 이들은 한 지역에 몇 세대에 걸쳐 정주함으로써 다른 집단 사람들과 접촉하는 일은 거의 없고, 평생을 같은 집단 사람들과 함께 보냈을 것이다. 이러한 생존 조건은 그들의 사회화 과정에 영향을 미쳐, 어려서부터 아이들에게 순종·겸손·책임·조화·협동심을 북돋움으로써(Barry et al., 1959), "집단주의"(Triandis, 1990, p. 71)의 특징을 낳게 되었을 것이다.

그러나 식량 공급을 목축이나 무역에 의존하는 사람들은 목초지를 찾아 계속 이동하거나 또는 주로 다른 지역과 상품을 교역하는 생활양식을 고수하다 보니, 서로 다른 생활양식과 사고양식을 보이는 사람들과 접촉하는 일이 많아질 수밖에 없었을 것이다. 따라서 이들은 수렵·채취집단과 마찬가지로 강한 개인주의 특징을 지니게 되었을 것이다. 높은 산지를 경계로 삼아 바닷가에서 무역을 위주로 하는 삶의 양식을 지닐 수밖에 없었던 고대 그리스에서 개인주의가 발달하였던 사정(Nisbett, 2003, pp. 29~39 ; Triandis, 1990, p. 40)은 바로 이러한 데 있었다고 볼 수 있다.[14]

현대 산업사회의 삶의 양식은 전근대 사회의 삶의 양식과는 근본적으로 달라짐으로써, 문화적인 특징도 달라질 수밖에 없었다. 식량 공급이 더 이상 농경이나 목축에만 의존하지 않게 되었고, 분업체제를 앞세운 대규모

---

14) Margaret Mead(1967)는 13개 미개발 토착부족을 협동부족과 경쟁부족으로 나눈 결과를 제시하고 있는데, Triandis(1990, pp. 46~47)는 이 연구에서 경쟁부족인 이누잇(Inuit)족(Eskimo족)·오지마(Ojima)족·콰키우틀(Kwakiutl)족·다코타(Dakota)족·이파가오(Ifagao)족·마누스(Manus)족은 수렵·채취·어로·목축·무역을 주로 하는 개인주의 사회를 이루고, 협동부족인 쭈니(Zuni)족·사모아(Samoa)족·이로쿠오스(Iroquois)족·바통가(Bathonga)족·아라페쉬(Arapesh)족·마오리(Maori)족은 농경을 주로 하는 집단주의 사회를 이루고 있음을 알 수 있다고 보고함으로써, 이상과 같은 논의의 타당성을 입증하고 있다.

공장 노동에 힘입어 시장을 중심으로 한 생산과 교역이 삶의 주축이 됨으로써, 이제 상업과 서비스업 같은 3차산업이 삶의 주요 양식이 되었다. 이로 말미암아 부의 재축적이 이루어져, 이전보다 훨씬 풍요로운 사회가 되었으며, 기능적 분화에 바탕을 둔 경제 분화가 심화하고 도시화(urbanization)가 촉진되었다. 따라서 삶의 단위가 다시 소규모로 핵가족화하였으며, 많은 이질적인 사람들 사이에 접촉이 활발해졌다. 그 결과, 다시 원시개인주의 사회에서 강조하던 사회화의 측면들이 두드러짐에 따라, "신개인주의(新個人主義, neoindividualism)"(Triandis, 1990, p. 71)의 특징이 드러나게 되었던 것이다.

이상에서 보듯이, 생태 조건과 식량공급 양식의 차이 때문에 빚어지는 사회화 과정의 차이로 말미암아 농경사회에서는 집단주의 문화가 조성되어 개인보다 집단을 강조하고, 수렵·채취·교역사회와 현대 산업사회에서는 개인주의 문화가 조성되어 집단보다 개인을 강조하게 된다. 이러한 관점에서 보면, 서구사회에서 개인주의 문화가 발달하고, 동양사회에서 집단주의 문화가 발달하게 된 생태적, 경제적 배경이 분명하게 드러난다. 곧 서구사회에서는 제너의 방적기 발명(1767년), 제임스 와트의 증기기관 발명(1769년)에 힘입어 "1780년 이후 백여 년에 걸쳐 …… 농촌적이고 수공업적인 경제에서 도시적이며 기계로 움직이는 공장이 지배하는 산업으로의 최초의 획기적 약진"(Burns, Lerner, & Meacham, 1984/2003, p. 861)인 산업혁명(産業革命, Industrial Revolution)이 이루어짐으로써, 본격적인 현대 산업사회로 들어서게 되었다. 이렇게 서구사회가 현대 산업사회로 들어선 역사는 200여 년이 훨씬 넘는 것으로, 그만큼 개인주의 문화의 뿌리가 굳게 내려진 것이다. 물론 서구 개인주의의 뿌리를 이러한 경제적 배경에서만 찾을 수는 없는 일이다.[15] 하지만 이렇게 현대 산업사회로 빠르게 들어섰다는 사실이 서구에서 개인주의 문화가 성장하는 데 크게 기여하는 배경이 되었음을 부인할 수는 없을 것이다.

---

15) 서구 개인주의의 문화적, 철학적 배경에 대해서는 3장에서 자세히 다룰 것이다.

그러나 동양사회는 서구사회보다 훨씬 늦게 현대 산업사회로 들어서게 되었다. 19세기 후반의 메이지유신(明治維新, 1868) 이후 산업화의 길을 걷게 된 일본을 제외하고, 대부분의 동아시아 국가들은 20세기 중엽이 지나서야 제국주의의 식민지배에서 벗어나 서서히 현대 산업사회로 들어서게 되었던 것이다. 우리나라가 본격적인 산업화의 길을 걷게 된 것은 한국전쟁이 끝난 다음인 1960년대 후반에 들어서이며, 중국은 우리나라보다도 늦게 1980년대의 개방화 뒤에야 본격적으로 산업화에 박차를 가하였다. 그러므로 동양사회는 서구사회가 산업화한 다음에도 200년 가까운 기간 동안 농경사회의 특징을 간직하는 산업체제를 유지할 수밖에 없었으며, 그 결과 동양사회는 서구사회와는 달리 상대적으로 강한 집단주의 문화의 특징을 지니게 되었다고 볼 수 있다.16)

(2) 외계와 세상사 인식의 양식

생태적, 경제적 생활 조건의 차이는 자연적, 사회적 환경 가운데 주의를 기울일 대상을 다르게 하고, 따라서 외계와 세상사를 인식하는 양식(cognitive style)의 차이를 가져오게 된다(Berry, 1966, 1971, 1976, 1979;

---

16) 같은 사회 안의 성원들일지라도 연령, 교육 수준, 거주 지역 및 경제적 수준에 따라 문화 성향이 달라지는 것으로 밝혀지고 있다(Triandis, 1990, 1995). 곧 연령이 낮을 수록(Gudykunst, 1993 ; Triandis et al., 1988), 고등교육을 받을수록(Triandis, 1990, 1995), 도시에 거주할수록(Kagitcibasi, 1990, 1996 ; Triandis, 1990, 1995), 그리고 경제적으로 풍요로울수록(Hofstede, 1980, 1983, 1991 ; Triandis, 1990, 1995) 개인주의 성향이 강하고, 반면에 연령이 높거나, 교육 수준이 낮거나, 농촌에 거주하거나, 가난할수록 집단주의 성향이 강하다.

우리나라에서도 젊은 세대일수록 기성세대보다(김의철, 1997 ; 한규석·신수진, 1999 ; Han & Ahn, 1990), 고등교육을 받은 사람일수록 교육 수준이 낮은 사람보다(나은영·민경환, 1998 ; 나은영·차재호, 1999 ; 차재호·정지원, 1993 ; 한규석·신수진, 1999 ; Han & Ahn, 1990), 그리고 농촌 지역에 거주하는 사람일수록 도시인보다(장성수·이수원·정진곤, 1990) 개인주의 성향이 강한 것으로 드러난다. 이러한 결과는 우리나라와 같은 동양사회에 집단주의 문화가 조성된 배경에는 이 지역에 농경사회의 특징이 오래 남아 있고, 산업화와 도시화가 비교적 늦게 이루어진 사정이 있음을 입증한다고 볼 수 있을 것이다.

Berry & Annis, 1974 ; Kim, 1995 ; Nisbett, 2003 ; Nisbett et al., 2001 ; Witkin, 1969 ; Witkin & Berry, 1975 ; Witkin & Goodenough, 1977).

위트킨(Witkin, 1969 ; Witkin & Berry, 1975 ; Witkin & Goodenough, 1977)과 그 동료들은 어떤 사람들은 개별적인 대상을 그것이 놓여 있는 전체 지각 (知覺) 장과 잘 구분하여 저마다의 모양·색깔·크기 따위를 잘 인식하지만, 어떤 사람들은 개별적인 대상을 전체 지각 장과 잘 구별하지 못하고 대상들 사이의 관계 속에서 인식함을 밝혀내었다. 이들 연구자들은 전자를 장(場) 독립적 유형(field-independent type), 후자를 장 의존적 유형(field-dependent type)이라 부르고, 이러한 지각의 장 독립성-의존성은 삶의 조건에 따라 영향을 받게 됨을 밝혀내었다.

이 연구자들은 사냥감과 먹을거리를 주변 환경조건과 구별하여 찾아내는 능력에 의존하여 식량을 얻어내는 수렵·채취사회에서는 지각 대상을 환경조건에서 분리하여 인식하는 능력이 발달하게 되었을 것이라고 본다. 또한 일터에서 분업을 위하여 자기가 할 일과 남의 일을 구별해야 하는 현대 산업사회에서도 장 독립적 지각 경향이 적응에 유리할 것이라고 본다. 이에 견주어, 인간과 자연 사이의 조화와 사람들 사이의 협동에 의존하여 식량을 얻어내는 농경사회에서는 대상들을 지각 장의 전체 관계 속에서 인식하는 장 의존적 지각 경향이 발달하게 되었을 것이라고 한다.

이렇게 생태적 조건에 따라 외계 인식의 양식이 달라진다는 사실은 미개발 토착부족들(수렵·채취부족과 농경부족)의 장 독립성-의존성을 실증적으로 비교한 베리(Berry, 1966, 1971, 1976 ; Berry & Annis, 1974 ; Wiltkin & Berry, 1975)의 연구에서 잘 드러난다. 한 연구에서 그(Berry, 1976)는 농경사회의 5개 정주부족[17]과 수렵·채취사회의 5개 이동부족[18]을 대상으로

---

17) 이들은 서아프리카의 템네(Temne)족, 뉴기니아 고원 지방의 텔레폴(Telefol)족, 뉴기니아 연안 지역의 모투(Motu)족, 오스트레일리아 연안 지역의 쿵안지(Koonganji)족, 캐나다 브리티쉬 콜럼비아 연안 지역의 침시안(Tsimshian)족으로, Murdock(1967)이 제시한 생태학적 지수(ecological index)는 각각 −1.98, −1.53, −0.39, −0.27, −0.27이었다. 여기서 음수 부호가 클수록 농경·정주사회임을 나타낸다.

장 독립성-의존성 검사[19]를 하였다. 그 결과, 농경사회의 정주부족은 강한 장 의존성의 경향을 나타내었고, 수렵·채취사회의 이동부족은 강한 장 독립성의 경향을 나타내었다. 이러한 사실은 생태적 조건에 따라 외계를 인식하는 양식이 달라짐을 실증적으로 입증해 주는 결과이다.

생태적, 경제적 조건에 따른 이러한 장 독립성-의존성의 차이는 물리적 대상을 지각하는 경우에만 나타나는 것은 아니다. 이는 대인관계의 행동이나 사회행동에서도 차이를 드러낸다. 베리(Berry, 1979)는 미개발 토착부족 10개 집단을 대상으로 애쉬(Asch, 1956) 유형의 동조(同調, conformity) 행동을 측정하는 검사를 하였다.[20] 그 결과, 농경·정주부족일수록 집단 의

---

18) 이들은 캐나다 바핀 섬의 이누잇(Inuit)족(Eskimo족), 북부 퀘벡의 크리(Cree)족, 북부 온타리오의 오지브웨이(Ojibway)족, 오스트레일리아 중부의 아룬타(Arunta)족, 브리티쉬 콜럼비아 산지의 캐리어(Carrier)족으로, Murdock(1967)의 생태학적 지수는 각각 +1.09, +0.86, +0.64, +0.52, +0.18이었다. 여기서 양수 부호가 클수록 수렵·채취·이동사회임을 나타낸다.

19) 장 독립성-의존성의 정도를 측정하는 검사는 세 가지가 있다(Nisbett, 2003, pp. 42~44). 그 하나는 기울어지게 설계된 실험실의 의자에 피험자를 앉게 한 뒤, 자기 몸을 지표면과 수직이 되게 하는 '신체 조정 검사(Body Adjustment Test)', 또 하나는 기울어진 기다란 상자 끝에 막대기를 달아 놓고, 이 상자 속에 피험자의 얼굴을 넣게 한 뒤, 상자가 기울어진 상태에서 끝의 막대기를 바닥에 수직으로 세우게 하는 '막대기-틀 검사(Rod and Frame Test)', 그리고 나머지 하나는 복잡한 배경 속에 숨겨져 있는 사물을 찾아내게 하는 '숨은 그림 찾기 검사(Embedded Figures Test)' 이다. 이들 과제에서 장 독립적 유형자들은 방이나 상자의 기울어진 정도에 상관없이 자기 몸이나 막대기를 수직으로 잘 세우고, 또 숨은 그림도 잘 찾아내지만, 장 의존적 유형자들은 자기가 있는 방이나 상자의 기울기, 곧 장 전체 조건의 영향을 받아 자기 몸과 막대기의 수직을 잘못 잡거나, 숨은 그림을 잘 찾아내지 못한다.

20) 이 연구에서 사용한 과제는 일정한 길이의 직선을 표준 자극으로 제시하고, 그 아래에 길이를 달리하는 여덟 개의 직선을 제시하여, 표준 자극과 길이가 같은 직선을 고르게 하는 것이었다. 이때 선택지 중 표준 자극과 길이가 다른 어느 하나의 직선에 표시를 해놓고, 자기 부족의 많은 사람들이 먼저 정답으로 고른 것이라고 알려준 다음, 피험자들에게 정답을 고르게 하였다. 그리고 나서 피험자들이 이렇게 집단 압력(group pressure)이 가해진 선택지를 정답으로 고르면 집단 성원들의 의견에 동조한 것이고, 이를 고르지 않으면 집단 의견에 동조하지 않고 독립적으로 판단한 것이라고 추정한다.

견에 동조하는 경향이 뚜렷하였고, 수렵·채취·이동부족일수록 독립적으로 선택하는 경향이 뚜렷하였다. 각 부족의 생태지수와 독립성(동조성)의 상관을 계산해 보니, r = 0.70으로 상당히 높은 상관을 보여주고 있었다. 이러한 결과는 삶의 조건에 따른 장 독립성-의존성 지각 경향은, 동조 행동과 같은 사회행동에서도 물리적 대상을 지각하는 경우와 똑같은 차이를 낳는다는 것을 의미한다.

실제로 이러한 장 독립성-의존성은 다른 사람에 대한 관심의 차이와도 관련이 깊은 것으로 밝혀지고 있다. 장 의존적 유형자들은 장 독립적 유형자들보다 타인과 함께 있는 것을 더 좋아하고, 타인의 얼굴과 '방문'이나 '잔치' 같은 사회적 단어들을 더 잘 기억하며, 또한 스스로 선택하도록 했을 경우 다른 사람들과 더 가깝게 자리를 잡고 앉는 것으로 드러나고 있다 (Witkin & Goodenough, 1977).

이상의 결과들에서 추론할 수 있듯이, 이러한 장 독립성과 장 의존성은 각각 개인주의 사회와 집단주의 사회에서 외계와 세상사를 인식하는 특징적인 양식이다. 지, 펭과 니스벳(Ji, Peng & Nisbett, 2000)은 개인주의 사회인 미국의 대학생들과 집단주의 사회인 한국과 중국의 대학생들에게 장 독립성-의존성을 측정하는 '막대기-틀 검사'를 한 결과, 강한 장 독립적 지각 경향을 보이는 미국의 대학생들과는 달리, 한국과 중국의 대학생들은 뚜렷한 장 의존적 지각 경향을 보인다는 사실을 발견하였다. 이는 동아시아 집단주의 사회의 사람들은 장 의존적으로 외계와 세상사를 인식하는 경향을 보이지만, 서양 개인주의 사회의 사람들은 장 독립적으로 외계와 세상사를 인식하는 경향을 보임을 뜻한다. 곧 개인적 독특성과 이익·목표의 추구가 인정되고 강조되는 개인주의 사회에서는 장 독립적 지각 경향이 발달하고, 사회적 역할과 의무의 연쇄망에 주의를 기울이는 집단주의 사회에서는 장 의존적 지각 경향이 발달한다.

이러한 외계와 세상사를 인식하는 양식의 차이는 두 문화 유형 지역에 서로 다른 사상체계를 정립시켰다고 볼 수 있다. 전통적으로 서양의 철학 사상은, 특히 중세 이후 근대 세계로 접어들면서는 개인을 강조하는 경향이 두드러지지만, 동양의 철학, 그 가운데서도 특히 유학사상은 집단과 사회를 강조하는 견해를 전개하였으며, 이러한 맥락에서 서양과 동양의 국가들에서 각각 개인주의와 집단주의 문화가 발달한 배경을 찾아볼 수 있다 (Kagitcibasi, 1997 ; Kim, 1995 ; Nisbett, 2003 ; Nisbett et al., 2001 ; Triandis, 1995).

(3) 개인의 욕구체계

개인과 집단 가운데서 어느 쪽을 더 강조하느냐를 결정짓는 요인은 이러한 생태적 조건과 세상사에 대한 인식양식의 차이 말고도 개인의 욕구체계에서 찾을 수 있다. 베이칸(Bakan, 1966)과 같은 성격의 갈등이론가에 따르면, 사람에게는 인간 실존이 지닌 두 가지 근본적인 양식(two fundamental modalities of human existence)을 반영하는 기본적 욕구가 있는데, 하나는 "각 개인을 구성 부분으로 하는 더 큰 유기체에 개인이 참여하는"(p. 15) 일체성(communion) 동기이고, 또 하나는 "개인으로서 존재하는 유기체"(p. 15)와 관련된 주도성(agency) 동기이다. 진(Geen, 1995a)은 전자는 "개인을 타인과 밀접하게 이끌고, 개인과 사회환경 사이의 공동체감을 드높이는 행동을 낳는 동기이고, 후자는 개인을 직접적인 공동체와 분리하고, 사회환경 안에서 타인과는 독립적으로 또는 타인의 희생을 통해서라도 개인적 이득을 얻어내려는 행동과 관련된 동기"(p. 249)라고 보고 있다. 여기서 전자가 타인과 결합(merging)하고자 하는 동기라면, 후자는 타인과 분리(separation)되고자 하는 동기로서(Kagitcibasi, 1997),[21] 위긴스(Wiggins,

---

21) Kagitcibasi(1997)는 인간 동기를 이렇게 결합-분리의 체계로 보는 것은 정신분석 이론에 뿌리를 둔 대상관계이론(object relation theory), 자아이론(ego theory), 가족 체계이론(family systems theory) 들에서도 공통적이라고 본다. 다만, 이들 이론에서는 두 동기를 모두 강조하는 갈등이론(conflict theory)과는 달리 분리의 욕구를 강조하여, 부모와 정서적 분리가 제때에 잘 이루어져 개체화를 달성하는 것이 바람직한 정신건강을 이루는 지름길이라고 보아, 개인주의 색채를 강하게 띠고 있는 점이 특징이다. Hogan(1983)도 이 두 가지 동기는 태어나서 유아기 때에는 부모를 비롯한 가족에 의존해서 살다가 점점 나이가 들면서 독립해 가는 인간 삶의 기본 양식에서 나오는 것이라고 보고 있다.

1992)에 따르면 전자는 집단주의 사회에서 강조하는 동기의 근거가 되고, 후자는 개인주의 사회에서 강조하는 동기의 근거가 된다.

이러한 사실은 브류어(Brewer, 1991)의 최적 특이성 이론(optimal distinctiveness theory)에서도 확인된다. 그는 내집단과 비슷해지려고 하는 동화 욕구와 내집단과 달라지려고 하는 분화 욕구가 있다는 전제를 두고, 개인이 집단에 소속되어 있으면 분화의 욕구가 강해지고 집단과 떨어져 있으면 동화의 욕구가 강해지는데, 이 두 욕구의 교차점이 집단과 이루는 관계에서 개인이 최대로 편안함을 느끼는 최적 특이점(optimal distinctiveness point)이 된다고 보고 있다. 트리안디스(1995, p. 11, 그림 1.1)는 이 이론을 확장하여, 개인주의 사회에서는 분화 욕구의 기울기가 동화 욕구의 기울기보다 크고, 집단주의 사회에서는 동화 욕구의 기울기가 분화 욕구의 기울기보다 가파르고 크기 때문에, 개인주의 사회에서 최적 특이점은 집단과 분리된 쪽으로 기울어져 있고, 집단주의 사회에서는 집단에 포괄되어 있는 쪽으로 기울어진다고 보고 있다. 그렇기 때문에 집단주의 사회에서는 일체성 동기(동화·결합 동기)가 강하게 드러나 집단을 개인보다 강조하지만, 개인주의 사회에서는 주도성 동기(분화·분리 동기)가 강해져서 개인을 집단보다 더 강조하게 된다는 것이다.

이렇게 개인주의 사회에서 분화 동기가 크게 떠오르고, 집단주의 사회에서 동화 동기가 크게 떠오르는 배경에는 두 사회의 생태적, 경제적 상황과 여기에서 생겨나는 생존 조건의 차이가 놓여 있다고 볼 수 있다. 곧 수렵·채취사회나 현대 산업사회와 같은 개인주의 사회에서 생존은 개인의 사냥이나 채취 기술 및 자기 일을 해내는 능력에 크게 의존한다. 따라서 자기 주장·자기 확신·자율성에 따라 타인과 경쟁하고 독립성을 확보하는 데 주의를 기울일 수밖에 없고, 결과적으로 "자기를 비자기(non-self)에서 격리(segregation)"(Witkin & Goodenough, 1977, p. 661)하기 위해 다투어 노력하게 되므로, 분화의 동기가 표면에 떠오르게 되는 것이다.

이와는 대조적으로, 농경사회에서 생존은 집단 속에서 이루어지는 협동과 조화 및 자연과 인간 사이의 협응, 그리고 끊임없이 변화하는 자연 조건에 대한 순응에 크게 의존하게 된다. 따라서 겸손·순종·책임·자기 억제를 통해 타인과 조화하고 연계성을 얻어내는 데 주의를 기울일 수밖에 없고, 결과적으로 집단에게 받아들여지고자 다투어 노력하게 되므로, 동화의 동기가 표면에 떠오르게 되는 것이라고 추론할 수 있다.

2) 동·서 집단주의-개인주의 문화의 연원 : 고대 중국과 그리스

개인을 집단보다 강조하느냐, 아니면 집단을 개인보다 강조하느냐 하는 문제는 모든 문화가 다루어야 하는 '문화의 심층구조 원리'(deep structure principle of culture : Greenfield, 2000, p. 229)이다. 그린필드(Greenfield, 2000)는 이를 다음과 같이 표현하고 있다.

> 문화의 심층 원리는 모든 문화가 개인과 집단 사이의 관계를 두고 다루어야 하는 문제로서, 여기에는 두 가지 기본적인 선택지가 있을 뿐이다 : 그것은 개인을 우선시하느냐, 아니면 집단을 우선시하느냐 하는 것이다(p. 229).

이러한 문화의 심층구조 원리로서 개인주의(개인을 집단보다 우선시)-집단주의(집단을 개인보다 우선시)의 체계가 정립되면, 이는 모든 사회적 맥락에서 문화차를 설명하고 통합할 수 있는 단순하고도 강력한 골격틀(skeleton frame)의 기능을 수행하게 된다(Gelman & Williams, 1997). 곧 "개인주의와 집단주의는 문화 해석과 조직화의 심층 원리로서, 거대한 생성적 가치(generative value)를 지니게 되어, 마치 언어학에서 말하는 문법처럼, 개인주의-집단주의의 분류체계는 무한한 상황에서 행동을 산출해 낼 뿐만 아니라, 타인의 행동을 이해하도록 할 수 있는 것이다"(Greenfield, 2000, p. 231).

호프스테드(1991)에 따르면, 집단주의 문화는 세계 여러 지역 가운데서 동아시아 지역의 특징적인 문화 유형이고, 개인주의 문화는 북미와 오세아니아 및 북서유럽 지역의 특징적인 문화 유형이다. 이러한 동아시아 집단

주의 문화의 원형은 고대 중국 문명에서 찾아볼 수 있고, 개인주의 문화의
원형은 고대 그리스 문명에서 찾아볼 수 있다(Nisbett, 2003 ; Nisbett et al.,
2001). 곧 고대 중국과 그리스의 생태적 조건과 이에 따른 외계 인식의 양
식과 철학적 배경의 차이에서 동·서양 집단주의와 개인주의 문화의 연원
을 찾아볼 수 있는 것이다.

니스벳(2003 ; Nisbett et al., 2001)은 서구인(개인주의자)과 동아시아인
(집단주의자)이 세계와 자기를 인식하는 양식의 차이는 고대 그리스와 중
국의 생태적 조건과 사회 조직 및 관습의 차이에서 비롯하는 철학적 배경
의 차이에서 그 근원을 찾을 수 있다는 이론을 제시한다. 그에 따르면, 고
대 그리스는 높은 산으로 막힌 좁은 평지에서 중앙집권화하지 못한 도시국
가가 발달되어, 도시 간의 이주와 무역이 활발하였으며, 따라서 시장과 정
치집회에서 벌어지는 대립과 논쟁이 삶의 중요한 부분이었다. 이와는 대조
적으로, 고대 중국에서는 넓고 비옥한 평원에 중앙집권화하고 위계화한 사
회가 형성되어, 사람들이 한 지역에 몇 세대 동안 정착하여 농경에 종사하
였으므로, 이웃과 협동과 조화를 추구하는 일이 삶의 중요한 부분이었다.

그리하여 그리스인들은 나와 나 아닌 것, 인간과 자연, 하나의 사물과 다
른 사물을 엄격히 구별하여 범주화하고, 낱낱이 가지는 일관적이고 불변적
인 본질(essence)을 추상화하여, 그들을 지배하는 법칙을 찾아내려 노력하
게 되었다. 그 결과, 맥락과 분리된 독립적인 대상이 관심의 초점이 되어,
그리스인들은 이러한 분리된 대상의 안정적, 불변적 속성을 인식하는 데
힘을 쏟았으며, 결국 범주화(範疇化), 논리규칙에 따른 갈등 해결 및 분석
적 사고(analytical thinking)의 양식이 발달하게 되었다는 것이다.

이와 달리, 중국인들은 모든 것은 각 개체로서는 존재 의미가 없고, 서로
연관된 맥락 속에 존재한다고 생각하였으므로, 항상 변화하는 상황 속에서
서로 연관된 역할과 의무 따위의 규범을 파악하여, 공동생활의 조화와 질
서를 이루려 노력하게 되었다. 그 결과 그들에게는 분리되고 고립된 대상
이 아니라 그들이 놓여 있는 전체 장(field)이 관심의 초점으로 떠올라, 이
러한 맥락 속에서 역동적으로 변화하는 가소성(可塑性, malleability)을 파

악하여 통일성을 이루어내는 데 힘을 쏟았으며, 결국 관계의 유사성과 중도(中道, middle way)의 인식, 변증법에 따른 갈등의 해결 및 총체적 사고(holistic thinking)의 양식이 발달하게 되었다는 것이다.

니스벳(2003 ; Nisbett et al., 2001)에 따르면, 이러한 배경에서 꾸준히 고대 그리스 철학의 영향을 받아온 서구인들은 사회는 서로 분리되고 독립적인 개인들을 기본 단위로 하여 구성되는 복수적인 집합에 지나지 않는다고 보아, 집단보다 개인을 강조하는 개인주의의 경향을 띠게 되었다. 그리하여 사회는 결국 그 구성 요소인 개인의 이해를 통해서 이해할 수 있다고 보았고, 개인이 이루어낸 안정적이고 불변하는 독특한 내적 속성(성격・능력・기호・태도・욕구・감정・의도 등)이 개인의 행위와 사회 운용의 원천이라는 개인 중심적 인간관을 가지게 되었으며(Dumont, 1970 ; Miller, 1984 ; Miller & Bersoff, 1992 등), 스스로를 타인과 분리된 독립적이고 자율적인 존재로 인식하게 되었다는 것이다.

이와는 대조적으로, 오랜 시대에 걸쳐 거듭 고대 중국 철학의 영향을 받아온 동아시아인들은, 서로 연관된 사람들 사이의 관계 또는 그러한 관계의 원형인 가족과 같은 일차집단을 기본 단위로 하여 구성되는 사회는 그 자체가 하나의 유기체라고 보아, 개인보다 그들이 놓여 있는 장으로서 집단을 강조하는 집단주의의 경향을 띠게 되었다. 그리하여 그러한 관계 속에서 나타나는 각자의 역할과 의무 및 집단 규범이 개인의 행위와 사회 운용의 원천이라는 관계 중심적 인간관을 가지게 되었으며(Dumont, 1970 ; Miller, 1984 ; Miller & Bersoff, 1992 등), 스스로를 여러 가지 관계의 연쇄망(network) 속에서 타인들과 연계되어 있는 존재로 인식하게 되었다는 것이다.

3. 집단주의-개인주의 분류의 기준

한 사회의 생산-양식과 사회구조에 따라 개인과 집단 가운데 어느 쪽에
초점을 맞출 것인지가 달라진다는 사실을 보여주는 문화분류체계는 지금
까지 역사학·사회학·인류학·심리학과 같은 여러 분야에서 다양하게 제
시되어 왔는데,[22] 이 가운데 대표적인 것은 퇴니스(Tönnies, 1887/1957)가

---

22) 이러한 문화분류체계로는 교환관계에 강조점을 두어 문화 유형을 분류한 Tönnies(1887/
1957)의 공동사회-이익사회(Gemeinschaft - Gesellschaft), Goffman(1961)의 사회적 교환
관계-경제적 교환관계(social exchange relationship - economic exchange relationship),
Maine(1963)의 지위관계-계약관계(status relationship - contract relationship), Ziller(1965)
의 폐쇄집단-개방집단(closed group - open group), Mead(1967)의 협동인-경쟁인
(cooperative people - competitive people), Inkeles와 Smith(1974)의 전통주의-근대성
(traditionalism - modernity), Clark와 Mills(1979, 1993 ; Mills & Clark, 1982)의 공유관계-
교환관계(communal relationship - exchange relationship) 및 Gross와 Raynor(1985)의 집단
문화-격자문화(group culture - grid culture)의 체계 ; 타인과의 관계에서 나타나는 지향
성에 따라 분류한 Durkheim(1893/1984)의 기계적 연대-유기적 연대(mechanical
solidarity - organic solidarity), Parsons(1949)의 집합성 강조-자기 강조(collectivity
emphasis - self emphasis), Weber(1957)의 공동체적 관계-연합적 관계(communal
relations - associative relations), Riesman, Glazer와 Denney(1950)의 전통지향인-내부지
향인·타인지향인(tradition directed person - inner directed person · other directed person),
Kluckhohn과 Strodtbeck(1961)의 수직성·부대성-개체성(lineality · collaterality - individuality),
Yang(1981)의 사회적 지향-개인적 지향(social orientation - individual orientation),
Kagitcibasi(1985)의 관계성 문화-분리성 문화(culture of relatedness - culture of
separateness), 장성수·이수원·정진곤(1990)의 인정 조망-공정 조망 및 이헌남(1992)
의 관계 조망-공정 조망의 체계 ; 도덕성과 가치 내면화에 따라 분류한 Benedict(1947)
의 수치심 문화-죄의식 문화(shame culture - guilt culture), Wilson(1974)의 타동성-자
동성(heterocentrism - autocentrism), Miller(1994, 1997a, b ; Miller & Bersoff, 1992,
1994 ; Miller, Bersoff, & Harwood, 1990 ; Miller & Luthar, 1989)의 의무 기초 도덕성-개
인 기초 도덕성(duty based morality - individually based morality), Shweder, Much,
Mahapatra와 Park(1997)의 공동체 윤리-자율성 윤리[ethics of community - ethics of
autonomy. 그들은 이 밖에도 신성 윤리(ethics of divinity)를 제시하고 있는데, 이는 이
두 윤리를 초월하는 도덕성을 말한다] 및 Fiske, Kitayama, Markus와 Nisbett(1998)의
배려의 도덕성-정의의 도덕성(morality of caring - morality of justice)의 체계 ; 그 밖에
심리적 특징에 따라 분류한 Bakan(1966)의 일체성 동기-주도성 동기(communion

제시한 공동사회(Gemeinschaft)와 이익사회(Gesellschaft)의 분류체계이
다. 공동사회는 사회의 성원들이 한 공동체에 오래 함께 살아 서로 잘 알
고, 협동과 신뢰를 바탕으로 관계를 맺고 유지하며, 공동작업을 통해 공동
체에서 소비 목적으로 물자를 생산하며, 신뢰·협동·보수주의가 일상적
삶의 기초가 되는 사회이다. 이와 달리, 이익사회는 성원들 사이에 수요-
공급원칙에 따르는 계약을 바탕으로 관계가 이루어지고, 개인의 가치는 시
장 원리에 따라 결정되며, 개인적 이익을 얻기 위해 생산활동에 참여하고,
교환이 일상적 삶의 기초가 되는 사회이다(Kim, 1995, p. 8 참조). 여기서
전자는 집단을 강조하는 집단주의의 경향을 강하게 띠는 사회이고, 후자는
개인을 강조하는 개인주의의 경향을 강하게 드러내는 사회라 볼 수 있다.

이렇게 문화 유형을 집단주의-개인주의의 틀로 분류하는 것이 일반적인
경향이라면, 한 사회의 문화 내용을 집단주의로 분류할 것인지, 아니면 개
인주의로 분류할 것인지 하는 기준은 무엇인가? 이 두 문화 유형의 기본적
차이에 관해서는 다양한 논의가 제시되어 왔는데, 이들은 대체로 호프스테
드(1980, 1983, 1991)와 트리안디스(1988, 1989, 1990, 1994a, b, 1995 ;
Triandis et al., 1985, 1988 ; Triandis, McCusker, & Hui, 1990 ; Hui & Triandis,

---

motive - agency motive), Witkin과 Berry(1975)의 장 의존성-장 독립성(field dependence -
field independence), Weisz, Rothbaum과 Blackburn(1984)의 이차 통제-일차 통제
(secondary control - primary control), Brewer(1991)의 동화욕구-분화욕구(need for
assimilation - need for differentiation) 및 Kagitcibasi(1997)의 결합욕구-분리욕구(need
for merging - need for separation)의 체계(관계성-개체성 차원에서 다양한 동기 및 발달 과
정의 대비에 관한 집중적인 논의는 Guisinger와 Blatt, 1994를 참조할 것)와 같은 분류체계가
있다. 여기서 흥미있는 것은 이러한 대응짝 가운데 전자는 집단주의의 특징을, 후자는 개인
주의의 특징을 지닌다는 점이다.

또 Chung(1994)은 역사적 배경에 따라 보편아 중심 문화(universal I-ness
culture), 신 중심 문화(God culture), 과학 중심 문화(science culture)의 분류체계를
제시하고 있는데, 이 가운데 처음 것은 집단주의, 후자의 두 가지는 개인주의의 특징
을 지니고 있는 것이며, Fiske(1990)는 대인관계의 유형에 따른 공유관계(communal
sharing), 서열관계(authority ranking), 시장적 거래 관계(market pricing), 대등관계
(equality matching)의 체계를 제시하고 있는데, 이 가운데 처음 두 가지는 집단주
의, 나중 두 가지는 개인주의의 특징을 나타내는 것이다.

1986)의 두 문화 유형에 대한 개념 규정을 바탕으로 이루어져 왔다(Bond,
1994 ; Schwartz, 1994 ; Kagitcibasi, 1997 ; Kim, 1995). 이제 이들의 정의를 차
례로 제시하면 다음과 같다.

　개인주의는 개인 간의 연계성이 느슨한 사회를 말한다 : 모든 사람은 자기
자신과 자기의 직속 가족을 돌보면 되는 것으로 생각한다. 반대로 집단주의는
태어날 때부터 줄곧 개인이 강하고 단결이 잘 된 내집단에 통합되어 있으며,
평생 동안 무조건 내집단(ingroup)이 개인을 계속 보호해 주는 그런 사회를 가
리킨다(Hofstede, 1991/1995, p. 51).

　집단주의는 본래 스스로를 하나 또는 그 이상의 집합체(가족·공동작업
자·부족·국가)의 일부분으로 보는, 밀접하게 연계된 개인들로 구성된 사회
형태이다 : 이들은 주로 이러한 집합체가 부과하는 의무와 규범에 따라 동기화
되고, 자신의 개인적 목표보다는 이러한 집합체의 목표에 우선권을 두려는 준
비를 갖추고 있으며, 이러한 집합체의 성원들과 갖는 연계성을 강조한다. 이와
는 대조적으로, 개인주의는 기본적으로 스스로를 집합체와는 독립적이라고 여
기는, 서로 느슨하게 연계된 개인들로 구성된 사회형태이다. 이들은 주로 자신
의 선호·욕구·권리 및 스스로 타인과 수립한 계약에 따라 동기화되고, 타인
들의 목표보다는 자기의 목표에 우선권을 두며, 타인과 이루는 상호작용에서
합리적인 이해득실의 분석을 강조한다(Triandis, 1995, p. 2).

이러한 정의들은 두 문화 유형의 차이를 드러내는 많은 연구들의 성과를
바탕으로 내려진 것들이다. 한 예로, 트리안디스(1988, 1990)는 개인과 문
화의 수준을 따라 개인주의와 집단주의를 측정한 여러 연구들을 두루 살
펴, 개인주의는 독립성과 자립성·내집단과 거리두기·경쟁·쾌락 추구의
요인들을 아우르며, 집단주의는 상호의존성·사회성·가족 통합의 요인들
을 아우르는 개념체계임을 제시하고 있는데, 이를 근거로 그(Triandis,
1995)는 두 문화 유형의 차이는 자기 규정, 목표 우선성, 사회행위의 원동

력, 관계 중시 여부의 네 가지 측면에서 정리해 낼 수 있다고 본다. 이러한 연구 결과들과 위의 정의들을 종합해 보면, 두 문화 유형의 기본적인 차이가 잘 드러난다. 곧 집단주의 사회가 내집단 성원들과 갖는 연계성, 내집단에 대한 관심과 배려 및 헌신이 강조되는 사회라면, 개인주의 사회는 내집단과 분리 및 개인의 독립성과 개체성이 강조되는 사회인 것이다(Bond, 1988, 1994 ; Kagitcibasi, 1990, 1994, 1996, 1997 ; Kim, 1995 ; Schwartz, 1994 ; Triandis, 1988, 1989, 1990, 1994a, b, 1995 ; Triandis et al., 1985, 1988, 1990 등).

이렇게 다양하게 제시되어 온 연구 결과들을 그 내용의 유사성에 따라 종합적으로 검토해 보면, 한 사회의 문화를 집단주의 또는 개인주의로 규정하는 기준을 다음 몇 가지로 묶어볼 수 있다.

첫째는, 사회적 교환 장면에서 생겨나는 교환자원, 목표 및 교환에 관한 시간 전망과 같은 교환양식(交換樣式)의 기준이다(Clark & Mills, 1979 ; Fiske, 1990 ; Goffman, 1961 ; Maine, 1963 ; Mills & Clark, 1982 ; Tönnies, 1887/1957 등). 비록 이러한 기준을 제시하는 사람들은 집단주의-개인주의의 이론틀을 사용하고 있지는 않지만, 이들의 분류에서 장기적 시간 전망을 가지고, 비등가적(非等價的)인 가치의 자원을, 상대방과의 조화나 상대방의 복지에 대한 관심 또는 상대방에 대한 신뢰를 바탕으로 교환하는 관계는 집단주의의 특징을 갖는 것으로 볼 수 있고, 반대로 단기적 시간 전망에서, 등가적(等價的)인 경제적 가치의 자원을, 공정 관계 형성 또는 자기이익 추구라는 관심과 합의된 계약을 바탕으로 교환하는 관계는 개인주의의 특징을 갖는다고 볼 수 있다(Triandis, 1990).

둘째는, 개인과 개인 사이의 상호의존성 정도에 따른 기준이다(Hofstede, 1980, 1983, 1991 ; Hsu, 1971 ; Schwartz, 1986 등). 집단주의 사회에서 개인을 타인과 연계하여 상호의존적 관점에 따라 파악하고, 사회생활에서 타인이 미치는 영향을 강조하는 것과 달리, 개인주의 사회에서는 개인을 자율적이고 독립적이며 상황에서 분리를 추구하는 존재로 본다. 호프스테드(1983)는 개인주의-집단주의의 근본적인 문제는 해당 사회가 옹호하고 있는 상호의존성의 정도로서, 이는 사람들이 '나(Ⅰ)'의 자기 개념을 가지고 있느냐, 아니면 '우리(we)'의 자기 개념을 가지고 있느냐와 관계가 있다고 봄으로써, 이러한 점을 분명히 드러내고 있다.

셋째는, 개인과 내집단 사이의 관계에 따른 기준이다(Hui & Triandis, 1986 ; Triandis, 1988, 1989, 1990 ; Triandis et al., 1985, 1988 ; Yang, 1981 등). 집단주의 사회에서는 개인 목표를 내집단의 목표에 복속시키며, 내집단을 자기의 확장으로 받아들여 강한 내집단 정체감을 갖게 되기 때문에 (Triandis et al., 1985), 내집단의 통합과 조화를 강조하고 내집단 규범을 보편타당한 것으로 여기며, 내집단에 대해 강한 정서적 애착을 갖는다 (Triandis, 1989, 1990 ; Triandis et al., 1988). 이와 달리, 개인주의 사회에서는 개인의 목표 추구가 집단에 해가 되더라도 집단의 목표보다 앞세우며, 자기를 집단과는 분리된 존재로 생각하기 때문에 집단의 결속에는 관심이 없고, 정서적으로도 거리감을 갖는다(Triandis, 1989, 1990 ; Triandis et. al., 1985, 1988).

넷째는, 사회 구성의 단위에 따른 기준이다(Bond & Hwang, 1986 ; Chung, 1994 ; Hui & Triandis, 1986 ; Markus & Kitayama, 1991a, b, 1994a, b ; Miller, 1984 ; Miller & Bersoff, 1992 등). 집단주의 사회에서는 인간은 타인과 맺는 관계 속에 존재하고, 이에 따라 규정되며, 따라서 사회는 구성원 각자가 이러한 관계에 포함된 역할을 충실히 수행함으로써 유지된다고 본다(정양은, 1988 ; 조긍호, 1993, 1996a, 1997a, 1999a, 2000, 2003a ; Bond & Hwang, 1986). 곧 집단주의 사회에서는 사회의 궁극적 단위를 사람 사이의 관계 또는 이러한 관계의 원형인 가족과 같은 일차집단이라고 보는 것이다. 이와 달리, 개인주의 사회에서는 사회의 존재론적 궁극 단위는 독립적인 개인이라고 보며, 사회는 이러한 개체들의 복수적인 집합에 지나지 않는다고 본다(정양은, 1988 ; Chung, 1994). 이렇게 집단주의 사회에서는 개인 사이의 관계를 사회제도의 출발점으로 삼기 때문에, 관계 속에서 나타나는 역할과 상호의존성을 사회행위의 규범적 단위로 보게 되지만, 개인주의 사회에서는 상황이나 타인과 분리된 독립적인 개인을 사회제도의 출발점으로 보기 때문에, 기본적으로 비사회적(asocial)인 개인을 사회행위의 규범적 단위로 보게 되는 것이다(Miller, 1984 ; Miller & Bersoff, 1992).

이러한 여러 기준들은 저마다 독특성을 가지고 있기는 하지만, 이들 가운데 가장 중요한 것은 사회 구성의 단위에 대한 견해 차이로 보인다(Hui & Triandis, 1986). 왜냐하면 사회 구성의 기본 단위를 개인 사이의 관계 또는 집단으로 보느냐, 아니면 독립적이고 자율적인 개인으로 보느냐 하는 문제는 앞에서 제시된 집단주의-개인주의 분류의 연원이 되는 문제와 직결될 뿐만 아니라, 이에 따라 개인과 내집단의 관계, 개인 사이의 상호의존성 정도 및 개인 사이의 교환 양상에 대한 견해 차이가 결과적으로 빚어질 것이기 때문이다(Triandis et al., 1988).

앞에서, 식량의 확보를 수렵·채취·목축·무역 및 분업화한 생산체제에 의존하는 사회에서는 사람들 사이의 협동보다는 경쟁·자립·독립성이 생존에 유리한 특성으로 나타나고, 식량의 확보를 농경에 의존하는 사회에서는 사람들 사이의 협동·조화·배려가 생존에 유리한 특성으로 나타난다는 사실을 고찰하였다. 그 결과 전자의 사회에서는 장 독립적인 지각 경향과 사람들 사이의 독립성을 추구하는 분화적 동기가 발달하고, 후자의 사회에서는 장 의존성인 지각 경향과 사람들 사이의 결합을 추구하는 통합적 동기가 발달한다는 사실이 확인되었다. 그리하여 고대 그리스와 같은 전자의 사회에서는 두드러진 적응양식으로서 개인주의 경향을 추구하지만, 고대 중국과 같은 후자의 사회에서는 두드러진 적응양식으로서 집단주의 경향을 추구했던 것이다.

전자의 개인주의 사회에서는 결과적으로 개인을 서로 분리되고 독립적인 존재로 파악하여, 이렇게 개별적이고 자율적인 존재인 개인들이 모여 사회를 구성하는 것으로 인식하게 된다. 곧 사회 구성의 단위를 독립적인 개인에게서 찾는 것이다. 이러한 사회에서는 서로 연계되지 않은 독립적인 개인들 사이의 계약이 사회 형성의 근거가 되므로, 사회생활은 평등하고 공정한 계약에 따른 교환의 양상을 띠고, 결국 소속 집단의 목표나 이익보다는 자기 개인의 목표나 이익에 일차적인 관심을 쏟게 된다.

이와 달리, 후자의 집단주의 사회에서는 사람들을 서로 연계된 관계 속의 존재로 받아들일 수밖에 없게 되고, 결과적으로 이러한 사람들 사이의 관계 또는 그러한 관계의 원형인 가족과 같은 일차집단을 사회의 궁극적인 단위로 인식하게 된다. 그러므로 이러한 사회에서는 상호의존적인 사람들 사이의 신뢰를 바탕으로 한 배려가 사회생활의 밑바탕으로 강조되고, 따라서 자기 자신의 개인적 목표나 이익보다는 집단의 목표와 이익의 추구에 일차적인 관심을 쏟게 되는 것이다.

이러한 논의에 비추어 보면, 사회의 궁극적인 구성단위를 서로 독립적인 존재인 개인으로 보느냐(개인주의) 아니면 상호의존적인 존재인 사람들 사이의 관계로 보느냐(집단주의) 하는 데 따라, 어떤 기준으로 무엇을 서로 교환하느냐 하는 교환의 양식, 사람들 사이의 상호의존성을 강조하느냐 아니면 개인적인 독립성과 자율성을 강조하느냐 하는 삶의 태도, 그리고 개인을 앞세우느냐 아니면 소속 집단을 앞세우느냐 하는 우선순위 배정의 영역에서 특징적인 차이가 나타난다는 사실이 분명해지는 것이다.

2장

문화 유형에 따른 심리·행동적 특징의 차이

　1장에서 제시한 바와 같은 문화 유형에 따른 사고양식(집단주의 문화＝
총체적 사고양식 ; 개인주의 문화＝분석적 사고양식)의 차이는 집단주의
사회와 개인주의 사회 성원들의 삶의 과정 전체에 영향을 미쳐, 결국 그들
의 인간관과 자기관 및 심성과 행동의 여러 차이를 낳는다. 여기서는 이러
한 집단주의와 개인주의 사회 성원들의 인간관과 자기관의 차이를 먼저 제
시한 다음, 이를 통해 두 사회인들의 심성과 행동의 문화차를 개관하기 위
해 세 가지 차원(조긍호, 1993, 1996a, 1997a, 1999a, 2000, 2003a)에서 강조점
의 차이를 이끌어내고, 이어서 현대 문화비교심리학의 연구들을 통해 밝혀
진 집단주의-개인주의 문화의 심리적, 행동적 여러 차이들을 이 세 차원에
따라 정리해 보기로 하겠다.

1. 문화 유형에 따른 인간관과 자기관의 차이

　지금까지 보아온 바와 같이, 집단주의-개인주의의 문화는 그 생태적 조
건에 따라 외계 인식의 양식과 철학적 배경이 달라지게 되고, 결과적으로
세상사와 인간 일반 및 자기를 보는 관점에 커다란 차이를 보이게 된다.
두 문화 유형에 따른 이러한 인간관과 자기관의 차이를 집중적으로 분석
하고 있는 학자들은 마커스와 기타야마(Markus & Kitayama, 1991a, b) 및
카기치바시(Kagitcibasi, 1990, 1994, 1996, 1997)이다. 마커스와 기타야마
(1991a)는 개인주의 사회에서는 독립적 자기관(independent self-construal)
을 가지게 되고, 집단주의 사회에서는 상호의존적 자기관(interdependent

self-construal)을 가지게 된다는 사실을 이 두 사회에서 나타나는 인지·
정서·동기의 여러 차이를 통해 제시하고 있다. 그들은 이전의 심리학은
"근본적으로 행동의 원천이 되는 독특한 내적 속성들(예를 들면 성격 특
성·능력·동기·가치)로 구성되는 독립적, 자기 완비적(self-contained),
자율적 실체(entity)로서 개인을 보는 이른바 서구식 개인관"(p. 224)에 지
배되어 왔다고 본다. 그리고 이러한 독립적 자기관은 서구의 개인주의 문
화권에서 받아들여지는 것일 뿐, 동양의 집단주의 문화권에서도 보편적으
로 수용되는 자기 인식은 아니라는 관점에서, 자기에 대한 보편 이론은 이
두 문화권의 서로 다른 자기관을 아우르는 것이어야 한다고 주장하였다.[1]

마커스와 기타야마(1991a)에 따르면, "독립적 자기관의 본질적 요소는
자기를 자율적이고 독립적인 사람으로 파악한다는 것이다. …… 이와 비
슷한 다른 표현들에는 '개인주의적, 자기 중심적, 분리적, 자율적, 개별적,
자기 완비적' 따위가 포함된다"(p. 226). 그들은 이러한 독립적 자기관의
보유자들을 내적 속성, 자기와 타인을 구분 짓는 명확한 경계, 자기 충족과
선택의 자유 및 탈맥락적이고 추상화한 자기관을 강조하는 이들로 제시하
고 있다(Kim, 1995). "독립적 자기관과는 달리, 상호의존적 자기의 중요한
측면은 타인과 연계되어 있으며, 따라서 더욱 공적인 요소들 속에서 찾아
진다. …… 이와 비슷한 개념이, 내포하는 의미는 약간씩 다르지만 '사회
중심적, 총체적, 집단적, 타인 중심적, 조화적, 통합적, 맥락적, 연계적, 관계

---

[1] Greenfield(2000)는 기존 심리학의 서구 중심성에 대한 도전은 Markus와 Kitayama(1991a)
의 독립적 자기-상호의존적 자기 이론에 힘입어 정점에 이르렀다고 평가하면서, 다음과
같이 진술하고 있다 : "사회심리학에 대한 그들의 도전은 기존 심리학이 보편적인 자
기의 기능에 대해 연구해 온 것이 아니라, 독립적 자기라는 문화특수적인 자기의 기
능에 대해서만 연구해 왔다는 주장이었다. 그들 연구의 이론적 공헌은 자기 이론이
보편적인 것이 되기 위해서는 독립적 자기와 상호의존적 자기를 모두 아울러야 한
다는 사실을 보여주었다는 점에 있다. 또한 그들 연구의 실제적 공헌은 심리학이 지
금까지 독립적 자기의 연구에 쏟아온 만큼의 노력을 상호의존적 자기의 발달, 사회
화, 기능, 변이 들에 쏟아야 한다는 사실을 인식시켰다는 점에 있다. 간단히 말해서,
그들은 기존의 자기에 관한 서구의 연구와 이론적 가정이 서구 문화에 특수한 토착
심리학에 지나지 않았음을 입증했던 것이다"(p. 6).

〈표 2-1〉독립적 자기와 상호의존적 자기의 핵심적 차이

대비 측면	독립적 자기관	상호의존적 자기관
정 의	사회 맥락과 분리	사회 맥락과 연계
구 조	경계적·단위적·안정적	신축적·가변적
주요 특성	내적·사적(능력·사고·감정)	외적·공적(지위·역할·관계)
과 제	- 독특성 - 자기 표현 - 내적 속성 실현 - 자기 목표 촉진 - 직접적 의사소통	- 소속·조화 - 합당한 자리 찾기 - 적합한 행위에 참여 - 타인 목표 촉진 - 간접적 의사소통
타 인 의 역 할	자기 평가 : 　　타인은 사회비교 대상으로 중요	자기 규정 : 　　특정 맥락에서 타인과 이루는 　　관계를 통해 자기를 규정
자존심의 근 거	- 자기 표현 능력 - 내적 속성 타당화 능력	- 자기 조절과 억제 능력 - 사회 맥락과 조화 유지 능력

출처 : Markus & Kitayama(1991a), p. 230, 표 1

적' 따위로 다양하게 불리어왔다"(Markus & Kitayama, 1991a, p. 227). 그들은 이러한 상호의존적 자기관의 보유자들은 맥락과 상황, 지위와 역할, 내적 제약, 타인 지향 및 사회적 조화와 집단의 복지를 강조하는 참조기준(frame of reference)을 가지고 있다고 주장한다(Kim, 1995). 여기서 마커스와 기타야마(1991a)를 따라 두 가지 자기관의 핵심적인 차이를 제시하면 〈표 2-1〉과 같다.

　카기치바시(1990, 1996, 1997)는 개인주의와 집단주의 사회의 자기관을 각각 분리적 자기(separated self)와 관계적 자기(relational self)라고 개념화하여, 마커스와 기타야마(1991a)와 같은 이론을 제시하고 있다. 그에 따르면, 이 두 문화 유형은 내집단 성원들과 분리되려는 지향을 갖는지(개인주의), 아니면 내집단 성원들과 결합하려는 지향을 갖는지(집단주의) 하는 점에서 근본적인 차이가 있다. 그러므로 개인주의 사회에서는 고립되고 독립된 분리적 자기관을 가지지만, 집단주의 사회에서는 상호의존적이고 조화를

추구하는 관계적 자기관을 가지게 된다는 것이다.

2. 집단주의-개인주의 문화차 개관의 기본틀

앞에서 보았듯이, 사회 구성의 단위에 대한 인식 차이는 필연적으로 두 문화에서 지배적인 사고양식과 인간 일반 및 자기에 대한 인식의 차이를 가져온다. 곧 사회의 근본적인 구성 요소를 사회 관계와 이의 원형인 가족과 같은 일차집단이라고 보는 집단주의 사회에서는 상황 의존적이고 관계 중심적인 인간관을 지니게 되어, 결과적으로 상호의존적 자기의 개념이 우세해짐으로써, 강한 사회적 정체감(social identity)을 갖게 된다. 이와는 달리 개인적 목표와 선호를 추구하는 자기 본위의 독립적이고 자율적인 개인이 사회의 근본적인 구성 요소라고 보는 개인주의 사회에서는 상황유리적(狀況遊離的)이고 개인 중심적인 인간관을 지니게 되어, 결과적으로 독립적 자기의 개념이 우세해짐으로써, 강한 개인적 정체감(personal identity)을 갖게 되는 것이다(Triandis, 1990 ; Weldon, 1984).2) 이러한 두 가지 인간관과 자기관은 행위 원동력의 소재(所在), 행위 주체인 자기를 드러내는 양식 및 이러한 자기의 상황 간 또는 시계열(時系列)에 따른 변이(變移)가

---

2) Greenwald와 Pratkanis(1984)는 자기 개념은 스스로가 보는 자신의 독특한 특성·상태·행동의 인식에 바탕을 둔 사적 자기(private self), 일반적 타인이 보는 나에 대한 인식에 바탕을 둔 공적 자기(public self), 그리고 특정 내집단 성원들이 보는 나에 대한 인식에 바탕을 둔 집단적 자기(collective self)의 세 가지로 나눌 수 있다는 이론을 제시하고 있는데, Triandis(1989)는 집단주의 사회에서는 이 가운데 공적 자기와 집단적 자기 개념이 우세하고, 개인주의 사회에서는 사적 자기의 개념이 우세함을 밝히고 있다. 또한 Tajfel(1981)은 사회정체감이론(social identity theory)을 통해 개인은 스스로 지닌 특성이나 능력에 바탕을 둔 개인적 정체감과 집단과 동일시되면서 느끼는 사회적 정체감을 갖는다고 보는데, Weldon(1984)과 Triandis(1990)는 집단주의 사회에서는 사회적 정체감의 형성이 일차적인 과제로 등장하지만, 개인주의 사회에서는 개인적 정체감의 형성이 일차적인 과제가 된다는 점을 지적하고 있다.

능성 같은 차원에서 서로 다른 조망을 낳게 된다.[3]

여기서 행위 원동력의 소재 차원은 사회행위의 근본적인 추진력이 사회 관계에서 나타나는 역할·의무·기대·규범과 같은 관계적 속성에서 나오는 것인지, 아니면 개인이 독특하게 가지고 있는 성격·능력·가치·욕구·감정 따위의 내적 속성에서 나오는 것인지에 관한 문제이다. 이는 행위자들 사이의 관계와 상호의존성이 주의의 초점인지, 아니면 독립적인 개체로서 지닌 개별성이 주의의 초점인지 하는 주의 지향처(注意指向處)에 대한 인식의 차이를 드러낸다. 관계 중심적 인간관을 가진 집단주의 사회에서는 인간을 기본적으로 타인과 연계되어 있는 존재로 보기 때문에, 사회행위의 원동력을 관계 속에 내포된 역할과 타인에 대한 관심 및 배려에서 찾게 된다. 따라서 관계 속에서 조화를 추구하는 일이 사회행위의 근본적인 목표라는 관점을 갖게 되므로, 사람들 사이의 연계성과 조화성 추구를 강조하게 된다(연계성·조화성 강조). 이와 달리, 개인 중심적 인간관을 가진 개인주의 사회에서는 독립적인 개인의 내적 속성에서 사회행위의 원동력을 찾게 되고, 따라서 개인의 자율성과 독특성 추구를 사회행위의 근본적인 목표라고 보아 강조하는 것이다(자율성·독립성 강조).

자기를 드러내는 양식의 차이는 인간의 능동성이 자기 내부로 침잠하는 것이 바람직한지, 아니면 자기 외부로 발산되는 것이 바람직한지에 대한 인식의 차이를 드러낸다. 이 차원은 통제의 대상을 무엇으로 잡느냐 하는 관점의 차이에서 비롯하는 것으로 볼 수 있다. 상황이나 타인과 맺는 관계가 모든 일의 중심이 되면, 자기 자신이 활동의 지향처가 되어 통제의 대상을 스스로에게서 찾게 될 것이다. 이와는 대조적으로, 자기가 모든 일의 중심이 되면, 자기 밖의 상황 조건이나 다른 사람이 활동의 지향처가 되어 통제의 대상을 상황 조건이나 타인에게서 찾게 될 것이다. 그리하여 관계 중심적 인간관을 가진 집단주의 사회에서는 개인적인 욕구나 목표의 추구는 사회 관계에서 갈등을 일으키고 조화를 해치게 되기 쉬우므로, 가능하

---

3) 이의 이론적, 논리적 배경에 관해서는 조긍호(2003a, pp. 117~142, 477~481) 참조.

면 내적 욕구나 목표를 통제하고 자기를 억제하여 양보하고 협동할 것을 강조한다(자기 억제 강조). 이와는 반대로, 개인 중심적 인간관을 가진 개인주의 사회에서는 자기의 내적 욕구나 목표의 추구는 인간의 자연스러운 권리이므로, 이를 위해 외부 환경이나 타인을 나에게 맞도록 통제하는 것이 당연하다고 보고, 자기의 독특성을 드러내는 적극적인 자기 주장과 솔직한 자기 표현을 강조하게 된다(자기 주장 강조).

마지막으로, 행위의 변이가능성 차원은 사회 속에 존재하는 행위자인 개인이 시간(과거·현재·미래의 시계열)과 공간(다양한 관계와 상황)의 측면에서 열린 존재인지, 아니면 고정된 존재인지에 대한 인식의 차이를 드러낸다. 곧 인간의 시간과 상황에 따른 변화가능성에 대한 인식의 차이를 드러내는 것이다. 관계 중심적 인간관을 가진 집단주의 사회에서는 사회의 안정은 그 구성 요소인 관계의 안정을 바탕으로 삼는다고 보고, 결국 다양한 상황과 관계에 따른 역할의 변이에 맞추어 스스로 행위를 적합하게 조정하는 데서 안정이 이루어질 수 있다고 전제함으로써, 상황에 따른 행위의 변이가능성을 인정하고 강조한다(가변성 강조). 그러나 개인 중심적 인간관을 가진 개인주의 사회에서는 사회의 안정은 그 구성 요소인 개인의 안정을 바탕으로 한다고 본다. 따라서 각 개인은 지속적이고 일관되는 안정성을 가졌다고 보아, 상황과 관계에 따른 변이를 받아들이지 않으며, 이러한 변이 또는 비일관성은 개인에게 심각한 위협이 된다고 여기는 것이다(안정성 강조).

문화 유형에 따른 인간 이해 양식이 다른 데서 생겨나는 이러한 강조점의 차이는 각 사회에서 추구하는 중요한 문화적 명제(cultural imperative)가 된다. 곧 사람들 사이의 관계를 사회 구성의 단위로 보는 집단주의 사회에서는 연계성과 조화성·자기 억제·행위의 상황가변성 추구가 문화적인 명제가 된다. 이와 달리, 자기 완비적이고 독립적으로 존재하는 개체를 사회 구성의 단위로 보는 개인주의 사회에서는 자율성과 독특성·자기 주장·안정성의 추구가 문화적인 명제가 되는 것이다. 사회구성주의(社會構成主義, social constructionism)의 관점에 따르면, 이러한 문화적 명제는 곧바로 인

〈표 2-2〉문화 유형에 따른 인간 이해 양식과 강조점의 차이

차 원	집단주의 (관계 중심적 인간관)	개인주의 (개인 중심적 인간관)
사회행위의 원동력과 목표 (주의의 초점)	연계성・조화성 강조	자율성・독특성 강조
자기 표현의 양식 (통제의 대상)	자기 억제 강조	자기 주장 강조
행위의 변이가능성 (시공간적 변화가능성)	가변성 강조	안정성 강조

지(認知, cognition)・동기(動機, motivation)・정서(情緒, emotion)와 같은 인간의 여러 심리적 경향으로 형태를 갖춘다(Gergen & Davis, 1985 ; Markus & Kitayama, 1991a, b, 1994a, b ; Nisbett, 2003 ; Sedikides & Brewer, 2001).

 이러한 맥락에서 여기에서는 두 문화권에서 드러나는 이러한 세 차원의 강조점 차이를 기본틀로 하여, 집단주의와 개인주의 사회에 살고 있는 사람들의 특징적인 인지・정서・동기의 차이를 두루 살펴보기로 하겠다. 이러한 차원은 인간의 존재 양식에 대한 세 가지 핵심적인 차원의 인식, 곧 개인으로서 자기는 타인과 어떠한 관계에 있느냐(사회성), 자기를 감추어야 하느냐 아니면 드러내야 하느냐(활동성), 그리고 자기는 변화하는 것이냐 아니면 고정된 것이냐(변화가능성)를 나타내는 것이라 볼 수 있다. 그러므로 집단주의와 개인주의 문화권에서 드러나는 여러 심성과 행동의 차이를 이 세 차원의 인식에 따른 강조점의 차이로 수렴하여 이해하려는 문화차 개관의 기본틀은 그 자체로 논리적인 타당성을 가진다고 할 수 있을 것이다. 이러한 문화차 개관의 기본틀을 정리하면 〈표 2-2〉와 같다.

3. 집단주의-개인주의 문화차의 실상

 이상과 같은 집단주의-개인주의의 분류체계는 "전 세계에 걸친 다양한 문화들의 사회 행동의 차이를 가져오는 가장 중요한 체계"(Triandis, 1988,

p. 60)로서, 문화차 설명의 보편 원칙이 될 수 있을 것이라는 기대를 낳아 (Kagitcibasi & Berry, 1989), 1980년대 이후 문화비교 연구를 끌어내고 촉진해 왔다(Kagitcibasi, 1997 ; Oyserman et al., 2002). 이러한 연구들은 지(知 : 認知)·정(情 : 情緖)·의(意 : 動機)와 같은 인간 심성의 모든 측면에서 나타나는 두 문화권의 차이를, 주로 한국·중국·일본(집단주의 문화)과 미국·캐나다(개인주의 문화)의 대학생 및 성인들이 같은 측정 척도와 상황에 대해 반응하는 차이를 비교 검토하는 작업으로 이루어졌다. 여기에서는 이러한 연구 결과를 〈표 2-2〉에 제시한 두 문화권의 세 차원의 강조점 차이를 중심으로 정리해 보기로 하겠다.[4]

1) 주의의 초점 : 연계성·조화성 강조 - 자율성·독특성 강조

사회행위의 원동력을 개인의 내적 속성에서 찾음으로써 개인의 자율성과 독특성을 강조하는 개인주의 사회와는 달리, 집단주의 사회에서는 사회관계 속의 역할이나 규범에서 사회행위의 원동력을 찾음으로써 개인 간의 연계성과 조화성을 강조한다. 이러한 차이는 주의의 초점이 전자에서는 개인 자신과 그 내부를 향하지만, 후자에서는 상황이나 조건과 집단을 향하게 됨을 의미한다. 이러한 두 문화권의 차이는 특히 두 문화권에서 중요하게 여기는 대인평가 특성이나 행위의 원인 귀속(歸因, attribution)과 같은 사회적 인지 측면의 차이에서 잘 드러난다.

(1) 대인평가

집단주의자들은 사회적 대상으로서 자기가 지닌 외적 측면과 사회 관계에 주목함으로써 공적 자의식(public self-consciousness) 수준이 높을 뿐만 아니라(조긍호·명정완, 2001 ; Markus & Kitayama, 1991a, b), 자기와 내집단

---

[4] 두 문화권의 인지·정서·동기의 세 차원의 강조점 차이에 관한 자세한 사항은 조긍호(2003a)의 3장(pp. 167~224), 4장(pp. 225~262), 5장(pp. 263~314) 참조.

원의 유사성을 사실 이상으로 과장하여 지각하는 "허구적 합의성 효과
(false consensus effect)"도 높게 나타난다(조긍호, 2002 ; 조긍호·김은진,
2001 ; Heine & Lehman, 1997 ; Triandis et al., 1990). 또한 이들은 자기보다
타인을 기준으로 삼아서 자신의 상태와 사람들 사이의 유사성을 판단하는
경향도 높다(조긍호, 2005 ; Kunda, 2000).

이와 달리, 개인주의자들은 자기의 개인적 특성·사고·감정·동기 따위에
주목함으로써 사적 자의식(private self-consciousness) 수준이 높고(조긍호·
명정완, 2001 ; Markus & Kitayama, 1991a, b), 자기의 지도력·지적 능력·독립
성·운동능력에서 나타나는 여러 독특성과 탁월성을 사실 이상으로 과장하
여 지각하는 "허구적 독특성 효과(false uniqueness effect)"도 높게 나타난다
(Heine & Lehman, 1997 ; Markus & Kitayama, 1991b ; Myers, 1987). 그리고 이
들은 자신을 기준으로 삼아 자신과 타인들 사이의 유사성을 판단하는 경향도
높다(조긍호, 2002, 2005 ; Holyoak & Gordon, 1983 ; Srull & Gaelick, 1983).

이러한 주의의 초점 차이로 말미암아 두 문화에서 사회화의 강조점이 달
라지고, 따라서 대인평가에서 중요하게 여기는 특성이 달라지게 된다. 집단
주의 사회에서는 '내가 누구인가?'를 학습(집단 내의 위치 확인 및 내집단원
과 지니는 동일성 추구)하는 데 사회화의 강조점을 두고, 결과적으로 내집
단원과 조화로운 관계를 이루는 일이 긍정적 자기 평가의 통로가 된다
(Heine & Lehman, 1997 ; Kitayama, Markus, Matsumoto, & Norasakkunkit,
1997 ; Triandis, 1990, 1995). 따라서 이들은 관계적, 조화추구적 특성(친절
성·타인에 대한 배려·상냥함·겸손함·관대함 등)을 함양하려 노력하고,
대인평가 장면에 이러한 특성을 높이 평가하게 된다(Bond & Hwang, 1986 ;
Markus, Mullally, & Kitayama, 1997 ; Rhee, Uleman, Lee, & Roman, 1995).

이에 견주어, 개인주의 사회에서는 '내가 무엇을 할 수 있나?'를 학습(능
력 확인과 독특성 추구)하는 데 사회화의 강조점을 두고, 결과적으로 개인
적 소유(능력이나 업적 따위)의 증진이 긍정적 자기 평가의 근거가 된다
(Heine & Lehman, 1997 ; Kitayama et al., 1997 ; Triandis, 1995). 그러므로 이
들은 자기의 고유한 능력과 독특한 장점을 확인하고 발전시키고자 노력할

뿐만 아니라, 또 이를 적극적으로 드러낼 수 있는 특성(외향성·적극성·
지도력·다변)을 대인평가 과정에서 높이 평가하게 되는 것이다(Fiske et
al., 1998 ; Markus et al., 1997 ; Rhee et al., 1995).

(2) 귀인

집단주의 사회에서는 개인의 내적 성향보다는 외적, 상황적 요인의 관련
성에 중심을 두고 인간을 파악하므로, 이러한 관계 속에 내포된 역할과 사
회적 압력을 행위의 원동력으로 봄으로써, 결과적으로 행동의 상황 의존성
을 강조하게 된다. 그러므로 집단주의 사회에서는 행동의 원인을 개인의 내
적 성향보다는 상황적 요인에서 찾는 상황주의 편향(situationalist bias)이
특징적인 귀인양식으로 드러난다. 이와는 달리, 개인주의 사회에서는 사람
을 상황유리적인 독립적 존재로 파악하며, 내적, 안정적 성향을 지닌 존재
로 본다. 따라서 이러한 독립적인 개인의 속성(성향)을 행위의 원동력으로
봄으로써, 결과적으로 행동의 자율성을 강조하게 된다. 그러므로 개인주의
사회에서는 행동의 원인을 상황적 요인보다는 개인의 내적 속성에서 찾는
성향주의 편향(dispositionalist bias)이 특징적인 귀인양식으로 드러나는 것
이다(Fiske et al., 1998 ; Markus & Kitayama, 1991a, b ; Morris, Nisbett, & Peng,
1995 ; Morris & Peng, 1994 ; Nisbett, 2003 ; Nisbett et al., 2001).

(3) 정서

집단주의 사회에서는 타인에 대한 배려와 관계의 조화 달성에 도움이 되
는 정서가 사회적으로 높은 평가를 받고, 결과적으로 집단주의자들은 이러
한 정서에 민감해질 것이다. 따라서 집단주의 사회에서는 사람들 사이의
관계를 이어주는 동정·공감·수치심 같은, 타인을 일차적인 참조대상
(referent)으로 하는 통합적 정서(integrating emotion)가 권장되고, 또 많이
경험된다. 이와 달리, 개인주의 사회에서는 개인의 자율성과 독특성을 추
구하는 데 도움이 되는 정서가 높은 평가를 받고, 결과적으로 개인주의자
들은 이러한 정서에 민감해질 것이다. 따라서 개인주의 사회에서는 개인

간의 분화와 독립을 다그치는 자부심·행복감·분노 같은 개인의 내적 속
성을 일차적인 참조대상으로 하는 분화적 정서(differentiating emotion)가
권장되고 또 많이 경험되는 것이다(조긍호·김지용·홍미화·김지현, 2002 ;
Frijda & Mesquita, 1994 ; Kemper, 1984 ; Levy, 1984 ; Markus & Kitayama, 1991a,
1994b ; Matsumoto, 1989).

(4) 동기

집단주의 사회에서는 "개인을 타인과 밀접하게 이끌고, 개인과 사회환경
사이의 공동체감을 높이는 행동을 낳는"(Geen, 1995a, pp. 249) 일체성 동
기가 중요해진다. 이러한 일체성의 동기는 개인보다 타인이나 집단에 관심
을 먼저 기울이며 집단에 소속하려는 동기로서, 이러한 범주에는 소속·존
경·모방·친밀·사회적 용인 추구 따위의 동기들이 포함된다. 이와는 달
리, 개인주의 사회에서는 "개인을 직접적인 공동체에서 분리하고, 사회환
경 안에서 타인과는 독립적으로 또는 타인의 희생을 통해서라도 개인적 이
득을 얻어내려는 행동과 관련"(Geen, 1995a, pp. 249)된 주도성 동기가 중
요해진다. 이러한 주도성 동기는 개인을 타인이나 집단보다 앞세우며 개인
의 자율성과 독립성을 추구하는 동기로서, 이러한 범주에는 자율·극복·
지배·자기 과시·독립 추구 따위의 동기들이 포함된다(Geen, 1995a, b ;
Hogan, 1983 ; Markus & Kitayama, 1991a, b ; Wiggins, 1992).

이렇게 동기 지향처가 다른 데서 오는 문화차는 성취동기(achievement
motive)의 문화차에서도 드러난다. 곧 집단주의 사회에서는 성취동기가 집
단 지향 형태를 띠어, 가족과 같은 중요한 타인의 기대에 부응하려는 노력
의 배경이 되지만, 개인주의 사회에서는 성취동기가 개인 지향 형태를 띠
어, 성취 그 자체를 위한 노력의 배경이 된다. 말하자면, 집단주의 사회에
서 성취의 목적은 "집단"에 집중되지만, 개인주의 사회에서 성취의 목적은
"나"에 집중되는 것이다(Maehr, 1974 ; Maehr & Nicholls, 1980).

또한 여러 가지 상황에서 자기의 상태를 정확하게 평가하기 위하여 비슷
한 타인과 견주어보는 사회비교(social comparison) 동기는 보편적인 것이

기는 하나(Festinger, 1954 ; Sedikides, 1993), 그 참조기준이나 비교 대상은
문화권에 따라 다를 수 있다(Carr & MacLachlan, 1997). 집단주의 사회에서
는 경쟁의 기본적인 양상이 외집단(outgroup)과 벌이는 것이므로(Hsu,
1983 ; Triandis, 1989), 비교 대상은 주로 외집단 또는 그 성원이 되며(Carr
& MacLachlan, 1997), 비교의 기준은 중요한 타인 또는 내집단이 설정하는
규범이 된다(Geen, 1995a, b). 이에 견주어, 개인주의 사회에서는 개인 간
경쟁이 기본적인 경쟁의 양상이므로(Hsu, 1983 ; Triandis, 1989), 비교 대상
은 주로 자기와 비슷한 타인이 되며(Carr & MacLachlan, 1997), 비교의 기
준은 스스로 세운 자율적이고 내면화한 가치체계가 된다(Geen, 1995a, b).

(5) 주의의 초점 차원의 문화차 종합

이렇게 집단주의-개인주의 사회에서 나타나는 강조점(연계성·조화성-
자율성·독특성)에 따라 주의의 초점이 달라짐으로써, 이에 연관된 대인평
가와 귀인·정서·동기 과정에서 차이를 낳는 것으로 드러나고 있다.

먼저 집단주의 사회의 성원들은 대인평가 과정에서 내집단의 중요한 타
인을 참조기준으로 삼아 판단하며, 단결심·겸양·호감성·신뢰성 따위의
대인관계를 잘 유지하는 데 도움이 되는 조화의 특성을 중요하게 여긴다.
이들은 사회행위의 원인을 행위자의 내적 성향에서 찾지 않고, 그의 사회관
계·역할·상황적 압력과 같은 상황 요인에서 찾는 경향이 높아서, 개인주
의 사회에서 흔히 관찰되는 근본적 귀인 오류 현상은 잘 보이지 않는다. 또
한 이들은 사람들 사이의 관계를 이어주는 통합적 정서의 사회화를 강조하
게 되어, 결과적으로 동정·대인 조화감·수치·공감과 같은 타인 중심적
정서를 중요하게 여긴다. 그리고 이들에게는 소속의 동기에서 비롯된 존
경·모방·친밀·양육과 보호·수혜와 의존·비난 회피 따위의 일체성 동
기가 두드러지게 나타나며, 성취동기도 집단 지향의 형태를 띠어 '집단'의
목표 추구가 중심이 된다. 또한 자기의 상태를 객관적으로 평가하는 사회비
교 과정에서도 내집단의 목표와 기준에 맞추어 평가하는 집단 중심 사회비
교가 주요 양상으로 드러난다.

〈표 2-3〉 주의의 초점 차원의 문화차 종합

심성·행동 측면	집단주의	개인주의
대인평가	- 타인이 참조기준 - 조화성 중시	- 자기가 참조기준 - 독특성 중시
귀　　인	상황주의 편향	성향주의 편향
정　　서	- 통합적 정서의 사회화 중시 - 타인 중심적 정서 중시	- 분화적 정서의 사회화 중시 - 자아 중심적 정서 중시
동　　기	- 타인 지향 동기 중시 - 집단 지향 성취동기 - 집단 중심 사회비교	- 개인 지향 동기 중시 - 개인 지향 성취동기 - 개인 중심 사회비교

　이와는 대조적으로, 개인주의 사회의 성원들은 대인평가 과정에서 자기를 참조기준으로 삼아 판단하며, 독립성·전문성·외향성·주도성 따위의 개인의 독특한 특성을 중요하게 여긴다. 이들은 사회행위의 원인을 성격·능력·감정·의도와 같은 개인의 내적 속성에서 찾는 경향이 높아서, 귀인 과정에서 상황적 요인보다 행위자의 내적 속성을 중요하게 여기는 성향주의 편향이 두드러진다. 또한 이들은 개인 간의 분화와 독립을 다그치는 분화적 정서의 사회화를 강조하게 되어, 결과적으로 기쁨·자부심·좌절·분노와 같은 자아 중심적 정서가 중요해진다. 그리고 이들에게는 자율·극복·지배·자기 과시·거부·자기 주장·독립과 같은 주도성의 동기가 두드러지게 나타나며, 성취동기도 개인 지향의 형태를 띠어 '나'의 욕구 충족을 목표로 삼는다. 또한 자기의 평가에서도 개인으로서 타인을 사회비교의 대상으로 삼는 개인 중심 사회비교가 주요 양상을 이룬다.

　이러한 주의의 초점 차원에서 중요하게 여기는 대인 평가와 귀인·정서·동기의 특징을 집단주의와 개인주의 사회로 나누어 정리해 보면 〈표 2-3〉과 같다. 이 표의 결과는 개인주의 사회에서는 타인이나 사회보다 자기 자신에게 주의를 기울이는 경향이 강하지만, 집단주의 사회에서는 자기 자신보다 타인이나 사회에 주의를 기울이는 경향이 강하다는 사실로 집약될 수 있다.

2) 통제의 대상 : 자기 억제 강조-자기 주장 강조

개인의 감정과 욕구 같은 내적 속성을 드러내는 것은 인간의 자연적인 권리라고 보는 개인주의 사회와는 달리, 집단주의 사회에서는 개인적 감정이나 욕구의 표출은 집단의 조화를 해칠 위험이 있다고 보아 이를 억제할 것을 강조한다. 이러한 차이는 통제의 대상을 전자에서는 환경조건에서 찾지만, 후자에서는 자기 자신을 통제의 대상으로 본다는 것을 뜻한다. 이러한 차이는 특히 정서와 동기 측면의 문화차에서 잘 드러난다.

(1) 대인평가

자기 표현에 대한 강조점이 이렇게 다르다는 사실은 대인 갈등 상황에서 이를 해결하는 양식의 차이를 통해 드러난다. 집단주의 사회에서는 갈등에 부딪히면 양보와 중재를 통해 해결하기를 좋아하며, 갈등과 마주치기보다는 이를 회피하는 책략을 선호하지만, 개인주의 사회에서는 이에 직면하여 경쟁과 대결을 통해 해결하기를 좋아한다(Lee & Rogan, 1991 ; Nisbett, 2003 ; Peng & Nisbett, 1999 ; Triandis, 1989, 1990). 선호하는 갈등 해결 양식의 이러한 차이는 두 문화권에서 중요한 것으로 여기는 특성의 차이로 이어진다. 곧 집단주의 사회에서는 대인관계의 조화를 이룰 수 있는 양보·협동·겸손·내향성을 중요하게 여기고, 개인주의 사회에서는 개인적인 독특성과 탁월성을 드러내는 적극성·솔직함·경쟁·외향성을 중요하게 여기는 것이다(Barnlund, 1975).

(2) 귀인

성취 결과의 원인을 추론하는 과정에서 개인주의자들은 자기 성공에 대해서는 능력의 우수함 같은 내적 요인에 귀인하고, 자기 실패에 대해서는 나쁜 운 같은 외적 요인에 귀인하는 자기 고양 편향(ego-enhancing bias)이 두드러진다. 이와 달리, 집단주의자들은 자기 성공에 대해서는 운이나 타인의 도움 같은 외적 요인, 자기 실패에 대해서는 능력이나 노력 부족 같은 내적 요인에 귀인하는 겸양 편향(modesty bias)이 두드러진다(김혜숙, 1995, 1997 ; 조긍호·김소연, 1998 ; Bond & Hwang, 1986 ; Davis & Stephan, 1980 ; Fiske et al., 1998 ; Heine & Lehman, 1995 ; Markus & Kitayama, 1991a, b ; Takata, 1987). 이러한 귀인양식의 차이는 두 문화권에서 자기를 드러내는 양식의 차이를 그대로 보여주는 것이다.

(3) 정서

정서 상태를 드러내는 표출 규칙(display rule)은 어릴 때부터 개인에게 사회화되어, 어떤 사람이 어떤 상황에서 어떤 조절 기법을 사용하여 정서를 억제 또는 표현해야 할지를 구체적으로 결정해 준다(Ekman, 1982). 이러한 표출 규칙은 사회적 맥락 안에서 정서의 표현을 조절하고 규제하기 위한 것이다. 집단주의 사회에서는 동정이나 공감 같은 타인 중심적 정서 (other-focused emotion)의 표현은 권장하지만, 자부심이나 분노와 같은 자아 중심적 정서(ego-focused emotion)의 표현은 적극 억제한다. 집단주의 사회에서는 기쁨이나 행복감 같은 정서도 집단의 조화를 해칠 위험이 있을 때에는 표현을 억제하도록 요구한다. 그리하여 집단주의자들은 분노·슬픔·기쁨·자부심과 같은 자아 중심적 정서의 체험 시간이 짧고, 그 표현 강도도 낮은 것이다. 이와 달리, 개인주의 사회에서는 정서 표현은 솔직함과 진실성을 반영한다고 보아, 분노나 자부심 따위도 거리낌없이 표현할 것을 권장한다. 더구나 이 사회에서는 정서 표현을 억제하면 심리적 부적응을 낳게 된다고 보고, 분노 같은 부정적 정서도 대인 간 조정에 유익한 결과를 가져온다고 인식하여 적극적으로 드러낸다. 그리하여 개인주의자들은 분노·슬픔·기쁨·공포와 같은 자아 중심적 정서를 체험하는 시간이 길고, 표현 강도도 크다(Averill, 1982 ; Markus & Kitayama, 1991a, 1994b ; Matsumoto, 1989, 2000 ; Matsumoto, Kudoh, Scherer, & Wallbott, 1998).

(4) 동기

집단주의 사회에서는 타인에 대한 민감성, 상황의 필요와 요구에 대한

적응 및 자기 억제와 조절을 위한 노력을 통해 개인 역량이 체험되므로,
통제란 결국 상호의존성과 연계성을 실현하기 위하여 개인 욕구와 목표 및
사적 감정과 같은 내적 속성을 억제하는 것을 뜻하게 된다. 따라서 이 사회
에서는 이러한 자기 억제와 상황 적응성 및 대인관계의 조화 유지가 자존
심의 근거가 되므로, 결국 내적 욕구 통제의 동기가 강해진다. 이와는 대조
적으로, 개인주의 사회에서는 자기의 내적 욕구·감정 및 능력의 표출과
사회적 압력에 대한 저항의 노력을 통해 개인 역량이 체험되므로, 통제란
결국 개별성과 자율성을 성취하기 위하여 사회 상황이나 외적 제약을 변화
시키는 것을 뜻하게 된다. 따라서 이 사회에서는 독특성·탁월성·자기 표
현에 유능함, 그리고 외적 제약에서 자유로움이 자존심의 근거가 되므로,
결국 외적 환경 통제의 동기가 강해지는 것이다(조긍호, 2003b ; 최상진,
1995 ; Bandura, 1997 ; Bond & Hwang, 1986 ; Markus & Kitayama, 1991a ;
Rothbaum, Weisz, & Snyder, 1982 : Weisz et al., 1984).

또한 집단주의 사회에서는 사람들 사이의 상호연계성이나 집단의 통합
과 조화를 강조하므로, 타인에게 단결심·공손성·배려성·소속감 따위를
보이기 위해 노력한다. 이 사회에 사는 사람들은 내집단과 자기를 같다고
여기는 관점을 지니기 때문에, 집단 규범이나 압력에 대한 동조를 집단 소
속과 자기확장의 수단으로서 중요하게 여겨, 강한 동조 동기(同調動機,
conformity motive)를 가지게 된다. 이와 달리, 개인주의 사회에서는 개인
의 자율성·독립성·자립을 강조하므로, 타인에게 자기의 독특성을 보이
려고 노력한다. 이 사회의 사람들은 타인과 구분되고 분리된 자기관을 가
지고 있으므로, 집단 규범이나 압력에 대한 동조를 비독립성이나 비자율성
의 표출로 보거나 또는 나약함의 징표로 받아들여, 결국 동조의 동기가 약
해질 수밖에 없다(조긍호·김은진, 2001 ; Berry, 1979 ; Bond & Hwang, 1986 ;
Bond & Smith, 1996 ; Chung, 1994 ; Markus & Kitayama, 1991a, b ; Triandis,
1989, 1990 ; Valentine, 1997).

(5) 통제 대상 차원의 문화차 종합

이렇게 집단주의-개인주의 사회에서 드러나는, 통제 대상에 따른 강조점(자기 억제-자기 주장)의 차이는 대인평가와 귀인·정서·동기 과정에서 서로 관련된 차이들을 낳는 것으로 나타난다.

우선 집단주의 사회의 성원들은 관계 당사자들 사이의 대립을 매우 부자연스러운 것으로 받아들여서, 갈등 상황에서 양보와 중재를 통한 해결을 더 좋아하며, 대인관계에서도 양보·협동·과묵함·내향성 같은 자기를 통제하고 억제하는 특성들을 높이 평가한다. 이들은 귀인 과정에서도 자기 은폐나 내집단 고양 같은 겸양 편향을 강하게 보인다. 또한 이들은 정서와 욕구를 있는 그대로 드러내는 것은 대인관계에서 조화와 통합을 해칠 위험이 있다고 보아 억제할 것을 권장한다. 특히 분노와 같이 대인관계를 해칠 위험이 큰 정서는 적극 억제할 것이 장려된다. 그리고 내집단의 규범을 개인적인 규범으로 내면화하는 경향이 강하고, 이는 내집단의 통합과 조화에 이바지하므로 적극 권장되며, 결국 내집단에 대한 동조의 동기가 강해진다.

이와는 대조적으로, 개인주의 사회의 성원들은 그것이 사람이든 상황이든 간에 외적 대상과 대립하는 것을 자연스럽다고 받아들여서, 경쟁과 대결을 통한 해결을 더 좋아하며, 대인관계에서도 적극성·주도성·자발성·솔직함·외향성 같은 자기를 드러내는 특성들을 높이 평가한다. 이들은 귀인 과정에서도 자기 존대를 추구하는 자기 고양 편향을 강하게 보인다. 또한 이들은 정서의 표출은 인간의 당연한 권리라고 보아, 분노 같은 정서일지라도 거리낌 없이 드러낼 것을 권장한다. 그리고 이들은 환경을 자신에게 맞도록 변화시키려는 환경 통제의 동기와 자율성을 추구하는 동기가 강하고, 결국 집단과 개인의 의견이나 행동이 일치하지 않을 때 집단을 따라나서는 동조의 동기는 약하다.

이렇게 통제의 대상을 어디에 두느냐 하는 차원에서 중요하게 여기거나 권장하는 대인평가와 귀인·정서·동기의 특징을 집단주의와 개인주의 사회로 나누어 정리해 보면 〈표 2-4〉와 같다. 이 표의 결과는 개인주의 사회

〈표 2-4〉 통제의 대상 차원의 문화차 종합

심성·행동 측면	집단주의	개인주의
대인평가	- 양보·중재 통한 갈등 해결 선호 - 양보·협동 중시	- 경쟁·대결 통한 갈등 해결 선호 - 적극성·솔직성 중시
귀 인	겸양 편향	자기 고양 편향
정 서	- 정서 표출 억제 - 분노는 적극 억제, 동정·공감 표출 권장	- 정서 표출 장려 - 분노도 거리낌 없이 표출
동 기	- 내적 욕구 통제 - 동조 동기 강함	- 환경 통제 - 동조 동기 약함

에서는 통제의 대상을 환경에서 찾게 되어 적극적인 자기 표현과 주장을
강조하는 경향이 강하지만, 집단주의 사회에서는 통제의 대상을 환경이 아
니라 자기 자신에게서 찾음으로써 자기 통제와 자기 억제를 강조하는 경향
이 강하다는 사실을 드러내주는 것이다.

3) 행위의 변이가능성 : 가변성 강조-안정성 강조

개인의 지속적이고 안정된 성향이 사회행위의 원동력이라고 봄으로써,
상황과 관계의 변이가 일어나더라도 일관된 안정성을 유지할 것을 강조하
는 개인주의 사회와는 달리, 집단주의 사회에서는 개인이 다양한 상황과
관계에 따라 규정된다고 보기 때문에, 상황과 관계에 따른 가변성을 인정
하고 강조한다. 이러한 차이는 자기 향상의 통로를 전자에서는 정적(正的)
인 안정적 속성을 확인하고 증진하는 데서 찾지만, 후자에서는 각 상황과
관계에 적합하게 조정하는 과정에서 자기의 부적(負的) 측면을 확인하고
이를 개선하려는 노력에서 찾게 됨을 뜻한다.

(1) 대인평가
집단주의자들은 개인주의자들보다 사람의 성격이 시간과 상황에 따라

변할 수 있다는 가변성에 대한 신념이 강하며, 인간의 행동은 순전히 성격과 같은 내적 특성으로만 일어나는 것이 아니라, 상황과 상호작용하면서 일어난다고 보는 경향이 강하다(Norenzayan, Choi, & Nisbett, 2002). 따라서 집단주의자들에게는 스스로가 정적 특성(예를 들어 '예의바르다')과 부적 특성(예를 들어 '무례하다')을 공유하고 있다고 보는 "바넘 효과(Barnum effect)"가 개인주의자들보다 더 크게 나타난다(Choi, 2002 ; Choi & Choi, 2002). 그 결과 개인주의자들(예를 들어 미국인)은 자기 개념을 구성하는 특성 가운데 정적 특성이 부적 특성보다 4~5배 많아, 주로 정적 특성에 따라 스스로를 인식하지만(Holmberg, Markus, Herzog, & Franks, 1997), 집단주의자들(예를 들어 한국인·중국인·일본인)에게는 두 특성의 비율이 같거나 또는 부적 특성의 비율이 높아서, 집단주의 사회에서 부적 특성을 용인하는 경향이 높음을 보여주고 있다(Bond & Cheung, 1983 ; Kitayama, Markus, & Lieberman, 1995 ; Markus et al., 1997 ; Schmutte, Lee, & Ruff, 1995 ; Stigler, Smith, & Mao, 1985).

(2) 귀인

집단주의 사회에서는 상황의 다양성에 비추어 자기 행위를 적합하게 조정하는 가변성을 강조하므로, 성취 상황에서도 비교적 고정적이고 안정적인 요인인 능력보다는 상황가변적인 노력을 강조하게 되어, 성취 결과를 능력보다는 노력에 귀인(노력 귀인)하는 경향이 강하다. 이에 견주어, 개인주의 사회에서는 개인의 지속적이고 안정적인 속성이 모든 행위의 원동력이라고 봄으로써, 상황의 변이가 일어나더라도 달라지지 않는 고정적이고 안정적인 능력을 상황가변적인 노력보다 강조하게 되어, 성취 결과를 능력에 귀인(능력 귀인)하는 경향이 강하다(조긍호·김소연, 1998 ; Hess, Chang, & McDevitt, 1987 ; Holloway, Kashiwagi, Hess, & Azuma, 1986 ; Mizokawa & Ryckman, 1990 ; Stevenson & Stigler, 1992).

집단주의 사회에서 이렇게 성취를 노력에 귀인하는 경향은 적응 과정에서 중요한 가치를 갖는다. 곧 노력은 가변적이고 통제가능한 요인(Weiner,

1986)으로서, 성취 결과를 이에 귀인하게 되면 실패를 했을 때 더욱 분발하는 효과를 가져오게 되어 지속적인 실패를 피할 수 있지만, 비교적 고정적이고 통제불가능한 요인인 능력(Weiner, 1986)에 귀인하게 되면, 실패를 했을 때 쉽게 포기할 것이기 때문이다(Mizokawa & Ryckman, 1990 ; Morris & Peng, 1994). 이러한 사실은 '능력×노력'의 승산모형(乘算模型, multiplying model)으로 성취 결과를 인식하는 개인주의자들과는 달리, 집단주의자들은 '능력＋노력'의 가산모형(加算模型, additive model)으로 성취 결과를 인식함(Singh, 1981)을 뜻하는 것으로, 동아시아 집단주의 사회에서 관찰되는 높은 교육열의 배경이라고 볼 수 있다.

(3) 정서

집단주의 사회에서는 연계성 확립을 문화적 명제로 삼고 있는바, 타인에 대한 배려와 조화의 유지를 강조하게 되고, 결국 자기 억제와 자기의 부적 측면을 발견하고 이를 개선하고자 노력하게 된다. 그 결과, 긍정적인 자기상이나 긍정적인 감정보다는 자기의 부적 특성이나 부적 감정에 더 민감하고, 또 이를 경험하는 데 더욱 수용적인 태도를 지닌다. 곧 집단주의자들은 수치·슬픔·애처로움·안타까움 같은 부적 감정을 경험하는 빈도가 상대적으로 높고, 이를 바람직한 일로 받아들이는 경향도 강하다. 이에 견주어, 개인주의 사회에서는 독립성과 독특성 확립이 문화적 명제이기 때문에, 적극적인 자기 주장과 자기 현시를 정당한 것으로 받아들인다. 그 결과, 긍정적인 자기상과 긍정적 감정을 추구하려는 지향을 갖게 된다. 곧 개인주의자들은 자부심·행복감·기쁨·유쾌함 같은 긍정적 정서에 민감하고, 이를 경험하는 빈도도 높으며, 이러한 긍정적 정서는 바람직하게 받아들이나 부정적 정서에 대한 수용도는 아주 낮다(안신호·이승혜·권오식, 1994 ; 차경호, 1995 ; Diener & Diener, 1995 ; Diener, Suh, Smith, & Shao, 1995 ; Kitayama et al., 1997 ; Markus & Kitayama, 1991a, 1994b ; Suh & Diener, 1995).

(4) 동기

집단주의 사회에서는 사람들 사이의 연계성과 조화성을 확립하기 위해 자기 비판과 자기개선(self-improvement)의 방향으로 문화적 압력이 작용하므로, 자기의 부적 측면에 주의를 기울이고 이를 정교화하게 된다. 그 결과, 이 사회에서 자기화(self-making)는 집단의 기대에 비추어 보아 자기에게 부족한 것이 무엇인가를 찾아내어 이를 보완하는 자기개선을 주축으로 삼으며, 이러한 자기개선이 자존심의 근거로 작용하므로, 결국 자기개선 동기가 중요해진다. 이와 달리, 개인주의 사회에서는 독립성과 독특성을 확립하기 위해 자기 고양(self-enhancing)의 방향으로 문화적 압력이 작용하므로, 자기의 부적 측면은 회피하거나 축소하는 대신, 자기의 긍정적 측면에 주의를 기울이고 이를 정교화하게 된다. 그 결과, 이 사회에서 자기화는 자기 속에 갖추어져 있는 안정적이고 일관된 긍정적 특성(성격·능력 따위)을 확인하고 고양하는 일을 주축으로 삼으며, 이러한 자기 고양이 자존심의 근거로 작용하게 되므로, 결국 자기 고양 동기가 중요해지는 것이다(Fiske et al., 1998 ; Heine & Lehman, 1995 ; Heine, Lehman, Markus, & Kitayama, 1999 ; Kitayama et al., 1995, 1997 ; Markus & Kitayama, 1991a, 1994).

또한 집단주의 사회에서는 상황에 따른 행위의 가변성을 인정하고 강조하기 때문에, 개인의 내적 특성과 행위의 불일치 또는 사회행위와 상황의 불일치는 문제로 떠오르지 않는다. 따라서 이 사회에서는 일관성 추구 동기가 그다지 작용하지 않는다. 이와 달리, 개인주의 사회에서는 개인의 행위를 안정된 내적 속성의 발현이라 보므로, 내적 속성과 행위의 불일치 또는 상황에 따른 불일치는 개인의 정체감에 심한 혼란을 일으키게 되고, 따라서 일관성 추구 동기가 강해진다(Fiske et al., 1998 ; Heine & Lehman, 1997 ; Markus & Kitayama, 1991a ; Nisbett et al., 2001).

(5) 변화가능성 차원의 문화차 종합

이상에서 보듯이, 집단주의-개인주의 사회에서 달라지는 강조점(가변성-안정성)에 따른 행위와 인간의 변화가능성에 대한 인식의 차이는 대인평가와 귀인·정서·동기 과정에서 서로 관련된 여러 차이들을 낳고 있다.

집단주의 사회의 성원들은 상황과 관계에 따른 행위의 가변성을 강조하므로, 자기 자신이나 상대방의 부적 특성이나 단점도 관대하게 받아들이며, 이를 개선하려는 노력을 중요하게 여긴다. 이들은 성취 상황에서도 능력보다 노력을 강조하여, 성취에 대한 귀인을 능력보다는 노력에 집중하는 경향이 강하다. 이들은 자기를 상황에 따라 계속 조화롭게 변화시켜 개선할 수 있는 것으로 본다. 따라서 이들은 자기의 부적 측면이나 부적 정서가 자기를 개선하는 과정에서 필연적으로 요구되는 것으로 보아 무난히 받아들이고, 부적 특성과 정서에 대해 세분된 인지 구조(cognitive structure)를 가지게 된다. 그리고 대인관계에서 계속 조화를 유지하고 내집단원들에게 수용되기 위하여, 자기의 단점을 확인하고 고쳐나감으로써 자기개선을 이루려는 동기가 강하다. 또한 이들은 사회행위는 상황과 관계에 따라 가변적이라고 보기 때문에, 내적 특성과 행위 사이에 일관성을 유지하려는 경향이 비교적 약해진다.

이와는 대조적으로, 개인주의 사회의 성원들은 대인평가 과정에서 상대방의 단점을 아주 부정적으로 평가할 뿐만 아니라, 자기의 부적 특성을 받아들이지 못하고 배척한다. 이들은 성취 상황에서 안정적이고 일관된 능력의 요인을 강조하여, 성취에 대한 귀인에서 노력보다 능력에 귀인하는 경향이 강하다. 또한 이들은 일상생활에서 기쁨·자부심·즐거움·행복 같은 정적 정서를 추구하고, 슬픔·수치 같은 부적 정서는 적극 회피하려 한다. 그리고 이들은 자기의 부적 측면보다는 정적 측면에 주의를 기울이는 경향이 강하므로, 자기 고양 동기가 강하며, 스스로 가진 여러 특성과 능력이 안정성을 가지고 있는 것으로 여겨, 내적 특성과 행위 사이에 일관성을 추구하려는 동기가 높다.

이러한 행위의 변이가능성 차원에서 중요하게 여기는 대인 평가와 귀인·정서·동기의 특징을 문화 유형별로 나누어 정리해 보면 〈표 2-5〉와 같다. 이 표의 결과는 개인주의 사회에서는 자기의 장점을 확인하고 늘리는 것을 자기 향상의 통로로 봄으로써, 스스로 가지고 있는 부적 특성을

〈표 2-5〉 변화가능성 차원의 문화차 종합

심성·행동 측면	집단주의	개인주의
대인평가	- 부적 특성 수용 - 노력 중시	- 부적 특성 배척 - 능력 중시
귀 인	노력 귀인 우세	능력 귀인 우세
정 서	- 부적 정서 수용 - 부적 정서에 대한 인지구조 세분화	- 부적 정서 배척 - 부적 정서에 대한 인지구조 단순화
동 기	- 자기개선 동기 강함 - 일관성 동기 낮음	- 자기 고양 동기 강함 - 일관성 동기 높음

부정하고, 부적인 정서도 적극 회피하려는 경향이 강하지만, 집단주의 사회에서는 자기의 단점을 확인하고 개선하는 것이 자기 향상의 통로라고 봄으로써, 자기의 단점을 무난히 수용하고, 부적 정서에 대한 수용도도 높아진다는 사실로 집약하여 해석할 수 있다. 곧 개인주의 사회에서는 정적 측면의 확충이 자기 향상을 이루는 방법이라고 보지만, 집단주의 사회에서는 부적 측면의 개선이 자기 향상의 방안이라고 보는 차이가 있다는 사실을 드러내는 결과인 것이다.

4. 문화 유형과 이상적 인간형

문화에 관한 심리학적 연구들이 근본적으로 의지하고 있는 이론적 태도는 사회구성주의이다. 곧 "문화심리학에서 지배적인 관점은 문화와 심리를 상호 구성적인 현상, 곧 양자가 서로를 구축하거나 서로에게 필수적인 현상으로 보는 관점이다. 이러한 관점에서는 문화와 개인의 행동은 서로 별개의 것으로 이해될 수도 없거니와, 또한 서로 상대에게 환원되는 것도 아니라는 사실이 전제되고 있다"(Miller, 1997a, p. 88). 말하자면, 문화에 관한 심리학적 연구들은 사회구성주의의 관점에서 문화와 인간 심리의 상호 역동적인 구성 과정을 연구하고자 하는 것이다(Miller, 1997a).

이렇게 사회구성주의의 핵심은 "사회적 존재인 인간"(the person as a social being : Burr, 2002, p. 3)의 특징을 사회(문화)와 인간 존재 사이의 상호 역동적인 구성 과정 속에서 탐색해 보려는 것이다. 곧 "인간은 근본적으로 사회적 현상(social phenomenon)"(Burr, 2002, p. 3)이라는 견해를 바탕으로, 사회(문화)에 따라 인간 일반을 보는 관점과 개인 존재로서 자기를 보는 관점이 어떤 과정을 통해 어떻게 달라지는지, 그리고 이러한 인간관·자기관은 반대로 사회·문화에 어떠한 영향을 어떻게 미쳐서 이를 유지 또는 변화하게 하는지를 밝혀내고자 한다. 이러한 맥락에서, 사회구성주의에서는 사회와 문화에 힘입어 형태를 갖추는 인간의 측면(사회·문화 → 인간)으로서 그 사회·문화 특유의 지배적인 인간관·자기관을 중요하게 여기고, 인간 존재가 조성하는 사회·문화의 측면(인간 → 사회·문화)으로서 여러 사회적 상황과 제도 및 그 연원이 되는 철학적 배경을 중요하게 여겨, 이 둘의 상호 역동적인 구성 과정을 탐색하게 된다(Burr, 2002 ; Cromby & Standen, 1999 ; Farr, 1996 ; Gergen, 1985, 1994, 1999 ; Harré, 1984).

앞에서 보았듯이, 개인주의 문화에서는 자기 완비적이고 자율적이며 독특한 독립적인 존재인 개인을 사회 구성의 단위로 보기 때문에, 이러한 독립적인 자기상(自己像, self-image)의 추구가 문화적인 명제가 된다. 그러나 집단주의 문화에서는 사람들 사이의 관계를 사회 구성의 궁극적 단위로 보기 때문에, 타인에 대한 배려와 조화를 추구하는 상호의존적인 자기상의 추구가 문화적 명제가 된다. 사회구성주의의 관점에 따르면, 이러한 문화적 자기관(cultural views of self)은 곧바로 개인의 심리적 경향으로 변형된다(Burr, 2002 ; Gergen & Davis, 1985 ; Gergen & Gergen, 1988 ; Harré, 1984, 1986 ; Kitayama & Markus, 1994, 1995 ; Kitayama et al., 1995, 1997 ; Markus & Kitayama, 1994a, b ; Miller, 1997a ; Nightingale & Cromby, 1999).

사회구성주의는 이러한 변형 과정에 대해 두 가지 사실을 전제한다(Kitayama et. al., 1997). 첫째, 개인을 독립적이거나 의존적인 존재로 보는 문화적 자기관은 해당 문화의 역사 속에서 오랫동안 반복되는 다양한 사회적 상황(social situations)을 만들어낸다. 곧 개인주의 사회에서 지배적인 사회적 상황들은 독립적 자기관을 잘 드러내거나 또는 이에 합치하는 것이고, 집단주의 사회에서 지배적인 사회적 상황들은 대체로 상호의존적 자기관과 합치하는 것이다. 둘째, 각 개인은 이렇게 구성된 문화 환경에 적응하기 위해 적극 노력하는데, 이러한 과정에서 해당 문화의 문화적 자기관에 조율(調律, tuning)된 다양한 심리적 과정과 경향이 발달한다.

이렇게 사회구성주의의 분석은 주어진 문화 안에서 상황의 의미(situational definition)가 창조되고 선택되며 축적되는 역사적 과정(historical process)과 그렇게 역사적으로 구성된 문화 환경에 적응하려고 노력하는 개인의 발달 과정(developmental process)이라는 두 과정에 모두 의존하고 있다. 따라서 이 분석에서는 개인을 둘러싼 사회적 상황의 특징과 개인의 심리적 과정의 특징 사이에는 밀접한 상응관계가 있다고 보는 것이다. 이러한 사회구성주의는 개인의 심리적 기제(機制)의 문화적 근거를 밝히는 이론적 틀을 제공하고 있다(Burr, 2002 ; Kitayama et al., 1997 ; Miller, 1997a).

이러한 관점에 비추어 보면, 앞서 말한 문화 유형에 따른 인간 이해 양식의 차이는 그대로 두 문화권에서 나타나는 심리적 과정의 차이로 이어질 것이다. 지금까지 보아왔듯이, 최근의 문화비교심리학의 연구들에서는 개인의 인지, 정서 및 동기의 여러 심리 과정은 그가 속한 문화와 함수 관계를 가지며 달라진다는 사실이 밝혀지고 있다(Fiske et al., 1998 ; Kitayama & Markus, 1994, 1995 ; Kitayama et. al., 1995, 1997 ; Markus & Kitayama, 1991a, b, 1994a, b ; Miller, 1997a ; Nisbett, 2003 ; Nisbett et al., 2001 ; Triandis, 1989, 1990 등). 곧 앞에서 본 바와 같은 두 문화권의 인간관과 자기관의 차이는 결국 사회제도와 행위 규범의 근본적인 차이를 빚게 되어(Shweder & Miller, 1985), 문화권에 따른 인지 · 정서 · 동기의 여러 활동에서 차이(Fiske et al., 1998 ; Markus & Kitayama, 1991a, b, 1994a, b ; Nisbett, 2003 ; Nisbett et al., 2001)를 낳는 것이다.

문화 유형에 따른 이러한 인간관과 자기관은 각 문화의 성원들이 "그렇게 되기를 열망하여, 그에 높은 가치를 두게 되는 …… 이상(理想, ideal)"(Burr,

2002, p. 5), 곧 각 문화권에서 개념화하는 이상적 인간형(理想的人間型)을 반영하게 마련이다. 어떤 사회에서나 사회화 과정을 통해 어려서부터 성원들에게 해당 사회의 지배적인 인간관·자기관을 가지도록 암묵적 또는 현시적으로 요구하고 교육하는데, 그러한 인간관·자기관의 표준이 바로 해당 사회의 사상적, 종교적 배경의 핵심을 이루는 가치체계와 여기에서 유추되어 우상(偶像)으로서 나타나는 이상적 인간형일 것이기 때문이다. 이렇게 각 사회와 해당 사회의 지배적인 사상체계가 추구하는 이상적인 인간형의 문제는 사람이 어떠한 존재이며, 무엇을 지향처로 삼아 어떻게 살아야 하느냐를 규정하고 있는 이론체계이기 때문에, 결국 각 사회가 지닌 인간관과 자기관의 문제에 직결될 수밖에 없다.

지금까지 집단주의와 개인주의의 여러 가지 차이는 이 두 사회가 지닌 인간관과 자기관의 차이에서 나오는 것임을 살펴보았다. 위의 논의에 비추어 보면, 각 문화의 인간관·자기관의 차이에서 나오는 이러한 여러 가지 문화차는 궁극적으로는 해당 문화가 개념화하고 있는 이상적 인간형의 차이에서 연유하는 것이라 볼 수 있을 것이다. 따라서 동·서 문화에서 개념화하고 있는 이상적 인간형의 차이를 살펴보는 것은, 곧 동·서의 여러 가지 문화차의 연원을 끌어내는 작업의 출발점이 되는 것이라 추론할 수 있다.

개인 중심적 인간관과 독립적 자기관이 지배적인 개인주의 사회에서는 이러한 독립적 자기의 속성들을 종합적으로 가지고 있는 개인을 전형적인 이상적 인간으로 볼 것이다. 버(Burr, 2002)에 따르면, 이는 "물질적 현실(material reality)이나 타인들과 분리되어, 그 자신만의 개인적인 심리적 공간(psychological space) 안에서, 자신의 독특한 사상·신념·가치를 가지고 자유롭게 사고하는 도덕적 주체자(moral agent)인 인간"(pp. 7~8)이다. 이러한 개인이 지니고 있는 독특성·안정성·통합성·합리성·자기 결정성·독립성과 같은 특성들(pp. 4~5)은 "개인주의가 지배적인 이념형(理念型, ideology)이 되어 있는"(Farr, 1996, p. 104) 현대 서구사회에서 이상적 인간형의 특징으로 강조될 것이다.

이와는 대조적으로, 관계 중심적 인간관과 상호의존적 자기관이 지배적인 집단주의 사회에서는 상호의존적 관계체(關係體)다운 특성을 종합적으로 가지고 있는 개인을 전형적인 이상적 인간으로 볼 것이다. 뚜웨이밍(Tu Wei-Ming, 1985)에 따르면, 동양의 집단주의 사회에서는 "개체성(個體性)과 타자성(他者性)의 공생(共生, symbiosis of selfhood and otherness)"(p. 231)을 이상적 인간이 되는 필수적인 조건으로 본다. 곧 동양인들은 "주위의 다른 사람에게 둔감하거나 무관심한 사람은 이기적이고, 이러한 이기성(self-centeredness)은 폐쇄세계로 이끄는 지름길"(Tu Wei-Ming, 1985, p. 232)이라는 관점에 따라, 타인을 자신 속에 아우름으로써 자기확대(自己擴大, self-expansion)를 이루는 것이 이상적 인간의 조건이라고 보았다(조긍호, 1998a, 2003a ; Kim, 1995 ; Tu Wei-Ming, 1985). 따라서 동양 집단주의 사회에서 이상적이라고 여기는 인간은 이러한 상호의존적 관계체로서 개인에게 요구되는 연계성·조화성·겸손함·협동심·양보심 및 사회적 책임의 자임(自任) 같은 특성을 지닌 사람일 것이다.

동양과 서양에서 이렇게 서로 다른 인간관과 자기관 및 그 원천으로서 이상적 인간형론을 가지게 된 데에는 그만큼 다른 사상적 배경이 놓여 있다. 서구 개인주의의 배경에는, 이성적(理性的) 인간의 자유의지(自由意志, free will)에 따른 합리적 선택을 바탕으로 인간 삶의 과정을 이해하려는 자유주의 전통이 놓여 있다(이승환, 1999 ; Johnson, F., 1985 ; Kim, 1995). 고대 그리스 시대부터 헬레니즘 시기를 거쳐 르네상스와 근대에 이르면서, 서구의 역사는 개인의 개체성과 개인적 권리 추구의 자유를 중심으로 전개되어 왔다고 볼 수 있다(김영한, 1989 ; 노명식, 1991 ; 楊適, 1991 ; 윤진, 2003 ; Johnson, P., 2003 ; Laurent, 1993 ; Lukes, 1973 ; Nisbett, 2003). 이와 달리 동아시아 집단주의의 배경에는 인간을 사회관계 속의 사회적 존재로 파악하여, 이러한 관계 속에서 조화와 사회성을 실현하는 것을 인간 삶의 궁극적인 지향처로 보는 유학사상이 놓여 있다(이승환, 1999 ; 조긍호, 1998a, 2003a ; Bond & Hwang, 1986 ; Hsu, 1985 ; Kim, 1995 ; King & Bond, 1985 ; Nisbett, 2003 ; Tu Wei-Ming, 1985).

이 책은 집단주의 사회인 동양과 개인주의 사회인 서양에서 보는 이상적 인간형의 차이와 여기에서 끌어낼 수 있는 심리학적 함의에 대해 고찰해 보려는 작업이다. 이 책에서는 우선 동·서양의 이상적 인간형론이 지닌 사상적 배경에 대한 탐색에서 시작하여, 각각의 이상적 인간형의 특징과 그 발달 과정에 관한 논의를 비교 고찰한 다음, 이러한 비교 고찰에서 끌어 낼 수 있는 심리학적 함의에 대해 살펴볼 것이다.

2부에서는 서양의 이상적 인간형론에 대해 다루기로 하겠다. 우선 3장에 서 현대 서구 사회에서 개인주의가 이념형으로 떠오르게 된 문화사적 배경 에 대해 고찰한 다음, 4장에서는 서구 개인주의 사회에서 말하는 이상적 인간형의 특징과 그 발달 과정을 현대 성격심리학의 연구 결과들을 중심으 로 살펴보기로 하겠다.

다음 3부에서는 동아시아 유교 문화권의 이상적 인간형론에 대해 다루 기로 하겠다. 그러니까 이 책에서 동양은 한국·중국·일본과 같은 유교 문화권을 가리키며, 그 사상적 배경은 유학사상에 국한하는 셈이다.[5] 이 점은 이 책이 가지는 가장 큰 한계이다. 5장에서는 유학사상의 어떠한 면 이 동양사회 집단주의의 사상적 모태를 이루어, 이 지역에 서양과는 달리 집단주의가 이념형으로 떠오르게 하였는가 하는 사상적 배경을 살펴볼 것 이다. 이어서 6장에서는 유학사상에서 말하는 이상적 인간형의 특징과 그 발달 과정에 관해 유학사상의 원류인 선진유학(先秦儒學) 사상을 중심으 로 고찰하겠다.

마지막으로 4부의 7장에서는 2부와 3부의 결과를 종합적으로 고찰하여 동·서 이상적 인간형론의 차이를 정리해 본 다음, 8장에서 결론적으로 이러 한 비교연구에서 끌어낼 수 있는 새로운 심리학의 가능성과 새로운 연구문 제들에 관해 논의하기로 하겠다. 물론 8장의 내용은 아직 시론(試論)의 수준 을 벗어나지는 못하겠지만, 앞으로 정립해야 할 동양심리학의 모습을 그 편 린이나마 확인할 수 있었으면 하는 것이 필자의 바람이다.

---

5) 이 책에서 유학사상적 배경만 문제 삼기로 한 까닭에 대해서는 3부의 서두에서 논의 할 것이다.

2부 서구 개인주의 문화권의 이상적 인간형론

이 책에서 말하는 서양 또는 서구는 북아메리카 지역의 미국(1위, 91점)·캐나다(4위, 80점) ; 오스트레일리아(2위, 90점)·뉴질랜드(6위, 79점)의 오세아니아 ; 그리고 영국(3위, 89점)·네덜란드(4위, 80점)·이탈리아(7위, 76점)·벨기에(8위, 75점)·덴마크(9위, 74점)·스웨덴(10위, 71점)·프랑스(10위, 71점)·아일랜드(12위, 70점)·노르웨이(13위, 69점)·스위스(14위, 68점)·독일(15위, 67점)1)*과 같은 북서유럽 지역을 가리킨다. 유럽 지역 가운데서도 유고슬라비아(34위, 27점)·그리스(30위, 35점)와 같은 동유럽과 포르투갈(34위, 27점)·스페인(20위, 51점)과 같은 남유럽 지역은 상대적으로 개인주의 경향이 약하거나 집단주의의 경향을 띠는 것으로 드러나고 있다. 따라서 이 책에서는 동아시아 사회의 집단주의 문화와 대립되는 개인주의 문화를 보유한 대표적인 지역, 곧 서구 또는 서양을 북미 및 오세아니아 지역과 함께 북서유럽 지역으로 제한하고자 한다.

이 세 지역 가운데 북미(미국·캐나다)와 오세아니아(오스트레일리아·뉴질랜드) 지역의 국가들은 모두 북서유럽 지역인들이 이주하여 세운 식민지였다가, 18세기 후반에 들어서면서 독립한 국가들이다. 그러므로 이들 지역에 두드러지게 나타나는 개인주의 문화의 원형은 북서유럽 지역의 문화에서 찾을 수 있다. 곧 서구 개인주의 문화의 원류는 북서유럽 지역의 문화적 전통에서 찾아볼 수 있다(Farr, 1996).

* 여기서 순위는 Hofstede(1991/1995, p. 87, 표 3-1)가 제시한 53개 문화집단(50개국과 3개 문화권)에서 차지하는 등위로, 순위가 높을수록 개인주의 경향이 강함을 나타낸다. 점수는 0~100의 분포를 가지는데, 이론적으로 기대되는 평균치는 50으로, 점수가 클수록 개인주의 경향이 강함을 나타낸다.

개인주의 문화가 발달한 이들 국가들을 보면 모두 경제선진국들이다. 따라서 경제발전이 이들 지역에 개인주의 문화가 조성된 배경의 하나라고 볼 수 있을 것이다. 호프스테드(1980)는 자기의 원자료에 포함된 40개국의 자료를 바탕으로 하여, 각국의 개인주의 점수와 1970년도 1인당 GNP 사이에 $r = 0.82$의 높은 상관이 있음을 밝히고 있다. 이러한 사실은 서구의 강한 개인주의 문화의 배경에는 이들 지역의 경제발전이 놓여 있음을, 또는 서구의 강한 개인주의가 이들 지역에서 경제발전의 원동력이 되었음을 암시하는 결과이다.

그러나 개인주의와 경제발전 사이의 관계를 이렇게만 이해할 수는 없다. 슈워츠(Schwartz, 1994)는 자율성-보수성 척도로 측정한 각국의 개인주의 점수와 1988년도 1인당 GNP 사이에 호프스테드보다 훨씬 작은 $r = 0.40$의 상관을 얻어내고 있다. 이는 일본·한국·싱가포르·대만·홍콩처럼 1970~1980년대에 눈부신 경제성장을 이룬 전형적인 집단주의 문화권 국가들의 자료가 반영된 결과이다. 이제 더 이상 서구 개인주의 국가들만 경제적으로 풍요로운 것은 아니며, 따라서 개인주의 문화의 배경을 경제발전과 연결지을 수만은 없는 일이다.

이러한 관점에서 3장에서는 서구 개인주의 문화의 배경을 경제적 맥락은 제쳐놓고 북서유럽 지역의 공통된 사상적, 종교적, 문화사적 전통에서 찾아보고자 한다. 이어서 4장에서는 서구 개인주의 사회에서 제시해 온 이상적 인간형에 관한 논의들을 현대 성격심리학에서 찾아보고, 이러한 이상적 인간형론이 그 모태인 서구 개인주의의 특징과 어떻게 관련되어 있는지를 고찰하고자 한다.

3장

서구 개인주의 문화의 배경

    개인주의는 "서구 문명의 본질이자 현대성의 진앙지"(Laurent, 1993/2001, p. 9)라고 부를 만큼 현대 서구 문명을 특징짓는 조류가 되었다. 알레뷔 (Halévy, 1901~1904/1934)는 개인의 자율성과 인간 존중에 따른 평등성 및 개인 의지의 산물인 사회라는 관념을 연결하는 "개인주의는 서구사회에서 진정한 철학"이라고 주장하면서, "오늘날 사회적 사실을 설명하는 방법으로든, 아니면 개혁적 활동의 방향 설정을 위한 실제적 교의로든, 개인주의를 전면에 내세우는 것을 타당하게 받아들이고 있다"(p. 504)고 진술하고 있다. 여하튼 개인주의는 현대 서구사회를 특징짓는 이념이 되었을 뿐만 아니라(Dumont, 1983), 그 자체가 "발전을 거듭하여, 이제 하나의 이념이 아니라 모든 사람에게 공통된 존재 방식"(Laurent, 1993/2001, p. 9)이 되었다.

    사실 개인주의라는 말은 기존의 생활방식과 사고방식을 가리키는 말로서 19세기 초에 등장하였다. "역사상 최초로 개인주의란 말을 사용한 이는 1820년에 드 메스트르(de Maistre)였다"(Lukes, 1971, p. 46 ; 1973, p. 4). 물론 이전부터 개인의 자율성과 독립성, 개인의 타고난 인권, 사유재산 보호, 신앙과 양심의 자유 같은 개인주의의 핵심 교의를 담은 사상이나 그를 위한 규범과 제도들이 없었던 것은 아니다(Dülmen, 1997/2005 ; Laurent, 1993/2001 ; Lukes, 1973). 이러한 생활방식과 사고방식은 이미 잘 다듬어진 어떤 이론이 적용되어 나타난 것이 아니라, 르네상스와 종교개혁, 그리고 계몽주의운동과 그에 이은 시민혁명을 거치면서 문화적 규범과 삶의 양식으로 자리 잡으며 자연발생적으로 전개된 것이다. 말하자면 "개인주의는 …… 사람들이 그것을 생각하고 원하기 전부터 존재하다가, 뒤에 와서야 비로소 이론이 되고 정당성을 얻어, 일관된 계열을 갖는 가치로 개념화하였다"(Laurent, 1993/2001, p. 19)고 볼 수 있는 것이다.

이렇게 개인주의는 하나의 체계를 갖춘 이론으로 제시된 것이 아니라, 오랜 역사적, 사상적 배경 속에서 성장해 온 이념체계 또는 세상을 파악하는 인식체계이기 때문에, 그 분명한 의미체계를 확고하고도 일관성 있게 정립하기는 지극히 곤란한 일이다. 이는 사람에 따라서 다른 의미로 쓸 뿐만 아니라(Laurent, 1993/2001), 상황에 따라서도 다른 의미로 받아들이고 있다(Lukes, 1973). 이렇게 "개인주의라는 용어는 유난히도 정확성이 모자란 채로 사용되고"(Lukes, 1973, p. ix) 있으며, 베버(Weber, 1904~1905/1930)는 이러한 점을 지적하여 "개인주의라는 용어는 우리가 상상할 수 있는 가장 이질적인 의미들을 아우르고 있다. …… 이를 역사적 관점에서 철저히 개념적으로 분석하는 것은 오늘날 학문세계를 위해서 고도로 가치로운 일이 될 것"(p. 222)이라고 진술하고 있다.

이 장에서는 현대 서구사회에서 개인주의가 지배적인 삶의 양식과 이념으로 성장하게 된 배경에 대해 살펴보고자 한다. 이를 위해서는 서구 문명사를 개요 수준에서나마 살펴보는 작업이 필요할 것이다. 그러나 그보다 먼저 개인주의라는 개념이 어느 정도로 다양하게 전개되어 왔는지, 그리고 개인주의라는 이념체계를 이루는 하위 개념들에는 어떠한 것들이 있는지 개관하여 개인주의가 지닌 의미의 다양성과 복잡성부터 살펴보는 것이 좋을 것이다. 언제나 분명한 개념의 파악은 연구의 방향과 범위를 설정하는 선결 과제이기 때문이다.

1. 개인주의의 의미

개인주의라는 용어가 본격적으로 사용되기 시작한 것은 19세기에 들어서면서이다. 드 메스트르가 1820년에 이 개념을 쓰기 시작한 뒤로, 프랑스에서는 생시몽주의자(Saint-Simonian)들이 1820년대 중반부터 이 개념을 체계적으로 쓰기 시작했고(Lukes, 1973), 곧이어 독일·영국·미국에서 저마다 다른 의미와 색조를 띤 개인주의라는 용어가 사용되기 시작하였다. 개인주의도 19세기에 출현한 여러 다른 주의들(isms)과 마찬가지로 다양한 의미를 함축하고 있다. 이렇게 개인주의라는 말의 의미가 다양한 이질성과 모호성을 가지게 된 것은 이 용어가 사용되기 시작한 때의 사상적, 문화적 맥락과 깊은 관련이 있다(조지형, 1998).

여기에서는 서구사회에서 개인주의라는 용어가 어느 정도로 다양성과 복잡성을 가지고 사용되고 있는지를 먼저 확인해 보고, 이러한 개관을 바탕으로 이 개념을 구성하는 핵심 요소들을 뽑아내고자 한다. 이러한 작업은 뒬멘(Dülmen, 1997/2004), 로랑(Laurent, 1993/2001) 및 루크스(Lukes, 1968, 1971, 1973)의 작업들을 참조하게 될 것이다.

1) 개인주의의 다양성과 복잡성

개인주의라는 용어는 그것이 사용되는 맥락에 따라 다양하고도 복잡한 의미를 띠는데, 이는 크게 두 가지 점에서 정리해 볼 수 있다. 우선 그것이 사용되는 역사적 맥락에 따라 그 의미가 달라진다는 점이다. 곧 이 용어가 처음 사용된 프랑스에서는 반혁명 보수주의자들이 이기주의라는 매우 부정적이고 경멸하는 뜻으로 쓰기 시작하였으나, 독일에 건너가서는 낭만주의 사조의 영향으로 개성이라는 긍정적인 의미로 쓰이기 시작하였다. 그리고 영국과 미국에서는 저마다 역사적 특수성에 따라 또 다른 의미로 사용되었다(Lukes, 1971, 1973).

다음으로 개인주의는 그것이 적용되어 논의되는 인간 활동의 영역에 따라 복잡하고도 다양한 의미로 쓰인다는 점이다. 곧 종교·정치·경제·윤리의 영역에서 사회주의나 전체주의를 비롯한 다른 이념적 관점과 견주어 사용될 때, 개인주의의 개념은 그 배경이 되는 사상적 조류와 갖는 연계성에 비추어 매우 다양하고 복잡한 양상을 띠게 되며, 경우에 따라서는 서로 배타적인 의미로 사용되기도 한다(Dülmen, 1997/2001 ; Laurent, 1993/2001 ; Lukes, 1968, 1973).

(1) 역사적 맥락과 개인주의의 다양성

18세기 말엽의 프랑스혁명을 거쳐 19세기에 들어서면서 "개인화 과정이 가속화하고 일반화하자, 계몽주의(인권)와 자본주의(산업혁명)의 결합이 낳은 자유에 대한 새로운 윤리개념을 결정화(結晶化)하기 위해 서구 문화는 새로운 어휘가 필요했다. 그리하여 19세기 초에 이르러서야 여러 사건들의 영향으로 '개인주의'라는 용어가 사용되기 시작한다"(Laurent, 1993/2001, p. 66).

그러나 두루 알고 있듯이 "똑같은 말이나 똑같은 개념도 서로 다른 상황에 놓여 있는 여러 사람들이 사용할 때는 매우 다른 의미를 갖는"(Mannheim, 1960, p. 245) 법이다. 각 개념이 사용되기 시작하는 시대적 배경과 역사적 맥락에 따라 그 포괄하는 의미가 달라질 뿐만 아니라, 이에 대한 전문가나 일반인들의 반응에도 차이가 나기 때문이다. 개인주의도 사회주의나 공산주의와 마찬가지로 프랑스·독일·영국·미국 같은 서구의 국가들에서 19세기에 들어 사용되기 시작한 용어로서, 18세기와 19세기 이들 국가들이 겪고 있었던 역사적 상황에 따라 매우 다른 의미를 띠어왔던 것이다.

프랑스 개인주의라는 말은 1789년 일어난 프랑스혁명과 그 원천이 된 계몽사상을 두고 드 메스트르, 버크(Burke) 라메네(Lamennais) 같은 반혁명 보수주의자들이 지적 반동을 일으키면서 사용하기 시작하였다(김영한, 1975 ; 조지형, 1998 ; Lukes, 1971, 1973). 이들 19세기 초반의 보수주의자들은 개인의 이성과 권리와 이익 추구를 찬양하는 계몽사상에 대해 거의 한결같은 비난을 퍼부었다. 이들은 "개인을 찬양하는 사상은 국가와 사회의 안정성을 황폐화하고, 이를 구성하는 기초원리들을 반사회적이고, 난폭하며, 뿔뿔이 흩어진 혼돈 상태로 몰아넣을 뿐이라는 사실을 프랑스혁명은 증명해 주고 있다"(Lukes, 1973, p. 3)고 주장한다. 그들은 한 걸음 더 나아가 "프랑스혁명이 유럽에 진정한 자유가 아닌 방종을 만연케 하였으며, 전통과 권위를 파괴하였다고 주장하였다. 그들은 그 가운에서도 특히 개인의 권익과 이성에 대한 지나친 강조를 지적하면서, 개인의 이성이란 본질적으로 모든 사회적 연대성에 배치되는 것이며, 이성의 발휘는 곧 정신·사회적 혼란을 초래한다고 주장하였다"(조지형, 1998, pp. 203~204).

이러한 보수주의자들의 관점은 프랑스혁명이 몰고 온 정치·사회적 혼란에 대한 지적 반동에서 나오는 것으로, 이 시대의 생시몽주의자들에 힘입어 더욱 공고하게 다져졌다. 개인주의라는 용어를 경멸과 부정의 뜻으로 사용하기 시작한 것은 반혁명 보수주의자들이었지만, 체계적으로 개인주의를 비난한 것은 생시몽주의자들이었던 것이다(Arieli, 1964 ; Lukes, 1971, 1973). 생시몽주의는 계몽주의운동의 개인 찬양에 대한 비판, 사회의 원자화와 무정부주의화에 대한 공포, 유기적, 안정적, 위계적, 조화적 사회질서에 대한 열망 같은 차원에서 반혁명 보수주의자들의 견해에 동조하고 있다. 그들은 개인주의가 이기주의를 널리 퍼뜨림으로써, 사회 전반의 무질서와 혼란을 일으키고 있다고 주장하였다. 그러나 이들은 과거의 교리적, 봉건적 체계로 돌아가기 위해서가 아니라, 미래의 산업사회에 닥쳐올 유기적 이상사회의 건설을 위하여 개인주의가 몰고 온 이러한 혼란이 극복되어야 한다고 여겼다. "이들에게는 개인주의라는 용어가 전통적인 사회질서의 통일성과 연계성을 파괴하고, 사회의 원자화와 무질서를 초래하는 여러 원인들에 대하여 포괄적으로 지칭하는 것으로서, 경멸적이고 부정적인 의미를 내포하고"(조지형, 1988, p. 204) 있었던 것이다.

이러한 반혁명 보수주의와 생시몽주의의 반개인주의적 주장은 사회나 국가에서 개인이 해방되는 것을 반대하는 두 개의 커다란 흐름을 형성하고 있다. 여기서 전자는 "전통주의적이며 반동적임을 결연히 자처하고, 철저하게 기독교적 색채를 띠면서 공동체 사회로 돌아가고자" 하는 흐름을 대변하고, 후자는 "공동체를 지향하기는 마찬가지이지만, 평등주의 관점을 취하고, 흔히 국가가 관리하는 집단주의 형태로 사회를 재구성하려는"(Laurent, 1993/2001, pp. 93~94) 흐름을 대변하는 것이다.

이미 보아온 바와 같이 "개인의 출현을 약화하기 위해 이 두 반개인주의가 권장하는 모델은 아주 상반된 결과에 이르지만, 개인주의에 대해서는

혼히 비슷한 비난을 퍼부으며, 똑같이 사물에 대한 전체론적 인식을 보여
주고 있다. 곧 둘 다 개인의 실재성과 자연법에 따른 개인의 존재를 부인한
다. 그리고 개인의 내적 자유(이성적 자율성)는 허구이며, 개인의 행동의
자유(독립성)는 사회조직을 세분화하고, 사회관계를 해체하므로 위험하다
고 주장한다. 또 두 가지 흐름 모두 소유권의 부당성을 고발하고, 사회적
유대를 파괴한다는 이유로 자유경쟁의 원칙을 비판하며, 개인의 부상을 이
기주의적 내향성과 비사회적 (또는 비시민적) 향락주의의 범람으로 본
다"(Laurent, 1993/2001, p. 94).

이러한 반개인주의 경향은 19세기 프랑스 사상가들의 공통된 시각이었
다. "보수주의자·사회주의자·자유주의자를 막론하고 그들은 대체로 개
인주의에 부정적 평가를 하였다"(김영한, 1975, p. 109). 사회주의자들에게
개인주의는 연대·조화·질서에 대비되는 것으로, 사회의 원자화와 빈자
(貧者)에 대한 착취로 이끄는 무정부주의적인 이념일 뿐이었다(Lukes,
1973). 심지어 자유주의자인 토크빌(Tocqueville, 1835/1997)까지도 개인주
의는 민주주의의 자연스런 산물이기는 하지만, 공공생활에서 사적 영역으
로 개인을 후퇴시키고, 결과적으로 사회적 연대를 약화하며, 마침내는 국
가 권력의 무한정한 성장과 압제를 낳게 될 것이라고 보았다. 그에 따르면,
"개인주의는 …… 지성의 결핍"에서 생기는 것으로, "처음에는 공공생활
의 덕성을 좀먹다가 마침내는 다른 모든 것을 공격·파괴하며, 최후에는
이기주의로 전락"(p. 668)하고 만다는 것이다.

이상에서 보듯이 "프랑스에서는 보통 개인에 중점을 둔다는 것은 사회
의 우선적 이익에 해를 끼친다는 사실을 강하게 함축하는 경멸의 뜻을 담
고 있었으며, 아직도 그러한 경향이 있다"(Lukes, 1973, p. 7). 일반적으로
프랑스 사상사에서 개인주의는 개인의 원자화와 사회 해체의 원천으로 인
식되고 있다. 이러한 사실은 프랑스 한림원에서 펴낸 사전(1932~1935)에
서 개인주의를 "전체의 이익을 개인의 이익에 예속시키는 것"이라고 정의
하고 있다는 점에서 잘 드러난다. 이렇게 프랑스에서는 "오늘날까지도 개
인주의라는 말이 과거의 비호의적인 의미를 상당 부분 그대로 간직하고 있

는 것이다"(Swart, 1962, p. 84).

그러나 프랑스에서도 "1975년 무렵부터는 개인주의가 다시 빠르게 퍼져
나가기"(Laurent, 1993/2001, p. 144) 시작했다. 이는 산업화로 말미암은 자
유시장 경제체제의 확산, 급격한 도시화와 대중화 및 전통적인 공동체적
생활양식의 붕괴, 그리고 자유민주주의 정치체제 확립 같은 역사적 사실과
관련이 깊다. 한 번 "개인의 편으로 뒤바뀐 추세는 이념적으로 강력한 영
향력을 행사한다. 그리하여 자유주의자들뿐 아니라 좌익 지식인들 사이에
서도 개인주의 이념이 확고하게 자리 잡는다. 이들은 스스로 반성적 자아
비판을 하며, 개인주의와 화해하기에 이른다. 그 이유는 개인주의가 인권
이라는 윤리와 연관되어 있고 …… 평등한 사회에서 모든 사람이 개인이
자 시민으로서 자율성을 얻어낼 수 있는 가장 훌륭한 수단으로 제시되
기"(pp. 149~150) 때문이다. 그 결과 오늘날에는 프랑스에서도 "개인주의
를 열광적으로 받아들이는 태도가 거의 일반화하다시피" 하였으며, "개인
은 집단생활의 새로운 제도적, 윤리적 중심으로서 견고한 기반을 마련하게
되었"(pp. 79~80)던 것이다.

독 일 18세기를 거쳐 19세기 전반까지 프랑스 사상의 주류를 형성했던
것이 계몽사상이었다면, 이 시기 독일에서 사상적 주류를 형성했
던 것은 낭만주의였다. 낭만주의는 "18세기 말에서 19세기 전반에 걸쳐 주
로 계몽주의의 합리적, 기계론적 세계관에 반발하여 일어난 범유럽적 사상
운동이다. 이 운동은 계몽주의를 이념적 지주로 삼았던 프랑스 대혁명, 그
리고 혁명 이념의 전파자였던 나폴레옹에 맞서 싸웠던 독일인들의 이른바
해방전쟁(Befreiungskrieg)을 거치는 정치적 격동기 속에서 더욱 심화되었
다"(이종훈, 1994, p. 467). 이러한 낭만주의운동 전파의 중심지는 독일이었
으며, 그 핵심 인물은 훔볼트(Humboldt), 노발리스(Novalis), 아우구스트
슐레겔(August Schlegel), 프리드리히 슐레겔(Friedrich Schlegel), 슐라이어
마허(Schleiermacher) 같은 이들이었다(Lukes, 1973). 이성, 보편적 질서, 자
유와 평등, 합리적 계약, 감정과 욕구의 절제, 과학과 진보 같은 것들이 계

몽주의를 특징짓는 개념들이라면, 낭만주의는 감정과 직관의 강조, 자연 예찬과 신비적 자연관, 개성주의와 유기체적 사회관, 전통 숭상 들로 특징 지을 수 있는 사상으로, "계몽주의로 대표되는 합리주의 사상 전통에 대한 안티테제라고 할 수 있다"(이종훈, 1994, p. 497).

이러한 맥락에서 독일에서는 프랑스와 완전히 다른 의미로 개인주의라 는 용어를 받아들인 까닭을 찾아볼 수 있다. 곧 프랑스에서는 이성적 개인 의 자유를 부르짖는 계몽주의운동을 사상적 모태로 삼는 대혁명에 대한 반 동에서, 이기주의와 사회 혼란 및 해체라는 부정적이고 경멸하는 뜻으로 개인주의를 받아들였지만, 독일의 개인주의는 독특하고 구체적인 개인이 가지고 있는 감정과 욕구의 자연스러운 발산을 부르짖는 낭만주의를 배경 으로 등장하여, 독특성 · 독창성 · 자기실현이란 측면에서 개인이 개체로서 갖는 개성(individualität)이라는 긍정적인 의미를 띠게 되었던 것이다.[1]

독일에서 개인주의라는 용어가 처음 사용된 것은, 브뤼게만(Brüggemann) 이 부정적인 프랑스식 의미와는 다르게 "도덕과 진리의 측면에서 인간적 으로 자유로워지는 데 목표를 두고자 하는 개인의 전폭적인 자신감 (self-confidence)"을 뜻하는, 무한정하고 헌신적인 개인주의라는 바람직한 의미로 쓰면서부터였다(Lukes, 1973, p. 18). 그 뒤로 독일에서 이는 '개성' 의 관념과 본질적인 동의어로 받아들여졌다. 이러한 점에서 짐멜(Simmel, 1917/1950)은 원자화하고 획일화한 개인이라는 관념을 가진 18세기 개인 주의에 견주어, 독일식 개인주의를 "신개인주의(new individualism)"라 부 르고 있다. 그는 이 새로운 독일식 개인주의는 "본성과 성취의 양면에서 타고난 경지, 곧 타인과 비교할 수 없는 유독성(唯獨性)의 경지까지 각자

---

1) 물론 독일에서도 프랑스와 마찬가지로 개인주의를 부정적인 의미로 받아들인 사람 이 없었던 것은 아니다. 독일 역사경제학파의 선구자인 Friedrich List 같은 사람이 그 예이다. 그는 사회와 경제의 유기체적 본성과 경제 활동의 역사적, 민족적 배경을 강조하면서, 고전경제학파가 주장하는 자유무역 정책은 국가 공동체의 복지를 희생 해서 개인이 부를 얻는 데만 도움을 줄 것이라는 시각을 바탕으로, 개인주의를 프랑 스에서와 마찬가지로 이기주의와 사회 해체의 관점을 따라 개념화하고 있다. 그러나 이는 결코 개인주의에 대한 독일식 해석의 주류는 아니었다(Lukes, 1973, p. 15).

의 개성을 심화하는 차이의 개인주의(individualism of difference)"로서, "18세기의 양적 개인주의(quantitative individualism)에 대비되는 질적 개인주의(qualitative individualism), 또는 단일성(singleness ; Einzelheit)의 개인주의에 대비되는 독특성(uniqueness ; Einzigkeit)의 개인주의라 부를 수 있다"고 보았다. 그러면서 "낭만주의가 그 감정적, 경험적 바탕을 제공하였다"(pp. 78~83)고 진술하고 있는 것이다.

이러한 개성의 관념은 개인과 사회 및 국가의 유기적 통합을 주장하는 독일의 특징적인 세계관과 결합하면서 독특하게 발달하였다(Lukes, 1973). 곧 이성적 주체인 추상적 개인 사이의 계약으로 사회와 국가가 형성된다고 봄으로써 개인과 사회를 별개의 대립하는 존재로 여기는 대부분의 서구 문명과는 달리, 19세기 독일에서는 특정 현실 속의 구체적인 존재인 개인과 민족 및 국가 사이의 유기적 통합으로 국가와 사회가 형성된다고 보아, 개인과 사회가 서로 대립하는 관계가 아니라, 유기적 전체로 병합되는 관계에 있다는 견해가 강했던 것이다. 이러한 견해에 따르면, "개인은 운명적으로 병합되어 민족과 국가의 근거가 되며, 따라서 개인은 이러한 병합 속에서 자기 개성을 찾고, 또 자기 표현을 할 수 있게 된다. 이제 개성은 더 이상 개인에게만 귀속하는 것이 아니라, 민족이나 국가 같은 초개인적인 힘에도 귀속하는 것이다"(Lukes, 1973, pp. 20~21).

이렇게 개성을 중심으로 개인주의를 파악하는 독일에서 "개인과 개성의 개념은 세계관의 이념과 결부되면서, 단순히 한 사람의 개인을 지칭하는 것이 아니라, 개인과 사회를 포함한 여러 이질적인 다양한 요소들이 유기적으로 통합된 초개인적인 역사적 추동력, 특히 민족 혹은 국가를 지칭하는 것으로 확대되었다"(Dumont, 1986 : 조지형, 1998, p. 206에서 재인용). 곧 "독일의 개인주의는 개인의 자아 발전이 사회와 유기적 통일을 기할 수 있다는 데 그 특색이 있다. …… 이와 같이 독일에서의 개인주의는 사회적 결속을 위협하는 것이 아니라, 오히려 그것의 최고 실현으로"(김영한, 1975, p. 109) 여겨졌던 것이다.

영 국   "개인주의라는 말이 영국에서 처음으로 사용된 것은 1840년에 리브(Reeve)가 토크빌의 《미국의 민주주의(*De la Démocratie en Amérique*)》를 영어로 번역하면서부터였다"(Lukes, 1973, p. 32). 그 뒤로 영국인들은 개인주의를 프랑스식의 부정적이고 경멸하는 의미로 받아들이기도 하고, 또 독일식의 낭만주의적이고 긍정적인 의미로 받아들이기도 하였다. 이기주의와 사회 해체라는 부정적 의미로 받아들인 대표적인 사람들은 오웬(Owen) 같은 사회주의 사상가들이었는데, 그들은 개인주의를 자본주의 경제체제의 악덕을 가리키는 뜻으로 받아들였다. 이에 견주어 개성이라는 긍정적인 의미로 받아들인 대표적인 사람은 유니테리언 교파의 목사인 맥콜(McCall) 같은 사람이었는데, 그는 새로운 삶의 양식은 개성을 존중하는 개인주의에 바탕을 둔 것이어야 한다고 주장하였다(Lukes, 1973).

이러한 외래의 의미와 함께 영국인들은 그들대로 토착적인 의미로 개인주의를 받아들였는데, 이것이 영국식 개인주의의 의미로 굳어지게 되었다. 이러한 토착적 의미에 따라 영국에서는 대체로 긍정적으로 개인주의를 받아들이고 있는데, 이는 크게 세 가지 종류로 나눌 수 있다.

그 하나는 '한 국가, 한 종교'라는 영국 국교의 규범에 반대하고 종교 자유주의를 주장하는 여러 교파의 신교도를 가리키는, 비동조자(nonconformist)라는 뜻으로 사용되는 의미이다. 영국 국교를 따르지 않는 사람들을 '비동조자'라고 부르기 시작한 것은 1619년부터인데,[2] 그 뒤로 이 말은 종교 개인주의를 가리키는 뜻으로 사용되었다.

또 하나는 영국인, 특히 19세기 영국 중류계층 사람들의 품성(character)을 가리키는 자립(self-reliance)이라는 뜻으로 사용되는 의미이다. 예를 들면, 맨체스터 정치경제학파의 열렬한 옹호자인 스마일스(Smiles, 1859/1958)는 "정력적인 개인의 활동에서 나타나는 자조(self-help) 정신은 언제나 영국인 품성의 현저한 특징이었다"면서, "타인의 삶과 행위에 가장 강력한

---

2) Merriam-Webster Inc.(1986). *Webster Ninth New Collegiate Dictionary*. Springfield, MA : Merriam-Webster Inc., p. 803.

영향을 미치는 것은 이러한 정력적인 개인주의(energetic individualism)이
며, 이는 사실 가장 실제적인 교육이 된다"(pp. 38~39 : Lukes, 1973, p. 34에
서 재인용)고 진술하고 있다. 이렇게 영국에서는 자조, 근면, 절제, 성실하
고 정력적인 목표 추구와 같은 자립의 특성을 영국인의 품성으로 여기는
경향이 있으며, 개인주의는 이러한 자립과 동의어로 사용되고 있다.

　마지막으로, 19세기 후반에 특히 사회주의나 공산주의와 대조되는 영국
자유주의(English liberalism)라는 뜻으로 사용되는 의미이다. "개인주의는
극단적인 자유방임주의자부터 국가 간섭의 확대를 지지하는 사람들에 이
르기까지 모든 범위의 영국 자유주의자들이 주장하고 또 환영하는 이념이
되었던 것이다"(Lukes, 1973, p. 35). 예를 들면, 스펜서(Spencer)는 개인
의 의지를 따르는 모든 종류의 사적 활동이 정부의 의지를 따르는 공적
활동에 위협받지 않도록 해야 보편적인 사회 진화가 촉진된다고 보았다.
더 나아가 허버트(Herbert)는 자발적 과세(課稅)와 교육 및 개방 시장
(open market)과 자유교역을 비롯한 철저한 개인주의(thorough-going
individualism)를 주장하기도 하였다. 또한 그린(Green)은 개인주의란 부의
생산과 분배 과정에서 사회의 간섭에 반대하고 개인의 완전한 자유경쟁을
옹호하는 것을 뜻한다고 보면서, 이러한 의미의 개인주의는 근원적인 인간
본성의 원칙일 뿐만 아니라, 사회 안녕의 기본 요소이기도 하다고 주장하
였다(Lukes, 1973, pp. 35~39). 디시(Dicey, 1905/1962)는 개인주의를 공리
주의(Benthamism) 또는 공리적 자유주의(utilitarian liberalism)와 같다고
여기면서, "각 사람이 혼자서든 또는 여럿이 모여서든 각자의 방식으로 자
기 행복을 자유롭게 추구하도록 내버려두면, 사회 전체의 복지는 충분히
확보될 수 있을 것"(p. 156)이라고 본다. 이렇게 "영국에서 광범위하게 사
용되는 개인주의는 경제와 그 밖의 모든 영역에서 국가 간섭의 부재(不在)
또는 최소화를 의미하며, 이에 찬성하는 사람이나 반대하는 사람 모두 개
인주의가 고전적 자유주의와 연계되어 있는 것으로 받아들이고 있
다"(Lukes, 1973, p. 39).

미 국 처음에는 생시몽주의자들과 사회주의자들 탓에 부정적인 프랑스식 의미의 개인주의가 미국에 흘러들었다. 그러나 1839년에 이미 개인주의를 미국의 국가적 가치와 이상으로 여김으로써, 이를 긍정적으로 평가하는 흐름이 나타나기 시작하였다. 이때 나온 어떤 잡지의 기사에서는 이미 "문명화 과정은 야만적 개인주의 상태에서 더욱 고양된, 도덕적이며 세련된 개인주의로 진보하는 과정이다. …… 이러한 문명화의 최후 단계는 민주주의로서, 역사상 최초로 우리나라에서 비로소 항구적으로 실현되게 되었다. …… 이 시대 우리나라의 특별한 의무는 권리, 자유 및 개인의 정신적, 도덕적 성장이 모든 사회제도와 법률의 최고의 목표가 되는 그러한 문명을 구현하고, 또 그 모범이 되어야 한다는 것이다"(*United States Magazine and Democratic Review* VI, 1839, p. 208 : Lukes, 1973, p. 27에서 재인용) 라고 진술함으로써, 개인주의의 긍정적 의미를 강조하고 있다.

이러한 흐름을 거쳐 "남북전쟁이 끝날 즈음에 개인주의는 미국인의 이념 사전에서 중요한 위치를 차지하게 되었다"(Lukes, 1973, p. 28). 이 시기에 개인주의가 미국 정신을 대표하는 이념으로 떠오른 것은, 인간의 평등과 자유를 강조하는 민주주의, 각 개인의 종교적 선택을 강조하는 청교도(Puritan)를 비롯한 개신교의 여러 교파, 개인의 완전성을 신뢰하는 초월주의(Transcendentalism), 자유방임과 완전 경쟁을 통한 사회발전을 주장하는 사회진화론(Social Darwinism), 사유재산권, 자유경쟁, 개방 시장, 자유기업을 강조하는 자본주의, 남북전쟁을 겪으면서 국가 통합 이념의 필요성을 절감하고 있던 자본주의적인 북부의 문화적 요구와 결합하면서였다고 볼 수 있다(조지형, 1998 ; Lukes, 1973). 이렇게 하여 개인주의는 미국 정신의 상징적 표어로 떠올랐는데, 아리엘리(Arieli, 1964, pp. 345~346)는 미국식 개인주의는 미국의 국가 정체성의 상징이라고 표현하면서, 이를 다음과 같이 진술하고 있다.

개인주의는 미국의 특징적인 태도, 행동 유형과 열망에 대한 합리화를 제공해 주었다. 이는 과거와 현재뿐만 아니라, 미래의 통합과 진보에 대하여 조망하도록 해주고 있다. 이는 이질성 속의 통합이라는 미국의 특이한 사회적, 정치적 조직을 설명할 수 있는 이념이며, 미국식 경험과 조화를 이루는 사회조직의 이상을 보여주고 있는 것이다. 무엇보다도 개인주의는 미국이라는 국가 의식의 가장 핵심적인 특징인 보편주의와 이상주의를 드러내는 것이다.

물론 "미국에서 개인주의가 지배적인 이념이 된 데에는 미국 사회에 사회주의의 전통이 없었다는 사실에 한 가지 원인이 있다"(Lukes, 1973, p. 28). 곧 건국 초기부터 자유주의·개인주의 전통이 미국인들의 삶의 배경이 되었으며, 따라서 사회와 개인 가운데서 개인에게 중점을 두고, 될 수 있는 대로 최대의 자유를 허용하려는 전통이 강했던 것이다.

이상에서 보듯이, 개인주의는 미국에서 자본주의 및 자유민주주의 이념과 결합함으로써 미국의 정신으로 떠올랐으며, 미국의 성장과 함께 역사상 가장 찬란하게 꽃피우게 되었다. 이러한 배경에서 "에머슨(Emerson)은 개인주의를 완전에로의 길이며, 개인의 자발적인 사회 참여의 길이라고 말하면서, 미국 연방의 이상은 개인주의 속에 깃들어 있다고 주장"(김영한, 1975, p. 110)하고 있는 것이다.

(2) 인간 활동 영역과 개인주의의 복잡성

이상에서 보듯이, 개인주의는 그 개념이 등장했던 시기에 각국의 역사적 상황과 지니는 연관성에 따라 다양한 의미를 띠고 사용되어 왔다. 프랑스에서는 대혁명 이후 사회 혼란의 원인을 그 배경이 되는 계몽주의운동의 개인존중 사상에서 찾으려는 관점에서, 이기주의와 사회 해체의 의미로 개인주의를 받아들였다. 이에 견주어 독일에서는 낭만주의의 교의에 따라 개인의 개성 발휘와 이를 통한 자기실현이라는 의미로 받아들이다가, 개인들의 유기적 통합이 민족과 국가라는 관념과 결부되면서 개인주의를 민족과 국가의 개성과 그 실현이라는 의미로 확대해서 받아들였다. 영국에서는 주로 자유주의 사상과 연계하여 종교적, 경제적 자유주의의 의미로 개인주의를 받아들였을 뿐만 아니라, 산업혁명 이후 영국 중산층의 생활 태도인 자립과 자조 및 근면의 성품을 나타내는 것으로 확대해서 해석하였다. 그리고 미국에 와서 개인주의는 자본주의 및 자유민주주의의 이념과 결합함으로써 미국을 상징하는 국가 이념으로 격상되었으며, 사회 발전 과정에서 가장 완전한 최후의 이념으로 떠올랐다. 그러나 역사적 배경의 차이에 따라 이러한 다양성이 있지만, 오늘날 개인주의는 서구사회를 전반적으로 특징짓는 핵심 이념이 되어 있음은 틀림없는 사실이다(Arieli, 1964 ; Dülmen, 1997/2005 ; Halévy, 1901~1904/1934 ; Laurent, 1993/2001 ; Lukes, 1971, 1973).

이렇게 다양한 의미를 갖는 개인주의는 많은 역사학자와 사회과학자 그리고 사상가들에 힘입어 여러 분야의 인간 활동 및 사회현상과 지니는 연계성 속에서 고찰되어 왔다. 예를 들면, 트뢸취(Troeltsch)는 초기 기독교 사상과, 부르크하르트(Burckhardt)는 이탈리아 르네상스와, 베버(Weber)는 신교주의(Protestantism) 및 자본주의와, 기어케(Gierke)는 근대 자연법 이론과, 마이네케(Meinecke)는 낭만주의와, 그리고 미제스(Mises), 하이에크(Hayek), 프리드만(Friedman)은 자유주의 경제학과 개인주의를 연결시켜 고찰하고 있다(김영한, 1975 ; Lukes, 1973). 이들은 이러한 현상들의 발흥과 전개 또는 그 결과를 개인주의의 여러 가치 또는 특정 요소와 결부하여 논의함으로써, 여러 영역의 인간 활동을 개인주의 교의를 통해 특징화하거나 합리화하려는 경향을 보이고 있는 것이다.

이들은 대체로 개인주의가 신교주의·자유주의·자본주의·민주주의들과 밀접한 관련성을 갖는 것으로 개념화하고 있다. 역사적으로 개인주의는 르네상스, 종교개혁, 자유주의, 계몽주의운동, 낭만주의 같은 개성 존중 사상·자연권 사상·자유와 평등 존중 사상·자유방임주의와 결부되어, "기존 질서 안에 포함되어 있던 폭압 문제를 제기하고, 이를 새로운 틀 안에서 해결하는 역할을 수행하였다. 다른 한편 개인주의는 사회 문제를 복잡하고 혼란스럽게 함으로써, 오히려 위기와 갈등을 가중시키는 결과를 가져오기도"(조지형, 1998, p. 216) 하였다. 여기서는 이러한 여러 논의가 아우르는 개인주의의 역동성과 복잡성을 종교·정치·경제·윤리와 같은 거대 영역에서 바라보는 개인주의와, 특정한 가치·행위·규범들의 원인을

개인의 특성을 바탕으로 포괄적으로 설명하는 양식인 방법론적 개인주의
를 중심으로 고찰함으로써, 개인주의가 아주 복잡한 의미와 층위를 갖는
체계임을 확인해 보기로 하겠다.

종교적 개인주의   이는 중세 가톨릭 교회의 의례중심주의와 사제중심주
의에 반발하여 개인의 영적 자율성과 평등성을 주장함
으로써, 종교 교의와 그 본질에 관한 새로운 관념을 제시한 이념체계이다.
이는 1517년 루터(Luther)가 당시 가톨릭 교회의 면벌부(免罰符, indulgentia)
판매가 부당함을 지적하는 95개조 반박문을 발표하면서 시작된 종교개혁
운동의 직접적인 산물이었다. 이들 종교개혁운동가들은 가톨릭 교회에 '항
의하는 자'라는 뜻으로 프로테스탄트(Protestant)라 불리었고, 그 뒤 프로
테스탄트라는 말은 종교개혁의 신조를 따르는 모든 비가톨릭 개신교도들
을 일컫는 의미로 확대되었다. 이들의 주장은 상당히 다양하지만, 다음 세
가지는 모든 개신교파에 공통된 것이다(박준철, 1998, pp. 33~39).

첫째, 구원은 교회 의식의 준수나 인간의 선행이 아니라, 개인의 자발적
인 선택에 따른 믿음을 통해서만 얻어진다는 '믿음지상주의'이다. 중세의
정통 신학에 따르면, 인간이 구원에 이르는 데에는 두 가지 조건이 필요한
데, 그 하나는 신의 은총이고, 또 하나는 인간의 선행이다. 여기서 신의 은
총을 받는 길은 세례와 고해성사의 의무를 준수하는 일이고, 선행은 교회
의 다양한 의식과 교회 활동에 대한 적극적인 참여를 전제로 한다. 개신교
도들의 믿음지상주의는 이러한 구원론과 정면으로 어긋난다. 그들은 의식
준수와 겉으로 나타나는 행위보다는 내면적이고 자발적인 믿음만이 구원
에 이르는 길이라고 주장하였다. "결국 프로테스탄트 구원론이 강조하는
것은 성례의 준수와 선행의 축적을 통한 인간 자신의 성화(聖化, sanctifica-
tion)가 아니라, 의롭지 못한 인간이 예수를 구세주로 믿을 때 그를 의롭다
고 인정[以信稱義, justification by faith]하는 신의 은총이다. 한 마디로 말
하자면, 구원은 행위를 통해 '성취하는 것'이 아니라, 믿음을 통해 '주어지
는 것'이다. 종교개혁을 지지한 대중들은, 구원은 오직 내적 믿음의 소산이

며 신과 개개인의 직접적인 교통의 결과라는 이 믿음지상주의에서, 기존의 구원론에서 비롯된 다양한 종교적 굴레와 부담의 돌파구를 찾았던 것이다"(박준철, 1998, p. 36). 이러한 믿음지상주의의 새로운 구원론은 개인들에게 영적 자유와 자율성을 부여하여, 종교적 개인주의의 신조를 퍼뜨리게 되었다.

둘째, 구원에 이르는 유일한 길이 개인의 내면적이고 자발적인 믿음에 있다면, 신과 인간의 관계는 직접 교통하는 관계이지 중개자를 필요로 하는 관계가 아니기 때문에 모든 기독교도들은 스스로 자신의 사제가 된다는 '만인사제주의(萬人司祭主義)'이다. 교회가 정한 "의식의 준수와 경건한 행위가 구원에 아무런 영향을 미치지 못한다면, 다양한 교회 의식을 관장하고 종교적, 도덕적 선행의 안내자 역할을 하는 사제의 의미와 역할은 격하될 수밖에 없으며 …… 사제는 더 이상 구원의 중개자가 될 수 없고 …… 따라서 사제와 평신도의 구별 없이 모든 기독교인은 평등하다는 것"(박준철, 1998, p. 37)이 만인사제주의의 내용이다. 이러한 만인사제주의는 중세의 구원론을 부정한 믿음지상주의의 당연한 논리적 귀결이며, "믿음지상주의가 신과 인간의 관계를 새로이 설정하였다면, 만인사제주의는 성직자와 평신도의 관계를 재규정하는 것"(p. 36)이라 볼 수 있다. 이러한 만인사제주의를 통해 개신교도들은 교회와 사제의 권위에서 해방되어, 자기의 자율적 결단에 따라 스스로 구원을 찾아 가져야 하는 영적 책임성과 영적 평등성을 얻어냄으로써, 종교적 개인주의에 한 걸음 더 다가서게 되었던 것이다.

셋째, 오직 성경만이 믿음의 출처이고, 신앙생활의 지침이며, 교회와 교회 관례의 타당성을 보증하는 만큼, 성경만이 절대적이고도 유일한 권위를 갖는다는 '성경지상주의'이다. 중세 가톨릭 교회도 성경의 권위를 부인하는 것은 아니었으나, "성경의 근거성 유무에 상관없이 교황의 교서, 종교회의의 결정, 교회법 등이 성경에 못지않은 권위를 누렸다. …… 간단히 말하자면, 중세 교회에서도 성경의 권위는 인정되었으나, 성경만이 권위를 갖고 있었던 것은 아니었다"(박준철, 1998, p. 38). 개신교도들은 이 점에서 현격하고도 대조적인 관점을 굳게 지닌 채, 성경만을 유일한 권위로 인정할 뿐 그 밖의 어떠한 권위도 인정하지 않겠다고 하였는데, 바로 이것이 성경지상주의의 태도이다. 물론 성경은 읽는 이에 따라 다양하게 해석될 수 있어서, 개신교는 기본적으로 이러한 성경 해석의 차이에 따라 여러 교파들로 갈라지고 있다. 그러나 개인 또는 교파에 따라 자의로 성경 해석을 달리할 수 있다는 사실을 근거로, 믿음의 내용과 신앙생활의 양식은 자기 이성에 따라 자율적으로 선택할 수밖에 없으며, 그에 따르는 책임은 스스로 질 수밖에 없다는 태도를 널리 퍼뜨리게 되었고, 결과적으로 종교적 개인주의 신조가 자라나는 데 이바지하였던 것이다.

이상에서 보듯이, 종교적 개인주의 이념은 프로테스탄트들의 세 가지 공통된 교의에 뿌리를 두고 있다. 그들의 믿음지상주의는 종교적 내면화(사유화)와 자율성을, 만인사제주의는 종교적 평등성을, 그리고 성경지상주의는 종교적 선택과 책임성을 개인에게 요구하고 부여했다. 이렇게 "개인 신자와 신의 사이에는 어떠한 중개자도 필요하지 않으며, 자기의 영적 운명에 대해 스스로 일차적인 책임을 져야 하므로, 자기 자신의 방법과 노력을 통해 신과 관계를 맺어야 할 권리와 의무가 개인에게 주어져 있다는 견해가 곧 종교적 개인주의인 것이다"(Lukes, 1973, p. 94).

이러한 맥락에서 보면, "종교개혁과 더불어 개인화 과정의 또 다른 핵심적 측면, 다시 말해 정신적으로 자율적이고 자족적인 주체가 되는 인간의 내면화가 성취된다"고 생각할 수 있다. 종교적 개인주의에서 "개인이란 어떤 권위나 중개자에게도 의존하지 않고, 오직 이성의 도움으로 성서를 자유로이 검토하면서 자신의 논리를 끝까지 관철시켜, 기독교에 잠재된 해방의 힘을 구체화하는 사람을 의미한다. 그는 자신과 마주하는 내면적 고독 속에서 …… 자신의 구원에 대해 신 앞에서 전적으로 책임을 진다"(Laurent, 1993/2001, pp. 36~37). 바로 이러한 종교적 개인주의에서 근대적 개인이 나타난다. "자신의 '내면으로 들어가라, 그리고 양심에 따라 살라'는 구호는 개신교 내부에서 나온 강력한 요구였으며 …… 여기에서 처음으로 근대적 개인성의 구조가 나타나고"(Dülmen, 1997/2005, p. 93) 있는 것이다.

정치적 개인주의 개인중심주의·자유·자연권·최소국가와 같은 가치에 뿌리를 둔 고전적 자유주의(박우룡, 1998)의 핵심 교의와 결합한 일련의 이념체계가 정치적 개인주의를 이룬다. 여기서 "개인은 모든 인식의 주체로서, 독립적이고 이성적인 존재로 간주된다. 이들은 자신의 원망(願望)과 선호의 유일한 원천이고, 자기 이익에 대한 최선의 판단자"(Lukes, 1973, p. 79)이며, 그의 행위는 모두 자기 이익을 얻는 일에 집중되는 것으로 여겨진다. 곧 "오직 개인의 요구와 이익이 최우선이며, 인간의 이성도 그것을 달성하는 수단에 불과하다고 보는"(박우룡, 1998, p. 72) 것이다. 이러한 시각에서는 개인이 사회보다 더 실제적이고 우선하는 존재이며, 사회나 국가는 이러한 추상적 개인(자기 이익 추구자)들이 자기 이익을 확보하려는 의지에 따라 구성되는 것으로 개념화된다. 따라서 정치적 개인주의는 이러한 시민인 개인을 "정치 문제에서 최종적인 권리와 책임을 갖고 있는 존재로 전제하고, 어떤 사회적 간섭과 개입도 배제하려는"(조지형, 1998, p. 218) 이념체계가 된다. 이러한 정치적 개인주의는 다음과 같은 세 가지 견해에 뿌리를 두고 있다(Lukes, 1973, pp. 79~87).

첫째, 정부는 그 시민들의 개인적인 동의에 바탕을 둔 계약에 따라 성립하고, 따라서 그 권위나 합법성도 개인들의 동의에서 나온다는 사회계약설(社會契約說)이다. 이러한 사회계약설은 17~18세기에 홉스(Hobbes), 로크(Locke), 루소(Rousseau) 같은 이들이 주창하였으며, 계몽사상에 힘입어 가장 명확하게 드러났다. 그들은 정부가 구성되기 전에 개인들이 이를 구성하는 데 동의하게 되고, 그들 사이의 계약에 따라 정부가 권위를 갖게 된다는 관념을 갖고 있다. 그들에 따르면, 이러한 사회계약 이전의 자연 상태에 있는 모든 개인은 합리적 이성을 지닌 존재로서 자유롭고 평등하며, 어느 누구도 타인의 동의 없이는 그들에게 어떠한 권위도 행사할 수 없다. 홉스는 자연 상태는 '만인의 만인에 대한 투쟁'이 빚어지는 상태로서, 개인들은 이러한 위험한 불안정성에서 벗어나서 자기의 개인적 이익을 확보하기 위하여, 서로 간의 계약을 통해 정치적 권위체인 정부를 구성하는 데 동의하게 된다고 본다. 자연 상태를 잔인한 상태라고 보는 이러한 홉스의 이론은 국가의 절대권력을 정당화하는 결과를 가져오게 된다. 이에 견주어, 로크와 루소는 자연 상태를 그렇게 잔인한 상태로 규정하지 않고, 다만 인간이 본래부터 갖는 생명·자유·재산에 대한 자연권, 이 가운데서도 특히 사유재산권이 불완전하게 허용되는 불편한 상태일 뿐이라고 보아, 이러한 불편함을 덜기 위한 개인들의 동의와 계약에 따라 국가가 세워진다는 관점을 갖고 있었다(박우룡, 1998 ; 조지형, 1998 ; Lukes, 1973).[3]

여기서 중요한 것은 이러한 동의와 계약의 목적은 자기 이익의 확보라는 사실이다. 곧 "자기 이익의 충족이라는 목표는 이성을 가진 모든 개개인에게 최상의 목표"(조지형, 1998, p. 219)이며, 결국 이를 달성하기 위한 개인 간 계약의 결과물인 국가의 존립 이유는 곧 시민 개개인의 자연권(생명·자유·재산) 보호에 있다는 것이 사회계약설의 핵심이다. 이러한 사회계약설은 국가 성립의 근거를 개인에게서 찾으며, 또한 권력자가 권력을 남용할 때 개인의 저항권 행사를 정당화해 준다는 점에서 정치적 개인주의의 신조를 확립하는 계기가 되었다.

둘째, 정치적 대표는 그가 속한 계급이나 재산, 사회 직능, 또는 사회 계층이 아니라, 개인 이익을 대표한다는 대의(代議)의 견해이다. 개인 이익을 대표하는 정치적 대표라는 개인주의적 견해는 19세기 초 무렵에 공리주의자들이 가장 분명하게 드러냈다. 이들은 "사회는 쾌락 추구와 고통 회피라는 개인 이익을 추구하는 수많은 사람들로 구성되는데, 일단 정치제도가 성년 남자 선거권, 정기적인 선거, 군주권의 폐지를 근거로 개혁되면, 선출된 대표자들은 입법 과정에서 모든 사람의 행복을 최대화하는 쪽으로 행동할 것"이라고 전제한다. 따라서 "자유시장이 최대 다수의 최대 행복을 가져다준다고 가

3) 19~20세기의 자유민주주의자들은 정부 구성 이전에 개인들의 계약이 이루어지고, 이를 바탕으로 국가가 성립한다는 사회계약설의 교의를 더 이상 받아들이지 않는다. 그들은 자유선거에 대한 참여가 개인적 동의의 준거라고 여기며, 이러한 자유선거에 따라 합법적 정부가 구성되는 것이라고 본다. 따라서 개인들의 계약 시기와 그 형태에 대한 의견의 차이는 있으나, 합법적 민주정부를 놓고 개인이 부여하는 동의 개념에 호소한다는 점에서는 현대 자유민주주의자들의 견해와 사회계약설의 기본 관점이 같다고 볼 수 있다(Lukes, 1973).

정할 수 있다면, 선거자와 대표자가 모두 개인 이익을 추구하는 과정에서 개
혁된 정치제도는 각 개인의 개별 이익의 총화도 최대화한다고 예측할 수 있
다. 곧 경제 영역에서처럼 정치 영역에서도 '보이지 않는 손'이 작용할
것"(Lukes, 1973, pp. 82~83)이라는 주장이다. 이렇게 "이익집단이나 계급이
아니라, 개인이 이들이 생각하는 이상적 정체(政體, ideal polity)의 기본 단
위"(Beer, 1965, p. 38)이며, 이러한 점에서 정치적 개인주의는 개인주의의 기
본 이념을 실현하는 창구가 되고 있다.

셋째, 정부의 목적은 개인 욕구의 충족, 개인 이익의 추구 및 개인의 권
리를 확보하는 데 있을 뿐, 개인 이익이나 권리를 침해해서는 안 된다는
최소정부론이다. "개인의 권리를 보호하고, 이익 추구의 범위를 최대한으
로 허용하는 것이 정부의 목적이라는 개인주의적 견해의 연원은 로크와 공
리주의자들에게서 찾을 수 있다"(Lukes, 1973, p. 84). 로크는 "무엇보다도
독립성과 자율성 개념이 개인의 절대적 권리"(Laurent, 1993/2001, p. 51)라
는 기본 관점에서, 개인 이익의 추구는 자율적 개인의 절대적 권리이므로
개인에게 다 맡기고, 정부는 다만 시민의 생명·자유·재산, 특히 사적 소
유권을 보호하는 일만 해야 한다고 주장하였다. 공리주의자들은 여기에서
한 걸음 더 나아가, 개인들이 조화로운 경쟁 속에서 자기들의 이익을 추구
할 때 정부는 전혀 간섭하지 말고, 다만 이를 방해하는 개인 또는 집단을
제거하는 야경꾼 노릇만 해야 한다는 야경국가론(夜警國家論)을 주장하였
다. 이러한 점에서 정치적 개인주의는 개인의 자율성을 최대한으로 신뢰하
고 이를 늘려나가려는 태도를 확산시킨 이념이라 볼 수 있는 것이다.

이러한 정치적 개인주의에 뿌리를 둔 개인상과 사회상은 보수주의자와
사회주의자 및 현대 다원론자들의 관점과 크게 대립하는 것이어서, 이들에
게서 끊임없이 비판을 받아왔다. 이들은 개인을 독립적인 의식의 핵심, 본
래 합리적이고 자유로우며 평등한 존재, 그리고 자신의 원망과 선호의 유
일한 원천으로 여기는 개인주의 관점에 반대하여, 인간은 그가 태어난 사
회와 집단에 힘입어 만들어지는 존재로서 사회의 영향에서 벗어날 수 없다
고 본다. 또한 사회도 평등하고 자유로운 개인들의 합의를 근거로 성립하

는 것이 아니라, 위계와 계급, 그리고 착취-피착취 관계가 복잡하게 뒤얽혀 구성되는 복합체로 본다. 곧 개인은 이러한 복잡한 사회 속에 태어나서, 이에 힘입어 만들어진다는 것이다. 그러므로 개인주의자들의 개인관과 사회관은 잘못이며, 천진난만한 허상일 뿐이라는 것이다(박우룡, 1998 ; 조지형, 1998 ; Laurent, 1993/2001 ; Lukes, 1973). "그럼에도 불구하고, 정치적 개인주의는 비록 천진난만하지만 '순수한' 관점에서 기존의 정치구조와 구조물(봉건체제)을 해체함으로써, 기존 체제와 기득권의 폭압으로부터 개인(시민계급)의 권리를 옹호하여 주었다는 점을 간과해서는 안 될 것이다. 더욱이 정치적 개인주의의 개인은 보수주의에서든, 사회주의에서든, 다원주의에서든 상관없이, 개인의 권리 보장이라는 측면에서 여전히 살아 숨쉬고 있는 이상적 목표인 것이다"(조지형, 1998, pp. 219~220).

경제적 개인주의　　개인의 경제적 자유에 대한 신념이 경제적 개인주의의 핵심으로서, 이는 개인의 이윤 극대화를 가능하게 하는 경제정책과 기구 및 제도를 옹호하며, 국가의 모든 경제적 규제에 대한 저항을 합리화하는 이념체계이다. 로버트슨(Robertson, 1933)에 따르면, 이러한 경제적 개인주의는 기업의 자유, 자유경쟁, 그리고 사유재산권에 대한 옹호를 기본 신조로 하고 있다. 그는 "(경제적) 개인주의는 개인과 그의 심리 적성에서 사회경제조직의 필연적인 근거를 찾고, 개인의 행위가 사회경제조직의 원리를 제공하기에 충분하다고 믿으며, 개인에게 모든 영역에서 자유로운 자기 발전을 허용함으로써 사회 진보가 실현되도록 노력한다"(p. 34)고 진술하면서, 사유재산권과 기업의 자유, 그리고 자유경쟁을 통한 자기 이익 추구가 최대한으로 보장되는 것이 경제적 개인주의의 전제조건이라고 보았다.

첫째, 사유재산권에 대한 신념은 개인의 경제적 자유가 성립하는 터전이다. 이러한 사유재산권 추구는 개인적 성취뿐만 아니라, 사회 전체의 번영을 가져오는 근거가 된다고 경제적 개인주의자들은 본다. 고전 자유주의자들은 개인의 사적 소유권을 인간의 가장 기본적인 자연권 가운데 하나라고 주장한다. 개인은 이성과 자기가 지닌 특성의 주인일 뿐만 아니라, 자기 작업의 산물(재산과 사회적 성취)에 대한 소유권도 갖는데, 이러한 사적 소유권이 개인의 성취와 전체의 번영을 위한 기초가 된다는 것이다. 곧 "전체의 번영과 개인의 성취를 떠받치는 두 개의 기둥은 사유권의 전적인 존중과 개인의 책임감이다. 여기서 전자는 사회의 자기 조절 기능을 위한 조건이고, 후자는 인격에 자율성을 부여하는 개별적 의식을 당당하게 주장하는 태도이다"(Laurent, 1993/2001, pp. 71~72). 이렇게 자율성에 바탕을 둔 개인적 책임감은 개인의 성취를 가져오는 근거이고, 사적 소유권은 전체의 번영을 가져오는 근거가 되는데, "개인은 작업의 산물까지도 포함하는 소유권을 서로 인정함으로써, 타인과 평등하고 협력적인 관계를 맺게"(p. 47) 되기 때문에, 사유재산권의 인정은 전체적인 번영의 바탕이 된다는 것이다. 이렇게 사유재산권을 개인 간의 협력적인 관계 형성과 사회 번영의 근거로 개념화함으로써, 이는 경제적 개인주의의 반석으로 작용하게 되었다고 볼 수 있다.

둘째, 자유경쟁의 원리는 경제적 자유의 핵심 내용으로서, 개인의 자율적인 선택과 스스로 이루는 성취에 대한 책임감에서 필연적으로 생겨나는 행동체계이다. 자유주의 사상에서 보는 개인은 합리적 이성을 지닌 존재로서, 자신의 이익을 추구하는 과정에서 무엇이 자기에게 가장 유리한지를 판단하고 선택할 수 있는 존재이다. "서로 다른 적성을 가진 각 개인은 타인과 경쟁하는 과정에서 최대한의 능력을 발휘하도록 허용되어야 하며"(Robertson, 1933, p. 34), 그렇게 될 때에야 비로소 자기 이익을 최대한 확보할 수 있다고 자유주의자들은 보는 것이다. 이러한 자유경쟁을 통해 개인은 최대한의 자율성을 보장받게 되며, 이를 통해 스스로 자신들의 독특한 경제적 욕구와 성향을 실현함으로써, "자유시장을 이른바 '건전하게' 유지시킨다. 이러한 자유경쟁시장 하에서 각 개인의 사적 소유는 '건전하게' 보호되며, 생산·계약·교환에 관한 개인의 경제적 자유는 '건전하게' 실현된다"(조지형, 1998, p. 230). 이렇게 자유경쟁은 경제적 개인주의가 꽃피울 수 있는 행동 바탕이 되는 것이다.

셋째, 기업 활동의 자유와 이를 위한 국가 간섭의 배제는 경제적 자유가 실현되는 외적, 현실적 배경이다. "경제적 개인주의의 담론 하에서는 자유방임체제가 경제적 자유를 가장 적절하게 보장하고 실현할 수 있는 경제체제로 간주된다. 자유방임체제는 국가 간섭의 최소화와 경제적 자유의 극대화를 가장 효율적이고도 적절한 경제제도의 요체로 파악하고, 사적 소유에 기반한 자유경쟁의 원리를 부정하는 모든 경제적 활동과 이념을 자연법에 어긋나는 인위적이며 부도덕한 것으로 간주한다"(조지형, 1998, pp. 220~221). 고전 경제학의 대표적 이론가인 스미스(Smith), 리카도(Ricardo), 맬서스(Malthus)의 이론에서 발견되는 "가장 기본적인 공통점은 자유방임의 원칙"(노명식, 1991, p. 209)인 것이다. 이러한 자유방임 원칙의 가장 체계적이고 철저한 옹호자는 미제스, 프리드만, 하이에크 같은 20세기 신고전 경제학자들이었다. 그들은 19세기 자유방임적 자유주의의 교의에 따라 경제 활동에서 모든 국가 개입의 배제를 주장함으로써, "20세기의 복지자유주의(welfare liberalism)에 대항하는 일종의 방어적 보수주의(defensive conservatism)를 대변"(Lukes, 1973, p. 92)하고 있다. 이렇게 기업 활동 자유의 최대화와 국가 간섭의 최소화는 경제적 개인주의가 실천되는 기본 강령이다.

그러나 시장과 소비자 행동에 대한 거대 기업의 통제력이 유례없이 늘어가고 있는 현대 독점자본주의의 환경에서, 이러한 완전한 자유방임 요구는 점점 시대착오적인 것이 되고 있다. 이렇게 "비록 19세기의 경제적 개인주의가 독점자본주의의 등장과 확대를 정당화하기도 하였지만, 그동안 정부와 국가 혹은 사적(私的) 개인의 간섭과 규제에 의해 억눌려 있었던 개인의 경제적 창조성과 노력이 발휘되도록 분위기를 조성하여 주었다"(조지형, 1998, pp. 221~222)는 점은 경제적 개인주의가 가지는 긍정적인 가치라고 볼 수 있을 것이다.

윤리적 개인주의   도덕성의 근거와 도덕 판단의 기준을 근본적으로 개인에게서 찾으려 하는 것이 윤리적 개인주의이다. 이는 17~18세기에 홉스에서 비롯하는 윤리적 이기주의(ethical egoism)에서 그 근원을 찾을 수 있는데, "이 교의에 따르면, 개인 행위의 유일한 도덕적 목표는 자기 자신의 이익에 있다. 그러므로 홉스 이후에 나타난 다양한 자기 이익 윤리학(self-interest ethics)에서는, 개인은 타인이나 사회 전체가 아닌 오직 자신의 이익을 확보하도록 노력해야 한다는 주장을 굳게 내세우고 있다"(Lukes, 1973, p. 99). 윤리적 이기주의의 교의는 모든 인간의 자발적 행위의 목표가 자기 이익을 확보하는 데 있다는 심리적 이기주의(psychological egoism)의 지지를 받고 있다. 따라서 이러한 견해들은 이타성이나 선행 또는 연민 같은 행위도 궁극적으로는 자기 이익을 확보하는 데서 그 목표를 찾을 수 있다고 보는 극단적인 주장을 펴게 되는 것이다. "홉스와 맨더빌(Mandeville)에서 시작한 이러한 윤리적 이기주의는 17~18세기에 최고도에 이르렀다"(p. 101).

이렇게 윤리적 이기주의는 배타적으로 개인의 이익을 도덕성의 목표로 삼는 교의지만, 윤리적 개인주의는 이보다 폭넓은 차원에서 도덕성 및 도덕적 가치와 원리의 원천이 개인이라고 보며, 도덕 평가의 기준이 개인에게서 나온다고 보는 교의이다. 이에 따르면, "개인은 도덕적 가치의 최고 조정자이며, 가장 근본적인 의미에서 최종적인 도덕적 권위체이다"(Lukes, 1973, p. 101). 이러한 윤리적 개인주의는 키르케고르(Kierkegaard)와 니체(Nietzsche)를 거치며 가장 강력하고 영향력 있는 형태로 전개되어, 19~20세기에 완전히 꽃피었는데, 사르트르(Sartre) 같은 실존주의자들이 현대에 와서 이를 이끌어가고 있다. 이러한 윤리적 개인주의는 종교의 쇠퇴와 자율성에 관한 철학적 신념 및 도덕적 선택의 주관성과 깊이 관련되어 있는 이념체계이다(Lukes, 1973, pp. 97~106).

첫째, 윤리적 개인주의의 발흥은 도덕적 확실성의 지배적 근거였던 기독교의 쇠퇴와 깊이 관련되어 있다. 중세에는 기독교가 도덕적 표준을 제시해 주고 있었다. 신의 존재는 모든 도덕과 가치의 최종적이고 근본적인 원천이자 보증자였다. 인간은 성경과 교회법 및 종교 관례에 따라 행동하고 살아가기만 하면 도덕적 삶을 누릴 수 있었고, 따라서 가치와 도덕 판단 및 삶의 의미 문제 때문에 고민하지 않아도 되었다. 그러나 종교개혁을 거쳐 종교적 개인주의가 나타나면서 기성 교회의 권위가 무너지고, 더욱이 산업혁명 이후 도시화가 급격히 진행되어 공동체적 생활 양식이 무너지면서 종교 자체의 구속력이 약해지고, 결과적으로 도덕성의 근거가 근본적으로 흔들리게 되었다. 게다가 19세기를 거쳐 20세기에 들어서면서 신의 존재 자체를 부정하는 사조가 널리 퍼지게 되어, 결국 도덕성과 가치의 근원을 새로이 찾을 수밖에 없게 되었던 것이다. 키르케고르, 니체, 베버, 사르트르 같은 현대 개인주의 사상가들은 이를 개인의 의지와 선택성에서 찾으려 하였고, 이것이 윤리적 개인주의 발흥의 배경이다(Lukes, 1973).

둘째, 종교적 확실성의 상실이 도덕성과 가치의 근거 상실을 뜻한다면, 결과적으로 도덕성은 개인의 자율적인 선택에 맡겨질 수밖에 없다. 곧 모든 도덕성과 가치는 개인의 자율적인 선택의 문제로 귀결되는 것이다. 이렇게 "윤리적 개인주의는 자율성의 개념을 신중하게 고려하여, 그 논리적 결론에까지 끌고간 데서 나오는 철학적 결과라 할 수 있다. …… 만일 인간이 자율적인 존재라면, 가치의 선택 그 자체가 개인에게 달려 있으면 안 될 이유가 없지 않은가?"(Lukes, 1973, p. 101). 이와 같이 윤리적 개인주의에서 도덕적 가치와 도덕 판단의 기준 및 도덕적 가치의 조정은 모두 개인의 자율성에서 나오는 것이 되며, 따라서 개인은 최종적인 도덕적 권위체로 떠오르게 된다. 이러한 맥락에서 보면, 개인의 자율성에 대한 신념은 윤리적 개인주의가 서 있는 논리의 터전이라 할 수 있다.

셋째, 도덕성의 근거가 개인의 자율적 선택에 있다면, 이러한 자율적 선택은 무엇을 바탕으로 이루어지는가? 루크스(1973)는 "악덕(vice)과 덕(virtue)의 구별은 단순히 대상들 사이의 (객관적) 관계에 바탕을 두거나 또는 이성에 따라 인식되는 것이 아니라, 느낌(feeling)이나 정감(sentiment), 심정적 지각(perceptions in the mind)에서 나오는 것"(p. 102)이라는 흄(Hume)의 이론을 인용하면서, 객관적 이성이 아니라 주관적 감정과 선호가 자율적 선택의 기초라고 보고 있다. "결국 윤리적 개인주의는, 사실과 가치는 논리적으로 서로 별개이며, 세계에 대한 경험적 진술이 개인으로 하여금 어떤 특정한 도덕적 평가나 원리를 채택하게 하지는 않는다거나,

심지어는 선호할 수 있는 가치의 범위를 제한하지는 않는다는 견해와 밀접
하게 연결되어 있다"(p. 101). 베버에 따르면, 현대에 와서 "신과 예언자 없
는 시대에 살게 된 인간은 세계와 삶의 행위에 대한 계시적 의미를 상실하
게 되었는데, 과학은 결코 그러한 의미를 제공할 수 없다"고 한다. "과학이
해줄 수 있는 것은 오직 주어진 목적을 달성하는 데 필요한 수단이 무엇인
지, 그리고 주어진 목적의 추구가 가져올 수 있는 결과가 어떤 것인지를
명확하게 하는 일뿐이다. 다양한 목적들 자체는 돌이킬 수 없는 갈등 속에
존재하고 있고, 궁극적으로 개인의 선택에 맡겨질 수밖에 없다"(Lukes,
1973, pp. 103~104)는 것이다. 곧 베버는 객관적 이성의 결과물인 과학은
그러한 선택의 근거가 될 수 없고, 선택은 결국 개인의 주관적 정감과 선호
를 따를 수밖에 없다고 보는 것이다. 인간의 보편적, 객관적 특성인 이성이
아니라, 개인 특유의 주관적 정감과 선호에 도덕적 선택이 달려 있다는 이
러한 윤리적 개인주의의 관점은 결과적으로 도덕적 상대주의를 극단까지
몰고 가는 결과를 가져오지만, 도덕성의 근거를 절대적으로 개인의 주관성
에서 찾는 개인주의의 특징을 확실하게 담아내고 있다.

   윤리적 개인주의는 객관주의 또는 자연주의적 윤리론의 견해와 상반된
다. 이들에 따르면, 도덕적 가치와 원리의 내용 및 도덕 판단의 기준은 계
시·이성·통찰, 또는 사회의 요구에 대한 타당한 이해, 역사의 방향, 인간
본성의 원리 들에서 주어지는 것이다. 이에 견주어, 윤리적 개인주의는 개
인의 자율성과 주관성에서 도덕성의 근거를 찾음으로써, 자칫하면 극단적
인 도덕적 회의주의에 빠지거나, 또는 어떤 도덕성도 진실일 수 없다는 극
단적 허무주의에 빠질 위험을 불러오게 된다. 그럼에도 윤리적 개인주의는
도덕성의 근거까지도 개인에게서 찾으려 함으로써, 궁극적으로 모든 것에
앞서 가치 있는 것은 개인이라는 개인주의의 교의를 잘 드러내는 이념체계
인 것이다.4)

---

4) Lukes(1973)는 윤리적 개인주의에 이어 인식론적 개인주의(epistemological individualism)
   를 제시하면서, "윤리적 개인주의가 도덕성의 본질에 대한 철학적 교의이듯이, 인식론
   적 개인주의는 지식의 본질에 대한 철학적 교의로서, 지식의 원천이 개인 속에 놓여 있

방법론적 개인주의

지금까지 살펴본 종교·정치·경제·윤리 같은 인간 삶의 여러 측면과 관계된 개인주의는 각 영역의 역사 전개 과정에서 나타난 특정한 운동(종교개혁, 정치적 혁명)이나 사회체제(정치적 자유민주주의, 자유주의적 경제체제)의 이념적 배경 또는 그 결과로서 의미를 갖는 것이었다. 이와는 달리 방법론적 개인주의는 "어떤 가치·행위·사건·규범·제도·체제 등에 대한 체계적인 설명 과정의 준거 틀이자 근거로서" 개인주의를 사용하는 것이다. 이 경우 "개인주의는 설명 대상의 문제를 분석하고, 그 해결 혹은 이해를 위하여 이용되는 설명 담론이다"(조지형, 1998, p. 224). 이러한 "방법론적 개인주의는 사회(또는 개인)의 현상을 설명하려는 시도는 어떤 것이든지 전적으로 개인에 관한 사실을 바탕으로 진술되지 않으면 거부해야 한다"(Lukes, 1973, p. 110)는 관점을 굳게 지닌다. 곧 모든 사회적, 인간적 현상을 개인의 특성(성격·정서·욕구·의도·인식 들)과 개인 간의 관계에 따라 설명하고자 하는 설명 담론이 방법론적 개인주의인 것이다. 이렇게 "모든 집단적 현상을 개인들의 행위와 상호작용, 개인의 목적과 희망과 사상, 개인이 창조하고 보존해 온 전통으로 환원시키는 난공불락의 이론을 일컬어 방법론적 개인주의라 할 수 있다"(Laurent, 1993/2001, p. 127).

이러한 방법론적 개인주의의 선구자는 홉스와 그에 뒤이은 계몽사상가들이었다(Lukes, 1973). 홉스는 "모든 것은 그 구성 근거에 힘입어 가장 잘

다는 주장"이라고 진술하고 있다. "이러한 인식론적 개인주의의 패러다임은 개인의 경험이 지식의 원천이며, 모든 지식은 개인의 마음과 그것이 받아들이는 감각의 범위 안에서 발생한다고 주장하는 경험주의이다"(p. 107). 이러한 인식론적 개인주의는 이미 논리적, 실증적으로 부정되고 있는 심리적 원자론(psychological atomism)에 빠지고 만다는 점, 지식 공유와 간주관적 이해의 근거를 밝히지 못한다는 점, 선험론적 인식론과 갈등이 지속되고 있다는 점과 같이 해결되지 못한 많은 문제를 안고 있다. 그리고 지금까지 고찰해 온 종교·정치·경제·윤리라는 거대 영역의 개인주의와는 달리 전문가들의 관심에 머물러 있었을 뿐, 인간 삶의 실제 장면에서 개인주의 이념의 확산에 큰 공헌을 하지도 못하였다. 이러한 관점에서 여기에서는 인식론적 개인주의에 관한 논의는 제외하기로 하겠다.

이해될 수 있기 때문에, 전체 합성물을 알려면 먼저 혼합되는 원소들을 알아야 한다"(Lukes, 1973, p. 110)는 견해를 바탕으로, 사회 복합체의 구성 근거는 개인이므로, 개인의 특성에 따라 사회현상을 이해해야 한다고 주장하여 방법론적 개인주의의 문을 열었다. 계몽사상가들도 그들 사이에 약간의 정도 차이는 있었지만, 개인주의 설명양식을 뚜렷하게 하는 데 기여하였다. 이들은 대체로 "개인이 사회에 우선하고, 개인이 사회보다 더 진실하다. 그러므로 논리상 사회는 개인들의 산술적 총계에 불과한 하나의 허구"(노명식, 1991, p. 43)라고 보아, 사회 현상을 개인을 근거로 설명하려는 주장을 퍼뜨렸던 것이다.

여기에서 한 걸음 더 나아가 노명식(1991)은 방법론적 개인주의를 서구 사상사에서 면면히 이어져 온 자유주의와 연결짓고 있다. 그에 따르면, "개인과 사회와의 관계에 대한 (자유주의자들의) 이러한 주장은 …… 1940년대와 1950년대에 하이에크나 포퍼(Popper) 등의 이른바 방법론적 개인주의로 되살아났다"(p. 44)는 것이다. 그는 "자유주의의 철학적 핵심은 개인주의이다. 자유주의의 개인적 자유·관용·재산권 등의 관념은 바로 이 개인주의에 뿌리를 박고 있다. …… 자유주의적 개인주의는 개인을 사회 제도 및 사회구조에 앞서는 것으로 보고, 사회보다 더 현실적이고 더 기본적인 것으로 본다. 그것은 또 사회나 집단보다는 개인에게 더 높은 도덕적 가치를 부여한다. 따라서 개인의 권리와 요구는 사회의 그것보다 도덕적으로 우선한다"(pp. 30~31)고 보아, 방법론적 개인주의가 14~16세기의 르네상스, 16세기의 종교개혁, 17세기의 과학혁명과 자유주의, 18세기의 계몽주의운동의 맥을 잇는 자유주의적 개인주의(박우룡, 1998)의 지적 소산이라고 해석하는 것이다.

"이러한 방법론적 개인주의는 19세기 초반부터 개인보다 집합적 현상을 중심으로 설명하는 관점을 끌어들여 사회생활을 이해하려는 광범위한 사상가들의 도전을 받았다"(Lukes, 1973, p. 111). 이들은 프랑스의 생시몽과 그 일파, 콩트(Comte) 뒤르켕(Durkheim) 같은 사회학자, 마르크스(Marx)와 헤겔(Hegel)의 영향을 받은 독일의 역사학·경제학·법학·심리학·언어학 분야의 여러 사회과학자(Lukes, 1973), 공산주의자와 파시스트(노명식, 1991), 그리고 1930년대에 등장한 미국 행정부와 지식인 사회의 반개인주의자(Laurent, 1993/2001) 들이었다. 이들은 개인은 사회의 영향을 피할 수 없고, 필연적으로 사회에 힘입어 만들어지는 존재들이므로, 사회현상을 개인의 변인(變因)에 따라 설명하는 것은 주객이 뒤바뀌는 결과를 불러올 뿐이라고 보아, 개인보다 사회에 우선권과 가치를 부여하려는 반개인주의적인 관점을 굳게 지니고 있었다. 이러한 강력한 도전을 맞아 잠시 주춤했던 방법론적 개인주의는 1950년대부터 포퍼, 벌린(Berlin), 미제스, 하이에크, 워트킨스(Watkins) 같은 자유주의적 지식인들에 힘입어 다시 활기를 찾았다(김영한, 1975 ; 노명식, 1991 ; Laurent, 1993/2001 ; Lukes, 1973).

현대 자유주의 경제학의 대가인 하이에크(1949)는 "개인의 행위에 대한 이해를 통하지 않고서 사회현상에 대해 이해할 수 있는 방법은 없다"(p. 6)는 견해를 밝히면서, "시장경제와 불가분의 관계인 방법론적 개인주의의 이론적 기반을 심화하고, 전체론적 이념을 향해 날카로운 비판을 쏟아붓는다"(Laurent, 1993/2001, p. 126). 이와 비슷하게 포퍼(1962)도 개인보다 더 우월한 사회집단의 존재를 인정하지 않으면서, "모든 사회현상, 더구나 모든 사회제도의 기능은 항상 개인의 결정·행위·태도 들에서 나오는 것으로 이해해야 하며, 이른바 집합체에 바탕을 둔 설명에 만족해서는 안 된다"(Vol. Ⅱ, p. 98)고 진술하여, 방법론적 개인주의를 옹호하고 있다. 또한 "벌린(1969)은 방법론적 개인주의의 원리를 자유주의의 도덕적, 정치적 가치에 결부시키고 있다. 그는, 인간 행위와 역사가 계급이니 민족이니 혹은 자본주의니 하는 비개인적인 요건과 실체에 의해 결정된다는 신념은, 개인적 자유와 개인의 도덕적 책임을 뿌리로부터 침식하는 물신론(物神論)으로서, 이는 과학적 개념의 가면을 쓴 사이비 사회학적 신화가 만들어낸 것"(노명식, 1991, p. 44)이라고 신랄하게 공격하여, 방법론적 개인주의를 도덕 가치를 갖는 교의로까지 강조하고 있다.

이들 가운데 방법론적 개인주의의 원리를 가장 집중적으로 강조한 사람은 워트킨스(1955, 1957)이다. 그는 방법론적 개인주의를 "대규모 사회현상을 개인의 상황·성향·신념에 따라 설명"(1955, p. 58)하는 것이라 규정하고, 방법론적 개인주의의 원리를 다음과 같이 제시하고 있다.

> 방법론적 개인주의의 원리에 따르면, 사회세계의 궁극적인 구성인자는 스스로 지닌 성향과 사회상황에 대한 이해에 비추어서 행동하는 개인들이다. 모든 복잡한 사회상황, 제도, 사상(事象)은 개인들, 그들의 성향·상황·신념 및 물리적 자원과 환경이 빚어내는 특정한 조합의 산물이다. 대규모 사회현상(예를 들어 통화팽창)을 다른 대규모 현상(예를 들어 완전고용)을 근거로 설명하는 것은 완결되지 않은 반쪽짜리 설명이다. 우리는 그러한 대규모 현상을 성향·신념·자원 및 개인 간의 상호관계 같은 진술에서 연역하여 설명해야만 근본적인 설명에 이르게 된다(1957, p. 505).

워트킨스(1957)에 따르면, 이러한 방법론적 개인주의는, 사회가 유기체적 전체를 구성하고 있어서 본질적으로 사회학적인 거대 법칙에 지배받는다는 사회학적 총체론(sociological holism)과 대비된다. 그에 따르면, 사회학적 총체론은 계급·민족·인종·전통·제도 같은 초인간적인 원동력(superhuman agents)이나 요인이 역사의 작용 원인이라고 보는 것과 달리, 방법론적 개인주의는 "인간 존재가 역사의 유일한 추진력(the only moving agents in history)이라고 가정하는 견해"(p. 505)이다. 따라서 방법론적 개인주의는 개인의 행위를 사회제도 안에서 개인이 갖는 역할과 전체 사회체제 안에서 제도가 하는 기능과 같은 비개인적인 요인을 통해 설명하려는 총체론적 설명양식을 거부한다.

이러한 "방법론적 개인주의는 복잡한 것을 간단명료하게 설명할 수 있다는 심미적 이점과 긴 시간에 걸쳐 형성된 구성물을 단기 구성물을 통하여 설명함으로써 혼동의 위험성을 줄일 수 있다는 과학적 이점이 있다. 물론 이러한 장점 못지않게 여러 단점이 있는데, 그 하나는 방법론적 개인주의가 필연적으로 환원주의적(reductionist) 성격을 갖는다는 점이다. 이러한 환원 과정은 사실과 유리된 맥락에서 일어나며, 지나친 단순화에서 오는 조야성(粗野性)을 드러낸다"(조지형, 1998, p. 225). 또한 보통 방법론적 개인주의는 집단의 가치를 전적으로 부인하는 잘못을 저지르고 있다는 비판을 받기도 한다.

그러나 미제스에 따르면, "방법론적 개인주의는 집단의 의미를 부인하기는커녕, 집단의 생성과 소멸, 그 유동적 구조와 기능을 기술하는 것을 주된 과업의 하나로 간주한다. 그리고 이런 문제를 흡족하게 해결할 수 있는 유일한 방법을 (개인의 특성에서) 선택한다"(Laurent, 1993/2001, p. 129). 이렇게 방법론적 개인주의는 사회현상뿐만 아니라 사회의 형성과 그 기능까지도 개인의 특성에서 근거를 찾아 설명하려 함으로써, 개인에게 최우선의 가치를 두는 개인주의 이념의 극단을 보여주고 있는 것이다.

2) 개인주의의 기본 요소와 그들 사이의 관계

"개인주의는 사회주의나 공산주의와 마찬가지로 19세기부터 사용되기 시작한 용어이다"(Lukes, 1973, p. 1). 이렇게 상대적으로 짧은 역사를 가지고 있음에도, 이는 매우 다양하고 복잡한 의미를 띠고 있다. "사실 개인주의는 사회의 포괄적인 구성 원칙을 정하거나 개인윤리만 가치 있게 다루는 매우 정교한 지적 이론이지만, 그에 못지않게 전혀 이론화되지 않은, 그리고 어떤 주변 계층이나 그저 하나의 사회집단에만 속하지 않는 나날의 생활방식이기도 하다"(Laurent, 1993/2001, p. 15). 그러므로 개인주의적인 실천이나 해석의 영역은 인간 활동의 모든 영역으로 넓힐 수 있을 만큼 다양하며, 각각의 영역에서 표현되는 형태도 또한 매우 복잡한 것이 사실이다. "개인주의라는 너무도 일반적인 범주 속에는 서로 공존하면서도 때로는 서로 경쟁하는 여러 가지 개인주의들이 있는"(p. 16) 것이다.

지금까지 서구 주요 국가들에서 19세기 이후 전개된 특유한 역사적 맥락에 따라 개인주의의 의미가 서로 다르게 받아들여져 왔다는 사실과, 종교·정치·경제·윤리 같은 인간 활동 영역에서, 그리고 여러 사회현상을 설명하는 양식으로 개인주의가 사용될 때, 그 의미 속에 담긴 내용이 매우 복잡하게 얽혀 있다는 사실을 보아왔다. 이러한 다양성과 복잡성의 원인은 "개인주의가 표현되는 수준, 개인주의가 개입하는 인간 활동의 수많은 차원, 또 거기서 개인주의가 취할 수 있는 매우 대조적인 모습이 엄청나게 다양하다는 데 있다"(Laurent, 1993/2001, p. 15).

그러나 개인주의의 의미가 다양성과 복잡성을 갖는다 하더라도, 이러한 논의들을 꿰뚫는 핵심 요소들을 찾을 수 있을 것이다. 물론 이들 요소들은 서로 복잡하게 얽혀 있어서 서로 구분하기가 쉽지 않을 것이며, 쓰임에 따라서는 서로 배타적인 의미를 지니는 경우도 있을 수 있다. 그러나 개인주의라는 복잡하고도 다양한 이념과 행동체계가 서구사회에서 지배적인 삶의 양식으로 떠오르게 된 역사적 배경을 살펴보기 위해서는, 할 수 있는 만큼 그 기본 요소들을 찾아 그들 사이의 관계를 깊이 따져봄으로써, 개인주의의 실제 모습을 구체화하는 작업이 먼저 이루어져야 할 것이다. 여기서는 루크스(1973), 로랑(1993/2001) 및 뒬멘(1997/2005)을 참고로 하여, 개인주의의 기본 요소와 그들 사이의 관계를 고찰해 보기로 하겠다.

(1) 개인주의의 기본 요소

루크스(1973, pp. 45~78)는 존엄성(dignity), 자율성(autonomy), 사생활의 자유(privacy), 자기 개발(self-development) 및 추상적 개인(abstract individual)의 다섯 가지를 개인주의를 이루는 기본적인 단위관념(unit-ideas)으로 제시하였다. 여기서 존엄성은 개인 존재의 유일성 또는 최종 목적성을, 자율성은 독립적인 자기 결정성을, 사생활의 자유는 자기 소유성을, 자기 개발은 개체다운 독특성과 자기실현을, 그리고 추상적 개인은 원인 행위자(原因行爲者, causal agent)로서 개인이 가지는 자족성(自足性) 또는 자기 완비성(自己完備性)을 나타낸다. 그는 이 다섯 가지 기본 관념을 날줄과 씨줄로 하여 종교·정치·경제·윤리 및 방법론적 개인주의를 분석하고 있다.

이와 견주어 로랑(1993/2001, pp. 41~61)은 "종교개혁과 르네상스가 끝나갈 무렵, 개인주의적 가치체계는 문화적 차원에서 형태를 갖추기 시작했다. …… 이제 개인은 공동체의 구성원이라는 전통적 위치에서 벗어나게 되고, 사회는 개인을 중심으로 움직인다. 개인은 자신의 자율성과 독립성에 의거해 재구성된 사회의 한복판에 자리 잡는다"(p. 48)고 보아, 17~18세기를 "개인의 코페르니쿠스적 혁명"이 일어난 시기로 규정하고 있다. 그는 "개인주의가 확산되는 결정적 순간은 스스로 생각할 수 있는 권리(비판적 합리주의)와 자신을 위해 살 수 있는 권리(사적 이익에 대한 관심)가 결합하는 시기이다. 내적인 자기 결정 능력과 대외적인 주권 행사의 욕망 사이에 이루어지는 연금술적인 과정에 의해 개인은 인간성을 충분히 표현할 수 있는 유일한 존재로 인정받게 된다"(pp. 41~42)면서, 이렇게 "계몽주의시대에 주도적 위치를 차지하게 되는 이 새로운 범주"의 개인은 세 가지 모습으로 구체화될 수 있다고 주장한다. "세 가지 모습이란 분리된 자의식과 이성을 지닌 주체, 자신을 소유하는 자유주의 시장의 주체, 민주주의적 인본주의를 신봉하는 평등한 시민의 모습이다"(p. 42). 이 세 가지 주체인 개인의 가치는 각각 합리적 이성을 지닌 역동적 자족성과 자율성, 자기 소유권과 독립성, 그리고 사회 구성 단위로서 지니는 다른 개체에 대한 평등성으로 정리할 수 있다.

또한 뒬멘(1997/2005, pp. 249~286)은, 개인주의의 싹은 중세시대부터 움트기 시작하여 계몽주의시대에 꽃피우게 되었는데, 이 시기의 개인은 스스로 생각하라(자기 생각), 스스로를 교육하라(자기 교육), 스스로 결정하라(자기 결정), 그리고 개인권을 보호하라(인권 투쟁)는 시대적 요구를 따르는 삶을 추구하였다고 보아, 이 네 가지가 개인주의의 핵심 가치 또는 요소라고 주장하였다. 여기서 자기 생각은 개인의 합리적, 이성적 자율성을, 자기 교육은 자기 독특성과 자기 개발을, 자기 결정은 독립성을, 그리고 인권 투쟁은 사생활 자유의 옹호라는 가치를 담고 있는 것으로 볼 수 있다.

이상에서 보듯이, 학자에 따라 근대 개인주의가 추구하는 핵심 가치와 거기에 담긴 내용 사이의 관계를 개념화하는 양식은 서로 차이가 있다. 그러나 이들이 제시하는 내용을 단순히 훑어보기만 하여도, 서로 같은 가치들이 중복됨을 알 수 있다. 여기서는 이 가운데서 가장 포괄적인 루크스(1973)를 바탕으로 삼되, 다른 학자들이 제시하는 내용을 참고로 하여, 개인주의의 기본 요소를 다섯 가지로 정리해 보기로 하겠다.

자기 완비성   이는 루크스(1973)가 "추상적 개인"이라고 제시한 단위관념으로, 로랑(1993/2001)이 말하는 "합리적 이성을 지닌 역동적 자족성"이라는 개인의 모습 속에, 그리고 뒬멘(1997/2005)의 "스스로 생각하라"는 명제 속에 드러나 있는 개인주의의 기본 가치를 일컫는 것이다. 루크스(1973)에 따르면, "추상적 개인이라는 단위관념은 개인을 인식하는 방식"에 관한 것으로, "개인주의가 지향하는 가치 또는 이상을 일컫는 다른 단위관념들과는 그 위상을 달리하는 것"(p. 73)이다. 이는 합리적 이성의 원천적 보유자인 개인에게 성격·능력·흥미·욕구·목적·필요·감정·태도·가치관, 그리고 세계와 그 속의 여러 사실에 대한 인식이 내재적으로 완전히 갖추어져 있어서, 개인이 스스로 모든 일의 결정과 집행의 원천이자 주체가 된다고 보는 견해이다. 곧 개인은 모든 선호와 결정, 그리고 수행의 원천을 스스로 완비한 원인 행위자로서 존재한다는 것이 자기 완비성이 담고 있는 뜻이다.

루크스(1973)에 따르면, 추상적 개인의 관점에서 말하는 "개인은 주어진 흥미·욕구·목적·필요를 가지고 있는 추상적 소여(所與)로서 그려진다. 이와 달리 사회와 국가는 이러한 개인의 요구에 맞추어 적절하게 반응하는 일련의 실제적 또는 개연적인 사회 장치로서 그려진다. …… 이러한 관념의 핵심은 …… 여러 개인적 특성은 그것이 본능이든, 능력이든, 요구든, 욕망이든, 권리든 간에 그가 놓여 있는 사회적 맥락에서 독립된 채 주어진 것으로 가정된다는 사실이다. 이러한 고정불변하는 심리적 특성들의 소여성(所與性, givenness)은 그러한 특성들을 지닌 존재인 개인에 관한 추상적 관념을 낳게 되는 것이다"(p. 73).

이러한 추상적 개인의 관념은 홉스, 로크, 루소 같은 자연법 사상가들이 제시하여, 17세기 중엽부터 19세기 초까지 서구 사상사에서 주도적인 위치를 차지하였다. "자연법 영역에서 모든 논의를 이끄는 요체는 처음부터 끝까지 개인주의였으며, 개인주의는 항상 그 논리적 결론이었다. 그러므로 홉스에서 칸트(Kant)에 이르기까지 모든 근대 자연법 이론가들에게 개인의 우선적인 주권은 집단권위(group-authority)의 궁극적이고도 유일한 원천이며 …… 공동체는 개인들의 의지와 권력의 집합체일 뿐이었다. 모든 형태의 사회생활은 개인들의 창조물로서, 개인의 목적을 위한 수단으로 간주될 수 있을 뿐이라는 사실에 대해 이들 사상가들은 모두 의견이 일치하고 있었다"(Gierke, 1913/1957, pp. 96, 106, 111 : Lukes, 1973, pp. 73~74에서 재인용).

19세기에 들어서면서, 개인을 구체적인 사회·역사적 존재가 아니라 사회·역사적 맥락을 사상(捨象)해 버린 순수 추상적인 존재로 인식한다는 점, 그리고 개인에게 우선권을 두고 사회를 개인의 목적 달성을 위한 단순한 도구로 여긴다는 점을 비롯하여, 추상적 개인의 관념, 특히 정치적 개인주의와 경제적 개인주의에 반영된 추상적 개인의 관념(Lukes, 1973, pp. 138~145)에 대해서 많은 사상가들이 "계몽주의의 전형적으로 편협하고 피상적인 독단"(p. 78)이라고 비판하였다. 이들은 주로 생시몽 일파, 보수주의자, 사회주의자, 공산주의자, 헤겔주의자, 콩트, 뒤르켕, 미드(Mead) 같은 사회학자들이었다. 이들은 "사회와 동떨어진 개인은 추상일 뿐"이라면서, "만일 우리가 개인을 두고 그의 사회적 맥락의 산물을 모두 사상해 버리려 한다면, 이는 '분리할 수 없는 것을 분리하려는 이론적 시도'일 뿐"(Bradley, 1927, p. 171)이며, "개인이 사회를 구성하는 것이 아니라, 사회가 사회교육을 통해 개인을 구성하는 것"(de Bonald, 1854, p. 103 : Lukes, 1973, p. 78에서 재인용)이라고 주장하여, 추상적 개인의 교의를 비판하였다.

그런데도 이러한 추상적 개인의 관념에 담겨 있는 원인 행위자인 개인이라는 개념은 오늘날까지도 이어지고 있으며, 더구나 이는 현대 서구심리학의 이론적 배경이 되고 있다. 물론 자유주의 자연법 이론가들이 내세우는 개인 존재의 추상성, 곧 개인의 특성은 사회의 영향과는 관계없이 개인에게 갖추어져 있거나 주어져 있다는 관점과, 개인이 사회나 국가보다 먼저 있는 존재이며 사회는 개인의 목적을 이루기 위한 수단적 장치일 뿐이라는 관점을 현대심리학에서 그대로 받아들이는 것은 아니다. 현대심리학에서는 이러한 문제들에 대해 침묵하거나 절충론의 시각을 보인다. 다만 현대심리학에서는 사회적인 영향으로 갖추어지는가, 아니면 사회적 영향과는 무관하게 보편적으로 갖추고 있는가 하는 논란과는 상관없이, 어떤 통로를 거쳐서든 개인이 갖추게 되는 성격·능력·흥미·욕구·감정·의도·동기·태도·가치관 같은 내적 속성이 그의 모든 선호·결정·행위의 원인으로 작용한다는 시각은 그대로 이어받고 있다. 곧 개인은 스스로 선호·결정·행위의 원천이 되며, 이러한 원인 상태를 개인의 내부에 스스로 갖추고 있는 존재, 곧 자기 완비적인 존재라고 보는 것이 현대의 개인주의적 서구심리학이 지닌 기본 관점이다(Markus & Kitayama, 1991a).

비록 미쉘(Mischel, 1968)이 개인의 지각된 성향과 실제 행동의 상관이 기껏해야 r = 0.30을 넘지 않아 그 경험적 근거가 희박하다는 사실을 밝히고, 또한 레빈(Lewin) 이후 사회심리학에서 상황적 요인이 행동에 미치는 영향이 개인적 요인의 영향보다 크다는 사실을 밝히고 있지만, 로스와 니스벳(1991)은 개인주의 사회에서 내적 속성을 중심으로 사람을 파악하는 경향은 역사적, 철학적 배경이 깊어서 개인주의 사회의 일반적인 신념체계의 일부가 되어 있음을 지적하고, 이를 성향주의(性向主義, dispositionism)라 부르고 있다. 그들에 따르면, "서구의 지적, 도덕적 전통은 이러한 성향에 기대어 설명하는 습관을 대체로 지지하고 있다. 개인의 도덕적 책임에 관한 유대-기독교의 시각에서, 행위의 자유라는 명제에 관한 현대 자본주의와 민주주의의 지적 바탕에 이르기까지, 모두 개인의 내적 속성이 그의 외적 행위의 원인으로 작용함을 강조하고 있다"(p. 142). 이렇게 개인주의에서는 개인을 외적 행위의 원인이 되는 모든 속성을 스스로 내부에 완비하고 있는 존재, 곧 자기 완비성 또는 자족성을 갖추고 있는 존재로 개념화하고 있으며, 이것이 개인주의에서 개인을 보는 기본 관점이다.

존엄성 개인 존재는 그 무엇보다도 우선하는 가치를 가지며, 항상 무엇을 위한 수단이 아니라 그 자체로서 궁극적이며 유일한 최종 목적성을 갖는다는 점에서 존엄하다. 이렇게 "개인인 인간 존재가 그 자체로서 최고의 내재적 가치를 갖는다는 궁극적인 도덕 원칙"(Lukes, 1973, p. 45)이 바로 존엄성의 내용이며, 따라서 이는 개인주의 도덕 원칙의 출발점이 되는 개념이다. 이러한 존엄성에 대한 인식은 "인간 가족의 모든 성원들이 동등하고 양도할 수 없는 권리를 갖는다는 사실"(Lukes, 1973, p. 49)을 전제로 하고 있다. 따라서 로랑(1993/2001)이 제시하는 "민주주의적 인본주의를 신봉하는 평등한 시민"의 모습 속에서 찾을 수 있는 개인의 가치라고 볼 수 있다. 또한 뒬멘(1997/2005)이 말하는 "개인권 보호"의 이념 속에는 개인 존재의 존엄성에 대한 관념이 담겨 있다고 하겠다.

이러한 개인 존재의 존엄성이라는 관념은 기독교 전통, 특히 신약(新約)의 전통에서 비롯한다(조지형, 1998 ; Lindsay, 1930~1933 ; Lukes, 1973). 본래 유대교에서 인간과 신의 관계는 직접적인 개인적 관계가 아니라 이스라엘 민족이라는 선민집단과 맺는 집단적 관계였다. 곧 "초기 유대교에서는 개인 존재가 아니라 이스라엘 민족을 신의 관심 대상으로 여겼다. …… 그러나 신약의 복음서에서는 신의 주권 아래에 있는 개인의 최고 가치라는 관념이 처음으로 분명하게 제시되었다. '너희가 여기 있는 내 형제 가운데 가장 보잘것없는 한 사람에게 해준 것이 바로 내게 해준 것'(마태복음 25장 40절)이라는 예수의 언명 속에 이러한 관점이 잘 드러나 있다. 이는 민족이나 그 밖의 사회적 범주는 도덕적으로 부차적인 중요성을 갖는 것임을 분명하게 언급한 것이고, 그리스도의 강림과 함께 …… 모든 사람은 똑같이 신의 보호 아래에 있는 신의 자녀이며, 그 자신의 고유한 소명을 가진 존재"(Lukes, 1973, pp. 45~46)임을 강조한 것이다. "이러한 기독교의 개인주의적 전통은 개인의 존엄성을 함축하고 있는 것이며, 어떠한 사회적, 국가적 범주도 부차적인 것으로 간주하는 것이다"(조지형, 1998, p. 207).

그러나 중세의 기독교 세계에서 법과 법적 제도로서 존재하는 교회의 중요성이 압도할 만큼 커지고, 또한 로마법 사상에 근거를 둔 사회에 대한 유기적 관념(organological conception)의 결과로 말미암아, "공동체나 사회에 개인이 흡수"(Ullman, 1967, p. 32)되는 현상이 심화하면서, 개인 존재의 우선적 가치는 부인되었다. 이 시기에는 "개인은 그 자체의 목적을 위해서 존재하는 것이 아니라, 전체 사회를 위해 존재한다는 유기적 관념"(p. 40)이 강조되었으며, "사회는 하나의 분리할 수 없는(indivisible) 전체이고, 그 속에서 개인은 이를 구성하는 하나의 부분일 뿐"(p. 42)이라고 보았다. 곧 "개인은 개인 그 자체로서가 아니라, 그가 속해 있는 사회의 한 기능으로 인식되었고, 개인들의 총체로서의 공동체는 존재론적, 사회 종교적 의미에서 개인에 대해 거의 절대적으로 우월"(조지형, 1998, pp. 207~208) 하게 인식되었던 것이다.

이러한 중세식 사고방식에 대한 최초의 도전은 14세기에 오캄(Ockham) 같은 유명론자(唯名論者, norminalist)에게서 나왔다(Laurent, 1993/2001, pp. 31~34 ; Lukes, 1973, p. 47). 유명론은 "일반적으로 존재하는 것은 하나하나가 절대적 개체성을 지닌 독특한 존재들뿐"(Laurent, 1993/2001, p. 32)으로, "개별적 존재(individuum)를 뛰어넘어 존재론적으로 실재하는 것은 아무 것도 없다"(p. 33)고 보는 인식론이다. 이에 따르면, "개체란 스스로 존재하는 유일하고 분리된 전체이며, 이는 인간의 문제에도 그대로 적용된다. 따라서 제도나 사회적 단체(universitas) 같은 총체는 모든 권한을 잃어버리고, 이것들을 구성하여 유일하게 실재하는 부분들, 다시 말해 개인들의 단순한 집합(societas)으로 축소된다. 이렇게 보았을 때, 교단이나 교회는 그 자체로 존재하는 것이 아니라, 단지 개별적인 수사(修士)나 신도 전체에게 부여한 이름(바로 여기에서 유명론이 나온다)일 뿐이다. 이러한 달라진 관점에 따라 개인화와 사회적 재구성의 과정이 시작되고 ……선택과 계약에 의거해 자유롭게 관계를 맺고 사유재산을 지닐 수 있는 자연법이 개인에게 부여"(p. 33)되는 것이다.

그러나 개인에게 최고의 가치를 부여하는 관념이 공개적으로 명확하게 천명된 것은 르네상스 시대였으며, 뒤이어 루터와 칼뱅(Calvin)이 주도한 종교개혁을 통하여 구원이 오직 개인의 믿음에 근거하는 것으로 인식되면서 확대·강화되었다. 그 이후 홉스, 로크, 루소, 페인(Paine) 같은 자연법 사상가들에 힘입어 개인의 존엄성에 대한 인식은 인간 파악의 핵심 이념으로 떠올랐다. 이 가운데 인간의 존엄성에 대한 가장 인상적이고 체계적인 주장은 칸트에게서 찾아볼 수 있다. 그는 "인간은, 그리고 일반적으로 모든 이성적 존재는 그 자체가 목적으로 존재하는 것이지, 이러한 또는 저러한 의지에 따라 임의적 용도를 위한 단순한 수단으로 존재하는 것이 아니다. 그는 스스로를 향한 것이든, 아니면 다른 이성적 존재를 향한 것이든 간에, 그의 모든 행위에서 항상 목표 그 자체로 인식되어야 한다"(Lukes, 1973, p. 49)고 주장하여, 인간의 절대적 존엄성은 이와 같이 최종 목적인 개인이라는 궁극적 가치에서 필연적으로 나온다고 보았다.

이러한 개인 존재의 유일성과 최종 목적성에서 생겨나는 존엄성의 관념에 따르면, "개인의 외부에 존재하는 사회적 요소는 부차적, 수단적 가치를 가질 뿐이다. 어떠한 것이든 사회적 요소에 궁극적인 가치를 두는 것은 물신숭배(fetishism)이다. 그러므로 인간의 존엄성은 개인주의의 도덕적 원리를 구성하고 있는 개념"(조지형, 1998, p. 208)인 것이다.

자율성 이는 개인의 사고와 행동은 독립적인 존재인 자신의 것이며, 그의 통제 밖에 있는 작인(作因, agency)이나 원인에 지배되지 않고, 순전히 그 자신의 의지와 의사에 따라 결정된다는 자발적 방향 설정(self-direction) 또는 자기 결정성(self-determination)을 말한다. 곧 자율성은 "개인이 독자적이고 합리적인 자기 결정과 가치 판단의 주체임을 의미"(김영한, 1975, p. 111)하는 것이다. 이러한 자율성은 개인 존재가 타인이나 사회 또는 여러 사회적 장치에서 독립된 존재라는 독립성의 개념을 전제로 한다. 로랑(1993/2001)이 제시하는바, "합리적 이성을 지닌 역동적 자족성과 자율성의 주체"인 개인의 모습 속에, 그리고 뒬멘(1997/2005)의 "자기 결정의 독립성"이라는 가치 속에 담겨 있는 것은 바로 이러한 자율성의 가치라고 볼 수 있다.

개인은 자기가 직면하는 압력과 규범을 의식적, 비판적으로 평가하여 자기의 의도를 형성하고, 또 독립적이고 합리적인 숙고를 통해 실제적 결정을 할 수 있는 한에서 자율적이다. 이러한 자율성의 관념을 최초로 명확하게 진술한 사람은 토마스 아퀴나스(Thomas Acquinas)이다. 중세의 전통적 교의에 따르면, 상위자의 명령은 옳건 그르건 간에 복종해야만 하는 것이다. 그러나 아퀴나스는 개인의 양심이 허락하지 않으면 그럴 필요가 없다고 보았다. "그는 '모든 사람은 신에게 부여받은 지식에 비추어 자기의 행위를 검토해 보아야 한다'고 주장하였다. …… 그가 옹호한 일반 원리는 '모든 사람은 이성에 따라 행동해야만 한다'는 것이다. …… 이는 확실히 개인윤리의 발전을 드러내주는 원리이며, 도덕 영역에서 개인의 자율성을 역설하기 시작한 원리인 것이다"(Lukes, 1973, pp. 52~53).

이러한 자율성의 주장은 루터와 칼뱅의 '믿음지상주의'와 '만인사제주의'가 뒷받침한 종교개혁을 거치면서 강화되었다. 모든 사람은 스스로 선택한 믿음을 통해서 구원에 이르며 누구나 다 자기 자신의 사제라는 주장은, 교회가 형성해 놓은 집합적 신앙을 자율적 개인의 신앙으로 대체했으며, 개인의 자율성을 최대한 강조하는 것이었다. 종교 영역 밖에서 르네상스 인본주의자들은 인간을 자기 자신의 조형자이자 창조자로 보아, 자율성의 가치를 끌어올렸다. 사회와 정치 영역에서는 계몽사상가들이 자율성의 가치를 넓혀놓았다. 그들은 이성의 주체인 자율적 인간의 합리적인 선택과 계약에서 사회 형성의 근거를 찾으려 하였다(조지형, 1998 ; Dülmen, 1997/2005 ; Laurent, 1993/2001 ; Lukes, 1973).

근대에 와서 이러한 자율성의 관념을 확고하고도 체계적으로 펼쳐 보인 사람은 스피노자(Spinoza)와 칸트였다. "스피노자 사상의 바탕은 자유와 예속(servitude)의 구별에 있었는데, 여기서 자유는 사고력(power of thought)을 적극 발휘한다는 것을 의미했다 : 자유로운 인간은 적극적이고 자기 결정적인 사고의 주체로서, 자유의 패러다임은 (인간이 본래 자유로운 존재라는) 자명한 진리로 이끄는 내적 추론의 산물이다. 이렇게 그에게 자유란 바로 자율성을 뜻하는 것"(Lukes, 1973, p. 54)으로, 스피노자는 사고의 자유가 개인에게 본래부터 갖추어져 있듯이 자율성도 개인이 본래 지닌 가치라고 주장하여, 그 적극적 가치를 강조하고 있다.

칸트의 경우 "자유의 관념에는 반드시 자율성의 관념이 따라붙고, 이어서 자율성은 보편적인 도덕 원칙을 만들어내는 근거가 된다"(Lukes, 1973, p. 55). "칸트에게 개인의 자율성을 보장해 주는 것은 신이 아니라 내적 자아의 의지, 곧 인간 내면의 '자율적 의지'이다. 칸트의 자율적 의지는 진리에 대한 각 개인에게 내재한 직관적 지식, 즉 정언명령(定言命令)에 따라 행동함으로써, 외적 요구와 이기적 목적에 상관없이 현상계의 이면에 존재하는 실체를 인식할 수 있도록 해준다. 자율적 의지를 통하여 개인은 완전히 독립적인 도덕적 판단을 내리는 행위자로 규정되며, 자연과 우주의 도덕적 중심에 서게 된다. …… 이러한 자율성은 개인의 적극적 자유를 보장해 주며, 동시에 행위에 대한 개인의 도덕적 책임과 의무를 촉구한다. 개인의 도덕적 판단과 가치에 따라 개인의 자율적 의지는 이른바 '합리성'을 갖게 되고, 그 개인이 속해 있는 공동체의 도덕적 가치와 목적, 그리고 공동선을 실현하는 추동력이 된다"(조지형, 1998, p. 209). 칸트는 "인간을 자신의 이성에 힘입어 완전한 독립성을 획득한 주체로 규정한다. 이성에서 비롯되는 '의지의 자율성' 때문에 인간은 누구도 '수단'으로 취급할 수 없는 '자기 목적적인' 존엄한 존재로 격상된다"(Laurent, 1993/2001, pp. 60~61). 이렇게 칸트는 의지의 자율성에서 합리적 인식의 근거, 도덕 원리 생성의 근거, 조화로운 공동생활 영위의 근거뿐만 아니라, 인간 존엄의 근거까지도 찾음으로써, 자율성을 인간의 최고 가치로 강조하고 있는 것이다.

이상에서 보듯이, 자율성은 적극적 자유(positive freedom)와 밀접하게 관련된 개념이고, 자유주의의 핵심 가치이기도 하다(노명식, 1991 ; Lukes, 1973). 벌린(1969)은 적극적 자유를 "개인이 자기 자신의 주인이 되고자 하는 열망"(p. 131)에서 나오는 것이라고 보아, 이러한 견해를 지지하고 있다. 그러나 자율성 또는 합리적 자기 방향 설정과 연결된 자유라는 견해를 잘못 적용하여 확장시키면, 불행한 결과가 일어날 수도 있다(Berlin, 1969). 곧 자율적 자기의 자유가 가리키는 내용이, 실제의 경험적 개인보다 더 고도로 합리적인 것으로 상정되는 자기, 곧 개인의 집합체인 사회나 국가의 자유로 중심 이동을 하게 되면, 자유로워지는 자기는 더 이상 개인이 아니라 사회 전체가 되고, 그렇게 되면 자유는 예속이라는 정반대의 결과를 낳을 수도 있다는 것이다. 이미 프롬(Fromm, 1941, 1947, 1955) 및 리즈먼(Riesman)과 그 동료들(1950)은 이러한 위험을 경고하고 있었다. 그러나 이러한 불행한 결과는 개인의 자율성이라는 관념 그 자체와 아무런 논리적 관련성이 없으며, 다만 자율성이란 관념을 악의로 사용함으로써 생겨날 개연성에 지나지 않는다. 이러한 불행한 결과의 개연성을 염두에 두고, "오늘날 점차 관료화하고 있는 대규모 산업사회에서 다양한 형태의 억압·소외·조작이 만연하는 현상에 민감한 사람들은 자유주의자든, 신마르크스주의자든, 또는 무정부주의자든 간에, 모두 개인 자율성의 가치를 옹호하는 데 헌신하고 있다"(Lukes, 1973, p. 56). "자율이야말로 개인주의의 형이상학적 기본 조건"(노명식, 1991, p. 31)이며, "현대 서구 문명에서 도덕성의 핵심 가치"(Lukes, 1973, p. 58)인 까닭이다.

사생활의 자유   개인이 타인이나 사회적 간섭에서 벗어나서, 자신의 방식으로 선을 추구하기 위해서 자기가 선택하는 무엇이든지 생각하고 행할 수 있는 사적 자유의 향유, 곧 사생활의 자유(privacy)는 개인주의 성립의 바탕이 되는 가치이다. 이러한 사생활의 자유는 "개인주의를 철학적 기반으로 하는 자유주의"(노명식, 1991, p. 27, 30, 37)의 기본 이념이다. 이렇게 "공공(公共)의 간섭을 전혀 받지 않고 생각하고 행동하는 개인 고유의 생활 영역, 즉 현대적 의미의 프라이버시(사생활의 자유)라는 관념이야말로 자유주의의 중심사상을 구성하고"(p. 46) 있는 것이다. 루크스(1973)가 개인주의의 세 번째 단위관념으로 제시하고 있는 이러한 사생활의 자유는 로랑(1993/2001)이 말한 "자신을 소유하는 자유주의 시장의 주체"로서 개인이 지닌 모습 속에, 그리고 뒬멘(1997/2005)이 말한 "개인권을 보호하라"는 근대적 삶을 향한 동력 속에 나타나는 가치이기도 하다.

이러한 사생활의 자유는 본질적으로 근대적 관념으로서, 고대 문명과 중세 유럽에는 없었던 것이다(Lukes, 1973). 아렌트(Arendt, 1959)에 따르면,

"고대 세계에서는 사생활의 자유라는 사적 특성은 무엇인가 결핍된 상태, 심지어는 인간 능력 가운데 최고로 인간적인 것이 결핍된 상태를 의미하였다"(p. 35). 이 사회에서 사적 생활만을 영위하는 사람은 노예와 마찬가지로 공적 영역에 들어가는 것이 허용되지 않은 사람이었다. 그들에게 사적 영역이란 자유의 영역이 아니라 결핍의 영역이었다. "그들에게 가족생활과 같은 사적 영역은 생활의 필요 충족, 개인의 생존과 종족 보존이 이루어지는 영역일 뿐이었다. 이러한 사적 영역에서 인간은 진정한 인간으로 존재하는 것이 아니었으므로, 고대인들은 이를 크게 경멸하였던 것이다"(Lukes, 1973, p. 60).

중세시대에도 에피쿠로스(Epicurus) 학파, 성 아우구스티누스(Saint Augustinus), 기독교 신비주의자와 같이 내면의 정일성(靜逸性)으로 물러나 신과 교유할 것을 부르짖는 몇몇 예외가 있기는 하였지만, 사생활의 자유를 부정하는 관점에는 변함이 없었다. 그러다가 르네상스와 종교개혁을 거치면서 공공의 간섭에서 사상과 행위의 자유를 추구한다는 근대적 의미의 사생활 자유에 대한 관념이 도입되기 시작하였으며(Berlin, 1969), 자유주의가 등장하면서 이는 그 핵심 가치로 부각되었다. 개인주의를 철학적 기반으로 하는 "자유주의는 개인의 사적 영역의 한계가 어디까지인지, 그것이 어떤 원리에 따라 도출되는지, 외적 간섭의 출처는 무엇이고, 이를 어떻게 확인할 수 있는지에 관한 주장이라고 볼 수 있다. 이는 자기 자신의 삶을 영위하는 사생활의 자유가 본질적이거나 심지어는 신성하기까지 한 개인상(個人像)을 전제로 한다"(Lukes, 1973, p. 62)는 것을 뜻한다.

자유주의에서 "자유의 개념을 논할 때에는 최소한 세 가지 — 무엇으로부터의 자유냐, 무엇을 하기 위한 자유냐, 누구를 위한 자유냐 — 를 고찰하게 되는데, 자유의 기본적 특징은 '무엇으로부터의 자유냐'라는 면이다. 개인이 강요당하지 않고, 제약받지 않고, 간섭받지 않고, 압력받지 않는 조건으로서의 소극적 자유(negative freedom)이다. 외적 방해가 없는 상태를 자유라고 정의하는 태도는 개인을 중세적, 전통적 굴레에서 해방시키는 가운데 근대적 자유를 수립한 그 역사적 과정에서 당연히 그렇게 될 수밖에 없는 필연이었다. …… 이것이 '불간섭의 영역'으로 정의된 자유이다. 이 견해에 따르면, 불간섭의 영역이 넓을수록 개인의 자유도 넓어진다"(노명식, 1991, pp. 58~59). 이러한 불간섭의 자유는 모든 외적 제약에서 벗어나서 양심·사상·의견·감정·기호 및 개인 간의 조합을 독립적, 자율적으로 선택할 수 있는 자유이다. 또한 사적 생활의 전 영역에서 스스로 책임을 지고 이를 누릴 수 있는 자유가 바로 사생활의 자유인 것이다.

이러한 "프라이버시(사생활의 자유)가 현대 자유주의자들에게 매우 중요한 이유는 개인의 최대의 행복과 성취를 기대할 수 있는 데가 사적 영역이기 때문이다. …… 그 이유는 공적 영역을 자기 부정과 지루한 의무라는 불모의 지대로 보기 때문이기도 하지만, 인간을 근본적으로 사회적 동물로 보지 않고, 독립 자족적이고 자립적인 존재로 보기 때문이다. 즉, 인간은 그 의미와 성취를 사회적 활동이나 집단적 활동에서 발견하는 존재가 아니라, 자기실현의 기본 조건으로서 사적 생활 영역을 필수로 하는 존재라는 것이다"(노명식, 1991, p. 47). 이렇게 사생활의 자유는 개인의 발전과 행복을 위한 필요조건이다. 말하자면, 개인의 발전과 행복을 달성하기 위해 사생활의 자유가 요청되는 것이다.

로랑(1993/2001)에 따르면, 사생활의 자유가 개인의 발전을 위한 전제 조건인 것만은 아니다. 자유주의자들에 따르면, 이는 사회 전체의 진보와 행복을 위한 조건이기도 하다. 곧 자유주의자들은 개인은 사적 영역의 확대와 여기에서 파생하는 "소유권(작업의 산물까지도)을 서로 인정함으로써 타인과 평등하고 협력적인 관계를 맺는다고 여긴다. 개인주의 혁명의 근대성은 대부분 바로 여기에서 만나고 있다. 각자의 주권을 주장하면서 사회계약적 관계라는 새로운 규범을 정립하는"(p. 47) 것은, 바로 "내가 가진 유일한 권리는 개인으로서 내가 되는 것이고, 내 소유인 내 삶을 누리는 것"(pp. 46~47)이라는 사생활의 자유에 대한 인식인 셈이다. "이들은 이 개인적 자유의 군림만이 모든 사람에게 진보와 행복을 가져다줄 수 있다"(p. 68)고 본다.

지금까지 살펴보았듯이, "자유주의자의 자유는 무엇보다도 국가에 의한 통제·강제·제약·간섭으로부터의 자유를 의미한다. 그러면 그 자유는 누구의 자유인가? 말할 나위도 없이 그것은 개인의 자유이다. 개인은 자기가 옳다고 믿는 대로 믿을 권리가 있고, 그 믿음을 누구에게나 표현하고, 그 믿음에 따라 행동할 권리가 있다는 것이다"(노명식, 1991, p. 60). 이렇게 근대적 자유는 국가의 자유나 어느 특권 집단의 자유가 아니라 개인의 자유라는 점이 다른 시대의 자유와 근본적으로 다른 점이다. 따라서 개인이 사적 영역에서 외부의 간섭 없이 자기의 의지와 양심에 따라 삶을 자율적으로 선택하고 집행할 수 있는 자유가 바로 사생활의 자유인 것이다.

　이러한 사생활의 자유는 개인의 삶을 내재화하는 기능을 하고, 이 때문에 스스로에 대한 성찰을 강화하는 배경이 된다. "개인의 삶은 이성적인 자기 통제와 감정의 검열, 스스로 행동을 관리하는 덕분에 지속적으로 내재화되는 경향이 있다. 이 때문에 자신을 의식하고, 스스로 결정할 수 있는 주체의 모습은 더욱 구체화된다. 이러한 자율적 개인은 동시에 공동체의 통제로부터 해방되는 경향을 띠는데, 그 결과 국가와 사회의 영향이 닿을 수 없는 사적인 영역에서는 개인의 독립적 성향이 발달하고, 사유화 현상이 고조"(Laurent, 1993/2001, p. 20)된다. 바로 이러한 사생활의 사유화와 내재화 및 그로 말미암은 자기 성찰은 곧 개인의 자기실현을 가능하게 하는 전제 조건으로 작용하게 되며, 바로 이 점이 사생활의 자유라는 가치가 개인주의 발달의 실질적인 배경이 되는 까닭이다.

자기 개발　　"근대적 의미에서 사생활의 자유라는 관념이 전형적으로 자유주의와 닿아 있다면, 자기 개발의 개념은 …… 전형적으로 낭만주의에 뿌리를 두고 있다"(Lukes, 1973, p. 67). 자기 수련(self-cultivation)의 현상을 뜻하는 이러한 자기 개발 관념의 기원은 르네상스까지 거슬러 올라갈 수 있지만, 가장 완전히 꽃피운 형태는 개인의 질적 독특성과 개성을 강조하는 초기 독일 낭만주의에서 찾아볼 수 있다. 자기개발의 관념을 사상과 예술 및 삶의 모든 영역에 적용한 것은 낭만주의자들이었으며, 이러한 의미에서 "개인주의를 전체 세계관 속에 편입하고, 이를 체계화한 것은 낭만주의자들이 몰고 온 사실상의 혁신이었던 것이다"(Furst, 1969, p. 58). 이러한 자기 개발은 로랑(1993/2001)이 제시하는 "분리된 자의식과 이성의 주체"로서 개인이 지닌 모습 속에, 그리고 될멘(1997/2005)이 제시하는 "스스로를 교육하라"는 근대 개인주의의 명제 속에 담겨 있는 관념이기도 하다.

독일 초기 낭만주의를 이끈 대표자들 가운데 한 사람인 프리드리히 슐레겔은 "인간에게 근원적이고도 영원한 요소는 바로 그의 개성이다. 이러한 개성을 형성하고 개발하려는 열정을 갖는다는 것은 일종의 신성한 자기중심주의(egotism)"(Lukes, 1973, p. 68)라고 말하여, 자기 개발의 중요성을 강조하고 있다. 또한 훔볼트도 "인간의 참된 목적은 완전한 전체를 향한 개인 능력의 가장 조화로운 개발에 있다"(김영한, 1975, p. 111)고 주장하여, 개인에게 특유한 개성을 최고 한도까지 개발한다는 낭만주의의 기본 교의를 예찬하고 있다. 그러나 이러한 독일식 개성의 개념은 이후의 역사 전개 과정에서 변질되었다. 이는 곧 유기적 공동체 이론으로 발달하여, 개인이라는 용어는 사람을 뜻하는 것에서 국가나 사회 같은 초인간적 힘을 뜻하는 것으로 변질되고, 개성은 민족 또는 국가의 속성으로 인식되었던 것이다.5)

이러한 낭만주의 계열과는 별도로 자기 개발의 관념은 자유주의 전통으로 흡수되었다. 이러한 흐름을 주도한 사람은 밀(Mill)인데, 그는 스스로 선택한 방식으로 자기의 개성을 개발하는 것은 도덕적으로 가치 있는 일이라는 사실을 설파하였다. 그는 《자유론(On Liberty)》(1859)에서 개성의 개발을 위한 사회적 전제 조건으로 자유가 필요함을 역설하였으며, 실제로 자유가 보장된 상태에서 모든 개인이 자발적으로 자기 개성을 개발하게 되고, 이를 실현하려는 노력을 하는 데서 그의 삶의 가치가 입증된다고 주장하였다(이극찬, 1982, p. 223).

개성이라는 낭만주의적 관념은 마르크시즘(Marxism)의 윤리적 근거로 흡수되어, 그 핵심 요소가 되기도 하였다. "마르크스의 견해에 따르면, 인간

---

5) 앞 절의 '독일의 개인주의' 항목 참조.

은 광범위한 창조적 잠재력을 보유하고, 이를 실현하려는 내적 욕구를 갖추고 있는 존재이다. …… 그러나 밀과는 반대로, 마르크스에게 자기 개발의 개념은 기본적으로 공동체적이다 : 타인과 함께하는 공동체 안에서만 각 개인은 자기의 재능을 모든 방향으로 개발할 수 있는 수단을 갖추게 되며, 각 개인은 타인과 연합할 때에만, 그리고 이를 통해서만 자유를 얻게 되는 것이다"(Lukes, 1973, pp. 70~71). 곧 그는 자기 개발은 한 개인의 자유로운 선택과 자기에게 적합한 방식을 통해서가 아니라, 타인과 함께하는 공동체를 통해서 집합적으로만 가능하다는 견해를 취하고 있다. 이러한 견해는 사회의 간섭에서 벗어난 개인의 자유를 근거로 하는 개인주의의 자기 개발과는 크게 차이를 보이는 것이고,6) 또는 자기 개발 자체를 반사회적 또는 비역사적인 것으로 여기는 위험을 안고 있는 관점이기는 하지만, 자기 개발을 인간의 근원적인 가치로서 개념화하고 있는 것은 틀림없는 사실이다.

이렇게 개인주의에 그 핵심 교의를 두고 있는 낭만주의와 자유주의뿐만 아니라, 반개인주의적인 마르크시즘에서도 자기 개발의 가치는 인간 삶의 이상으로 부각되고 있다. 기어케(1913/1957)는 "개성이 개발되는 만큼 인간은 스스로 가치 있는 존재가 되며, 따라서 타인에게도 가치 있는 존재가 될 수 있는 것"(p. 56)이라고 하여, 자기 개발의 가치를 적극 옹호하고 있다. 개인이 가진 독특한 개성을 확인하고 이를 발전시키는 자기 개발은 인간 삶의 목적 그 자체로서 궁극적 가치를 갖는 것이다. 이러한 맥락에서

6) 개인주의의 관점에서 자기 개발에 관한 이러한 마르크시즘의 주장은 논리적으로 인정할 수 없는 것이다 : "개인이란 단 한 사람이라는 뜻이다. '단 하나'를 강조할 때 그것은 한 사람이 다른 사람들과 지니는 공통된 면보다는 구별되는 면을 강조하게 된다. 그러한 개인관은 한 사람 한 사람을 각기 떼어서 생각한다. 따라서 어떤 일의 성취와 자아실현의 문제는 그 독자적인 개인의 책임이라고 생각한다. 그러므로 자율이야말로 개인주의의 형이상학적 기본 조건이다"(노명식, 1991, p. 31). 이러한 논의를 바탕으로 삼으면, 공동체 속에서 타인과 연합함으로써만 자기 개발이 성취될 수 있다는 마르크시즘의 주장은 출발부터 논리적인 모순을 안고 있다고 볼 수밖에 없다. 그것은 개인의 독특한 개성의 개발이 아니라, 각 개인의 개성을 미리 설정한 공동체의 목표에 맞추어버리는 평준화일 뿐이다.

보면, 자기 개발은 개인주의의 이념이 추구하는 인간 삶의 기본적인 목표인 셈이다.

(2) 기본 요소들 사이의 관계

지금까지 개인주의 이념의 뼈대를 이루는 기본 요소들을 자기 완비성, 존엄성, 자율성, 사생활의 자유 및 자기 개발의 다섯 가지로 요약하여 제시하였다. '자기 완비성'은 개인을 외적 행위의 원인이 되는 모든 속성을 내적으로 완비한 존재, 곧 자족성을 갖춘 존재로 개념화하는 것으로, 개인주의에서 추구하는 하나의 가치나 이념이라기보다는 개인주의에서 개인을 파악하는 기본 시각을 드러내는 것이다. 이러한 자기 완비성에 힘입어 개인은 행위의 객체나 대상이 아니라 그 주체, 곧 원인 행위자로 부각된다. '존엄성'은 개인 존재는 그 무엇에도 우선하는 유일성과 최종 목적성을 갖는다는 관념으로, 개인주의에서 도덕 원리의 근거가 되는 가치이다. 개인주의의 도덕 원리는 어떠한 경우라도 수단이 아닌 목적으로서 존재하는 개인의 존엄성에서 생겨난다. '자율성'은 자기 의지에 따라 선호 대상과 행위를 선택하고 집행하는 개인 존재의 독립성과 자기 결정성을 뜻하는 것으로, 개인주의가 성립하는 형이상학적 기본 조건이 되는 가치이다. 이러한 자율성을 통해 개인은 스스로에 대한 책임을 전적으로 지게 된다. '사생활의 자유'는 개인이 타인이나 집단 또는 사회의 간섭에서 벗어나 사상·양심·행위 같은 사적 영역에서 자유를 누리는 존재라는 개념으로, 개인주의가 발달하는 실질적인 배경을 이루는 가치이다. 사생활의 자유를 확보함으로써 개인은 자기 자신의 주인이 되는 자기 소유성을 성취하게 되고, 결과적으로 자기 독특성을 찾아 실현할 수 있는 근거를 얻게 된다. 마지막으로 '자기 개발'은 타인과 구별되는 존재로서 개인이 가지는 독특성과 개성을 확인하고 수련을 통해 이를 개발함을 말하는 것으로, 개인주의가 추구하는 인간 삶의 목표로 설정되는 가치이다. 개인주의의 여러 가치들은 모두 이러한 자기 개발을 통한 자기실현이라는 목표에 귀착된다고 볼 수 있다.

개인주의의 이러한 여러 기본 요소들은 서로 배타적이거나 무관한 것이 아니라, 밀접하게 연관되어 있다. 인간 존엄(존엄성)의 근거는 행위 주체인 개인의 자족성(자기 완비성)에서 찾을 수 있고, 개인은 모든 행위의 원천을 완비하고 있기 때문에 스스로 선택과 결정(자율성)을 할 수 있으며, 이렇게 스스로 내리는 선택과 결정을 통해 사적 영역이 확보(사생활의 자유)되고, 이러한 사적 영역에서 자율적인 선택과 결정을 통해 자기를 수련한 결과, 개인 존재로서 지니는 자기 독특성과 개성을 확인하고 개발(자기 개발)할 수 있는 것이다.

르네상스와 종교개혁 이후의 근대 세계에서 서구인들이 지속적으로 추구해 온 이상적 가치는 자유와 평등이었다. 듀몽(Dumont, 1970)은 이러한 사실을 "우리들의 두 가지 기본적인 이상은 평등과 자유이다"(p. 4)라는 말로 갈파하고 있다. 종교개혁은 영적 자유(믿음지상주의)와 영적 평등성(만인사제주의)을 부르짖고 나온 종교혁신운동이었고(박준철, 1998), 계몽주의는 자유와 평등 이념의 전파를 주제로 한 사상운동이었으며(주명철, 1994), 개인주의를 철학적 기반으로 하는 자유주의는 자유와 함께 평등의 원리를 추구하는 이념체계였다(노명식, 1991 ; 박우룡, 1998). 그리고 앞에서 고찰한 정치·경제·종교·윤리를 비롯한 여러 인간 활동 영역에서 나타난 개인주의는 모두 자유와 평등 이념을 실현하는 방법을 호소하고 제안하는 교의들이었다(Lukes, 1973, pp. 143~145). 이러한 맥락에서 보면, 근대 이후 서구인의 삶의 핵심 이념이 된 개인주의의 중핵 가치는 평등과 자유로 귀결된다고 볼 수 있다. 루크스(1973)는 이러한 관점에서 평등과 자유의 이념을 중심으로 개인주의의 여러 기본 요소들 사이의 관계를 고찰하고 있다.[7]

7) Lukes(1973)는 자기가 제시하는 개인주의의 다섯 가지 기본 요소들 가운데 '추상적 개인'은 개인주의가 추구하는 가치 또는 이상이 아니라 개인을 파악하는 관점에 해당하는 것이라고 보아(p. 71), 이 분석에서 '추상적 개인'의 요소를 제외하고, 개인주의가 추구하는 가치들인 '존엄성', '자율성', '사생활의 자유', '자기 개발'의 네 가지 요소만을 포함시키고 있다(pp. 125~137). 그러나 이 책에서는 현대 서구심리학의 개인관에 근거를 두고, Lukes(1973)의 '추상적 개인'을 '자기 완비성' 또는 '자족성'의 개념으로 대체하였다(개인주의의 기본 요소들 가운데 '자기 완비성' 항목 참조). 이

평등성의 근거 : 개인의 존엄성과 자족성 "개인이 본디부터 지닌 존엄성을 바탕으로 목적 그 자체인 인간을 존중해야 한다는 원리는 인간 평등에 관한 이상의 기초를 이룬다. ……이는 모든 사람은 존중받을 자격이 있으며, 따라서 그렇게 취급받아야 한다는 의미이다. …… 곧 존중은 모두 똑같은 사람이라는 점에서 모든 사람에게 똑같이 해당하며 …… 그들을 존중한다는 것은 그들의 자유를 증가시키고 유지하기 위해서 할 수 있는 모든 일을 해주는 것을 의미하기 때문에, 인간 존중의 원리는 매우 평등주의적인 것이다"(Lukes, 1973, pp. 125~126).

이러한 평등한 존중이 성립하는 근거가 되는 특징을 "기독교에서는 '모든 사람이 똑같이 신의 자녀'라는 사실에서 찾고, 칸트는 누구나 똑같이 '자유롭고 이성적인 의지'의 소유자로서, '목적의 왕국(Kingdom of Ends)의 똑같은 성원'이라는 사실에서 찾는다"(Lukes, 1973, p. 126). 곧 누구나 똑같은 사람이라는 사실 그 자체가 인간 존중과 존엄의 근거이며, 따라서 인간 평등에 관한 이상의 바탕이 되는 것이다.

인간 평등의 이상은 이 밖에도 누구나 똑같이 자기 자신의 행위와 변화의 주체라는 사실에서도 근거를 찾을 수 있다. 개인주의에서 보는 개인은 자기 자신의 행위와 변화의 원인 상태(성격·능력·욕구·의도·동기·감정·태도·지식구조 따위)를 내재적으로 완비하고 있는 자족적인 존재이다. 곧 누구나 똑같이 자신의 행위와 변화의 객체나 대상이 아니라 그 주체이며, 그러한 원인 상태를 똑같이 내재적으로 갖추고 있는 존재인 것이다. 따라서 개인주의 사회에서는 개인이 어떤 행동을 하거나 개인에게 어떤 변화가 일어나게 되었을 때, 그 원인을 외부 조건이나 상황의 압력 같은 개인

는 개인을 내재적으로 자기의 행위나 변화의 원인 상태(성격·능력·욕구·의도·감정·태도·지식 등)를 완비하고 있는 자족적인 존재라고 보는 것이다. 말하자면, '자기 완비성'은 변화의 객체나 대상이 아니라 그 주체로서 개인의 가치를 드러내는 개인주의의 기본 요소인 것이다. 이 책에서는 이러한 관점에서 '자기 완비성'도 '존엄성', '자율성', '사생활의 자유', '자기 개발'과 논리적으로 같은 수준에 있는 요소라고 보아, Lukes(1973)와는 달리 '기본 요소들 사이의 관계' 분석에 포함시켰다.

밖의 요인에서 찾는 대신, 개인의 성격·능력·동기·감정 같은 내적 성향
요인에서 찾는 경향을 강하게 보인다(Ross, 1977 ; Ross & Nisbett, 1991). 말
하자면, 사람은 누구나 자기 자신의 변화를 지배하는 평등성을 갖춘 존재
들인 것이다.

　개인 존재의 존엄성과 자족성에 바탕을 두고 있는 이러한 평등성 이념의
고찰에서 한 가지 주의해야 할 것은, 사람들을 존중한다는 것은 그들을 칭
찬하거나 찬양하는 것과는 다르며, 누구나 스스로 변화의 주체인 만큼, 그
원인이 예를 들어 성격이나 능력이라고 해서 모든 사람의 성격이나 능력이
똑같다는 점을 의미하는 것은 아니라는 사실이다. 이는 다만 사람의 행동
이 외적 요인 때문에 나오는 것이 아니라, 그의 내부에 갖추어져 있는 내적
요인(이 경우는 성격이나 능력) 때문에 나오는 것임을 의미할 뿐이다. 우
리는 어떤 사람을 그의 특별한 성취 때문에 칭찬하고, 그의 특성이나 탁월
성 때문에 찬양한다. 곧 성취나 탁월성의 개인차를 근거로 칭찬하거나 찬
양하는 것이다. 그러나 이러한 개인차가 인간 존중의 근거는 아니다. 존중
의 유일한 근거는 누구나 똑같이 사람이라는 사실에 있는 것이지, 그가 탁
월한 성취를 했기 때문은 아니다. 이렇게 개인 사이의 차이가 아니라, 누구
나 자기의 행동과 변화의 원인을 내재적으로 완비하고 있는 자족적인 주체
라는 사실, 그것이 바로 인간 평등의 기초인 것이다. 곧 인간의 자족성과
존엄성은 평등한 것이다.

자유의 세 측면 : 자율성,
사생활의 자유와 자기 개발
　　　　"자유는 복합 관념으로서, 자세히 분석해
보면 더 기본적인 몇몇 관념들을 전제로 한
다고 생각할 수 있는데, 이들 가운데 핵심적
인 것은 자율성과 사생활의 자유 및 자기 개발의 관념이다. …… 이 세 가
지는 말하자면 '자유의 세 얼굴(three faces of freedom)'인 셈인데, 이들은
서로 별개의 것이긴 하지만, 자유는 이들 가운데 어느 하나라도 빠지거나
부족하다면 불완전한 것이 되고 만다"(Lukes, 1973, p. 127). 그러니까 사람
을 자유롭게 하는 배경에는 세 가지 조건이 있다고 볼 수 있는 것이다.

사람을 자유롭게 하는 첫 번째 조건은 자율성이다. "타인의 의지의 도구 또는 대상으로서나 자기 의지와는 관계없는 외부적 힘의 결과로서가 아니라, 스스로 한 선택과 결정의 결과로서 개인의 행위가 이루어질 때 인간은 자유롭다. 개인의 자율성은 이러한 자기 결정에 따른 선택과 결정으로 이루어지는데 …… 개인은 자율적으로 행동하는 정도만큼 자유로운 것이다"(Lukes, 1973, pp. 127~128).

사람을 자유롭게 하는 두 번째 조건은 사생활 영역의 확보와 외부 간섭에서 해방되는 일이다. 외부의 간섭이나 장애를 받지 않을 때 개인은 자유로운데, 말하자면 자기가 바라는 대로 생각하고 행동하도록 허용되는 만큼 개인은 자유로운 것이다. 이는 이른바 자유의 소극적 의미로서, 타인이나 집단의 의지가 만들어낸 모든 구속에서 해방되는 자유를 말한다. "이러한 생각의 밑바탕에는 개인이 간섭받지 않을 권리를 주장할 수 있는 사고와 행위의 영역, 곧 사적 영역의 확보라는 관념이 놓여 있다. …… 공적인 간섭에서 해방된 최소한의 사적 영역의 확보는 자유라는 이상의 핵심 부분인 것이다"(Lukes, 1973, p. 129). 곧 절대로 침해받아서는 안 되는 개인적 자유의 최소한의 영역이 확보되어야 하며, 개인은 이러한 사적 영역이 확보되는 만큼 자유로운 것이다.

사람을 자유롭게 하는 세 번째 조건은 자기 개발이다. 인간은 자기 인생의 경로를 스스로 형성하고, 그렇게 함으로써 자기의 잠재력을 최대한으로 실현할 수 있는 만큼 자유롭다. "진정한 자유의 이상은 인간 사회의 모든 성원들이 똑같이 스스로를 최상으로 개발할 수 있는 최대한의 힘을 갖는 것이다"(Lukes, 1973, p. 130). 이때 개인의 잠재력이 무엇인지, 그리고 어떻게 하는 것이 이를 최상으로 개발하는 것인지 하는 문제에 관해서는 논란이 있을 수 있고, 또 정치적으로 권력집단이 사회교육 따위의 수단으로 이를 조작할 위험도 다분하다. 그러나 자기 개발의 개념이 개인적 자유의 핵심 요소가 되는 것은 사실이다. 자기 개발은 개인이 가능한 한 자기 인생의 경로를 결정하고 통제해야 한다는 점에서 자율성을 근거로 하며, 또한 개인이 자기만의 탁월성을 성취할 수 있는 기회를 가져야 한다는 의미에서

기회의 평등을 전제로 한다. 이렇게 자기 개발을 이룰 수 있는 기회의 제공
은 인간 자유에 관한 이상의 핵심 측면인데, 이러한 기회를 이용하여 개인
이 자기의 인간적 가능성을 실현할 수 있는 만큼 그는 자유로운 것이다.

이렇게 자율성, 사생활의 자유, 자기 개발은 자유를 구성하는 세 요소지
만, 이들 사이에는 서로 밀접한 관련성이 있다(Lukes, 1973, pp. 135~137).
우선 자율성을 행사하려면 어느 정도 사생활의 영역 또는 타인이 간섭할
수 없는 영역이 필요하다. 자기가 가치를 부여하고 있는 활동에서 끊임없
이 간섭을 받으면, 자기 결정에 충실할 수가 없다. 또한 자율성의 핵심 형
태는 자기의 가능성을 개발할 수 있는 자율성인 것이다.

다음으로 사적 자유와 소극적 자유는 논리적으로 자율성을 내포하고 있
다. 개인의 행위가 자기 결정에 충실하지 못하면, 간섭에서 해방되는 일은
있을 수 없다. 또한 사생활의 자유는 논리적으로 자기 개발을 내포하고 있
는 개념이다. 공적 간섭에서 보호받아야 할 가치 있는 활동은 곧 자기 개발
로 이끄는 활동인 것이다.

마지막으로 자기 개발은 자율성을 전제로 한다. 자기 개발이라는 관념
자체가 논리적으로 자율적인 추구를 통해 개인이 지니고 있는 잠재적인 가
능성이 발전함을 뜻한다. 또한 자기 개발은 대체로 간섭할 수 없는 사적
영역을 필요로 한다. 예를 들어, 어떤 색을 어떻게 칠하라는 지시를 끊임없
이 받으면, 창조적인 예술 능력을 발휘할 수 없는 것이다.

평등과 자유 : 그 관계 이상에서 보아온 바와 같이, 인간 평등의 이념은
모든 행위와 변화의 원천을 스스로 완비하고 있
는 자족적인 존재인 개인의 존엄성에 바탕을 두고 있으며, 자유의 이념은
개인적 자율성, 공적 간섭의 부재 및 자기 개발의 가능성에 바탕을 두고
있다. 곧 평등이 자족적인 존재인 개인의 존엄성을 바탕으로 한, 인간 존중
이라는 단일 요소에 근거를 두고 있는 이념이라면, 자유는 여러 요소들이
복합된 이념이다. 루크스(1973, pp. 125~137)에 따르면, 자유의 여러 요소
들은 모든 사람이 공유하고 있는 인간 존중에 관한 경험적 근거이며, 동시

에 존중의 내용이 되는 요소들이다.

의도와 목표를 갖추고, 선택지들을 인식하며, 그들 사이에서 선택을 하고, 내적 또는 외적인 힘이 자기 행동을 결정할 수 있다는 사실을 인식함으로써 자신의 행동에 대한 통제력을 확보할 수 있는 능력, 말하자면 자율적 행위와 결정 및 인식의 능력은 정도는 다를지라도 모든 사람이 공유하고 있으며, 따라서 이는 인간 존중의 한 가지 근거가 된다. 또한 자기가 부여한 가치를 성취하기 위해 어느 정도 불간섭이 필요한 사적 영역을 확보하려는 열망과 노력은, 비록 필요한 사적 영역의 크기와 종류가 사람마다 다르기는 해도, 모든 사람이 똑같이 공유하는 것이고, 따라서 인간 존중의 또 한 가지 근거가 된다. 그리고 모든 사람은 지적인 것이든, 미적인 것이든, 아니면 도덕적인 것이든 간에, 자기 속에 갖추고 있는 인간적 탁월성을 개발할 수 있는 능력을, 비록 정도는 다를지라도 그리고 추구하는 탁월성의 내용은 다를지라도 똑같이 갖추고 있고, 따라서 이러한 자기 개발 능력도 인간 존중의 근거가 된다.

이렇게 자율성, 사적 영역의 확보, 자기 개발의 열망과 능력은 그 자체가 모든 사람이 똑같이 공유하고 있고, 따라서 인간이라는 자격에 합당한 특성들이므로, 인간 존중의 근거로 작용한다. 그리고 이러한 세 가지는 모두 인간 존중의 내용이 되는 요소들이다. 사람을 존중한다는 것은 그를 자율적인 존재로 대하는 것, 사생활의 자유를 필요로 하는 존재로 대하는 것, 그리고 자기 개발을 이룰 수 있는 존재로 대하는 것을 뜻한다. 따라서 개인을 행위의 주체나 선택자로 여기지 않거나, 불간섭의 사적 영역을 허용하지 않거나, 이 영역을 침탈하거나, 자기 개발 능력을 실현할 기회를 제한하거나 감소시키게 되면, 그만큼 그를 사람으로서 존중하지 않는 셈이 되는 것이다.

결론적으로 개인주의의 기본 요소들은 평등과 자유의 이념 아래 서로 밀접하게 연결되어 있다. "자유의 핵심 전제는 개인이 타인에게 인간으로서 존중받는 것이고, 인간으로 존중받는다는 것은 자유의 의미와 정확하게 합치하는 것이다"(Lukes, 1973, p. 137). 개인 존재의 자족성과 존엄성에 근거를 둔 인간에 대한 존중이 없으면, 인간의 자유는 위협을 받고, 따라서 자율성이 제한되고, 사생활의 자유가 간섭받으며, 자기 개발이 어려워지는 것이다.

2. 서구 문화에서 개인주의의 대두와 성장

지금까지 보아왔듯이 개인주의의 바탕을 이루는 요소들은 상대적으로 단순하지만, 그 이면에는 대단히 복잡한 역사적, 경험적 현실이 도사리고 있다. 이 복잡성의 원인은 개인주의가 표현되는 수준, 개인주의가 개입하는 인간 활동의 영역, 또 거기서 개인주의가 띨 수 있는 모습들이 엄청나게 다양하다는 데 있다.

"개인주의는 애초부터 인간에게 주어진 여건이 아니었다. 그것은 전체론적이고 유기적인 부족공동체 시절부터, 다시 말해 개인의 자유가 거의 영에 가까웠던 상태부터 점차로, 그러나 지속적으로 가속화하면서 전개되었다. 이 과정에는 개인주의 역사에 획을 긋고 자양분을 공급하는 일련의 해방의 계기들이 있었다"(Laurent, 1993/2001, p. 18).

그러나 개인주의는 한 번에 아무런 문제없이 합의의 대상이 된 것은 아니었다. 이는 경쟁하는 두 모형(집단이나 국가의 가치를 앞세우는 모형과 개인의 가치를 앞세우는 모형) 가운데 하나였을 뿐이고, 가혹한 투쟁을 치렀지만 완전한 승리를 거두지 못한 채 겨우 조금씩 상대방을 압도해 나갔던 것이다. "사실 개인주의의 역사는 개인주의에 대한 거부의 역사이기도 하다"(Laurent, 1991/2001, p. 95).

그러나 서구 역사의 방향을 특징짓는 주류는 역시 개인주의로 이행하는 흐름이었다. 다시 말해, 인간 행위가 점점 개인화하면서 자유가 찾아들었고, 그 결과 개인과 전체 사이의 관계가 뒤집어진 역사이다. "단순한 상황의 산물이건, 인간 본성의 잠재적 가능성에 힘입어 예정된 목적에서건, 어쨌거나 인간 본성의 개인화와 내면화는 점점 더 복잡해지는 서구 사회와의

상관관계 속에서 필연적으로 성취될 수밖에 없었다. 이런저런 이념적 충돌
이 있었음에도 이 개인화 과정의 문화적 역동성이 지금까지 약화된 적이
결코 없었고, 개인주의적 가치체계가 전체론적 가치체계를 압도"(Laurent,
1993/2001, pp. 158~159)하게 되었던 것이다.

이 절에서는 서구 문화에서 개인주의가 나타나 성장하게 된 역사적 배경
에 대해 살펴보기로 하겠다. 이를 통해 현재의 서구 문화에서 개인주의가
차지하고 있는 위상을 확인해 볼 수 있을 것이며, 2장에서 살펴본 바와 같
은 현대 서구인들이 보이는 여러 개인 중심적 심성과 행동의 배경을 추적
해 볼 수도 있을 것이다.

1) 서구 개인주의의 역사적 배경

부르크하르트(1860/1955)가 말한 대로 보통 르네상스를 개인주의 성장
의 출발점으로 보고 있다. "그의 주저인 《이탈리아 르네상스 문명(*The
Civilization of the Renaissance in Italy*)》의 핵심 주제는 '개인주의'의 성장이었
던 것이다"(Lukes, 1973, p. 23). 르네상스는 좁은 의미에서 "14~16세기의
유럽에서 일어난 새로운 문화운동"을 가리키기도 하고, 넓은 의미에서는
"중세에서 근대로 넘어가는 과도기"로서 지니는 "역사적 시대 개념"을 뜻
하기도 한다(김영한, 1998, pp. 13~14). 그러니까 개인주의 이념이 본격적
으로 서구 역사에 등장한 것은 14~16세기의 르네상스 시기부터라고 볼 수
있다.

"사람들은 오랫동안 부르크하르트의 말에 따라 개인의 발견을 이탈리
아 르네상스의 산물로 생각했다. 특히 19세기는 확실히 그러했다. 그러나
제1차 세계대전 이전에 이미 트뢸취는 이러한 가설을 거부했다"(Dülmen,
1998/2005, p. 20). 딜멘(1997/2005)에 따르면, "르네상스의 개인 숭배는
절대로 근대 개인성의 표현이라고 볼 수 없는 것"(p. 21)이며, 개인주의의
싹은 중세시대에서도 찾을 수 있다. "그러나 부르크하르트의 가설이 힘을
잃었다고 해서, 개인과 개인적 삶의 '발견'이 르네상스와 종교개혁의 시기

였던 16세기의 대주제였다는 발견도 동시에 폐기처분하는 것은 아니다"(p. 21). 다만 르네상스 이전에도 개인에 대한 인식이나 관념이 없었던 것은 전혀 아니라는 사실을 드러낼 뿐이다.

이렇게 "중세시대 내내 길고 보이지 않는 준비 과정이 진행되다가, 르네상스 시대에 이르러서야 비로소 사상이라는 범주에서, 그리고 경험적 현실로서 인식된 개인의 모습이 초보적 형태로 나타난다. 개인주의가 전면에 등장하는 것은 그 이후인 17세기와 18세기"(Laurent, 1993/2001, p. 21)이다. 이러한 맥락에서 여기서는 르네상스를 분기점으로 하여, 그 이전과 이후의 서구 역사에서 개인에 대한 인식이 어떻게 달라져 왔는지를 커다란 역사적 사건 또는 사상적 조류를 중심으로 간략하게 살펴보기로 하겠다.

(1) 르네상스 이전

환경세계와 외적의 위협에 대한 적응과 생존을 위해 인류가 택한 원초적인 삶의 양식은 집단적, 전체주의적인 것이었다. 그 집단의 크기는 씨족·부족·국가로 점점 넓혀져 갔지만, 집단적인 양태가 삶을 영위하는 기본적인 양식인 것은 분명하였다. 그러나 집단의 크기가 커지고 그 구조가 차츰 복잡해지면서, 집단 속에서 개인 존재가 지닌 특성에 대한 인식이 점점 싹트기 시작하였다. 서구 역사에서는 개인에 대한 관심이 싹튼 시기를 그리스 문명부터 잡는 것이 보통이다. "고대 세계의 모든 문화들 가운데 서양 사회의 정신을 가장 극명하게 보여준 것은 그리스인의 문화였다. 고대 세계에서 그리스인만큼 자유를 위해 헌신적이었던, 그리고 인간 업적의 고귀함에 대한 믿음을 그토록 굳건히 지켰던 민족은 없었"(Burns, Lerner, & Meacham, 1984/2003, Vol. 1, p. 129)던 것이다.

그러나 그리스 문명의 중심인 아테네가 흥성했던 기원전 5세기와 4세기 중반까지만 해도 개인에 대한 인식은 근대와 견주어보면 보잘것없었다. "기원전 4세기까지 모든 집단의 구성은 경험의 다양성과 관계없이 단 하나의 규범, 다시 말해 전체론적 규범에 의존하였다. 엄격하게 서열화한 유기적 전체로서 구성된 도시국가나 부족공동체가 어디서나 배타적으로 군림하였으며, 구속력이 강하고 상호의존성이 높은 관계로 묶인 구성원들을 절대적으로 지배하였다. 이런 사회에서 인간의 행동은 소속된 집단과 법에 대한 내면화한 복종심, 거의 변하지 않고 반복되는 전통에 따라 오로지 결정된다. 이때 인간은 가치와 행동 규범의 선택에서 어떤 자율성도 갖지 못하고, 자신을 고유한 개인으로 생각하거나 떠올리지 못하며, 단지 '우리'에 의존하는 단순한 분자로서 행동할 뿐"(Laurent, 1993/2001, p. 23)이다.

이러한 사정은 그리스에서도 마찬가지였다. 그러나 근대 개인주의 생성의 근원이라 할 수 있는 르네상스는 "고대 그리스·로마 문화를 부활하여 이를 본받으려 한"(김영한, 1998, p. 13) 문화운동으로서, 그리스·로마 시대에 비록 전반적으로는 전체론적 사회체제가 유지되었지만, 그 사회의 내면에는 개인의 가치에 대한 인식의 씨앗이 담겨 있었다고 생각할 수 있다. 이러한 맥락에서 여기서는 르네상스 이후 근대 개인주의가 나타나고 성장하게 된 배경을 그리스 문명에서 시작하여 헬레니즘과 로마 문명을 거쳐, 기독교의 공인과 성장에 이르는 과정을 따라 찾아보기로 하겠다.

그리스 문명   기원전 800년 무렵에 그리스 본토, 펠로폰네소스 반도, 소아시아 해안과 에게 해의 섬지방 들에서 씨족집단 또는 부족집단에 기반을 둔 촌락공동체들이, 교역이 늘어나고 또 방위의 필요성이 커지자 더 큰 정치 공동체로 바뀌어갔다. 도시들이 시장과 방어요새를 공동체 전체의 정부 소재지로 삼아 성장함으로써 도시국가(polis)들이 등장하였던 것이다. 대표적인 도시국가들은 아테네, 테베, 메가라, 스파르타, 코린토스, 밀레토스, 마틸리니, 사모스 들이었다. 이들은 크기와 인구 면에서 매우 다양했는데, 기원전 336년 마케도니아의 알렉산드로스(Alexandros)에게 통합되기까지 성쇠와 부침을 지속하였다(Burns et al., 1984/2003).

그리스인들에게 "도시국가는 그들의 사회적 관심의 중심에 있었다. 그리스어를 모국어로 사용하는 그들 모두에게 공통되는 전통을 넘어서, 도시마다 지닌 특유의 풍습은 고유하고 활기찬 생명을 지닌 채로 주체성을 계속 유지하였다"(Russell, 1959/2003, p. 49). 이러한 도시국가들 사이에는 끊임없는 경쟁과 갈등이 이어졌고, 전쟁이 끊일 날이 없었다. 그리하여 "그리스는 도시들 사이의 질투와 자기들의 주장만 내세우는 개인주의 때문에 너무 심하게 분열되어 있어서, 나라 전체의 안정은 도저히 얻을 수 없었다"(p. 52). 이러한 도시국가 사이의 경쟁과 갈등은 자기 "도시국가에만 집착하게"(p. 102) 함으로써, 그리스 사회에 개인주의의 싹을 틔우는 계기가 되었던 것이다.

그리스에서 개인주의가 싹튼 배경에는 그 생태적 조건도 크게 작용하였다. "그리스 본토는 기후뿐 아니라 지세도 험하다. 국토는 아무 쓸모도 없는 산맥들로 분할되어 있다. …… 공동 사회는 여기저기 흩어져 있는 비옥한 평지에서 발생하여 성장하였는데, 어느덧 그리스 본토의 토지만으로 불어나는 인구를 수용할 수 없게 되자, 일부 사람들이 바다를 건너 식민지를 찾아 나서기 시작한 것으로 짐작된다. …… 그리스 무역은 식민지의 융성과 더불어 발전하게 되었고, 이로 말미암아 그리스인들은 동방세계와 접촉하게 되었다"(Russell, 1959/2003, p. 19). 이렇게 생태 조건의 특성으로 말미암아 교역과 이주가 활발하게 되자, 생활습관이나 사고방식이 다른 타종족과 접촉이 매우 잦아졌다. 그 결과 그리스인들은 일찍부터 자기들과 다른 사람들에 대한 인식, 그리고 그들과 자기들의 차이에 눈을 뜨게 되었고, 나와 나 아닌 것, 인간과 자연, 하나의 사물과 다른 사물을 엄격히 구별하여 범주화하는 습성을 갖추게 되었다. 이러한 나와 다른 사람의 차이에 대한 인식은 자연스럽게 개인의 특성에 관심을 가지는 계기로 작용하였던 것이다(Nisbett, 2003, pp. 29~39).

"그리스 사람들이 개인주의적인 경향이 강하다는 사실은"(Russell, 1959/2003, p. 51) 그들이 법률과 종교를 대하는 태도와, 그들의 문학·회화·조각 같은 예술작품에 잘 드러나 있다. "그리스 사람들이 법률을 대하는 태도는 아주 독자적인 것이어서 …… 법률이란 인간이 인간을 위해서 만든 것이라고 보았다. 그러므로 어떤 법률이 더 이상 시대에 맞지 않는다고 생각하면 시민들의 합의에 따라 바꿀 수 있었다. 그러나 어떤 법률이 시민 대부분의 지지를 받고 있는 한 그 법률을 준수해야 한다. 법률을 이와 같이 존중한 고전적 실례는 아테네의 법정에서 사형선고를 받은 소크라테스 (Socrates)가 탈옥하여 도망하라는 권유를 거절했던 사실에서 볼 수 있다. 이와 동시에 그리스 사람들의 이러한 법률 개념은 도시마다 다른 법률을 제정하는 것을 뜻하므로, 도시와 도시 사이에 벌어지는 분쟁을 평화적으로 해결할 수 있는 어떠한 권위도 있을 수 없었다"(pp. 51~52). 이렇게 법률 의 제정과 집행 및 그 권위는 오로지 시민들의 합의에 근거를 두는 것으로 그들은 보고 있었다.

"그리스인은 우주만물 가운데 가장 중요한 존재로서 인간을 찬양했으며, 심지어 자신들이 믿는 신 앞에 굴복하는 것마저도 거부했다. 그들의 태도 는 본질적으로 세속적이며 합리적이었다. 그들은 자유로운 탐구 정신을 찬양했으며, 지식을 신앙보다 우월하게 여겼다"(Burns et al., 1984/2003, Vol. 1, p. 129). 그들의 종교도 기본적으로 인간에 대한 탐구의 산물이었다. 그리스인이 원한 것은 위대한 능력을 지닌 신이 아니라, 인간과 대등한 조 건으로 교유할 수 있는 신이었다. 그 결과 그들은 신에게 인간과 비슷한 속성을 부여하였으므로, 철저한 다신교인 그리스 종교의 신들은 인간의 여 러 측면을 확대하고 이상화한 것에 지나지 않았다. 그리스인은 종교를 통 해 죄에서 구원받거나 영적 축복을 받을 것을 기대하지 않았다. 그들에게 종교는 단지 자연스러운 삶의 일부였을 뿐이므로, 그리스 종교에는 계명·교리 또는 성사(聖事)가 없었다. 그들은 너무나 현세 중심적이었고 또 매 우 확신에 찬 낙관주의자들이어서, 내세나 사후 생활에는 무관심했고, 그 들의 도덕성 또한 그들의 종교와는 그다지 큰 관련이 없었다(Burns et al., 1984/2003, Vol. 1, pp. 131~134).

그리스의 철학자들은 존재론·인식론·논리학·윤리학 같은 현대 철학 의 거의 모든 문제들을 다루었다. 특히 플라톤(Platon)과 아리스토텔레스 (Aristoteles)의 사상은 오늘날까지도 서양 철학계에 지속적인 영향을 끼치 고 있다.[8] "서양 문명을 이끄는 지성의 골격을 형성하고 있는 최상의 것들

---

8) 이는 같은 시기 중국에서 孔子·老子·孟子·莊者·荀子를 비롯한 많은 철학자들이

은 거슬러 올라가보면, 모두 그리스 철학자들의 전통에 근원을 두고 있다"(Russell, 1984/2003, p. 181). "그리스 사람들의 철학적 전통은 본질적으로 계몽과 해방을 추구한 운동이었다. 그리스 철학이 목표로 하는 것은 사람의 정신을 무지(無知)의 질곡에서 해방시키는 것이기 때문이다. 그리스의 철학적 전통은 이 세계를 이성으로 이해할 수 있는 것으로 보게 함으로써 알 수 없는 것들에 대한 두려움을 제거한다. …… 그리스 사람들은 '공평무사한 탐구 그 자체'를 윤리적으로 선한 것으로 간주하였다. 그 까닭은 인간은 종교적 신비에 힘입어서가 아니라 공평무사한 탐구의 성과를 이용해서 훌륭하고 행복한 삶을 실현하기 때문이다"(p. 181). 이렇게 그리스 철학자들이 갖는 관심의 한가운데는 항상 인간이 자리 잡고 있었다.

"그리스인은 또한 자아의 완성을 위해 노력한 자기 중심적 인간이었다. …… 그리스인은 내세의 것이나 장엄한 것보다는 오히려 유한하고 자연적인 것을 숭배한 휴머니스트였다"(Burns et al., 1984/2003, Vol. 1, p. 134). 이러한 태도는 그들의 예술작품에 그대로 나타나고 있다. 그리스 예술은 무엇보다도 인간주의를 상징화하여, 인간을 우주의 가장 중요한 존재로서 찬양했다. 그들은 인간의 벌거벗은 모습을 사실 그대로 아름답게 묘사하기에 힘썼다. 그들이 신전을 세우고 신상(神像)을 조각하는 일도 신에 대한 경배를 위한 것이라기보다는 인간 자신을 찬양하기 위한 것이었다. 그리스의 신들은 인간을 위해 존재했으므로, 신을 찬양하는 것은 곧 인간을 찬양하는 일이 되는 것이다. 그들은 자연을 묘사하는 데도 자연 그 자체로서 해석하는 것에는 관심이 없었고, 인간적 이상을 표현하는 데만 관심을 가졌다(Burns et al., 1984/2003, Vol. 1, pp. 165~168).

이렇게 한 마디로 그리스 문화는 인간 중심적이었다고 볼 수 있다. 그러나 이것은 근대 개인주의와 같이 개인 존재의 가치를 인정하고 찬양하는 수준은 아니었다. 그리스에서 찬양된 인간은 보편적이고 추상적인 '우리들'로서 존재하는 인간이었지, 결코 근대적인 의미의 '개인'이라고는 볼 수 없

나타나, 그 뒤로 동양 철학계에 지속적인 영향을 미치고 있는 것과 비슷하다.

다. 가장 민주적이었던 시기의 아테네에서도 참정권은 성인 남자인 시민에게만 허용되었고, 여자와 아이, 더구나 노예들은 거의 인간으로 여겨지지 않았다. 이는 플라톤이 그리는 이상국가(理想國家)가 철저한 계급사회이자 통제사회로서, "개인은 자립적인 인격체로서 거의 존재할 수 없는 국가-기계와 같은 가공할 만한 사회상"(Russell, 1959/2003, p. 99)으로 그려졌다는 점에서도 드러난다. 아리스토텔레스도 이상국가를 플라톤처럼 '획일화된 통일체'로 그리지는 않았지만, 노예제도의 인정, 참정권의 제한, 그리스식 도시국가체제의 고수 따위를 주장하였다는 점에서, 개인 존재의 존엄성과 가치를 존중했다고 보기는 힘들다(Russell, 1959/2003, pp. 142~145). 근대식 개인 존중의 가치가 인정되는 데에는 아직도 많은 시간이 필요했던 것이다.

헬레니즘과 로마 문명   마케도니아의 알렉산드로스는 기원전 336년 그리스를 병합한 데 이어, 그리스 연합군과 함께 기원전 334년에 동방정복에 나섰다. 그는 페르시아 제국을 무너뜨리고, 기원전 324년까지 겨우 10년 만에 그리스에서 박트리아, 나일 강에서 인더스 강에 이르는 동방세계를 정복하여 대제국을 건설하였다. 알렉산드로스는 "자신이 그리스 문명의 전도사라고 여겼으며, 또 실제로 그렇다는 것을 입증하였다. 그는 정복자였을 뿐만 아니라, 식민지 개척자이기도 하였다. 그는 자신의 군대가 점령하는 곳마다 그리스식으로 운영되는 그리스다운 도시를 건설하였다. 그리스 토박이나 마케도니아 이주민은 이 그리스식 생활을 중심으로 삼고 그 지방의 원주민들과 융화해 나갔다"(Russell, 1959/2003, p. 156). 비록 기원전 323년에 33세의 젊은 나이로 병사한 뒤 그의 제국은 여러 개로 갈라졌지만, 이른바 "그리스적 요소와 동방적 요소의 혼합에 바탕을 둔"(Burns et al., 1984/2003, Vol., 1, p. 176 ; Rietbergen, 1998/2003, pp. 83~88) 헬레니즘(Hellenism) 문명이 탄생하는 계기가 되었다.

"헬레니즘이라는 말은 시대 개념인 동시에 문화 개념이다"(민석홍, 1984, p. 105). 시대 개념으로는 알렉산드로스의 동방 원정부터, 그가 죽은 뒤 갈라진 여러 제국들 가운데 가장 마지막까지 남았던, 이집트의 프톨레미 왕조의 종말(B.C. 30)까지 약 300년 동안을 말한다. 문화 개념으로는 그리스 문화를 위주로 동방 문화의 일부를 흡수하여 탄생한 문명을 가리킨다. 동방 문화를 흡수하고 혼합하였다고 하지만, "헬레니즘 문화는 결코 '동・서 문화의 융합'의 소산이 아니다. 그 기조는 어디까지나 그리스 문화였고, 다만 달라진 것이 있다면, 고전기의 그리스 문화(Hellenedom)가 폴리스를 바탕으로 발전한 데 반하여, 이제 그 좁은 울타리가 깨어지고 세계적인 문화로 변화하였다는 것이다"(민석홍, 1984, p. 106).

따라서 헬레니즘 문화는 보편적이고 세계시민적인 성격이 강하였다(윤진, 2003, p. 43). 리트베르겐(Rietbergen, 1998/2003)은 이를 "세계적 폴리스인(cosmo-politan), 세계시민의 시대가 왔고, 새로운 문화가 나타났다"(상권, p. 84)고 표현하고 있다. "세계시민주의(cosmopolitanism)는 민족이나 국가와 같은 공동체를 상실한 원자적인 개인을 토대로 삼는다. 그러므로 헬레니즘 시대는 세계시민주의의 시대인 동시에 철저한 개인주의의 시대이기도 하였다"(민석홍, 1984, p. 107).

이 시대 철학의 주류는 금욕주의적인 스토아 학파(Stoicism)와 정신적 충족감을 강조한 에피쿠로스 학파(Epicureanism)였는데, 두 학파 모두 마음의 평정을 추구하는 점에서는 같았다. 다만 스토아 학파에서는 이러한 마음의 평정을 철저한 금욕과 운명론의 수용을 통해 추구하려 하였고, 에피쿠로스 학파는 조화로운 절제와 초자연적인 것에 대한 두려움의 극복을 통해 추구하려 하였다(Burns et al., 1984/2003, Vol. 1, pp. 184~186 ; Russell, 1959/2003, pp. 162~170). 그러나 "두 철학은 사회의 복리가 아닌 개인의 선에 관심을 가졌다는 점에서 개인주의적이었다"(Burns et al., 1984/2003, Vol. 1, p. 184). 민석홍(1984)의 말을 빌리면, "스토아 학파의 금욕주의나 에피쿠로스 학파의 쾌락주의는 헬레니즘 시대의 원자적인 개인주의라는 같은 어머니 뱃속에서 태어난, 성격을 달리하는 쌍둥이에 지나지 않았다고 할 수"(p. 107) 있는 것이다.

이 시대의 문학과 예술은 좀더 개인적인 경향이 심화되었다는 점을 빼고는 그리스의 예술보다 나은 면을 찾기 힘들다. 이 시기에 개인주의 경향이 심화하였다는 사실은, 그리스 시대부터 역사상 "최초로 개인화된 저자들이 등장"(Laurent, 1993/2001, p. 25)하였으나, 헬레니즘 시대에 크게 늘어나 현재 "적어도 1,100명 정도의 이 시대 작가들 이름이 알려져 있다"(Burns et al., 1984/2003, Vol. 1, p. 188)는 점에서 잘 드러난다.

이렇게 헬레니즘 시대는 중동 지역을 그리스화한 시대(Russell, 1959/2003, p. 171)로 특징지을 수 있다. 다만 그리스의 개인적인 경향이 세계시민 의식과 함께 좀더 심화되었다는 사실을 강조할 수 있을 뿐이다. 이러한 점은 로마 문명도 마찬가지였다. 중동 지역이 헬레니즘 시대에 그리스화하였다면, "서부 유럽에서는 로마가 그리스의 유산을 전달하는 역할을 하였다"(Russell, 1959/2003, p. 171). 곧 "로마가 후세에 미친 가장 큰 공헌은 그리스 문명을 서유럽에 전달했다는"(Burns et al., 1984/2003, Vol. 1, p. 244) 사실인 것이다.

로마는 기원전 8세기 무렵부터 이탈리아 반도에서 태동하여, "기원전 1세기 말에 이르러 서유럽 대부분과 헬레니즘 세계 전체에 대한 지배권을 행사"(Burns et al., 1984/2003, Vol. 1, p. 197)할 만큼 성장하였다. 그 뒤 성쇠와 부침을 계속하다가, 기원후 476년 게르만족 탓에 명목상 마지막 황제가 폐위되어 서로마 제국이 멸망함으로써 역사의 전면에서 사라졌다. "콘스탄티노플에 자리 잡은 동로마는 비잔틴 제국으로 15세기 중엽까지 그 명맥을 유지했지만, 로마가 흥기한 본 고장인 이탈리아 반도를 중심으로 한 서로마 제국은 몰락하였고, 이로써 역사가들은 그리스의 성장과 발전으로부터 시작된 유럽의 고전시대는 막을 내린 것으로 보고 있다"(민석홍, 1984, p. 154).

로마인은 그리스인에 견주면 매우 현실적이고 실제적인 사람들이었지만(민석홍, 1984, p. 158), "상상력의 결핍 때문에"(Russell, 1959/2003, p. 181) 독창성이 부족하였다. 그리하여 로마인은 독창적인 문화 발전을 이루지 못하고, "문화적으로는 그들이 정복한 그리스인에게 오히려 정복되었다"(민석홍, 1984, p. 158). 문화 면에서 볼 때, "로마 문화는 거의 완전히 파생적인 문화"로서, "예술·건축·문학·철학에서 로마 사람들은 그리스 사람들이 보여주었던 위대한 본보기들을 상당히 성공적으로 모방하고 있다"(Russell, 1959/2003, p. 173). 예를 들면, 그들은 심오한 독창적인 철학이나 사상체계를 남기지 못하고, "헬레니즘 시대의 대표적인 철학이요 사상이었던 스토아 학파와 에피쿠로스 학파의 사상을 계승하여 이를 생활화하는 데 공헌했을 뿐"(민석홍, 1984, p. 160)이다.

그러나 그들은 법률 분야에서는 독특한 공헌을 하였다(민석홍, 1984, pp. 161~162 ; Burns et al., 1984/2003, Vol. 1, pp. 233~235 ; Russell, 1959/2003, p. 173). 로마법은 로마와 그 시민들에 관한 시민법, 민족에 관계없이 누구에게나 통용되는 만민법, 그리고 현실적인 법을 초월한 보편적인 법의 기본 원리인 자연법의 세 가지로 나누어진다. 이 가운데서 자연법 사상은 로마인의 가장 큰 공적이었으며, 그 사상의 기원은 스토아 학파에 있다. "스토아 철학자들은 자연의 이성적 질서라는 관념을 발전시켰는데, 그 이성적 질서란 정의와 권리를 구체화한 것이었다. 그들은 모든 인간이 자연적으로 평등하며, 정부도 침범할 수 없는 일정한 기본 권리를 가지고 있다고 주장했다. …… 이 자연법은 국가 그 자체보다도 우위에 놓여 있으며, 그것을 위배하는 모든 지배자는 폭군으로 전락하고 만다. …… 법학자들은 이 법이 시민법에 대해 규제를 가한다고 여기지는 않았지만, 그럼에도 그들은 자연법이야말로 인간의 법령과 명령이 마땅히 따라야 할 위대한 이상이라고 생각했다"(Burns et al., 1984/2003, Vol. 1, p. 235). 키케로(Cicero)가 처음 주장한 이러한 자연법 사상은 근대 자연법 사상의 뿌리가 되었던 것으로, "로마 문명이 이룩한 가장 고귀한 업적들 가운데 하나였다"(p. 235).

이렇게 법률 분야에서 이룬 업적을 제외하면, "로마 제국이 수행했던 최고의 소임은 자기네 문화보다 우수하고 오래된 문화를 전달한 일이다. 이 일은 로마 제국의 행정관들이 지녔던 전체적인 조직력과 제국의 사회적 응집력 덕분에 이루어졌다"(Russell, 1959/2003, p. 175). 이러한 조직력과 응집력은 로마의 문화 전달력만을 높여준 것은 아니다. 이는 313년 콘스탄티누스(Constantinus) 대제가 공인한 뒤에 로마의 국교로 성장한 기독교가 서유럽 세계에 빠르게 전파됨으로써 서유럽 세계에 개인주의의 씨앗을 싹

틔우는 배경으로도 작용했던 것이다.

그러나 이상에서 살펴본 그리스, 헬레니즘, 그리고 로마 문명은 "개인의 등장을 불완전하게 예고했을 뿐, 개인주의와 역사의 만남은 아직 이루어지지 않았다. 그리스에서 아톰(atom)이라는 단어는 그저 물질세계의 구성 요소만을 가리킬 뿐이다. 라틴어에서도 인디비둠(individuum)이라는 말은 중세시대에야 등장한다. 인간의 개인성이라는 범주를 표현하는 어휘는 아직 존재하지 않았던 것이다"(Laurent, 1993/2001, p. 28). 이렇게 그리스 이후 헬레니즘과 로마 시대를 거치면서도 근대적 의미의 개인관이 싹트는 데에는 더 큰 계기가 필요했던 것이다. 그것은 바로 기독교의 성장이었다.

기독교의 공인과 성장   로마인이 개인주의 역사에 남긴 가장 큰 공헌은 기독교를 공인하고 국교화했다는 사실이다. 기독교는 313년 콘스탄티누스 대제의 '밀라노 칙령'으로 공인된 뒤 성장을 거듭하여, 380년 테오도시우스(Theodosius) 대제의 칙령에 힘입어 로마의 국교로 선포되었다. 그 뒤 빠르게 전파되어, 서유럽과 동유럽을 비롯한 유럽 전 지역에서 배타적 권위를 인정받는 유일 종교로 떠받들어졌다. "절대적 주체로서 세계와 완전히 분리된 기독교의 신이 출현하면서 일신론적 유대교가 지니고 있던 잠재적 가능성들이 구체화되고, 기독교는 주변의 전체론과는 완전히 단절된 유례없는 종교"(Laurent, 1993/2001, p. 29)가 되었으며, 이러한 기독교의 성장과 함께 유럽, 특히 로마 제국의 본거지인 서유럽 지역에서는 개인주의가 싹트게 되었던 것이다.

본래 기독교는 유대교에 배경을 두고 태어났다. 유대교는 '이스라엘 민족'이라는 선민(選民)집단과 '야훼'라는 유일신(唯一神)의 집단적 관계를 중핵으로 하는 종교이다. 곧 신과 인간의 관계는 집단적 관계이지 절대 개인적, 직접적 관계가 아니며, 따라서 신의 일차적인 관심 대상은 이스라엘 민족이라는 선민집단이라고 보는 것이 유대교이다. 그러나 '예수'라는 한 역사적 인물과 그를 뒤이은 사도(使徒)들, 특히 '바울'의 노력으로 말미암아 신과 인간의 관계는 집단적 관계에서 개인적 관계로 변모하였다. 기독교에서는 이스라엘 민족이 아닌 사람도 포함해서 "모든 사람은 똑같이 신의 보호 아래에 있는 신의 자녀로서, 그 자신의 고유한 소명을 가진 존재"(Lukes, 1973, p. 46)라고 보며, 따라서 개인은 신앙고백을 통해 신과 직접 관계를 맺는 1차적인 종교적 대상으로 떠오른다. 그 결과 기독교는 이스라엘 민족의 집단적 종교에서 신앙고백을 거친 사람의 개인적 종교로 탈바꿈하게 된 것이다.

기독교가 로마에 처음 전파되었을 때만 해도 다른 종교들과 경쟁관계에 있었으나, 3세기에 이르러 교세가 크게 늘어났다. 3세기에 기독교의 교세가 크게 확장된 데에는 로마 역사에서 3세기가 "고뇌의 시대"였다는 배경이 놓여 있다. 곧 "극도의 정치적 혼란과 경제적 궁핍 때문에 사람들은 현세의 삶을 허망한 꿈으로 여기게 되었고, 희망을 온통 내세에 걸게 되었다. 인간의 육체와 물질세계는 점점 더 사악한, 또는 근본적으로 무의미한 것으로 여겨지게 되었다"(Burns et al., 1984/2003, Vol. 1, p. 255). 이러한 배경에서 현세에 대한 영적인 힘의 지배와 악에 대한 선의 최후 승리 및 내세 구원의 절대적 우월성을 강조하는 기독교의 역동성과 참신함이 로마인에게 호소력을 가지게 되었다.

이 밖에 기독교의 평등성과 사제 조직도 기독교가 성공을 거둔 배경이다(Burns et al., 1984/2003, Vol. 1, pp. 256~257). 기독교는 초창기부터 목수와 어부 같은 비천한 사람들의 종교였으며, 낮은 자가 높이 들려 올려질 것을 약속하였으므로, 사회 모든 계층에서 신도들을 끌어모을 수 있었다. 교세가 성장하면서 일부 부유한 후원자들을 받아들이기도 했지만, 기독교의 가장 큰 힘의 원천은 로마제국 인구의 절대 다수를 이루는 하층과 중간계급 및 여성들이었다. 여성들은 비록 사제가 될 수는 없었지만, 예배 의식에 남성과 동등하게 참여할 수 있었으며, 남성과 똑같이 구원의 희망을 가질 수 있었다. 또한 기독교는 3세기에 이르러 신앙생활을 지도할 사제들의 위계조직을 발전시켰다.[9] 이 조직은 신도들의 예배와 성사뿐만 아니라, 병자

---

9) 이러한 교회조직은 시간이 흐를수록, 특히 세속 황제와 벌이는 세력 다툼 속에서 점

간호나 노약자 보호 및 장례 들을 통해 그 자체의 긴밀한 유대관계를 지닌 신앙공동체를 구성하고 효율적으로 지도하였다. 기독교 신도들은 온 세상이 무너져 내리는 듯한 고뇌의 시대 한가운데서도 인간적인 따뜻한 유대감과 강한 사명감을 맛볼 수 있었던 것이다.

이렇게 기독교는 어느 계층의 누구에게나 인간적 따뜻함을 가지고 개인적으로 접근하였다. "기독교는 처음부터 개인을 상대로 이야기하는 종교"였던 것이다. "기독교는 개인 한 사람 한 사람의 구원을 다루며, 각 개인이 소속된 가족적 연대와 지배의 관계를 벗어나 노예나 피압박 계층, 지배자나 귀족 할 것 없이 모든 개인에게 말을 걸기 때문이다. …… 교회는 공권력을 행사하고자만 했던 것이 아니라, 성·계급·출신에 따라 사람들을 배제하지 않고, 개개인 모두를 얻고자 노력했다. …… 자신 이외에는 아무것도 허용하지 않고 개인들에게 구원과 신앙을 강제로 규정하면서도, 한편으로는 개인의 영혼을 얻으려 하고 자유로울 여지를 인정한 양면성은 현대에도 나타나는 기독교의 특징이라 할 수 있다"(Dülmen, 1997/2005, pp. 22~23).

흔히 중세 기독교를 인간 속박과 억압의 장치였다고 생각하는 경향이 있는데, 이는 잘못된 생각이다(윤진, 2003). "중세 기독교는 분명히 사람들이 개성을 강화하는 계기들을 가지고 있었고, 이것은 남성과 여성이 다 함께 참여했던 강력한 종교적 개인주의로 나타났다. 이 종교적 개인주의의 당연한 귀결이 바로 종교개혁"(Dülmen, 1997/2005, p. 26)이다. 뒬멘(1987/2005)은 중세시대 교회가 주도했던 개인화의 계기를 다음의 다섯 가지로 들고 있다. 첫째는 신앙고백이다. "영원한 구원에 이르려면 모든 개인은 분명하게, 적어도 외면으로라도 자신이 기독교도임을 증명해야 했다"(p. 23). 둘째는 속죄이다. "죄와 벌은 언제나 개인에게 몫이 돌아갔다"(p. 24). "죄를 범할 수 있는 것은 개개의 기독교도"(Russell, 1959/2003, p. 197)이며, 따라

점 엄격해지고 세속화해 갔다. 결과적으로 조직의 부패 현상도 만연하여, 처음에는 기독교 성장의 밑거름이 되었던 교회조직이 나중에는 기독교 침체의 커다란 원인이 되었다. 16세기의 종교개혁은 어떻게 보면, 너무 세속화하고 타락한 교회조직에 대한 개신운동의 성격이 강한 것이다.

서 자신이 지은 죄를 고백하고 거기에 합당한 벌을 받을 의무를 개개인들은 져야 했다. 셋째는 세례이다. "모든 사람은 세례를 받을 때 자신만의 개인 이름으로 받는다. 그럼으로써 교회는 개개인을 신의 피조물로 인정한 것이다. …… 성이나 계급에 따른 구별없이 여자나 노예까지도 모두 세례를 받았다"(Dülmen, 1997/2005, p. 25). 넷째는 혼인서약이다. "가족 집단에서 자신을 분리하고 개인의 지위를 확고하게 만드는 데 기여한 것은 교회에서 올리는 혼인이다"(p. 25). 교회에서 하는 혼인서약은 "동등한 개인 당사자들 사이의 결합이라는 결혼관"(p. 25)이 처음으로 생겨나게 만들었던 것이다. 다섯째는 종교적 삶의 선택이다. "기독교에서 남녀 모두는 개인의 성스러움에 대한 소망이 너무 커서 수도원으로 가고자 할 때는 가족이나 결혼의 인연을 끊겠다고 선언할 권리가 있었다"(p. 26). 종교적 삶의 선택이 오로지 개인에게 달려 있었던 것이다.

이렇게 "기독교는 인간을 자유롭고 유일한 인격체로 철저하게 내면화시키는 한편, 부족이나 국가에 대한 종속 상태에서 해방시킴으로써 개인을 보편적 인간성을 동등하게 구현하는 존재로 만드는 것이다. …… 신과 직접적이고 내면화된 관계를 맺은 이유로 '세상 밖에서' 구원 받을 수 있다고 믿었기 때문에, 이들은 마음 깊은 곳에서, 그리고 뒤에는 사회와 맺는 관계에서도 개인화되었던 것이다. …… 존재의 가장 내밀한 곳에서 변화를 겪은 인간은 이제 스스로 주체가 되고, 자신은 물론 타인과 맺는 관계를 자유롭게 처리할 수 있는 자율적 인격체로 변모한다. 독립적 성향이 싹트면서 인간은 개인의 출현을 진정으로 준비하는 시기에 돌입"(Laurent, 1993/2001, pp. 29~30)하게 되는 것이다. 암흑시대처럼 보이는 중세가 오히려 역설적으로 근대적 개인의 출현을 적극 준비하는 시기였던 것은 "개인적이고 초월적인 신에 바탕을 둔 기독교가 심층 차원에서 해방과 개인화를 불러오는 역동적 힘"(p. 29)이었기 때문이다.

그러나 이처럼 기독교 교리에 개인주의의 경향이 짙게 배어 있다고 해서, 기독교가 지배하는 중세시대에 그만큼 개인화가 실제로 진행된 것은 아니라는 사실을 눈여겨봐야 한다. 중세는 신과 교회를 대표하는 교황과

세속적 통치력을 가진 황제 사이의 대립이 끊이지 않았던 시대이자 승려계
급과 속인계급의 대립이 거세진 시대였다(Russell, 1959/2003, pp. 185~
186). 이러한 대립과 반목의 과정에서 점점 교회조직의 부패와 타락이 심
화되자 교회의 영적 지도력에 금이 가기 시작했고, 교회는 이를 되찾고자
신도들에 대한 통제력을 강화하는 일련의 조치들을 취함으로써, 기독교 자
체에 내재하던 "해방과 개인화를 추진하는 역동적 힘"(Laurent, 1993/2001,
p. 29)은 차츰 상실되어 갔다. 또한 "신학의 시녀가 되어버린"(Russell,
1959/2003, p. 247) 스콜라 철학(Scholasticism)으로는 이미 잃게 된 영적 통
제력을 되찾을 만한 지적 탐구도 할 수 없었다. 이러한 형편에서 기독교
교리에 담겨 있는 진정한 개인화를 이루어내려면 새로운 기폭제가 필요했
던 것이다.

(2) 르네상스와 그 이후

중세의 몰락을 거쳐 17세기의 거대한 진보의 격랑에 이르는 전환기, 곧
근대가 출현하게 된 배경에는 네 가지 도도한 운동이 자리를 차지하고 있
다(Russell, 1959/2003, pp. 250~253). 첫째는 14세기와 16세기에 이탈리아
에서 진행된 문예부흥운동이다. "이 세상에 충실한 문화에 대하여 고대 사
람들이 가지고 있던 관심을 다시 갖게 되는 일이 예술과 과학 전반에 걸쳐
나타났으며, 이는 중세시대 교회 중심의 전통과 결별함을 분명히 하는 일
이었다"(p. 250). 둘째는 문예부흥의 결과 일어난 인문주의운동이다. "중세
의 생활이 신에 관한 선입관에 지배되었다면, 문예부흥시대의 사상가들은
인간에게 훨씬 더 깊은 관심을 보였"(p. 250)던 것이다. 이 운동을 통해 중
세시대 신 중심의 삶이 인간 중심으로 옮겨졌다고 할 수 있다. 셋째는 인문
주의운동과 같은 시기에 진행된 종교개혁운동이다. 종교개혁가들이 부르
짖는 "믿음지상주의"와 "만인사제주의"에 힘입어 사제라는 대리자를 통하
지 않고도 신과 직접 교통(交通)할 수 있게 되었다. 이는 본래의 기독교
교리로 돌아간 것이다. 넷째는 오캄의 유명론(唯名論) 이후 자라기 시작한
경험적 탐구와 이를 계기로 과학 분야에서 이루어진 위대한 진보이다. "이

러한 과학적 탐구의 발전에 힘입어 형성된 세계관은 본질적으로 그리스 사람들의 세계관을 재현한 것이었다"(p. 252).

이렇게 근대는 그리스 시대의 이상으로 돌아가자는 르네상스에서 시작되어, 여기에서 파생하는 인간 존중 사상, 신과 맺는 직교(直交)에 관한 사상 및 경험적 탐구를 통한 과학과 기술의 발전을 중핵으로 하여 발전하였다고 볼 수 있다. 이러한 근대의 핵심은 개인화가 본격적으로 진행되었다는 것이다(Dülmen, 1997/2005 ; Laurent, 1993/2001). 서양 역사에서 근대는 곧 개인주의가 활짝 핀 시기이다.

르네상스　　　원래 프랑스어에서 '재생(再生)'이나 '부활(復活)'을 뜻하는 르네상스(Renaissance)는, 14세기 무렵부터 16세기에 걸쳐 이탈리아에서 등장하여 16세기 전반기 동안 북유럽으로 퍼져나간, 사상과 문학과 예술 분야에서 나타난 주목할 만한 경향을 말한다. 당시 이탈리아인들의 관심사는 그리스·로마의 "고전문화 전체의 부활과 그것을 발판으로 한 새로운 근대문화의 창조"(민석홍, 1984, p. 335)에 있었다. 이러한 르네상스를 통해 고전 학문의 지속적인 재발견과 확산, 고전 학문의 새로운 활용, 그리고 문화의 일상화와 세속화가 이루어졌다(Burns et al., 1984/2003, Vol. 2, pp. 504~505).

르네상스운동이 북유럽 지역보다 2세기 가까이 일찍 이탈리아에서 태동한 데에는 몇 가지 배경이 있다(민석홍, 1984, pp. 336~344 ; Burns et al., 1984/2003, Vol. 2, pp. 506~508). 우선 "이탈리아가 로마 제국이 일어난 곳으로서 고전 고대의 옛 터전이었으며, 고전문화가 다른 어느 곳보다도 풍부하게 잘 보전되고"(민석홍, 1984, p. 336) 있어서, "서유럽의 다른 어떤 지역보다도 고전시대에 대한 친밀감을 가지고 있었"(Burns et al., 1984/2003, Vol. 2, p. 507)던 점을 들 수 있다. 이어서 "이탈리아인에게 있어 고전 고대의 부활은 게르만족에 의해서 파괴된 옛 전통을 되찾는 것"으로 받아들여졌으며, 따라서 그들은 "르네상스를 이탈리아의 문화적 민족주의 내지 애국심의 발로"(민석홍, 1984, p. 336)라고 생각했다는 점을 들 수 있다. 다음으로 이탈리아는 "십자군 이래 재개된 지중해 무역의 중심지로서 도시가 급속하게 발달하고, 경제적 번영을 누리게 되었으며, 부유한 시민층이 성장하여 …… 유럽에서 가장 빨리 시민적인 사회(civil society)가 형성되었다"(민석홍, 1984, p. 337)는 점을 들 수 있다. 곧 "중세 말기의 이탈리아는 전 유럽에서 도시가 가장 발달해 있었"는데, 알프스 이북의 귀족들은 도시와는 동떨어진 시골의 장원(莊園)에 살고 있었지만 "이탈리아의 귀족들은 통상 시골의 성보다는 도시 중심지에 살았으며, 따라서 도시의 공적 문제들에 깊숙이 관여"(Burns et al., 1984/2003, Vol. 2, p. 506)함으로써, 시민사회의 빠른 성장에 이바지했던 것이다. 마지막으로 이탈리아에서는 피렌체・베네치아・밀라노 같은 도시국가들이 서로 견제하고 대립하면서 자기들의 명성과 세력을 유지하고 과시하기 위해 시민들에게 영합하거나 그들을 통합할 필요가 있었고, 이를 위한 주요 수단을 자기들이 쌓은 부를 통한 문화적 후원에서 찾는 데 열을 올리고 있었다는 점도 빼놓을 수 없다.

"가장 보편적이고 근본적인 르네상스의 지적 이상을 압축해서 표현해 주는 한 단어가 있는데, 그것은 바로 '휴머니즘(humanism)'이란 말이다"(Burns et al., 1984/2003, Vol. 2, p. 505). 휴머니즘은 좁은 의미로 쓰이기도 하고, 넓은 의미로 쓰이기도 한다(김영한, 1998, pp. 11~18 ; 민석홍, 1984, pp. 344~348 ; Burns et al., 1984/2003, Vol. 2, pp. 505~506). 좁은 의미 또는 기술적 의미로 쓰일 때 휴머니즘은 논리학・자연철학・형이상학을 강조했던 중세 스콜라 철학을 문법・시・수사학・역사・도덕철학 같은 인문학(studia humanitatis)으로 대체하고자 하는 교육・문화운동을 일컫는다. 르네상스 시대 이탈리아인들이 볼 때 "중세의 학문은 지나치게 추상적이고 전문적이어서 현실과 유리되어 있었"으므로, 그들은 "개인적으로 지혜와 덕성을 겸비한 교양인"과 "사회적으로 자유정신과 책임의식이 조화된 건전한 시민"을 육성하기 위해서는 인문학의 연구와 교육이 필요하다고 확신하였다. "이러한 확신을 통해 그들은 인간에 대한 새로운 인식과 자각을 갖게 되었으며, 세계에 대해서도 새로운 인식을 하게 되었"(김영한, 1998, p. 18)던 것이다. 이러한 의미로 쓰일 때 휴머니즘은 인문주의(人文主義)로 번역된다. 이와 달리 "넓은 의미의 휴머니즘은 인간의 가치와 존엄을 강조하고, 인간의 삶과 조건에 우선적으로 관심을 두는 사상과 사조를 가리킨다"(김영한, 1998, p. 11). 곧 "넓은 의미의 휴머니즘은 신의 모든 창조물 가운데 천사 다음으로 뛰어난 존재인 인간의 '존엄성'을 강조한다. …… 르네상스 휴머니스트들은 …… 인간의 고귀함과 가능성에 대한 굳은 신념을 가지고 있었"(Burns et al., 1984/2003, Vol. 2, p. 506)던 것이다. 이런 의미에서 사용될 때 휴머니즘은 인본주의(人本主義)로 번역된다.

이러한 휴머니즘의 의미와 역사를 대략 살펴보면, "서양 근대문화는 르네상스 휴머니즘의 산물임을 알 수 있다. 르네상스 휴머니즘은 인간을 신의 세계로부터 해방시켜 자연과 역사의 세계로 끌어들였고, 고대문화와 기독교 문화, 즉 헬레니즘과 헤브라이즘을 결합하여 서양의 독특한 인문주의 전통을 수립하는 데 기여하였다"(김영한, 1998, p. 13). 이러한 르네상스 휴머니즘이 서양 근대 세계에 끼친 영향은 그야말로 광범위하였다(김영한, 1998, pp. 19~30 ; 민석홍, 1984, pp. 344~360 ; Burns et al., 1984/2003, Vol. 2, pp. 509~548). 우선 오늘날 서양 문명의 토대가 된 고전문화를 되살려 전승했으며, 유럽 각국의 자국어 문학 또는 국민문학의 발전에 이바지하여, 결과적으로 민족의식 성장의 기폭제가 되었다. 또한 알프스 이북의 "북방 휴머니즘"은 이탈리아 휴머니즘에 견주어 사회비판적, 종교개혁적 경향이 강하였으므로, "종교개혁을 불가피하게 만들었거나 개혁에 직접적인 동기가 되지는 않았으나, 종교개혁의 지적 배경"(김영한, 1998, p. 25)으로 작용하였다.[10] 그리고 비판정신과 새로운 역사의식을 불러일으켜, 역사의 근본

---

10) 이탈리아 휴머니즘은 14세기의 Petrarca와 Boccaccio, 15세기의 Bruni와 Alberti 및 Valla 등을 따라 고전 그리스·로마 시대의 인문학 연구에 몰두하는 경향을 낳았다. 이에 견주어 북방 휴머니즘은 "기독교 휴머니즘(Christian Humanism)"이라 불리는데, 16세기의 Erasmus와 More가 그 중심 인물이다. 이들은 "이탈리아 휴머니스트들과 마찬가지로 고대에서 지혜를 구했지만, 그들이 염두에 둔 고대는 …… 기독교적인 것, 곧 신약성서와 초대 기독교 교부들의 고대였다"(Burns et al., 1984/2003, Vol. 2, p. 529). 이러한 차이로 말미암아 "흔히 이탈리아 르네상스는 예술과 학문을 낳았고, 알프스 이북의 르네상스는 종교와 사회개혁을 낳았다고 주장된다. 이것은 알프

적인 추동력을 신의 섭리가 아니라 인간의 동기에서 찾는 현세적이고 인간
중심적인 역사관을 가지게 함으로써, 결과적으로 인간이 삶의 무대의 전면
에 나서게 하는 데 이바지하였다.

이렇게 르네상스 시대 인본주의에 바탕을 둔 인문주의의 융성은 "문학의
영역을 넘어, 고대문화 전반에 대한 관심을 환기시키고, 이에 관한 인식이
깊어짐에 따라 중세와는 다른 새로운 인생관을 낳고, 인간과 자연에 대해서
도 새로운 인식이 싹트"(민석홍, 1984, p. 348)게 하였다. 부르크하르트
(1860/1955)는 "자아의 각성, 개인 능력의 발휘, 개성의 성장이 르네상스 이
탈리아에 그 원형이 있었고, 그것이 근대사회의 심리적, 정신적 요소를 형
성하였음"(차하순, 1963, p. 62)을 강조하여, 르네상스운동의 핵심을 "개인주
의의 성장"(Lukes, 1973, p. 23)이라고 보았다. 그에 따르면, 르네상스가 근대
세계에 끼친 공헌은 "세계와 인간의 발견"에서 찾을 수 있다는 것이다.

르네상스로 말미암은 '인간의 발견'은 집단적 존재에서 개인적 존재로
인간을 보는 관점의 변화, 개인의 개성 존중과 그 발현의 장려, 인간의 자
유와 존엄성이라는 관념의 대두로 드러난다. "르네상스 시대에 와서 사람
들은 자아의식이 각성되고 개성적이 되어, 인간을 '정신적 개체'로 인식하
였으며, 인간의 덕성과 능력을 적극적으로 평가하였다"(김영한, 1998, p.
28). 중세시대까지만 해도 신분이나 사회계층 또는 혈통이나 소속 집단의
구성원으로 인식될 뿐이었으나, 르네상스 시대에 와서 비로소 "인간의 전
체성을 처음으로 식별하고 완전하게 광명 속에 드러냄"(차하순, 1963, p.
62)으로써, 인간은 전체로서 존재하는 하나의 개인으로 인식되었다.

뿐만 아니라 이 시대에는 인간을 개성의 주체로 파악하고, 실생활에서
이를 적극적으로 드러내 보이도록 장려하였다. 그들은 인간 육체의 아름다

스 이북의 유럽에서는 아직도 봉건제도와 교회의 힘이 강력하게 남아 있어 갈등의
요소가 많았기 때문이다. 이 같은 차이는 고전 연구에서도 분명하게 드러난다. 이탈
리아 휴머니스트들의 고전 연구는 세속적인 그리스·로마의 정신으로 돌아가기 위
한 것이었음에 반해, 북방 휴머니스트들의 고전 연구는 성서와 초기 교회의 정신으
로 복귀하기 위한 것이었다"(김영한, 1998, p. 24).

움을 발견하고 묘사하는 데 특출한 관심을 보였으며, 자서전이나 전기문학을 통해 개성적인 내면세계에도 깊이 파고들었다. "그 결과 르네상스는 인간성을 종교적 속박으로부터 해방시키고, 인간이 그의 타고난 개성을 마음껏 기르고 발전시킬 수 있게 함으로써, 자유분방한 개성적인 인간 …… 을 배출"(민석홍, 1984, p. 349)하였다. 그리하여 이 시대에 레오나르도 다 빈치(Leonardo da Vinci), 미켈란젤로(Michelangelo), 라파엘로(Raffaelo), 알베르티(Alberti) 같은 다재다능한 만능인(萬能人, l'umo universale)이 출현하여 존경받았다.

이러한 개인과 개성에 대한 자각에 힘입어 "마침내 인간 전반의 문제로 관심을 확대시키게 되었고, 그 결과 인간의 자유와 존엄성의 관념이 대두되었다"(김영한, 1998, p. 29). 이들은 오직 인간만이 스스로 자유의사에 따라 성장하고 발전할 수 있어서, 도덕적인 자율성을 지닌 채 사생활의 자유를 계발하여, 개성의 완전한 발현을 꾀할 수 있다고 보았다(Lukes, 1973, p. 24). "이 같은 '인간의 발견'으로 말미암아 다채롭고 개성적인 르네상스 문화가 꽃피게 되었고, 근대 개인주의가 발달"(김영한, 1998, p. 28)하게 되었는데, 이러한 맥락에서 부르크하르트(1860/1955)는 르네상스 시기의 이탈리아인을 "근대 유럽의 아들들 가운데 장자(長子)"(p. 80)라고 불렀다.

르네상스는 이러한 '인간의 발견'과 함께 '세계의 발견'을 가져왔다. 르네상스 휴머니즘에 내포된 현세주의는 필연적으로 외부 세계와 자연에 대한 호기심을 자극하여, 이것으로 눈을 돌리게 하였다. 그 결과 두 가지 중요한 발견이 이루어졌다(김영한, 1998, pp. 29~30 ; 민석홍, 1984, pp. 348~349). 그 하나는 유럽 밖의 세계에 대한 호기심과 미지의 세계에 대한 탐험심의 표출로 이루어진 신항로와 신대륙의 발견, 이른바 지리상의 발견이다. 14~15세기에 동방과 직접 접촉하기 위한 항로를 개척한다는 것은 경제적 이득이 클 뿐만 아니라, 기독교 전파의 효과도 가져올 수 있는 일이었다. "때는 마침 르네상스 시대로서 팽창의 기운이 감돌고, 새로운 것과 미지의 세계에 대한 호기심이 강력하였으며, 위험과 곤란을 무릅쓰고 이에 도전하려는 모험정신이 유럽에 팽배해 있었다"(민석홍, 1984, pp. 361~362). 더욱이 고

전 고대의 부활로 말미암은 지리학 지식의 발달과 르네상스 시대 천체관측 기술의 발달이 가져온 항해술의 발달, 그리고 조선술의 발달도 지리상의 발견을 촉진한 배경이었다(민석홍, 1984, pp. 361~364 ; Russell, 1959/2003, p. 254).[11] 이러한 지리상의 발견과 이로 말미암은 유럽의 팽창은 결국 "인간의 힘과 재능에 대한 강한 자신감이 확립"되게 하여, "인간이 무대의 중심을 차지하게"(Russell, 1959/ 2003, p. 254) 하였다. 인간의 능력에 대한 무한한 신뢰, 외부의 세계로 뻗어나가려는 팽창 욕망, 이것이 바로 르네상스 시대에 지리상의 발견이 이루어진 배경이자 결과였던 것이다.

르네상스로 인한 또 한 가지 '세계의 발견'은 과학기술의 진보이다. 고전 고대의 부활은 그리스 사람들의 자연관과 탐구 정신의 부활을 가져왔다. 그 결과 "중세시대의 교회가 사람들에 대한 지배권을 확보하려고 애썼던 독단적 교조주의의 권위"(Russell, 1959/2003, p. 252)에서 벗어나서 공평무사하게 자연을 대하게 되었고, 따라서 자연 속에서 신의 섭리를 찾는 것이 아니라, 자연을 있는 그대로 보아 탐구하게 되었다. 그리하여 자연의 아름다움을 즐기고 묘사하려고 애썼을 뿐만 아니라, 자연의 법칙을 객관적으로 탐구함으로써 코페르니쿠스(Copernicus), 케플러(Kepler), 갈릴레이(Galilei)

---

11) Burns와 그 동료들(1984/2003, Vol. 2, pp. 551~562)은 '지리상의 발견'이 르네상스의 영향에 따른 르네상스적 사건이라고 보는 것은 '르네상스 학파'의 억지일 뿐이라고 주장한다. 그들은 첫째 지리상의 발견의 배경으로 지목되는 호기심과 자립심은 중세시대에도 있었다는 점, 둘째 포르투갈과 에스파냐를 위해 항해한 선원들 가운데 대부분이 이탈리아인이었다고는 하나, 이들은 대부분 르네상스 문명에 거의 참여하지 못했던 도시인 제노바 출신이었다는 점, 셋째 이탈리아 주요 르네상스 국가들이 지리상의 발견을 위한 항해를 후원하지 않았다는 점을 근거로, 지리상의 발견은 순전히 경제적 목적(아시아의 향료 및 다른 사치품에 대한 욕구)과 종교적 동기(이교도 개종의 희망 및 동방에서 상상 속의 '잃어버린 기독교인'을 찾으려는 욕망), 그리고 기술적 수단에서 모두 중세적인 배경을 갖는 사건일 뿐이라는 '중세기원설'을 주장한다. 그러나 그들도 "물론 이탈리아 르네상스 휴머니스트들이 습득한 고전적인 지리학 지식의 일부가 몇몇 탐험가들의 항로 발견 결의를 강화한 것만은 사실"(p. 553)이라고 하여, 르네상스가 지리상의 발견과 유럽의 팽창에 미친 영향을 완전히 부인하지는 않고 있다.

같은 이들에 힘입어 자연과학의 획기적인 발달이 이루어지게 되었다. 결과적으로 사람들은 자신이 살고 있는 지구와 자연현상에 관해서 전보다 더 정확한 생각을 갖게 되고, 인간의 능력에 대한 낙관주의적 믿음을 지니게 되어, 근대 과학과 기술 발달의 밑바탕이 갖추어졌다.

부르크하르트(1860/1955)에 따르면, 르네상스에 힘입은 이러한 "세계와 인간의 발견"은 인간의 능력과 가능성에 대한 확신, 개성과 그 발현에 대한 예찬, 그리고 도덕적 자율성의 확보를 가져와서, 결과적으로 근대 개인주의가 성장하는 데 크게 기여하였다. "르네상스를 통한 개인주의의 성장은 많은 역사철학자들과 마찬가지로 부르크하르트에게도 우연이 아니라 '역사적 필연(historical necessity)'이었다"(Lukes, 1973, p. 25). "이때부터 개인주의는 사람들이 숨쉬는 대기를 형성하게 되었으며 …… 그 속에서 중세인들에게 친숙했던 것과는 근본적으로 다른 근대적 표준에 따른 선악관, 곧 도덕적 책임감이 형성되었던 것이다"(Burckhardt, 1860/1955, p. 279).

종교개혁 이탈리아 르네상스가 북방으로 전파되어 기독교 휴머니즘으로 전개되던 16세기 초반(1517년), 비텐베르크대학 신학교수인 루터가 당시 가톨릭 교회의 면벌부 판매가 부당함을 지적하는 95개조의 반박문을 비텐베르크대학 부속 성당의 문앞에 내걸면서 종교개혁(Reformation)이 시작되었다. 그 뒤 16세기 초·중반 동안 뮌처(Müntzer)를 비롯한 재세례파(Anabaptist), 츠빙글리(Zwingli), 칼뱅, 영국국교도(Anglican), 청교도(Puritan)들이 광범위하게 로마가톨릭에 반기를 든 종교개혁운동이 전개되었다. 이들의 공통적인 주장은 구원은 오직 믿음에 따라서만 주어진다는 '믿음지상주의', 구원에 이르는 길에는 중재자가 필요 없다는 '만인사제주의', 그리고 모든 종교적 권위는 오로지 성경에만 바탕을 두어야 한다는 '성경지상주의'였으며, 이를 통해 개인들은 영적 자율성과 평등성을 확보함으로써 근대적 의미의 종교적 개인주의가 성장하게 되었다.[12]

---

12) 앞 절의 '종교적 개인주의' 항목 참조.

이러한 종교개혁의 배경은 중세 말 유럽 사회의 전반적인 변화 과정에서 찾을 수 있다(민석홍, 1998, pp. 377~392 ; Burns et al., 1984/2003, Vol. 2, pp. 562~602). 중세 가톨릭 교회는 봉건주의와 밀착되어 있었으므로, 중세 봉건사회의 붕괴는 가톨릭 교회의 존립 기반이 무너져내림을 뜻하는 것이기 때문이다. 14~15세기를 거쳐 중세 봉건적 지방분권체제가 무너지고, 왕권의 강화와 더불어 중앙집권적 통일국가가 발달하게 되면서, 교황권은 왕권의 강력한 도전을 받게 되었다. 이런 사태 속에서 '교황의 바빌론 유수(幽囚)'로 말미암아 교황의 권위가 크게 실추되고, 각국에서 국가교회주의(國家敎會主義)의 추세가 강하게 나타났다. 그리하여 각국에서 교황청으로 흘러 들어가는 십일조와 종교세 같은 막대한 자금에 대해 자국의 부가 이민족에게 침탈당하는 것으로 인식하게 되고, 민족주의적인 관점에서 이를 배척하려는 기운이 감돌았다. 더욱이 이 시기 교황과 로마 교회는 면벌부 판매, 세속 왕권 및 지방 교회와 결탁한 이권 추구 따위로 말미암아 그 어느 때보다도 부패하고 타락해 있었다. 게다가 "날로 증가하는 이단운동과 신비주의의 대두, 그리고 르네상스 인문주의와 개성의 각성은 중세 말의 정신적, 지적 풍토를 크게 변화시키고, 교회의 획일적인 정신적, 문화적 통제를 크게 약화시키고 무력하게 만들고 있었다"(민석홍, 1984, p. 378).

"종교 부패에 대한 기독교 휴머니스트들의 비판이 독일에서 루터의 반란을 예비"하였으며, "휴머니스트들의 치밀한 성경 문헌 연구는 새롭고도 신뢰할 만한 성경의 출간으로 이어졌고, 프로테스탄트 개혁자들은 그것을 이용했다"(Burns et al., 1984/2003, Vol. 2, pp. 592~593). 이렇게 종교개혁은 중세 교회의 정치적, 사회경제적 존립 기반의 붕괴와 함께 르네상스의 확산으로 말미암은 정신적, 지적 각성이 결합되어 나타난 혁신운동이었던 것이다.

종교개혁은 유럽 사회에서 근대국가의 성립, 국민주의의 성장, 근대적 경제발전에 기여했을 뿐만 아니라(Burns et al., 1984/2003, Vol. 2, pp. 593~595), "유럽 근대사회의 가장 중요한 이데올로기라고 할 수 있는 개인주의ㆍ민주주의와 더불어 자유주의의 중요한 구성 요소인 종교적 관용을 초래하고 발전시켰다"(민석홍, 1984, p. 391). 그러나 종교개혁은 기독교 세계의 통일을 파괴하고 분열시켰으며, "종교가 세속세계에 대한 지배력이나 통제의 힘을 상실하고, 점차로 개인의 영혼의 문제로 국한"되게 만들었다. 그리고 일부 개신교, 특히 칼뱅이슴(Calvinisme)은 "기독교적인 금욕을 수도원으로부터 '생활의 장터'로 끄집어내어 …… 근대적인 직업윤리와 새로운 금욕적인 생활윤리가 탄생하고 중산계급에 널리 받아들여"지게 하여, "근대사회 발전의 중요한 정신적 지주가 되었다"(민석홍, 1984, p. 392).

이렇게 종교개혁과 더불어 정신적으로 자율적이고 자족적인 주체가 되는 인간의 내면화, 곧 개인화 과정의 또 다른 핵심 측면이 성취된다. "루터가 생각한, 그리고 더욱더 현대적인 칼뱅이 생각한 개인이란 어떤 권위나 중개자에게도 의지하지 않고, 오직 이성의 도움으로 성서를 자유롭게 검토하면서, 자신의 논리를 끝까지 관철시켜 기독교에 잠재된 해방의 힘을 구체화하는 사람을 의미한다. 그는 자신과 마주하는 내면의 고독 속에서 …… 자신의 구원에 대해 신 앞에서 전적으로 책임을 진다"(Laurent, 1993/2001, pp. 36~37). 이와 같이 종교개혁을 통해 개인의 자율성과 자족성, 그리고 내면화와 책임성이라는 개인주의의 핵심 관념이 널리 받아들여짐으로써, 개인의 위상은 더 한층 높아지게 되었다.

명예혁명, 과학혁명 및 상업혁명과 자유주의 14~16세기에 르네상스와 종교개혁에 힘입어 움튼 개인주의의 싹은 중세 봉건체제의 붕괴를 가져왔으나, 곧 프랑스의 위그노 전쟁(1562~1598)과 독일의 30년전쟁(1618~1648) 및 영국의 청교도혁명(1642~1660) 같은 종교분쟁이 이어지고, 봉건체제의 몰락과 함께 절대왕조체제가 등장하면서 위기를 맞았다. 그러나 한번 타오르기 시작한 개인주의의 물결은 가라앉을 수 없었으며, 17세기에 들어서서 베이컨(Bacon)과 뉴턴(Newton) 같은 이들이 이끈 과학혁명과 종교분쟁의 결과 확고해진 종교적 관용주의, 17세기 말엽 일어난 영국의 명예혁명(Glorious Revolution, 1689), 그리고 상공업의 발달로 말미암은 자본주의의 대두에 힘입어 자유주의 사상이 나타나면서 개인화의 흐름은 역사의 대세가 되었다.

근대 개인주의 성장의 사상적 배경인 자유주의의 진원지는 과학혁명과 명예혁명 그리고 상업혁명의 발상지인 영국이었다. 영국은 유럽 대륙과는 떨어져 있었으므로, 내란의 경우를 제외하고는 대부분의 전쟁이 대륙이나 해상에서 벌어짐으로써 그 피해를 최소화할 수 있었다. 또한 14세기 초부터 의회가 구성되어 헌정(憲政)체제의 발달이 서서히 이루어짐으로써, 유럽 대륙보다 정치적으로 안정되어 있었다. 이러한 안정을 배경으로 농업기술이 발달하여 농업 생산량이 크게 늘고, 인구가 증가하며, 17세기에 들어서면서는 모직물 생산과 수출이 늘어 대륙보다 경제의 발전이 빨라졌다. 이러한 경제적 발전에 따라 지주계층(gentry)과 법률가·의사·상인 같은 전문직 종사자의 수가 늘어나고 또 그들의 부도 늘어남으로써, 이들이 유력한 신분집단으로 떠올랐다.

그러나 종교적으로는 영국 국교파, 칼뱅주의의 한 파인 청교도, 그리고 기존의 가톨릭 세력이 경쟁하여 문제의 씨앗을 안고 있었다. 더욱이 17세기에 들어서면서 제임스(James) 1세가 즉위하여(1603) 의회를 무시하고 절대왕정을 펴자, 절대왕권과 의회 및 국민의 원만한 관계는 사라지고 갈등이 깊어졌으며, 이러한 소용돌이 속에서 왕과 귀족을 중심으로 한 국교회주의자와 젠트리 층을 중심으로 한 청교도주의자 사이의 대립이 격화하여, 드디어 1642년 청교도혁명이 일어났다. 청교도혁명은 크롬웰(Cromwell)의 독재와 더불어 지속되다가, 1660년 찰스(Charles) 2세의 왕정복고로 끝을 맺고 만 '내란' 또는 '대반란'이었다(민석홍, 1984, p. 443). 그렇지만 청교도혁명은 "사회적으로나 경제적으로 귀족 계급을 잠식하면서 성장과 발전을 계속해 온 젠트리 층을 주축으로 하여 절대왕정의 전제정치를 타도하고, 의회를 중심으로 영국 고유의 전통적인 헌정상의 자유와 종교적 자유를 확립하려는 혁명이었다. …… 확실히 청교도혁명은 근대사회의 민주주의가 싹트고 성장할 기름진 사상적 옥토"(pp. 445~446)였던 것이다.

청교도혁명은 "왕정복고로 그 뜻의 달성이 일시 중단되었으나, 얼마 안가서 명예혁명으로 그 뜻이 이루어"(민석홍, 1984, p. 445)졌다. 찰스 2세를 이은 제임스(James) 2세는 "가톨릭의 완전한 부활과 의회 없는 자의적인 전제정치를 표방"(p. 447)하였다. 이에 반발하여 의회는 1689년 1월에 "국왕과 인민 사이의 원초적인 계약을 파기하고 기본법을 위반함으로써 왕국의 헌법을 파괴하려고 하였"(p. 448)다는 이유로 제임스 2세를 폐위하고, 헌정으로 되돌아가기 위한 절차로 새로운 왕을 추대하여 피 한 방울 흘리지 않고 명예혁명을 이루었다. 의회는 같은 해에 왕으로 하여금 〈권리장전(權利章典, Bill of Rights)〉을 선포하도록 하였는데, 이는 절대왕정의 완전한 항복문서였다. 그 내용은 "배심원이 진행하는 재판, 인신보호령(피고인에 대한 신속한 재판 보장), 그리고 청원권과 배상권을 재확인했으며, 군주정치가 영국의 법률에 종속됨을 분명히"(Burns et al., 1984/2003, Vol. 3, p. 731) 하여, 영국의 헌정 전통을 종합하고 새로이 확인한 것이었다. 이어서 관용법(Toleration Act)으로 영국 국교뿐 아니라 모든 종교의 자유를 허용하고, 검열법을 폐지하여 언론과 출판의 자유를 보장함으로써 개인의 자유를 크게 신장시켜, 국민의 의사와 법에 종속되는 근대국가 출현의 길을 열었다. "영국의 명예혁명은 사상 최초의 '자유주의 혁명'이었"(박우룡, 1998, p. 69)던 것이다.

이러한 명예혁명에 이론적 정당성을 부여해 준 것은 홉스를 뒤이은 로크를 비롯한 자연권 사상가들이었다.[13] 홉스는 《리바이어던(Leviathan)》(1651)에서 자연 상태는 "만인의 만인에 대한 투쟁"이 벌어지는 잔인한 상태로서, 개인들은 자기 이익을 확보하기 위해 서로 계약을 맺어 국가에 권력을 양도하게 된다는 사회계약론을 제시하였다. 이 이론은 인간의 타고난 자연권을 인정하기는 하였으나, 자연 상태를 부정적으로 봄으로써 절대권력을 정당화하는 결과를 가져왔다. 그러나 로크는 《시민정부론(Two Treatises of Civil Government)》(1690)을 통해 자연 상태는 절대적 자유와 평등이 팽배해 있는 상태로서, 자연 상태에서 개인은 타고난 생명·자유·재산에 대한 자연권을 갖는데, 이를 보호하기 위해 스스로 자연법을 집행한다고 보았다. 이러한 과정에서 각 개인이 자신의 권리를 행사하려 하므로 어쩔 수 없이 혼란

---

13) 앞 절의 '정치적 개인주의' 항목 참조.

과 불안이 생겨나고, 이러한 불편에서 벗어나기 위해 정부에 일정한 권리를 양도하기로 합의하게 된다는 것이다. 그러나 개인들이 정부에 양도하는 것은 자연법을 집행할 행정권뿐이며, 정부는 개인의 자연권을 보호할 뿐만 아니라 이를 신장할 의무도 지게 되므로, 만일 정부가 그 권력을 남용하거나 제대로 개인의 자연권을 보호·신장하지 못하면 인민은 이를 전복할 권리를 갖게 된다고 로크는 주장하였다. 이러한 로크의 정치적 자유에 대한 옹호는 모든 형태의 절대주의를 규탄함으로써, 명예혁명에 대한 이론적 근거를 제공해 주었을 뿐만 아니라, 자유주의 사상이 꽃피는 밑바탕이 되었다 (노명식, 1991, pp. 136~143 ; 민석홍, 1984, pp. 458~460 ; 박우룡 1998, pp. 69~70 ; Burns et al., 1984/2003, Vol. 3, pp. 641~642, 728~733 ; Russell, 1959/2003, pp. 280~ 283, 313~321).

명예혁명과 자연권 사상 말고도 17세기 영국에서 자유주의 사상이 꽃피게 된 또 하나의 배경으로 베이컨과 뉴턴이 주도한 과학혁명을 들 수 있다 (민석홍, 1984, pp. 453~455 ; 박우룡, 1998, pp. 67~69 ; Burns et al., 1984/2003, Vol. 3, pp. 761~768 ; Russell, 1959/2003, pp. 271~280). "근대과학은 르네상스에서 싹텄으나, 17세기에는 이의 발전을 촉진시킬 방법론과 그것을 실천할 수 있는 기구와 수단이 발달하였다"(민석홍, 1984, p. 453). 베이컨은 고대부터 일반적으로 사용하던 연역법(演繹法, deduction)을 배격하고, 구체적인 사실과 현상에 대하여 가능한 한 많이 관찰하여 여기에서 얻은 자료를 바탕으로 일반적인 법칙에 이르는 귀납법(歸納法, induction)을 과학의 기본적인 방법론으로 강조하였다. 귀납법과 관찰 및 실험의 강조는 근대과학이 본격적으로 발전하는 데 커다란 공헌을 하였다. 이 밖에 관찰과 실험에 필요한 기구(망원경·현미경·기압계 따위)도 17세기에 발명되어 과학발전의 밑바탕을 이루었다. 이러한 배경에서 뉴턴은 코페르니쿠스, 케플러, 갈릴레이의 업적을 수렴하여 근대적인 새로운 우주상을 제시하였다. 그는 《자연 철학의 수학적 원리(*Philosophiae Naturalis Principia Mathematica*)》(1689)에서 만유인력의 법칙을 정식화하였는데, 과학사들은 이를 "인간 정신이 이룩한 가장 위대한 업적"이라고 평가하고, 또한 "과학사 전체를 통해 어떠한 저술도 독창성과 사고력에서, 또는 그 업적의 장엄함에서 《자연철학의 수학적 원리》와 견줄 수 없음"(Burns et al., 1984/2003, Vol. 3, p. 768)을 인정하고 있다.

과학혁명은 영국 경험주의 철학의 이성주의 전통과 합리주의의 직접적인 소산이다(Russell, 1959/2003, pp. 312~321). "과학혁명은 질서정연하게 통합된 기계적인 우주상을 제시하는 동시에, 우주와 자연의 외관상의 혼란과 불규칙성에도 불구하고 합리적이고 법칙적인 질서가 존재하며, 인간의 이성은 이를 파악하고, 그럼으로써 이에 생산적인 조작을 가할 수 있다는 인식을 초래하였다"(민석홍, 1984, p. 455). 이렇게 과학혁명을 통해 인간 능력에 대한 무한한 신뢰와 자신감을 가지게 되었으며, "과학의 자율성"과 "정신의 자유로운 활동을 옹호"함은 물론, 모든 지식이 현실에 적용되어야 가치를 가지게 되는 것으로 받아들여 지적 탐구의 목표를 "인간의 지위를 회복하는 데"(Burns et al., 1984/2003, Vol. 3, p. 762) 두게 되었다. 그 결과 이 시대 사람들은 "근대인이 그리스·로마의 고대인을 능가할 수 있다는 자신감"(민석홍, 1984, p. 452)을 가지게 되었으며, 이는 자유로운 인간의 무한한 진보와 발전이라는 관념이 성숙하는 계기가 되었다.

르네상스와 종교개혁에 이은 자연권 사상의 대두와 과학혁명을 통해 자유주의 사상이 성숙할 계기는 대체로 마련되었으나, 17세기 영국에서 자유주의 사상이 무르익게 된 배경으로 또 한 가지 생각할 수 있는 것은 상업혁명과 자본주의의 발전이다.[14] 영국은 네덜란드와 함께 16세기와 17세기

---

14) 노명식(1991)은 자유주의 사상 대두의 배경을 르네상스, 종교개혁, 과학혁명과 함께 자본주의의 발전으로 잡는다. 그에 따르면, "르네상스의 세속적 정신은 인간의 관심을 내세의 영생에서 현세의 삶으로 옮기게 하였고, 종교개혁은 개인적 판단에 의한 성서 해석의 길을 열어 교회의 초월적 권위를 부정하고 종교상의 개인주의를 촉진시켰다. 16~17세기의 과학혁명은 우주와 자연이 보편적 불변의 법칙에 의해 움직이는 하나의 기계라는 것을 증명하였는데, 그 법칙 탐구의 과학적 방법은 자유주의의 모델이 되었다. 그리고 화폐경제의 일반화에 따르는 자본주의적 경제생활은 봉건사회의 공동체의식을 해체시키면서 개인주의적 관념과 사유재산의 관념을 낳아, 자유주의의 물질적 요인을 준비하고 있었다"(p. 89)는 것이다.

를 거치면서 상업과 자본주의가 가장 먼저 발달한 나라였다. 영국은 유럽 대륙과 견주어 상대적으로 국내 정치가 안정되어 있었으므로, 경제발전이 다른 나라보다 앞섰던 것이다(노명식, 1991, pp. 91~93, 121~124 ; 민석홍, 1984, pp. 399~403, 434~437, Burns et al., 1984/2003, pp. 658~670).

중세 말엽 "영국에서는 장원의 해체와 농노 해방이 순조롭게 진행되어 …… 한편으로 자유노동을 창출하는 동시에, 다른 한편으로는 자본주의적인 농업기업가를 배출하게 되었다"(민석홍, 1984, p. 401). 게다가 모직물의 생산과 수출이 늘어나자 목양(牧羊)을 위하여 유휴지에 울타리를 치고 목장을 만드는 인클로저 운동(Enclosure Movement)이 15세기 말부터 시작되어, 소농과 빈농이 토지에서 쫓겨남으로써 자유임금 노동자가 많이 생겨났다. 그리하여 17세기 중반에 이르러서는 농업보다 상공업이 국가 경제의 큰 몫을 담당하게 되었으며, 런던 같은 상공업 도시가 급속하게 성장하여, 농촌공동체가 침체하고 도시화가 촉진되었다. 이러한 경제적 발전의 뒤를 이어 지주계층과 전문직 종사자의 수가 크게 늘고, 그들에게 부가 집중되어 자본의 축적이 이루어짐으로써, 도시 자본가 계층이 등장하였다. 더욱이 식민지 경영에서 얻은 부는 이들 자본가 계층의 부를 더욱 늘려주었을 뿐만 아니라, 상공업 도시를 크게 발달시켰다. 이러한 상공업의 발달은 화폐경제를 널리 보급하여, 1694년에는 잉글랜드 은행이 설립됨으로써 화폐경제 발달을 끌고나갔다. "당시 영국은 세계적인 상업국가로 떠오르고 있었으므로, 잉글랜드 은행은 국제 금융계에서 지도적인 역할을 맡게 되었다"(Burns et al., 1984/2003, Vol. 3, p. 662). 곧 잉글랜드 은행의 설립은 "영국 자본주의의 융성을 의미하는 동시에 자본가 계급의 정치적 기반을 의미"(노명식, 1991, p. 121)하는 사건이었던 것이다. 이러한 상업혁명과 자본주의의 발달은 개인의 사유재산권 관념을 낳았고, 또 그것을 확보하기 위해 자유로운 경제활동을 추구하도록 함으로써, 자유주의 사상이 성숙하는 또 하나의 계기가 되었다.

이상에서 보았듯이, 자유주의 사상은 르네상스와 종교개혁으로 말미암은 인간과 세계의 발견 및 신앙과 양심의 자유라는 관념을 바탕으로 16~

17세기 영국에서 일어난 명예혁명과 자연권 사상의 대두, 과학혁명과 자유주의 경제체제의 성장을 통해 "16세기 이전의 중세적 사회의 온갖 국면이 근대적인 것으로 전혀 새롭게 변혁하는 가운데서 실제적 정당성과 이론적 타당성을 체계화하게 되었던 것이다"(노명식, 1991, p. 89). 이러한 배경에서 자유주의는 신앙·양심·표현의 자유 및 여러 정치·경제적 자유, 다른 종교나 신념·양심·의견에 대한 관용과 이성적, 합리적 태도의 존중, 입헌주의와 민주주의, 그리고 사유재산권의 보호와 기회의 평등 같은 것들을 핵심 가치로 하는 사상체계이다(노명식, 1991, pp. 53~84). 이러한 "자유주의의 철학적 핵심은 개인주의이다"(p. 27, 35, 82). 곧 자유주의는 "개인을 사회와 사회제도 및 사회구조에 앞서는 것으로 보고, 사회보다 더 현실적이고 더 기본적인 것으로" 간주하며, "사회나 집단보다는 개인에게 더 높은 가치를 부여"하는 사상체계이다. "따라서 개인의 권리와 요구는 사회의 그것보다 도덕적으로 우선한다"(p. 31)고 보는 것이 바로 자유주의로서, 이는 근대 개인주의의 이론적, 현실적 바탕인 것이다. 17세기가 이러한 자유주의가 성숙한 시기라면, 르네상스에서 움트기 시작한 개인주의의 싹이 크게 꽃피운 시기도 바로 17세기부터라고 할 수 있을 것이다.

계몽주의운동과 시민혁명 영국에서 꽃피운 자유주의 사상은 18세기에 들어서서 볼테르(Voltaire), 몽테스키(Montesquieu), 루소, 디드로(Diderot), 달랑베르(d'Alembert)와 같은 이들을 통해 프랑스에 흘러들어 계몽운동(Enlightenment, Lumières, Aufklärung)으로 전개되면서, 서서히 유럽 전역으로 전파되어 18세기 서구사회 전체를 지배하는 지성사의 강력한 흐름이 되었다. 계몽주의운동을 처음부터 이끌어간 중심 인물은 볼테르였는데, "그는 1750년부터 (계몽주의의) '왕 볼테르' 노릇을 하다가, 1778년 죽기 직전에는 '신 볼테르'가 되었다"(주명철, 1994, p. 393)는 평가를 들을 만큼 "계몽주의의 화신"(Burns et al., 1984/2003, Vol. 3, p. 773)이었다. 그는 젊은 시절에 가벼운 죄로 영국으로 추방되었다가 베이컨과 로크와 뉴턴의 사상에 완전히 기울어져, "영국광(Anglomanes)"(주명철, 1994, p. 380)이 되어 3년 만에 프랑스로 돌아왔다. 그는 "영국의 자유와 관용과 경제적 질서를 프랑스에 실현하려고"(노명식, 1991, p. 154) 평생을 노력함으로써, "관용, 자유, 개인적 권리 등의 자유주의적 원리의 실현을 위해 몸으로 부대끼면서 투쟁한 사람이었다"(p. 153). 이렇게 계몽주의의 사상적 근거는 17세기 영국의 자유주의였으며, 따라서 계몽주의운동을 특 징짓는 핵심 주제들은 자유주의의 가치들인 이성·관용·자유·평등·교 육과 진보 들이었던 것이다(노명식, 1991, pp. 153~169 ; 민석홍, 1984, pp. 460~464 ; 주명철, 1994 ; Burns et al., 1984/2003, Vol. 3, pp. 769~783 ; Laurent, 1993/2001, pp. 41~61 ; Russell, 1959/2003, pp. 336~347).

계몽사상가들이 "함께 강조하고 있는 것은 이성의 탁월성이다"(Russell, 1959/2003, p. 342). 그들은 모두 인간 이성의 힘과 그것이 가져올 인류의 무한한 진보를 믿고 있었다. 그들은 인간이 이성을 통해 우주와 사회를 움 직이는 기본 원리를 파악할 수 있고, 이에 따라 사회를 개혁하고 향상시킬 수 있을 것이라고 믿었다. 그들은 "합리주의자라기보다는 경험론자였다" (노명식, 1991, p. 156). 번스와 그 동료들(1984/2003)도 "볼테르의 가장 위 대한 업적은 데카르트주의가 팽배해 있는 프랑스에서 영국 경험론의 대의 명분을 대표한 데 있을 것이다"(Vol. 3, p. 773)라고 하여, 계몽사상의 바탕 에 경험론 철학이 깔려 있다고 보았다. 계몽운동가들은 경험의 중시, 곧 사 물의 특수성을 강조함으로써 "인간 생활의 모든 분야에서 경험론적이고 과학적인 접근을 과감히 시도하여, 이성의 이름으로 미신과 맹신과 경신 (輕信)과 종교적 완미(頑迷)와 싸웠"(노명식, 1991, p. 150)으며, 비판적으 로 종교와 모든 사물을 대할 수 있었던 것이다.

경험주의는 기본적으로 개인주의와 연결된다. 경험주의는 "지식을 엄밀 하게 경험이라는 토대 위에 세우"(Russell, 1959/2003, p. 314)고자 하는 것 인데, 결국 지식의 근거는 개인의 경험에서 나오는 것이므로 특수성과 개 체 존중의 태도가 여기에서 파생하기 때문이다. 따라서 계몽사상가들이 개 체의 특수성과 경험을 강조하는 태도는 곧바로 개인의 자유를 존중하는 태 도와 연결되는 것이다. 그리하여 그들은 경제적 자유, 정치적 자유, 종교적 자유 같은 타고난 권리인 개인적 자유를 확보하고 이를 신장하고자 열을 올렸던 것이다. 루소의 《사회계약설(*Du Contrat Social*)》(1762)은 자연 상태에서 인간이 지니는 이러한 개인적 자유의 이념을 근간으로 하는 이론이며, 몽테스키외가 《법의 정신(*L'Esprit des Lois*)》(1748)에서 주장하는 삼권분립론(三權分立論)도 결국은 개인의 자유를 유지하기 위한 방편이었다.

계몽사상가들에게 "자유보다 아마 더욱 논란의 대상이 된 문제가 있다면, 그것은 평등에 관한 문제일 것이다. 계몽사상가의 대부분은 법 앞에서 민사적 평등을 주장하였다"(주명철, 1994, p. 398). 루소는 이 시대 평등주의 관념의 대표자인데, "그는 모든 시민에게 정치적 평등이 수립되어야 한다고 주장하며, 국가의 임무는 사회적 형평을 확립하는 것이라고 지적"(p. 398)함으로써, 평등의 이념을 북돋웠다.

계몽사상가들은 인간의 마음이 백지(白紙, tabula rasa) 상태라는 로크의 교의를 받아들여, 교육을 통한 인간의 진보를 확신하였다. 그들에 따르면, "사람의 마음이 본래 백지 상태이고 본유적인 관념이 없다면, 사람들이 가지고 있는 신념·지식·태도 같은 것은 모두 다 교육의 산물"이므로, "편견과 무지를 절멸시키려면, 합리적이고 계몽된 형태의 교육을 전반적으로 실시하기만 하면 된다"(노명식, 1991, p. 164)는 것이다. 이러한 낙관주의적, 진보주의적 교육관은 계몽사상가들의 일반적인 특징인데, 특히 디드로와 달랑베르 같은 백과전서파(百科全書派)들은 이러한 신념의 실천가들이었다.

이상에서 보듯이, 이성의 탁월성에 대한 믿음에 바탕을 둔 관용·자유·평등 및 교육과 진보의 이념에 대한 헌신이 계몽사상가들의 공헌이었다. "그리하여 계몽사상가들은 인류의 진보를 위해서는 계몽을 통하여 무지와 미신을 타파하고, 이성에 어긋나는 구습과 낡고 모순된 제도를 과감하게 시정하고 개혁할 것을 주장하였다. 그리하여 계몽사상은 현존 질서를 타파하고 개혁하려는 혁신 사상이 되었으며, 현실적으로 미국혁명과 프랑스혁명의 사상적 기반이 되고, 새로운 시민사회 건설의 사상적 동력이 되었"(민석홍, 1984, p. 461)던 것이다.

"계몽사상의 자유주의적 제 원리가 원리로만 남아 있지 않고 현실 생활에서 구체적으로 실현되려면, 결국 어떤 과격한 혁명이 불가피하였다"(노명식, 1991, p. 171). 미국혁명과 프랑스혁명은 이러한 관점에서 이해할 수 있다. 미국혁명은 식민지 종주국인 영국이 헌정의 근거 없이 추진한 무리한 과세와 부당한 압제에 항거하여, 자유주의 원칙을 천명하고 나선 독립혁명이었다. 1776년 7월 4일에 발표한 〈독립선언(*Declaration of Independence*)〉에서 제퍼슨(Jefferson)을 비롯한 독립주의자들은 인간은 생명·자유·행복추구라는 양도할 수 없는 천부의 권리를 가지고 평등하게 태어났으며, "정부는 피치자의 동의에 의하여 이러한 권리를 보호하기 위하여 수립된 것이고, 따라서 정부가 그러한 목적을 파괴하는 경우, 이를 변혁 또는 폐지하여 새로운 정부를 수립할 권리를 가지는 것이라고 독립의 이론적 근거를 제시하였다. 그 내용은 로크의 정치사상을 바탕으로 한 것이며, 민주주의의 기본 원리를 선언한 것이다"(민석홍, 1984, p. 469). 곧 "미국혁명의 본질은 자유의 추구였으며 …… 그들의 자유를 보존하기 위한 투쟁 속에서 그들의 헌정적인 연합의 진정한 기반을 발견하였다는 것이다"(p. 472). 1787년 독립주의자들은, 로크가 내세운 개인의 천부적인 자연권 사상을 근거로 삼아 몽테스키외의 삼권분립 원리를 따르는 공화제 헌법을 제정하여, 자유민주주의 국가인 미합중국을 출범시켰다. 이와 같이 미국 독립혁명의 사상적 기반은 자유주의와 그 핵심 이념인 개인주의였다.

1789년 7월 14일 바스티유 감옥의 함락으로 시작된 프랑스혁명은 "전형적인 시민혁명(bourgeois revolution)으로서, 그 깊은 원인은 앙시앵 레짐(ancien régime), 즉 혁명 전의 프랑스 사회인 구제도의 모순에 있었다"(민석홍, 1984, p. 473). 프랑스혁명의 직접적 요인은 당시 왕인 루이 16세의 무능과 중앙집권화에 대한 귀족들의 반발, 구제도의 수혜자이던 소수의 귀족계급과 대다수 평민 사이의 적대감 증대, 그리고 행정적 낭비와 부조리 때문에 계속 심화된 재정 위기에서 찾을 수 있다(Burns et al., 1984/2003, Vol. 3, pp. 813~821). 이러한 총체적인 구제도의 모순에 대한 전체 시민들의 항거가 프랑스혁명을 일으켰는데, "프랑스혁명은 그 발발 순간부터 많

은 사람이 그 중대한 의의를 알고 있었"을 정도로 "인류 역사상 선례가 드
문 큰 사건이었다"(노명식, 1991, p. 176). "대혁명은 위로부터의 개혁이 아
니라 밑으로부터의 혁명을 통해, 낡고 불합리한 것을 모조리 일시에 파괴"
하였으며, "바스티유 사건 후 한 달 이내에 봉건제도의 뿌리가 말끔히 뽑
히었고, 그로부터 반 달 이내에 저 유명한 〈인간과 시민의 권리선언
(*Déclaration des Droits de l'Homme et du Citoyen*)〉이 선포되었다. 이 문서는 프
랑스 앙시앵 레짐의 사망 증서인 동시에, 근대 사회의 성격을 규정하고 혁
명의 원리를 온 세계에 천명한 문서"(p. 177)였다.[15]

　인권선언(人權宣言)에서는 자유권, 안전권 및 압제에 대한 저항권과 함
께 재산권을 자연적이며 시효에 따라 소멸될 수 없는 네 가지 권리라고 선
언하여 자연권 사상을 드러내었다. 또한 종교의 자유, 언론과 출판의 자유
를 비롯한 양심과 사상의 자유가 불가침의 권리로 선언되었다. 모든 시민
은 법 앞에서 평등한 대접을 받을 권리가 있음을 천명하여 평등의 이념을
뚜렷하게 내세웠으며, 적법한 절차를 거치지 않고는 어떠한 투옥이나 처벌
도 금지함으로써 죄형법정주의 원리를 선포하였다. 그리고 모든 주권은 본
질적으로 국민에게 있음을 확실히 하고, 정부의 관리가 그들에게 주어진
권리를 남용할 경우 관직을 빼앗도록 하여, 국민주권의 원리와 국민의 저
항권을 명문화하였다(노명식, 1991, pp. 176~184 ; 민석홍, 1984, pp. 479~
481 ; Burns et al., 1984/2003, Vol. 3, p. 828).

　이러한 〈인권선언〉에 담긴 프랑스혁명의 이념은 자유·평등·우애로
표현할 수 있다. "자유는 인종과 신앙 등 모든 구별이나 차이를 넘어선 문
자 그대로 모든 사람의 자유를 뜻하였으며 …… 평등은 처음 법적인 권리
의 평등을 뜻하였으나, 나아가서 사회적이고 경제적인 평등을 뜻하게 되었
다. …… 우애(友愛, fraternity)는 일차적으로 자유와 평등의 달성을 전제
로 한 국민적 단합의 이념이었고, 나아가서 세계 평화의 이념이었다"(민석

---

15) 민석홍(1984)도 "〈인권선언〉은 제1차적으로 앙시앵 레짐의 사망 증서였다. 그러나
　　인권선언은 이를 넘어서 새로운 미래 세계가 지향할 이념을 또한 제시하였다"(p.
　　481)고 지적하여, 같은 의견을 밝히고 있다.

홍, 1984, p. 492). 이처럼 프랑스혁명은 구체제의 붕괴를 가져왔을 뿐만 아니라, 자유롭고 평등한 근대 시민사회가 성립하는 데 원동력이 된 시민혁명이었다.[16] 이것은 자유주의와 이에 바탕을 둔 계몽사상의 전면적인 승리를 뜻하는 "문화의 '코페르니쿠스적' 혁명"(Laurent, 1993/2001, p. 58)이었던 것이다.

이상에서 보듯이, "미국 독립혁명과 프랑스 대혁명은 자유주의의 힘이 얼마나 큰가를 유감없이 발휘하였다. 프랑스혁명이 없었더라면, 계몽사상의 자유주의적 이념과 급진적 사상은 그저 진보적 지식인들 사이에 유행하는 하나의 사상에 머물고, 현실 생활에 구체적인 영향을 미치지 못했을 것이다"(노명식, 1991, p. 177). 미국의 독립혁명과 프랑스혁명은 이렇게 평등과 개인적 권리에 바탕을 둔 자유주의 이념을 현실의 정치에 실현함으로써, 서구사회에서 사람들의 머릿속에 이념으로만 머물던 개인주의의 실상이 현실 생활에 깊이 뿌리내리게 하였던 것이다.

산업혁명과 공업화 및 도시화   18세기 후반 미국과 유럽 대륙에서 정치적인 혁명이 진행되고 있을 때, 영국에서는 조용히 산업상의 큰 변혁인 산업혁명(Industrial Revolution)이 이루어지고 있었다. "거시적으로 본다면, 산업혁명은 농경과 가축 사육을 시작한 신석기혁명 이래 인류 생활에 가장 큰 변화를 가져왔으며"(민석홍, 1984, p.

---

16) 물론 〈인권선언〉이 발표된 뒤 곧바로 구체제가 완전히 무너지고 새로운 시민사회가 닥쳐온 것은 아니었다. 반혁명 반동주의의 영향으로 말미암아 공화제와 왕정의 부침이 지속되다가, 프랑스에서 완전한 공화제가 자리를 잡은 것은 인권선언 뒤 약 한 세기가 지난 1875년의 제3공화제 시대부터라고 볼 수 있다(민석홍, 1984). 제3공화제는 프랑스혁명이 일어난 7월 14일을 국경일로 정함으로써, "제3공화제가 프랑스혁명을 계승한다는 것을 뚜렷하게 국내외에 천명"(p. 536)하여, 프랑스혁명은 일어난 때부터 프랑스의 국가 이상이 되어왔음을 분명히 하였다. 그뿐만 아니라, 프랑스혁명은 서구세계 전체에 매우 커다란 영향을 끼쳐, 빠르든 늦든 간에 각국이 근대 시민사회로 변혁되는 동력을 제공하였다(노명식, 1991 ; 민석홍, 1984 ; Burns et al., 1984/2003). 그러므로 프랑스혁명은 결코 실패한 역사적 사건이 아니라, 서구세계에서 그 이후의 역사 진행 방향을 제시한 분수령이었던 것이다.

502), 이는 "프랑스혁명과 더불어 유럽 근대사회 확립의 가장 중요한 계기가 되었다. 이제 유럽은 계속되는 기계의 발명과 혁신으로 종전의 농업적인 사회를 탈피하고 산업사회(industrial society)로 발전하게 되었으며, 생산력의 비약적인 발전과 지속적인 경제성장이 가능해진 것이다"(p. 508).

산업혁명은 여러 민족국가 사이의 치열한 경쟁, 해외 식민지 개척으로 말미암은 시장의 확대와 자본의 집중, 인구의 팽창과 잉여 노동력의 증가, 그리고 르네상스 이래 싹튼 사물에 대한 합리적 태도, 사회와 자연 환경에 대한 무한한 통제 또는 지배 욕구의 팽배로 말미암아 19세기 중반에 이르러 서구세계 전역에서 지배적인 조류가 되었다(민석홍, 1984, pp. 501~611 ; Burns et al., 1984/2003, Vol. 3, pp. 861~885). 그 가운데서도 17세기 후반부터 시작하여 18세기 중반에 이르러 본격적인 산업혁명을 이룬 영국은 서구 산업혁명의 표본이 되었다. 영국에서 산업혁명이 일찍 시작된 배경에는 위에 열거한 조건들 말고도 여러 가지를 찾아볼 수 있다.

우선 영국에서는 17세기 후반부터 농업 개량이 진행되어 다른 어느 나라보다도 먼저 농업 생산기술의 개량과 농업 경영의 합리화가 이루어지고 농업자본가 계층이 등장하였으며, 결과적으로 농촌 인구가 도시 노동력으로 전환되는 속도가 빨랐다. 또한 정치적 안정을 바탕으로 지주 계층과 상인층의 정치적 발언권이 커짐으로써 자본의 축적이 빨리 이루어졌을 뿐만 아니라, 일찍이 설립된 잉글랜드 은행의 영향으로 금융제도가 발달하고 튼실한 재정구조를 갖추고 있었다(민석홍, 1984, pp. 503~504). 그리고 대륙과 견주어 영국에서는 부의 추구를 인생의 더 값진 목적으로 여김으로써, 경제적으로 성공을 거둔 사람들을 존경하는 풍토가 일찍부터 조성되어 있었다는 사실도 그 배경의 하나라고 볼 수 있다(Burns et al., 1984/2003, Vol. 3, pp. 864~865).

영국의 산업혁명은 19세기 중반부터 제니방적기·수력방적기·증기방적기 같은 방적기계의 발명이 이끌어 나갔다. 그 결과 이전의 수공업 단계를 넘어선 대량생산의 공장공업체제로 생산체제의 변혁이 이루어졌다. 이러한 기계 생산의 증가는 제철업의 발달을 가져와 기계공업의 발전을 다그

쳤으며, 1830년 스티븐슨(Stephenson)이 증기기관차를 발명하여 교통과 운송체계에 혁명을 가져옴으로써 산업혁명의 전파를 부추겼다. 서구 각국도 공장생산체제를 보급하고 철도를 부설하는 등 영국을 표본으로 삼아 산업혁명을 이루려는 노력을 기울여, "다같이 1850년부터 1870년대 전반에 걸쳐 산업화가 급속하게 진행되면서, 기술적으로도 성숙 단계에 도달"(민석홍, 1984, p. 508)하였다. 이렇게 19세기는 서구사회에서 산업혁명으로 말미암아 사회 전반적인 변혁이 일어난 시기였다.

산업혁명의 가장 직접적인 결과는 생산수단과 생산조직의 변혁이다(민석홍, 1984, pp. 508~511). 가내 수공업 단계에서 기계를 사용하는 기계공업단계로, 그리고 가족 단위 소규모 생산단계에서 다수의 노동자를 한 장소에 모아놓고 감독과 일정한 규칙에 따라 생산업무를 수행하게 하는 공장생산 단계로 변화한 것이다. 이러한 변화는 농업 인구와 유휴 노동력을 공업인구로 흡수하고, 국가 경제의 핵심이 농업에서 공업으로 옮겨가는 공업화가 이루어지게 하였다.

우선 값싸게 대량으로 생산한 새로운 제품을 발달된 교통수단으로 전 세계에 빠르게 전달함으로써, 시장경제체제가 보급되어 삶의 양식에 커다란 변화를 가져오게 되었다. 근대적인 시장경제체제가 보편화함으로써, 이른바 근대화가 빠르게 진행되었던 것이다. 근대화는 도시화와 맞물리면서 나타나는데, 생산과 소비의 중심지가 농촌에서 도시로 이동하였기 때문이다. 이러한 산업화와 도시화는 날로 새로워지고 발달하는 기술과 공업으로 늘어나는 수요를 충족하기 위한 교육제도의 혁신을 다그쳐, 전반적인 교육수준이 향상되게 만들었다. 또한 완만하기는 하지만 소득 수준의 전반적인 향상으로 말미암아 도시 중간계급이 차츰 성장하였는데, 개인의 자유 추구, 핵가족 단위의 안락한 가정생활 중시를 포함한 이들의 개인주의적인 생활양식이 모든 계층의 삶의 표준이 되었다. 통신 기술의 발달로 말미암아 사회 한 부분에서 시작한 변화가 다른 모든 분야에 급속도로 퍼질 수 있었기 때문이었다.

현대심리학의 연구 결과를 보면, 도시 거주, 교육 수준의 향상, 그리고 경제 수준의 향상은 개인주의와 밀접하게 관련되어 있는 요인들이다(조긍호, 2003a, pp. 108~113). 곧 도시에 사는 사람일수록(장성수・이수원・정진곤, 1990 ; Kagitcibasi, 1996 ; Triandis, 1990, 1995), 교육 수준이 높은 사람일수록(나은영・민경환, 1998 ; 나은영・차재호, 1999 ; 차재호・정지원 1993 ; 한규석・신수진, 1997 ; Triandis, 1990, 1995), 그리고 경제 수준이 높은 사람일수록(Hofstede, 1980, 1983, 1991 ; Triandis, 1990, 1995) 개인주의 성향이 높다는 사실이 밝혀지고 있다. 이러한 맥락에서 보면, 산업혁명이 가져온 도시화와 교육 수준의 향상, 그리고 경제 수준의 향상은 사회 전반에 걸친 개인주의 경향을 높임으로써 개인주의가 근대 서구인의 현실적인 삶의 이념으로 받아들여지게 하는 배경이 되었다고 할 수 있다.

2) 반개인주의 전통과 개인주의의 현재

이상에서 서구사회에서 개인주의가 대두하고 성장해 온 역사적 배경을 르네상스 이전과 이후로 나누어 살펴보았다. 이러한 고찰을 통해 분명해진 것은 개인주의가 서구의 역사를 거치며 계속 성장하고 성숙해 온 삶의 태도라는 사실이다. 그러나 서구 역사가 오로지 개인화의 방향으로만 전개되어 온 것은 아니다. 거기에는 견고한 반개인주의(反個人主義) 전통이 면면히 이어져 오고 있었으며, 어떤 면에서는 현재까지도 지속되고 있다(Laurent, 1993/2001, pp. 91~118). "사실 개인주의의 역사는 개인주의에 대한 거부의 역사"(p. 95)이기도 한 것이다. 여기에서는 서구 역사에서 전개된 반개인주의 전통을 간단히 살펴본 다음, 이러한 개인화와 반개인화의 대립의 소용돌이 속에서 서구 개인주의가 차지하고 있는 현재적 위상에 대해 고찰해 보기로 하겠다.

(1) 반개인주의 전통

자유주의와 계몽운동의 영향으로 18세기 말 개인주의가 패권을 잡기 시작하면서부터 격렬한 반개인주의적 반응이 나타났다. "개인적 독립의 자유

로운 확산을 반대하는 이 태도는 담론뿐 아니라 행동에서도 합리적이고 정
상적인 비판의 수준을 넘어선다. …… 개인의 자유에 대한 불용과 이런 태
도를 나타내는 정치이념 또는 문화 경향에 초점을 맞출 때, 서구에서 등장
하여 정착한 개인주의적 가치체계가 진정으로 어떤 사회학적 (더 나아가
인류학적) 의미를 갖는지 더 잘 이해할 수 있다. 흔히 받아들여지는 것과
는 달리, 모두가 개인적 자유의 출현을 인류의 진보로 평가한 것은 아니었
다"(Laurent, 1993/2001, p. 91).

본래 '개인주의'라는 용어는 1820년 프랑스에서 대혁명이 몰고 온 사회
적 혼란과 그 원인이 된 계몽사상에 대한 지적 반동에서 드 메스트르가 사
용하기 시작하였다(김영한, 1975, p. 108 ; 조지형, 1998, p. 204 ; Lukes, 1971,
p. 46 ; 1973, p. 4). "이 용어를 만들었던 사람들은 열정적인 개인주의자이
기는커녕 개인의 독립을 반대하는 적"(Laurent, 1993/2001, p. 92)이었던 것
이다. 드 메스트르, 버크, 라메네 같은 반혁명 보수주의자들이 경멸하고 부
정하는 의미로 개인주의라는 용어를 사용하기 시작한 뒤로, 생시몽주의자
들은 "계몽주의와 인권선언으로 뜻하지 않게 불행한 개인이 된 인간의 고
독한 이기주의를 한탄"(Laurent, 1993/2001, pp. 92~93)하면서 반개인주의
적 견해를 드러내었다. 로랑(1993/2001)은 반개인주의 전통을 이렇게 드
메스트르를 비롯한 반혁명 보수주의자들이 주도한 흐름과 생시몽주의자들
이 추동한 사회주의 및 집산주의자들의 경향으로 나누어 제시하고 있다.[17]
그는 전자를 "반동적 반개인주의"(pp. 96~109), 후자를 "진보적 반개인주
의"(pp. 109~118)라 부르고 있다.

이 두 가지는 모두 프랑스혁명의 진전 과정에서 비롯하는 개인의 해방
에 반대하는 흐름이었다. 여기서 전자는 "전통주의적이며 반동적임을 결
연히 자처하고, 철저하게 기독교 색채를 띠면서 공동체 사회로 돌아가고
자"(Laurent, 1993/2001, p. 93) 하는 보수 회귀적 반개인주의를 부르짖었
다면, 후자는 "공동체를 지향하기는 마찬가지지만, 평등주의 관점을 취하

---

17) 앞 절의 '역사적 맥락과 개인주의의 다양성' 가운데 '프랑스' 항목 참조.

고, 흔히 국가가 관리하는 집산주의 형태로 사회를 재구성하려고"(pp. 94~
95) 하는 사회주의적 반개인주의를 부르짖고 있다. 양자가 이러한 차이를
보이지만, 공동체주의적 태도를 취한다는 점에서는 관점을 같이하고 있다.
이렇게 보면, 개인보다 공동체나 사회에 우선권을 두어 인간 삶의 양식을
파악하려는 관점이 반개인주의 흐름을 낳는 배경이라고 볼 수 있을 것이
다.

보수 회귀적 반개인주의　　　계몽사상을 배경으로 하여 일어난 프랑스혁명
은 〈인간과 시민의 권리 선언〉에서 개인의 천
부적인 자연권(자유권·안전권·저항권·재산권), 종교·사상·양심의 자
유, 국민주권의 원리를 천명함으로써, 자유주의 원칙을 만천하에 드러낸
개인주의 이념의 이정표였다. 그러나 혁명이 진행되면서 나타난 경제·정
치적 불안정, 혁명 지도부의 반목과 공포정치, 나폴레옹의 쿠데타와 제정
수립으로 사회 혼란이 극에 이르자, 혁명의 배경이 된 개인주의 이념에 대
하여 보수주의자들의 공격이 시작되었다. 이러한 반혁명 보수주의자들은
혁명의 사상적 근거인 개인주의 이념을 공격하여 반개인주의 성향을 드러
내면서, 혁명 전의 공동체 사회로 되돌아가야 안정적인 사회 발전이 이루
어질 수 있다고 주장하였다. "자유를 향한 개인의 열망에 가장 열정적으로
대항한 작가들은 거의 대부분 프랑스인들이었는데, 이들은 …… 교권주의
적 가톨릭과 뿌리가 닿아 있었다"(Laurent, 1993/2001, p. 98).

버크는 프랑스인들이 혁명을 통해 정부를 재조직함으로써, "인간 본성과
역사 모두에 등을 돌렸다"(Burns et al., 1984/2003, Vol. 3, p. 832)고 주장하
였다. 그는 "권리와 마찬가지로 의무는 각 인간이 태어난 나라의 개별적
역사가 낳은 결과물"로서, "이들 각 나라의 현재뿐 아니라 미래와 관련성
을 갖게 한다"(p. 832)고 보아, 인간에 대한 사회구성주의의 관점에 선다.
그에 따르면, "인간은 〈인간과 시민의 권리 선언〉이 주장하는 것처럼 자연
권이라는 개인적 권리를 부여받은 헌법상의 추상체가 아니"므로, "과거를
참조하거나 미래를 염두에 두지 않고 국가와 국가의 제도를 다시 만들 권

리가 없는 것이다"(p. 832). 곧 그는 "국사(國事)를 운영하는 문제에서 일정 부분의 권력과 권위를 소유할 권리가 …… 시민사회에서 인간이 가진 직접적, 천부적 권리임을 단호히 부인"한다(Laurent, 1993/2001, p. 96). 이러한 관점에서 그는 "개인은 그림자처럼 사라지지만, 국가(commonwealth)는 고정적이고 안정적"이므로, "개인을 찬양하는 사상은 국가의 안정성을 황폐화하고, 국가사회를 구성하는 기초 원리들이 비이성적, 비시민적, 비연계적으로 분열하게 만들어 혼란을 가져온다는 사실을 프랑스혁명은 증명해 보여준다"(Lukes, 1973, p. 3)고 주장함으로써, 극단적인 반혁명적 반개인주의의 관점을 드러내고 있는 것이다.

드 메스트르 또한 이에 못지않게 사회에 대한 유기체적, 교권주의적 견해를 펼친다. 그는 "개인의 이성만을 신뢰하는 인간은 도덕적, 정치적으로 위험하며, 그 위험성은 그가 가진 재능에 정확히 비례한다. …… 개인의 이성이 지배하는 곳에 위대한 것은 전혀 존재할 수 없다. 위대한 것의 기초는 모두 신앙에 있고, 개별적 의견들이 충돌할 때에는 모든 것을 파괴하는 회의주의만 나오기 때문"(Laurent, 1993/2001, p. 97)이라고 주장하여, 기독교 신앙을 바탕으로 한 공동체의 복원을 꿈꾼다. 그에 따르면, "사회는 신이 부여한 자연적인 것"(Lukes, 1973, p. 5)으로, 개인에 앞서는 우선권을 갖는다. 라메네도 같은 의견을 펼치고 있는데, 이들 기독교적 공동체주의자들은 개인주의가 퍼져나가는 곳에서는 사회의 파괴와 무질서가 만연하게 된다면서, 사회질서는 기독교적 공동체 안에서만 이루어질 수 있다고 주장한다(Laurent, 1993/2001, pp. 96~100 ; Lukes, 1973, pp. 3~6).

"개인의 의지보다 상위인 유기적 공동체의 전체론적 가치체계 — 이는 역사적으로 전통적 사회형태와 일치한다 — 를 근거로 이처럼 일찍부터 개인주의에 대한 적대감이 드러나는데, 이는 전통적 사회형태를 복원하려는 노력으로 이어진다. 계몽주의의 개인적 이성과 개인의 권리 선언으로 위험에 놓인 공동체를 반드시 부활시켜야 한다는 주장은 이후 과격한 반개인주의 담론의 방향과 모태가 된다. 이런 주장을 펴는 이들은 제2차 세계대전이 터지기까지, 사라져가는 '자연 질서'에 대한 향수를 꾸준히 이론화해 나갔다"(Laurent, 1993/2001, pp. 97~98). 이러한 움직임 가운데 핵심적인 하나는 앞서 말한 대로 교권주의적 가톨릭과 뿌리가 닿아 있는 흐름인 것이다. 이들은 버크, 드 메스트르, 라메네 같은 초기 반혁명주의자들을 이어, 19세기 후반과 20세기 초반에 걸쳐 사회복지에 관심을 쏟는 가톨릭이 부상하자 "노동과 관련된 사회 문제의 해결책으로 신(新) 동업조합주의를 권장함으로써 반개인주의에 새로운 목소리를 부여"(p. 102)했고, 1930년대 초 "공동체적 인격주의"를 중심으로 다시 결합하여 격렬한 반개인주의운동을 펼쳤다. 이들은 "개인주의가 인격의 자리에 대신 갖다 놓은 것은 근거도 내용도 감정도 없고, 가까운 사람도 없으며, 상호 교환적이며 충동적인 힘에 내맡겨진, 어떤 법적인 추상적 존재이다. …… 개인주의는 총체적으로 평가해야 한다. 그것은 그저 하나의 윤리가 아니다. 진리와 세계와 인간 공동체를 잃어버렸을 때 우리에게 남는 유일한 고독의 형이상학, 그것이 개인주의"(pp. 105~106)라고 진술하였다. 그리고 "자유주의적 개인주의는 인간을 정신적 근거와 물질적 양식에서 떼어놓음으로써, 결국 자연공동체를 해체해 버렸다"(p. 106)고 주장하여, "개인주의를 문화 혼돈의 주범이라며 거부"(p. 106)했던 것이다.

"공동체적, 종교적 옛 질서를 '하늘의 뜻에 따라' 복원하려는"(Laurent, 1993/2001, p. 108) 전통적, 기독교적 반개인주의의 흐름은 "마침내 거세게 밀려드는 나치나 파시스트의 전체주의와 이어지게"(p. 107) 됨으로써 파국을 맞게 된다. 제2차 세계대전이 끝나 "해방이 되자 반동적 반개인주의는 극우파 전체주의에 협력한 대가로 신뢰를 잃게 되고, 그 결과 이중의 죽음을 맞게"(p. 109) 되었던 것이다. 그리하여 보수 회귀적 반개인주의는 서구 역사의 전면에서 거의 사라졌다. 그러나 이들 가운데 일부는 "인격주의적 가톨릭을 매개로 하여, 진보주의적 반개인주의로 이동"(p. 109)함으로써, 그 끈질긴 생명력을 이어가고 있다.

사회주의적 반개인주의   1820년대 생시몽주의자들은 "계몽사상의 개인 찬양 비판, 개인주의로 말미암은 사회의 원자화와 무정부화에 대한 공포, 유기적, 안정적, 위계적, 조화적 사회질서에 대한 열망과 같은 반혁명론자들의 견해에 동조"(Lukes, 1973, p. 6)하고, 체계적으로 개인주의를 경멸하고 부정하는 뜻으로 사용하였다. 그러나 그들은, 개인주의의 폐해를 치워 없애는 방법으로 반혁명 보수주의자들이 과거의 교회적, 봉건적 질서로 되돌아가자고 주장한 것과 달리, 역사 진보의 방향과 관련시켜, 미래 산업사회의 '보편적 연대(universal association)'에서 유기적 사회질서와 진보의 표본을 찾으려는 견해를 펼쳤다. 이들에게서 비롯한 사회주의적 반개인주의는 "1830년과 1850년 사이에는 '유토피아적' 사회주의에 힘입어, 1890년과 1930년 사이에는 연대주의에 힘입어, 1920년부터는 공산주의의 출현으로, 끝으로 1945년 뒤에는 진보적 기독교인의 참여로 강화된 모든 마르크스주의적, 사회주의적 좌익의 차원에서 개인주의에 대한 적대감"(Laurent, 1993/2001, p. 110)을 드러냈다. "개인의 해방에 대한 점증하는 적대감은 여러 번의 파동을 타고 다양한 형태를 띠면서 불연속적으로 나타났"(p. 110)던 것이다.

보통 18세기 말에 일어난 "산업혁명과 프랑스혁명이라는 이중 혁명이 근대 서양 사회주의 탄생의 배경이 되었다"(육영수, 1998, p. 397)고 이야기한다.[18] 영국에서 시작된 산업혁명이 낳은 기계의 대량 도입과 생산의 극대화는 "인간을 끝없는 경쟁과 이윤 추구의 괴물"로 만들었을 뿐만 아니라, "유럽의 많은 사람들을 무산계급화(proletarianization)시켰다"(p. 397). 또한 프랑스혁명의 〈인간과 시민의 권리 선언〉에서는 사유재산권을 인간의 타고난 자연권으로 천명함으로써, "인간을 그가 소유한 재산의 유무, 많고 적음에 따라 차별할 수 있다는 공식적인 빌미를 제공했다. 개인의 소유

---

18) 최갑수(1994)는 이 밖에 인간 사회가 가지고 있었던 "이상향을 향한 오랜 열망"도 사회주의 등장의 배경이라고 본다. 그는 사회주의의 의미를 이념·운동·체제의 세 측면에서 살피고 있는데, 사회주의 등장의 배경과 역사 및 그 의미에 관해서는 최갑수(1994, pp. 119~169)를 참조할 것.

권이 투표권 등 시민권리의 전제 조건으로 등장함으로써 많은 가난한 계층들이 시민사회에서 소외된 것이다"(p. 397). 프랑스혁명은 자유・평등・우애의 숭고한 가치를 내세웠지만, 이전의 귀족 대 평민이라는 갈등구조를 부자와 빈민이라는 갈등구조로 대치하였을 뿐, 평등의 이념 실현에는 실패하고 말았다. 이렇게 "산업혁명이 양산한 무산계급이라는 인적 자원과 평등의 구현이라는 숙제를 풀지 못한 프랑스혁명의 한계, 이 두 가지 여건이 바로 사회주의가 뿌리내리고 전파되는 자양분 역할을 하게"(p. 398) 되었던 것이다.

1830~1850년대의 오웬(Owen), 생시몽, 푸리에(Fourier) 같은 초기 "유토피아 사회주의자"들[19]은 자본주의체제에 대한 반대 개념이 아니라, 이기주의・자유방임적 경쟁주의 따위에 반발하는 보편적인 탈이데올로기적 개념, 곧 반개인주의적 개념으로 사회주의라는 용어를 사용하였다(육영수, 1998, pp. 398~399 ; 최갑수, 1994, pp. 120~123 ; Laurent, 1993/2001, pp. 112~114). "이들은 산업화하고 부르주아적인 새로운 사회가 권력을 잡은 것에 반발하고, 이 사회의 개인주의를 배척한다. 늘 그랬던 것처럼 여기서도 개인주의는 고립과 이기주의를 퍼뜨리고, 공동체 조직을 해체할 뿐만 아니라, 사회적 불평등과 민중의 빈곤을 심화한다고 비난받는다"(Laurent, 1993/2001, p. 112). 민중의 빈곤화와 자유경쟁체제는 인간의 황폐화, 노동자의 상호 투쟁, 그리고 번영의 이익에서 국민 다수가 배제되는 결과를 낳음으로써, 소수의 기업가와 소유주의 지배체제를 강화할 뿐이라고 이들은 강조한다. 이러한 폐단에서 벗어나 사회의 연대체제를 확립하고 부의 평등한 분배를 이룩하기 위해서, 이들 사회주의적 반개인주의 이념의 주창자들은 '불간섭'이라는 자유주의 원칙을 거부하고 사유재산제의 폐지를 주장한다. 곧 "공동체의 행복을 위해서는 부의 공유가 먼저 있어야 하고, 또 그럼으로써 새로운 기반 위에 공동체가 만들어"져야 하며, 또한 "국가가 강력

---

19) 이들 "초기 사회주의자 3인방에게 유토피아 사회주의자라는 별명을 붙여 준 사람은 마르크스와 엥겔스였다"(육영수, 1998, p. 399). 이에 관해서는 육영수(1998)의 논문 주 7(p. 425)과 본문(pp. 399~404)을 참조할 것.

히 개입하여 '자신을 위한 인간, 자족적인 인간'이 지배하는 사회를, '모두를 위한 인간'이 지배하고 '각자에게 필요한 것이 주어지는' 사회로 이행시켜야 한다는 것이다"(p. 113).

그러나 모든 사회주의자들이 개인주의 이념을 부정하는 것은 아니다 (Lukes, 1973, pp. 10~12). 블랑(Blanc)은 개인주의가 새로운 자기를 확신하고, 전통적 구조에서 독립하여 종교적, 경제적, 지적 영역에서 여러 권위를 거부하는 등 역사적 필연에 해당하는 자유를 가져왔다는 점에서 진보적 측면을 지닌 주요 문화적 원리의 하나라고 본다. 그러나 개인주의가 가져온 자유는 오류가 많고 불완전한 것으로, 이는 미래의 사회주의 연대에 힘입어 그 단점이 지양되고 새로이 완성되어야 한다는 것이다. 조레(Jaurès)도 같은 맥락에서 "사회주의는 개인주의의 논리적 완성"(Lukes, 1973, p. 12)이라고 주장하였으며, "뒤르켐은 '중앙집중화한 동업조합 사회주의 (centralized guild socialism)'를 완전하고, 확장적이며, 조직적인 개인주의를 위한 수단"(p. 12)이라고 보고 있다. 이들은 "자율성과 자유 및 개인의 신성함 같은 개인주의가 추구하는 가치는 이제까지 부정적, 억압적, 무정부적 형태를 띠고 있었지만, 앞으로는 오직 협동적이고도 합리적으로 조직화된 사회질서 안에서만 보호될 수 있을 것"(p. 12)이라고 여겼다. 이들이 이렇게 개인주의 이념을 모두 거부하는 것은 아니지만, 그러나 이들도 사회질서와 평등한 부의 소유를 개인의 자유에 앞서는 것으로 보고 있으며, 사회적 연대를 통한 부의 공유와 공동체적 사회질서 속에서만 개인의 자유가 허용되어야 한다고 보는 것이다.

이들 온건한 사회주의자들은 연대주의 이념과 더불어 19세기 말 프랑스를 중심으로 나타났다. "연대주의는 개인들이 밀접한 사회적 관계를 맺도록 권유하는 한편, 뒤에 나타날 복지국가를 예고하는 제안들을 내놓는다. 그러면서 균등한 분배와 사회적 재분배라는 해결책에 이르게 되는데, 이는 자기소유권과 개인적 책임감 같은 개인주의적 가치가 퇴조하지 않고는 제도화될 수 없는 것이다"(Laurent, 1993/2001, pp. 116~117). 이처럼 아무리 온건한 주장을 편다고 해도 사회주의 이념은 반개인주의적 이념이다.

온건하든 과격하든 모든 사회주의 이념은 부의 불균등 분배에 따른 사회적 불공정을 비판하는 근거가 되어 있다. "그러나 사회적 불공정성에 대한 이런 비판 뒤에는 전형적인 전체론적 세계에 대한 갈망과 인식이 숨어 있다. 이 세계는 개인에게 헛되고 비정상적인 독립의 꿈을 단념하고, '민중' 그리고 우애로운 집단의 전체성과 하나가 되라고 권하고 있는 것이다"(Laurent, 1993/2001, p. 113). 이러한 사회주의의 반개인주의 경향은 "근대 세계에서 큰 영향력을 지닌 실천적 정치이념"(유재건, 1998, pp. 429~430)이라 할 마르크스주의에서 극단에 이르렀다. 곧 "마르크스-레닌의 이념과 전투적 태도가 성장하면서, 마침내 1920년대부터 개인적 자유에 대한 공격이 새롭게 시작되었다"(Laurent, 1993/2001, p. 117). 이들은 무산계급의 투쟁에 따른 부의 균등분배와 차별 없는 사회질서의 확립을 목표로 삼는 정치·사회체제의 현실화를 지향함으로써, 견고한 사회우선주의의 관점을 지닌 채, 강력하게 반개인주의 이념을 표방하였던 것이다.

이와 같이 사회주의적 반개인주의는 보수 회귀적 반개인주의와 함께 공동체적 사회질서의 회복이라는 동일한 가치체계에 뿌리를 내리고 있지만, "그것이 추구하는 공동체적 목적은 매우 다른 정치·경제적 조직 원리와 '탈개인화' 전략을 담고 있다. 다시 말해, 여기서 우선시하는 것은 당연히 위계질서가 아니라 평등이고, 가족의 재산 보존이 아니라 재산의 공유화"(Laurent, 1993/2001, p. 111)이다. 개인주의 이념이 추구하는 자유의 강조, 특히 사유재산과 자유경쟁의 강조가 몰고 오는 사회적 불평등의 심화가 인간의 소외와 황폐화 및 원자화를 가져와, 결국 공동체의 질서를 깨뜨리게 된다는 것이 사회주의적 반개인주의의 핵심 주장인 것이다.

(2) 서구 개인주의의 현재적 위상

지금까지 역사적 고찰을 통해 서구사회에서 개인주의의 이념이 싹트고 성장한 배경과 그에 대한 반작용으로 나타난 반개인주의 경향에 대해 살펴보았다. 서구 역사에서 그리스 이전의 긴 시간은 집합적 위계가 사회를 지배하고 있다가, 그리스부터 르네상스에 이르는 시기에 비로소 개인주의의 씨앗이 뿌려진 다음, 14~16세기의 르네상스와 그 뒤에 와서야 개인주의 이념이 싹트고 꽃이 피고 열매를 맺게 되었음을 확인할 수 있었다. 이렇게 보면, 서구에서도 개인주의의 역사는 비교적 짧은 것이다.

그리스 문화는 인간 중심적이기는 하였으나, 개인 존재의 가치를 인정하고 찬양하는 수준은 아니었으며, 이들이 뜻하는 인간은 자연과 대립하는 보편적이고 추상적인 존재일 뿐 구체적인 개체로서 존재하는 개인은 아니었다. 헬레니즘과 로마 시대에 와서 사람들은 세계시민, 곧 코스모폴리탄으로서 사람들과 집단들 사이의 차이를 인식하게 됨에 따라, 개인 존재에 눈을 뜨게 되었다. 그러나 이들도 아직 개체로서 개인의 가치를 인정하지는 못하였는데, 이러한 사실은 이 시대에 아직까지 '개인'을 가리키는 말이 없었다는 점에서 곧바로 드러난다. 근대적 의미의 개인관의 씨앗은 기독교가 공인되고 중세를 거치며 성장한 데 있었다. 기독교는 유대교와 갈라서면서 개인적인 종교로 부각되었고, 따라서 기독교의 공인과 성장은 서구사회에 개인주의의 씨앗을 심는 계기였다. 그러나 중세 교회는 지나치게 세속화·권력기관화함으로써, 기독교에 내재한 개인화를 이루어내는 보루의 구실을 스스로 포기하였다.

고대와 중세에 뿌려진 이와 같은 개인주의의 씨앗이 움튼 것은 14~16세기의 르네상스를 통해서였다. 르네상스를 통해 '세계와 인간의 발견'이 이루어짐으로써, 인간의 능력에 대한 무한한 신뢰와 개성 존중의 태도가 형성되기 시작했던 것이다. 16세기에 시작된 종교개혁은 중세 교회의 속박에서 개인을 해방시키려는 사상운동으로서, 이를 통해 개인의 자율성과 내면성이 사람들 의식의 전면에 떠올랐다. 17세기에 들어서면서 영국에서 명예혁명이 일어나 생명·자유·재산에 관한 천부적인 자연권 사상이 대두하고, 과학혁명을 거치며 합리적이고도 기계적인 우주관과 함께 자연과 사회를 탐구하는 과학적 방법을 갖추게 되었으며, 또한 상업혁명과 자본주의의 발달로 말미암아 개인의 사유재산권 관념과 자유로이 경제적 이익을 추구하는 태도가 형성되었다. 이 세 가지가 근대 자유주의 사상으로 결합하였는데, 이에 힘입어 그때까지 움트고 있었던 개인주의의 싹이 활짝 꽃피게 되었다. 이러한 자유주의 사상이 18세기에 프랑스에 들어서면서 모든 불합리하고 비이성적인 구습과 구제도를 타파하려는 계몽주의운동으로 전개되어 미국혁명과 프랑스혁명의 사상적 기반으로 작용하였는데, 이 두 시민혁명은 근대 자유주의적 개인주의가 현실 생활에 뿌리를 깊게 내리는 계기가 되었다. 이어서 이 두 혁명과 같은 시기에 시작되어 19세기 중·후반에 열매를 맺은 산업혁명과 이로 말미암은 근대화와 도시화는, 근대 서구인의 삶의 여러 측면에서 개인주의가 지도이념으로 성숙하는 계기가 되었다.

　그러나 프랑스혁명과 산업혁명이 몰고 온 사회 혼란과 개인 이익의 지나친 추구가 낳은 빈부 불평등의 심화는 격렬한 반개인주의 전통을 불러일으켰다. 이러한 반개인주의 경향은 두 가지 흐름으로 전개되었는데, 그 하나는 프랑스혁명 전의 기독교적 공동체로 되돌아감으로써 혁명이 몰고 온 개인주의적 무질서와 혼란을 벗어나 사회질서를 회복하려는 보수 회귀적 반개인주의자들이었다. 이들은 특히 자유주의의 자연권 사상을 부정하고, 자연권 사상에 담긴 개인주의가 불러온 사회의 원자화와 무정부화를 비판하면서, 과거의 기독교적 공동체가 갖는 위계적, 유기적, 안정적인 사회체제로 되돌아갈 것을 주장하였다. 또 하나는 사유재산과 사적 이익의 지나친 추구 및 자유경쟁과 대량 기계생산체제가 몰고 온 국민 대다수의 무산계급화, 그리고 인간의 황폐화와 소외 같은 현상을 비판하면서, 부의 균등분배를 통한 평등의 실현을 주장하며 등장한 사회주의적 반개인주의자들이었다. 이들은 과도한 개인의 자유, 더구나 사적 소유권의 끝없는 추구는 결과적으로 평등 이념의 퇴보를 가져온다는 전제에 따라, 개인과 집단의 연대와 국가의 개입을 강조함으로써, 평등하고 조화로운 공동체의 질서 회복을 꿈꾼다.

　이러한 반개인주의의 배경에는 전형적으로 "전체론적 세계에 대한 갈망과 인식이 숨어 있다"(Laurent, 1993/2001, p. 113). 보수 회귀적 반개인주의 전통이 20세기에 들어서면서 페탱주의·나치즘·파시즘 같은 극우파 전체주의와 이어지는 '반동적' 경향을 나타내면서, 일반인과 지식인 모두의 신뢰를 잃게 된 것은(Laurent, 1993/2001, pp. 107~109) 이러한 사실을 잘 나타내준다. 사회주의적 반개인주의도 전체주의적 정치체제를 실현하려는 시도에서는 대체로, 특히 서구에서는 실패하였다. 그러나 이들 가운데 여성·유색인종·가난한 사람을 비롯하여 소외받고 부당한 대우를 받는 사회적 약자들에 대한 평등한 처우를 지향하는 운동이나, 생태주의와 환경주의 및 복지국가 이념과 같은 사회개입주의에 연결되어 활동하는 일부 '진보적'인 사람들은 비교적 최근까지도 영향력을 유지하고 있었다(Laurent, 1993/2001, pp. 160~161).

그러나 현재의 서구사회는 "집단성을 앞세우는 행위와 '여러 목소리의' 담론이 헤게모니를 쥐었던 오랜 시기(1925~1975)를 지나, 시계추가 거의 '기계적으로' 다시"(Laurent, 1993/2001, p. 151) 개인주의 쪽으로 돌아와 있다. "반개인주의 이념과 관료주의는 서구의 현실을 부인하였지만, 서구인의 일상적 의식과 행동은 치유할 수 없을 만큼 개인화되어 있었"으며, "따라서 이전으로 돌아갈 수도 없고, 현대성을 의미하는 자유의 구가와 사적 행복을 포기할 수도 없었던 것이다. 실제로 삶의 개인화 과정은 한 번도 멈추지 않고 면면히 지속되었고 …… 호전성이 사라지고 자아도취 경향이 나타나는 1975년과 1980년 사이에는 오히려 더욱 가속화하였다. 그 때문에 교육과 소비와 커뮤니케이션의 발달, 민주화와 삶의 수준과 기술의 향상으로 고무된 서구인들은 더더욱 반개인주의를 거부하게 되었"(pp. 151~152)던 것이다.

이제 서구사회 곳곳에서는 단순한 개인의 해방을 넘어서 독립된 개인을 근간으로 하는 새로운 사회상이 탄생하고 있다. "개인용 자동차, 흔히 정서적 집착의 대상이 되는 주거지의 소유권 획득(가정생활에 대한 가치 부여), 점점 더 개인화되고(한 명의 개인만을 위해 준비되고) 개별화된(한 특정한 개인의 욕망에 맞추어진) 서비스와 재산의 소비, 자동화된 기술(비디오·개인용 컴퓨터 따위)과 '자동' 또는 '셀프' 서비스에 대한 의존을 비롯한 수많은 혁신적 변화에 힘입어, 개인주의는 피할 수 없는 현대의 생활방식으로 확고하게 자리 잡게 된 것이다"(Laurent, 1993/2001, p. 155). 이렇게 개인주의는 이제 '개인적' 개인주의의 차원을 넘어서 '대중적' 개인주의로 나아가고 있다. 르네상스를 통해 선포된 서구사회의 개인주의는 이제 결국 가장 비밀스러운 사회의 내면에까지 파고들어, 더 이상 하나의 이념이 아니라 모두에게 공통된 존재방식과 삶 그 자체가 된 것이다.

서구의 이상적 인간형론

　앞에서 서구사회에 개인주의 문화가 싹트고 성장하게 된 역사적 배경에 대해서 살펴보았다. 그리스·로마 시대부터 씨앗이 뿌려진 서구 개인주의 는 르네상스와 종교개혁을 거치면서 싹트고 꽃피기 시작하여, 17~18세기 자유주의 사상의 대두와 그에 이은 계몽주의운동 및 미국과 프랑스의 시민 혁명, 그리고 영국을 중심으로 한 산업혁명에 이르러 서구인의 삶의 이념 으로 확고하게 자리 잡게 되었다. 물론 이러한 개인화가 진전되면서 반개 인주의적 도전이 없었던 것은 아니고, 어느 면에서는 아직까지도 지속되고 있지만, 이제 개인주의는 하나의 이념일 뿐만 아니라 서구인에게 공통된 존재방식 그 자체가 되어 있는 것이다.

　그러나 '개인주의'라는 말은 비교적 늦게 19세기 초반에 와서야 처음으 로 사용되기 시작했으며, 사용되는 국가의 역사적 맥락에 따라, 그리고 그 것이 사용되는 인간 생활의 영역에 따라 다양하고도 복잡한 의미를 띠고 있다. 그렇다 하더라도, 자유와 평등의 이상을 핵심 가치로 하는 개인주의 의 공통된 기본 요소를 찾아볼 수 있다. 이들은 자기 완비성·존엄성·자 율성·자기 개발·사생활의 자유인데, 이 가운데 앞의 두 가지는 평등 이 상의 논리적 근거가 되는 요소들이고, 뒤의 세 가지는 자유 이상의 특징을 구성하는 요소들이다.

　개인주의가 현대 서구인에게 공통되는 삶의 양식이라면, 이러한 개인주 의 이념의 기본 요소들은 서구인들이 실생활에서 보이는 실제적인 행동과 심성의 특징으로 나타나게 될 것이다. 2장에서 현대 개인주의 사회에 살고 있는 사람들의 대인평가·귀인·정서·동기 같은 행동과 심성의 특징들을 주의의 초점, 통제의 대상, 행위의 변이가능성이라는 세 차원에서 집단주의 사회 사람들의 특징과 견주어 정리해 보았다. 이 장에서는 우선 현재 개인주의 사회에 살고 있는 사람들이 보이는 이러한 여러 가지 행동·심리 적 특징들이 개인주의 이념의 기본 요소들과 어떤 관련성이 있는지를 살펴 봄으로써, 서구 개인주의가 현재 차지하고 있는 실제적 위상에 대해 확인 하고자 한다. 이어서 현대 서구심리학에서 제시하는 이상적 인간형론을 개 관함으로써, 서구사회에서 그리고 있는 이상적인 인간상의 특징과 그 발달 과정에 대해 살펴보고자 한다. 필자가 예측하듯이, 현재 서구인들의 행 동·심리적 특징과 개인주의의 다섯 가지 기본 요소들이 밀접한 연관성을 갖는다면, 이러한 개인주의의 기본 요소들은 곧 서구사회가 그리고 있는 이상적 인간상에 대한 이념적 지표가 된다고 추론할 수 있을 것이다.

1. 개인주의 사회의 특징과 이상적 인간상

문화와 인간 행동 및 심성 사이의 관계에 대한 사회구성주의의 관점에 따르면, 개인주의의 이념적 뼈대를 이루는 기본 요소들 ─ 자기 완비성, 존 엄성, 자율성, 사생활의 자유, 자기 개발 ─ 은 그대로 개인주의 사회에 살 고 있는 사람들의 행동·심리적 특징으로 환원되고, 이어서 이 사회에서 개념화하고 있는 가장 바람직한 인간상을 끌어내는 논리적 준거틀의 기능 을 한다고 볼 수 있다. 말하자면, 개인주의 사회에 살고 있는 사람들의 여 러 현실적 특징과 이 사회인들이 그리는 이상적 인간상은 모두 개인주의의 이념적 뼈대를 이루는 다섯 가지 기본 요소를 바탕으로 나오는 것이다. 곧 이론적인 관점에서 볼 때 서구사회에서 개인은 그 자체로 자신의 행위와 변화의 원인이 되는 모든 속성을 완비하고 있는 존재(자기 완비성), 그 무 엇보다 앞서는 유일하고도 최종 목적인 평등한 존재(존엄성), 자기 의지에 따라 스스로 선호하고 행위를 선택하여 집행하는 독립적인 존재(자율성), 타인이나 집단 또는 사회의 간섭에서 벗어나 자기만의 사적 영역에서 자유 를 누리는 존재(사생활의 자유), 자기의 독특성과 개성을 확인하고 개발할 수 있는 존재(자기 개발)라는 특징을 지니고, 이러한 특징들을 최대화한 것이 바로 이 사회에서 그리는 이상적 인간상이라고 해석할 수 있다.

1) 개인주의의 기본 요소와 서구인의 특징

사회구성주의는 사회적 존재로서 인간이 지닌 특징을 사회(문화)와 인간 존재 사이의 상호 역동적인 구성 과정 속에서 탐색하려는 태도이다. 곧 사회(문화)에 따라 인간 존재를 보는 관점과 개인 존재인 자기를 보는 관점이 달라지고, 이는 이러한 인간관·자기관과 합치하는 상황을 만들어내는 과정으로 전환되어, 결과적으로 개인의 행동과 심리 과정의 차이를 낳는다는 것이다(Burr, 2002 ; Cromby & Standen, 1999 ; Farr, 1996 ; Gergen, 1999 ; Harré, 1984). 이렇게 보면, 개인주의의 이념적 구성 요소들은 그대로 개인주의 사회에 살고 있는 사람들의 심리·행동적 특징으로 연결될 수밖에 없는 것이다.

(1) 자기 완비성과 원인 행위자로 개인 존재를 인식하는 태도

개인주의 이념에서 개인을 파악하는 기본 관점 가운데 하나인 자기 완비성은 개인을 합리적 이성을 지닌 역동적, 자족적인 존재로 간주하는 것이다. 곧 개인은 합리적 이성을 지닌 존재로서, 그에게 내재적으로 성격·능력·흥미·욕구·목적·감정·태도·가치관 및 세계와 그 안에서 벌어지는 여러 사실에 대한 인식을 비롯하여 모든 내적 속성이 완비되어 있어서, 개인 스스로가 모든 일의 결정과 집행의 원천이자 주체가 된다고 보는 관점이다. 이러한 관점에서 보면, 개인은 다른 외적 원인에 수동적으로 영향을 받는 변화의 객체나 대상이 아니라 자신의 변화를 스스로 끌어내는 변화의 주체이며, 그에게 갖추어져 있는 모든 내적 속성들이 그러한 변화의 원인 상태로 작용하게 된다. 한마디로 개인주의 사회에서 개인은 모든 선호와 결정과 수행의 원인 상태를 스스로 완비하고 있는 자족적인 주체이며, 실생활에서 자기가 하는 선택·결정·행위가 스스로 갖춘 모든 내적 속성에서 나오게 만드는 원인 행위자인 것이다.

개인주의 사회에서 이렇게 개인을 모든 선택과 결정의 원천을 내적으로 완비한 원인 행위자로 인식하고 있다는 사실은 이 사회에서 특징으로 나타나는 귀인양식이 성향주의 편향이라는 사실1)에서 곧바로 드러난다. 개인 중심의 인간관이 지배적인 개인주의 사회에서는 사람을 상황유리적인 독립된 존재로 파악하며, 내적이고 안정적인 성향의 보유자로 본다. 따라서 이러한 독립적인 개인의 속성을 행위의 원동력으로 여김으로써, 결과적으로 행동의 자율성을 강조하게 된다. 그러므로 개인주의 사회에서는 사람 중심의 사회이론(person-centered social theories)을 소유하게 되어, 행동의 원인을 개인을 둘러싸고 있는 상황 요인보다는 개인의 내적 성향에서 찾는 성향주의 편향이 귀인양식의 특징으로 드러난다(Fiske et al., 1998 ; Markus & Kitayama, 1991a, b ; Morris et al., 1995 ; Morris & Peng, 1994 ; Nisbett, 2003 ; Nisbett et al., 2001).

로스(1977)는 이렇게 "행동 통제에서 상황 요인의 영향은 과소평가하고, 성향 요인의 영향을 과대평가하는 경향"(p. 183)을 "근본적 귀인 오류"라고 불러, 이러한 경향이 개인주의 사회의 보편적 특징임을 밝히고 있다. 곧 개인주의 사회에서는 개인의 행동 원인을, 그가 놓여 있는 조건이나 맡은 소임 또는 어쩔 수 없는 제약이나 운 같은 상황 요인보다는, 그의 성격 특성이나 능력 또는 의도와 같은 성향 요인 때문에 나타난 것이라고 생각하는 경향이 강하다. 이와는 대조적으로 집단주의 사회에서는 개인의 행동 원인을 그의 역할이나 의무, 어쩔 수 없는 외적 조건과 같은 상황 요인에서 찾는 상황주의 편향이 강하게 나타난다.

개인주의 사회에서 성향귀인 편향이 특징으로 나타나는 것은 이 사회에 살고 있는 사람들이 가지고 있는 '통제'에 대한 관념2) 때문이라고 할 수 있다. 개인주의 사회에서는 원인 행위자인 개인의 내적 욕구와 권리 및 능력

---

1) 2장 '집단주의-개인주의 문화차의 실상' 가운데 '주의의 초점'에 따른 차이 참조.
2) 2장 '집단주의-개인주의 문화차의 실상' 가운데 '통제의 대상'에 따른 차이 참조.

의 표출과 사회적 압력에 대한 저항의 노력을 통해 개인 역량이 체험된다. 그러므로 통제란 결국 개별성과 자율성을 성취하기 위해 사회 상황이나 외적 제약을 변화시키는 것을 뜻하게 된다. 곧 개인주의 사회에서는 원인 행위자인 개인 자신이 통제력의 주체이고, 그를 둘러싸고 있는 타인이나 환경은 통제의 대상이라고 보는 것이다. 로스바움(Rothbaum)과 그 동료들 (1982)에 따르면, 지금까지 서구에서 제시된 통제에 관한 이론들은 모두 통제를 "환경 세계를 개인의 욕구에 합치하도록 변화시킬 수 있는 능력"(p. 8)이라 보아왔다. 이러한 이론들에서는 "개인의 욕구에 부합하도록 외부 세계를 변화시키려는 노력"(p. 8)을 강조하는 관점에서, 능동성과 도전 및 저항과 극복 같은 외부 지향적 행동을 강조하고, 수동성과 후퇴 및 순종 같은 내부 지향적 행동을 통제 불능의 상태에서 나오는 병리적 행동으로 여겼다.

개인주의 사회에서는 이렇게 통제력의 근원을 타인이나 외적 조건과 분리된 개인에게서 찾으므로, 자기의 통제력을 사실보다 과장하여 지각하는 경향이 있다. 이들은 '도박'이나 '주사위 던지기' 또는 '복권 당첨' 같은 순전히 운에 따라 결정되는 사건도 자신이 선택했다든지 하여 스스로가 관련되어 있으면, 자기가 이를 통제하고 있다고 여기는 '통제력 착각 (illusion of control)'의 경향이 강하다(Crocker, 1982 ; Langer, 1975 ; Langer & Roth, 1975 ; Taylor & Brown, 1988). 또한 이들은 비슷한 타인들보다 자기 자신이 정적(正的) 사건을 더 많이 경험하고 부적(負的) 사건은 더 적게 경험할 것이라고 믿거나, 자기의 미래를 타인의 미래보다 더 나을 것이라고 기대하는 '비현실적인 낙관주의(unrealistic optimism)'의 경향도 강하다(Brown, 1986 ; Taylor & Brown, 1988 ; Weinstein, 1980). 개인주의 사회에서 이러한 '정적 착각(positive illusion)'은 정신건강의 지표이며(Taylor & Brown, 1988, 1994a, b), 정적 착각을 많이 느끼는 사람일수록 행복감도 더 많이 느끼는 것(Brown & Taylor, 1986 ; Myers & Diener, 1995 ; Taylor & Brown, 1988, 1994a, b)으로 보고되고 있다.

이상에서 보듯이, 개인주의 사회에서는 모든 행위·선택·결정의 원인을 개인의 내적 속성에서 찾고, 또 개인 존재에게 환경조건에 대한 통제력을 부여하는 경향이 강하다. 이러한 경향은 외부 환경과 개인 존재 가운데서 개인에게 주의가 집중되게 하는 결과를 낳는다.[3] 곧 환경과 상황조건이라는 배경(背景, ground) 속에 있는 전경(前景, figure)으로서 존재하는 개인이 주의의 초점으로 떠오르는 것이다. 그리하여 개인주의 사회에서는 타인이나 상황 조건보다는 자기 자신에 대한 지식이 더 정교하고 풍부하며, 자기가 타인보다 더 두드러진 인지의 초점이 된다(조긍호, 1993, 1996a ; 조긍호 · 김은진, 2001 ; Kunda, 2000 ; Markus & Kitayama, 1991a, b). 따라서 개인주의 사회에서는 결국 자기를 참조기준으로 삼아 사회 사상(事象)들 사이의 관계(예를 들어 유사성)를 판단하는 경향이 강하게 나타나는 것이다 (Holyoak & Gordon, 1983 ; Srull & Gaelick, 1983 ; Tversky, 1977).

(2) 존엄성과 평등성 · 일관성의 추구

개인주의 이념이 추구하는 인간 존엄성의 가치는 모든 사람이 똑같이 인간으로서 존중받을 자격이 있으며, 또 그렇게 대접받아 마땅하다는 사실을 담고 있다. 곧 인간 존재의 평등성이 인간 존중의 근거이며, 따라서 모든 사람에게 똑같이 대하는 것, 모든 사람에게 똑같은 기회를 주는 것, 그리고 모든 사람에게 공정하고 일관되게 행동하는 것이 인간 존엄성의 가치를 충실히 따르는 삶의 태도가 된다.

실제로 개인주의 사회에서는 상위자와 하위자 사이의 심리적 거리가 거의 없이 평등한 경향이 있다. 이른바 상 · 하위자 사이의 권력거리(power distance)[4]가 아주 작은 것이다. 호프스테드(1991/1995)에 따르면, 각국의 개인주의 점수와 권력거리 점수 사이의 상관은 r = −0.68로서(p. 88), 개인주의 사회일수록 상 · 하위자 사이의 권력거리가 작고, 집단주의 사회일수

---

3) 2장의 '주의의 초점' 차원의 '집단주의–개인주의 문화차의 실상' 참조.

4) Hofstede(1980, 1983, 1991)가 문화 간의 차이를 드러내는 네 차원으로 제시한 것 가운데 하나로서, 사회 내 권력 분포의 불평등 지표를 나타낸다. 이에 대해서는 1장의 '문화 유형'의 분류 항목과 Hofstede(1991/1995) 참조.

록 그 거리가 큼을 밝히고 있다. 이는 개인주의 사회에서는 사람들 사이의 관계를 평등하게 인식하는 경향이 강함을 뜻하는 결과이다. 곧 권력거리가 큰 집단주의 사회에서는 "사람들 사이의 불평등은 당연하며, 바람직한 것으로 여겨"지는 것과 달리, 권력거리가 작은 개인주의 사회에서는 "사람들 사이의 불평등은 최소화되어야 한다"(p. 66)고 인식하는 것이다.

개인주의 사회에서 이렇게 사람들 사이의 관계를 평등하게 인식하는 경향은 가장 밀접한 인간관계인 부모-자식 간의 관계에도 그대로 적용된다. 집단주의 사회에서 "부모는 자식에게 복종을 가르치고", "자식은 부모를 존경으로 대하도록" 사회화되지만, 개인주의 사회에서 "부모는 자식을 자신과 동등한 존재로 대하고", "자식도 부모를 동등한 존재로 대한다"(Hofstede, 1991/1995, p. 66). 따라서 개인주의 사회에서는 아동을 양육하면서 부모에 대한 복종은 중요하게 여기지 않지만, 아동의 자립심 신장은 매우 중요하게 여긴다(Kagitcibasi, 1985).

이와 같이 개인주의 사회에서 부모-자식 간의 관계도 평등한 관계로 인식한다는 사실은 '글자 맞추기 과제'를 자유선택하여 수행하거나 어머니가 지정해준 것을 수행하게 했을 때, 한국·중국·일본의 아동들은 어머니가 지정한 과제를 수행할 때의 성과가 자유선택 조건보다 높았으나, 미국의 아동들은 자유선택 과제를 수행할 때의 성과가 어머니가 지정한 조건보다 훨씬 높았다는 결과(정영숙, 1994, 1995, 1996 ; Iyengar & Lepper, 1999)에서도 입증되고 있다. 이 결과는 개인주의 사회에서는 아동기부터, 중요한 타인인 어머니까지도 자기의 개인적 통제력을 해칠 수 있는 존재로 받아들여, 그와 일정한 거리를 유지함으로써 독립성과 평등성을 추구하려는 경향이 있음을 뜻하는 것으로 해석할 수 있다.

이렇게 사람들과 일정한 거리를 유지함으로써 개인적 독립성과 평등성을 추구하려는 경향은 개인주의 사회인들이 내집단과 맺는 관계의 특징에서도 그대로 드러난다. 이들은 자기를 집단과는 분리된 독립적이고 평등한 존재로 생각하기 때문에, 집단의 결속에는 관심이 적고 정서적으로도 거리감을 가지며, 다만 피상적인 관계를 맺을 뿐이다(Triandis, 1989, 1990, 1994b,

1995). 따라서 집단주의 사회에서는 내집단 성원이나 외집단 성원에 대한 여러 행동(예를 들어 친교 행동·분배 행동·동조 행동 따위) 사이에 차이가 크게 나지만, 개인주의 사회에서는 내집단 성원과 외집단 성원에 대한 행동이 달라지지 않는다(Bond & Hwang, 1986 ; Fiske et al., 1998 ; Gudykunst, Yoon, & Nishida, 1987 ; Leung & Bond, 1982, 1984 ; Triandis, 1989, 1990, 1994b, 1995 ; Williams & Sogon, 1984 등).

이상에서 보듯이, 개인주의 사회에서는 부모나 내집단원을 포함해서 사람들 사이의 관계를 독립적이고 평등한 관계로 인식하기 때문에, 누구에게나 똑같이 대해야 한다고 생각하고 또 그렇게 행동한다. 이러한 사실은 도덕 판단의 장면에서도 드러난다. 피스크(Fiske)와 그 동료들(1998)은 길리간(Gilligan, 1982)을 따라 도덕성을 "정의의 도덕성(morality of justice)"과 "배려의 도덕성(morality of caring)"으로 나누고, 전자는 개인주의 사회에서 지배적인 도덕성이고, 후자는 집단주의 사회에서 지배적인 도덕성이라고 주장하였다. 여기서 전자는 사회의 정의와 형평의 실현을 도덕 판단의 기준으로 삼는 것이고, 후자는 타인, 특히 내집단원에 대한 관심과 배려 및 사회적 책임과 조화의 달성을 도덕 판단의 기준으로 삼는 것이다. 집단주의 사회의 도덕 판단은 배려의 도덕성 원칙에 따라 이루어지고, 개인주의 사회의 도덕 판단은 정의의 도덕성 원칙에 따라 이루어진다는 사실은 많은 비교 연구들(Dein, 1982 ; Hamilton, Boumenfeld, Akoh, & Miura, 1989 ; Miller, 1997b 등)에서 거듭 밝혀져 왔다. 이러한 사실은 집단주의 사회에서는 내집단원에 대한 관심과 배려의 차원에서 그들이 놓여 있는 상황에 따라 행동과 판단의 원칙이 달라질 수 있으나, 개인주의 사회에서는 사회 행동과 판단이 누구에게나 언제나 똑같은 일관된 원칙에 따라 이루어지는 경향이 강함을 나타내는 것이라 하겠다.

(3) 자율성과 독립성·자기 결정성의 추구

개인주의 사회에서 도덕성의 생성 근거는 개인주의 이념이 추구하는 핵심 가치인 개인의 자율성에 놓여 있다. 앞에서 살펴본 두 가지 가치(자기 완비성과 존엄성)가 개인주의 사회에서 추구하는 사람들 사이의 관계에 대한 이상(평등의 이상)과 관련된 것이었다면, 자율성은 개인주의 사회에서 추구하는 행동의 지향처에 관한 이상(자유의 이상), 그 가운데서도 특히 양심과 의지의 자유에 관련된 가치이다. 개인이 자기에게 가해지는 사회적, 규범적 압력을 의식적, 비판적으로 평가하여 자유롭게 자기의 의도를 갖추고, 또 독립적이고 합리적인 숙고를 거쳐 자유롭게 행위의 방향을 설정하고 선택하는 것이 개인주의 이념에서 자율성이 추구하는 가치의 내용이다. 곧 자율성은 개인의 선택과 행위의 독립성과 자기 결정성을 지향하며, 이러한 독립적인 자기 결정을 통해 자기 행위와 선택의 결과에 대해 온전히 책임을 지는 배경으로 작용하게 된다.

개인주의 사회에서 추구하는 자율성의 가치는, 기본적으로 이 사회에 살고 있는 사람들이 사회의 궁극적인 존재 단위를 독립적인 개인이라고 여기며, 사회는 이러한 개체들의 복수적인 집합일 뿐이라고 인식한다는 사실(정양은, 1988 ; 조긍호, 1993, 1996a, 1997a, 1999a, 2000, 2003a ; Bond & Hwang, 1986 ; Chung, 1994 ; Hui & Triandis, 1986 ; Markus & Kitayama, 1991a, b, 1994a, b)에서 비롯한다. 개인주의 사회에서는 상황이나 타인에서 분리된 독립적인 개인을 사회제도의 출발점으로 보며, 결국 기본적으로 비사회적(asocial)인 개인을 사회행위의 규범적 단위로 인식하게 되는 것이다(Miller, 1984 ; Miller & Bersoff, 1992).

이에 견주어 집단주의 사회에서는 인간은 타인과 이루는 관계 속에 존재하고 이에 따라 규정되는 것으로 여기며, 따라서 사회의 궁극적 단위를 사람 사이의 관계 또는 이러한 관계의 원형인 가족과 같은 일차집단이라고 인식한다. 그리하여 집단주의 사회에서는 개인을 타인과 맺는 연계 속에서 상호의존적으로 파악하고 사회생활에서 타인이 끼치는 영향을 강조하는 것과 달리, 개인주의 사회에서는 개인을 자율적, 독립적이며 그를 둘러싸고 있는 상황이나 타인과 분리되려고 하는 존재로 인식하는 것이다. 그 결과 집단주의 사회에서 "어린이는 '우리'라는 틀 안에서 생각하는 법을 배우도록" 사회화되지만, 개인주의 사회에서 "어린이는 '나'라는 의미 안에서 생각하는 법을 배운다"(Hostede, 1991/1995, p. 106).

이상과 같은 사회 구성의 단위에 대한 견해 차이와 결과적으로 여기에
서 생겨나는 사회화 과정의 차이로 말미암아, 집단주의 사회와 개인주의
사회에서 전형과 규범으로 받아들이는 자기관에 차이가 나게 된다. 집단
주의 사회의 규범적인 자기관은 "그 중요한 측면이 상호의존적이며, 따라
서 더욱 공적인 요소들 속에서 찾아지"는 "상호의존적 자기관"(Markus &
Kitayama, 1991a, p. 227)이지만, 개인주의 사회의 규범적 자기관은 본질적
으로 스스로를 "자율적이고 독립적인 사람으로 파악"하는 "독립적 자기
관"(p. 226)이다. 말하자면, 집단주의 사회에서는 상호의존적이고 조화를
추구하는 "관계적 자기"로 스스로를 파악하지만, 개인주의 사회에서는 고
립되고 독립적인 "분리적 자기"로 스스로를 파악하는 것이다(Kagitcibasi,
1997). 곧 개인주의 사회에서는 자기를 사회 맥락에서 분리된 독립적이며
안정적인 존재로 파악하며, 이러한 독립적 자기관을 지닌 사람들은 스스
로 완비하고 있는 내적 속성, 자기와 타인을 구분짓는 명확한 경계, 자기
충족과 선택의 자유 및 탈맥락적이고 추상화된 자기관을 강조하는 특징을
보인다.

개인주의 사회에서 이렇게 독립적, 분리적 자기관을 선호하는 경향은 이
사회에 살고 있는 사람들이 중요하게 여기는 대인평가의 특성들에서도 잘
드러난다. 개인주의 사회인들은 일반적으로 여러 가지 능력(지적 능력·
기억력·운동능력 따위)과 독립적 성향(독립성·자신감·적극성·자립
심·의견 고수 성향)을 대인평가 과정에서 매우 중요한 특성으로 받아들
인다(Fiske et al., 1998 ; Heine & Lehman, 1997 ; Kitayama et al., 1995 ; Markus
et al., 1997 ; Rhee et al., 1995 ; Triandis, 1995). 또한 트리안디스와 그 동료들
(1988)은 대학생을 대상으로 개인주의 성향의 요인을 분석한 연구에서, 미
국인들의 개인주의의 제1 요인은 전체 변량의 35.2%를 차지하는 "경쟁을
동반하는 자립(self-reliance with competition)"임을 밝혀, 경쟁과 자립심이
개인주의 성향을 구성하는 중요한 특성이라는 사실을 제시하고 있다.

개인주의 사회에서 이렇게 독립성을 강조하는 경향은 여러 선택지 사이

에서 결정을 해야 하는 상황에 놓여 있을 때 자유선택을 선호하는 경향으로 이어진다. 앞에서 한국·중국·일본의 아동들은 어머니가 지정해 주는 과제를 수행할 때의 성과가 아동 스스로 자유선택한 과제를 수행할 때의 성과보다 높지만, 미국의 아동들은 자유선택한 과제에 대한 성과가 어머니가 지정해준 과제에 대한 것보다 훨씬 높다는 결과(정영숙, 1994, 1995, 1996 ; Iyengar & Lepper, 1999)를 제시하였다. 이는 개인주의 사회에서는 어려서부터 자유선택(자기 결정성)을 선호함으로써, 자기 자신과 주변 세계에 대한 스스로의 통제력을 고양시키려는 경향이 강함을 의미하는 결과이다.

개인주의 사회에서 독립적인 개인의 자기 결정성을 중요하게 여기는 이러한 경향은 일상생활에서 부딪히는 갈등을 해결하는 양식의 문화차에서도 잘 드러난다. 대인 간의 갈등 장면에 부딪혔을 때 제3자의 중재에 따른 해결을 선호하는 집단주의 사회와는 달리, 개인주의 사회에서는 당사자 끼리의 경쟁과 대결을 통한 해결양식을 선호한다(Lee & Rogan, 1991 ; Nisbett, 2003 ; Triandis, 1989, 1990, 1995). 이러한 사실도 개인주의 사회에서 독립적 개인의 자유선택과 자기 결정성을 중시하는 경향을 잘 드러내주는 것이다.

개인주의 사회에서 이렇게 개인의 독립성과 자기 결정성을 강조하는 경향은 이 사회에 살고 있는 사람들이 자기의 행동 규범을 스스로에게서 찾으려는 경향을 낳는다고 볼 수 있다. 집단주의 사회에서는 사람들 사이의 상호연계성 및 집단의 통합과 조화를 강조하므로, 타인에게 단결심·공손함·배려성·소속감 들을 보이기 위해 노력한다. 이 사회에 사는 사람들은 내집단과 동일시된 자기관(상호의존적 자기관)을 가지고 있으므로, 집단의 규범을 내면화하여 이를 자기의 규범으로 받아들이게 되고, 결과적으로 집단의 규범이나 압력에 따라가는 '동조' 행동이 많아진다. 이와는 대조적으로 개인주의 사회에서는 개인의 자율성·독립성·자립·자기 결정성을 강조하므로, 타인에게 자신의 독특성과 통제력을 보이기 위해 노력한다. 이 사회의 사람들은 타인과 구획되고 분리된 개체라는 자기관(독립적 자기관)을 가지고 있으므로, 행동 표준을 스스로 설정하려 하고, 따라서 집단의 규범이나 압력에 저항하려는 경향이 커져서 동조 행동이 줄어든다 (Bond & Smith, 1996). 집단주의 사회에서는 동조를 집단 소속과 자기확장의 수단으로 보아 긍정적으로 받아들이는 것과 달리, 개인주의 사회에서는 동조를 비독립성이나 비자율성의 표출로 보아 부정적으로 받아들이는 것이다(조긍호, 2003a ; Bond & Hwang, 1986 ; Bond & Smith, 1996 ; Markus & Kitayama, 1991a, b, 1994a, b ; Triandis, 1989, 1990, 1995 ; Valentine, 1997).

(4) 사생활의 자유와 적극적 자기 표현의 권장

개인주의의 이념이 중시하는 여러 가치를 추구할 수 있는 근거는 개인이 타인이나 사회의 간섭을 받지 않고 자기만의 사적 영역에서 사생활의 자유를 누릴 수 있다는 전제 위에 성립한다. 개인이 스스로 동의하지 않은 채 부당하게 사회나 타인에게 강요당하거나, 제약받거나, 간섭받거나, 압력을 받지 않고, 자기의 권리나 내적 욕구와 감정을 추구하고 표현할 수 있는 자유가 곧 사생활의 자유로서, 이는 개인주의가 성립하는 가장 원초적인 존립 기반인 것이다. 인류의 자유를 위한 투쟁은 곧 사생활의 자유를 위한 투쟁이라 할 수 있을 정도로 사생활의 자유는 모든 자유의 핵심으로서, 이러한 자유가 보장되지 않으면 개인주의가 추구하는 그 밖의 가치들은 성립 근거를 잃게 된다. 이러한 사생활의 자유는 개인이 사회나 타인의 존재 때문에 그 어떤 거리낌도 느끼지 않고, 솔직하고도 적극적으로 자기의 내밀한 욕구나 감정을 드러낼 수 있고, 또 자기의 이익을 추구할 수 있는 정도에 비례해서 보장된다고 생각할 수 있다.

개인주의 사회에서는 "자신의 생각을 그대로 말하는 것이 정직한 사람의 특성이다"(Hofstede, 1991/1995, p. 106). 따라서 개인주의 사회에서는 자기 노출을 권장하여 이에 도움이 되는 솔직성·적극성·자발성·다변(多辯) 같은 특징을 중요하고 높게 평가한다(Barnlund, 1975). 또한 개인주의 사회에서는 말을 많이 하고, 빠르게 하는 것을 좋아한다. 리와 보스터(Lee & Boster, 1992)는 한국인과 미국인의 말의 속도와 이에 대한 평가의 차이를 비교하였다. 그들에 따르면, 미국인들은 말을 빨리 하는 대상이 더 유능하다

고 평가하며, 말을 빨리 하는 것은 진실성과 솔직성의 반영이라고 인식하여
그 내용을 더 신뢰한다. 이에 견주어 한국인들은 말을 느리게 하는 대상이
더 유능하다고 평가하며, 말을 느리게 하는 것은 대화 상대방과 맥락을 신중
하게 고려하는 것으로 인식하여 그 내용을 더 신뢰한다. 이는 다변을 경계하
고, 눌변(訥辯)과 침묵을 권장한 유학사상의 영향으로 볼 수 있다.

개인주의 사회에서는 자기 생각을 솔직하게 밝히는 것을 미덕이라 여긴
다. "자기가 느끼는 것을 사실 그대로 말하는 것이 진지하고 정직한 사람
의 특성으로 통한다. 대드는 것도 좋을 수 있다. 의견 충돌로 말미암아 한
차원 높은 진실에 이를 수 있다고 믿는다. 대화가 타인에게 미치는 효과를
참작은 해야 하지만, 대개 그 때문에 사실 자체의 왜곡이 정당화되지는 않
는다. 성인은 직언을 건설적으로 받아들이는 법을 배우는 것이 당연지사로
되어 있다. 가정에서 아이는 설사 괴롭더라도 항상 진실을 말해야 한다고
배운다. 갈등에 대처하는 것은 가족과 함께 살아가는 일상적 삶의 일부이
다"(Hofstede, 1991/1995, p. 94).

개인주의 사회에서는 침묵을 지키는 것을 비정상이라 여기고, 사람들이
만날 때 말로 대화하는 것을 당연하고 중요하게 여긴다. 그리하여 이 사회
에 사는 사람들은 아주 어려서부터 토론을 하고 자기 의사를 표현하는 방
법을 배운다. 이 사회에서 사교적인 대화가 견디기 힘들 정도로 따분해지
는 것은 사실이지만, 그런 식의 대화는 의무적인 것이다. 그리하여 집단주
의 사회에서는 사람들 사이에 대화를 할 때 서로 간에 아무런 이야기도 하
지 않고 침묵을 지키는 시간이 길지만, 개인주의 사회에서는 이를 참지 못
한다. 한 조사(Lee & Boster, 1992)에 따르면, 집단주의 사회에서는 대화할
때 침묵하는 시간이 4분이 넘는 경우도 많지만, 개인주의 사회에서는 15초
를 넘지 않는 것으로 드러난다.

홀(Hall, 1976)에 따르면, 개인주의 사회에서는 대부분의 정보를 겉으로
드러내어 표현하는 "저맥락 의사소통(low context communication)"이 특
징적인 의사소통 양식이다. 그렇기 때문에 집단주의 사회에서 자명하다고
여겨지는 많은 것들을 개인주의 사회에서는 명시적으로 이야기해야 하고,

따라서 다변을 중시하게 된다. 이와 달리 집단주의 사회에서는 대부분의 정보가 물리적 환경 속에, 또는 그 사람 안에 이미 들어 있기 때문에, 겉으로 드러내어 이야기하거나 쓸 것이 별로 없는 "고맥락 의사소통(high context communication)"이 특징적인 의사소통 양식이다. 그러므로 집단주의 사회에서는 다변보다 침묵과 과묵함을 높이 평가하는 것이다.

개인주의 사회에서 이렇게 자기 표현을 권장하는 경향은 이 사회의 특징 가운데 하나인 정서 표출의 양식에도 그대로 드러난다. 집단주의 사회에서는 대인관계의 조화 유지에 도움이 되는 동정이나 공감 같은 '타인 중심적 정서'의 표현은 권장하지만, 자부심이나 분노 같은 '자아 중심적 정서'의 표현은 적극 억제한다. 그러나 개인주의 사회에서는 정서 표현은 솔직성과 진실성의 반영이라고 보아, 분노나 자부심 따위도 거리낌 없이 표현할 것을 권장한다(Markus & Kitayama, 1991 a, b, 1994b). 아버릴(Averill, 1982)은 집단주의 사회와 달리 미국 같은 개인주의 사회에 살고 있는 사람들은 주 1회 정도 아주 가까운 사람에게도 분노를 드러낸다는 사실을 발견하였다. 그에 따르면, 개인주의자들에게 이러한 분노의 표출은 두 사람 사이의 관계를 조정해 주는 기능을 한다. 곧 개인주의자들은 자기의 권리나 독립성이 침해받았을 때 분노를 경험하므로(Lewis, 1993), 자기의 권위나 독립성 또는 자기상(自己像)의 증진이 분노 표출의 목적이며, 따라서 이들은 분노 표출이 두 사람 사이의 관계 조정에 유익한 결과를 가져온다고 보는 것이다.

(5) 자기 개발과 독특성 및 자기 고양의 추구

개인주의 이념에서 추구하는 여러 가치는 자기 개발을 통한 자기실현이라는 목표로 모두어진다. 자기 개발은 타인과 구별되는 존재로서 개인이 가지는 개성과 독특성을 확인하고 이를 개발하는 것을 뜻한다. 이러한 자기 개발은 개인의 존재 목적을 실현하는 것이 된다는 점에서 개인주의 사회에서 추구하는 인간 삶의 목적 그 자체가 되는 가치이다. 곧 "사회의 조화와 합의가 궁극적인 목표"인 집단주의 사회와는 달리, 개인주의 사회에서는 "개인의 자기실현이 궁극적인 목표"(Hofstede, 1991/1995, p. 115)이다. 그러므로 개인주의 사회에서 사회화와 교육이 진행되는 과정에서는 항상 개인이 가진 독특성과 자신만의 장점을 찾아내고, 이를 발전시킬 방법을 습득하는 데로 초점이 모아진다. 이 사회에서는 '제 잘난 멋'에 취해 사는 것이 기본적인 삶의 태도인 것이다.

집단주의 사회에서는 "내가 누구인가?"에 대한 학습(집단 안에서 차지하는 위치 확인 및 내집단과 갖는 동일성 추구)에 사회화의 강조점이 주어져 집단과 이루는 관계에 따라 정체감이 정의되므로, "사회적 정체감(social identity)"의 형성이 일차적인 과제가 되지만, 개인주의 사회에서는 "내가 무엇을 할 수 있나?"에 대한 학습(능력 확인과 독특성 추구)에 사회화의 강조점이 주어져서 개인적인 소유(능력·경험·업적 따위)에 따라 정체감이 정의되므로, "개인적 정체감(personal identity)" 형성이 일차적인 과제가 된다(Kitayama et al., 1997 ; Triandis, 1990 ; Weldon, 1984). 이러한 배경에서 보면, 개인주의 사회에서 나타나는 정적(正的) 자기 평가(positive self-regard)는 자기 독특성에 대한 확인 및 인식과 깊은 관련을 맺을 것이라고 추론할 수 있다. 따라서 개인주의 사회에 살고 있는 사람들은 정적인 자기관을 가지기 위해서 자기의 능력과 독특성을 사실 이상으로 과장하여 지각하는 "허구적 독특성 지각" 경향을 강하게 보인다(Marks, 1984 ; Mullen & Riordan, 1988 ; Snyder & Fromkin, 1980 ; Tesser, 1988).

마이어스(Myers, 1987)는 미국 대학생들 가운데 자기의 지도력이 평균 이상이라고 생각하는 학생은 70%에 이르고, 60%의 학생들은 남들과 잘 어울리는 능력이 상위 10% 안에 든다고 보고 있으며, 심지어 자기의 사교성이 상위 1% 안에 든다고 생각하는 학생도 25%에 이른다는 사실을 보고하여, 이러한 허구적 독특성을 지각하는 경향이 개인주의 사회의 전형적인 특징임을 밝혀내고 있다. 개인주의 사회에서 이러한 허구적 독특성의 지각 경향은 지적 능력·기억력·운동능력 같은 여러 가지 능력의 지각 장면에서만이 아니라, 독립성·자신감·의견 고수 성향 같은 독립 성향과 동정심·배려심·협동심·헌신성·따뜻한 마음씨 같은 상호의존 성향을 아우

르는, 성격 특성을 지각하는 상황에서도 공통적으로 드러나는 것으로 검증
되었다(Heine & Lehman, 1997 ; Kunda, 2000 ; Markus & Kitayama, 1991b ;
Matsumoto, 2000). 이러한 허구적 독특성 지각 경향은 비현실적으로 정적
인 자기 평가의 경향을 드러내는 것으로서, "과장된 통제력 지각" 및 "비
현실적인 낙관주의"와 함께 개인주의 사회에서 나타나는 "정적 착각
(positive illusion)" 가운데 하나(Taylor & Brown, 1988)라고 볼 수 있다.

조화성 추구를 강조하는 집단주의 사회와는 달리, 개인주의 사회에서 이
렇게 독특성 추구를 강조하는 경향은 두 사회에서 선호되는 광고의 유형에
도 차이를 가져온다. 한과 샤비트(Han & Shavitt, 1994)는 미국의 잡지 광고
는 개인 이익과 선호·개인적 성공·독립성·독특성을 강조하고, 한국의
잡지 광고는 내집단 이익·조화·가족 통합을 강조하는 경향이 높으며, 한
국의 학생들은 후자의 광고가 전자보다 더욱 설득력이 있다고 평가하는 데
견주어, 미국 학생들은 전자의 광고가 후자보다 더욱 설득력이 있는 것으
로 받아들인다는 사실을 확인하였다. 김과 마커스(Kim & Markus, 1999)는
한국의 광고 가운데는 독특성 가치를 주제로 하는 것(49%)보다 동조 가치
를 주제로 하는 것(95%)이 훨씬 많은 데 견주어, 미국의 광고에서는 전자
(89%)가 후자(65%)보다 많음을 밝혀내었다. 또한 이 연구에서는 독특성
을 강조하는 미국인들은 두드러지고 독특한 그림이나 색깔을 선호하지만,
조화성을 중시하는 한국인이나 중국인은 두드러지지 않고 평범한 그림이
나 색깔을 선호하는 경향을 띤다는 사실이 밝혀지기도 하였다.

이렇게 개인주의 사회에서 자기를 사실 이상으로 과장하여 지각하는 경
향은 개인주의 사회에 살고 있는 사람들의 자기 평가와 귀인 양상에서도
잘 드러난다. 개인주의 사회의 문화적 명제는 독립성과 자율성, 그리고 독
특성이다. 따라서 이 문화에서는 자기의 부적(負的) 측면은 회피하고 부정
하는 대신, 정적(正的) 측면은 확인하고 드러내는 데서 자존감이 증가하게
된다. 이러한 사실은 개인주의 사회에 살고 있는 미국인들에게 자기 자신
의 성격 특성에 대해 진술하게 하면, 정적 특성의 비율이 부적 특성의 비율
보다 4~5배나 많지만(Holmberg et al., 1997), 집단주의 사회에 살고 있는

한국인(Ryff, Lee, & Na, 1995 ; Schmutte et al., 1995)·중국인(Bond & Smith, 1996)·일본인(Kitayama et al., 1995 ; Markus et al., 1997)에게는 두 특성의 비율이 같거나 또는 부적 특성의 비율이 오히려 더 높은 경우도 있다는 연구들에서 입증되고 있다. 그 결과 미국인과 캐나다인의 자기 평가 평균치는 정적으로 치우쳐 있으나, 동아시아인의 자기 평가 평균치는 부적으로 치우쳐 있다. 또한 이들 동아시아인은 자신에 대한 긍정적 진술에 찬성하는 강도는 낮고, 자기가 부적 특성을 지니고 있다고 주장하는 강도는 강하다. 그러나 미국인과 캐나다인은 자신에 대한 긍정적 진술에 찬성하는 강도가 부정적 진술에 대한 그것보다 두드러지고, 또 자기가 부적 특성을 지니고 있다고는 거의 생각하지 않는다(Heine, Lehman, Markus, & Kitayama, 1999 ; Kitayama et al., 1995).

개인주의 사회에서 이렇게 정적 특성을 중시하고 과장하는 경향은 이들의 정서 경험의 측면에서도 드러난다. 개인주의 사회에서는 독립성과 독특성의 추구가 문화적 명제이기 때문에, 적극적인 자기 주장과 자기 현시를 정당한 것으로 받아들인다. 따라서 개인주의 사회에 살고 있는 사람들은 자부심·행복감·기쁨·유쾌함·즐거움 같은 긍정적 정서에 민감하고, 이에 대한 경험 빈도도 높다. 그리고 이러한 긍정적 정서는 바람직하게 받아들이나, 부정적 정서에 대한 수용도는 아주 낮다(안신호·이승혜·권오식, 1994 ; 조긍호, 1997a, 2003a ; 차경호, 1995 ; Diener & Diener, 1995 ; Diener et al., 1995 ; Kitayama et al., 1997 ; Markus & Kitayama, 1991a, 1994b ; Suh & Diener, 1995).

이상에서 보았듯이, 개인주의 사회에서는 부적 특성이나 부적 정서보다는 정적 특성과 정적 정서를 더욱 규범적이고 정상적인 것으로 받아들여, 이러한 정적 특성과 정서를 지닌 데서 생기는 자기 만족도가 곧바로 행복감을 일으키는 바탕이 된다. 그러나 집단주의 사회에서는 집단 속에서 이루는 조화와 사회관계에서 자기가 차지하는 적합한 위치에 주의를 기울이게 되어, 이러한 조화를 해치거나 남에게 피해를 줄지도 모르는 부적 측면을 확인하고 개선하는 데 힘쓰게 된다. 따라서 이러한 노력이 행복감의 바

탕이 된다. 이러한 사실은, 개인주의 사회에서는 자기의 정적 측면을 확인
하는 데 바탕을 둔 자기 만족도가 삶의 만족도와 행복감의 직접적인 지표
가 되지만, 집단주의 사회에서는 자기 만족도와 행복감은 아무런 상관이
없고, 타인에게 수용되는 느낌이나 대인관계의 조화가 행복감의 직접적인
지표가 된다는 연구들(Diener & Diener, 1995 ; Heine & Lehman, 1995 ;
Kwan, Bond, & Singelis, 1997)에서 확인되고 있다.

  개인주의 사회에서 자기의 정적 측면을 과장함으로써 자기 만족도와 행
복감을 높이려는 경향은 이 사회에서 특징적인 귀인양식인 "자기 고양 편
향"에서 잘 드러난다. 개인주의 사회에서는 성취 상황에서 자기의 성공에
대해서는 "자기 능력이 뛰어나다"는 식으로 내적 성향에 귀인하고, 자기의
실패에 대해서는 "운이 나쁘다"거나 "과제가 지나치게 어려웠다"고 하며
외적 상황에 귀인함으로써, 자기의 자존심을 높이거나 또는 유지하려는 자
기 고양의 편향이 두드러진다. 이와는 반대로 집단주의 사회에서는 자기
성공을 두고서는 운이나 남의 도움 같은 외적 요인, 그리고 자기의 실패를
두고서는 능력이나 노력 부족 같은 내적 요인에 귀인하는 "겸양 편향"이
두드러진다(김혜숙, 1995, 1997 ; 조긍호·김소연, 1998 ; Bond & Hwang, 1986 ;
Davis & Stephan, 1980 ; Fiske et al., 1998 ; Heine & Lehman, 1995 ; Markus &
Kitayama, 1991a, b ; Takata, 1987). 또한 일본인과는 반대로 미국인들은 성공
상황이 실패 상황보다 훨씬 자존심과 관련성이 높다고 받아들인다는 점이
밝혀지고 있다(Kitayama et al., 1997). 이러한 결과들은 개인주의 사회에서
는 자기의 장점과 정적 특성, 그리고 정적인 감정의 체험을 강조하고, 또
이를 규범적인 것으로 인식하여 추구하고 있음을 직접 드러내주는 것이다.

2) 개인주의의 기본 요소와 이상적 인간상

  지금까지 서구사회의 개인주의 이념에서 추구하는 다섯 가지 기본적 가
치와 관련되어 있는 현대 서구인의 행동과 심리적 특징을 현대 문화비교심
리학에서 연구한 내용을 중심으로 살펴보았다. 이러한 논의를 통해 분명해

진 점은, 개인주의 이념이 추구하는 가치들이 서구 사회인들의 현실적인 행동과 심리적 특징으로 그대로 연결되고 있다는 사실이다. 곧 현대 서구인이 보이는 여러 행동과 심리적 특징은 서구사회의 전통적인 개인주의 이념에서 추구하는 가치들의 반영인 것이다. 이렇게 보면, 서구사회의 개인주의 이념이 추구하는 가치들은 곧 이 사회의 사람들이 이상적이라 여기는 인간상과 연결되는 것으로 생각할 수 있다. 개인주의가 추구하는 이념적 가치가 이 사회인들이 보이는 현실적인 행동과 심리적 특징의 원천이 된다면, 그리고 이러한 현실적 특징은 이 사회인들이 바람직한 것으로 그리고 있는 인간의 모습을 반영하는 것이라면, 이 사회에서 추구하는 이념적 가치들은 그대로 이 사회가 추구하는 이상적 인간상과 일치할 것이기 때문이다.

(1) 환경세계에 대한 통제력의 보유

그 자체 안에 자신의 행위와 변화의 원인이 되는 모든 내적 속성(성격·능력·흥미·욕구·의도·감정·태도·가치관·지식 따위)을 완비하고 있는 역동적이고도 자족적인 존재로 개인을 파악하는 것이 개인주의가 추구하는 자기 완비성의 이념이다. 따라서 개인주의 사회에서는 개인이 스스로 모든 일을 결정하고 집행하는 원천이자 주체이며, 환경조건이나 상황 요인, 또는 어쩔 수 없는 사회의 요구나 주어진 소임에 따라 피동적으로 선택하고 행동하는 변화의 객체나 대상이 아니라, 자기의 변화를 스스로 이끌어 내는 원인 행위자로 개인 존재를 파악한다. 그러므로 개인주의 사회에서는 개인을 자율적인 선택과 결정의 주체로 받아들임으로써, 행동 원인의 추정에서 '성향주의 편향'이 두드러지며, 개인의 욕구에 합치하도록 환경세계를 변화시키는 '환경 통제'를 통제의 기본 관념으로 받아들인다. 통제력의 소재를 자신 안에서 찾는 개인주의 사회인들의 이러한 특징은 이 사회인들이 자기의 통제력을 과도하게 인식하거나(통제력 착각), 자기의 미래에 대해 지나치게 낙관하는(비현실적 낙관주의) '정적 착각'의 경향을 보이도록 만든다.

이렇게 개인주의 사회에서는 자기의 변화나 선호 또는 행동의 원천을 스스로 자족적으로 완비하고 있는 원인 행위자로 개인 존재를 파악함으로써, 통제의 대상을 자신이 아니라 그를 둘러싸고 있는 외부 환경이라고 보며, 이에 대한 통제력을 완전하게 자신이 지니고 있는 것으로 여긴다. 따라서 이 사회에서는 자기의 행위나 선택을 통제하는 힘을 스스로 지니고 있는 상태를 이상적 인간의 조건이라고 여기며, 그러한 통제력을 잃는 정도만큼 이상적인 인간상에서 멀어지게 된다고 보는 것이다. 요약하면, 자기 완비 성이라는 이념에서 요구되는 개인주의 사회의 이상적 인간상의 조건은 '환경 세계에 대한 통제력의 보유'인 것이다.

(2) 누구에게나 평등하고 일관되게 대하는 태도

가족이나 사회 또는 국가, 그 밖의 무엇보다도 앞서는 유일하고도 최종 목적적인 평등한 존재로 개인을 파악하는 것이 개인주의가 추구하는 존엄성의 가치다. 이는 모든 개인은 소속된 집단이나 사회와는 상관없이, 그리고 개인 사이의 여러 특성이나 성취도의 차이에 상관없이 평등한 개체로서 똑같이 존중받아 마땅함을 의미한다. 곧 개인이 태어날 때부터 갖추고 태어나는 귀속지위(ascribed status)나, 태어난 다음에 개인이 이룩한 성취지위(achieved status)의 차이에 상관없이, 똑같은 인간이라는 사실만을 근거로 하여 모든 사람에게 똑같이 공정하고 일관되게 행동하는 것이 인간존엄성의 가치가 요구하는 삶의 태도인 것이다.

그리하여 개인주의 사회에서는 부모-자식 사이의 관계뿐만 아니라 여러 상위자와 하위자 사이의 경우에도 그 심리적 거리가 거의 없이 평등한 것으로 인식한다. 개인주의 사회에서는 이렇게 사람들 사이의 관계를 평등하게 받아들이므로, 누구에게나 똑같이 대해야 한다고 생각하고 또 그렇게 행동한다. 따라서 내집단 성원이나 외집단 성원에 대한 행동이 달라지지 않는다. 또한 개인주의 사회에서는 도덕 판단의 상황에서도 판단 대상이 누구인지에 상관없이 항상 일관되는 '정의의 원칙'에 따라 잘잘못을 평가하는 경향이 강하다.

이렇게 개인주의 사회에서는 주위의 모든 사람을 일관된 원칙에 따라 똑

4장 서구의 이상적 인간형론 215

같이 대우한다. 이 사회에서는 누구에게나 평등하고 일관되게 대하는 태도를 이상적 인간의 조건이라고 보며, 상대방의 외적 또는 내적 특징에 따라, 또한 자기와 맺는 관계의 종류나 밀접한 정도를 고려하여 불평등하게, 그리고 서로 다른 원칙에 따라 대우할수록 이상적인 인간상에서 멀어지게 된다. 말하자면, 존엄성이라는 이념에서 요구되는 개인주의 사회의 이상적 인간상의 조건은 '누구에게나 평등하고도 일관되게 대하는 태도'인 것이다.

(3) 독립적, 자기 결정적인 행위 능력의 보유

사회나 규범들이 자기에게 가하는 외적인 압력을 비판적으로 평가하여, 오로지 자신의 의지만으로 자유롭게 자기의 선호와 행위를 선택하고 집행하는, 독립적이고 자기 결정적인 존재로 개인을 파악하는 것이 개인주의 이념이 추구하는 자율성의 가치다. 자율성은 개인이 타인이나 사회의 영향을 받지 않고 자기의 행위를 선택하는 독립성과 오로지 자기의 욕구와 감정 및 선호에 따라 스스로 진로를 결정하는 자기 결정성을 의미한다.

개인주의 사회에서 개인은 이러한 독립성과 자기 결정성 때문에 자기의 행위와 선택의 결과에 대해 누구에게든 책임을 미루지 않고, 오직 자신만이 온전하게 책임을 진다. 개인주의 사회가 추구하는 자율성의 가치는, 이 사회에 살고 있는 사람들로 하여금 스스로를 타인이나 사회 맥락에서 분리된 독립적인 존재로 파악하는 '독립적 자기관' 또는 '분리적 자기관'을 갖게 한다. 그리하여 이 사회에 살고 있는 사람들은 개인의 독립심·자신감·적극성·자립심·경쟁심 같은 독립적 성향과 자율적 개인이 이루어 낸 여러 가지 능력을 대인평가 과정에서 높이 평가한다. 개인주의 사회에서 이렇게 독립적 성향과 뛰어난 능력을 높이 평가하는 경향은 이를 통해 개인이 자기의 진로와 행위를 올바르게 결정할 수 있을 것이기 때문이다. 개인주의 사회에서 독립적인 개인의 자기 결정성을 강조하는 이러한 경향은 행동 표준을 스스로에게서 찾거나 또는 스스로 설정하게 함으로써, 이 사회에서 집단의 규범과 압력에 저항하게 만들고, 결과적으로 타인이나 집단에 대한 동조 행동의 크기를 줄어들게 한다.

그러므로 개인주의 사회에서는 자기의 의지에 따라 독립적, 자기 결정적으로 행동하는 것을 이상적 인간의 조건이라 보며, 다른 사람이나 집단의 압력 또는 사회 규범에 굴복하거나 이를 추종하여 상황의존성 또는 타인의존성이 커질수록 이상적 인간의 상태에서 멀어지는 것으로 인식한다. 이렇게 자율성의 이념이 요구하는 개인주의 사회의 이상적 인간상의 조건은 '독립적, 자기 결정적인 행위 능력의 보유'이다.

(4) 자기 노출과 적극적 자기 표현

타인이나 집단 또는 사회의 부당한 간섭이나 제약 및 압력이나 강요를 받지 않고, 자기만의 사적 영역에서 내밀한 자유를 누리는 존재로 개인을 파악하는 것이 개인주의가 추구하는 가치인 사생활의 자유이다. 이는 개인주의 이념이 중요하게 여기는 다른 가치들을 추구할 수 있는 전제가 되며, 개인주의가 성립하는 가장 원초적인 기반이다. 이러한 사생활의 자유를 확보함으로써 개인은 자기의 주인이 되는 자기 소유성을 성취하게 되고, 필요한 경우 바라는 대로 자기의 욕구나 감정 및 생각이나 태도를 드러냄으로써 적극적으로 자기를 표현하는 자유를 누린다. 이러한 자기 노출과 적극적인 자기 표현은 타인과 분리된 독립적 자기를 스스로에게나 타인에게 선포하는 의미와 함께, 자기만의 개성과 독특성을 과시하는 의미도 갖는다. 그러므로 사생활의 자유는 개인주의에서 추구하는 여러 이념의 핵심을 이루는 가치이다.

개인주의 사회에서는 자기의 내적 욕구·감정·의도·생각·태도·가치관의 주인은 바로 자기 자신이라고 본다. 따라서 필요할 때 자기가 원하는 대로 이들을 드러내는 것은 인간이 갖추고 있는 자연적인 권리라고 여긴다. 그러므로 이의 거리낌 없는 표출을 적극 장려하고 권장한다. 그리고 이를 자연스럽게 드러내도록 만드는 특성, 곧 솔직함·적극성·자발성·다변·말 잘하는 능력 들을 중요한 특징으로 높이 평가한다. 개인주의 사회에서는 저맥락 의사소통이 특징이어서, 침묵과 과묵함 대신 다변과 토론을 통한 설득을 중요하게 여긴다. 그리하여 침묵보다는 대화와 토론을 즐기며, 아주 어려서부터 자기를 드러내고 자기의 감정이나 욕구 또는 생각을 다른 사람에게 전달하여, 그들을 설득할 수 있는 기술이 몸에 배도록 부추긴다. 따라서 학교에서도 강의식 교육보다는 토론식 교육을 선호한다. 개인주의 사회에서는 자기의 내밀한 정서나 욕구의 표현은 솔직함과 진실성의 반영이라고 보아, 분노나 자부심 같은 정서도 거리낌 없이 표현할 것을 권장한다. 이 사회에서는 자기의 의견·태도·감정·욕구의 표현을 억제하는 것은 정신건강에 해를 입힌다고 받아들여, 이의 표현을 적극 권장하는 것이다. 따라서 이 사회에서 심리치료는 많은 경우 자기 표현 기술을 습득하는 데 집중된다.

이렇게 개인주의 사회에서는 자기의 내밀한 내적 속성을 겉으로 드러내고 적극적으로 표현하는 것을 강조한다. 이 사회에서는 누구나 언제라도, 비록 자기의 욕구나 감정 또는 의견의 표출이 집단의 조화나 목표 추구에 장애가 되더라도, 이를 드러내는 것을 받아들이고 권장한다. 개인주의 사회에서는 이렇게 솔직하고 진실하게 자기를 드러내고 표현하는 태도를 이상적 인간의 조건이라 보며, 여러 가지 간섭·압력·제약·강요의 영향을 받아 자기를 드러내지 못할수록 이상적 인간의 상태에서 멀어지는 것으로 본다. 사생활의 자유라는 이념이 요구하는 개인주의 사회의 이상적 인간상의 조건은 이러한 '자기 노출과 적극적 자기 표현'인 것이다.

(5) 독특성과 개성의 신장

타인과 구별되는 독특한 존재인 개인의 장점과 개성을 확인하고 개발하는 데 개인주의 이념이 추구하는 자기 개발의 가치가 있다. 개인주의 사회에서는 개성이 개발되는 만큼 인간은 스스로에게나 타인에게 가치 있는 존재가 될 수 있기 때문에, 자기 개발은 개인주의가 추구하는 인간 삶의 목표가 된다. 그러므로 개인주의 이념이 내세우는 다른 가치들은 모두 이러한 자기 개발을 통한 자기실현이라는 목표로 수렴된다고 볼 수 있다. 자기 개발의 전제는 자기 완비적인 자족성과 누구나 똑같이 자기 개발을 할 수 있는 평등한 존엄을 갖추었다는 사실에 있다. 그리고 자기 개발이라는 관념은 그 논리 자체로 자율적인 선택과 추구를 통해 개인이 지니고 있는 잠재적인 가능성이 발전함을 뜻하는 것이다. 이러한 자기 개발은 또한 불간섭의 사적 영역을 필요로 하며, 또 이 속에서 이루어진다. 이렇게 개인주의 이념이 추구하는 자기 완비성·존엄성·자율성·사생활의 자유라는 가치들은 모두 자기 개발을 통한 자기실현의 전제이거나 또는 바탕이 되는 가치이다. 이러한 자기 개발의 목표를 이루기 위해 개인주의 사회에서는 개인의 독특성을 그만이 갖는 장점을 확인하고 늘리는 데 모든 사회화와 교육의 초점이 모아진다.

집단 안에서 위치를 확인하고 내집단과 동일시를 추구하는 데 사회화의 강조점을 두는 집단주의 사회와는 달리, 개인주의 사회에서는 개인의 고유한 능력과 장점을 확인하고 독특성을 추구하는 데 사회화의 강조점을 둔다. 그러므로 개인주의 사회에서는 개인이 가지고 있는 장점이나 독특성 및 정적(正的) 특성이나 정서를 과도하게 추구하고, 또 이를 과장하여 지각하는 경향을 보인다. 이 사회에 살고 있는 사람들에게는 자기의 능력과 정적인 성향의 독특성을 사실 이상으로 과장하여 지각하는 '허구적 독특성 지각'의 경향이 심한 것이다. 이러한 허구적 독특성 지각 경향은 지능·기억력·운동능력을 비롯한 여러 능력의 영역에서뿐만 아니라, 독립성·자신감 같은 독립적 성격 특성과 동정심·배려심·협동심 같은 상호의존적 성격 특성에서도 두루 나타난다. 이러한 자기 중심·자기 과장적인 경향은 자기의 앞날을 지나치게 낙관적으로 보는 '비현실적 낙관주의', 심지어는 순전히 운에 따라 결정되는 일까지도 스스로 통제하고 있다고 생각하는 '통제력 착각' 같은 긍정적이고도 비현실적인 자기 평가 경향과 연결된다. 그리하여 이 사회에 살고 있는 사람들은 자신이 부적(負的) 특성은 거의 가지고 있지 않으면서, 정적(正的) 특성은 많이 가지고 있다고 인식하며, 자기가 한 일이나 자기에게 벌어진 사건 따위의 원인을 분석할 때에도 지나치게 자기에게 유리하게 해석하는 '자기 고양 편향'을 크게 드러낸다. 또한 개인주의 사회에 살고 있는 사람들은 부적 정서보다는 정적 정서를 규범적 정서로 받아들이며, 정적 정서와 이의 보유로 말미암은 자기 만족도

가 행복감이 생기는 바탕이라고 인식하여, 이를 적극 추구한다. 그 결과 이
들은 지나치게 행복에 집착하는 경향을 보이는데, 개인주의 사회에서 행복
은 이렇게 정적 특성과 뛰어난 능력의 보유, 정적 정서의 경험에서 나오는
자기 평가와 자기 독특성에 대한 인식에 의존하는 것이다. 곧 이 사회에서
는 자기만의 장점을 갖춘 독특하고도 개성 있는 사람이 되는 것이 행복해
지는 비결이다.

이렇게 개인주의 사회에서는 개인의 독특성과 정적(正的)인 자기상(自
己像)의 보유 및 정적 정서의 경험이 사람을 행복하게 하는 기본적인 요소
라고 보아 중요하게 여긴다. 이러한 경향은 허구적으로 자기의 독특성을
과장하여 지각하거나, 자기의 미래를 지나치게 낙관적으로 보거나, 자기의
통제력을 사실 이상으로 과대평가하거나, 지나치게 정적 특성이나 정적 정
서의 경험에 집착하는 식으로 심리·행동적 특징이 드러나게 한다. 그러므
로 이 사회에서는 개인의 고유한 독특성을 확인하고, 이를 발전시킴으로써
정적인 자기상을 갖는 것이 이상적 인간이 추구하는 삶의 기본 목표라 보
며, 개인이 자기만의 장점과 독특성을 찾아내지 못하거나, 이를 길러내지
못할수록 이상적 인간상에서 멀어지는 것으로 여긴다. 한 마디로, 자기 개
발의 이념이 요구하는 개인주의 사회의 이상적 인간상의 조건은 '독특성과
개성의 신장'인 것이다.

3) 개인주의 이념이 추구하는 이상적 인간상 : 자기실현인

지금까지 서구사회의 개인주의 이념이 추구하는 다섯 가지 기본적인 가
치에서 끌어낼 수 있는 이상적 인간상의 특징에 대해 살펴보았다. 우선 원
인 행위자로 개인 존재를 인식하는 자기 완비성의 이념에서는 '환경 세계
에 대한 통제력을 지닌 사람'이 이상적 인간상으로 드러난다. 다음으로 평
등성과 일관성을 추구하는 존재로 개인을 파악하는 존엄성의 이념에서는
'누구에게나 평등하고 일관되게 대하는 사람'이 바람직한 인간상으로 드러
난다. 이어서 독립성과 자기 결정성을 추구하는 존재로 개인을 개념화하여

받아들이는 자율성의 이념에서는 '독립적이고 자기 결정적인 행위 능력을 지닌 사람'이, 그리고 적극적인 자기 표현을 권장하는 사생활 자유의 이념에서는 '자연스럽게 자기를 노출하고 적극적으로 자기를 표현하는 사람'이 바람직한 인간상으로 그려진다. 마지막으로 개인을 독특성과 자기 고양을 추구하는 존재로 여기는 자기 개발의 이념에서는 '자기만의 고유한 독특성과 개성을 확인하고 이를 개발한 자기실현인'이 이상적인 인간상으로 도출된다.

여기서 개인주의의 이념이 추구하는 여러 가치들은 모두 자기 개발의 가치로 수렴된다는 사실을 다시 한번 떠올릴 필요가 있다. "비록 순수한 이기주의(egoism)부터 강한 공동체주의(communitarianism)에 이르는 흐름 속에서 자기(self)의 개념을 어떻게 정의하느냐에 따라 그 내용이 달라지기는 하지만, 자기 개발의 관념은 개인의 삶의 이상을 규정하는 가치"(Lukes, 1973, p. 71)이기 때문에, 개인주의 사회에서 자기 개발은 모든 사람의 삶이 지향하는 목표이고, 따라서 이 이념에서 추구하는 다른 가치들(자기 완비성·존엄성·자율성·사생활의 자유)은 자기 개발의 목표에 수렴되는 것이다. 이렇게 "일반적으로 자기 개발은 목적 그 자체(end-in-itself)인 궁극적 가치(ultimate value)의 지위를 갖는 이념"(Lukes, 1973, p. 72)으로서, "개성(individuality)을 개발하는 정도에 비례해서 개인은 그 자신에게 가치 있는 존재가 되며, 결과적으로 다른 사람에게도 가치 있는 존재가 될 수 있다"(Gierke, 1913/1957, p. 56).

이러한 관점에서 보면, 개인주의가 추구하는 여러 가치에서 끌어낼 수 있는 이상적 인간상의 특징들(환경세계에 대한 통제력의 보유, 누구에게나 평등하고 일관되게 대하는 태도, 독립적이고 자기 결정적인 행위 능력의 보유, 자연스러운 자기 노출과 적극적인 자기 표현)은 모두 자기 개발의 가치에서 끌어낼 수 있는 인간상, 곧 '자기만의 고유한 독특성과 개성을 확인하고 이를 개발한 자기실현인'이 여러 측면(환경세계와 맺는 관계, 대인관계, 사회행위의 근거, 자기를 드러내는 양식)에서 지니는 특징에 귀결되는 것이라고 추론할 수 있을 것이다. 곧 독특성과 개성의 신장을 통하여 자기실현을 이루기 위해서는 환경세계에 대한 통제력을 발휘하여 이를 자기에게 맞게 변화시키고 활용할 수 있어야 하고(환경세계와 맺는 관계), 삶의 장면에서 상호작용하는 누구에게나 평등하고도 일관된 원칙에 따라 교유해야 하며(대인관계), 타인과 분리된 독립적인 존재로서 스스로 자율적인 선택에 따라 자기의 진로와 행위를 결정할 수 있어야 하고(사회행위의 근거), 타인이나 집단의 간섭에서 벗어나 자기만의 사적 영역에서 자연스럽고도 적극적으로 자기를 표현할 수 있어야 한다(자기를 드러내는 양식). 한 마디로, 개인주의 사회에서 추구하는 이상적 인간상은 '자기실현인'이라고 개념화할 수 있으며, 개인주의의 다른 가치들에서 도출되는 나머지 특징들은 자기 독특성과 개성의 확인 및 개발을 위한 바탕 또는 전제 조건들이 된다고 볼 수 있는 것이다.

같은 맥락에서 융(Jung, 1963)은 자기실현은 곧 개성화(個性化, individuation)라고 보고, 개인의 독특성과 개성의 통합 및 실현을 인간 삶의 목표로 규정하고 있다. 그에 따르면, "개성화는 개별적인 존재가 되는 것이다. 그리고 우리가 개성이라는 말을, 우리의 가장 내적이며 궁극적이고 다른 것과 견줄 수 없는 고유성(일회성·유일무이성)이라고 이해한다면, 그것은 본래의 자기가 되는 것이다. 개성화는 자기화(Verselbstung) 또는 자기실현(Selbstverwirklichung)이라고 규정될 수 있다"(p. 65)는 것이다. 다시 말해서, 개성화 또는 자기실현은 "그 인간을 그가 그렇게 있는 그 특정한 개별적 존재로 만드는 것"(이부영, 2002, p. 95)으로서, "개인이 가지고 있으나 아직 실현하지 못한 삶을 가능한 한 많이 실현하는 것이다"(p. 29). 이렇게 "자기실현이란 아직 모르는 크기의 전(全) 인격을 실현하는 것"이며, "바로 개인의 '평범한 행복'을 구현하는 과정이다"(p. 29). 그러므로 "자기실현은 삶의 본연의 목표이며, 값진 열매"(p. 30)가 된다.

이상에서 보듯이 서구 개인주의 이념이 추구하는 이상적 인간형은 한마디로 자기 독특성과 개성을 남김없이 발휘한 '자기실현인'이라고 볼 수 있다. "자기실현(개성화)을 통하여 '있는 그대로의 그 사람'이 되면, 개체의 고유성을 소홀히 하거나 억압함이 없이, 인간의 집단적 사명을 보다 나은 방향으로 보다 충실하게 충족시키게 된다"(이부영, 2002, p. 74). 그러므로 개인주의 사회에서 자기 독특성과 개성의 신장을 통한 개성화, 곧 자기실현은 삶의 "궁극적 가치이며, 목적 그 자체"(Lukes, 1973, p. 72)로 드러나는 것이다.

2. 현대 서구심리학의 이상적 인간형론

현대심리학에서 외부 세계에 대하여 한 개인이 지니는 고유한 적응과 삶의 양식에 관한 문제는 주로 성격심리학 분야에서 다루어왔다. 성격(personality)이란, "환경에 대한 개인의 독특한 적응을 결정하는 개인 안의 정신·신체적 체계들의 역동적 조직"(Allport, 1937, p. 48), "개인의 행동을 한 시점부터 다른 시점까지 일관성 있게 하고, 다른 사람들이 비슷한 상황에서 보일 행동과 다르게 만드는, 상당히 안정적이고 내적인 요인들"(Child, 1968, p. 83), 또는 "개인의 삶에 방향과 패턴(통일성)을 부여하는 인지·감정·행동의 복합 조직"(Pervin, 1996, p. 414)과 같이 다양하게 정의되는 개념이다. 성격에 대한 정의는 이렇게 다양하지만, 보통 "성격은 내적 속성으로서 통합성·고유성·일관성·역동성을 지닌 존재"(민경환, 2002, p. 4), 곧 한 개인의 전반적이고도 고유한 사람됨을 말하는 것이라고 볼 수 있다. 현대심리학에서 이렇게 성격을 연구하는 목적들 가운데 한 가지는 "사람들로 하여금 더 원만하고 만족스러운 삶을 영위할 수 있도록 도와주는 것"(Hjelle & Ziegler, 1981/1983, p. 13)인데, 이러한 원만하고 만족스러운 삶의 모습은 이상적인 인간상의 모습으로 구체화된다고 볼 수 있다. 그러므로 성격에 관한 연구들을 잘 살펴보면, 각 이론가들이 제시하는 이상적 인간형의 모습을 끌어낼 수 있을 것이다.

현대 서구심리학이 제시해 온 이상적 인간상을 김성태(1976)는 "성숙인격(成熟人格)"으로 개념화하여 통합하고 있는데, 앞의 논의에 따르면 성숙인격을 갖춘 사람은 곧 자기실현인을 의미한다고 생각할 수 있다. 여기에서는 이러한 개인주의 사회의 이상적 인간상에 대해 서구 성격심리학에서 제시한 내용들을 김성태(1976, 1984, 1989)의 작업을 기본틀로 하여 살펴보기로 하겠다. 이러한 연구들은 이상적 인간상의 여러 특징들을 나열하여 제시한 연구들과, 이러한 이상적 인간에 이르는 단계를 논의한 연구들로 나누어볼 수 있다.

1) 이상적 인간의 특징

"성격심리학은 이론의 천국이다"(민경환, 2002, p. 29). 이러한 성격심리학의 이론들은 대체로 "인간 전체를 조망해 주는 장점"(p. 29)을 가지고 있는 대이론(grand theory)의 형태를 띠고 있다. 이러한 성격이론들은 "통상 성격역동이론, 특질이론, 현상학적 이론, 사회인지적 이론의 네 유형으로 분류된다"(p. 29).[5] 이 가운데서 "성격의 사회인지적 이론들은 다른 성격 이론들처럼 성격의 전 측면을 설명하려는 대규모 이론이라기보다는 성격의 일부 측면에만 초점을 맞추어 설명을 적용하는 소규모 이론들이 대부분이다"(p. 33). 그러므로 사회인지적 이론들에서는 인간 전체, 그 가운데서도 가장 바람직한 인간상을 전반적으로 조망해 주는 관점을 찾아보기 힘들다. 이러한 관점에서 여기에서는 정신역동이론 계열, 특질이론 계열, 현상

---

5) 홍숙기(2004, 2005)는 성격이론을 정신역동적 접근, 성향-생물학적 접근, 인본주의-현상학적 접근, 인지-정보처리적 접근, 행동주의-학습 접근의 다섯 가지로 분류하고 있다. 이 가운데 앞의 네 가지는 각각 민경환(2002)의 정신역동이론, 특질이론, 현상학적 이론, 사회인지적 이론에 해당하는 것이다. 그녀가 분류하는 행동주의적 이론은 "성격이 객관적 환경조건들에 의해 형성된다고 가정한다. 행동주의는 급진적 형태에서는 '감정·사고·행동의 일관된 패턴들을 설명해 주는 그 사람의 특징들'에 관심이 없다. '성격'이라는 구성 개념의, 나아가 모든 구성 개념의 필요성을 부인하고, 오직 밖에서 관찰할 수 있는 반응이나 행동들, 그들이 '학습'된 환경 및 상황 조건들에만 관심을 두기 때문이다"(홍숙기, 2004, pp. 23~24). 아마도 민경환(2002)은 성격을 '내적 속성'(p. 4)이라고 보는 관점에서 이러한 행동주의적 이론은 성격이론으로 보기 힘들다고 간주하고, 이를 성격이론의 범주에서 배제한 것으로 보인다. 여기에서는 민경환(2002)의 관점에 따라 성격이론을 네 가지로 분류하는 견해를 따르기로 한다.

학적 이론 계열, 그리고 김성태(1976)의 연구에 인용된 학자들 가운데 특별히 이러한 계열로 구분하기 힘든 학자들을 중심으로 현대 서구심리학이 제시하는 이상적 인간의 특징을 살펴보기로 하겠다.

(1) 정신역동이론 계열

"정신역동(精神力動, psychodynamics)이란 마음(psyche)이 정체해 있기(static)보다는 움직인다(dynamic)는 것을 뜻한다. …… 이 접근에 기본이 되는 가정은 우리가 자신도 모르는 힘들에 의해 움직여진다는 것이다"(홍숙기, 2004, p. 23). 곧 인간의 정신세계를 스스로가 인식하고 있는 부분인 의식(意識, consciousness)과 스스로가 인식하고 있지 못하는 힘들의 저장소인 무의식(無意識, unconsciousness)으로 나누고, 이들의 역동적인 관계를 통해 인간의 성격과 정신병리 현상을 이해하려는 것이 정신역동이론이다. 정신역동이론의 대표자는 프로이트(Freud)인데, 그의 이론은 융(Jung), 아들러(Adler), 호나이(Horney), 설리반(Sullivan), 에릭슨(Erikson), 프롬(Fromm)에게 비판되고 수정되어 그 지평이 넓어졌다. 김성태(1976)는 이 가운데 에릭슨과 프롬의 이상적 인간형론을 개관하고 있는데, 여기에서는 이 밖에도 융과 아들러를 보태어 정신역동이론 계열에서 제시하는 이상적 인간의 특징에 대해 고찰하도록 하겠다.

융의 자기실현인   융의 이론을 분석심리학(analytical psychology)이라 하는데, 그는 본래 프로이트의 정신분석학(psychoanalysis)에 기울어져 있었으나, 곧 그에 반발하고 독특한 분석심리학의 체계를 발전시켰다. 그는 개인 스스로 인식하고 있는 의식의 중심을 자아(ego)라고 보았고, 무의식을 개체발생적인 근거를 갖는 개인무의식(personal unconsciousness)과 계통발생적인 근거를 갖는 집단무의식(collective unconsciousness)으로 나누었다.

"자아는 의식되는 마음의 부분이다. 이는 의식적 지각·기억·사고 및 감정으로 구성된다. 자아는 인간에게 동일성과 연속성의 느낌을 가져다주며, 개인의 관점에서 볼 때 의식의 중심에 있는 것으로 간주된다"(Hall & Lindzey, 1978, p. 118). 이렇게 자아는 우리가 "나"라고 부르는 의식의 중심으로서, "바깥 세계와 관계를 맺고 이에 적응하는" 기능과 "무의식의 내면 세계를 살펴, 이와 관계를 맺고 이에 적응하는"(이부영, 2002, p. 32) 이중적인 구실을 하는 부분이다. 개인무의식은 "과거에는 의식되었으나, 억압되거나 잊어버렸거나 무시된 경험 내용 및 의식적 인상을 남기기에는 너무 약했던 경험들로 구성된다"(Hall & Lindzey, 1978, p. 118). 이는 자아에 맞닿은 영역으로서, 그 내용은 의식으로 바뀔 수 있고, 따라서 자아와 개인무의식 사이에는 서로 잦은 교류가 있다. 집단무의식은 "별개의 종인 인간 종족의 역사뿐만 아니라 인간 이전의 동물 조상을 포함하여 과거 조상에게서 대대로 물려받은 잠재적 기억의 저장소이다. 이는 수많은 세대 동안 반복된 경험의 결과가 쌓인 인간 진화의 심리적 잔재(psychic residue)이다"(Hall & Lindzey, 1978, p. 119). 이는 우리 모두가 다른 동료 인간들과 공유하고 있는 보편적인 무의식적 사고와 감정을 반영하는 것으로서, 성격의 심층 가운데 가장 깊은 부분을 형성한다.

"융은 집단무의식의 내용이 원형(原型, anchetype)이라 부르는 강력하고 원초적인 이미지들로 구성되어 있다고 생각했다. 원형은 사람들로 하여금 세계를 특정 양식으로 지각하고, 경험하고, 반응하도록 이끄는 보편적, 집단적, 선험적인 아이디어나 기억들이다"(민경환, 2002, p. 102). 융이 언급한 원형의 예로는 어머니·태양·탄생·죽음·뱀·신·늙은 현인 들이 있는데, 이들 가운데 어떤 원형들은 개인의 "성격 가운데 분리된 체계로 다룰수 있을 정도로 발전하기도 하였다"(Hall & Lindzey, 1978, p. 122). 페르조나(persona)·그림자(shadow)·아니마(anima)·아니무스(animus)·자기(self) 들이 그 예인데,[6] 이들은 융의 이론에서 독특한 위치를 차지하고 있다.

---

6) '페르조나'는 가면을 뜻하는 말로서, "우리가 다른 사람과의 관계에서 내보이는 공적인 얼굴이다. 이는 사회적 요구에 반응하여 수행하는 다양한 역할들을 반영하며, 다른 사람들에게 인상을 주거나 자신을 감추는 데 사용된다"(민경환, 2002, p. 102). "그림자는 우리 마음의 어둡고 사악하고 동물적인 측면을 반영한다. 이는 사회적으

이러한 집단무의식의 원형들 가운데서 가장 중요한 것은 '자기(self, Selbst)'이다. '자아'는 의식의 중심일 뿐이지만, "자기는 의식과 무의식을 통틀은 전체 정신의 중심"(이부영, 2002, p. 29)이기 때문이다. 그러므로 "자기는 전체 인격의 통일성과 전일성을 나타낸다. 말하자면, '하나가 된 인격'이다. 자아 의식만으로는 결코 하나가 된 인격이라 할 수 없다. 그것은 전체 정신의 일부일 뿐이다. 의식과 무의식이 하나로 통합될 때 비로소 전체 인격이 실현"(p. 53)되는 것이다.

융은 "인간의 무의식 속에는 전체 인격이 되려는 내적 충동이 모든 사람이 태어날 때부터 두루 갖추어져 있다"(이부영, 2002, pp. 90~91)고 보았다. 그에 따르면, 인간 정신 활동의 무한한 가능성은 무의식에 숨겨져 있다. "그것은 무의식 속에 있으면서 쓰이기를 기다리고"(p. 93) 있는 것이다. 이렇게 무의식에 잠재해 있는 인간 정신의 무한한 가능성을 의식화(Bewuβtwerdung)하는 것이 바로 '자기실현(自己實現, self-actualization, Selbstverwirklichung)'이다. 이렇게 무의식을 의식화함으로써 "의식의 확대를 시도"하며, "이렇게 해서 의식의 시야를 넓혀가면, 좁은 의식의 중심이 점차 전체 정신의 중심으로 가까이 가게 된다"(p. 120). 이렇게 자기실현은 무의식의 내용을 인식하여 의식화함으로써 자아의 범위를 넓히고, 개인의 독특한 본 모습인 개성화를 이루는 일이다. 융에 따르면, 이러한 "자기실현은 삶의 본연의 목표"(p. 30)이다. 그러므로 자기실현을 이룬 사람이 바로 가장 바람직한 이상적 인간상이라고 융은 보는 것이다.

자신 속에 있는 대극(對極, opposition)적인 힘들을 통합하여, 그들 사이에서 조화를 취함으로써 독특한 개체로서 완전성을 성취한 사람이 바로 자

로 용납될 수 없는 성적 충동과 공격적 충동, 그리고 비도덕적인 사고와 열정 등을 포함한다"(민경환, 2002, p. 103). 또한 그림자는 겉으로 보이는 페르조나의 숨겨진 무의식적 반대 경향일 수도 있다(이부영, 2002). '아니마'는 남성에게 숨겨진 "여성적이고 수동적인 면을 지칭하고", '아니무스'는 여성에게 숨겨진 "남성적이고 자기주장적인 면을 기리킨다"(민경환, 2002, p. 103). 이러한 원형들의 내용과 그 기능에 관해서는 이부영(1999, 2001, 2002)을 참조할 것.

기실현인이다. 이들은 페르조나와 진정한 자기를 구별하여 페르조나에 대한 동일시에서 벗어나며(이부영, 2002, pp. 120~124), 자기 안에 있는 그림자를 인식하여 자신의 부정적인 측면도 인정하고 수용한다(pp. 124~135). 남자든 여자든 자기 속에 있는 이성적(異性的) 원형인 아니마와 아니무스를 인식하여 의식에 동화함으로써, 의식의 시야가 넓어질 뿐만 아니라 이성과 관계도 원활해진다(pp. 135~150). "이렇게 자기실현에 도달한 사람은 통합·조화·완전 등의 느낌을 갖게"(민경환, 2002, p. 103) 된다.

아들러의 창조적 자기 아들러도 처음에는 프로이트의 이론에 기울어져 있었으나, 곧 지나친 범성설(汎性說)과 심적 결정설(psychic determinism) 및 성격에 미치는 사회적 영향을 외면하는 그의 관점에 반발하여 결별하고, 독특한 개인심리학(individual psychology)의 체계를 발전시켰다(민경환, 2002 ; 홍숙기, 2004 ; Hall & Lindzey, 1978 ; Hjelle & Ziegler, 1981/1983). 그는 인간을 "유일하고(sole), 분해할 수 없으며(indivisible), 자기일관적이고(self-consistent) 통합된(unified) 실체"(Hjelle & Ziegler, 1981/1983, p. 95)라고 보았으며, 따라서 그의 개인심리학은 인간을 전체적으로 보려는 그의 관점을 드러내는 것이다. 곧 "개인심리학에서 '개인'이라는 단어는 사회·집단에 대비한 개체보다는 '나눌 수 없다'(In-dividuum)는 전체성을 의미"(홍숙기, 2004, pp. 145~146)하는 것이다. 이러한 관점에서 아들러는 "생물학적 충동과 무의식적 갈등들을 강조한 프로이트의 노선에서 이탈"하여, 인간의 삶 전체 과정에서 "사회적 요인들의 중요성과 행동의 목적성을 강조"(홍숙기, 2004, p. 163)하는 독자적인 이론체계를 세웠다.

아들러가 사회적 요인을 강조하였다는 사실은 그가 "사회적 관심(social interest)", 곧 "공동체감(Gemeinschaftsgefühl)"을 인간에게 타고난 것으로 보고 있다는 점에서 잘 드러난다. 이는 "궁극적으로 완전한 사회를 이루려는 목표를 향한 개인적 도움의 원천"(Hall & Lindzey, 1978, p. 164)이 되는 것으로, "협동, 대인적 및 사회적 관계, 집단에 대한 동일시, 공감 들

로 나타난다"(p. 164). 이러한 "사회적 관심은 각 개인이 가진 모든 자연
적 약점에 대한 진정하고도 필연적인 보상이 된다"(Adler, 1929, p. 31). 이
러한 사회적 관심 때문에 인간은 항상 타인과 집단에 관심을 갖고, 그들에
게 민감하게 반응하는 것이다. 이러한 맥락에서 사회적 관심은 아들러가
선천적 욕구라고 상정하는 "우월성 추구(striving for superiority)"의 배경
이 된다. 아들러는 각 개인은 자기의 신체적, 심리적, 사회적인 여러 약점
과 이에 대한 사회적 비교에서 비롯하는 열등감을 보상하고, 사회 장면에
서 우월성을 추구하려는 "위대한 향상의 충동(the great upward drive)"
(Hall & Lindzey, 1978, p. 162)을 선천적으로 갖추고 있다고 본다. 이러한
우월성의 추구에서 나오는 열등감의 보상 및 완전성을 향한 노력은 기본
적으로 사회적 관심에서 비롯하는 타인과 집단에 대한 비교를 배경으로
한다고 볼 수 있다.

그리고 아들러가 삶의 목적성을 강조하고 있다는 사실은 그의 "가상적 목
표론(fictional finalism)"에서 잘 드러난다. 그는 인간이 "일생을 통해 하는
일은 우월성과 완전성을 위한 노력"이라고 생각했는데, "이러한 우월을 향
한 추구는 일반적인 동기로서, 주관적으로 생각하는 최상의 목표를 추구할
때 구체적인 형태로 나타난다"(Hjelle & Ziegler, 1981/1983, p. 125). 이렇게
개인이 주관적, 자기 결정적으로 설정한 가상의 목표가 현재의 행동을 결정
한다는 것이 가상적 목표론의 내용으로서, 이는 아들러가 보는 "인간 동
기의 목적론적이고 목표 지향적인 측면"(p. 127)을 그대로 드러내고 있다.

아들러의 이론에서 이러한 여러 핵심 요소들을 통합하는 기능을 하는 것
이 "창조적 자기(creative self)"이다. 이 개념은 "성격이론가로서 아들러가
이룬 최고의 업적"(Hall & Lindzey, 1978, p. 165)으로서, 그의 이론에서 "가
장 잘 정리가 된 개념이며, 성격학자로서 그가 만들어낸 최고의 걸작품이
다"(Hjelle & Ziegler, 1981/1983, p. 120). 아들러에게 "창조력은 목표를 직시
하고, 결정하고, 선택하고, 개인의 목표와 가치관에 부합하는 모든 종류의
배려를 나타내는 능력"(Hjelle & Ziegler, 1981/1983, p. 121)이다. 따라서 "창
조적 자기는 세상사에 작용하여, 이들을 주관적, 역동적, 통합적, 개인

적 및 자기만의 양식을 지닌 성격으로 바꿔내는 효소이다. 이는 인생에 의미를 부여하며, 삶의 목표와 이를 위한 수단을 창조"(Hall & Lindzey, 1978, p. 166)하는 개인 존재의 핵심인 것이다.

이러한 창조적 자기는 개인이 가진 사회적 관심, 우월성의 추구 및 가상적 목표가 하나로 통합되도록 한다. 곧 개인이 열등감에 대한 과잉보상(overcompensation)에서 벗어나서, 최적의 사회적 관심 수준에 따라 바람직하고 진정한 자기만의 우월성을 목표로 삼아 이를 추구함으로써 개인의 삶이 이어지도록 하는 것, 다시 말해 개인 나름의 일관된 '생활양식(life style)'인 성격체계를 구성해 내는 것이 바로 창조적 자기의 기능이다.

젤리와 지글러(Hjelle & Ziegler, 1981/1983, pp. 101~104)는 아들러의 개인심리학에서 인간을 파악하는 기본 관점을, 완성을 역동적으로 추구하는 인간생활, 개인의 사회적인 소속감, 개인의 주관성, 단일하고 일관성 있는 실체인 개인, 창조적이고 자기 결정적 실체인 개인, 이렇게 다섯 가지로 정리하고 있다. 그런데 이들은 저마다 그의 성격이론의 핵심적 구성 요소들인 우월성 추구, 사회적 관심, 가상적 목표, 생활양식, 창조적 자기와 관련을 맺고 있는 것으로 볼 수 있다. 앞서 말한 대로 이 가운데서 창조적 자기는 우월성 추구, 사회적 관심, 가상적 목표를 통합하는 기능을 하고, 생활양식은 그런 통합의 결과로 개인이 갖추게 된 성격구조이다. 이렇게 보면, 창조적 자기에 힘입어 성격을 이루는 기본 요소들이 최적의 상태로 통합되어, '자기 완성을 위해 지속적으로 노력하는 사람, 확대된 공동체 의식과 사회적 관심을 가진 사람, 주관적이고 자율적으로 목표를 설정하고 이를 추구하는 사람, 통합되고 일관된 삶의 태도를 굳게 지닌 사람, 그리고 창조적이고 자기 결정적인 삶을 살아가는 사람'이 되는 것, 이것이 바로 아들러가 지향하는 이상적 인간상이라고 추론할 수 있다.

프롬의 생산적 인격 "변증법적 인본주의자(dialectic humanist)라고 불리기를 좋아한"(Hall & Lindzey, 1979, p. 170) 프롬은 프로이트뿐만 아니라 마르크스의 영향을 크게 받아, "개인의 정신역동보다도 삶의 사회적 조건들에 더 관심을 가졌던 학자이다"(민경환, 2002, p. 105). 그에 따르면, "인간은 자연의 일부인 동시에 자연에서 분리된 존재이며, 또한 동물적인 동시에 인간적"(Hall & Lindzey, 1978, p. 170)이라는 모순을 안고 있는 존재이다. 이렇게 자연과 사회의 일부임에도 "여기에서 격리되어 살아가기 때문에 고독감과 소외감을 느낄"(p. 170) 수밖에 없는 것이 인간의 객관적 삶의 조건이며, 여기에서 벗어나 생산적이고 건강한 삶을 이루기 위한 방안을 애써 찾고 제시하는 것이 그의 모든 저서의 근본 주제가 되어 있다.

프롬(1955)은 이러한 실존적 조건 탓에 인간은 다섯 가지 기본적인 욕구를 갖게 된다고 본다. 이들은 자연 및 사회와 밀접한 상호의존 관계를 맺으려는 "관계성의 욕구(the need for relatedness)", 동물적 상태에서 벗어나 창조적 인간이 되려는 "초월의 욕구(the need for transcendence)", 자연에 정착하고 사회집단에 속하고자 하는 "정착의 욕구(the need for rootedness)", 주체적이고 독특한 사람이 되고자 하는 "정체성의 욕구(the need for identity)", 그리고 세계를 안정적이고 일관되게 지각·이해하고자 하는 "방향체제의 욕구(the need for a frame of orientation)" 들이다. 이들은 동물에게서는 관찰되지 않는 순수하게 인간적인 욕구들이며, 진화를 거쳐 인간의 본성 안에 갖추어진 것이다.

이러한 욕구의 표현과 충족은 개인이 살고 있는 사회체제에 따라 결정된다는 것이 프롬(1941, 1947, 1955)의 생각이다. 그에 따르면, 개인은 사회의 요청에 부응하는 "사회적 인격(social character)"을 발달시키게 되는데, 여기에는 기본적으로 다섯 가지 유형이 있다는 것이다. 이들은 수동적으로 받기만 하려는 "수용형(receptive type)", 능동적으로 빼앗아 가지려는 "착취형(exploitative type)", 모으는 것에 최고의 가치를 두는 "축적형(hoarding type)", 자신을 상품으로 여기는 "판매형(marketing type)", 그리고 자율적 생산성을 지향하는 "생산형(productive type)" 들이다. 이 가운데서 프롬은 "사람들을 수단으로서가 아닌 그 자체로서 가치를 인정하는"(민경환, 2002, p. 105) "생산적 인격(productive character)"을 이상적이고 건전한 유형이라고 보고 있다.

프롬(1955)은 이러한 '생산적 인격'을 가진 사람들이 이루는 사회를 가장 "건전한 사회(sane society)"라고 보고, 그 모습을 다음과 같이 표현하였다.

> 거기에서 인간은 타인과 사랑으로 이어지고, 우애와 연대의 결합으로 정착한다. …… 이러한 사회에서 인간은 파괴보다는 창조에 힘입어 초월이 가능해지고, 모든 사람은 사회 규범의 추종자이기보다는 자기 능력의 주체자로서의 자신을 경험하여 자기감(自己感, sense of self)을 얻으며, 인간의 현실을 왜곡하거나 우상을 숭배하지 않는 방향성과 헌신의 체계가 존재한다(p. 362).

건전한 사회의 이와 같은 특징들은 모두 인간의 실존적 조건에서 나오는 다섯 가지 기본 욕구들이 글자 그대로 생산적이고도 건전하게 채워진 상태에서 끌어낼 수 있는 특징들이라고 볼 수 있다. 곧 관계성의 욕구는 생산적 사랑을 바탕으로 타인과 이어짐으로써 채워지고(사랑에 힘입은 관계 형성), 초월의 욕구는 창조적 인간이 됨으로써 채워지며(창조성 발휘), 정착의 욕구는 우애와 단결의 유대에 힘입어 채워지고(우애와 단결), 정체성의 욕구는 주체적이고 독특한 존재로서 자기를 인식함으로써 채워지며(주체성과 독특성의 인식), 방향체제의 욕구는 합리적인 현실 지각과 이해를 통해 채워지는(합리적 현실 인식) 것이다. 이러한 '사랑에 힘입은 관계 형성, 창조성 발휘, 우애와 단결심, 주체성과 독특성의 인식, 합리적인 현실 인식'은 바로 생산적 인격자들의 특징이 되는 것이고, 곧바로 프롬이 제시하는 이상적 인간상의 특징으로 이어진다고 볼 수 있다.

에릭슨의 건전 성격　　프로이트의 딸인 안나(Anna)를 통해 정신분석학에 입문한 에릭슨은 "그 자신을 프로이트파의 정신분석학자라고 생각"(Hall & Lindzey, 1978, p. 87)하여, "스스로를 정신분석학의 주류라고 단호히 말하고 있다"(Hjelle & Ziegler, 1987/1983, p. 146). 그러나 그의 이론은 원초아(原初我, id)의 생물학적 욕구보다는 자아(自我, ego)의 기능을 중시하고 있다는 점, 전 생애에 걸친 발달이론을 제시하여 생애 초기의 결정론을 탈피하고 있다는 점, 성격에 미치는 사회의 영향을 강조하고 있다는 점(민경환, 2002 ; Hall & Lindzey, 1978 ; Hjelle & Ziegler, 1981/1983) 때문에 프로이트의 이론과는 다르다. 그는 "자아를 성격의 자율적 구조로 간주"(Hjelle & Ziegler, 1981/1983, p. 145)하고, 유기체와 사회 사이의 역동적인 상호관계를 중심으로 "자아의 성장(growth of the ego)"에 관한 이론을 전개하였는데, 이런 점에서 그의 이론을 "자아심리학(ego psychology)"이라고 부른다.

에릭슨이 말하는 자아는 "그 자신이 그런 용어를 사용하지는 않았지만, '창조적 자아'(creative ego)라 부를 만하다. 자아는 생애의 단계마다 그를 둘러싸고 있는 새로운 문제들에 대한 창조적인 해결책을 찾아낸다. 자아는 각 단계마다 '내적인 준비성(inner readiness)'과 '외적인 기회(outer opportunity)'를 결합하여 사용할 줄 알며, 또한 활기 있게 기쁨을 가지고서 그렇게 한다. 좌절되었을 때에도 자아는 포기하지 않고, 더욱 새로운 노력으로 대응하는, 무한한 강건함과 탄력성을 지니고 있는 것이다"(Hall & Lindzey, 1978, p. 101).

이러한 자아의 창조력에 힘입어 생애의 각 단계에서 고유하게 나타나는 내적 또는 외적인 "심리·사회적 위기(psychosocial crisis)"를 창조적으로 극복하여 각 단계의 고유한 특성이 자아에 갖추어지고, 그에 따라 단계마다 독특한 덕성(virtue)이 확립된다고 에릭슨(1963/1988)은 보았다. 사람이 태어나면서부터 늙어 죽을 때까지 겪게 되는 전 생애에 걸친 위기를 그는 8단계로 구분하였는데,[7] 그(1959)에 따르면, 이러한 위기 극복 과정에서 갈등이 처음부터 만족스럽게 해결되어 자아에 여덟 가지의 긍정적 특성과 덕성이 갖추어지면, 이상적인 "건전 성격(healthy personality)"이 이루어진다고 한

---

7) Erikson이 제시한 8단계의 위기와 그 극복 과정에 관해서는 다음 '이상적 인간이 되는 과정'의 항목에서 자세하게 다룰 것이다.

다. 그는 "특히 내적 조화감, 올바른 판단, 그리고 일을 잘 해낼 수 있는 능력의 발달이 건전 성격을 형성시킨다고 주장하였다. 그러므로 건전 성격은 적극적으로 그의 환경을 극복하고, 인격의 조화를 이루며, 세계와 자기 자신을 정확하게 인지할 수 있다고 보았다"(김성태, 1976, p. 4). 곧 유기체로서 개인이 갖추고 있는 내적 준비성과 사회에서 주어지는 외적인 기회를 창조적이고도 올바른 판단을 거쳐 조화시킴으로써, 현실에서 차지하는 자아의 위치를 정확하게 인식하고, 스스로 부딪히는 삶의 문제를 해결하여 자신이 추구하는 목표를 잘 이루어낼 수 있는 능력을 갖춘 사람이 되는 것이 바로 건전 성격자가 되는 길이라고 에릭슨은 보았다.

이러한 과정을 거쳐 건전 성격이 갖추어야 할 여덟 가지 긍정적 특성과 그에 관련된 덕성은 "기본적 신뢰(basic trust)와 희망(hope), 자율성(autonomy)과 의지(will), 주도성(initiative)과 목적(purpose), 근면성(industry)과 유능성(competence), 정체성(identity)과 충실성(fidelity), 친밀감(intimacy)과 사랑(love), 생산성(generativity)과 배려(care), 그리고 자아 통정(integrity)과 지혜(wisdom)"라고 에릭슨은 주장한다(민경환, 2002, pp. 235~240 ; Erikson, 1963/1988, pp. 285~320 ; Hjelle & Ziegler, 1988/1983, pp. 147~167). 이렇게 보면, '기본적 신뢰감·자율성·주도성·근면성·정체감·친밀감·생산성·자아 통정감'의 특성을 지니면서, '희망·의지력·목표의식·유능감·충실성·사랑·배려·지혜'의 덕성을 갖추고 있는 건전 성격자가 에릭슨이 제시하는 이상적 인간상이라고 요약할 수 있을 것이다.

정신역동이론 계열 종합   이상에서 보았듯이, 정신역동이론 계열은 모두 프로이트와 직접 또는 간접적으로 연결되어 있으며, 대체로 생물학적인 성적 욕구의 지배력을 과신하는 범성설, 성격에 미치는 사회적 영향을 외면한 심적 결정설, 그리고 지나치게 과거 지향적인 유아기 결정설의 관점을 놓고 프로이트를 비판하면서, 저마다 독특한 역동이론을 제시하고 있다. 이들이 제시하는 이상적 인간상도 자기실현인(융), 창조적 자기(아들러), 생산적 인격(프롬), 건전 성격(에릭슨)과 같이 다양하지만, 개인의 창조성과 통합성을 강조한다는 공통점을 보인다. 곧 이들은 개인은 자신 속에 있는 대극적인 힘들을 창조적으로 통합하여 자기의 잠재 가능성을 실현할 수 있는 존재(융), 사회적 관심에서 비롯하는 우월성 추구 욕구를 자기가 추구하는 가상적 목표에 합치하도록 창조적으로 통합할 수 있는 존재(아들러), 관계성·초월·정착·정체성·방향체제의 욕구를 창조적으로 통합하여 생산성을 높일 수 있는 존재(프롬), 그리고 개인의 내적 준비성과 사회의 외적 기회를 창조적으로 통합하여 건전한 성격체가 될 수 있는 존재(에릭슨)라고 보았다. 이렇게 이들은 인간이 본래부터 갖추고 있는 창조성과 통합성을 바탕으로, 개체로서 개인이 가진 내적, 외적인 잠재가능성을 최대로 발휘함으로써, 생산성이 풍부하고 주체적이며 자율적인 독특한 사람이 되는 것, 이것이 바로 이상적 인간이 되는 길이라고 보고 있다.

(2) 특질이론 계열

사람들이 일관된 행동을 하게 만드는 안정적인 성향(disposition) 또는 특질(trait)의 무리로 성격이 구성되며, 개인들은 이러한 성향이나 특질들을 얼마나 많이 또는 적게 지니고 있느냐에 따라 서로 다르다고 보는 것이 특질이론이다. 특질이론에서는, 특질들은 시간이 지나거나 상황이 달라져도 쉽게 변하지 않는 내적 성향들로서, 여러 다른 특질들이 독립적으로 보태져서 개인의 성격을 이룬다고 본다. 이러한 특질들은 "밝다-어둡다, 내향성-외향성 같이 주로 양극적(bipolar)인 차원들로 제시"(홍숙기, 2005, p. 4)되는데, 이러한 특질 차원들은 "사람들의 성격의 개인차를 반영하는 차원"(민경환, 2002, p. 39)이다. "특질이론은 이러한 특질 개념을 중심으로 구성된 이론으로서, 정신역동이론과 더불어 가장 오랜 전통을 가진 성격이론이다. 특질이론가들은 사람들의 성격의 개인차를 반영할 수 있는 보편적이며 중요한 특질 차원들을 발견하고, 발견된 특질 차원들을 측정하는 검사를 만들며, 이들 특질 차원들의 생리적, 발달적 기반을 연구하고, 특질과 상황이 어떻게 상호작용하여 행동을 산출하는지에 관심을 갖는다"(민경환, 2002, p. 39). 이러한 특질이론의 대표적 이론가는 올포트 (Allport), 커텔(Cattell), 아이젱크(Eysenck)를 들 수 있다. 김성태(1976) 는 이 가운데 올포트와 커텔의 이상적 인간형론을 개관하고 있는데, 여기 에서는 이 밖에도 최근에 이 분야 연구의 중심축을 이루고 있는 '5대요인 모형(big five model)'을 덧붙여 특질이론 계열에서 제시한 이상적 인간의 특징에 대해 고찰해 보기로 하겠다.

올포트의 성숙 성격 특질의 개념을 통해 성격을 이해하려 한 맨 처음 사람은 올포트였다. 그는 "사람들이 서로 비슷하거나 다르게 행동하는 것을 설명하기 위한 가장 타당한 분석 단위로 특질 개념 을 제안하였다"(민경환, 2002, p. 39). 그(1961)에 따르면, 특질이란 "많은 자극을 기능적으로 동등하게 만들고, 동등한(의미 있게 일관성 있는) 형태 의 적응적 및 표현적 행동을 촉발하고 이끌어가는 능력을 지닌 신경정신적 구조(neuropsychic structure)이다"(p. 347). 간단히 말해서, "특질은 다양한 종류의 자극에 대해 동등한 양식의 반응을 보이게 하는 하나의 성향 (predisposition)"(Hjelle & Ziegler, 1981/1983, p. 325)이다. 올포트는 이러한 특질을 통해서 "한 개인의 행동의 독특성과 복잡성" 및 "그 배후에 깔려 있는 정합성과 통일성"(Hall & Lindzey, 1978, p. 440)을 전체적으로 이해하 려 하였다.

올포트(1937, 1961)는 개인이 지니고 있는 특질을 "공통 특질(common traits)"과 "개인 성향(personal dispositions)"으로 나누었다.[8] 공통 특질은 "한 문화 안에 속한 대부분의 사람들을 합리적으로 비교할 수 있는 일반 화된 성향"(민경환, 2002, p. 42)으로서, 모든 사람들이 갖추고 있으나 양적 인 차이를 보이는 특질이다. 따라서 공통 특질에 따라 개인들을 서로 비교

---

8) Allport의 초기 저술(1937)에서는 '공통 특질'과 '개인 특질(individual traits)'로 나누 고 있으나, 후기 저술(1961)에서는 '공통 특질'은 단순히 '특질', '개인 특질'은 '개인 성향'이라 부르고 있다. 여기에서는 편의상 이를 각각 '공통 특질'과 '개인 성향'이라 부르기로 한다.

할 수 있다. 이에 견주어, 개인 성향은 "개인에게 고유하여 개인 간 비교가 가능하지 않은 특질로서, 각 개인 내에서 그 나름의 독특한 방식으로 작용하며, 개인의 성격 구조를 가장 정확하게 반영한다"(p. 42). 올포트는 이러한 개인 성향을 통해 이른바 개인의 "독특한 형태의 개성(unique patterened individuality)"(Hall & Lindzey, 1978, p. 445)이 드러난다고 보아, 개인의 진정한 성격은 개인 성향에 따라 밝혀질 수 있다고 보았다. 이러한 개인 성향은 다시 "주 성향(cardinal dispositions)", "중심 성향(central dispositions)", 그리고 "이차 성향(secondary dispositions)"으로 나누어진다.

여기서 주 성향은 "개인의 생활 전반에 아주 광범위하게 퍼져 있어, 거의 모든 행동에서 그 영향력이 발견되는 성향"(민경환, 2002, p. 42)을 말한다. 이는 "한 사람의 거의 모든 행동을 지배할 정도로 중요한 특질"(홍숙기, 2005, p. 24)인데, 소수의 특이 성격 소유자들에게서만 발견된다. 예를 들면, 히틀러는 권력욕구, 이순신은 애국심, 테레사 수녀는 인간애가 저마다 주 성향이라고 볼 수 있다. 중심 성향은 대부분의 사람들을 특징지을 수 있는 5~10개의 특질을 가리킨다. 이는 주 성향보다는 "더 제한된 범위에 영향을 미치는, 그러나 행동에 있어 폭넓은 일관성을 나타내는 성향"(민경환, 2002, pp. 42~43)이다. 그러나 이는 "개인이 자주 나타내어 주위의 사람이 쉽게 판별할 수 있는 특질이다"(Hjelle & Ziegler, 1981/1983, p. 332). 이차 성향은 "중심 성향보다 덜 현저하고, 덜 일반적이고, 덜 일관된 성향"(민경환, 2002, p. 43)으로, 특정 대상에 대한 태도나 기호 또는 특정 상황에서 나타나는 특유한 행동경향성이 여기에 속한다.

이러한 특질들은 개인 행동의 복잡성과 독특성의 근거가 된다. 올포트(1961)는 이러한 특질들을 하나로 통합하여 개인의 성격 구조를 "통일하는 주 역할(chief unifying role)"(Hall & Lindzey, 1978, p. 453)을 하는 주체로 "고유 자기(proprium)"를 설정하여, 성격의 일관성과 통합성을 설명하고 있다. 이는 "인식된 자기(self-as-known)"(Allport, 1968, p. 4)라 부를 수 있는 것으로, "주관적 경험의 '나(me)'에 해당하는 부분"(Hjelle & Ziegler,

1981/1983, p. 335), 곧 자기감(selfhood)을 나타낸다. 이는 "특질·태도·가치·동기 그리고 경험을 통합"함으로써, "내적 통일감을 느끼게 해주는 성격의 모든 측면을 포함하는 것"(Hjelle & Ziegler, 1981/1983, p. 335)이다. 이러한 고유 자기는 성격의 독특한 통합성과 일관성을 이룩하는 기능을 수행하는데, 이러한 "성격의 자기적 기능(propriate function of personality)"은 "타고난 것이 아니라 연령에 따라 발달하는 것이다"(Hall & Lindzey, 1978, p. 449). 올포트(1961)에 따르면, 이러한 고유 자기는 연령단계에 따라 순서대로 발달하면서 일곱 가지 양상을 띠는데, 이는 생후 3년 동안에 출현하는 신체적 자기감(sense of bodily self : 신체 감각을 포함하여 자신의 신체에 대한 인식), 자기 정체감(sense of self-identity : '나는 나'라는 인식), 자기 존중감(self-esteem : 자신에 대한 긍정적 평가), 4~6세 사이에 발달하는 자기확장(extension of self : 자기와 관련 있는 타인이나 소유물도 자기의 한 부분이라는 의식)과 자기상(self-image : 타인들이 나를 어떻게 보느냐 하는 데 따라 형성된 자기 인식), 6~12세 사이에 발달하는 합리적 적응체로서 지니는 자기 인식(self-awareness as a rational adaptive being : 합리적으로 사고하고 적응해 가는 존재로서 지니는 자기 인식), 그리고 청년기에 발달하는 자기다운 추구(propriate strivings : 장기적인 인생 목표의 선택과 추구)로 이루어진다. "자기감의 이러한 일곱 가치 측면이 고유 자기를 구성"(Hall & Lindzey, 1978, p. 449)하며, 이러한 고유 자기에 힘입어 개인의 여러 특질·태도·가치·행동 들이 통합되어, 일관되고 독특하며 통일된 지향성을 갖춘 성숙한 성인으로 형성되어 간다고 올포트(1961)는 주장하는 것이다.

"대부분의 성격이론가들의 주 관심이 적응의 부정적인 측면에 기울어져 있는 것과는 대조적으로, 올포트는 '적합한' 또는 '정상적인' 적응을 뛰어넘는 상태를 일으키는 특성에 대해 상당히 장황하게 고찰하고 있다"(Hall & Lindzey, 1978, p. 456). 그(1961, pp. 275~307)는 이러한 정상적 상태를 뛰어넘는 이상적인 상태의 성격을 "성숙 성격(成熟性格, mature personality)"이라 부르고, 그 특징을 다음과 같은 여섯 가지로 제시하고 있다(김성태,

1976, pp. 16~18 ; Hall & Lindzey, 1978, pp. 456~457 ; Hjelle & Ziegler, 1981/1983, pp. 344~347).

첫째는 자기감의 확대이다. 성숙한 사람은 자신의 요구나 욕망에만 집착한 행동에 얽매이지 않고, 자기와 주변의 일, 사회·정치·종교적 문제 및 주변 사람들에 대해 관심을 갖고 참여한다. 이렇게 참여하는 영역이 넓고 경험이 많아짐에 따라 자기감이 확대되어 가고, 자기의 영역으로 간주하는 경계가 넓어져 간다. 이에 따라 타인의 안녕이 바로 자기 자신의 안녕과 관련됨을 알고, 협소한 자신에게서 벗어나게 된다. 이러한 자기감의 확대는 인생에 참된 의의를 부여하는 방법이며, 따라서 이는 인간 성숙의 중요한 지표가 된다.

둘째는 타인과 따뜻한 관계를 형성하는 일이다. 성숙한 사람은 사랑할 수 있는 역량인 친밀성이 많기 때문에 타인과 따뜻한 관계를 맺는다. 또한 모든 인간 조건에 대한 이해와 감사, 그리고 타인과 깊은 친족감을 느끼는 동정심이 풍부하기 때문에 사람들과 따뜻한 관계를 맺게 된다. 이러한 친밀성과 동정심은 사랑과 상호이해에서 나오는 것이므로, 주위 사람들과 따뜻한 대인관계를 맺을 수밖에 없다.

셋째는 정서적 안정과 자기 수용이다. 성숙한 사람은 근본적으로 긍정적인 자기상을 가지고 있어서, 부정적인 기분이나 좌절의 상황은 물론 자기의 약점도 잘 이겨나가며, 자신을 그대로 하나의 인간으로 존중하고 받아들인다. 이러한 사람은 우울·분노·슬픔 같은 부정적 정서 상태를 다른 사람의 안녕을 방해함이 없이 잘 이겨낸다. 이들은 남을 고려하면서 자신의 신념이나 기분을 드러내고, 스스로 정서적으로 안정되어 있으므로 남의 정서 표현 때문에 위협을 받지 않는다. 이렇게 정서적으로 안정된 사람은 욕구불만을 충분히 이해하고, 또 이에 적응할 준비가 갖추어져 있어서, 조용히 자기의 인생을 긍정하고, 안정된 생활을 해나간다.

넷째는 외부 현실에 대한 객관적인 인지와 업무의 현실적인 수행이다. 성숙한 사람은 현실과 접촉하여 자신의 욕구와 상상에 맞도록 왜곡해서 지각하지 않고, 현실을 있는 그대로 객관적으로 인식한다. 또한 이들은 정확하고 현실적인 인식만을 갖는 것이 아니라, 문제 해결에 적절한 기술을 지니고 있다. 문제를 해결하려는 태도로 일에 달라붙어, 업무가 우선일 때에는 사사로운 욕구나 충동을 제쳐놓고, 자신을 잊을 정도로 업무에 집중하는 문제 중심성을 보인다. 이렇게 성숙한 사람은 현실과 밀접하게 맞닿아 있으므로, 부딪힌 사태를 정확하게 파악하고, 이에 대응해서 스스로 해야 할 소임도 올바르게 이루어낼 만한 능력을 갖추고 있다.

다섯째는 자기 객관화(self-objectification)이다. 이러한 자기 객관화의 두 가지 중요한 요소는 통찰(insight)과 해학(humor)이다. 여기서 통찰은 개인이 자기를 이해할 수 있는 능력을 말한다. 성숙한 사람은 자신을 '객체'로 알며, 있는 그대로의 객관적인 자신과 스스로 바라는 이상적인 자신, 그리고 남들이 바라는 자신의 모습 사이에 드러나는 차이를 잘 이해한다. 이렇게 자기를 객관화함으로써 자신에 대해 깊은 통찰력을 갖게 된 사람은 타인에 대해서도 객관적으로 판단하고 안정적으로 반응한다. 해학은 잘난 체하는 자기 예찬과 뻔한 거짓말을 막아주기 때문에 자기 이해의 또 한 가지 중요한 요소가 된다. 해학은 자신이나 남의 삶이 가지는 가소로운 측면을 이해하게 하며, 자기가 소중히 여기는 것을 웃어넘기면서도 그것을 사랑하는 태세를 가지게 함으로써, 자기 객관화에 이바지하는 것이다. 이렇게 성숙한 사람은 통찰력과 해학이 풍부하여, 자기를 객관화시켜 정확하게 이해하고 있다.

여섯째는 통일된 인생관이다. 성숙한 사람들은 그들의 삶 속의 의미를 분명하고 일관성 있게 또 체계적으로 보고, 이를 통합할 수 있다. 이들은 생활의 목적을 갖게 해주는 중심적인 가치관을 깊이 간직하고 있어서, 그것이 그들의 삶을 위한 통합된 기초 구실을 한다. 이러한 중심적 가치관은 그들에게 걸맞는 인생 목표를 제시해 주어, 그들로 하여금 올바른 가치를 지향하는 삶을 살 수 있게 한다.

이렇게 올포트(1961)는 "크고 넓은 자기 동일시 영역을 갖는 것, 따뜻한 대인관계, 정서적 안정성, 현실적 인지력, 자기 객관화와 타당한 인생 목표를 갖는 것"(김성태, 1976, p. 18)이 성숙 성격자들의 특징으로서, 개인의 고유 자기가 이 여섯 가지 특징을 갖추도록 통합 기능을 발휘하는 것이 바로 이상적 인간상의 조건이 된다고 본다.

커텔의 통일 성격   특질 개념을 제안하고 그 개념적 정립에 노력한 사변적인 이론가가 올포트였다면, "커텔은 요인분석(要因分析, factor analysis)이라는 통계적 기법을 사용하여 특질들을 찾아내고, 이들을 측정하는 성격검사(personality test)를 제작하고, 특질들의 형성에 유전과 환경이 미치는 영향을 연구한 실용적 학자였다. …… 그는 인간에게 보편적인 특질들의 존재를 믿고, 통계적인 방법에 전적으로 의존한 가치독립적인 과학자"(민경환, 2002, p. 44)였던 것이다.

 "커텔도 특정 개인에게 고유한 특질〔올포트의 '개인 성향'에 해당하는 것으로, 커텔은 이를 '유독 특질'(unique traits)이라 불렀다〕의 존재를 인정하기는 하였지만, 그의 연구 관심은 온통 올포트의 '공통 특질' — 많은 사람들 사이의 개인차를 드러내는 특질 — 에 집중되어 있었다"(McAdams, 2001, p. 259). 그리하여 그는 많은 사람들이 실제 삶의 장면에서 보이는 행동 기록(생활 자료 : L-data), 성격 특질과 여러 성격에 관한 질문지에 대한 자기 평정(질문지 자료 : Q-data), 실험실 실험 같은 잘 통제된 평가 상황에서 이루어지는 행동 관찰 기록(검사 자료 : T-data)들을 요인분석 기법을 사용하여, 개인차를 나타내는 보편적인 특질(올포트의 공통 특질)이 "표면 특질(surface traits)"과 "근원 특질(source traits)"로 나누어짐을 밝혀내었다.

 표면 특질은 "서로 병존하는 것처럼 보이는 명시적인 또는 외현적인 변인들의 무리"(Hall & Lindzey, 1978, p. 531), 곧 "외형적으로 한데 묶이는 특질 요소들(반응들)의 군집(群集, cluster)"(민경환, 2002, p. 44)을 가리킨다. 이와는 대조적으로 근원 특질은 "다수의 표면적인 양상들의 결정에 관여하는 기저 변인"(Hall & Lindzey, 1978, p. 531), 곧 "표면적인 행동의 결정 원인이 되는 기저 변인을 가리킨다. 근원 특질은 관찰된 유사성에 그치는 표면 특질과는 달리, 행동을 설명하는 설명 개념의 기능이 부여되며, 성격의 핵심을 구성하는 기본적인 구조로 간주된다"(민경환, 2002, p. 44). 커텔이 주안점을 두고 밝혀내려 한 것은 이러한 근원 특질이었는데, 그는 요인분석을 통해 16개의 근원 특질을 밝혀내고, 이를 측정하는 '16 성격요인 검사(16 Personality Factor Questionnaire)'를 만들었다.

이처럼 커텔은 성격을 여러 요인에 따라 수량화하여 파악하려는 태도를 견지하였으며, 이러한 관점에서 그는 적응이라는 개념까지도 수학 방정식에 따라 양적으로 정의하려고 하였다(Cattell & Sweney, 1964). 그러나 그는 자신이 이상적 상태의 성격이라고 본 성격 통일의 개념은 수량화시켜 생각하지 않았다(김성태, 1976). 커텔(1965)은 잘 통일된 사람됨, 곧 "통일 성격(unified personality)"이란 "자기의 여러 가지 목적들이 단 하나의 조화된 인생 목표에 응집되어 살아가는 사람"(p. 264)이라고 보았다. 생활의 여러 장면들에서 나타나는 각각의 개별 가치에 치우치면 전체로 통합된 단일 목표에 응집하기 힘들 뿐만 아니라, 한 개인이 따르는 가치에는 사회적 표준도 작용하게 마련이므로 가치의 통일에는 개인의 관점과 더불어 사회의 관점도 고려해야 하는 만큼, 성격의 통일성이란 개념은 수량화하기 힘들다고 본 것이다.

한마디로 커텔의 통일 성격이란 "하나의 전인(全人)으로서 가장 큰 만족을 얻을 수 있고, 또 개인적 가치뿐만 아니라 사회적, 문화적 가치에 입각한 전인으로서의 크고 먼 장래의 충족에 관심을 가지고 여러 가지 충동을 통제하게끔 잘 구성된 성격구조"(김성태, 1976, p. 24)를 말하는 것으로, 이러한 성격의 통일성을 갖춘 사람이 이상적 인간상이라는 것이 커텔의 견해이다.

5대요인 모형 전통적으로 특질이론가들은 특질이 성격의 기본 단위라는 점에는 모두 동의하고 있었으나, 그 종류와 수에 관해서는 서로 의견이 달랐다. 그러나 "오늘날 이 분야에서는 인간의 성격을 나타내는 수많은 특질들을 매우 다루기 쉬운 다섯 가지의 근본적 차원 또는 군집으로 묶어서 이해할 수 있다는 사실에 대해 일반적으로 합의가 이루어지고 있다"(McAdams, 2001, p. 305).9) 이것이 이른바 성격의 '5대요인 모형'이다.

이 모형은 '사전적 접근'과 '질문지 접근'의 두 가지 방법에 따라 확인되었다(민경환, 2002 ; 홍숙기, 2005 ; McAdams, 2001). 사전적 접근은 성격을 기술하는 데 사용하는 어휘들을 분석하여 성격의 기본 단위를 추출해 내려는 방법인데, 대표적인 학자는 골드버그(Goldberg, 1981, 1990)이다. 그(1981)는 "인류의 상호 접촉에서 대부분의 중요한 개인차들은 세상의 언어들 속에 저마다 하나씩의 어휘로 편입되어 있을 것이다"(p. 141)라는 '기본 어휘 가설(fundamental lexical hypothesis)'을 가지고, 다양한 성격 특질 형용사들을 요인 분석하여, 그 이전에 투프스와 크리스탈(Tupes & Christal, 1961) 및 노만(Norman, 1963)이 같은 방법으로 발견했던 5대요인의 구조를 찾아내었다. 질문지 접근은 성격 특질을 나타내는 많은 수의 형용사 반대말 쌍(예를 들어 친절하다-불친절하다, 좋다-나쁘다)의 척도에 대한 자기 평정 또는 타인 평정의 결과를 요인분석하여 성격의 구조를 찾아내려는 방법으로, 코스타와 맥크레(Costa & McCrae, 1992)가 대표적인 학자들이다. 이러한 방법에서도 사전적 접근과 같은 5대요인 구조가 얻어지고 있다. 이 5대요인이 모두 개인차를 드러내는 요인들이라는 점에서 보면, '5대요인 모형'은 올포트의 공통 특질을 다섯 가지로 묶어내고자 하는 이론이라 볼 수 있다.

이러한 연구들에서 찾아낸 5대요인은 "외향성(extraversion)", "우호성(agreeableness)", "성실성(conscientiousness)", "정서적 안정성(emotional stability)", 그리고 "체험 개방성(openness to experience)"이다.10) 외향성은

---

9) 홍숙기(2005)는 "5대요인 모형은 학자마다 다른 수, 다른 종류의 특질 요인을 사용함으로 인해 생기는 혼란을 어느 정도 평정하였다"(p. 61)고 진술하고 있으며, 같은 관점에서 민경환(2002)은 "최근 성격심리학자들은 성격이 다섯 개의 요인들로 구성되어 있다는 성격의 5대요인 모형(또는 자주 불리는 애칭에 따르면 'Big Five')을 지지하는 쪽으로 의견이 수렴되어 가고 있다"(p. 51)고 주장한다.

10) 이 가운데 제4 요인을 "정서적 안정성"이라 부르는 것은 Tupes와 Christal(1961), Norman(1963), Goldberg(1990) 들이고, Costa와 McCrae(1992)는 이를 "신경증 성향(Neuroticism)"이라 부르고 있다. 여기서는 긍정적 측면을 강조하기 위해 "정서

개인의 능동성과 지배성을 드러내는 요인으로, "따뜻함·사교성·자기 주 장성·활동성·흥분 추구·정적 정서" 같은 하위 차원으로 구성된다. 우호 성은 대인관계에서 호의성을 드러내는 요인으로, "신뢰성·솔직성·이타 성·순종성·겸손성·온유함" 같은 하위 차원으로 구성된다. 성실성은 일 의 세계에서 나타나는 성취와 관련된 요인으로, "유능성·질서·의무감· 성취욕·자기 절제·신중함" 같은 하위 차원으로 구성된다. 정서적 안정성 은 정서적 반응이 지닌 예측 가능성을 드러내는 요인으로, "참을성·평온 함·이완·냉담성·안정성·강인함"11) 같은 하위 차원으로 구성된다. 마 지막으로 체험 개방성은 지적 능력과 지적 활동에서 개방적인 정도를 드러 내는 요인으로, "공상·미적 감수성·감정·행위·상상력·가치" 같은 하 위 차원으로 구성된다.

이렇게 5대요인 모형에서 제시하는 성격 구조 요인들은 개인이 자기를 드러내는 능동성과 적극성(외향성), 원만한 대인관계를 이룰 수 있는 호의 성(우호성), 일의 세계에서 성취할 수 있는 가능성(성실성), 정서 반응의 안정성과 예측가능성(정서적 안정성), 그리고 높은 지적 능력과 지적인 세 련성 및 개방성(체험 개방성) 들이다. 그러니까 이 모형은 사람의 성격을 '자기 표현, 대인관계, 일의 성취, 정서 반응 및 지적 능력의 개발'이라는 다섯 가지 인간 삶의 영역을 대변하는 특질들로 환원하여 이해하려는 견해 인 셈이다.

이러한 5대요인은 많은 문화비교연구에서 범문화적인 보편성이 있는 것

적 안정성"이란 용어를 쓰기로 하겠다. 그리고 제5 요인에 대해 Tupes와 Christal (1961) 및 Norman(1963)은 "문화(Culture)", Goldberg(1990)는 "지성(Intellect)" 이라 부르고 있는데, 여기서는 Costa와 McCrae(1992)를 따라 "체험 개방성"이라는 용어를 쓰기로 하겠다.

11) Costa와 McCrae(1992)가 이 차원을 "신경증 성향"이라 부르고, 그 하위 차원으로 제시하는 것은 "불안·적대감·우울·자의식·충동성·취약성"의 여섯 가지였다. 여기서는 Goldberg(1990)를 따라 이 차원을 "신경증 성향"과는 반대되는 "정서적 안정성"으로 이름 붙였으므로, Goldberg(1990)의 자료에서 Costa와 McCrae(1992) 의 각 하위 차원과 반대되는 내용을 찾아, 이 여섯 가지로 하위 차원을 제시하였다.

으로 밝혀지고 있다(민경환, 2002 ; 홍숙기, 2005 ; McAdams, 2001 ; McCrae & Costa, 1997). 그러나 대부분의 연구에서 5대요인의 보편성이 밝혀지고 있기는 하지만, 각 요인의 상대적 중요도에는 문화 간 차이가 있음이 드러나고 있다. 곧 서구 문화에서는 일관되게 요인부하량(要因負荷量)이 가장 큰 제1 요인으로서 외향성이 부각되지만, 우리나라 성격 특질 단어의 분석에서는 성실성이 제1 요인으로 부각된다(육성필, 1994). 이는 문화에 따라 각 요인의 중요도에 차이가 있음을 뜻하는 것이다. 뿐만 아니라, 문화에 따라 각 요인을 기준으로 정적 특성과 부적 특성을 수용하는 정도에도 차이를 보이는 것으로 밝혀지고 있다. 한덕웅(2005)은 한국과 미국 및 오스트레일리아의 대학생들을 대상으로 하여 5대요인 특성에 따라 자기를 평가하게 한 결과, 정서적 안정성을 제외한 모든 요인에서 미국인과 오스트레일리아인은 한국인보다 자기가 더 긍정적이고 또 덜 부정적이라고 인식하고 있음을 발견하였다. 이러한 사실은 서구인들은 5요인을 구성하는 긍정적 특성들만을 바탕으로 자기 자신을 인식할 뿐, 부정적 특성에 대한 수용도는 아주 낮아 이에 대해 심한 배척감을 보임을 나타낸다. 그리하여 이러한 다섯 가지 요인들은 서구사회에서 "주관적 안녕감(sense of subjective well-being)", 곧 개인이 삶의 과정에서 주관적으로 느끼는 행복감과 밀접하게 관련된 변인들이 된다(민경환, 2002, pp. 252~257).

이러한 결과에서 유추해 보면, 서구인들은 성격을 구성하는 5대요인의 긍정적 특성만을 바탕으로 이상적 인간상을 상정할 가능성이 있음을 알 수 있다. 곧 '자기를 적극적, 능동적으로 드러내고, 남과 어울리기를 좋아하며, 유쾌하고 따뜻한 사람(외향성), 신뢰를 주고 솔직하며, 겸손함과 온유함을 가지고 남을 대하고 또한 남을 보살펴줌으로써 원만한 대인관계를 유지하는 사람(우호성), 조직적이고 책임감이 있으며, 실제적이고도 근면한 태도로 철저하게 일에 나섬으로써 일의 세계에서 높은 성취를 이루어내는 사람(성실성), 마음이 평안하고 정서적으로 이완되고 안정되어 만족감을 느끼고 살며, 감정적인 거리를 두고 사태에 대처함으로써 정서적으로 안정감이 있고 예측가능한 사람(정서적 안정성), 그리고 창의적이고 상상력이 풍부하며, 새로운 일에 대한 호기심이 많고 생각이 깊으며, 세련된 지적 능력을 가지고 있는 사람(체험 개방성)'이 5대 모형에서 추론되는 이상적 인간상 이라고 볼 수 있을 것이다.

특질이론 계열 종합   이상에서 보았듯이, 특질이론들은 직접 또는 간접 적으로 올포트와 연결되어 있으며, 모두 성격의 개 인차에 일차적인 관심을 가지고 있다. 개인차에 관한 이들의 관심은 주로 성격의 측정 문제에 온 힘을 기울이게 하였는데, 성격검사를 마련하기 위 한 기초로 이들은 성격의 개인차 요인을 통계적으로 분석하여 그 내용과 수를 확정하는 데 일차적인 관심을 쏟았다. 이러한 연구들은 올포트에 이 론적 기반을 둔 것이었지만, 정작 올포트 자신의 관심은 서로 간에 비교할 수 있는 보편적인 공통 요인보다는, 개인마다 지닌 특유한 것이어서 결코 측정할 수도 없고, 따라서 비교할 수도 없는 개인 성향에 기울어져 있었다. 그 결과 올포트가 개인을 심층적으로 연구하는 '개별사례 연구법(idiographic approach)'을 성격 연구의 기본 방법으로 선호한 것과 달리, 그 밖의 학자 들은 사람들에게 보편적으로 적용되는 성격 과정의 법칙들을 정립하려는 '법칙정립 연구법(nomothetic approach)'을 선호했던 것이다(민경환, 2002 ; 홍숙기, 2005 ; Hall & Lindzey, 1978 ; McAdams, 2001). 사람들의 개인차를 드러내는 기본적인 특질의 수를 16개로 확정한 커텔이나, 다섯 개로 확정 한 5대요인 모형은 전형적인 법칙정립 연구의 예들이다.

이러한 특질이론들의 기본적인 논리적 배경은 상호 독립적인 특질들의 가산성(加算性, additivity)을 전제로 한다는 점이다(홍숙기, 2005, p. 4, 11~ 12 ; McAdams, 2001, p. 252). 곧 한 개인은 그가 가지고 있는 특질들의 '가 산적인 총화(additive sum)'로 볼 수 있다는 것이다. 말하자면, 긍정적 특 성을 많이 가지고 있을수록 더욱더 좋은 사람이 되고, 부정적 특성을 많이 가지고 있을수록 더욱더 나쁜 사람이 된다고 본다. 이러한 점에서 보면, 특질이론에서 제시하는 이상적 인간상들은 각 이론가들이 제시하는 기본 적인 성격 요인들 가운데 긍정적인 특성들의 가산적 총화라는 형태를 띠

고 있으며, 이러한 사실은 우연이 아니라고 할 수 있을 것이다. 이 점에서
도 개인의 전체성과 통합성을 강조하는 관점을 보이는 올포트는 다른 특
질이론가들과 상당한 차이를 보이고 있다. 그러나 그가 제시하는 이상적
인간형인 성숙 성격자도 정적 특성들의 가산적인 형태로 제시되고 있어
서, 가산적 이론의 특징을 잘 드러내고 있다.

이렇게 특질이론가들이 정적 특성의 가산적 총화로 이상적 인간상을 이
해하고 있다는 사실은 이들이 제시하는 이상적 인간상의 요인들을 견주어
보면 잘 드러난다. 올포트는 여섯 가지 요인을 제시하고 있는데, 그의 자기
감 확대는 5대요인 모형의 체험 개방성과, 따뜻한 대인관계는 우호성과, 정
서적 안정 및 자기 수용은 정서적 안정성과, 객관적 현실 인지와 업무 수행
은 성실성과, 자기 객관화는 외향성과 일맥상통하며, 올포트의 통일된 인
생관은 커텔의 성격 통일성과 관련되는 것으로 볼 수 있다. 이렇게 여섯
가지 요인으로 이상적 인간상을 설정하는 올포트의 이론은, 얼핏 생각해
보아도 각각 다섯 가지와 한 가지로 설정하는 5대요인 모형과 커텔의 이론
을 서로 보탠 것과 같다. 이러한 사실은 특질이론이 가산성을 전제로 한다
는 점을 잘 드러내준다고 할 수 있을 것이다.

(3) 현상학적 이론 계열

"개인의 주관적 세계를 강조하고, 자기실현의 성향과 역량을 인정하며,
과거보다 현재와 미래를 중시"(민경환, 2002, p. 31)하는 것이 현상학적 이
론이다. 이 계열 이론들의 기본 가정은 "자기 자신·타인·세상을 어떻게
지각하고 해석하느냐에 따라 우리의 생각·감정·행동이 달라진다는 것"
(홍숙기, 2004, p. 23)으로서, 이 이론들은 개인의 주관적 체험과 성장, 성숙
및 자기실현을 강조한다. 현상학적 이론들은 "정신역동이론의 결정론과 비
관적인 인간관, 그리고 행동주의의 객관성의 강조와 피동적인 인간관 등에
반발하여"(민경환, 2002, p. 31) "심리학에서의 제3 세력(the third force in
psychology)"을 표방하고 등장하였다. 이들은 인간의 가치를 존중하고, 인
간의 미래지향성과 인간에 대한 낙관론적 이해를 강조한다는 점에서 인본

주의 심리학이라 부르기도 한다. 대표적인 이론가로는 매슬로(Maslow)와 로저스(Rogers)를 들 수 있다. 김성태(1976)는 이 가운데 매슬로의 이상적 인간형론을 개관하고 있는데, 여기서는 로저스도 추가하여 현상학적 이론 계열에서 제시하는 이상적 인간의 특징에 대해 고찰하기로 하겠다.

매슬로의 자기실현인　　　매슬로는 기존의 심리학, 특히 행동주의와 정신분 석학의 "염세적이고, 부정적이며, 한정된 인간관을 비난하였다. 그는 기존 심리학이 인간의 장점보다 약점을 더 강조해 왔으며, 철저하게 인간의 미덕은 무시하고 악덕만을 탐색해 왔다고 생각하였다. …… 그리하여 그는 상황의 다른 절반, 곧 더 밝고 더 나은 절반을 파악함으로써, 전체적인 인간의 모습을 제시하고자 하였다"(Hall & Lindzey, 1978, p. 267). 이러한 관점에서 그는 "자기실현 혹은 성장이 인간뿐 아니라 모든 생명체에 내재하는 기본 성향"(민경환, 2002, p. 200)이라고 보고, 이러한 자기실현에 초점을 맞추고 인간을 이해하려 하였다.

매슬로(1954/1970, 1962/1968, 1971)는 능동적 주체로서 인간이 지닌 가치를 존중하는 인본주의 심리학의 주창자들 가운데 한 사람이다. 인본주의 자로서 그는 개인이 자신의 행동과 경험의 유일한 결정자라는 사실을 강조하고, 본디부터 스스로를 형성(becoming)해 가거나 자기를 실현하려는 욕구를 갖추고 있는 인간은 능동적이고도 자유로운 선택에 따라 자신의 운명을 개척하는 존재라고 본다. 그는 현상학적인 관점에서 "여기에서 현재 (here-and-now)" 느끼는 현상학적 인식과 느낌, 곧 주관적 체험이 인간 연구의 기본적인 자료라고 보고 중요하게 여긴다. 이러한 태도를 그(1966)는 "지식의 영역에서 근본적인 가치는 직접적이고 친근하며 경험적인 지식에 있다"(p. 45)고 표현하였다. 또한 그는 인간의 창조성(creativity)을 강조하여, 이를 인간 본성에 공통된 특질로 묘사하고 있다. 이러한 창조성은 자기 실현의 도구가 되는 특질로서, 인간을 정신적으로 건강하게 만드는 바탕이 된다고 보았다. 이러한 창조성을 발휘하여 자기실현을 이룰 때 느끼는 쾌감이 바로 절정경험(peak experience)인데, 매슬로는 이를 추구하는 것이 바람직한 삶의 모습이라고 보는 것이다(민경환, 2002, pp. 200~202 ; 홍숙기, 2004, pp. 306~327 ; Hall & Lindzey, 1978, pp. 266~270 ; Hjelle & Ziegler, 1981/1983, pp. 405~435 ; McAdams, 2001, pp. 443~446).

매슬로 이론의 가장 핵심은 욕구위계(欲求位階, need hierarchy)에 관한 이론이다. 그(1954/1970, 1962/1968)는 인간의 욕구가 위계적으로 구조화되어 있다고 보아, 하위 단계의 욕구가 충족되어야 그 다음 단계의 욕구가 나타난다고 주장하였다. 이러한 욕구위계를 하위 단계부터 기술하면, 생리적 욕구(physiological needs) – 안전 욕구(safety needs) – 소속과 사랑 욕구(belongingness and love needs) – 존중 욕구(esteem needs) – 자기실현 욕구(needs for self-actualization) 들이다.[12] 이 가운데서 생리적 욕구에서 존중 욕구에 이르는 '하위 욕구'들은 무엇인가 외적 조건이 결핍되어 나타나는 '결핍 욕구(deficiency needs : D-needs)'이고, '상위 욕구'인 자기실현 욕구는 성장을 지향하는 '성장 욕구(growth needs)'로서, 인간 존재의 본질을 추구하는 '존재 욕구(being needs : B-needs)'이다. 매슬로는 D-욕구에 지배되는 삶을 사는 사람들은 결핍을 중심으로 세상을 보는 D-인지(D-cognitions)와 D-가치(D-values)에 억눌려 있고, B-욕구에 지배되는 삶을 사는 사람들은 B-인지(B-cognitions)와 B-가치(B-values)에 따라 세상을 인식하고 살아간다고 보았다.

매슬로는 이렇게 B-인지와 B-가치에 따라 삶을 살아가는 사람, 곧 자기실현 욕구가 삶의 지배적인 동기가 되고 있는 사람을 "자기실현인(self-actualizing person, self-actualizer)"이라 보고, 이들이 가장 바람직한 인간상이 된다고 여겼다. 이러한 자기실현인이 추구하는 B-가치는 "전체성・완전성・완성・정의・생동감・풍부함・단순성・미(美)・선(善)・독특성・무위(無爲)・즐거움・진(眞)・자족성"(Maslow, 1968, p. 83) 들이다. 매슬로(1954)는 자기실현을 "자기의 재량・역량・가능성의 충분한 사용과 개

---

12) Maslow의 욕구위계설은 다음 '이상적 인간이 되는 과정'의 항목에서 자세하게 다룰 것이다.

발"(p. 200)이라 정의하고, 역사적 인물(예를 들어 링컨·제퍼슨·소로우·베토벤·아인슈타인·슈바이처)과 당대의 인물(예를 들어 델러노 루스벨트, 자기의 친구와 친지들) 가운데 이러한 관점에서 자기실현을 이루었다고 평가한 60명을 골라, 이들에 대한 전기(傳記)와 면접 및 검사 결과들을 바탕으로, "자기실현인"의 특징을 다음과 같이 제시하였다[13](김성태, 1976, pp. 13~15 ; 홍숙기, 2004, pp. 316~320 ; Hall & Lindzey, 1978, pp. 269~270).

첫째, 자기실현인은 현실을 효율적으로 지각하고, 현실과 안정된 관계를 유지한다. 이들은 거짓이나 부정직함을 쉽게 알아차리고, 일반적으로 사람을 옳게 판단하는 능력도 남다를뿐더러, 이런 효율성은 다른 영역으로도 확장된다. 따라서 이들은 혼돈된 현실을 명확하게 파악하고, 미지의 것에 대한 헛된 두려움을 갖지 않는다.

둘째, 자기실현인은 있는 그대로 자기·타인·자연을 받아들인다. 이들은 자기 자신을 불평 없이 있는 그대로 수용하므로, 죄책감이나 수치심이나 불안이 없다. 이들은 사랑·안전·소속·명예 그리고 자존심을 중시하

---

13) Maslow가 제시하는 "자기실현인"의 특징은 책에 따라 조금씩 다르다. 1954년 저술(*Motivation and Personality*, pp. 203~228)에서는 14가지 특징(본문에 제시된 것 가운데 1~14)으로 제시되어 있으나, 1970년 개정판(pp. 153~174)에서는 16가지 특징으로 두 가지(본문의 15, 16)가 보태졌다. 또 1962년 저술(*Toward a Psychology of Being*, p. 148)에서는 열 가지 특징(분명하고 효율적인 현실 인지, 확 트인 마음으로 모든 경험을 받아들이는 것, 인간으로서 동일성·전체성·조화성을 지니는 것, 자발성과 표현성 증가, 진정한 자기와 확고한 주체성 및 독자성, 자기의 객관화·분리 및 초월성의 증대, 창조성의 회복, 구체성과 추상성을 통합하는 능력, 민주적 성격 구조, 사랑하는 능력)으로 제시하고 있으나, 1968년 개정판(p. 26)에서는 다시 13가지 특징(사실에 대한 뛰어난 지각, 자기·타인·본성에 대한 수용의 증가, 자발성의 증가, 문제에 대한 집중력의 증가, 초연함의 증가와 사생활에 대한 소망의 증가, 자율성의 증가와 문화적 동화에 대한 저항, 감정 반응에 대한 민감한 인식과 풍부한 감정 반응, 매우 잦은 절정 경험, 인간 종(種)에 대한 정체성의 증가, 대인관계의 변화, 민주적인 성격 구조, 창조성의 상당한 증가, 가치 체계의 변화)으로 제시하고 있다. 여기서는 그의 가장 최근(1970) 것이면서 가장 많은 수(16가지 특징)를 제시한 저술을 바탕으로 Maslow의 자기실현인의 특징을 알아보기로 하겠다.

고, 자연과 인간성에 익숙하게 어울리며, 방어나 허세가 없고, 남들한테서도 그런 꾸밈을 싫어한다.

셋째, 자기실현인은 자발성이 강하다. 이들은 행동이 자연스럽고 단순하며, 표면이 아니라 내면에서 인습을 벗어나 있어서, 중요한 일을 하는 데 방해가 되는 인습은 좋지 않는다. 이들은 관례적이기보다는 자주적이고 개성적인 윤리강령을 갖고 있다.

넷째, 자기실현인은 자기 중심적이 아니라 문제 중심적(problem-centering)이다. 이들은 자의식에 얽매이지 않고 문제에 집중해서 일을 하므로, 훌륭한 일을 성취할 수 있다. 이들은 자기 중심적이 아니어서 평온하고 걱정이 없기 때문에, 자신들의 삶이 쉬워질 뿐만 아니라 관련된 주위 사람들의 삶도 쉬워진다.

다섯째, 자기실현인은 세상일에 대해 초연(detachment)하고, 혼자 있기를 좋아하며, 사생활을 즐긴다. 친구와 가족에 대한 애착이 있기는 하지만, 그렇다고 의존성이나 소유욕이 심하지 않으며, 세속에 아랑곳하지 않고 초월해 있다. 남들과 맺는 관계에서 이들의 초연함은 보통 사람들에게는 차가움이나 적대감으로 보일 수도 있는데, 이들에게는 보통 사람들의 우정관계에서 나타나는 집착·요구·의존·독점욕이 없기 때문이다.

여섯째, 자기실현인은 자율성과 독립성이 강하다. 이들은 문화나 환경의 요구에서 독립되어 있으며, 능동적으로 자기의 의지에 따라 결정하고 행동한다. 이들은 남들의 칭찬이나 비판에 아랑곳없이 자기의 참된 방향을 지켜나간다.

일곱째, 자기실현인들은 삶의 기본적인 것들을 신선하고 순진하게 경외심과 기쁨을 가지고 새롭게 대하며 감상하지, 고정관념에 따라 항상 똑같이 대하지는 않는다. 이들은 외계를 나날이 새롭게 받아들이며, 순수한 시각에서 기쁨과 놀라움, 그리고 외경심과 황홀감을 가지고 인생의 기본적인 미덕을 알아차리는 놀랄 만한 역량을 갖고 있다.

여덟째, 자기실현인은 꼭 종교적인 것은 아닐지라도 근원적으로 신비롭거나 영적인 체험 및 절정 경험을 많이 한다. 이들은 강력한 힘이 샘솟는 느낌과 아울러 우주와 하나가 된 듯한 나른한 기분을 느끼는 때가 많다. 그리고 금방이라도 중요한 일, 가치 있는 일이 일어날 것 같은 신념을 갖게 된다.

아홉째, 자기실현인들은 인간 일반에게 '우리'라는 공동체감(Gemein-schaftsgefühl)을 느낀다. 이들은 사람들 일반에 대하여 때로는 노여움이나 분노가 아주 없는 것은 아니지만, 인간으로서 다 같은 존재라는 동일시 감정, 동정 그리고 애정을 가지고 있다.

열째, 자기실현인들은 더욱 깊고, 더욱 풍부한 대인관계를 맺을 수 있으며, 또 더욱 화합하고, 더욱 사랑하며, 또 완전히 상대방과 자기를 동일시하기도 한다. 그러나 이렇게 깊은 우정과 애정을 나누는 대인관계는 비교적 소수에 국한되는데, 이들은 혼자 있기를 좋아할 뿐만 아니라 안전·사랑·존중의 결핍이 없으므로 타인들이 필요하지 않기 때문이기도 하다.

열한째, 자기실현인들은 계급·교육·종족 또는 정치적 신념에 관계없이 올바른 성격을 가진 사람이라면 누구하고나 같이 있을 수 있고, 또 우호적으로 어울릴 수 있는 민주적인 성격구조를 가지고 있다.

열두째, 자기실현인들은 옳고 그름에 대한 혼란과 갈등을 겪지 않고, 수단과 목적, 선과 악을 분명히 구별한다. 일정한 도덕률을 지니고 늘 정당한 편에 서서 악을 행하지 않는다. 수단보다는 목표에 집중되어 있고, 수단은 이 목표에 종속되어 있다. 이들은 수단보다 목표에 집중하지만, 목적지에 이르는 것만큼이나 과정 자체를 즐기기 때문에, 남들이 그저 수단으로만 생각하는 경험과 활동들을 그 자체 목적으로 여기기도 한다.

열셋째, 자기실현인들은 해학이 대단히 풍부하지만, 이들의 해학은 분명히 철학적이어서 누구도 해치지 않는 비공격적인 것이 특징이다. 철학적 해학이란 다른 사람을 상처주거나 다른 사람의 열등함을 드러냄으로써 남을 웃기는 것이 아니라, 인간 일반의 어리석음을 재미있어하는 태도를 말한다. 따라서 이들은 남을 공격하거나 남보다 우월함을 느끼려는 것으로는 웃지 않는다.

열넷째, 자기실현인들은 특유한 창의력을 발휘한다. 이들의 창의성은 어린이의 순진하고 보편적인 창의성과 같으며, 또 신선하고 순수하며 인생을 있는 그대로 바라보는 진실성을 가지고 있다.

열다섯째, 자기실현인들은 자율적인 행위 표준을 설정하고 있기 때문에, 문화적, 사회적인 규범에 맹목적으로 동조하는 것에 대해 저항이 강하다. 이들은 문화적인 관습이나 습성을 뛰어넘는다.

열여섯째, 자기실현인들은 환경과 단순히 싸워 이기려 하기보다는 이를 뛰어넘으려 한다. 이들은 인간은 환경을 벗어나서 살 수 없는 존재이기는 하지만, 환경은 개인이 이를 인식하기에 따라 달라질 수 있다는 사실을 잘 깨닫고 있는 것이다.

이상과 같이 매슬로는 심리적으로 건전한 이상적인 사람의 본질이 자기실현에 있다고 규정하고, 이러한 자기실현인의 특징으로 "현실의 효율적인 인지, 자기·타인 그리고 자연을 있는 그대로 받아들이는 것, 자발적이며 활발한 태도, 문제 중심성, 친밀하고 서로 사랑하는 태도, 초연함, 자주적이며 독자적인 태도, 좋은 대인관계, 신비적 경험(절정 경험), 비공격적인 해학, 그리고 창의성"(김성태, 1976, p. 15) 및 '문화와 현실의 초월'을 지적하고 있다. 매슬로가 자기실현을 인간 삶의 최상위 동기로 설정하고 있다는 사실에서 유추해 보면, 이러한 여러 특징을 갖는 자기실현인이 바로 매슬로가 보는 이상적 인간상이라고 생각할 수 있을 것이다.

로저스의 완전히 기능하는 사람 로저스는 "인간 본성이 근본적으로 선하며, 긍정적이고 건설적이라고 생각" 하고, "인간이란 외부의 힘에 의해 피동적으로 끌려가는 존재가 아니라, 미래 지향적이며 자기 지시적인 에너지로 충만한 존재라고 주장"(민경환, 2002, pp. 333~334)하여, 인간 본성의 타고난 잠재력이 실현될 경우 최상의 개인적 발달과 효율성이 실현될 것이라는 "사람 중심 이론(person-cerntered theory)"14)을 제시하였다. 그는 사람에게는 본래부터 "자기실현 경향성

---

14) 여기서 '사람(person)'은 '인간 일반'이라는 의미보다는 '개인'이라는 의미가 더 강

(self-actualizing tendency)"이 갖추어져 있다고 보고, 이것에 따라 인간의
여러 행동을 설명하려 하였다. 이러한 자기실현 경향성이란 "유기체
(organism)가 스스로 사람됨을 유지하고 끌어올리는 방향으로 자신의 모든
가능성을 개발하려는 내재적인 경향성"(Rogers, 1959, p. 196)으로서, "인간
본성의 긍정성을 신봉하는 로저스가 제시하고 있는 유일한 동기 개념이
다"(민경환, 2002, pp. 334~335). 이렇게 자기실현 경향성은 유기체로서 개
인이 가지고 있는 유일하고도 중추적인 에너지의 출처인 것이다.

"로저스의 성격이론은 현상학적 관점에 기초를 두고 있다. 현상학적 관
점에서는 개인의 현실(reality)은 그의 주관적 체험세계, 즉 현상적 장
(phenomenal field) 속에 존재한다고 주장한다"(민경환, 2002, p. 336). 이러
한 현상적 장 속에는 인간의 내적 준거체계(internal frame of reference)나
그의 주관적 세계 안에 존재하는 의식적, 무의식적인 모든 것이 포함되며,
이것이 개인의 경험적 현실세계를 구성하는 것이다. 이러한 주관적인 지각
과 체험들은 개인의 사적 현실을 구성할 뿐만 아니라, 그의 행동의 바탕을
이룬다. 이렇게 사람들은 객관적 현실세계 또는 과거 경험에 따라서가 아
니라 '여기에서 현재' 생기는 주관적인 지각과 해석, 곧 현상적 체험에 따
른 현상적 장에 영향을 받는 것이다. 이러한 "현상학적 성격이론의 중요한

하다. Rogers의 상담이론을 보통 "내담자 중심 치료(cliernt-centered therapy)"라고
부르는데, 이는 피치료자 개인의 스스로에 대한 통찰과 이해가 부적응 치료의 핵심
이라고 보아, '스스로의 스스로에 대한 이해'를 강조하기 때문에 붙은 이름이라는
사실에서 개인 존재를 강조하는 그의 관점을 읽을 수 있다. 그의 이론에서 가장 핵
심이 되는 개념은 스스로에 대한 인식의 총합체인 "자기(self)"로서, 그의 이론을
보통 "자기심리학(self psychology)"이라 부르기도 하거니와, "자기에 대한 연구가
번성하게 될 지적 전통을 마련하는 데 그보다 더 큰 영향력을 행사한 사람은 아무
도 없었음"(Hall & Lindzey, 1978, pp. 302~303)뿐만 아니라, "그의 이론은 자기라
는 개념을 경험적 연구의 대상으로 만드는 목적을 훌륭히 이루어내기도 하였던 것
이다"(pp. 306). 이러한 관점에서 볼 때, 그가 사용하는 사람(person)이라는 용어는
'통합성과 전체성을 갖춘 개인'을 일컫는 용어라고 생각할 수 있으며, 따라서 그의
이론을 "사람 중심 이론"이라 부르는 것은 곧 '통합적인 개인 중심 이론'이라는 뜻
으로 간주할 수 있을 것이다.

시사점 가운데 하나는 인간 행위에 대한 최대한의 이해는 인간의 내적 준거체계를 관찰함으로써 가능하다는 것이다"(Hjelle & Ziegler, 1991/1983, p. 454). 이러한 내적 준거체계를 형성하는 것이 바로 개인의 주관적 체험이며, 따라서 개인의 주관적 체험에 대한 이해가 인간 이해의 유일한 길이라고 보는 것이 현상학적 이론의 특징이다.

로저스의 성격이론에 핵심적인 두 가지 구성 개념은 "유기체"와 "자기"이다(홍숙기, 2004, p. 330 ; Hall & Lindzey, 1978, p. 284). 여기서 유기체란 "체험의 주체"로서 "생명체 또는 '몸'으로 이해"(홍숙기, 2004, p. 329)할 수 있는, 여기에서 현재 삶을 영위하고 있는 생물체인 개인 존재를 가리킨다. "심리학적으로 볼 때, 유기체란 '모든 경험의 중심(locus of all experience)'이다"(Hall & Lindzey, 1978, p. 284). "경험은 어느 한순간에 잠재적으로 인식될 수 있는, 유기체 안에서 진행되는 모든 것"(Rogers, 1959, p. 197)으로서, 이러한 경험의 전체가 현상적 장을 구성하며, 현상적 장은 경험하는 사람 자신만이 알 수 있는 개인의 내적 준거체계가 된다. 이렇게 유기체는 개인 경험의 주체인데, 유기체로서 존재하는 개인은, "경험 주체인 유기체를 실현·유지·고양하려는 기본적 경향성과 노력"(Rogers, 1951, p. 487)인 "유기체적 실현 경향성(organismic-actualizing tendency)"을 가지고 있다. 로저스(1959, pp. 196~197)는 앞서 기술한 자기실현 경향성이 바로 이러한 유기체적 실현 경향성에 근거를 두고 있다고 본다. 유기체는 스스로가 겪는 순간 순간의 체험들을 이러한 실현 경향성을 준거로 삼아 그 좋고 나쁨을 평가하는데, 이것이 "유기체적 평가 과정(organismic valuing process)"이다. 이러한 평가의 결과 "유기체적 실현 경향성에 합치하는 경험은 만족스럽고 좋은 것으로 간주되어 접근·유지되지만, 이에 불합치하는 경험(유기체의 성장과 완성을 촉진하지 않는 경험)은 회피되거나 거부되는 것이다"(McAdams, 2001, p. 441).

로저스는 "유아기에는 유기체 차원에서 살"(홍숙기, 2004, p. 232)다가, 나이가 들어가면서 점차 "나"와 연결된 현상적 장의 일부가 분화하여 "자기"가 형성된다고 본다. "자기" 또는 "자기 개념"이란 "경험 주체인 '나(I)'와 경험된 '나(me)'의 특징들에 대한 지각, 이러한 주체인 '나(I)'와 경험된

'내(me)'가 타인들 및 삶의 다양한 측면들 사이에 맺는 관계에 대한 지각, 그리고 이러한 지각에 들러붙은 가치들로 구성되는 조직화되고 일관적인 개념적 형태이다"(Rogers, 1959, p. 200). 이렇게 "자기"는 "현상적 장에서 '나'로 지각되는 부분으로서, 조직화되고 일관성 있는 지각 패턴을 표상한다. '자기'는 새로운 경험을 하면서 계속 변화하지만, 항상 정형화되고 통합되고 조직화된 속성을 유지한다. 그러므로 시간에 따라 개인이 많이 변하더라도 그는 스스로가 이전과 똑같은 사람임을 느끼는 확고한 내적 감정을 보유한다"(민경환, 2002, pp. 336~337). 이러한 "자기"는 단지 "나"에 관련된 조직화된 지각의 무리, 곧 "현상적 자기(phenomenal self)"일 뿐, 개인 속에 들어 앉아서 개인을 통제하는 또 하나의 "작은 사람"이나 "집행자로서의 자아"는 아니다(민경환, 2002, p. 337 ; 홍숙기, 2004, p. 338). 이러한 자기 개념에는 현실적 자기에 대한 인식인 "실제적 자기(real self)"뿐만 아니라, 스스로가 그렇게 되고 싶은 자기상인 "이상적 자기(ideal self)"도 포함된다.

이러한 자기 개념은 경험을 통해 "학습된 욕구인 '긍정적 존중의 욕구(the need for positive regard)'와 '자기 존중의 욕구(the need for self-regard)'라는 두 가지 욕구"(Hall & Lindzey, 1978, p. 288)에 따라 형성된다. '긍정적 존중 욕구'는 특히 부모와 같은 주위 사람에게서 좋은 사람이라는 평가를 받고자 하는 욕구이고, '자기 존중 욕구'는 스스로 자신을 좋은 사람으로 인식하고자 하는 욕구이다. 여기서 "전자는 사랑받고 돌봄을 받는 결과로 유아기에 발달하고, 후자는 유아가 타인들한테서 긍정적인 존중을 받음으로써 얻어지는 것이다"(Rogers, 1959, pp. 223~224). 이러한 욕구에 따라 개인은 타인이 나를 언제 어떻게 평가하느냐에 관심을 갖고 지켜보게 되고, 결국 타인의 평가체계는 개인이 스스로를 평가하는 "가치 조건(conditions of worth)"으로 작용한다. 그 결과 "아동은 타인의 기대에 따라 행동함으로써 칭찬을 받고 주의를 끌며, 인정이나 또 다른 형태의 보상을 받는 상황"(Hjelle & Ziegler, 1981/1983, p. 461)이 조성되는 것이다. 이때 개인의 유기체적 경험이 이러한 가치 조건에 합치(congruence)하면 정적인 자기감을 갖게 되지만, 불합치(incongruence)하게 되면 위협을 느껴, 왜곡된 자기감을 가지게 된다고 로저스는 보고 있다.

이러한 관점에서 로저스(1959)는 주위 사람들, 특히 부모의 "무조건적인 긍정적 존중(uncoditional positive regard)"이 필요하다고 본다. "한 개인이 '무조건적인 존중'만을 체험하게 되면, 아무런 '가치 조건'이 발달하지 않고, 자기 존중은 무조건적이 되어 '긍정적 존중'과 '자기 존중'의 욕구들이 결코 '유기체적 평가'와 어긋나지 않게 됨으로써, 개인은 심리적으로 계속 적응되고 충분히 기능을 발휘하게 될 것"(Rogers, 1959, p. 224)이라는 것이다. 로저스(1961)는 이렇게 무조건적인 존중을 받으면서 자란 사람은 유기체적 경험과 자기 개념이 일치하게 되어, 심리적으로 건강하고 "훌륭한 삶(good life)"을 영위하는 "완전히 기능하는 사람(fully functioning person)"이 된다고 본다. 여기서 "완전히 기능한다는 것은 자신의 잠재력을 인식하고 능력과 자질을 발휘하여, 자신에 대한 완벽한 이해와 경험을 풍부히 하는 방향으로 이동해 가는 개인을 뜻하는 말이다"(Hjelle & Ziegler, 1981/1983, p. 468). 이렇게 "완전히 기능하는 사람은 자기의 잠재 가능성을 충족시킬 수 있는 사람"(McAdams, 2001, p. 441)이다. 이러한 사람에게 "개인은 곧 유기체"(Hall & Lindzey, 1978, p. 292)이므로 '자기'와 '유기체'가 일치하게 되고, 따라서 '유기체적 실현 경향성'이 곧 '자기실현 경향성'과 합치함으로써, 결국 이러한 실현 경향성이 모든 삶의 근거가 되는 이상적인 삶을 살게 된다고 로저스(1961)는 보고 있는 것이다. 로저스(1959, pp. 234~235; 1961, pp. 183~196)는 이러한 '완전히 기능하는 사람'이 공통으로 갖는 특징을 다음과 같은 다섯 가지로 제시하고 있다(홍숙기, 2004, pp. 340~343; Hall & Lindzey, 1978, p. 281; Hjelle & Ziegler, 1981/1983, pp. 467~471).

첫째, 완전히 기능하는 사람의 가장 두드러진 특징은 체험 개방성(openness to experience)이다. 체험에 열려 있다는 것은 어떤 감정과 태도도 방어 없이 체험한다는 것을 말한다. 체험을 완전하게 개방하는 사람은 내부의 억압이나 방해 없이 자신의 감정을 민감하게 인식하고, 이를 억압하지 않으며, 이에 자연스럽게 반응하고, 이에 반응하지 않을 경우에는 이를 의식 속에 받아들인다.

둘째, 완전히 기능하는 사람은 체험을 기존의 자기구조에 맞도록 변형 또는 왜곡하지 않고, 언제나 신선하고 새롭게 지각하는 실존적인 삶 (existential living)을 산다. 이들은 선입견이나 엄격한 자아구조에 맞추어 외부 사물을 받아들이지 않고, 항상 유동적이고 적응에 강하며, 관용적이고 자발적이다. 이들은 각각의 순간을 그 자체로 받아들이는 전반적인 능력을 가지고 있다.

셋째, 완전히 기능하는 사람은 유기체적 신뢰(organismic trusting)의 태도로 의사결정을 한다. 이들은 자신들의 유기체적 경험을 그들이 해야 할 것과 하지 말아야 할 것을 결정하는 정보의 타당한 출처로서 신뢰하여, 이에 따라 선택하고 결정한다. 이들은 마치 용량이 큰 거대한 컴퓨터와 같아서, 사회적 요구들, 자기 자신의 복잡하고 갈등을 일으킬 수 있는 욕구들, 비슷한 상황의 기억들, 현재 상황의 독특함을 모두 고려하여, 그 상황에서 자신의 욕구를 가장 잘 만족시켜 주는 행동을 찾아낸다. 그리고 이들은 결정을 내리는 토대가 완전히 분명하지 않아도, 그 결정을 신뢰하며 행동에 옮긴다.

넷째, 완전히 기능하는 사람은 스스로 선택한 인생을 자유롭게 살아가는 경험적 자유(experiential freedom)를 누리는 사람들이다. 이러한 사람들은 '나 자신의 행동과 그 결과에 책임을 지는 사람은 나뿐'이라는 내적 감정, 곧 실존적 자유를 누리고 사는 사람들이다. 그러므로 이들은 자유로운 선택자로서 활동하며, 항상 스스로에 대한 책임을 기꺼이 지고, 남에게 책임을 미루거나 남 탓을 하지 않는다.

다섯째, 완전히 기능하는 사람은 창의성이 뛰어나서, 창의적인 삶을 영위한다. 이들은 자신의 문화 안에서 자신의 내적 욕구를 만족시키면서 건설적으로 살아간다. 그러나 이들이 그들의 문화적 요구에 완전히 동화되어 살아가는 것은 아니다. 이들은 문화적 요구와 자신의 욕구 사이에서 균형을 유지하면서 창의적 삶을 살아가는 것이다.

로저스(1961)에 따르면, 훌륭한 삶이란 "인간의 잠재력을 점점 펼쳐 나가고 성장"시킴으로써 "인생의 흐름 속에 자신을 참여시키는 것"(pp. 195~196)이다. 이는 완성된 상태가 아니라 과정 속에 있는 것이기 때문에, "행복·만족·즐거움"과 같은 용어보다는 "풍부한·흥분된·보상적인·도전적인·의미 있는"과 같은 용어로 기술할 수 있는 상태이다. "완전히 기능하는 사람"은 "완전히 살아 있는 것, 완전히 인식하는 것, 인간이 된다는 것에 완전히 자아가 관여되어"(Hjelle & Ziegler, 1981/1983, p. 471) 있는 사람인 것이다. 이러한 과정을 통해 '완전히 기능하는 사람'은 '체험 개방성에 따른 현실적 자기 인식과 수용, 실존적 삶의 자세에 따른 방어와 왜곡의 부재(不在), 유기체적 신뢰에 따른 정확한 선택과 결정, 실존적 자유를 누리는 무조건적인 자기 존중, 그리고 창의적인 사회생활과 조화로운 관계 형성'이라는 특징을 갖추게 되는 것으로 로저스는 보고 있으며, 이것이 바로 그가 그리는 이상적 인간상이라 할 수 있다.

현상학적 이론 계열 종합   이상에서 보듯이, 현상학적 이론들은 인간의 타고난 자기실현 경향성을 인정하고, 이를 통해 인간 삶을 조명하려 한다는 공통점을 가지고 있다. 그러나 비록 가장 최종적이고 최상의 것으로 인정하고 있기는 하지만 자기실현 경향성을 인간의 여러 동기들 가운데 하나라고 여기는 매슬로와는 달리, 로저스는 이를 인간의 유일한 동기적 원천으로 보고 있다. 아마도 이러한 차이는 매슬로가 하위의 여러 동기를 충족한 다음에 맨 마지막으로 나타나는 완성된 실체로서 이상적 인간상을 그리고 있는 반면, 로저스는 자기실현 경향성이 제대로 발휘되는 과정에 초점을 맞추어 이상적 인간상을 그리려 하는 차이가 있다고 할 수도 있을 것이다. 그러나 이들은 모두 이상적 인간상을 자기실현과 관련지어 파악한다는 공통점을 보인다.

이들의 또 한 가지 공통점은 매슬로나 로저스 모두 인간의 주관적 체험을 강조한다는 사실이다. 곧 이들은 객관적, 현실적 조건이나 과거 경험 그 자체가 아니라, 객관적 현실이나 과거 경험에 대한 주관적 지각과 해석이 개인의 행동을 결정하는 요인으로 작용한다는 '여기에서 현재'의 관점을 강조하고 있다. 그 결과 이들은 개인의 주관적 체험의 독특성을 바탕에 두고 이상적 인간상의 특징을 제시하였다고 볼 수 있으며, 따라서 대체로 보편적인

긍정적 특성들의 가산적 총화로 이상적 인간을 보는 특질이론 계열의 이상
적 인간형론과는 특별히 대조되는 관점을 드러낸 것으로 생각할 수 있다.

(4) 기타 이론가들

김성태(1976)의 연구에서는 정신역동이론 계열에 속하는 에릭슨과 프
롬, 특질이론 계열에 속하는 올포트와 커텔, 현상학적 이론 계열에 속하는
매슬로 말고도, 이 세 가지 이론 계열로 구분하기 힘든 로턴(Lawton), 리
즈먼(Riesman)과 그 동료들, 시먼(Seeman), 아라스테(Arasteh), 엘킨
(Elkin)의 이상적 인간형론을 제시하고 있다. 여기에서는 위의 세 계열로
분류하기 힘든 이들 학자의 이상적 인간형론을 김성태(1976)에게서 발췌
하여 그 요점만 간단히 제시하기로 하겠다.[15]

로턴의 잘 적응된 사람　　로턴(1946)은 성인(成人)의 적응문제에 주로 관
심을 가지고 성숙한 성인을 "잘 적응된 사람
(well-adjusted person)"이라고 보아, 이들의 특징을 20가지로 정리하여 제
시하고 있다. 이러한 20가지 특징들은 주로 이들의 현실 지각, 일에 대한
태도, 정서적 반응 들과 관련된 것으로서, 김성태(1976)는 다음과 같이 요
약하여 정리하고 있다. "잘 적응된 사람", 곧 성숙한 사람이란 "자기의 책
임과 역할을 잘 알아서 해내고, 문제를 직접 현실 속에서 해결하며, 현실을
있는 그대로 받아들이고, 주체적 관점에서 확고한 인생목표를 가지고 당면
한 일에 열중할 수 있는 사람"(pp. 3~4)이라는 것이다.

리즈먼 등의 자율적 인간　　리즈먼, 글레이저와 데니(Riesman, Glazer &
Denney, 1950)는 이미 고전이 된 《고독한 군
중(*The Lonely Crowd*)》이란 책에서 현대인의 "사회적 성격(social character)"

---

15) 이들 가운데 Arasteh는 이란인이어서, 그의 이론은 현대 서구심리학의 이상적 인간
　　형론이라 보기 힘들다. 따라서 여기서는 그를 제외한 나머지 네 사람의 이상적 인
　　간형론을 다루기로 한다.

을 "전통 지향형(tradition-directed type)", "내부 지향형(inner-directed type)", "타인 지향형(other-directed type)"의 세 가지 유형으로 나누어 고찰하고 있다. 여기서 사회적 성격이란 한 사회의 성원들이 그 사회에서 요구하는 규범과 행동양식에 동조함으로써 가지게 된 해당 사회의 전형적인 성격(modal character)을 말한다. 곧 "인간은 사회적으로 만들어지는 존재라는 의미에서, 이러한 사회적 성격은 사회 형태의 산물"(Riesman et al., 1950, p. 3)인 것이다. 이렇게 "성격은 사회적으로 조건지워진 것이므로, 특정한 사회와 그것이 산출하는 사회적 성격의 종류 사이에는 눈에 띌 만한 관계가 있게 마련이다. …… 성격의 사회적 기능은 동조성을 보장 또는 허용하는 것으로, 그렇기 때문에 다양한 유형의 사회적 성격을 규정하는 가장 적절한 방법은 해당 사회에서 발달하는 '동조성의 양식(modes of conformity)'을 살펴보는 일이다. 결과적으로 해당 사회의 지배적인 '동조성의 양식'이 그 사회 전체를 특징짓는 지표로 사용될 수 있는 것이다"(p. 6).

리즈먼과 그 동료들(1950)이 한 사회의 지배적인 '동조성의 양식'을 결정짓는 중요한 지표로 삼고 있는 것은 인구 증가의 양상과 이에 따른 산업구조의 변화이다. 그들은 산업화의 오랜 역사를 가진 서구사회에서 인구의 수는 S자 곡선의 형태로 변화되어 왔다고 본다(pp. 7~10). 이러한 S자 곡선은 세 단계로 나눌 수 있는데, 초기의 '고도 증가 잠재력(high growth potential)'의 시기, 중기의 '과도기적 증가(transitional growth)'의 시기, 그리고 후기의 '인구 감소 전조(incipient population decline)'의 시기이다. 그들에 따르면, 농업·수렵·어업 같은 1차산업이 중심이었던 중세사회는 출산율이 낮고 기대 수명이 짧아 인구가 적었지만, 점점 사망률이 줄어들어 인구 폭발의 가능성이 급속도로 커지는 '고도 증가 잠재력'이 특징인 사회이다. 이어서 르네상스와 종교개혁 및 산업혁명기의 사회는 2차산업인 제조업이 중심이 되는 사회로서, 인구가 폭발적으로 증가하는 '과도기적 증가' 현상이 나타난다. 그리고 자본주의가 고도로 발달한 현대 시장경제사회는 상업·통신·서비스업 같은 3차산업이 중심이 되는데, 여기에서는 사망률의 감소에 뒤따라 출생률도 감소함으로써 인구증가율이 다시 둔해져,

'인구 감소의 전조'가 나타나게 된다.

리즈먼과 그 동료들(1950, p. 9)에 따르면 "고도 증가 잠재력의 사회는 그 전형적인 성원들에게, 전통을 따르려는 경향성에 따라 동조성이 보증되는 사회적 성격을 발달"시키는데, 이러한 사람들이 "전통 지향형"이며, 이들이 살고 있는 사회를 "전통 지향에 의존하는 사회(a society dependent on tradition-direction)"라 부른다. 이에 견주어 "과도기적 인구 증가의 사회는 그 전형적인 성원들에게, 어릴 때부터 일련의 내면화된 목표들을 성취하려는 경향성에 따라 동조성이 보증되는 사회적 성격을 발달"시키는데, 이들을 "내부 지향형"이라 하며, 이들이 살고 있는 사회를 "내부 지향에 의존하는 사회(a society dependent on inner-direction)"라 부른다. 그리고 "인구 감소의 전조가 나타나는 사회는 그 전형적인 성원들에게 타인들의 기대와 선호에 민감한 경향성에 따라 그 동조성이 보증되는 사회적 성격을 발달"시키는데, 이들을 "타인 지향형"이라 하며, 이들이 살고 있는 사회를 "타인 지향에 의존하는 사회(a society dependent on other-direction)"라 부른다.

이 가운데서 '전통 지향형'은 개인의 삶이 기본적으로 전통에 대한 복종과 소속된 집단 및 그들과 맺는 관계에 의존하여 진행되므로, 그들의 모든 관심은 사회제도와 전통 및 다른 성원과 맺는 기능적 관계에 집중되어 있다(Riesman et al., 1950, pp. 10~13). 그리하여 이들은 "자신을 한 개인으로 생각하지 않고, 더군다나 자기 자신의 운명이 개인적인 인생 목표에 따라 형성된다거나, 자녀의 운명이 가족 집단의 운명과 분리되어 있다고 생각하지 않는다"(p. 17).

'내부 지향형'은 개인의 삶이 자신의 능력·감정·욕구 같은 내적 소인(素因)과 개인적 목표에 의존하여 이루어지므로, 그들의 모든 관심은 자신의 개성과 잠재력 같은 내적 소인의 발견과 개발에 집중되어 있다(pp. 13~17). 그리하여 이들은 "자기 자신의 인생을 스스로 통제하고 있다는 느낌을 가지고 살며, 자녀들도 스스로 인생을 개척해 나가는 개인으로 본다. …… 이들은 과학적으로 사고하는 습관이 커짐에 따라 …… 종교적, 주술적인 견해에서 벗어나서 '합리적'이고 개인주의적인 태도를 굳게 지니고 있다"(p. 18).

이와 달리 '타인 지향형'은, 여러 인종·국가·문화 간 접촉이 풍부해져 풍요로운 삶을 누리게 되고 사람들과 널리 섞여 서로에 대해서 더욱 민감해짐에 따라, 모든 관심이 다른 사람들에게 집중된다(pp. 17~25). "이들 모든 타인 지향형에게 공통된 것은 동시대의 타인들이 개인적 지향의 원천이라는 사실이다. ······ 이러한 원천은 물론 생활 지침이라 할 타인에 의존하는 습성이 어릴 때부터 몸에 밴다는 의미에서 '내면화'되어 있다. 이들이 추구하는 목표는 그러한 지침인 타인이 바뀌면서 함께 바뀐다. 일생을 통해서 변하지 않는 것은 타인이라는 지침을 추구하는 과정 그 자체와 타인에게서 오는 신호에 깊은 주의를 기울이는 과정뿐이다"(p. 22). 이들은 끊임없이 주위의 누구에게서라도 호감을 받고자 하며, "이렇게 타인에게 수용되는 경험을 삶의 방향과 감수성의 주요 원천으로 삼고 있다"(p. 23).

이 세 유형 가운데서 자본주의가 고도로 발달한 서구 후기 산업사회의 전형적인 성격 유형은 '타인 지향형'이다. 현대 서구인, 그 가운데서도 미국인에게서 가장 보편적으로 관찰되는 사회적 성격이 이러한 타인 지향형이다. 이러한 타인 지향형은 현대 서구사회의 요구에 잘 적응하고 있는 "적응된 사람(the adjusted person)"이다. 그러나 현대 서구사회에 살고 있는 모든 사람들이 이러한 사회적 요구에 철저하게 동조하면서 살아가는 "적응된 사람"은 아니다. 리즈먼과 그 동료들(1950, pp. 285~306)은 "사회적 성격과 성인의 사회적 역할 사이에 괴리"(p. 286)가 있을 수 있음을 지적하면서, 이러한 괴리에 대해 어떻게 반응하는지에 따라 "적응된 사람", "무규범적인 사람(the anomic person)", 그리고 "자율적인 사람(the autonomous person)"으로 나누고 있다.

"적응된 사람"은 그러한 괴리를 느끼지 않고 사회적 요구에 동조하는 사람으로, 현대 서구사회에서 적응된 사람은 타인 지향형이다. 내부 지향에 의존하는 사회에서 적응된 사람은 내부 지향형이 된다. 이와 달리 "해당 사회의 적응적 성격 유형에 동조하지 않는 사람들은 무규범적인 사람이거나 자율적인 사람이다"(p. 287). "무규범적인 사람"은 무원칙적이고, 억제

력이 없으며, 부적응된 사람이다. 이들은 그 자신이나 그가 속한 사회를 대
상으로, 또는 그 둘 모두를 대상으로 파괴 행위를 하는 경향이 있다. "무규
범적인 사람은 비동조자로서, 자주 신경증의 증상을 보인다"(p. 288). 이와
는 달리, "자율적인 사람은 전체적으로 사회의 행동 규범에 동조할 능력을
가지고 있지만 ― 무규범자는 보통 이러한 능력이 없다 ― 동조 여부를 스
스로 선택하는 자유를 가진 사람이다"(p. 287). 그렇기 때문에 이들은 사회
가 요구하는 것 이상의 일을 해낼 수 있다. 따라서 자율적인 사람은 한 문
화, 한 사회에서 적절히 생활하면서도 적응된 사람을 위한 규범을 어느 정
도는 뛰어넘은 사람이다. "리즈먼과 그 동료들은 이러한 '자율적인 사람'을
이상적 인간형으로 간주하였다"(김성태, 19976, p. 12).

　타인 지향형이 전형적이고도 규범적인 성격 유형인 현대 서구사회에서
"자율적인 사람은 고도의 타인 지향을 하면서도 …… 자기 자신을 항상
그곳에서 초월하기 위해 노력한다"(김성태, 1976, p. 12). 이렇게 타인 지향
에 의존되어 있는 사회에서는 "앙양된 자기 의식이 무엇보다도 자율적인
사람의 징표"(p. 12)가 된다. 이러한 자율적인 사람은 "쉽게 자기의 정서를
거부하거나 위장하기보다는 오히려 자기의 감정, 가능성, 그리고 한계성을
이해하고 존중하는 노력"(p. 12)을 한다. 곧 이들은 자율성을 바탕으로 한
자기 의식이 투철한 사람이며, 이것이 현대 서구사회에서 이상적 인간의
핵심으로 여기는 특징이다.

　요컨대 리즈먼과 그 동료들(1950)이 주장한 "자율적인 사람"은 "자기
행동을 의식적으로 통제할 수 있는 사람이고, 자기는 자기 시대에서 하나
의 특수한 의미 있는 실존적 존재임을 느끼는 자기 주체감을 가지고 살아
가는 사람이며, 또 합리적이고 비권위적이며 비강박적인 분명한 인생의 목
표를 가지고 있는 사람"(김성태, 1976, p. 13)이다. 이렇게 자율성을 바탕으
로 확고한 자기 의식을 가지고 살아가는 '자율적인 사람'을, 타인 지향형이
다수를 차지하는 오늘날의 서구사회에서 가장 이상적인 유형의 인간상으
로 보는 것이 리즈먼과 그 동료들의 관점이라고 추론할 수 있다.

시먼의 성격 통일   정상인 심리학의 관점에서 이상적 인간상을 다룬 시 먼(1959)은 고도의 적응과 이상적인 통일을 이루고 있는 사람을 성격 통일(personality integration)이라는 개념으로 설명하고 있다. 그는 성격 통일과 관련이 있는 요인으로 "안정성, 고도의 환경 접촉, 높은 수준의 내적 의사소통, 그리고 정서적 복잡성"(김성태, 1976, p. 18)을 들고, 여러 성격검사 결과를 통해 '성격 통일자'의 특징을 뽑아내려 하였다. 그 결과 "시먼은 성격의 유기체적 통일이 이루어진 사람은 적극적인 자기 개념, 보다 많은 환경적 접촉, 그리고 지적 효율성" 및 "내적으로 가치관이 확립되어 있음"(김성태, 1976, pp. 19~20)과 같은 특징을 갖추었다고 보는 데, 이러한 요인들이 그가 제시하는 이상적 인간상의 특징이라 할 수 있다.

엘킨의 통일 성격   실존심리학의 관점에서 엘킨(1965)은 이상적인 인간 은 성격의 통일(integration of personality)을 이룬 사 람이라고 보고, 통일 성격의 이상적인 형태는 최초의 인간관계, 곧 어머니 와 아이의 관계를 그대로 반영한다고 여겼다. 곧 "통일 성격자와 세계와의 관계는 사랑을 받고 사랑을 하는 어린이의 자발적인 자기 주장성과, 사랑 을 쏟는 어머니의 이해심과 고마운 마음으로 받아들이는 태도를 합친 모습 이며, 이 양쪽 것이 어른의 성격 속에 승화되고 융화되어 있는 것"(김성태, 1976, p. 23)이라고 주장하였다. 한마디로, 엘킨이 주장하는 "통일 성격자" 의 특징은 "상호 애정과 이해, 그리고 수용적 태도에 입각한 자기와 타인 과의 관계를 유지할 수 있는 사람됨"(p. 23)으로, 이러한 통일 성격자가 바 로 엘킨이 보고 있는 이상적 인간상이라 할 수 있는 것이다.

2) 이상적 인간이 되는 과정

이상에서 현대 서구심리학에서 제시한 이상적 인간형의 여러 특징에 대 해 13가지 이론(정신역동이론 계열 네 가지, 특질이론 계열 세 가지, 현상 학적이론 계열 두 가지, 기타 네 가지)을 중심으로 살펴보았다. 현대 서구

심리학에서 전개된 이상적 인간형론에는 이 밖에도 이상적 인간이 되는 과 정에 관한 연구들이 또 하나의 축을 형성하고 있다. 이러한 과정론은 앞의 특징론에 견주어 그 수가 매우 적다. 여기에서는 에릭슨과 매슬로의 이론 을 중심으로 하여, 현대 서구심리학에서 제시한 이상적 인간에 이르는 과 정을 살펴보기로 하겠다.

그런데 이 두 이론은 그 논리적 구조가 매우 다른 양상을 띠고 있다. 곧 에릭슨은 성격 발달의 관점에서 연령에 따라 긍정적 특성이 성격 구조에 보태지는 과정으로 이상적 인간형에 이르는 과정을 제시하고 있지만, 매슬 로는 개인의 행동을 지배하는 욕구의 위계질서를 설정하고, 그 최상의 욕 구 단계에 이른 상태를 이상적 인간형으로 여기는 욕구위계설을 제시하고 있는 것이다.16)

(1) 에릭슨의 점성설

생물학적인 성적 욕구와 유아기의 발달과정만을 강조하는 프로이트와는 달리, 에릭슨은 인간의 성격은 유기체의 신체적 요인과 심리적 요인 및 사 회적 요인이라는 세 가지 특징을 함께 고려해야 이해할 수 있다는 종합적 인 관점을 제시하고 있다. 그(1963/1988)는 이러한 세 가지 요인의 영향력 과 상호관계를 함께 고려하는 "삼중 부기(triple bookkeeping)를 따를 때만 모든 알려진 자료들의 적절성(relevance)과 상대성(relations)을 서서히 밝 혀낼 수 있을 것"(p. 32)이라고 진술함으로써, 인간의 성격 발달을 신체적, 심리적, 사회적 요인의 통합적인 상호작용을 통해 이해하려는 관점을 드러 내고 있는 것이다. 그는 사람이 살아가는 과정에서 이 세 요인 가운데 어느

---

16) 이 두 가지 관점은 6장에서 다룰 유학사상이 제시하는 '이상적 인간이 되는 과정'에 관한 이론 가운데 비록 그 내용과 강조점은 다르다고 할지라도, Erikson의 이론은 공자의 연령단계론과, 그리고 Maslow의 이론은 《대학(大學)》의 욕구위계설과 그 논리적 구조가 같다고 볼 수 있다. 이론이 제시된 시대와 그 사상적 배경이 매우 다른데도, 두 진영의 대표적 이론들(공자와 Erikson, 《대학》과 Maslow)의 논리 구 조가 비슷하다는 점은 상당히 흥미로운 일이다.

하나라도 그 이전 상태와 달라지면 그 개인의 전체 체계에 위기가 생긴다고 보아, 한 개인을 정확하게 이해하려면 이 세 요인의 변화 과정을 잘 이해해야 한다는 이론을 제시하고 있다. 그는 이러한 위기가 심리적이고 사회적인 의미를 갖는다고 보아 "심리·사회적 위기"라고 부르는데, 이러한 위기가 개인의 연령단계에 맞추어 제대로 잘 극복되느냐 또는 그렇지 못하느냐에 따라 자아의 특성이 다르게 형성된다고 본다. 곧 여러 시기의 위기가 제때제때 극복되면 바람직한 특성이 자아에 갖추어지고, 그렇지 못하면 부정적인 특징이 갖추어진다는 것이다. 그는, 사람이 일생 동안 부딪히는 이러한 심리·사회적 위기는 연령단계에 따라 여덟 가지로 달라진다고 봄으로써 전 생애에 걸친 성격발달이론을 제시하고 있다(1963/1988, pp. 285~320).

에릭슨의 성격발달이론은 단계설(段階說, stage theory)이 아니라 점성설(漸成說, epigenetic theory)의 형태를 띠고 있다.[17] 점성설이란 "우리 몸의 부분들이 태내에서 정해진 순서로 발달하듯이, 우리의 자아와 심리적 특징들도 생물학적으로 정해진 '청사진'에 따라 발달한다"(홍숙기, 2004, p. 113)는 원칙을 말한다. 에릭슨(1963/1988)은 사람은 살아가는 과정에서 일련의 중요한 경험을 하면서 "발달의 내적 법칙(inner laws of development)"을 따른다고 보고 있는데, "여기서 '발달의 내적 법칙'이란 태아기 동안에 기관을 하나씩 차례로 형성하듯이"(p. 59), 인간의 심리적 특징과 성격도 정해진 발달 순서에 따라 특정 연령단계에 따라 고유한 특성을 차례로 형성해 감을 말한다. 에릭슨(1963/1988, pp. 314~320)은 그의 성격 이론을 "점성적인 도표(epigenetic chart)"로 제시하면서, 자신의 이론이 점성적 원칙에 따르는

---

17) '단계설'은 외부 세계를 인식하고 이에 적응해 가는 심적인 구조가 각 단계마다 질적으로 변해간다고 보는 견해로, Freud의 성격 발달 5단계설과 Piaget의 인지 발달 4단계설이 대표적이다. 이에 견주어 '점성설'은 각 시기가 질적인 구조 변화에 따라 구획되는 것이 아니라, 기존의 적응체제에 새로운 특성이 계속 첨가되는 과정에 따라 발달이 이루어진다고 보는 견해로, Erikson의 전 생애에 걸친 성격발달이론이 대표적이다.

심리·사회적 발달이론이라는 사실을 드러내고 있다. 곧 "원칙적으로 인간의 성격이란 '넓어진 사회적 영역'을 향해 움직이고, 그 영역을 의식하고, 그 영역과 접촉하는 인간의 준비태세가 성장하는 과정에서 사전에 결정된 단계에 따라 발달한다"(p. 315)는 가정과, "원칙적으로 사회는 상호작용에 대한 이러한 일련의 잠재력을 불러들이고 충족시킬 수 있도록 구성되는 경향이 있으며, '이런 잠재력을 포용하는 적절한 비율과 연계성'을 격려하고 또 안전하게 방어하려고 한다"(p. 315)는 가정 위에 자기의 이론체계가 세워져 있음을 밝히고 있다.

이렇게 점성설은 "인생 주기의 각 단계는 그것이 우세하게 나타나는 최적의 시간(곧 결정적 시기)이 있고, 그리고 모든 단계가 계획대로 진행될 때 완전한 기능을 하는 성격이 형성된다는 점을 암시한다"(Hjelle & Ziegler, 1981/1983, p. 148). 에릭슨(1963/1988)은 각각의 심리·사회적 단계는, 신체·심리적 성숙과 변화 및 해당 단계에 있는 개인에게 주어지는 사회적 요구 때문에 생겨난 개인 생애의 전환점, 곧 위기가 따르고, 이를 극복하는 양상에 따라 해당 단계에서 필요한 특성이 얻어진다고 보았다. 말하자면 각 연령단계마다 특유한 '발달과업(developmental task)'이 있다는 것이다. 이러한 발달과업을 제대로 수행함으로써, 시기마다 위기가 제대로 극복되어 자아에 바람직한 긍정적 특성들이 점성적으로 보태지는 과정을 통해, 이상적인 인간의 상태, 곧 '건전 성격'의 상태에 이르게 된다는 것이 에릭슨의 성격발달이론의 요지이다. 이제 에릭슨의 심리·사회적 발달이론을 연령단계와 각 시기에 획득하는 자아의 특성을 중심으로 제시하겠다.

영아기 : 기본적 신뢰감-불신감

이는 생후 약 1년 동안으로서, 프로이트의 '구강기(oral stage)'에 해당한다. 이 시기의 위기는 유아가 전적으로 무력하여 타인, 특히 어머니에 의존해서 생존해야만 한다는 데서 발생한다. 이 시기에 생물적인 생존 욕구가 어머니 또는 그 대리인의 보살핌과 배려 속에 평화롭고 긴장 없이 충족됨으로써, 어머니의 행동이 일관성이 있고 예측 가능하게 되면, 자신과 타인, 그리고 세상에 대한 '기본적 신뢰감'이 생겨난다. 그러나 어머니의 행동이 일관성이 없고 예측 가능하지 않으면, 아이는 자신과 타인 및 세상을 '불신(mistrust)'하는 특성을 갖게 된다. 이 시기의 핵심적인 질문은 "어떻게 안전할 수 있을까?"(민경환, 2002, p. 237 ; McAdams, 2001, p. 562) 하는 것인데, 이러한 문제가 잘 해결됨으로써 신뢰감이 생기면 '희망'이라는 덕성을 갖게 되어, "개인 존재의 시작을 특징짓는 어두운 충동과 격정 속에서도, 강렬한 원망(願望)을 이룰 수 있다는 지속적인 신념"(Erikson, 1964, p. 118)을 갖게 되는 것이다.

유아기 : 자율성-수치와 회의

이 시기는 2~3세 때로, 프로이트의 '항문기(anal stage)'에 해당한다. 이 시기에는 걷거나 뛸 수 있게 되고, 또 여러 가지 운동능력도 생겨난다. 그 결과 독립적으로 환경을 탐색하기 시작하면서, 유아는 자기가 획득한 운동기술을 시험해 보려는 욕구를 갖게 되는데, 이것이 이 시기에 겪는 위기의 원천이 된다. 곧 이 시기에는 유아의 힘과 운동능력이 늘어나게 되어 자기 일을 스스로 해보려고 함으로써, 계속 보살펴주려는 부모의 의지와 충돌하게 되고, 따라서 무엇은 스스로 해도 좋고 무엇은 혼자 해서는 안 되는지를 배워야 하는 것이 이 시기의 과제이다. 이 시기에 '변 훈련(toilet training)'이 잘 되어 변 가리기가 원활해지고, 부모가 적절하게 유아의 시험 요구를 허용해 주면, 유아는 스스로 자기 일을 선택해서 처리하는 '자율성'을 갖추게 되지만, 변 가리기가 잘 되지 않고 부모의 지나친 간섭과 과잉보호 또는 무관심이 이어지면, 유아는 자기의 능력에 대한 믿음을 상실하여 '수치와 회의(shame and doubt)'의 특성을 가지게 된다. 이 시기의 핵심적 질문은 "어떻게 독립적일 수 있을까?"(민경환, 2002, p. 237 ; McAdams, 2001, p. 562) 하는 것이므로, 이를 원만히 해결하여 자율성이 자아의 특성에 보태지면 '의지'라는 덕성이 습득되어, "자유선택과 결정, 자기 억제 및 자신의 일에 전념하는 점증적인 힘"(Hall & Lindzey, 1978, p. 93)을 갖추게 되는 것이다.

놀이 아동기 : 주도성-죄의식

이 시기는 4~5세 때로, 프로이트의 '남근기(phallic stage)'에 해당한다. 이 시기의 가장 큰 특징은 또래들과 놀이 활동을 시작한다는 것으로, 이 시기의 아동은 활동성과 호기심과 상상력이 왕성하고, 정복과 경쟁을 즐긴다. 육체적인 놀이와 함께 가상의 세계에서 어른 노릇을 해보는 정신적인 놀이를 통해 아동들은 즐거움과 목표를 추구하고, 경쟁을 하며, 성인의 세계를 모방하게 된다. 아동들은 이러한 과정을 통해 자기 주장, 경쟁과 승리의 즐거움을 누릴 수도 있고, 반대로 자기 억제와 패배의 쓰라림을 맛볼 수도 있다. 이 시기에는 놀이의 규칙을 습득하는 과정을 통해 사회의 규범을 내면화함으로써 도덕적 책임감(초자아)이 발달하면서, 내적 충동들 사이에 갈등을 느끼기도 한다. 이러한 위기가 또래들과 벌이는 적절한 놀이 활동 및 이에 대한 부모의 이해와 적절한 보살핌으로 원만히 해결되면, 스스로 계획과 목표를 주도적으로 이루어내는 '주도성'이 갖추어지지만, 지나친 도덕적 책임감 같은 것들로 자기 억제를 심하게 하거나 놀이 활동에 대해 주위 사람들의 지나친 간섭을 받게 되면, 주도성을 잃고 '죄의식(guilt)'을 갖게 된다. 이 시기의 핵심적 질문은 "어떻게 힘을 가질 수 있을까?"(민경환, 2002, p. 237 ; McAdams, 2001, p. 562) 하는 것으로, 이러한 문제가 제대로 해결되어 주도성의 특성이 자아에 보태지면 '목적'이라는 덕성을 갖게 되어, "소아적인 환상과 좌절이나 죄의식 및 벌에 대한 두려움 때문에 제지되지 않는, 가치 있는 목표를 똑바로 보고 추구해 나가는 용기"(Erikson, 1964, p. 122)를 갖추게 된다.

학령기 : 근면성-열등감

이 시기는 6~11세의 초등학교 때로, 프로이트의 '잠복기(latent stage)'에 해당한다. 이 시기에는 초등학교에 입학하여, 태어나서 처음으로 엄격한 규칙이 적용되는 사회생활을 하게 되고, 읽기·쓰기·셈하기 같은 일생을 통해 간직해야 할 기본적인 지식과 기술을 익힌다. 이러한 과정에서 남들과 비교하고 경쟁을 하게 되는데, 이것이 이 시기에 겪는 위기의 근원이다. 이러한 과정에서 새로운 규칙에 잘 적응하고 새로이 배우는 것을 잘 따라하게 되면, 일생을 거처 하게 될 일의 세계에서 나타나는 성취의 기본 특성인 '근면성'을 갖추게 된다. 그러나 새로운 규칙에 적응하지 못하고 새로운 학습에도 뒤처져 경쟁에서 밀려나면, 다른 사람들과 견주면서 부적절감과 '열등감'을 가지게 된다. 이 시기의 핵심적인 질문은 "어떻게 잘할 수 있을까?"(민경환, 2002, p. 237 ; McAdams, 2001, p. 562) 하는 것으로, 학교생활에 잘 적응하여 이러한 문제가 원만히 해결됨으로써 근면성이 자아 특성에 보태지면 '유능함'의 덕성이 습득되어, "아동기의 열등감에 손상받지 않고, 과업을 완수하는 데 필요한 기민한 솜씨와 능력을 자유로이 구사"(Erikson, 1964, p. 124)할 수 있게 되는 것이다.

청년기 : 정체성-역할 혼미   이 시기는 12~20세 때로, 프로이트의 '생식기(genital stage)'에 해당한다. 이 시기의 청소년들은 신체적인 성숙이 급격하게 이루어지는데, 이것이 이 시기에 겪는 위기의 근본적인 원천이다. 키와 몸무게가 짧은 기간 안에 크게 늘어나서 성인 수준에 이르고, 성적인 성숙이 이루어져 생식 능력을 갖추게 됨으로써 완전한 생물체가 된다. 이러한 급격한 신체 변화와 더불어 이 시기에 겪는 심리적 갈등이 나타난다. 외모로는 성인이 다 되었으나, 이들의 사고나 행동양식은 아직 어린이의 그것을 간직하고 있어서 외모와 일치하지 않는다. 이러한 까닭에 이들에 대한 부모나 주위 사람들의 기대는 상황에 따라 달라지는 경우가 많으므로, 이들은 일관된 행동 표준을 설정해 주지 못하는 부모와 선생님 같은 권위체들의 권위를 부정하게 된다. 그 대신 이들은 행동 표준을 같은 또래들의 집단에서 찾게 되고, 따라서 또래 집단에 대한 연대감과 동조성이 매우 높아진다. 또한 청소년들은 신체적인 성숙이 이루어짐에 따라 자기에 대한 관심이 높아진다. 그러나 현실적인 자기의 모습과 이상으로 설정해 놓은 자기 사이에 괴리감을 크게 느끼게 된다. 그리고 이들은 성적으로 성숙함에 따라 성에 대한 관심이 매우 높아지고, 이성과 교제하고자 하는 행동이 나타난다. 그러나 그러한 성적인 관심을 이성과 성 행동으로 연결하는 것은 대부분의 사회에서 아직 금지되어 있다.

이 시기의 이러한 심리적 갈등은 모두 '나'에 대한 관심과 관련이 있고, 이것이 이 시기에 겪는 위기의 근원이다.

　이러한 위기를 거쳐 청소년들은 '나는 지금 어디에 있는 사람인가?'(자기의 위치), '나는 무엇을 할 수 있는 사람인가?'(자기의 능력), 그리고 '나는 무엇을 해야 하는 사람인가?'(자기의 진로)에 대한 객관적이고도 현실적인 확인을 해야 한다. 자기의 위치·능력·진로를 확인하기 위한 방황과 실험, 다양한 역할 실연(實演) 및 동일시 모델을 추구하는 기회가 주어지고, 무리 없이 받아들여져 이러한 위기가 제대로 극복되면, 청소년들은 '정체성'을 확립하게 된다. 그러나 다양한 역할 실연의 기회가 제대로 주어지지 않거나, 동일시 모델이 주어지지 않거나, 이 시기의 전형적 특징인 정신적 방황이 사회나 부모의 일방적인 강요 때문에 막히면, 정체성이 확립되지 못하고 '역할 혼미(role diffusion)'에 빠지게 된다. 이 시기의 핵심적인 질문은 "나는 누구이며, 어떻게 성인 세계에 맞출 수 있을까?"(민경환, 2002, p. 237 ; McAdams, 2001, p 562) 하는 것이다. 이러한 문제가 원만히 해결됨으로써 정체성이 자아의 또 하나의 특성으로 보태지면 '충실성'이라는 덕성이 갖추어져서, "가치체계가 여러 가지로 모순되더라도 자유로이 맹세한 충절을 유지"(Erikson, 1964, p. 125)할 수 있게 된다.

성인 초기 : 친밀감-고립　이 시기는 20~30세 때이다. 프로이트는 청소년기 이후의 나머지 인생 전체를 '생식기'라고 보아 나누지 않고 있으나, 에릭슨은 청년기·성인 초기·성인기·노년기의 네 시기로 나누어 고찰하고 있다. 이 시기는 취업을 하고, 결혼을 해야 하는 시기이다. 직업에 몸 담게 되어 경제적으로 부모에게서 독립하고, 결혼을 함으로써 정서적으로 가족에게서 독립해야 하는 것이 이 시기에 겪는 위기의 근원이다. 이러한 취업과 결혼을 통해 새로운 사람들(직장의 상사·동료·후배, 배우자와 배우자 가족)과 친밀한 관계를 형성하여 일생 동안 유지해야 하는 것이 이 시기의 과제이다. 이러한 관계가 원만히 형성되면 '친밀감'의 특성을 갖추게 되지만, 그렇지 못하면 여러 대인관계에서

'고립(isolation)'된다. 이 시기의 핵심 질문은 "어떻게 사랑할 수 있을까?"(민경환, 2001, p. 237 ; McAdams, 2001, p. 562) 하는 것이다. 취업과 결혼 같은 새로운 대인관계를 거쳐 이러한 문제가 원만히 해결됨으로써 친밀감이 자아의 특성으로 보태지면 '사랑'의 덕성을 갖추게 되어, "분리된 관계에서 나오는 적대감을 영원히 완화하는 서로 간의 헌신"(Erikson, 1964, p. 129)이 가능하게 된다.

성인기 : 생산성-침체 이 시기는 30~65세 때로, 가족과 자기의 일, 그리고 사회에 대해 책임을 져야 하는 인생의 중반기에 해당한다. 이 시기에 가정에서는 자녀가 출산되어, 이들을 양육하고 교육함으로써 사회의 유능한 일원으로 키워내야 하는 부모의 책임을 다해야 한다. 또한 직장에서는 책임을 지고 일을 계획하고 추진해야 할 지위에 오르게 되어, 해야 할 일뿐만 아니라 회사 자체 및 동료·부하 직원들에 대해서도 져야 할 책임이 막중해진다. 이렇게 이 시기에는 사회의 가장 기본 단위인 가족과 직장을 보호하고 성장시키는 책임을 맡아야 하는데, 이것이 이 시기에 겪는 위기의 근원이 된다. 가정과 일의 세계에서 이러한 책임을 제대로 수행하면, '생산성'을 갖추게 된다. 그러나 이러한 책임의 수행이 제대로 이루어지지 못하면, 자기 몰입(self-absorption)과 '침체(stagnation)'에 빠지고 만다. 이 시기의 핵심적인 질문은 "어떻게 '선물'을 마련할 수 있을까?"(민경환, 2002, p. 237 ; McAdams, 2001, p. 562) 하는 것이다. 이러한 문제가 잘 해결됨으로써 생산성이 자아의 특성에 보태지면 '배려'라는 덕성을 갖추게 되어, "보호란 사랑·필요·우연에 힘입어 생성된 것에 대한 폭넓은 관심"이라는 사실을 잘 깨달아 "어쩔 수 없이 의무에 집착하는 양가감정(兩價感情)을 극복"(Erikson, 1964, p. 131)할 수 있게 되는 것이다.

노년기 : 자아 통정-절망 이 시기는 65세 이후를 말한다. 이 시기에는 인지 능력이 무뎌지고, 신체적으로 쇠퇴함으로써, 지금까지 할 수 있었던 많은 일을 못하게 되고, 할 수 있는 일보다는

할 수 없는 일이 더 많아진다. 그 결과 겁이 많아지며, 새로운 일을 계획하고 추진할 수 없게 된다. 가정에서는 자녀들이 결혼을 하여 새로운 가정을 꾸려 독립함으로써, 보살필 가족이 없어진다. 또 일에서도 은퇴하여 책임을 져야 할 일도 없어진다. 이렇게 이 시기에는 모든 책임에서 벗어나 지나간 일을 회고하고 정리해야 하는데, 이것이 이 시기에 겪는 위기의 원천이다. 쇠퇴와 은퇴로 말미암은 탈책임에 적응하여 지나온 삶을 되돌아보면서, 살아온 생애가 과연 가치 있는 것이었는지를 반성하게 되는 것이다. 이러한 과정에 원만히 적응하게 되면, 노인은 '자아 통정'의 특성을 갖추게 되지만, 그렇지 못하면 '절망(dispair)'에 빠지고 만다. 이 시기의 핵심적인 질문은 "어떻게 '인생의 선물(the gift of life)'을 받을 수 있을까?"(민경환, 2002, p. 237 ; McAdams, 2001, p. 562) 하는 것인데, 이러한 문제가 잘 해결됨으로써 자아 통정이 자아의 특성에 보태지면 '지혜'의 덕성을 갖추게 되어, "전체성과 완전성이 특징인 생활 유형을 젊은 세대들에게 제시"(Hall & Lindzey, 1978, p. 100)해줄 수 있게 된다.

자아의 점성적 확장과 건전 성격   이상에서 보았듯이, 에릭슨은 영아기에서 노년기까지 사람은 여덟 번의 심리·사회적 위기를 경험하고 이를 극복하면서, '기본적 신뢰·자율성·주도성·근면성·정체성·친밀감·생산성·자아 통정'의 특성들을 차례로 얻어 감으로써, 자아의 점진적인 확장을 이룬다고 본다. 이러한 특성들이 모두 갖추어지는 점성적인 과정을 거쳐 이상적인 '건전 성격'에 이른다는 것이 에릭슨의 심리·사회적 성격이론의 핵심 주장이다. 말하자면, 시기마다 "갈등이 처음부터 만족스럽게 해결되면(곧 인간이 자아 성취의 과거를 가지면), 긍정적 요소(예를 들어 기본적 신뢰와 자율성)는 점차 성장·발달하는 자아 속에 스며들어 더욱 건전한 발달이 보장된다"(Hjelle & Ziegler, 1981/1983, p. 148). 이렇게 에릭슨의 건전 성격의 발달이론은 "각 시기는 전 시기의 심리·사회적 갈등의 해결과 통합을 토대로 세워진다"(Hjelle & Ziegler, 1981/1983, p. 149)는 점성적 원칙을 충실하게 따르고 있다.

삶의 과정을 거쳐 자아의 여러 특성이 점성적으로 갖추어지면, '희망·
의지력·목표의식·유능감·충실성·사랑·배려감·지혜'의 덕성이 차례
로 습득됨으로써, "원망(願望)을 이룰 수 있다는 신념"을 가지고, "자유선
택과 자기 억제"를 하며, "가치 있는 목표를 곧게 바라보며 추구해 나가는
용기"를 가지고 "과업을 완수하는 데 필요한 솜씨와 능력"을 갖추게 된다.
이어서 "자유로이 맹세한 충절을 유지"하고, "상호 헌신을 통해 적대감을
완화"하며, "의무감보다는 배려감"을 가지고 책임을 다함으로써, 결국 "과
거에 축적된 경험의 통합성"을 유지하고 전달할 수 있는 "건전 성격"의 상
태에 이르게 된다는 것이 에릭슨(1964, pp. 118~131 ; Hall & Lindzey, 1978,
pp. 92~100)의 점성론적 이론이라 볼 수 있다.

(2) 매슬로의 욕구위계설

행동주의(제1 세력)와 정신분석학(제2 세력)의 수동적이고도 과거결정
론적인 인간 이해에 반대하고, 인본주의의 시각에서 스스로 '심리학의 제3
세력'을 표방하고 등장한 매슬로는 인간의 욕구가 위계구조를 가지고 있다
는 '욕구위계설'을 제시하고, 가장 윗 단계의 목표인 '자기실현 욕구'에 따
라 개인의 삶이 지배되는 자기실현의 상태가 이상적 인간의 상태라는 견해
를 밝혔다. 그(1954)는 자기실현을 "자기가 가지고 있는 자질·역량·가능
성의 충분한 사용과 개발"(p. 260)이라고 보고, 이러한 자기실현인은 "자기
자신을 충분히 성취하여 할 수 있는 최상의 것을 해내는 사람"(김성태,
1976, p. 13)이라는 관점을 지니고, 이러한 상태에 이르는 과정을 욕구의 위
계질서 속에서 찾으려 하였던 것이다.

욕구의 위계구조　　매슬로(1954/1970, 1962/1968, 1971)는 인간의 욕구가
생리적 욕구-안전 욕구-소속과 사랑 욕구-존중 욕
구-자기실현 욕구의 위계구조를 갖는데, 하위 단계의 욕구가 충족되어야
그 다음 단계의 욕구가 나타난다고 보았다. 그는 "욕구의 단계는 모든 종
에게 적용되는 것으로, 한 개인이 더 높은 단계에 올라갈수록 그는 더 많은

개성, 인정, 심리적 건강을 나타내게 될 것이라고 전제하고 …… 일반적으로 낮은 욕구 단계일수록 그 강도와 우선 순위가 강해지는 경향이 있다"(Hjelle & Ziegler, 1981/1983, pp. 416~417)고 주장하였다. 이제 매슬로의 욕구위계를 낮은 단계부터 순서대로 살펴보기로 하자.

첫째, 가장 낮은 단계의 욕구는 음식물, 수분, 산소, 성, 활동과 잠, 추위나 더위의 조절 및 감각적 자극에 대한 욕구 같은 생리적 수준의 욕구들이다. 이러한 생리적 충동들은 유기체의 생물학적 생존과 직접 관련되어 있는 것으로, 개인은 이러한 기본적인 생리적 욕구가 충족되어야 그 다음 단계의 욕구를 충족하기 위한 시도를 하게 된다.

둘째, 일단 생리적 욕구가 충족되면, 개인은 주변 환경과 맺는 관계에서 안전을 추구하는 데 관심을 갖는다. 이러한 안전 욕구가 생기는 주요 이유는 "개인이 환경 내에서 확실성·정돈·조직, 그리고 예측성을 알맞은 정도로 보장받고자 하기 때문"(Hjelle & Ziegler, 1981/1983, p. 418)이다. 이는 자신들의 상대적인 무력감과 어른에 대한 의존성으로 말미암아 어린이들에게서 많이 나타나는데, 성인의 경우에도 무력감과 의존성이 큰 사람들은 안전 욕구가 지배적인 욕구 성향으로 남게 된다.

셋째, 생리적 욕구와 안전 욕구가 잘 충족되면, 타인들과 관계를 맺고 이들과 사랑을 주고받으려는 욕구가 강해진다. "이 단계에 동기가 부여된 개인은 남들과 맺는 애정적인 관계, 자기 가족 안에서 적합한 위치 찾기, 준거집단 들을 갈망"하여, "집단의식이 개인의 주요 목표가 된다"(Hjelle & Ziegler, 1981/1983, p. 420). 현대 사회에서는 "현대화·도시화가 급속하게 진행되면서 소속과 사랑의 욕구가 충족되기 점점 힘들어"지고, 그 결과 "외로움과 소외감"이 높아짐으로써 "이 욕구의 좌절이 정신병리의 대부분의 형태들에서 핵심이 된다"(홍숙기, 2004, p. 311).

넷째, 소속과 사랑의 욕구가 제대로 충족되면 이 동기의 힘은 사라지고, 존중의 욕구가 나타난다. 이 욕구는 스스로 자기를 존중하고자 하는 자기존중의 욕구와, 남들한테서 존중과 인정을 받고자 하는 욕구의 두 가지 형태로 나타나는데, 전자는 "강해지고 유능해지려는 노력, 자유와 독립의 추구로 나타나고", 후자는 "흔히 명예와 지위 추구로 나타난다"(홍숙기, 2004, p. 311). 이러한 존중 욕구가 충족되면 자신감이 생기고, 자신이 소중하고 세상에 쓸모있는 필요한 존재라는 느낌을 갖게 되지만, 이 욕구가 좌절되면 열등감과 무력감이 생기게 된다.

다섯째, 앞에서 살펴본 모든 욕구가 충족되고 나면, 마지막으로 자기실현의 욕구가 나타난다. 자기실현 욕구는 "자기 증진(self-enhancement)을 위한 개인의 갈망이며, 잠재력으로 지닌 것을 실현하려는 욕망이다. 간단히 말해서, 자기를 실현한다는 것은 자기가 원하는 종류의 사람이 되는 것, 곧 자신의 잠재력을 최고로 발휘하는 것이다"(Hjelle & Ziegler, 1981/1983, pp. 422~423). 매슬로(1970)는 "만약 개인이 자기 자신과 조화를 이루려면, 음악가는 음악을 작곡하고, 미술가는 그림을 그리고, 시인은 시를 써야 한다. 개인은 자기가 될 수 있는 바가 되어야 한다. 그는 그 자신의 본성에 진실하여야 하는 것이다"(p. 46)라고 말함으로써, 자기실현이 자신의 본성에 진실하고 자신과 조화를 이루는 일이라고 보아, 이를 삶의 목표로 추켜올리고 있다.

결핍 욕구와 성장 욕구 및 자기실현   매슬로는 욕구위계에서 하위 단계의 네 욕구, 곧 '하위 욕구'는 모두 무엇인가 외적 조건이 결핍(deficiency)되어 나타나는 '결핍 욕구'라고 보았다. 이러한 결핍 욕구의 작용은 대체로 '긴장 감소 모형(tension-reduction model)'을 따른다. 곧 생리적 필요, 안전, 소속과 사랑, 자기와 타인한테서 받는 존중 같은 것들의 결핍은 불쾌한 긴장을 일으키고, 그것들의 충족은 긴장을 감소시키고 만족을 가져오므로, 그 결핍에서 오는 긴장을 해소하려는 방향으로 동기화한다는 것이다. 이러한 욕구들의 결핍 상태가 오래 지속되면 신체적, 정신적으로 건강이 나빠져서, 질병이나 신경증·성격장애와 같은 부적응 증상이 나타나기도 한다.

이와는 대조적으로, 가장 높은 단계의 자기실현 욕구는 자기의 성장을 꾀하려는 '성장 욕구'이다. 이는 "그 자체 결핍 상태에서 생겨나기보다는 존재

(being) 자체에서 나오며, 긴장 감소보다는 긴장 증가를 추구한다"(홍숙기, 2004, p. 309). 따라서 이를 '존재 욕구'라 하는데, 매슬로(1967)는 이러한 존재 욕구도 결핍 욕구와 마찬가지로 인간 존재에게 태어날 때부터 갖추어진 동기라고 보았다. 이는 "개인의 잠재력을 실현하려는 선천적 충동과 연관된 원격의 목표"를 추구하여, "경험을 넓힘으로써 삶을 풍요롭게 하고, 그럼으로써 삶의 기쁨을 증가시키려는 것"(Hjelle & Ziegler, 1981/1983, p. 426)이다. 말하자면, 이는 "즐거운 긴장(pleasure tension)"(홍숙기, 2004, p. 309) 또는 "기쁨을 통한 성장(growth-through-delight)"(p. 313)을 추구하는 욕구로서, 결핍 욕구, 곧 "하위 욕구의 충족은 하위의 기쁨, 만족과 현상 유지, 질병 없는 상태"를 가져오지만, 존재 욕구, 곧 "상위 욕구의 충족은 상위의 기쁨, 행복과 성장, 긍정적 건강을 가져온다"(p. 309). 이러한 존재 욕구가 충족되지 않으면, 완전한 인간성 또는 성장에 이르지 못한 데서 오는 무감각·소외·우울·냉소와 같은 "상위 병리(metapathology)"가 나타나게 된다(Maslow, 1967).

매슬로(1968)에 따르면, 존재 욕구가 삶을 지배하는 사람과 결핍 욕구가 삶을 지배하는 사람은 세상을 보는 양식과 추구하는 가치에서 차이가 난다. 곧 결핍 욕구가 삶을 주도하는 사람은 자기에게 결핍된 것을 중심으로 세상을 인식(D-인지)하게 되지만, 존재 욕구가 삶을 주도하는 사람은 전체성과 통일성을 바탕으로 세상사를 인식(B-인지)하게 되는 것이다. 여기서 B-인지의 특징은 "대상들을 전체로, 개인적 관심사와 관계없이 그 자체로서 보고, 또 볼수록 새롭고 풍요로워진다"(홍숙기, 2004, p. 321)는 데 있다. 말하자면, 존재 욕구에 따라 삶이 주도되는 사람, 곧 자기실현을 위해 노력하는 사람은 그렇지 않은 사람과 세상을 보는 차원이 달라지게 되는 것이다. 이들에게 "경험이나 대상은 그 유용성·편의성 및 용도와 맺는 관련성과는 분리된 전체로서, 그리고 완전한 단위로서 인식"(Maslow, 1968, p. 74)되어, "매우 자아 초월적(ego-transcending), 자기 망각적(self-forgetful), 자아 상실적(egoless)으로 세상사를 지각"(p. 79)하게 된다. 그리하여 이들은 "전체성·완전성·완성·정의·생동감·풍부함·단순성·진·선·미·

독특성 · 무위 · 즐거움 · 자족성"(Maslow, 1968, p. 83) 같은 '존재가치(B-가
치)'를 추구하는 삶을 살아가게 된다. 이러한 존재 인지와 존재가치의 추구
는 자기실현인의 기본적인 삶의 양식이고, 따라서 앞 항목(이상적 인간의
특징)에서 제시한 매슬로의 자기실현인의 특징은 존재 인지 및 존재가치
의 특징에 직접 결부되어 있는 것이라고 볼 수 있다.

　매슬로(1970)에 따르면, 이렇게 자기실현을 이루어 이상적 인간형의 상
태에 이른 사람은 매우 드물어서, "인구의 1% 이하"(민경환, 2002, p. 202 ;
Hjelle & Ziegler, 1981/1983, p. 424)만이 이러한 상태에 이른다고 한다. 그
까닭은 "많은 사람들이 자신의 잠재력을 인식하지 못할뿐더러, 자기 증진
이 주는 보상에 대해서도 이해하지 못하여", "억압적인 사회적 환경이 자
기실현을 방해"할 뿐만 아니라, "안전 요구가 가져다주는 강한 부정적 영
향"(민경환, 2002, p. 202 ; Hjelle & Ziegler, 1981/1983, pp. 434~426) 때문이
라는 것이다.

　이렇게 자기실현을 이루는 것은 매우 어려운 일이고, 따라서 이는 인간
으로서 이루어야 할 가장 고귀한 목표이며, 이러한 목표를 달성하는 것이
바로 이상적 인간이 되는 길이라고 매슬로는 본다. 그리고 이러한 삶의 목
표는 욕구위계에서 하위 욕구들이 모두 충족된 다음에 나타나는 가장 높은
단계의 욕구, 곧 자기실현 욕구의 상태에서 성취된다는 것이다. 이렇게 위
계를 바탕으로 이상적 인간형에 이르는 단계를 제시하려는 것이 바로 매슬
로가 욕구위계설에서 펼치려 했던 핵심 주장이다.

3부 동아시아 집단주의 문화권의 이상적 인간형론

이 책에서 말하는 동양은 한국(43위, 18점)·중국·일본(23위, 46점)과 함께 대만(44위, 17점)·싱가포르(40위, 20점)·홍콩(37위, 25점)[1]* 같은 동아시아 중화권 국가들을 가리킨다. 이들은 모두 집단주의 문화를 보유하면서도, 공통적으로 유학사상의 전통을 강하게 가지고 있는 나라들이다.

이들 국가 가운데 중국은 유학사상의 발상지로서, "한(漢)대 이후로 역대의 왕조들은 모두 유가 학설을 치국(治國)의 지도사상으로 삼았으며 …… 유가사상은 사회생활에 지배적으로 작용하여 …… 장기적인 역사적 침적을 거쳐 그 영향은 심지어 중화 민족의 심리구조와 민족 성격을 형성하기에까지 이르렀다"(孔繁, 1994, p. 197). 11세기에 들어서 본격적으로 유학사상을 받아들이기 시작한 한국은 "온 동아시아 가운데에서도 가장 유교적인 국가"로서 "홍콩이나 일본보다 더한 것은 말할 것도 없고, 심지어 대만이나 중국 자체보다도 더욱 유교적"(고병익, 1996, p. 280)인 국가이다. 일본은 유학사상의 뿌리가 상대적으로 깊지 않은 나라지만, 도쿠가와(德川) 막부(幕府)의 에도(江戶)시대에 "봉건적 지배층에 대한 계급적 정당성을 뒷받침하고, 상위자에 대한 충성심을 이끌어내기 위한 이데올로기"로 유학사상을 널리 펴기 시작한 이래, 메이지유신 이후 "천황에 대한 충성심을 보강하기 위해 사회 전체에 대한 정당성을 부여하는 역할"(조경욱, 2000, p. 219)을 유교가 떠맡아, 주도적인 사회이념으로 떠오르게 되었으며, 그 결과 오늘날 "일본은 유교 연구, 나아가서는 동양학 연구의 중심지의 하나"(김석근, 2000, p. 52)가 되었다.

---

* 여기서 순위는 Hofstede(1991/1995, p. 87, 표 3-1)가 제시한 53개 문화집단의 것으로, 순위가 낮을수록, 또한 점수가 50점 이하로 적어질수록 집단주의 경향이 강함을 나타낸다. 이 자료에 중국은 포함되어 있지 않으나, 다른 중화권 국가들의 예로 보아 중국도 강한 집단주의의 경향을 띠고 있을 것으로 추측된다.

집단주의 문화가 발달한 동아시아 지역 국가들의 가장 커다란 공통점은 이렇게 유학사상의 배경을 가졌다는 사실이다. 따라서 동아시아 집단주의 문화는 유학의 전통에서 그 사상적 배경을 찾아볼 수 있다. 곧 "동양사상의 전통, 그 가운데서도 유교 전통은 한국인은 물론이요, 동아시아인들 모두의 삶의 방식, 인생관과 가치관을 지배하고 있다 해도 과언이 아닌 것이다"(길희성, 1998, p. 3).

뚜웨이밍(Tu Wei-Ming, 1996)은 이렇게 유교권 사람들의 의식구조 속에 가치관과 행동 또는 사유방식으로 자리 잡은 것을 "마음의 유교적 습성들(the Confucian habits of the heart)"이라 부르는데, 이러한 습성들 안에는 "유기적 인간관계, 신용과 신의에 기반을 둔 공동체로서의 사회, 개인적 이익과 공동선의 조화, 책임과 함께 증가하는 도덕 의식, 지도자들이 도덕적 실천을 통해 모범이 되어야 한다는 기대, 문화적 엘리트의 사회적 책임 …… 등이 포함되어 있다"(이광세, 1998, p. 66). 이러한 특징들은 대체로 현대 집단주의 문화의 특징과 결부된다. 또한 동아시아인들의 "마음의 유교적 습성들"의 또 다른 축을 형성하는 "근면·절약·성실·청렴 그리고 교육의 중요성을 강조하는 유교의 전통적 가치관"(p. 66)은 현대 동아시아인들의 삶의 과정에 커다란 영향을 미쳐, 이 지역 국가들의 성공적인 경제발전의 원동력이 되었다.

이러한 맥락에서 5장에서는 유학사상이 제시하는 인간관과 유학 경전에 드러나 있는 인지·정서·동기와 같은 심리·행동적 특징을 고찰함으로써, 동아시아 집단주의 문화의 유학사상적 배경에 대해 살펴보고자 한다. 이어서 6장에서는 유학사상에 제시되어 있는 이상적 인간형론을 군자론(君子論)과 성인론(聖人論)을 중심으로 고찰해 보기로 한다.

5장

동아시아 집단주의의 유학사상적 배경

집단주의, 그 가운데서도 한국·중국·일본과 같은 동아시아 지역의 집단주의 문화는 유학의 전통에서 그 사상적 배경을 찾아볼 수 있다(이승환, 1999 ; 조긍호, 1998a, 2003a, 2004 ; 한규석, 2002 ; Bond & Hwang, 1986 ; Fiske et al., 1998 ; Hsu, 1971, 1983, 1985 ; Kagitcibasi, 1997 ; Kim, 1994, 1995, 2000 ; Kim & Choi, 1993 ; King & Bond, 1985 ; Lew, 1977 ; Nisbett, 2003 ; Nisbett et al., 2001 ; Triandis, 1995 ; Tu Wei-Ming, 1985). 전통사상은 우리가 그것을 잘 이해하고 있든 그렇지 못하든 간에 살아 있는 현실의 일부로서, 이러한 전통과 교섭하는 일은 인간의 삶에서 피할 수 없는 것이다. 이러한 전통사상은 현대인의 삶과 행동과 사유 속에 녹아 있게 마련이며, 동양사상의 전통 가운데 현대 동아시아인의 삶과 가치관을 지배하고 있는 것은 역시 유학사상의 전통이다(길희성, 1998 ; 이광세, 1998).

물론 동아시아의 전통사상은 유학사상 말고도 도교(道敎)·불교(佛敎)를 비롯한 다양한 체계가 있고, 따라서 동아시아 집단주의의 사상적 배경을 유학의 체계에서만 찾을 수는 없을 것이다. 사실 이들 사상체계 사이에는 차이점도 많지만, 서양의 철학적, 종교적 사상체계와 달리, 비슷한 점이 더 많다고 볼 수 있다. "이 세 체계는 모두 조화와 총체주의(holism) 및 모든 것이 모든 다른 것들에 미치는 상호 영향에 대한 관심을 공유하고 있는 것이다"(Nisbett, 2003, p. 17). 곧 도교와 불교와 유학사상은, 우주에 존재하는 모든 것은 모든 다른 것들과 서로 연관되어 영향을 주고받고 있으므로 개별자가 아니라 총체로서 인식되어야 하며, 서로 연관된 관계망 속에서 조화를 유지하는 것이 모든 삼라만상의 궁극적인 존재의의라고 본다. 이러한 동아시아 전통사상들은 또한 인간을 포함한 모든 것은 고정불변하는 존재가 아니라, 상호관계 속에서 항상 변전하는 가소적(可塑的)인 존재이며, 이러한 변화 과정 속에 삼라만상의 진정한 본 모습이 담겨 있다고 본다. 이렇게 도교·불교·유학 같은 동아시아의 전통사상들은 총체적인 상호관계 속에서 조화를 추구하고 역동적인 가소성(可塑性)을 강조한다는 공통점이 있다.

이 가운데 도교는 인간과 자연 사이의 연관성과 조화 및 서로 역동적으로 영향을 주고받는 관계를 강조한다. 이 체계에서는 인간은 자연의 일부라고 보아, 인간보다 자연을 더 강조하는 경향을 띤다(諸橋轍次, 1982/2001 ; 陳鼓應, 1994/1996 ; Nisbett, 2003). 불교는 생로병사(生老病死) 등 모든 인간적 괴로움[苦]의 근거를 인간 존재와 모든 다른 것들 사이의 시공간적인 연계 속에서 찾아[十二緣起論], 현상을 고정불변하는 것으로 보는 미망(迷妄)에 얽매이지[執] 말고, 항상 변전하고 순환하는[輪廻] 진리[諸行無常]를 인식할 것[見性]을 강조하는 인식론이자 수행론의 체계이다(윤호균, 1999 ; 諸橋轍次, 1982/2001). 곧 불교는 인간과 그를 얽매는 모든 다른 것들 사이의 상호 역동관계 속에 있는 현실세계에서 벗어날 것을 강조함으로써, 어찌 보면 현실을 무시하는 경향을 띤다. 이와는 대조적으로, 유학은 사람과 사람 사이의 상호 연계성과 역동성을 중요하게 여기며, 사람 사이의 관계[人倫]에서 조화를 꾀할 것을 강조한다. 곧 유학은 인간관계와 인간집단 속에서 이루어지는 조화를 강조하고, 현실세계를 중시하는 경향을 띤다(諸橋轍次, 1982/2001 ; 조긍호, 2003a ; 陳鼓應, 1994/1996). 이러한 맥락에서 보면, 동아시아의 세 전통사상 가운데 유학사상이 현대심리학에서 밝혀진 집단주의의 특징과 가장 가까운 체계라고 볼 수 있다.

1. 동아시아 사회에서 유학이 차지하는 위상

공자(孔子, B.C. 551?~479)에 힘입어 창시된 유학은, 혼란이 극에 다다른 당시 중국 사회에 횡행했던 제자백가(諸子百家)와 경합을 벌이면서, 맹

자(孟子, B.C. 371?~289?)와 순자(荀子, B.C. 321?~230?) 같은 걸출한 사
상가들이 기초를 닦은 사상체계이다. 보통 공자가 살았던 시대를 춘추(春
秋)시대, 맹자와 순자가 살았던 시대를 전국(戰國)시대라 한다. 이 시기는
주(周, B.C. 1050~256) 왕실이 쇠퇴하고, 여러 제후국들이 부국강병(富國
强兵)에 열을 올려, 합종연횡(合從連衡)이 성행하던 불안한 시대였다. 춘
추시대까지만 해도 주 왕실의 권위가 어느 정도 유지되었으나, 전국시대에
주 왕실은 완전히 몰락하여, 겨우 명맥만 유지하고 있을 뿐이었다. 순자는
특히 전국시대 말기에 살았는데, 이 시기는 혼란이 극에 이르렀으며, 그 결
과 통일 중국의 꿈이 무르익어가던 시대였다.

춘추·전국시대의 최대의 위기는 사회가 온통 자기 이익 추구에 혈안이
되어, 인간관계의 근본이 무너졌다는 점이다. 따라서 이 시기 유학자들이
인간관계의 원형을 결코 해체될 수 없는 가족(家族)과 같은 일차집단에서
찾아, 이 관계에서 이루어지는 조화와 질서를 사회관계에까지 점진적으로
확장하는 일이 사회의 조화와 평화, 그리고 통일을 이루는 근본이라고 생
각하게 되었던 것은 어쩌면 당연한 귀결이었다. 곧 개인과 사회·집단 가
운데 사회·집단을 더 강조하고, 인간 존재의 사회성(인간의 상호의존성)
과 도덕성(타인에 대한 관심·배려·헌신)을 회복하는 일이 이 시기 유학
사상가들의 관심사였으며, 그런 점에서 유학사상은 동아시아 집단주의 문
화의 사상적 모태로 자리 잡게 되었다.

1) 동아시아 각국의 역사와 유학사상

중국·한국·일본을 비롯한 동아시아 각국에서 유학은 국교(國敎) 또는
관학(官學)으로 떠받들어져, 사회의 사상적 통합과 치국의 지도이념이 되
었던 사상체계이다. 중국에서는 한(漢, B.C. 202~A.D. 220) 왕조 초기에
동중서(董仲舒, B.C. 198?~106?)가, "제자백가 중에서 유가만을 한조의 정
통 신앙으로 확립하는 데 큰 공적을 세웠고, 또한 유가의 정통성을 수호하
기 위하여 제도적인 기반을 창출"(馮友蘭, 1948/1977, p. 253)함으로써, 유학

사상의 국교화를 이루었다.[1] 이 시기는 새로운 왕조가 나타나, 치국이념을 정립하는 일이 앞다퉈 요청되던 시대였다. 한국에서는 불교를 국교로 삼았던 고려(高麗, 918~1392)를 대체하여 조선(朝鮮, 1392~1910)이 등장하면서, 새 왕조의 치국이념으로 삼은 성리학(性理學)이 유학의 한 갈래로서 크게 일어났다. 일본에서는 도쿠가와 이에야스(德川家康, 1542~1616)가 에도 막부(江戸幕府, 1603~1867)를 연 뒤로, 새로운 막부체제의 사회적 통합을 위한 방편으로 유학사상을 장려하여 유학이 관학의 위치에 오르게 되었다. 특히 중국과 한국에서는 유학 경전이 과거(科擧)의 시험 과목이 되어, 국가 경영의 담당자들이 모두 유학자들로 충원됨으로써, 관학으로서 유학의 위상은 더욱 강화되었다.

(1) 중국의 유학

앞서 설명한 것처럼, 유학은 춘추·전국시대의 혼란을 배경으로 태어났는데, 초기 유학자들은 유학의 왕도사상(王道思想)을 펼치고, 제자백가와 벌이는 경쟁에서 유학을 수호하는 일을 사명으로 삼고 있었다. 이 시대의 유학을 선진유학(先秦儒學) 또는 원시유학(原始儒學)이라고 하는데, 이 시기는 이후 동아시아의 정신사를 지배해 왔던 유학사상의 바탕이 확립된 시기였다.

그 뒤로 유학사상은, 관학으로 승격되어 국가의 통치이념으로 떠오른 한 대부터 당(唐, 618~907)대에 이르는 약 천년 동안의 한당유학(漢唐儒學), 불교 및 도교와 경합하면서 사변적, 형이상학적 철학체계로 확립된 송(宋, 960~1270)대 이후의 신유학(新儒學), 그리고 유학에 차용된 도교와 불교

---

1) 신정근(2004)은 "동중서 자신은 유교의 국교화를 희망하고 목적으로 삼았을지라도, 현실에서는 결코 그렇게 되지 않았다. 물론 후대에는 그렇게 되었다고 하더라도, 그 기원을 동중서까지 소급할 수는 없는 일이다"(p. 70)라고 하여, 董仲舒를 "유교 국교화의 아버지로 간주"(p. 22)하는 그동안의 이론에 대해 반대하는 주장을 펴고 있다. 그 역사적 사실의 진위 여부는 이 책의 관심 사항이 아니다. 여기서는 다만 한 왕조 시대부터 유학이 중국 사회의 지도이념이 되었다는 사실만이 중요할 뿐이다.

의 사변적 경향을 제거하고 선진유학의 순수한 형태로 돌아가고자 했던 청 (淸, 1616~1912)대의 고증학(考證學)적 유학, 그리고 근대의 서세동점(西勢東漸) 여파로 말미암은 유학배척운동에 대항하여 서양 문명과 유학 전통의 절충적 종합을 통해 동양의 문화적 정체성을 회복하고자 했던 1930년대 이후의 현대신유학(現代新儒學)을 거치면서 오늘에 이르렀다(김승혜, 1990 ; 이승환, 1998a).

이러한 신유학과 고증학적 유학을 비롯한 새로운 유학의 사조들은 항상 선진유학의 본래 모습으로 돌아가자는 기치 아래 선진유학의 경전들을 그 이전 시대와는 달리 새롭게 해석하려는 시도들이었다. 곧 "원시유학의 본래 사상으로 돌아간다는 주장은 사실 새로운 해석이 등장할 때마다 있었던 것이다"(김승혜, 1990, p. 311). 따라서 선진유학은 가장 순수하고 원형적인 유학사상의 정수라고 볼 수 있다. 앞서 살펴본 유학의 여러 사조들 가운데 우리나라에서 주로 받아들인 것은 그 시기의 일치로 말미암아 송대 신유학의 한 갈래인 주희(朱熹, 1130~1200) 계통의 성리학이었다. 그러나 성리학의 뿌리는 선진유학에 있는 것이다.

(2) 한국의 유학

유학사상은 삼국시대에 우리나라로 전해져, 고구려(高句麗, B.C. 37~A.D. 668)・백제(百濟, B.C. 18~A.D. 660)・신라(新羅, B.C. 57~A.D. 935)가 이미 태학(太學) 같은 국학(國學)기관을 설립하여 교육을 하였는데, 이 시대의 유학자로는 설총(薛聰)과 최치원(崔致遠) 같은 이들이 있다 (현상윤, 1949).

그러나 우리나라에서 유학사상은 고려 중기에 접어드는 11세기 전반 최충(崔冲, 984~1068)과 그 문하생들이 본격적으로 받아들이기 시작하여, 13세기 말과 14세기 초 안향(安珦, 1243~1306)과 백이정(白頤正, 1247~1323) 같은 이들에 힘입어 주자학(朱子學)이 들어온 다음(윤사순, 1997), 조선조에 와서는 이러한 주자학, 곧 신유학의 한 갈래인 성리학이 국가경영의 최고 이념이 되면서 우리나라 정신사의 가장 기본적인 틀이 되어 오늘에 이르고 있다. 17세기에 접어들면서, 유학사상의 중심인 중국 대륙의 주인이 한족(漢族)인 명(明, 1368~1644)에서 만주족(滿州族)인 청으로 바뀌자, 이러한 경향은 더욱 심화되었다. 곧 "명이 청에 망하자, 조선은 이제 자신이 명을 대신하여 중화세계의 중심이라고 자부하였다. 이른바 '대중화(大中華)'가 사라져버렸기에 조선의 '소중화(小中華)'가 '우주'의 유일한 중심이라고 생각하게 되었으며, 이것이 조선 문화의 긍지를 뒷받침해주었던 것이다"(장석만, 1999, pp. 266~267).

더욱이 조선조에서는 강력한 억불숭유(抑佛崇儒)의 정책을 편 까닭에, 사회 상층부는 물론 일반 민중이 일상생활을 영위해 나가는 모든 면에서 유학사상이 지도이념으로서 커다란 영향을 끼쳤다. 그 결과 조선조 이후 우리나라의 문화는 그 이전 시대와는 철저히 단절되었고(고병익, 1996), 유학사상은 한국인의 문화 전통과 의식구조의 중추가 되었다(윤사순, 1997 ; 이광세, 1998 ; 이상은, 1976 ; 이승환, 1998a, b, 1999, 2004 ; 조긍호, 2003a). 곧 현대의 시점을 기준으로 할 때, 한국인의 삶의 과정에 영향을 끼친 가장 가까운 전통사상은 바로 유학사상이었던 것이다.

따라서 동아시아 국가들 가운데서도 한국은 가장 유교적인 국가로서, "홍콩이나 일본보다 더한 것은 말할 것도 없고, 대만이나 중국 자체보다도 더욱 유교적이다. 19세기에 한국을 찾아왔던 선교사들이나 여행가들이 한국인의 생활 거의 모든 부분에 깊이 침투되어 있는 엄격한 유교적 제도와 유교적인 가치관을 보고서 큰 놀라움을 표명"하였으며, "또 현대의 많은 사회학자나 경제학자들도 현재의 한국인이 …… 분명한 유교적인 태도와 사고방식을 가지고 있다는 데 대해서 역시 확신하고"(고병익, 1996, pp. 280~281) 있다.

이러한 관점에서, 현상윤(1949)은 조선 유학은 동양사나 세계사에서도 독특한 위치를 차지한다고 보면서, 그 배경을 "조선 유학은 첫째 거대한 실천력을 가졌으니, 유교의 이상을 정치나 사회생활에 실현시키고 구현시킨 점으로 보아, 지나(支那, 중국) 어느 시대의 그것보다도 우수한 성적을 가진 것이요, 둘째 조선 유학은 성리학에서 다대한 발달을 성취한 까닭이다. …… 성리학에서는 대체의 학자가 모두 다 정주(程朱)의 학설을 계승하고 종순하여, 그것을 되풀이하고 해석한 것에 불과한 듯한 인상이 없지 않으나, 그러나 입론한 체계와 개척한 국면이 어느 것이나 정연하고 청신하여, 송명선유(宋明先儒)의 미발처를 밝힌 것이 적지 않고, 양으로 질로 조선 유학의 독특한 지반과 역량을 쌓아 올리며 보여준 것이다"(p. 10, 원문의 고문 어투를 현대문에 가깝게 고침)라고 주장했다.

(3) 일본의 유학

"일본의 유학은 서력 284년 백제에서 아직기(阿直岐)가 건너가고, 다음 해 왕인(王仁)이 건너가 《논어(論語)》 10권과 《천자문(千字文)》을 전하면서부터 시작된다. 그러나 그후 그다지 발전을 이룩하지는 못하였으므로, 일본 유학의 실질적 창시기는 주자학이 수입되고 정착된 에도 시대이고, 그 창시자는 유학으로서 문호를 세운 후지하라 세이카(藤原惺窩, 1561~1619)이다"(이기동, 2003, p. 59). 그 뒤로 일본의 유학은 세 방향으로 나뉘어 정착하였다(이기동, 2003).

첫째는 후지하라 세이카, 하야시 라잔(林羅山, 1583~1657), 야마자키 안사이(山崎闇齋, 1618~1682)로 이어지는 주자학의 흐름이다. 이들에게 수용된 주자학은 "주자학 그 자체라고 하기보다는 오히려 조선의 유학, 특히 퇴계학(退溪學)이었다"(이기동, 2003, p. 61). 일본 유학의 창시자라고 할 수 있는 후지하라가 주자학을 만난 것은 조선의 사신이었던 허산전(許山前)[2]과 정유재란(丁酉再亂) 때 포로로 잡혀왔던 강항(姜沆, 1567~1618)을 통해서였기 때문이다. 그러나 이들 "일본 주자학자들의 주요 관심사는 개인의 수양에 있는 것이 아니라 사회철학의 수립"(이기동, 2003, p. 66)에 있었고, 따라서 이들은 주자학, 특히 퇴계학의 형이상학적 요소를 철저히 형이하학적으로 이해하여, 오륜(五倫)과 같은 "인간 사회 속에서의 인간관

---

2) 許山前은 退溪 李滉(1501~1570) 문하의 삼걸 가운데 한 사람인 柳希春(1513~1577)의 제자였다. 따라서 許山前은 退溪의 재전(再傳) 제자인 셈으로, 그가 藤原惺窩에게 전해준 것은 退溪의 주자학이었을 것이다.

계의 윤리를 확립하는 데"(이기동, 2003, p. 63) 온 힘을 기울였다. 아마도 이것이 사농공상(士農工商)의 계급 질서와 상하의 통치질서 확립이라는 새로운 통일 정권에도 막부의 이해와 맞아 떨어졌기 때문일 것이다(김석근, 2000 ; 김태영, 2002).

둘째는 나카에 도주(中江藤樹, 1608~1648)와 구마자와 반잔(熊澤蕃山, 1619~1691)으로 이어지는 양명학(陽明學) 계열이다. 이들은 양명학의 양지설(良知說)과 지행합일설(知行合一說)을 철저한 형이하학적 실천방법으로 받아들여, 상하의 계급질서와 그 속에서 저마다 수행해야 할 역할을 강조하는 체계를 세움으로써, "우선 집단을 만들고 난 뒤, 그 집단의 한 구성원이 되는 것으로서 존재가치를 구하는 이른바 일본인의 집단주의"(이기동, 2003, p. 73)의 이론적 바탕을 확립하려 하였다. 따라서 이들도 일본 주자학자들과 마찬가지로 에도 막부의 시대적 요구에 부응하는 실천 논리를 제공함으로써, 중국의 양명학과는 다른 독특한 일본 양명학의 체계를 전개하였다고 볼 수 있겠다.

셋째는 이토 진사이(伊藤仁齋, 1627~1705)와 오규 소라이(荻生徂徠, 1666~1728)로 이어지는 일본 고학(古學)의 흐름이다. 이들은 한당유학의 형이하학적 체계를 무기로 삼아 주자학의 형이상학적 체계를 비판하는 견해를 전개하였는데, 그 결과 옛 유학으로 돌아간다는 의미에서 고학이라 불리었다. 이들은 "한당시대의 훈고학(訓詁學)을 계승하는 것"(이기동, 2003, p. 77)을 학문적 목표로 삼았는데, 그러나 이들의 기본적인 관심사도 역시 오륜사상을 중심으로 한 사회윤리의 확립에 있었다는 점은 위의 두 조류와 마찬가지였다. 그러나 "고학의 정착은 일본의 지식인들이 대륙의 유학에서 벗어날 수 있는 계기가 되었으므로, 고학 이후의 일본 지식인들은 대륙의 유학에서 벗어나 일본 고유의 학문에 관심을 가졌고, 그 결과 국학(國學)이라는 일본 고유의 학문체계를 갖추"(이기동, 2003, p. 84)게 되었는데, 이 점은 이들의 공헌이라 하겠다.

이상에서 보듯어, 에도 시대에 본격적으로 받아들인 일본의 유학은 사회를 통합하고 사회윤리를 세우려는 도쿠가와 막부 지배계층의 목적에 철저

히 부응한 사상체계였다. 곧 "일본의 에도 시대에도 조선과 마찬가지로 주
자학을 관학으로 승인함으로써,[3] 유교가 공적으로는 일본의 사상계를 독
점할 수 있는 상황이 전개되었다. 에도 시대의 유교사상은 265년 동안 이
어져 내려온 사·농·공·상의 신분질서를 정당화하는 체제상의 가치규범
이었다. 유교사상은 무사계급에뿐만 아니라, 서민 교육기관을 통해 민중에
게까지 깊숙이 침투하여 그들의 일상생활의 전반을 규제하고 있었다"(김
태영, 2002, p. 12).

이러한 사정은 메이지유신 이후 메이지기(明治期, 1868~1912)에도 마
찬가지였다(김석근, 2000 ; 김태영 2002 ; 이기동, 2003 ; 조경욱, 2000). 오히
려 "유교의 위상은 상대적으로 메이지시대 이후 더 높아졌다고 할 수도 있
겠다. 천황제 국가를 창출해 낸 후, 상하관계와 상호간의 관계를 유지해 가
는 세속 윤리로 유교에 주목했으며, 유교적 덕치주의를 원용했기 때문이
다. 특히 충과 효를 중시하는 형태로 일본 고유의 논리와 이어지게 되었고,
이어 '일본 이데올로기'의 주요한 측면을 이루게 되었다"(김석근, 2000, pp.
15~16).[4]

그러나 유교가 유일한 일원적 통치이념으로 군림한 중국이나 조선과는
달리, "일본은 그들의 전통 종교인 신도(神道)와 중국과 조선으로부터 전
래된 불교, 그리고 도쿠가와시대의 국가윤리인 유교가 한데 섞이면서,
신·불·유가 서로 상해하지 않고 공존하는 종교·도덕의 다원적인 사상
구조를 유지하였다"(김태영, 2002, p. 12). 이렇게 된 배경에는 일본인들과
유교의 친화성(親和性) 문제(김석근, 2000 ; 黑住眞, 1998)와 중국이나 조선

---

3) 1790년(寬政 2년)에 〈간세이이가쿠노킨(寬政異學の禁)〉을 통해, 시바노 리쓰잔(柴
野栗山)의 건의에 따라 주자학 이외의 학문을 금지함으로써, 유학 특히 주자학을 관
학으로 공식화하였다(김석근, 2000, p. 61, 주 13 참조).

4) "1872년부터 종래의 교육의 서구화정책을 수정, 학교교육에 유교도덕을 끼워 넣기
시작"(김석근, 2000, p. 53, 주 3)한 일은 국민교육에 유교사상을 동원한 실례이며,
"이는 1890년에 공포된 〈교육칙어(敎育勅語)〉에서 절정에 달했다. 〈교육칙어〉는 거
의 모두가 사서오경에서 따온 구절들로 이루어져 있다 해도 과언이 아닐 정도"(김
석근, 2000, p. 53)였다.

과는 달리 일본에는 과거제도가 없었다는 점(김석근, 2000 ; 김태영, 2002 ; 辻本雅史, 1998) 들이 놓여 있는 것으로 보인다. 곧 유교를 자기들의 고유한 전통사상이라고 여기는 한국인이나 중국인과는 달리, 일본인에게는 신도라는 분명한 전통이 있어서, 이것을 오히려 자신들의 고유한 문화와 사상으로 여겨 친화를 느낄 뿐(김석근, 2002), "유교는 자신의 것이 아니라고 여기는 감각이 너무나 강해서"(黑住眞, 1998, p. 36), 그들은 유교 유일체계를 인정할 수 없었다. 또한 과거제가 존재하지 않았으므로 "학문과 정치가 연결되지 않은 채 서로 별개의 영역으로 존재"(김석근, 2000, p. 6) 함으로써, "학문이 특정 계급과 고정적으로 이어지는 일이 없었다. …… 따라서 유학은 지배계급의 지적 독점물이 되지 않았고, 중앙권력이 지적 세계를 독점하지도 못하였"(辻本雅史, 1998, p. 104)기 때문에, 지식인들 사이에서도 유학은 여러 지식체계 가운데 하나로 탐구될 뿐이었다.

2) 동아시아의 현재와 유학사상

이상에서 보듯이, 중국을 비롯한 전통적인 동아시아 국가에서는 유학사상이 국가의 근본 이념으로 떠받들어졌고, 따라서 삶의 기본 철학으로 받아들여지고 있었다. 그러나 이러한 사정은 서양 세력에 떠밀려 개방의 압력과 침략의 위협이 높아가면서 달라지기 시작하였다. 중국에서 이러한 위협은 아편전쟁(阿片戰爭, 1840～1842)으로 본격화하였는데, 아편전쟁이 영국의 승리로 끝난 뒤의 동양과 서양의 관계는 서세동점으로 특징지을 수 있다. 이러한 "서세동점의 여파로 19세기 후반기부터 20세기에 이르기까지 동아시아의 전통적 유교국가들에서는 유교를 비판하는 현상이 현저"(이광세, 1998b, p. 64) 해졌다.

중국에서 이러한 유교배척운동은 5 · 4운동(1919) 때에 절정에 이르렀는데, "이 시기 중국 지식인들의 당면 과제는 유교의 삼강오륜(三綱五倫)과 결별하고, 서구의 민주와 과학을 받아들이는 일이었다. 따라서 철저하게 자신의 전통을 비판하고 서구 문화를 수용하려는 '전반서화론(全盤西化

論)'이 시대정신으로 부상하게 되었다"(이승환, 1998a, p. 368).

그러나 중국에서는 이미 1920년대 '과학과 현학 논쟁[科玄論戰]'을 통해, 전통에 깊은 애정을 지닌 지식인들[玄學派]의 무리가 유교배척론자[科學派]와 대립하는 과정에서 '현대신유학'의 장을 열어, 전통문화의 회복과 근대화를 주장하였다. 이들의 주장은 "서양의 민주와 과학을 수용하면서, 동시에 유가 전통의 인문정신과 도덕의식을 계승"하려는 것이었다. 곧 "민주와 과학은 서양으로부터 수용하되[新外王], 내성(內省)에 있어서는 유가의 '심성지학(心性之學)'을 계승하고자 했던 것이다"(이승환, 1998a, pp. 371~372). 말하자면, 이들은 서양 문화와 유가 전통의 절충적 통합을 통해 동양의 '문화적 정체성'을 회복하고자 했다. 이러한 현대신유학은 1930~1940년대의 웅십력(熊十力), 양수명(梁漱溟)을 비롯한 1세대, 1950~1960년대의 당군의(唐君毅), 서복관(徐復觀), 풍우란(馮友蘭), 모종삼(牟宗三)을 비롯한 2세대를 거쳐, 1970년대 이후의 두유명(杜維明), 채인후(蔡仁厚)를 비롯한 3세대 학자들이 주도하여 오늘에 이르고 있다(이승환, 1998a).

이러한 현대신유가들의 활동에 힘입어 대만·홍콩·싱가포르 같은 중화 문화권에서 유교배척론[全盤西化論·科學派]은 오래전에 자취를 감추고, 유학은 새로이 "동·서문화의 회통과 상호 보완처를 제창하여, 서방 문화의 장점과 유가 문화와의 새로운 만남"(김성기, 2000, p. 34)의 장을 제공함으로써, 중화 문화권의 지배적인 사상체계다운 위상을 되찾았다. 이러한 사정은 중국 대륙도 마찬가지다. 이들 현대신유가의 영향으로 "1990년대의 대륙 유학은 가히 공전의 성황을 누리고 있다. …… 1950~1970년대의 유학 연구가 정치에 종속되고 이데올로기에 예속되었다면, 1980년대의 유학 연구는 금기 사항을 파괴하는 사상해방운동의 성격을 띠고 있다. 한편, 1990년대의 유학 연구는 이전과 비교하여 상대적으로 자유로워진 학술 분위기와 문화적 성격을 선명하게 드러내고 있다"(p. 40). 이렇게 1990년대 중국 대륙의 철학적 분위기는 현대신유가를 적극 받아들임으로써, '대륙신유가(大陸新儒家)'가 나타나게 되었던 것이다.

이러한 대륙신유가들은 "유가사상은 동아시아 지역에서 현대화를 실현한 주요 사상자원이며, 따라서 중국 현대화의 사상 기초와 '동력원(動力源)'이 될 수 있다고 주장하고, 또 유가 윤리도덕을 전면 긍정하여 '오늘에도 여전히 쓸모가 있다'고 진단함으로써, 유가윤리를 기초로 하여 오늘날 중국의 도덕규범체계를 중건해야 한다고 주장하기도 한다"(김성기, 2000, p. 43). 이제 중국 "대륙에서는 '전통의 뿌리와 접맥된 특색 있는 사회주의 건설'을 자기들의 목표로 설정하고, 유교를 일부로 받아들이고 있는 듯"하며, 따라서 "유교는 지금보다는 훨씬 더 중요한 역할을 담당"하여, "중국인들의 새로운 삶의 철학으로 자리 잡게 될 것으로 보인다"(p. 49).

19세기 말 한국의 사정도 중국과 비슷하였다. 서구 문명의 동점 현상에 대응한 이 시기 우리나라 유학자들의 반응은 두 가지였는데, 곧 "서구 문명을 사(邪)로 보고 배척한 위정척사론(衛正斥邪論)과 서구 문명의 정신은 거부하되 과학기술은 받아들이고자 한 동도서기론(東道西器論)이었다"(윤사순, 1997, p. 494). 여기서 위정척사론이 유학고수론이었다고 한다면, 동도서기론은 유학배척론이었다고 할 수 있다. 이 가운데 대세를 업은 쪽은 유학배척론이었다.

그러나 이 시기의 유학배척론은 유학의 완전한 배척이 아니라 유교의 개신론(改新論)에 가까운 것이었다. 곧 "이 시기 유학의 주조는 '자강(自强)·자립(自立)·독립(獨立)'을 위한 유교의 새로운 인식, 이른바 유교 개신의 경향"(윤사순, 1997, pp. 497~498)이었다. "해방을 맞이한 이후에도 한국 유학은 일제 강점기에 보인 개신의 노력을 지속시켜 스스로의 존재가치를 확인하는 한편, 계속적인 발전의 길을 모색하였다. …… 이와 같이 살피면, 개화기에는 위정척사와 동도서기의 갈등을 보이다가, 일제시대 자주 독립을 지향하는 개신의 노력을 기울인 다음, 해방 후에는 스스로의 존재가치를 확인하는 양상을 보여온 것이 곧 한국 근대 유학의 역사적 전개이며, 그 변모 과정이라 하겠다"(pp. 500~501).

이러한 유학계 자체의 개신 노력으로 우리나라에서는 유교적 사고양식과 관습 및 가치관이 강하게 남아 있다. 이는 1970~1980년대의 급속한 경제발전과 1990년대의 정치발전이 의미하듯 "경제성장과 민주화라는 두 가지 프로젝트를 이루어낸"(최영진, 2000, p. 31) 배경이 되었거나, 또는 그 결과 생긴 자부심에 근원을 둔 '우리 것 찾기 운동'이 반영된 현상이기도 하다. 최영진(2000)은 1996년부터 2000년까지 국내 일간지에 실린 유교 관련 기사를 분석한 결과, "유교가 결코 박물관의 박제품이 아니라, 우리 사회에 살아 있는 역동적 기제임을 확인할 수 있었다"(p. 24)고 보고하였다.

이렇게 현대 한국인에게 유교적 삶의 양식은 일반 민중의 생활에 광범위한 영향을 미치고 있으며(고병익, 1996), 따라서 유학사상은 한국인의 "문화 전통과 의식구조의 중추"(이광세, 1998, p. 63)가 되어 있다. 고병익(1996)은 한국인의 종교 관련 신념과 행동을 심층적으로 분석한 연구(윤이흠·박무익·허남린, 1985) 결과를 인용하면서, 거의 대부분(91.7%)의 한국인은 유교의 행동과 습성을 유지하고 있어서, 실질적으로 최소한 "유교의 '주변성원'을 이루고 있다"(p. 295)고 결론짓고 있다. 이 연구에서 조사대상자 총 400명 가운데 자신이 '유교인'이라고 답한 사람은 2명(0.5%)에 지나지 않아, 자신을 '개신교인'이라고 답한 사람 106명(26.25%), '천주교인'이라고 답한 사람 20명(5%), '불교인'이라고 답한 사람 77명(19.25%)에 견줄 수 없을 만큼 적었다. 그러나 이들도 일상생활의 기본 실천(조상 제사, 경서의 공부, 효도)과 일반적 관행(부계 가통, 동성동본 혼인 반대, 성묘와 시제, 3년상, 폐백, 어른 공경) 및 집단행사에 참여하는 일(가족이나 문중 행사, 종친회와 족보사업, 유림 행사, 유교의 선전 활동)에서는 일정한 정도 이상으로 유교적 행동과 태도 및 습관을 보이는 것으로 조사되었다. 곧 조사 결과 확인된 불교인의 100%, 개신교인의 76.6%, 천주교인의 90%, 무종교인(189명, 47.25%)의 96.8%를 포함하여 전체 400명 가운데 367명(91.7%)이 "그 신념이나 행습으로 보아 유교도라고 볼 수"(p. 294) 있다는 것이다.

앞에서도 언급했듯이, 현대 일본에서 유학의 사정은 중국이나 한국과는 다르다. 그들에게 유교는 다양한 사상체계 가운데 하나일 뿐이었으며, 일본에서 유교는 중국이나 한국처럼 유일한 통치이념으로 군림한 적도 없었다(김태영, 2002). 게다가 일본인들은 그들 고유의 신도에 친화감을 강하게 느낌으로써 한국인이나 중국인만큼은 유교에 대해 친화감을 느끼지도 못했다(김석근, 2000 ; 黑住眞, 1998). 특히 2차대전에서 패한 뒤 "유교는 봉건적인 것, 국가주의에 복무한 불순한 것쯤으로 여기는"(김석근, 2000, p. 60) 풍조가 일부 나타나기도 하였다. 그런데도 19세기 말 이래 일본의 유교 연구열은 세계에서 가장 치열하여(김석근, 2000), 일본인에게 유교는 가장 친숙한 연구 주제 가운데 하나가 되었다. 또한 아직까지도 일본인의 공식적인 대인관계와 사회윤리는 철저히 유교적이어서, 21세기의 "현대 일본인에게도 유교 예교제(禮敎制)의 근간인 '충'과 '효'의 가치관"(김태영, 2002, p. 14)은 강하게 남아 있다. 이 점이 바로 같은 유교문화권인 중국·한국·일본의 본질적인 공통점이라고 할 수 있을 것이다.

이렇게 동아시아인들에게 유학사상은 더 이상 과거의 체계가 아니라, 현재 살아남아 있는 현실의 체계이다. 이것이 동아시아 사회에서 유학이 차지하는 현재적 위상이다. 뚜웨이밍(1996)은 현대 유교권 사람들의 의식구조 속에 자리 잡은 공통된 가치관과 행동 또는 사유방식을 "마음의 유교적 습성들"이라 부르는데, 이러한 유교적 삶의 방식은 동아시아인들의 생활에 광범위한 영향을 미쳐, 중국·한국·일본을 비롯한 동아시아인의 공통된 습성을 낳았다. 동아시아인의 일상생활에서 나타나는 신념·행동·습관의 근간에 이렇게 유학사상의 배경이 깔려 있다는 사실은, 위와 같은 역사적 고찰의 결과 말고도, 가치에 대한 문화비교 연구의 결과에서도 드러난다.

본드(Bond)를 중심으로 한 일군의 연구자들(Chinese Culture Connection, 1987)은, 가치문항 40개로 구성된 '중국적 가치 검사(Chinese Value Survey)'를 22개국의 대학생들을 상대로 실시하고, 호프스테드(1980)와 마찬가지로 생태학적 요인 분석을 해보았다. 그 결과, 호프스테드의 4차원 말고도 국가 간 차이를 드러내는 제5의 가치 차원이 얻어졌는데, 이는 인내심, 지위와 서열 존중, 절약, 염치, 체면 유지, 전통 존중, 인사치레와 같은 유교적 가치를 반영하는 차원이었다. 그들은 이를 '유교적 역동성(Confucian dynamism)'이라 이름 붙이고, 호프스테드의 가치 차원과 대비되는 여러 관계를 분석하고 있다(Hofstede, 1991 ; Hofstede & Bond, 1988). 이 척도에서

강한 유교적 역동성의 가치를 보유한 나라들은 중국(118점)·홍콩(96
점)·대만(87점)·일본(80점)·한국(75점) 같은 동아시아의 유교권 국가
들이고, 미국(29점)·영국(25점)·캐나다(23점)는 그 반대쪽의 가치를 지
닌 것으로 밝혀졌다(Hofstede, 1991/1995, p. 244, 표 7.1). 이 조사에서도 '마
음의 유교적 습성들'이 여전히 동아시아인의 행동과 사유의 근간을 이루고
있음이 드러나는 것이다.

　이러한 맥락에서 동아시아인의 집단주의 문화의 사상적 배경은 아직까
지 동아시아인이 지니고 있는 '마음의 유교적 습성들'에서 찾을 수 있다는
전제 아래, 여기서는 2장에서 집단주의 문화의 특징으로 밝혀진 인지·정
서·동기의 철학적, 논리적 배경을 유학사상에 드러난 인간 파악의 관점과
결부시켜 고찰할 것이다. 이를 통해 동아시아 집단주의 문화의 배경에는
이 지역에 공통된 유학사상이 놓여 있음을 밝히고자 한다.

2. 유학사상에서 도출되는 인간관

　동아시아인의 삶의 기반이 되어 온 유학사상은 인간 존재의 사회적, 도
덕적 특성[人性論]을 전제로 하여, 이러한 존재 특성을 가지는 인간이 지
향해야 할 이상적 상태[君子論·聖人論]를 정립한 다음, 사회적 차원[道德
實踐論·禮論]과 개인적 차원[修養論]에서 이러한 이상적 상태에 이르기
위해 노력해야 할 바를 제시한 이론체계라고 정리할 수 있다(조긍호,
1998a, 1999b, 2003a). 이러한 네 체계 가운데 유학사상의 기초는 역시 인성
론이다(김충렬, 1982 ; 馮友蘭, 1948/1977 ; Needham, 1969/1986). 이러한 유
학의 인성론은 도덕적 바탕[仁·義·禮·智]으로서 인간이 본래부터 갖추
고 있다는 인간 존재의 사회성과 도덕성을 근거로 삼는 점에 그 특징이 있
으며, 뒤이은 군자론·예론·수양론에서 인간관계의 사회성이 강조되는 배
경에는 이러한 인성론의 특징이 그대로 자리 잡고 있는 것이다. 여기에서
바로 유학사상이 동아시아 집단주의의 사상적 바탕이 되는 근거가 나온다.

어떻게 보면, 유학사상의 핵심은 바로 "인간의 존재 확대"라고 요약할 수 있다(조긍호, 2003a). 앞서 설명한 대로, 유학자들은 인간의 인간된 까닭에 관한 입론〔人性論〕을 통해 존재 확대의 가능성을 따져보고, 그 이상적 모형〔君子論・聖人論〕을 제시함으로써 존재 확대를 삶의 목표로 설정한 다음, 존재 확대를 이루기 위한 도구〔道德實踐論・禮論〕와 그 방법〔修養論〕을 제시하고 있는 것이다.

유학자들이 이렇게 인간의 존재 확대를 부르짖는 근거는 바로 그들이 인간을 파악하는 기본틀에 있다. 유학, 특히 그 원형이 되는 선진유학 경전 전체를 꿰뚫고 있는 인간 파악의 기본 관점은 대체로 세 가지 정도로 요약할 수 있다(조긍호, 1998a, 1999b, 2003a). 곧 유학사상에서는 인간을 무한한 가능체(可能體)인 존재, 사회적 관계체(關係體)인 존재, 그리고 능동적 주체자(主體者)인 존재로 파악하고 있다. 말하자면, 인간은 개체로서 지닌 존재가치를 뛰어넘어, 사회에 대한 책임을 스스로가 짊어지고 실천해야 하는 존재(사회적 관계체)로서, 능동적이고 주체적으로(능동적 주체자) 존재 확대를 이루어낼 만한 가능성(무한한 가능체)을 지니고 있다는 것이다.

유학자들이 인간을 이러한 세 가지 관점에서 파악하고 있다는 사실은 유학의 창시자인 공자의 《논어》 첫 머리, 곧 〈학이(學而)〉 1장에 나오는 삼호(三乎)에 관한 언급에서 잘 드러난다.

> 공자께서 말씀하셨다. 배우고 그것을 항상 익히면, 또한 기쁘지 아니하겠는가? 벗이 있어 먼 곳에서 찾아오면, 또한 즐겁지 아니하겠는가? 남이 알아주지 않아도 노여워하지 않는다면, 또한 군자답지 아니하겠는가?[5]

여기서 1호(學而時習之 不亦說乎)는 무한한 가능체(배움을 통해 군자와 성인까지도 될 수 있는 존재)인 인간 존재의 특성을, 2호(有朋自遠方來 不

---

5) 子曰 學而時習之 不亦說乎 有朋自遠方來 不亦樂乎 人不知而不慍 不亦君子乎(《論語》, 〈學而〉 1 : 이는 朱熹의 《論語集註》의 편차에 따른 《論語》의 〈學而〉 1장을 가리킨다. 이하 《論語》의 인용은 이를 따른다.)

亦樂乎)는 사회적 관계체(다른 사람과 관계를 맺으며 함께 어울리면서 살아가야 하는 존재)인 인간 존재의 특성을, 그리고 3호(人不知而不慍 不亦君子乎)는 능동적 주체자(자기가 모든 일의 주체로서, 스스로에게서 모든 원인을 찾고, 스스로 모든 책임을 져야 하는 존재)인 인간 존재의 특성을 드러내고 있는 것이다.

1) 사회적 관계체인 존재

《논어》에서 공자는 자기 사상의 핵심인 인(仁)에 대하여, "무릇 인이란 자기가 서고자 하면 남을 먼저 세워주고, 자기가 이루고자 하면 남이 먼저 이루게 해주는 일"[6]이라거나, "자기가 하려 하지 않는 것을 남에게 베풀지 않는 일,"[7] 또는 "남을 사랑하는 일"[8]로서, "자기의 사욕을 이기고, 예(禮)로 돌아가는 것이 인을 행하는 일"[9]이라고 말하여, 타인에 대한 관심과 배려가 인의 핵심이라 보고 있다. 이러한 사실은 공자가 인간의 사회성을 인간 존재의 중핵으로 규정하고 있음을 드러내는 것이다.

인간의 사회적 존재 특성을 공자가 무엇보다도 강조하고 있다는 사실은 그의 정명론(正名論)에서도 확인된다. 그는 사회관계 속에서 각자에게 주어진 소임을 충실히 수행하는 것이 사회질서와 조화 유지의 핵심이라고 보았다. 곧 "임금은 임금의 역할을 다하고, 신하는 신하의 역할을 다하며, 부모는 부모의 역할을 다하고, 자식은 자식의 역할을 다하는 것"[10]이 사회에 질서와 조화를 가져오는 정사(政事)의 근본이기 때문에, 자기에게 정사를 맡겨준다면 반드시 이름을 바로 잡는 일(正名 : 각자에게 주어진 역할을

---

6) 夫仁者 己欲立而立人 己欲達而達人(《雍也》28)
7) 仲弓問仁 子曰 …… 己所不欲 勿施於人(《顏淵》2) ; 子貢問曰 有一言而可以終身行之者乎 子曰 其恕乎 己所不欲 勿施於人(《衛靈公》23)
8) 樊遲問仁 子曰 愛人(《顏淵》22)
9) 顏淵問仁 子曰 克己復禮爲仁(《顏淵》1)
10) 齊景公問政於孔子 孔子對曰 君君 臣臣 父父 子子(《顏淵》11)

충실히 수행하도록 하는 일)부터 하겠다[11]고 공자는 말하고 있는 것이다.

이렇게 유학의 창시자인 공자부터 이미 인간은 기본적으로 타인에 대한 관심과 배려를 지닌 존재로 보고 있으며, 모든 사회행위의 원동력을 사회 관계를 통해 주어진 쌍무적인 역할에서 찾음으로써, 인간 존재의 사회성을 강조하고 있다. 바로 이렇게 인간을 사회적 관계체인 존재로 파악하는 것이 유학사상에서 인간을 이해하는 가장 기본적인 관점이다.

이러한 공자의 관점은 맹자와 순자 같은 초창기 유학자들에게 그대로 이어졌다. 맹자는 인간이 타고난 인지 능력[良知]과 타고난 도덕행위 능력[良能]을 갖추고 있다고 보는데, 이러한 사실은 누구나 어려서부터 배우지 않고도 자기 어버이를 사랑할 줄 알고, 자기 형을 공경할 줄 안다는 사실에서 드러난다. 맹자가 말하는 인의(仁義)는 다른 것이 아니라, 어버이를 친애하고[親親], 어른을 공경함[敬長]에서 비롯되는 것이다.[12] 곧 맹자는 "인(仁)의 핵심은 어버이를 모시는 것이고, 의(義)의 핵심은 형을 따르는 것이며, 지(智)의 핵심은 이 두 가지를 깨달아 이를 버리지 않는 것이고, 예(禮)의 핵심은 이 두 가지를 조절하고 아름답게 꾸미는 것"[13]이라고 본다. 이렇게 맹자는 인간 행위의 당위적 규범인 인의예지(仁義禮智)의 핵심을 바로 친친(親親)과 경장(敬長)에서 구하고 있는 것이다.

이는 인간 존재의 바탕을 부모-자식과 형-아우의 관계에서 구하는 것이라 해석할 수 있다. 그리하여 여기에서 체득한 인의의 도를 백성을 친애하고, 사물을 아끼고 사랑하는[親親而仁民 仁民而愛物][14] 단계까지 확장하여

---

11) 子路曰 衛君待子而爲政 子將奚先 子曰 必也正名乎(〈子路〉 3)

12) 孟子曰 人之所不學而能者 其良能也 所不慮而知者 其良知也 孩提之童 無不知愛其親也 及其長也 無不知敬其兄也 親親 仁也 敬長 義也 無他 達之天下也(《孟子》,〈盡心上〉 15 : 이는 朱熹의 《孟子集註》의 편차에 따른 《孟子》의 〈盡心上〉 15장을 가리킨다. 이하 《孟子》의 인용은 이를 따른다.)

13) 孟子曰 仁之實 事親是也 義之實 從兄是也 智之實 知斯二者弗去是也 禮之實 節文斯二者是也(〈離婁上〉 27)

14) 孟子曰 君子之於物也 愛之而不仁 於民也 仁之而不親 親親而仁民 仁民而愛物(〈盡心上〉 45)

실천하기에 이르러야 한다는 것이 바로 맹자 사상의 핵심 관점이다. 이를 맹자는 "도는 가까이에 있는데 이를 멀리에서 구하고, 할 일은 쉬운 데에 있는데 이를 어려운 데서 구하려 한다. 사람마다 자기 어버이를 친애하고 자기 어른을 공경한다면, 천하가 화평하게 될 것이다"[15]라고 지적하였다. 이러한 점에서 맹자가 군자의 세 가지 즐거움 가운데 첫번째를 "부모가 모두 살아 계시고 형제들에게 아무 탈이 없는 것"[16]으로 삼은 까닭을 이해할 수 있는데, 이는 바로 이러한 인의(仁義)를 체득하고 실천할 객관적 대상이 존재하기 때문에 즐겁다는 의미라고 풀이할 수 있다.

이러한 관점에서 보면, 맹자는 인간 존재의 의미를 사람과 사람 사이의 관계에서 찾았다고 볼 수 있다. 곧 부자·군신·부부·장유·붕우 사이의 관계에서 인간의 존재 특성이 나타나므로, 개별적인 존재에서는 인간 존재의 의미를 찾을 수 없다는 것이 맹자의 주장이다. 부자·군신·부부·장유·붕우 사이의 관계에서 각각 친(親)·의(義)·별(別)·서(序)·신(信)이 있도록 하는 것이 바로 사람이 지켜야 할 다섯 가지 도리[五倫]인데, "사람이 편안히 살고 가르침이 없으면 금수와 같아질 수밖에 없으므로, 성인이 이를 걱정하여 이 다섯 가지 사람의 도리를 가르치게 하였다"[17]는 지적은 이러한

---

15) 孟子曰 道在爾而求諸遠 事在易而求諸難 人人親其親 長其長 而天下平(〈離婁上〉11)

16) 孟子曰 君子有三樂 而王天下不與存焉 父母俱存 兄弟無故 一樂也 仰不愧於天 俯不怍於人 二樂也 得天下英才而教育之 三樂也 君子有三樂 而王天下不與存焉(〈盡心上〉20). 여기서 孟子가 말하는 군자의 세 가지 즐거움이 모두 인간의 사회성을 강하게 함축하고 있다는 사실을 주목할 필요가 있다. 一樂은 인의를 체득하고 실천할 대상(부모와 형제)이 존재하고 있기 때문에 느끼는 즐거움이고, 二樂은 실제로 인의를 체득하여 일상생활의 대인관계에서 실천함으로써 느끼는 즐거움이며, 三樂은 다른 사람들에게 스스로 체득한 인의의 도를 가르쳐주는 즐거움인 것이다. 이렇게 군자의 즐거움은 모두 사람들 사이의 관계에서 설정되는 것으로 맹자는 보고 있으며, 사회 속에서 사회적 존재로서 성덕(成德)을 지향하는 데에 즐거움의 근거가 있으므로 "천하를 지배하고 다스리는 것은 군자의 즐거움에 들지 못한다"(王天下不與存焉)는 당당함이 나오게 된다고 하겠다.

17) 人之有道也 飽食暖衣 逸居而無教 則近於禽獸 聖人有憂之 使契爲司徒 教以人倫 父子有親 君臣有義 夫婦有別 長幼有序 朋友有信(〈滕文公上〉4)

관점을 그대로 드러내는 것이다. 사람의 도리는 바로 사람들 사이의 관계에서 찾을 수 있고, 따라서 인간은 개별적인 존재로 태어나고 살아가는 것이 아니라, 이러한 관계 속에서 태어나고 살아가는 존재, 곧 사회적 관계체인 존재로 인간을 보는 것이 맹자의 인간 파악의 기본 관점이라 하겠다.

순자도 인간의 사회성을 강조한다. 그는 사회관계가 인간의 존재 특성을 규정하는 것으로 파악하였다. 순자는 다른 생물체에 견주어 인간 존재는 생득적인 허약함과 무력함으로 말미암아 단결이 필요하고,[18] 개인적인 능력과 기술의 한계로 말미암아 협동과 상부상조가 필요하기[19] 때문에(馮友蘭, 1948/1977), 사람은 필연적으로 모여서 사회생활을 할 수밖에 없다[人生不能無群][20]는 것이다. 이러한 점은 그의 명분사군(明分使群)의 예론을 통해 쉽게 이해할 수 있다. 곧 사람은 군신·부자·형제·부부 들의 사회윤리 관계나 사·농·공·상 따위의 사회직분 관계 속의 존재로서, 이러한 관계 안에서 예에 따라 규정되는 각자의 역할[分]을 충실히 수행함으로써 사회생활[群]을 영위해야 하는 존재라는 것이다.[21] 이러한 관점은 인간을 서로 독립적이고 분리된 존재가 아니라, 사회관계에 따라 본질적으로 연관을 맺고 있는 상호의존적인 존재로 파악하는 시각을 잘 드러낸다. 이러한 시각은

---

18) 力不若牛 走不若馬 而牛馬爲用 何也 曰 人能群 彼不能群也 人何以能群 曰 分 分何以能行 曰 以義 故義以分則和 和則一 一則多力 多力則彊 彊則勝物(《荀子》,〈王制〉20~21 : 이는 富山房本 漢文大系 卷十五 《荀子集解》의 〈王制〉, pp. 20~21을 가리킨다. 이하 《荀子》 본문의 인용은 이를 따른다.)

19) 故百技所成 所以養一人也 而能不能兼技 人不能兼官 離居不相待則窮 群而無分則爭 窮者患也 爭者禍也 救患除禍 則莫若明分使群矣(〈富國〉 2~3)

20) 故人生不能無群 群而無分則爭 爭則亂 亂則離 離則弱 弱則不能勝物(〈王制〉21) ; 人之生不能無群 群而無分則爭 爭則亂 亂則窮矣 故無分者人之大害也 有分者天下之本利也(〈富國〉 6~7)

21) 夫貴爲天子 富有天下 是人情之所同欲也 然則從人之欲 則勢不能容 物不能贍也 故先王案爲之 制禮義以分之 使有貴賤之等 長幼之差 知賢愚能不能之分 皆使人載其事 而各得其宜 然後慤祿多少厚薄之稱 是夫群居和一之道也(〈榮辱〉39~40 : 王先謙의 《荀子集解》에서는 '知賢愚'에서 '知'는 '智'로 읽어야 하고, '賢'은 원문에서 삭제되어야 하며, '慤祿'은 '穀祿'이 되어야 한다고 본다.)

《순자(荀子)》의 〈왕제(王制)〉에 나오는 다음의 지적에서 잘 드러난다.

> 군신·부자·형제·부부의 관계는 처음이자 마지막이고, 마지막이자 처음
> 으로서, 천지와 더불어 이치를 같이하고, 만세를 통하여 영구히 지속되는 것이
> 니, 무릇 이를 일러 "위대한 근본〔大本〕"이라 한다.[22]

이는 군신·부자·형제·부부 들의 사회관계가 지니는 보편성을 지적한
것으로서, 이러한 사람들 사이의 관계가 사회의 가장 궁극적인 단위임을
표현하는 말이라 볼 수 있다. 바로 이러한 사실에서도 인간을 사회적인 관
계체로 보는 순자의 관점 가운데 한 부분을 확인할 수 있다.

이렇게 공자와 맹자와 순자를 비롯한 유학사상가들은 인간 존재의 기본
특성을 사람과 사람 사이의 관계라는 사회성에서 찾고 있다. 곧 사회적 관
계체로 인간의 존재 특성을 규정하는 것이 유학사상에서 도출되는 인간
파악의 가장 기본적인 관점인 것이다. 말하자면, 인간이 본래부터 지닌 도
덕적 바탕〔仁義禮智〕은 바로 이러한 인간 존재의 사회성에서 나온다는 관
점이 유학사상의 핵심이다.

2) 능동적 주체자인 존재

인간을 파악하는 유학자들의 관점들 가운데 두 번째 특징은 도덕 주체
(道德主體)로서 인간이 지닌 능동성과 주체성을 강조하는 데 있다고 볼 수
있다. 그들은 도덕의 근거를 인간의 주체적 인식에서 구하고, 도덕적 책임
을 스스로에게서 찾음으로써 이러한 관점을 드러내고 있다. 공자는 "인
(仁)의 실천은 오로지 자신에게 달린 일이지, 남에게 달린 것이 아니다"[23]

---

22) 君臣父子兄弟夫婦 始則終 終則始 與天地同理 與萬歲同久 夫是之謂大本(〈王制〉
   19~20)
23) 顔淵問仁 子曰 克己復禮爲仁 一日克己復禮 天下歸仁焉 爲仁由己 而由人乎哉(《論
   語》,〈顔淵〉 1)

고 하여, 이러한 관점을 드러내고 있다. 곧 군자는 스스로가 도덕 주체라는
사실을 확고히 인식하고 있기 때문에, "남에게 모든 책임을 돌리는 소인
(小人)과는 달리, 모든 일의 책임을 자기 자신에게서 찾으려 한다."[24] 따라
서 군자는 "남이 알아주지 않는다고 해도 노여워하지 않는데"(《論語》,〈學
而〉 1), 이는 그 원인을 바로 자기의 무능함에서 찾기 때문이다.[25]

이러한 인간의 능동성과 주체성의 근거를 맹자는 인의예지(仁義禮智)를
비롯한 도덕의 뿌리가 인간에게 본유한다는 사실에서 구하고 있다. 여기서
한 걸음 더 나아가, 맹자는 인간이 본래 갖추고 있는 선단(善端)을 잃지
않고 그대로 간직[存心]하기 위해서는, 우선 스스로가 도덕 주체라는 사실
을 주체적으로 인식하여 이를 확충해야 한다고 보아,《맹자》의〈공손추상
(公孫丑上)〉 6장에서 다음과 같이 말하고 있다.

> 사람은 누구나 남에게 차마 잔인하게 하지 못하는 마음을 가지고 있다. ……
> 사람이 누구나 남에게 차마 잔인하게 하지 못하는 마음을 가지고 있다는 사실
> 은, 이제 어떤 어린아이가 우물에 빠지는 것을 문득 보게 된 사람이라면, 누구
> 나 깜짝 놀라 불쌍하게 여기는 마음을 가지게 된다는 데서 드러난다. …… 이
> 로 보건대, 불쌍히 여기는 마음[惻隱之心]이 없으면 사람이 아니요, 자기가 옳
> 지 않음을 부끄러워하고 남이 옳지 않음을 미워하는 마음[羞惡之心]이 없으면
> 사람이 아니요, 사양하는 마음[辭讓之心]이 없으면 사람이 아니요, 옳고 그름
> 을 가리려는 마음[是非之心]이 없으면 사람이 아니다. 불쌍히 여기는 마음은
> 인의 시초[仁之端]요, 부끄러워하고 미워하는 마음은 의의 시초[義之端]요,
> 사양하는 마음은 예의 시초[禮之端]요, 옳고 그름을 가리려는 마음은 지의 시
> 초[智之端]이다. 사람이 이 네 가지 시초[四端]를 갖추고 있다는 것은 마치 사
> 람에게 사지(四肢)가 갖추어져 있는 것과 같다. …… 무릇 나에게 갖추어져
> 있는 네 가지 시초를 모두 넓혀서 채울 줄 알게 되면, 마치 불이 처음 타오르고

---

24) 君子求諸己 小人求諸人(〈衛靈公〉 20)
25) 子曰 不患無位 患所以立 不患莫己知 求爲可知也(〈里仁〉 14);子曰 不患人之不己知
患其不能也(〈憲問〉 32);子曰 君子病無能焉 不病人之不己知也(〈衛靈公〉 18)

샘물이 처음 흘러내리듯 할 것이니, 진실로 이를 채울 수 있으면 사해(四海)를
보전하고도 남겠지만, 진실로 이를 채우지 못하면 부모를 섬기기에도 부족할
것이다.26)

맹자는 이렇게 사람에게는 인의예지 같은 도덕의 근거가 되는 측은지
심·수오지심·사양지심·시비지심의 사단이 갖추어져 있고, 그렇기 때문
에 인간의 본성은 착하다고 본다. 이것이 이른바 성선설(性善說)인데, 이
를 통해 맹자가 제시하려고 한 것은 인의예지의 근거가 인간 본성에 주체
적으로 내재된 자연적인 것이지, 외부에서 주어지는 인위적인 것이 아니라
는 사실이다.27) 이는 마치 사람이 팔다리를 가지고 태어나는 것과 같이 본
래부터 갖추어진 인간의 본성이라는 것이다.

맹자의 성선설에서 더욱 중요한 것은 도덕의 본유성보다 이러한 사실에
대한 주체적 자각을 더욱 강조하고 있다는 점이다. 위 인용문의 마지막 구
절에서도 이러한 점을 읽을 수 있지만, 이러한 시각은 고자(告子)의 인내
의외설(仁內義外說)에 대한 맹자의 다음과 같은 비판에서도 잘 드러난다.

맹자가 고자에게 "당신은 인(仁)은 마음속에서 우러나오는 것이지만, 의
(義)는 본래 사람의 바깥에 그 근거가 있는 것이지 마음속에서 우러나오는 것
이 아니라고 주장하는데, 이는 무슨 뜻인가?" 하고 물었다. 이에 대해 고자는
"상대방이 연장자이면 내가 그를 어른으로 받드는 것이지, 나에게 본래부터 어
른으로 받드는 마음이 갖추어져 있는 것은 아니다. 이는 마치 대상물이 흰 경
우, 그 밖에 드러난 흰 것을 따라 내가 그것을 희다고 하는 것과 같다. 따라서

---

26) 人皆有不忍人之心 …… 所以謂人皆有不忍人之心者 今人乍見孺子將入於井 皆有怵惕
惻隱之心 …… 由是觀之 無惻隱之心 非人也 無羞惡之心 非人也 無辭讓之心 非人也
無是非之心 非人也 惻隱之心 仁之端也 羞惡之心 義之端也 辭讓之心 禮之端也 是非之
心 智之端也 人之有是四端也 猶其有四體也 …… 凡有四端於我者 知皆擴而充之矣 若
火之始然 泉之始達 苟能充之 足以保四海 苟不充 不足以事父母(《孟子》,〈公孫丑
上〉6)

27) 仁義禮智 非由外鑠我也 我固有之也 弗思耳矣(〈告子上〉6)

의의 근거가 바깥에 있다고 하는 것이다"라고 답하였다. 이를 듣고 맹자는 "말이 흰 것을 희다고 하는 것은 얼굴이 흰 사람을 희다고 하는 것과 다르지 않겠지만, 늙은 말을 나이 먹은 것으로 여기는 것은 연장자를 어른으로 받드는 것과 다르지 않겠는가? 이때 상대방을 연장자라고 인정하는 것이 의이겠는가? 아니면 그를 어른으로 받드는 것이 의이겠는가?"라고 물었다.[28]

이 논쟁에서 고자는 객관적인 사물의 존재 자체에서 의가 나오므로, 의는 객관적 존재에 구속되는 것이고, 따라서 외재적이라고 본 것과 달리, 맹자는 객관적 사물의 존재가 문제되는 것이 아니라, 내가 그를 공경하는 주체적 인식이 문제이고, 따라서 의는 내재적이라고 본 것이다. 이렇게 맹자는 인의예지를 비롯한 모든 인간 행위의 근거를 주체적 인식에서 구하였고, 따라서 인간의 능동성과 주체성을 강조하였던 것이다.

이러한 사실은, 인간이 본래 갖추고 태어난 선단을 잃지 않고 그대로 간직[存心]하기 위해서는 우선 주체적으로 도를 인식해야[明道] 하고, 이러한 도의 주체적 인식을 위해서는 "모든 일의 책임을 스스로에게 돌이켜 찾아야 한다"[反求諸己]는 주장[29]에서도 잘 드러난다. "만물의 이치는 모두 나에게 갖추어져 있으므로"[30] 내가 모든 일의 주체이고, 따라서 모든 일이 나에게서 비롯하는 것이다. 그리하여 "화(禍)와 복(福)이 모두 자기 스스로 불러오지 않은 것이 없고",[31] "무릇 사람들은 스스로 먼저 모멸한 다음에 남이 그를 모멸하게 되므로",[32] 능동적 주체인 자기에게서 모든 책임

---

28) 孟子曰 何以謂仁內義外也 曰 彼長而我長之 非有長於我也 猶彼白而我白之 從其白於外也 故謂之外也 曰 異於 白馬之白也 無以異於白人之白也 不識長馬之長也 無以異於長人之長與 且謂長者義乎 長之者義乎(〈告子上〉 4 : 趙岐는 《孟子章句》에서 본문 가운데 '異於'를 다음 '白馬之白也'의 '白'과 연결해서 '異於白'으로 끊어 읽었고, 朱熹는 《孟子集註》에서 '異於'라고 끊어 읽어 이를 衍文이라 보았다. 어떻게 보든 대체적인 뜻은 위의 해석과 별로 다르지 않다.)

29) 行有不得者 皆反求諸己(〈離婁上〉 4)

30) 萬物皆備於我矣 反身而誠 樂莫大焉(〈盡心上〉 4)

31) 禍福無不自己求之者(〈公孫丑上〉 4)

과 근거를 찾아야 한다는 것이 바로 맹자의 주장이다. 이렇게 능동적, 주체적 존재로 인간을 파악하는 것이 맹자의 인간 이해의 핵심이다.

순자도 인간을 능동적이고 주체적인 존재로 파악하고 있다. 이는 천인지분(天人之分)과 참어천지(參於天地)에 관한 그의 이론체계에서 쉽게 추론할 수 있다. 곧 하늘은 인간사와 무관한 자연현상일 뿐이므로,33) 하늘〔天〕·땅〔地〕·사람〔人〕은 저마다 독특한 직분을 가지고 있다는 것이 천인지분의 논리이며, 순자는 바로 여기서 하늘에 종속되지 않은 독립적인 인간의 자율성과 능동성의 근원을 찾고 있다.34)

이러한 천인지분의 논리는 천·지·인이 저마다 따르는 바가 서로 다르다는 점을 전제로 하여 성립한다. 곧 "하늘은 한결같은 도〔常道〕를 지니고 있고, 땅은 한결같은 법칙〔常數〕을 가지고 있으며, 군자(君子)는 한결같이 행해야 할 바〔常體〕가 있다"35)는 것이다. 그렇다면, 천·지·인이 한결같이 따르는 각각의 직분은 무엇인가? 순자는 이에 대하여 "하늘은 그 때〔時〕를 가지고 있고, 땅은 그 재원〔財〕을 가지고 있으며, 사람은 그 다스림〔治〕을 가지고 있다. 이를 일러 '사람이 천지와 나란히 참여할 수 있음〔能參〕'이라고 한다"36)고 논하고 있다. 말하자면, 하늘과 땅은 각각 그 때와 재원을 가지고 사람을 포함한 만물을 만들어내는 직분을 갖고 있고, 사람

---

32) 夫人必自侮 然後人侮之(《離婁上》8)

33) 이러한 논지는 《荀子》〈天論〉의 핵심 주장으로서, 예를 들면, 〈天論〉30(夫星之隊 木之鳴 是天地之變 陰陽之化 物之罕至者也 怪之可也 而畏之非也)와 33(雩而雨 何也 曰 無何也 猶不雩而雨也 日月食而救之 天旱而雩 卜筮然後決大事 非以爲得求也 以文 之也 …… 以爲文則吉 以爲神則凶也) 같은 데 잘 드러나고 있다.

34) 天行有常 不爲堯存 不爲桀亡 應之以治則吉 應之以亂則凶 彊本而節用 則天不能貧 養 備而動時 則天不能病 修道而不貳 則天不能禍 …… 本荒而用侈 則天不能使之富 養略 而動罕 則天不能使之全 倍道而妄行 則天不能使之吉 …… 受時與治世同 而殃禍與治 世異 不可以怨天 其道然也 故明於天人之分 則可謂至人矣(〈天論〉21~23)

35) 天有常道矣 地有常數矣 君子有常體矣(〈天論〉28 : 여기서는 군자가 사람을 대표하고 있다. 荀子는 대체로 사람으로서 道를 체득하고 이룬 군자나 성인을 천지와 마주하는 사람의 대표로 기술하고 있다.)

36) 天有其時 地有其財 人有其治 夫是之謂能參(〈天論〉23)

은 이를 이치에 맞게 조화시키고 다스리는 직분을 갖고 있다는 것이다.

이렇게 사람은 천지와 직분을 달리하는 존재로서, 스스로 능동적이고 주체적인 노력을 통해 천지에 질서를 부여하고 만물을 부림으로써, 천지가 만물을 기르는 데 동참할 수 있는 존재이다.37) 바로 여기에 "도(道)는 하늘의 도도 아니고, 땅의 도도 아니며, 사람으로서 행해야 할 바로서, 군자가 따르는 것"38)이라는 인도론(人道論)이 나오는 근거가 있다. 이러한 생각은 인간을 외부 환경조건의 영향을 받기만 하거나, 환경조건에 따라 수동적으로 규정되기만 하는 존재가 아니라, 능동적, 주체적으로 스스로를 규정하는 존재로 파악하는 시각을 명백히 드러내는 것이다.

이러한 인간의 능동성과 주체성은 인간의 사회성과 도덕성에 대한 인식을 바탕으로 한다. 곧 스스로에게 본래부터 모든 도덕성의 근거가 갖추어져 있으므로, 이를 잃지 말고 잘 간직하고[存心] 길러서[養性·養心] 일상생활에서 실천하도록 하는 일이 능동적, 주체적인 삶의 자세라는 주장, 이것이 바로 유학사상의 기본 관점이다. 따라서 능동적, 주체적 존재로 인간을 파악하는 관점은 사회적 관계체로 인간을 바라보는 태도에서 연역되어 나오는 관점이라 할 수 있을 것이다.

3) 무한한 가능체인 존재

유학사상만큼 교육의 중요성을 인식하고, 이를 강조한 사상체계도 드물 것이다. 이는 선진유학 때부터 내려오는 유학의 전통이라고 볼 수 있다. 선진유학자들이 배움[學]과 가르침[敎]을 얼마나 크게 여겼는가 하는 것은 이들의 경전에서 '학(學)'과 '교(敎)'라는 글자가 각각 64회와 7회(《論語》),

---

37) 天能生物 不能辨物也 地能載人 不能治人也 宇中萬物生人之屬 待聖人然後分也(〈禮論〉 24~25) ; 天地生之 聖人成之(〈富國〉 11)

38) 道者非天之道 非地之道 人之所以道也 君子之所道也(〈儒效〉 9~10 : 楊倞은 《荀子注》에서 '人之所以道也'를 '人之所行之道也'로 풀고 있으며, 王先謙도 《荀子集解》에서 '人之所以道也'의 '道'를 '行'의 誤字로 보고 있다.)

32회와 35회(《孟子》), 81회와 42회(《荀子》)나 쓰이고 있다는 사실에서도
잘 드러난다.39) 유학사상에서 이렇게 배움과 가르침을 중요하게 여긴다는
것은 유학자들이 대인평가에서 자기 성찰과 자기개선의 노력을 강조한다
는 사실을 의미한다. 이는 무한한 가능체로 인간을 파악하는 유학사상의
관점에서 나오는 대인평가의 차원이라고 볼 수 있다.

공자는 스스로를 "배우기를 좋아하는 사람"〔好學〕40)이라거나 "가르치
기를 게을리 하지 않는 사람"〔誨人不倦〕41)이라고 하여, 가르치고 배우는
일을 강조하였다. 배우고 가르치는 일, 그리고 배운 내용을 충분히 익히고
실천함으로써 자기를 개선하는 일은 공자와 제자들이 자기를 성찰하는 핵
심 내용이었던 것이다.42) 공자는 가르침을 베풀면 누구나 착하게 된다고
보고 사람을 가리지 않아,43) 예의를 갖추고 찾아오는 사람에게는 누구에게
나 가르침을 베풀었다.44)

공자는 스스로를 호학(好學)이라고 자평하였지만(〈公冶長〉 27), 제자들
가운데 안회(顔回)만이 "배우기를 좋아하는 사람"이라고 하면서, 호학의
조건으로 "같은 잘못을 두 번 저지르지 않는 일"(不貳過)을 들고 있다.45)
그는 "잘못을 하고도 고치지 않는 것이 바로 잘못"46)이라고 보고, "잘못이
있으면, 고치기를 꺼리지 말아야 한다"47)고 강조한다. 이렇게 자기를 성찰

---

39) Harvard-Yenching Institute, 《論語引得》(1940), 《孟子引得》(1941), 《荀子引得》(1950)
    참조

40) 子曰 十室之邑 必有忠信如丘者焉 不如丘之好學也(《論語》,〈公冶長〉 27)

41) 子曰 若聖與仁 則吾豈敢 抑爲之不厭 誨人不倦 則可謂云爾已矣(〈述而〉 33)

42) 子曰 默而識之 學而不厭 誨人不倦 何有於我哉(〈述而〉 2);子曰 德之不修 學之不講
    聞義不能徙 不善不能改 是吾憂也(〈述而〉 3);曾子曰 吾日三省吾身 爲人謀而不忠乎
    與朋友交而不信乎 傳不習乎(〈學而〉 4)

43) 子曰 有敎無類(〈衛靈公〉 38)

44) 子曰 自行束脩以上 吾未嘗無誨焉(〈述而〉 7)

45) 哀公問 弟子孰爲好學 孔子對曰 有顔回者好學 不遷怒 不貳過 不幸短命死矣 今也則亡
    未聞好學者也(〈雍也〉 2)

46) 子曰 過而不改 是謂過矣(〈衛靈公〉 29)

47) 過則勿憚改(〈學而〉 8;〈子罕〉 24)

하여 잘못을 고침으로써, 항상 자기개선을 이루려 노력하는 자세,[48] 이것이 《논어》에서 끌어낼 수 있는 또 다른 대인평가의 기준으로, 이는 인간을 무한한 가능체로 인식하는 공자의 시각을 잘 드러내는 것이다.

이러한 공자의 관점은 맹자와 순자에게도 그대로 이어지는데, 그 가운데서 맹자의 시각은 자못 독특한 데가 있다. 맹자는 인간의 능동성과 주체성의 근거를 인간이 생각하는 기관인 '마음[心]'을 갖추고 있다는 데서 찾고 있다. 그의 성선설에 담긴 핵심 주장은 동물과는 다른 인간만의 독특한 특성에서 인간의 본성을 찾아야 한다는 것이다. 그에 따르면, 인간도 동물과 마찬가지로 생물적, 감각적 욕구체계를 가지고 있다.[49] 그러나 인간은 이밖에도 다른 동물이 갖추지 못한 '마음'을 갖추고 있고, 마음의 기능은 바로 생각한다는 것이다. 이는 감각기관의 작용과 견주어 제시한 다음과 같은 말에서 잘 드러나고 있다.

> 눈과 귀 같은 감각기관은 생각하지 못하고, (외부의) 물체(物體)에 가려진다. 감각기관[物]이 외부의 사물[物]과 교접하면, 거기에 이끌려버릴 뿐이다. 이와는 달리, 마음은 생각을 한다. 생각하면 스스로가 갖추고 있는 사람의 도리를 깨달아 얻고, 생각하지 않으면 그것을 깨달아 얻지 못한다. 이는 하늘이 나에게 준 것이다.[50]

이 글에서 드러나듯이, 감각 경험은 어떤 조건 아래서 성립하는 것이어서, 사상(事象)의 관계만을 표시할 뿐이다. 그러므로 "감각기관이 외부의 사물과 교접하면[物交物], 거기에 이끌릴 뿐"이라고 한 것이다. 그러나 마음은 생각하는 작용을 한다. 여기서 생각하는 작용은 가치의식의 자각을

---

48) 子曰 見賢思齊焉 見不賢而內自省也(〈里仁〉 17) ; 子曰 三人行 必有我師焉 擇其善者
　　而從之 其不善者而改之(〈述而〉 21) ; 子曰 內省不疚 夫何憂何懼(〈顏淵〉 4)
49) 이에 관해서는 조긍호(1998a, pp. 76~82) 참조.
50) 耳目之官 不思而蔽於物 物交物 則引之而已矣 心之官則思 思則得之 不思則不得也 此
　　天之所與我者(《孟子》, 〈告子上〉 15)

말하는 것이다. 곧 가치의식의 자각이 마음의 작용인 것이다.[51]

이렇게 인간은 스스로를 반성하고 자각할 수 있는 능력을 갖추고 있으며, 배우지 않고도 인의를 알 수 있고, 배우지 않고도 인의를 행할 수 있는 양지(良知)·양능(良能)을 갖추고 있으므로(〈盡心上〉 15), 스스로에게 갖추어져 있는 선단을 깨달아, 이를 넓혀서 채우면 "누구나 다 요순(堯舜)같이 될 수 있는"[52] 가능성을 지닌 존재이다.

순자도 인간을 무한한 가능성을 지닌 존재로 파악한다는 점에서는 맹자와 마찬가지이다. 이러한 사실은 성위지분(性僞之分)과 성위지합(性僞之合)의 인성론과 이에 바탕을 두고 있는 그의 수양론에서 쉽게 추론해 낼 수 있다. 곧 사람은 인식 능력[知]과 도덕적 행위 능력[能]을 본디부터 갖춘 존재로서,[53] 이러한 본유적 능력을 발휘하여 도의 최고 규범인 예를 배우고 익혀 일상생활에서 실행함으로써, 이상적 인간형인 성인의 경지에 이를 수 있는 존재라는 것이다.[54] 이는 인간을 과거나 현재에 따라서만 규정되는 존재가 아니라, 무한한 미래의 가능성에 따라 규정되는 존재로 파악하는 관점을 분명히 드러내는 것이다.

순자는 지(知)와 능(能)의 한 글자씩을 가지고 가능태(可能態, potentiality)인 인간 본성 또는 능력과 현실태(現實態, actuality)인 작용 결과를 모두 나

---

51) '心之官則思'의 내용이 마음의 작용은 가치의식을 자각하는 것을 뜻한다고 보는 것은 《孟子》를 연구하는 여러 학자들(예를 들어 馮友蘭, 1948 ; 勞思光, 1967 ; 이상은, 1976 ; 김충렬, 1982 ; 배종호, 1982 ; 이강수, 1982 ; 양승무, 1986 등)의 공통된 견해이다.

52) 人皆可以爲堯舜(〈告子下〉 2)

53) 所以知之在人者 謂之知 知有所合 謂之智 所以能之在人者 謂之能 能有所合 謂之能 (《荀子》, 〈正名〉 3 : 《荀子集解》에서는 '謂之智'의 '智'를 '知'의 誤字로 보고 있다.)

54) 이는 《荀子》를 통틀어 나타나는 순자의 인성론과 수양론의 핵심이다. 예를 들면, 〈榮辱〉 31∼32(可以爲堯禹 …… 在注錯習俗之所積耳), 〈儒效〉 36(故聖人者 人之所積也 …… 故人知謹注錯 愼習俗 大積靡 則爲君子矣), 〈性惡〉 2∼3(今之人化師法 積文學 道禮義者 爲君子), 〈性惡〉 13∼14(塗之人可以爲禹 …… 今使塗之人伏術爲學 專心一志 思索熟察 加日縣久 積善而不息 則通於神明 參於天地矣 故聖人者 人之所積而致也) 같은 곳에서 이러한 논지가 구체적으로 드러난다.

타내는 개념으로 설명하여(〈正名〉3), 인간 파악의 이중성을 드러내고 있
다(김승혜, 1990 ; 정인재, 1981 ; 蔡仁厚, 1984). 그런데 "여기서 중요한 것은
순자가 가능태보다도 현실태를 중시하여서, 가능태로서의 인간의 인식 능
력이나 행위 능력에 대해서는 직접적인 언급이 별로 없는 대신에, 사려와
선택을 통해 이루어지는 위(僞), 곧 인간의 도덕적 행위 및 인격 형성에는
지대한 관심을 표명했다는 것이다"(김승혜, 1990, p. 237). 이러한 가능태가
현실태로 바뀌는 것이 바로 성위지합(性僞之合)이라 하겠다. 그리고 이러
한 성위지합의 논리야말로 인간을 무한한 가능성의 존재로 보는 순자의 관
점을 가장 잘 드러내는 것이다.

이상에서 드러나듯이, 유학사상에서는 인간이 본래부터 갖추고 있는 반
성적 사유 능력[良知]과 도덕적 행위 능력[良能]을 능동적, 주체적으로 발
휘하여, 도덕성과 사회성이라는 존재의 특성을 일상생활에서 실현하고 이
루어낼 수 있는 무한한 가능성을 가진 존재라고 파악한다. 이렇게 이해한
다면, 가능체인 존재로 인간을 파악하는 시각도 인간 존재의 사회성과 도
덕성에 뿌리를 두고 생겨난 관점이라 할 수 있을 것이다.

3. 유학사상과 집단주의 문화의 특징

이상에서 보았듯이, 유학자들은 인간 존재의 기본 특성을 사람과 사람
사이의 관계라는 사회성에서 찾고 있다. 곧 사회적 관계체로 인간의 존재
특성을 규정하는 것이 유학사상에서 도출되는 인간 파악의 가장 기본적인
관점이다. 말하자면, 인간이 지닌 도덕적 바탕은 바로 이러한 인간 존재의
사회성에서 비롯하는 것이다.

유학사상에서 강조하는 인간의 능동성과 주체성, 그리고 가변성과 가능
성도 인간의 사회성과 도덕성에 대한 인식을 바탕으로 하는 것이다. 곧 스
스로 본래부터 모든 도덕성의 근거를 갖추고 있으므로, 이를 잃지[放心·
失心] 말고, 잘 간직하고[存心] 길러서[養性], 일상생활에서 실천하는 것

이 능동적, 주체적인 삶의 자세라는 데에 유학사상의 근본 주장이 담겨 있다. 따라서 능동적, 주체적, 가능체적 존재로 인간 존재를 파악하는 관점은 사회적 관계체로 인간을 바라보는 태도에서 연역되어 나오는 시각이라 할 수 있다. 이렇게 유학사상의 여러 특징의 배경에는 인간의 사회성을 강조한다는 사실이 놓여 있으며, 바로 이 점이 유학사상의 전통을 가지고 있는 동아시아 사회에 집단주의 문화가 생겨난 바탕인 것이다.

1) 유학적 인간관과 집단주의적 특징

2장에서는 주의의 초점, 통제 대상, 인간의 변화가능성이라는 세 차원에서 자율성·독립성, 자기 주장, 안정성을 강조하는 개인주의 사회와는 달리, 집단주의 사회에서는 연계성·조화성, 자기 억제, 가변성을 강조하고 있음을 살펴보았다(〈표 2-2〉 참조). 집단주의 사회의 이러한 특징들은 앞에서 제시한 바와 같은 유학사상에서 끌어낸 인간 파악의 세 관점과 깊게 관련되어 있다.

(1) 사회적 관계체라는 존재 인식과 주의의 초점

유학사상에서 사회적 관계체로 인간을 파악하는 관점은 사회 구성의 기본 단위를 사람들 사이의 관계에서 찾는 시각에서 나오는 것이다. 이는 맹자의 오륜설(五倫說)과 순자의 대본설(大本說)에서 직접 끌어낼 수 있는 사실이다.

사람의 도리는 배불리 먹고, 따뜻하게 입고, 편안히 거처하면서 배움이 없으면, 새나 짐승과 다를 바가 없게 된다. 성인(여기서는 순임금을 가리킴)이 이를 걱정하여, 신하인 설(契)에게 사도(司徒 : 주로 백성의 교화를 맡아 보았던 관리)를 시켜, 인륜(人倫)을 가르치게 하였다. 이는 부모와 자식 사이에는 친애함이 있어야 하고[父子有親], 임금과 신하 사이에는 올바름이 있어야 하며[君臣有義], 남편과 아내 사이에는 직분의 나뉨이 있어야 하고[夫婦有別], 어

른과 아이 사이에는 순서가 있어야 하며〔長幼有序〕, 벗들 사이에는 믿음이 있
어야 한다〔朋友有信〕는 다섯 가지이다(《孟子》, 〈滕文公上〉 4).

유명한 이 오륜설로써 맹자가 주장하려고 했던 바의 핵심은 '인간 사회
는 개별적인 개체로서 존재하는 개인으로 구성되는 것이 아니라, 부모-자
식, 임금-신하, 남편-아내, 어른-아이, 벗-벗의 관계로 구성되며, 이들 관
계에는 필연적으로 친애함·올바름·분별·순서·믿음의 질서가 이루어
져야 하고, 그래야 조화롭고 평화로운 사회가 만들어질 수 있다'는 사실이
다. 이렇게 사람들 사이의 관계가 사회 구성의 단위라는 사실을 순자는
"임금과 신하, 부모와 자식, 형과 동생, 남편과 아내 사이의 관계는 처음이
자 마지막이고 마지막이자 처음으로서, 천지와 더불어 이치를 같이하고,
만세를 거쳐 영구히 지속되는 위대한 근본〔大本〕"(《荀子》, 〈王制〉 19~20)
이라는 말로 표현하였다.

이러한 관점에서는 모든 사회행위는 관계 속에 내포된 질서와 조화의 달
성을 목표로 하게 되고, 이러한 질서와 조화는 각 관계 속에 본래부터 갖추
어져 있는 역할의 쌍무적인 수행을 통해 얻어진다고 본다. 이것이 "임금은
임금의 역할을 다하고, 신하는 신하의 역할을 다하며, 부모는 부모의 역할
을 다하고, 자식은 자식의 역할을 다하는"(《論語》, 〈顔淵〉 11) 정명론의 체
계이다. 맹자와 순자도 이러한 공자의 정명론 체계를 받아들여, 사회관계
속에서 각자의 역할을 정확히 인식하고〔明分〕, 이를 충실히 수행하는 것
〔守分〕이 사회의 조화와 평화를 이루는 핵심이라고 보고 있다.[55]

따라서 유학사상에서는 사회행위의 원동력을 사회관계 속의 역할과 의
무에서 찾는 태도가 나오며, 결과적으로 이러한 역할과 의무의 근거인 관
계 당사자들 사이의 연계성이나 그들에 대한 관심과 배려를 강조하게 된
다. 이러한 점은 사회행위의 원동력과 목표(주의의 초점) 차원에서 자율성
을 강조하는 개인주의 문화와는 달리, 사람들 사이의 연계성을 강조하는

---

55) 이에 관해서는 조긍호(1998a, pp. 163~178, 272~291) 참조.

집단주의 문화의 관점과 같은 것이다.

이렇게 보면, 유학사상에서 도출되는 인간 파악의 첫 번째 관점(사회적 관계체로 인간을 보는 관점)은, 집단주의 문화와 개인주의 문화를 대비하는 제1의 비교틀(행위 원동력과 목표에 따른 주의의 초점 차원) 가운데 집단주의 문화의 기본틀(주의의 초점 = 타인과 사회 ; 사회행위의 원동력 = 역할과 의무 ; 대인평가 · 귀인 · 정서 · 동기 과정에서 나타나는 강조점 = 연계성 · 조화성)에 닿아 있고, 이러한 점에서 유학사상이 지닌 집단주의적 특징 가운데 하나를 끌어낼 수 있다.

(2) 능동적 주체자라는 존재 인식과 통제 대상

유학사상에서 능동적 주체자로 인간을 파악하는 관점은 인의예지를 비롯한 모든 도덕적 바탕이 사람에게 본래부터 갖추어져 있다는 사실과 이에 대한 주체적 인식에서 연유하는 것이다. 유학사상사에서 선의 근거가 인간에게 본유하고 있다는 사실은 맹자의 성선설에서 비롯된다(김충렬, 1982 ; 馮友蘭, 1948/1977).

사실 초기 유학의 핵심은 인(仁)의 체득과 그 실천을 강조한다는 데 있다. 이는 공자가 그 제자인 증자(曾子)에게 "나의 도(道)는 하나로써 관통하고 있다"고 한 것에 대해, 증자가 이를 "선생님의 도는 충서(忠恕)일 뿐"이라고 해석한[56] 데서 잘 드러난다. 주희는 《논어집주(論語集註)》에서 "자기를 다하는 것이 충"(盡己之謂忠)이고, "자기를 미루어 남에게까지 미치는 것을 서"(推己之謂恕)라고 풀이하였다. 곧 '충'은 인의 체득을 말하는 것이고, '서'는 인의 실천을 말하고 있다는 뜻이다. 그러나 "공자는 인을 주장하였지만, 어째서 인간이 인을 실천해야 하는가에 대한 이유를 설명하지 않았다. 맹자는 바로 이러한 질문에 해답을 주려 하였으며, 이것이 바로 성선설이다"(馮友蘭, 1948/1977, p. 106).

---

56) 子曰 參乎 吾道一以貫之 曾子曰 唯 子出 門人問曰 何謂也 曾子曰 夫子之道 忠恕而已矣(《論語》,〈里仁〉15)

이러한 맹자의 성선설은 유학사에서 획기적인 의의를 갖는다. "왜냐하면, 맹자의 성선설이 나옴으로 해서 유가는 비로소 인간을 만물과 구별하고 도덕의 총부로 보는 천지지성(天地之性) 또는 천명(天命)과 연결시킬 수 있는 근본이 섰기 때문이다"(김충렬, 1982, pp. 173~174). 그야말로 맹자 사상의 핵심은 성선설에 있으며, 다른 문제에 대한 관점들은 모두 성선설에 뿌리를 대고 있다고 볼 수 있다.

곤경에 빠진 사람을 불쌍히 여기는 마음[惻隱之心], 내가 옳지 않음을 부끄러워하고, 남이 옳지 않음을 미워하는 마음[羞惡之心], 사양하는 마음[辭讓之心], 옳고 그름을 가리려는 마음[是非之心] 같은 인의예지의 근거[四端]가 인간에게 본래부터 갖추어져 있다는 성선설에서, 맹자가 도덕 근거의 본유성보다 더욱 강조하는 것은 이에 대한 주체적 자각의 문제이다. 이러한 사실은 공자 때부터 이어지는 관점으로, 공자는 "인을 행하는 것은 오로지 자신에게 달린 일이지, 남에게 달린 일이 아니기"(《論語》,〈顏淵〉1) 때문에, "남이 나를 알아주지 않는 것을 걱정하지 말고, 자기가 무능함을 걱정해야 한다"(〈憲問〉 32 ;〈里仁〉 14 ;〈衛靈公〉 18)고 충고한다. 곧 사람은 자기가 도덕 주체라는 사실을 확고히 인식해서, 스스로에게서 모든 책임을 구해야 한다(〈衛靈公〉 20)는 것이다.

맹자도 사단설 말미에 "무릇 나에게 갖추어져 있는 사단을 모두 넓혀서 채울 줄 알게 되면 …… 사해를 보전하고도 남겠지만, 진실로 이를 채우지 못하면, 부모도 섬기지 못하게 될 것"(《孟子》,〈公孫丑上〉 6)이라고 하여, 도덕적 자각을 강조하고 있다. 곧 맹자의 성선설은 도덕의 기초[四端]를 비롯해서 "모든 것은 나에게 갖추어져 있다"(〈盡心上〉 4)는 분명한 인식을 바탕으로 하는 것으로, 따라서 "모든 일의 책임을 자기에게 돌이켜 구해야 한다"(反求諸己)는 태도로 이어진다. 이는 맹자의 다음과 같은 진술에서 잘 드러난다.

남을 사랑하는데도 그가 나를 친애하지 않으면, 나의 인(仁)이 부족하지 않은지 돌이켜보고, 남을 다스리는데도 잘 다스려지지 않으면, 나의 지혜가 부족

하지 않은지 돌이켜보며, 남에게 예(禮)로 대했는데도 그가 예로써 답해 오지
않으면, 나의 공경함이 부족하지 않은지 돌이켜보아야 한다. 무릇 어떤 행동을
하든지 그에 알맞는 결과를 얻지 못하면, 모두 그 책임을 나에게 돌이켜 살펴
보아야 한다[反求諸己]. 자기 몸이 바르고 나서야, 천하가 나에게로 돌아오게
되는 것이다.57)

순자도 맹자를 이어서 공자의 관점을 그대로 이어받고 있다. 그는 특히
하늘·땅·사람이 직분을 달리하는 존재이며(《荀子》, 〈天論〉 21~23, 30, 33),
사람은 스스로 능동적이고 주체적인 노력을 통해 천지에 질서를 부여하고
만물을 부림으로써, 천지가 만물을 기르는 데 동참해야 한다(〈天論〉 23, 28 ;
〈禮論〉 24~25 ; 〈富國〉 11)고 본다. 이러한 인도론(〈儒效〉 9~10)은 순자가
인간의 능동성과 이의 주체적 자각을 얼마나 강조하고 있는지에 대한 반증
이 된다. 이러한 시각은 그에게도 모든 일의 책임을 자기에게 돌이켜 찾는
자기 통제로 귀결되는 것이다.58)

이러한 관점에서는 모든 사회행위의 원인과 결과를 도덕 주체인 자신
의 내부로 귀환(feedback)시켜, 자기 속에 침잠할 것을 강조하게 된다.
곧 스스로 능동적, 주체적인 행위 원천이므로, 통제의 대상은 바로 자기
자신에게 있다고 보게 되고, 따라서 모든 결과의 책임을 스스로 떠맡고,
또 갈등이 일어나는 상황에서 자기 주장 대신 자기를 억제하는 태도를
강조하게 된다.

이렇게 보면, 유학사상에서 도출되는 인간 파악의 두 번째 관점(능동적

---

57) 孟子曰 愛人不親 反其仁 治人不治 反其智 禮人不答 反其敬 行有不得者 皆反求諸己
　　其身正 而天下歸之(《孟子》, 〈離婁上〉 4)

58) 若夫心意修 德行厚 知慮明 生於今而志乎古 則是其在我者也 故君子敬其在己者 而不慕
　　其在天者 …… 是以日進也(《荀子》, 〈天論〉 28~29) ; 自知者不怨人 知命者不怨天
　　(〈榮辱〉 25) ; 君子能爲可貴 不能使人必貴己 能爲可信 不能使人必信己 能爲可用 不
　　能使人必用己 故君子恥不修 不恥見汚 恥不信 不恥不見信 恥不能 不恥不用(〈非十
　　二子〉 36) ; 同遊而不見愛者 吾必不仁也 交而不見敬者 吾必不長也 …… 失之己 而反
　　諸人 豈不亦迂哉(〈法行〉 21~22)

주체자로 인간을 보는 관점)은 집단주의 문화와 개인주의 문화를 대비하는 제2의 비교틀(자기 표현의 양식에 따른 통제 대상의 차원) 가운데 집단주의 문화의 기본틀(통제 대상 = 자기 자신 ; 자기 표현의 양식 = 자기 억제)에 닿아 있음을 알 수 있고, 이러한 점에서도 유학사상이 집단주의적 특징을 지녔다고 추론할 수 있다.

(3) 무한한 가능체라는 존재 인식과 행위 가변성

유학사상에서 인간을 무한한 가능체로 파악하고 있다는 사실은, 유학의 가장 기본이 되는 경전인 《논어》의 제일 첫머리 〈학이(學而)〉 1장이 배움〔學〕이란 글자로 시작하고 있다는 점〔"배우고 이를 항상 익히면, 또한 기쁘지 아니하겠는가?"(學而時習之 不亦說乎)〕에서 곧바로 드러난다. 공자의 이런 태도는 순자에게 이어져, 《순자》 32편 가운데 1편에 해당하는 〈권학(勸學)〉이 "배움이란 멈출 수 없는 것"(學不可已)이란 말로 시작하고 있다.

이러한 배움의 목표는 도덕적 주체인 인간 존재의 완성에 있다. 공자는 이를 "군자는 배움으로써 그 도를 이룩한다"[59]고 완곡하게 표현하는데, 순자는 배움의 목표에 대해 다음과 같이 직접적으로 말하고 있다.

> 배움이란 어디에서 시작하여 어디에서 끝나는 것인가? …… 그 궁극적인 목표〔義〕로 말하자면, 사(士)가 되는 데서 시작하여, 성인(聖人)이 되는 데서 끝난다.[60]

> 그러므로 배움이란 진실로 멈출 곳을 배우는 것이다. 어디에서 멈출 것인가? 지극히 만족할 만한 곳에서 멈추어야 한다. 무엇을 지극히 만족할 만한 곳이라고 말하는가? 그것은 성인의 상태이다. 성인이란 사람의 도리를 다한 사람인 것이다.[61]

---

59) 君子學以致其道(《論語》, 〈子張〉 7)
60) 學惡乎始 惡乎終 …… 其義則始乎爲士 終乎爲聖人(《荀子》, 〈勸學〉 12)
61) 故學也者 固學止之也 惡乎止之 曰 止諸至足 曷謂至足 曰 聖也 聖也者 盡倫者也

 이렇게 순자는 성인은 태어나면서부터 성인이 아니라, 사람이 할 일을 배우고 닦아서 이루어진 것임을 강조한다.62) 그러므로 "배우는 사람은 본래 성인이 되기 위해 배우는 것"63)이며, 이렇게 배운 내용을 실행하여 밝게 된 사람이 바로 성인이라는 것이다.64) 배움의 목표가 인간 존재의 완성을 이룬 성인의 상태에 이르는 것이고, 따라서 성인이란 배움을 통해 이루어지는 것이라는 이러한 관점은 유학자들에게 공통된다.

 그런데 이러한 배움에 대한 예찬은 사람이 본래부터 도덕적 인식과 행위의 능력을 가지고 있는 존재라는 사실을 전제로 한다. 맹자는 이를 "생각하지 않고도 알 수 있는" 선천적 인지 능력〔良知〕과 "배우지 않고도 할 수 있는" 선천적 도덕행위 능력〔良能〕이라 표현하였고(《孟子》, 〈盡心上〉 15), 순자는 본래부터 갖추고 있는 인지 능력〔知〕과 도덕적 행위 능력〔能〕이라 부르고 있다(《荀子》, 〈正名〉 3). 바로 이렇게 선천적 인식 능력과 도덕적 행위 능력을 가지고 있기 때문에 사람은 배울 수 있고, 이러한 배움을 통해 결과적으로 요(堯)·순(舜)·우(禹) 같은 성인이 될 수 있다65)는 것이 유학자들의 한결같은 주장이다.

 이러한 본유적인 인식 능력과 행위 능력에 대한 확신은, 관계에 따른 역할의 연쇄망 속에서 상대방과 맺는 관계가 달라짐에 따라 변화하는 역할을 충분히 인식하여 수행할 수 있을 뿐만 아니라, 자기 잘못을 적극적으로 찾아 고침으로써 자기개선을 이룰 수 있는 존재라는 인간의 가소성(可塑性)

〈解蔽〉 26)

62) 涂之人百姓 積善而全盡 謂之聖人 彼求之而後得 爲之而後成 積之而後高 盡之而後聖 故聖人也者 人之所積也(〈儒效〉 36) ; 今使塗之人伏術爲學 專心一志 思索孰察 加日縣 久 積善而不息 則通於神明 參於天地矣 故聖人者 人之所積而致也(〈性惡〉 14)

63) 聖人者道之極也 故學者固學爲聖人也(〈禮論〉 14)

64) 不聞不若聞之 聞之不若見之 見之不若知之 知之不若行之 學至於行之而止矣 行之明也 明之爲聖人 聖人也者 …… 無他道焉 已乎行之矣(〈儒效〉 33)

65) 《孟子》의 〈告子上〉 5장(人皆可以爲堯舜)에서 이러한 사실을 집약하여 논술하고 있으며, 《荀子》에서는 이러한 주장이 전편 곳곳에서 발견되나, 특히 〈性惡〉 13(凡禹之所以爲禹者 以其爲仁義法正也 然則仁義法正 有可知可能之理 然而塗之人也 皆有可以知仁義法正之質 皆有可以能仁義法正之具 然則其可以爲禹明矣)에서 명확히 진술하였다.

에 대한 믿음의 근거이기도 하다.

유학자들에게 자기개선은 성인이나 군자가 되기 위한 기본 요건으로 제시되고 있다.[66] 《논어》에서는 "군자의 허물은 일식·월식과 같아서 사람들이 모두 알아보고, 잘못을 고치게 되면 사람들이 모두 우러러 본다"[67]고 하거나, 심지어 공자는 "내게 잘못이 있으면 사람들이 알려주니, 나는 참 다행이다"[68]라고 말하여 개과(改過)를 통한 자기개선을 강조하고 있다 (〈學而〉 8 ; 〈里仁〉 17 ; 〈雍也〉 2 ; 〈述而〉 21 ; 〈子罕〉 24 ; 〈顏淵〉 4 ; 〈衛靈公〉 29 등). 맹자도 공자와 마찬가지로 잘못을 고쳐 자기개선을 이루는 일[69]을 중시하고 있으며, 순자도 널리 배우고 날로 자기를 깊이 성찰하여 잘못을 고치는 일[70]의 중요성을 강조하고 있다.

따라서 이러한 무한한 가능체로 인간을 파악하는 관점에서는 인간의 가변성을 강조하고 자기개선을 위한 노력을 중시하는 태도가 나온다. 이러한 점은 행위의 변이가능성 차원에서 일관적인 안정성을 강조하는 개인주의 문화와는 달리, 상황에 따른 가변성을 강조하는 집단주의 문화의 관점과 같은 것이다.

이렇게 보면, 유학사상에서 도출되는 인간 파악의 세 번째 관점(무한한 가능체로 인간을 보는 관점)은 집단주의와 개인주의 문화를 고찰하는 제3의 비교틀(행위의 변이가능성에 따른 변화가능성 차원) 가운데 집단주의 문화의 기본틀(변화가능성 = 가변성 ; 자기 향상의 방안 = 자기개선)에 닿아 있음을 알 수 있고, 이러한 점에서도 집단주의 문화의 유학사상적 배경 가운데 하나를 확인할 수 있다.

---

66) 이에 대해서는 조긍호(2003a, pp. 379~389) 참조.

67) 君子之過也 如日月之食焉 過也 人皆見之 更也 人皆仰之(《論語》, 〈子張〉 21)

68) 子曰 丘也幸 苟有過 人必知之(〈述而〉 30)

69) 且古之君子 過則改之 今之君子 過則順之 古之君子 其過也 如日月之食 民皆見之 及其更也 民皆仰之 今之君子 豈徒順之 又從而爲之辭(《孟子》, 〈公孫丑下〉 9) ; 人恒過然後能改(〈告子下〉 15)

70) 君子博學 而日參省乎己 則智明而行無過矣(《荀子》, 〈勸學〉 2)

2) 유학적 심성 이해와 집단주의적 특징

앞에서 유학사상에 드러나 있는 인간 파악의 세 가지 기본 관점과 2장에서 제시한 집단주의-개인주의 문화차를 개관하기 위한 비교틀(〈표 2-2〉)을 연결지어 논의하였다. 이러한 논의에서 문화차 개관의 세 차원 비교틀(주의의 초점, 통제 대상, 변화가능성) 가운데 집단주의 사회에서 나타나는 강조점(연계성과 조화성, 자기 억제, 가변성과 자기개선)은 각각 사회적 관계체, 능동적 주체자, 무한한 가능체로 인간을 보는 유학사상의 관점과 일맥상통하는 차원들임이 분명해졌다. 이제 여기서는 〈표 2-2〉의 비교틀에 따라 대인평가와 귀인 · 정서 · 동기 같은 인간 심성의 여러 측면에서 나타나는 집단주의-개인주의 문화차를 대비한 2장의 맥락에서, 유학의 경전들이 개념화하고 있는 대인평가와 귀인 · 정서 · 동기에 관한 논의를 개략적으로 정리해 볼 것이다.[71] 이를 통해 유학 경전에서 개념화하는 인간 심성의 여러 내용들이 개인주의보다 집단주의 문화의 특징과 상응한다는 사실을 밝힘으로써, 동아시아 집단주의의 유학사상적 배경을 확인해 보기로 하겠다.

(1) 주의의 초점 : 타인과 사회에 대한 관심과 배려 강조

맹자의 오륜설이나 순자의 대본설처럼 사회적 관계체로 인간을 파악하는 유학사상의 시각은 사회 구성의 기본 단위를 사람들 사이의 관계에서 찾는 관점에서 나오는 것으로, 집단주의 문화와 맥을 같이하는 것이다. 이러한 관점에서는 모든 사회행위가 기본적으로 관계 속에 내포된 질서와 조화의 추구 및 그 유지를 목표로 삼는다. 이러한 질서와 조화는 각각의 관계가 본디부터 내포하는 역할의 쌍무적인 수행을 거쳐 얻어지기 때문에, 유학사상에서는 사회행위의 원동력을 사회관계 속의 역할과 의무에서 찾게 된다. 그 결과, 이러한 역할과 의무의 근거인 관계 당사자들 사이의 연계성이나 그들

---

71) 이에 관한 자세한 논의는 조긍호(2003a)의 6장(pp. 317~391), 7장(pp. 393~422), 8장(pp. 423~471) 참조.

에 대한 관심과 배려를 강조하게 된다. 이는 개인이 갖추고 있는 성격·욕구·감정·능력·의도 같은 개인의 내적 성향이 모든 사회행위의 원동력이라 보아, 개인의 자율성과 독립성 및 독특성을 강조하는 개인주의 문화의 기본 특징과 대비되는 것으로, 연계성·조화성·배려성을 강조하는 집단주의 문화의 특징과 일치하는 것이다.

대인평가   유학사상이 지닌 대인평가의 기준은 인간으로서 도달할 수 있는 가장 이상적인 수준의 인간, 곧 군자와 성인의 특징에서 끌어낼 수 있다. 유학사상에서 제시하는 군자론·성인론의 특징은, 자기 완성(自己完成)에만 머무르지 않고 타인에 대한 배려와 사회적 책무의 자임, 곧 관계 완성(關係完成)과 사회 완성(社會完成)을 지향해 나가는 것을 군자와 성인의 기본적인 자세라고 보는 데 있다(《論語》, 〈憲問〉 45 ;《孟子》, 〈萬章下〉 1 ;《荀子》, 〈君道〉 6~7). 다시 말하면, 군자나 성인은 수기(修己)를 통하여 개체로서 자기의 인격을 완성하면서도, 타인과 사회에 대한 관심을 가지고, 이를 앞서 배려하는 특징을 지닌 사람들이다.[72] 따라서 타인과 사회에 대한 관심과 배려가 대인평가에서 강조되고 권장되는 특성으로 나타난다. 이는 인간을 사회적 관계체로 파악하는 유학사상의 관점에서 나온 대인평가의 차원이라고 볼 수 있다.

이렇게 유학사상에서 자기 완성과 함께 타인과 사회에 대한 관심과 배려를 대인평가의 기준으로 제시하고 있다는 사실은 유학적 도덕률의 핵심인 인(仁)의 본질에 관한 공자 자신의 입론에서 잘 드러난다. 공자는 인이란 "자기가 하려 하지 않는 것을 남에게 베풀지 않는 일"(己所不欲 勿施於人, 《論語》, 〈顔淵〉 2 ; 〈衛靈公〉 23) 또는 "자기가 서고자 하면 남을 먼저 세워주고, 자기가 이루고자 하면 남이 먼저 이루게 해주는 일"(己欲立而立人 己欲達而達人, 〈雍也〉 28)이라고 보아, 인의 핵심이 타인에 대한 배려에 있음을 강조하였다. 그렇기 때문에 그는 인이란 "다른 사람을 사랑하는 일"(愛人,

---

72) 이에 대해서는 다음 장(6장 유학사상의 이상적 인간형론)에서 자세히 다룰 것이다.

〈顏淵〉 22)이어서 "자기의 사욕을 이기고, (다른 사람과 사회에 대한 관심과 배려의 규범인) 예로 돌아가는 일이 바로 인을 실행하는 일"(克己復禮爲仁, 〈顏淵〉 1)이라고 표현하였다. 공자는 또 다른 곳에서 자기의 도(道)는 "자기를 다하는 충(忠)", 곧 인의 체득과 "자기를 미루어 남에게까지 미치게 하는 서(恕)", 곧 인의 실천으로 관통하고 있다(〈里仁〉 15)고 제시하는데, 여기서 '충'은 자기 완성을, 그리고 '서'는 타인과 사회에 대한 관심과 배려를 뜻한다고 볼 수 있다. 이상에서 보듯이, 공자는 대인평가의 기준을 자기 수양과 함께 타인과 사회에 대한 관심과 배려에 두고 있는 것이다.

대인평가의 기준을 타인과 사회에 대한 관심과 배려에서 구하는 것은 맹자와 순자도 마찬가지다. 맹자는 사람은 스스로 체득한 인의의 도를 일상생활에서 실천함으로써 다른 사람들과 함께 선을 이루도록〔與人爲善〕노력하여야 하며, 이것이 바른 삶의 태도라고 본다.73) 일상생활에서 인의의 도를 실천하는 것을 맹자는 집의(集義)라 표현하였는데,74) 이러한 집의는 "자기를 미루어 남에게까지 미치는 일"(推己及人)75)과 "남과 더불어 즐거움과 괴로움을 함께하는 일"(與民同苦樂之)76)을 통해 이루어진다고 주장

---

73) 大舜有大焉 善與人同 舍己從人 樂取於人以爲善 自耕稼陶漁 以至爲帝 無非取於人者 取諸人以爲善 是與人爲善者也 故君子莫大乎與人爲善(《孟子》,〈公孫丑上〉8)

74) 孟子는 浩然之氣論(《孟子》,〈公孫丑上〉2)에서 '浩然之氣'에 대해 설명하면서, 이는 "하루 아침에 義를 갑자기 엄습함으로써 얻어지는 것이 아니라, 義를 오랫동안 축적하여 생겨나는 것"(是集義所生者 非義襲而取之也)이라 표현함으로써, 이러한 관점을 구체화하고 있다.

75) 得天下有道 得其民斯得天下矣 得其民有道 得其心斯得民矣 得其心有道 所欲與之聚之 所惡勿施爾也(〈離婁上〉9) ; 老吾老 以及人之老 幼吾幼 以及人之幼 天下可運於掌 …… 故推恩 足以保四海 不推恩 無以保妻子 古之人 所以大過人者無他焉 善推其所爲而已矣 (〈梁惠王上〉7)

76) 이러한 생각은 《孟子》의 첫 편인 〈梁惠王〉의 중심 내용이다. 예를 들면, 〈梁惠王上〉2(古之人與民偕樂 故能樂也), 〈梁惠王下〉1(今王與百姓同樂則王矣), 〈梁惠王下〉2(文王之囿 方七十里 …… 與民同之 民以爲小 不亦宜乎), 〈梁惠王下〉4(爲民上而不與民同樂者 亦非也 樂民之樂者 民亦樂其樂 憂民之憂者 民亦憂其憂 樂以天下 憂以天下 然而不王者未之有也), 〈梁惠王下〉5(王如好貨 與百姓同之 於王何有 …… 王如好色 與百姓同之 於王何有) 들에서 이러한 관점을 직접적으로 드러내고 있다.

한다. 이렇게 보면, 맹자에게도 대인평가의 첫째 기준은 타인과 사회에 대한 관심과 배려인 것이다.

순자에게 군자의 바른 삶의 태도는 인도(人道)의 표준인 예(禮)[77]의 인식과 실천에 있다. 순자는 군자가 일상생활에서 밝게 인식한 예를 실천하는 데서 가장 중요한 것은 넓은 포용력[兼術]이라고 보았다. 군자나 성인은 예의에 따라 서로 사귀고, 다른 사람을 너그럽게 포용하는 사람이라는 것이다.[78]

이렇게 사람을 널리 포용할 수 있는 것은 이들이 "자기를 표준으로 하여 남을 헤아리는 사람"(以己度者)이기[79] 때문이다. 여기서 순자가 말하는 포용력은 타인에 대한 관심과 배려를 바탕으로 하는 것이라 볼 수 있다. 따라서 순자도 공·맹과 마찬가지로 타인에 대한 관심과 배려를 대인평가의 핵심적인 기준으로 삼고 있다 하겠다.

정 서   유학의 경전들에서는 다양한 정서가 제시되는데, 이들은 두 가지 종류로 크게 나눌 수 있다. 하나는 《예기(禮記)》에서 처음 제시하듯 기쁨·성냄·슬퍼함·두려워함·사랑함·미워함·바람[喜怒哀懼愛惡欲]

---

77) 禮者人道之極也(《荀子》,〈禮論〉13)

78) 故君子度己以繩 接人則用抴 度己以繩 故足以爲天下法則矣 接人用抴 故能寬容 因求以成天下之大事矣 故君子賢而能容罷 知而能容愚 博而能容淺 粹而能容雜 夫是之謂兼術(〈非相〉17：王先謙은《荀子集解》에서 '接人用抴'의 '抴'를 '紲'로 보아 '繫'의 뜻으로 풀고, '因求以成天下之大事矣'의 '求'는 '衆'의 誤字로 보고 있다.)

79) 聖人者以己度者也(〈非相〉13). 이렇게 "자기를 기준으로 하여 남을 헤아리는 것"은 孔子에게서 비롯한 태도로, 유학사상에서 바람직한 대인관계를 형성하는 기본 원리로 제시하는 것이다.《論語》에서 孔子는 "자기가 바라지 않는 것을 남에게 베풀지 말라"(己所不欲 勿施於人,〈顔淵〉2；〈衛靈公〉23)거나 "자기가 서고자 하는 곳에 남을 먼저 세우고, 자기가 이르고자 하는 곳에 남을 먼저 이르게 하라"(己欲立而立人 己欲達而達人,〈雍也〉28)고 권하고 있는데,《大學》에서는 이를 "자기를 척도로 하여 남을 헤아리는 태도"(絜矩之道)라 부르고 있다(所惡於上 毋以使下 所惡於下 毋以事上 所惡於前 毋以先後 所惡於後 毋以從前 所惡於右 毋以交於左 所惡於左 毋以交於右 此之謂絜矩之道,〈傳〉10). 이는 현대심리학에서 탐구하는 공감(共感, empathy)이라는 현상과 비슷하다 하겠다. 이에 대해서는 조긍호(1991, pp. 96～103) 참조

의 칠정(七情)80)으로 대표되는, 외부 조건에 따라 일어나는 자아 중심적 정서(ego-focused emotion)들이다. 이는 '성내고 원망함[慍]', '걱정하고 근심함[患]', '근심하고 괴로워함[憂]', '원망함[怒]', '두려워함[畏]', '겁내고 무서워함[恐]', '분하게 여겨 화냄[忿]', '자기를 내세우고 자랑함[伐]' 들을 아우른다. 이들은 인의를 체득하지 못한 소인(小人)들의 특징적인 정서로서, 대체로 자기 자신을 참조대상으로 하여 외부 대상이나 조건의 자극으로 일어나는 정서들이다. 또 하나는 《맹자》에 처음 제시된 측은지심·수오지심·사양지심·시비지심의 사단(《孟子》, 公孫丑上 6)으로 대표되는, 인의 체득 및 실천과 관련된 타인 중심적 정서(other-foused emotion) 또는 규범 중심적 정서들이다. 이는 '마음속에서 우러나오는 기쁨[說·悅]', '마음속부터 즐거워함[樂]', '부끄러워함[恥]', '불쌍히 여김[矜]' 들을 아우른다. 이들은 인의를 체득한 군자의 마음속에서 우러나오는 정서로서, 대체로 참조대상을 타인으로 하는 정서들이다.

여기서 전자는 대체로 자신의 욕구나 현 상태가 외적 조건과 일치하거나 일치하지 않는 데서 일어나는 정서들이다. 곧 이들은 그 충족 조건이 다른 사람에게 달린 것[在人者] 또는 외적 조건에 달린 것[在天者]이어서, 스스로 어찌할 수 있는 것이 아니다. 그러나 후자는 스스로 하는 도덕적 수양에 바탕을 둔 것[在己者]이어서, 스스로 노력함으로써 함양·계발되는 정서들이라고 유학자들은 본다. 따라서 이 두 가지 정서 가운데 중요하게 여겨 권장해야 할 것은 재기자인 타인 및 규범 중심적 정서들이라는 것이 유학자들의 정서이론의 핵심이다.

이러한 점은 특히 《맹자》에서 강조되는데, 측은·수오·사양·시비지심 같은 사단의 확충을 강조한 사단설(〈公孫丑上〉 6) 말고도, 맹자는 '부끄러

---

80) 何謂人情 喜怒哀懼愛惡欲 七者弗學而能 …… 故聖人之所以治人七情 脩十義 講信脩睦 尙辭讓 去爭奪 舍禮何以治之 飮食男女 人之大欲存焉 死亡貧苦 人之大惡存焉 故欲惡者 心之大端也 人藏其心 不可測度也 美惡皆在其心 不見其色也 欲一以窮之 舍禮何以哉〔《禮記》,〈禮運〉301 : 이는 王夢鷗 註譯(1969).《禮記今註今譯》. 臺北:臺灣商務印書舘의 p. 301을 가리킨다. 앞으로《禮記》의 인용은 이를 따른다.〕

위함[恥]'을 적극 권장하여 다음과 같이 말하고 있다.

> 사람은 부끄러움을 느끼지 않을 수 없다. 스스로 부끄러워하지 않음을 부끄
> 러워하게 되면, 부끄러운 일이 없게 될 것이다.[81]

> 부끄러워하는 것은 사람에게 아주 큰 일이다. 임기응변의 공교로운 짓을 하
> 는 사람은 부끄러워할 줄 모른다. 자기가 남보다 못하다는 사실을 부끄러워하
> 지 않는다면, 남보다 나은 일이 무엇이 있겠는가?[82]

이렇게 남보다 못함을 부끄러워하는 일을 강조하고 권장함으로써, 맹자
는 도덕적 수양의 근거를 인간의 자연스러운 정서에서 찾는 태도를 취하고
있으며, 이는 그의 사단설에서 잘 드러난다. 순자도 '부끄러워함'을 자기 자
신의 도덕적 수양에 근거를 둔 재기자로 보고(〈非十二子〉 36), 이를 적극
권장하는 태도를 취하는 점은 맹자와 같다.

동 기 유학사상에서 끌어낼 수 있는 동기의 내용은 경전에 따라 약간씩
차이가 있지만, 대체로 생존 동기, 감각추구 동기, 이기적 동기, 사
회비교 동기 및 도덕적 동기로 나눌 수 있다. 생존 동기는 생물체로서 생명
을 유지하는 것과 관련된 욕구들로, 여기에는 식(食)·색(色)·음(飮) 같
은 욕구가 포함된다. 감각추구 동기에는 아름다운 소리·색깔·맛·냄새
들과 신체적인 편안함 같은 이목구비(耳目口鼻)와 사지(四肢)의 감각을
추구하는 욕구들이 포함된다. 이기적 동기는 개인의 사사로운 욕심을 채우

---

81) 孟子曰 人不可以無恥 無恥之恥 無恥矣(〈盡心上〉 6)
82) 孟子曰 恥之於人大矣 爲機變之巧者 無所用恥焉 不恥不若人 何若人有(〈盡心上〉 7 ; 이
는 趙岐의 《孟子章句》를 비롯한 古注에 따른 해석이고, 朱熹의 《孟子集註》와 같은
新注에서는 '不恥不若人 何若人有'를 '但無恥一事不如人 則事事不如人矣'라 해석하여,
"부끄러워함이 없는 한 가지 일이 남만 못하다면, 일마다 남보다 못할 것이다"라고
풀이하고 있다. 여기서는 古注의 풀이가 더 자연스럽다고 보아, 이를 택하였다.)

려는 동기로, 여기에는 부(富)·귀(貴)·이(利) 들을 추구하는 욕구들이 포함된다. 사회비교 동기에는 자기 표현[言], 자기 자랑[伐]처럼 자기를 드러내고자 하는 욕구들과 지배[王·覇·制人·治 따위], 지위[爵], 명예[功名·譽 따위], 남을 이기고자 함[勝人], 타인의 인정 추구처럼 남과 견주어 그 위에 서고자 하는 욕구들이 포함된다. 마지막으로 도덕적 동기에는 인(仁)·의(義)·예(禮)·선(善) 들의 체득과 실행, 수신(修身) 및 역할 수행을 비롯하여 일상생활에서 자기를 수양하고, 타인을 배려하며, 도덕 실천을 하고자 하는 욕구들이 포함된다.

　이 가운데 생존 동기, 감각추구 동기, 이기적 동기, 사회비교 동기는 그 충족 여부가 외적 조건에 달려 있는 재외자(在外者) 또는 재천자(在天者)여서,[83] 사람이 스스로 통제할 수 없는 동기들이다. 이에 견주어, 도덕적 동기는 그 충족 여부가 스스로에게 달려 있는 재아자(在我者) 또는 재기자(在己者)여서,[84] 사람이 스스로 통제할 수 있는 동기이다. 여기서 재아자인 도덕적 동기는 "구하면 얻어지고, 버려두면 잃게 되기 때문에, 구하려고 노력하면 항상 얻어지게 마련이지만", 다른 재외자들은 "구하는 특별한 방법이 있게 마련이고, 충족 여부가 외적 조건에 달려 있기 때문에, 구한다고 해서 다 얻어지는 것은 아니다."[85]

---

83) 死生有命 富貴在天(《論語》,〈顏淵〉5) ; 口之於味也 目之於色也 耳之於聲也 鼻之於臭也 四肢之於安佚也 性也 有命焉 君子不謂性也(《孟子》,〈盡心下〉24) ; 爵列尊 貢祿厚 形勢勝 上爲天子諸侯 下爲卿相士大夫 是榮之從外至者也 夫是之謂勢榮(《荀子》,〈正論〉29)

84) 子曰 仁遠乎哉 我欲仁 斯仁至矣(《論語》,〈述而〉29) ; 爲仁由己 而由人乎哉(〈顏淵〉1) ; 能近取譬 可謂仁之方也已(〈雍也〉28) ; 君子所性 仁義禮智根於心(《孟子》,〈盡心上〉21) ; 仁之於父子也 義之於君臣也 禮之於賓主也 智之於賢者也 聖人之於天道也 命也 有性焉 君子不謂命也(〈盡心下〉24) ; 若夫心意修 德行厚 知慮明 生於今而志乎古 則是在我者也 故君子敬其在己者 而不慕其在天者 …… 君子敬其在己者 而不慕其在天者 是以日進也(《荀子》,〈天論〉28~29) ; 志意修 德行厚 知慮明 是榮之由中出者也 夫是之謂義榮(〈正論〉28~29)

85) 求則得之 舍則失之 是求有益於得也 求在我者也 求之有道 得之有命 是求無益於得也 求在外者也(《孟子》,〈盡心上〉3)

이런 까닭에 유학자들은 재기자인 도덕적 동기에 따라 재인자·재외자인 나머지 동기들이 제어될 수 있다고 보며, 또 그러한 상태를 이상적 인간의 특징으로 제시함으로써, 도덕적 동기를 인간 동기의 중핵으로 보는 시각을 견지하고 있다. 이는 공·맹·순의 다음과 같은 말에서 잘 드러난다.

부(富)가 구해서 얻어질 수 있는 것이라면, 비록 마부 같은 천한 일이라도 마다 않고 하겠지만, 구해서 얻어질 수 있는 것이 아니라면, 나는 내가 좋아하는 바[인(仁)을 행하는 일]를 따르겠다.[86]

예(禮 : 도덕적 동기)와 식(食 : 생존 동기) 가운데 어느 것이 더 중요한가? 예(도덕적 동기)가 더 중요하다. 색(色 : 생존 동기)과 예(도덕적 동기) 가운데 어느 것이 더 중요한가? 예(도덕적 동기)가 더 중요하다.[87]

생(生 : 생존 동기) 또한 내가 바라는 것이고, 의(義 : 도덕적 동기) 또한 내가 바라는 것이다. 그런데 이 두 가지를 함께 얻을 수 없다면, 생(생존 동기)을 버리고 의(도덕적 동기)를 취해야 한다.[88]

무릇 마음과 뜻을 닦고, 덕행을 두터이 하며, 지식과 생각을 밝게 하고, 오늘에 살면서도 옛 성인을 지향하는 것(도덕적 동기의 추구)은 모두 나에게 달려 있는 일[在我者]이다. 그러므로 군자는 자기에게 달린 일[在己者]만을 조심스럽게 행할 뿐, 외적 조건에 달린 일[在天者]에는 마음을 쏟지 않는 것이다(《荀子》, 〈天論〉 28~29).

도덕적 동기는 자신보다 타인과 사회를 지향하는 동기이다. 따라서 도덕적 동기가 인간 동기의 중핵이 되어야 한다는 유학자들의 주장은 사회적

---

86) 子曰 富而可求也 雖執鞭之士 吾亦爲之 如不可求 從吾所好(《論語》, 〈述而〉 11)
87) 禮與食孰重 曰 禮重 色與禮孰重 曰 禮重(《孟子》, 〈告子下〉 1)
88) 生亦我所欲也 義亦我所欲也 二者不可得兼 舍生而取義者也(《孟子》, 〈告子上〉 10)

관계체로서 인간이 드러내는 주의의 초점이 타인과 사회집단으로 집중되어야 한다는 사실을 의미한다고 볼 수 있을 것이다.

주의의 초점 차원의
유학적 심성 이해 종합
인간을 사회적 관계체로 보는 유학사상의 관점을 따르면, 군자나 성인은 수기를 통하여 개체로서 자기 인격을 완성하면서도, 타인과 사회에 대한 관심을 가지고 이를 앞서 배려하는 특징을 가진 사람들이다. 따라서 이들의 주의는 자기 자신보다는 관계를 맺고 있는 타인이나 사회에 쏠려 있다. 그러므로 대인평가 장면에서도 타인과 사회에 대한 관심과 배려가 강조되고 권장된다. 이렇게 타인에 대한 관심과 배려를 중요하게 여기는 경향은, 곧바로 '사단'과 '부끄러워함[恥]' 같은 타인 및 규범 중심의 정서를 강조하고 권장하는 경향으로 자연스럽게 이어진다. 또한 다양한 동기 가운데 그 충족 조건을 스스로 갖추고 있으며, 또 그 지향처가 타인과 사회에 있는 도덕적 동기를 중시하고 권장하는 경향을 낳는다. 이렇게 유학사상에서 강조하고 권장하는 주의의 초점 차원의 대인평가·정서·동기의 내용을 요약하여 제시하면, 〈표 5-1〉과 같다.

이 표와 2장에서 제시한 〈표 2-3〉의 내용을 연결지어 보면, 타인이나 사회보다 자기 자신에게 주의를 기울이는 경향이 강한 개인주의 사회와는 달리, 집단주의 사회와 유학사상에서는 자기 자신보다 타인이나 사회에 주의를 기울이는 경향이 강함을 알 수 있다. 이러한 사실은, 사회적 관계체로 인간을 파악하는 유학의 체계는 이를 사상적 배경으로 삼아온 동아시아 사회에 집단주의 문화를 형성시키는 모태로서 작용하였음을 시사하는 것이다.

〈표 5-1〉 주의의 초점 차원의 유학적 심성 이해 종합

심성·행동 측면	유학사상에서 강조·권장하는 내용
대인 평가	타인 및 사회에 대한 관심과 배려
정 서	타인·규범 중심적 정서(四端·恥 등)
동 기	도덕적 동기(在天者·在我者)

(2) **통제 대상 : 자기 억제와 책임의 자기 귀인 강조**

맹자의 사단설이나 순자의 인도론과 같은 유학사상에서 능동적 주체자로 인간을 파악하는 관점은, 사람이 본디부터 모든 도덕적 바탕을 갖추고 있다는 사실에 대한 주체적 자각에서 연유한다. 이러한 관점에서는 모든 사회행위가 도덕 주체인 자기 자신에게서 비롯하는 것으로 본다. 이렇게 스스로가 능동적, 주체적인 행위 원천이므로, 통제해야 할 대상은 바로 자기 자신이 될 수밖에 없고, 따라서 모든 결과의 책임을 스스로 떠맡고, 또 대인관계에서 자기 주장 대신 자기를 억제하고 은폐하는 태도를 중시하게 된다. 이는 자기 표현은 자율적 인간의 당연한 권리라고 보아 솔직하고 적극적인 자기 주장을 강조하는 개인주의 문화의 기본 특징과 대비되는 것으로, 자기 억제를 강조하는 집단주의 문화의 특징과 맥을 같이한다.

대인평가 유학사상에서 제시하는 군자와 성인은 앞에서 본 바와 같이 타인과 사회에 대한 관심과 배려가 깊은 사람들이다. 이들은 다른 사람들과, 그리고 사회 속에서 항상 조화와 질서를 추구한다. 이렇게 질서와 조화를 유지하기 위해서는 자기의 개인적 욕구나 정서 상태를 억제하고, 가능한 한 자기 표현을 삼가며, 모든 일의 책임을 자기에게서 찾는 자세가 요구된다. 그 결과, 자기 억제와 책임의 자기 귀인이 군자와 성인에게 중요한 의미를 갖는 대인평가와 귀인의 특징으로 나타나는 것이다. 이는 인간을 능동적 주체자로 파악하는 유학사상에서 끌어낼 수 있는 대인평가의 차원이라고 볼 수 있다.

《논어》에서 공자는 "말을 잘하고 얼굴빛을 잘 꾸미는 사람은 인(仁)이 부족"[89]하게 마련이어서, "말을 삼가는 것은 인에 가까워지는 한 가지 조건이 된다"[90]고 보아, 자기 표현의 억제를 강조하고 있다.[91] 공자는 자기

---

89) 子曰 巧言令色 鮮矣仁(《論語》, 〈學而〉 3 ; 〈陽貨〉 17)
90) 子曰 剛毅木訥近仁(〈子路〉 27)
91) 《論語》에는 言이란 말이 124회 나오는데, 이 가운데 자기 표현의 억제와 관련된 표현이 대략 1/3 정도(40여 회)에 이른다는 사실이 이를 입증하고 있다(《論語引得》 참조).

표현을 삼가는 것은 하늘의 도라고까지[92] 표현하고 있다. 이러한 자기 표현의 억제에 대하여 그는 말을 참고 조심하는 것〔訒·訥〕 말고도 "말에는 믿음이 있도록 해야 한다",[93] "일에는 민첩하고, 말은 신중히 해야 한다",[94] "말보다 행동이 앞서야 한다"[95]거나 "예가 아니면 말하지 말라"[96]고 하며 구체적인 주문을 하기도 한다. 이렇게 자기를 드러내지 않고 적극적으로 억제하는 태도를 공자는 대인평가 과정에서 중요하게 여긴다.

자기 표현의 적극 억제를 주장한 공자와는 달리, 맹자와 순자는 이에 대해 직접 언급하지는 않았다. 그러나 이들이 자기 표현을 권장한 것은 아니다. 맹자는 "실체에 가까우면서도 뜻이 큰 좋은 말"[97]을 가려서 해야 하며, 말은 꼭 필요한 곳에서 해야지, 쓸데없는 곳에서 하거나, 또 말해야 할 때 말하지 않는 것도 옳지 않다고 보았다.[98] 또한 그는 말과 행동이 일치해야 함을 역설하여, 이 두 가지가 일치하지 않으면 덕을 해치게 된다[99]고 보아, 대체로 자기 주장보다는 자기 억제에 가까운 태도를 드러내고 있다.

순자도 마찬가지다. 순자가 권장하는 자기 표현의 양식은 자기의 모든 욕구나 정서 또는 의견 들을 자유롭게 드러내는 것이 아니라, 도덕적으로 합당한 것을 표현해야 한다는 한계를 두는 것이다. 이러한 사실은 다음의

---

92) 子曰 予欲無言 子貢曰 子如不言 則小子何述焉 子曰 天何言哉 四時行焉 百物生焉 天何言哉(〈陽貨〉19)

93) 與朋友交 言而有信 雖曰未學 吾必謂之學矣(〈學而〉7)

94) 子曰 君子 …… 敏於事而愼於言 …… 可謂好學也已(〈學而〉14) ; 子曰 君子欲訥於言而敏於行(〈里仁〉24)

95) 子貢問君子 子曰 先行 其言而後從之(〈爲政〉13) ; 子曰 古者言之不出 恥躬之不逮也(〈里仁〉22)

96) 子曰 非禮勿視 非禮勿聽 非禮勿言 非禮勿行(〈顏淵〉1)

97) 孟子曰 言近而指遠者 善言也(《孟子》,〈盡心下〉32)

98) 士未可以言而言 是以言餂之也 可以言而不言 是以不言餂之也 是皆穿踰之類也(〈盡心下〉31)

99) 鄕原德之賊也 曰 何如斯可謂之鄕原矣 曰 何以是嘐嘐也 言不顧行 行不顧言 …… 是鄕原也(〈盡心下〉37)

진술에서 잘 드러난다.

> 무릇 사람은 누구나 자기가 좋다고 여기는 것을 말하기 좋아하는 법인데,
> 군자는 특히 더욱 그렇다. 그러므로 소인이 변론하면 사악한 일을 말하지만,
> 군자가 변론하면 어진 덕을 말한다. 말이 어진 덕을 떠나 있다면, 그 말은 침묵
> 만 못하고, 그 변론은 눌변(訥辯)만 못한 것이다.[100]

이러한 순자의 태도 또한 공자처럼 자기 표현의 적극적인 억제를 강조하
는 것은 아니지만, 그렇다고 해서 자기 주장을 권장하는 쪽은 아니고, 대체
로 억제하는 쪽에 가까웠다고 볼 수 있다. 이렇게 보면, 유학자들은 대체로
자기를 드러내지 않고 가능한 한 억제하는 태도를 대인평가의 특성으로 강
조하고 있다.

귀 인 군자가 이렇게 자기를 드러내지 않으려 하는 것은 도덕 실천, 곧
"인(仁)의 실천이 오로지 자기에게 달린 일이지, 남에게 달린 것
이 아니기"(《論語》,〈顔淵〉1) 때문이다. 군자는 스스로가 도덕 주체라는
사실을 확고히 인식하고 있는 까닭에 "남에게 책임을 돌리는 소인[小人求
諸人]과는 달리, 모든 일의 책임을 자기 자신에게서 찾으려 한다[君子求諸
己]"(〈衛靈公〉20). 따라서 군자는 "남이 알아주지 않는다고 해도 성내지
않는데"(〈學而〉1), 이는 그 원인을 바로 자기의 무능함에서 찾기 때문이
다(〈里仁〉14 ;〈憲問〉32 ;〈衛靈公〉18).

맹자도 공자를 이어받아 책임의 자기 귀인을 사람으로서 갖춰야 할 또
하나의 대인평가 특성으로 강조하고 있다. 맹자는 모든 인간사의 통제 소
재(統制所在)를 행위자 자신의 요인[在我者]과 상황 조건 또는 태어난 조
건과 같은 외적 요인[在外者]의 두 가지에서 찾고 있다.

---

100) 凡人莫不好言其所善 而君子爲甚焉 是以小人辯言險 而君子辯言仁也 言而非仁之中也
則其言不若其默也 其辯不若其吶也(《荀子》,〈非相〉18~19)

사람에게는 구하면 얻어지고, 놓아버리면 잃게 되는 것이 있다. 이러한 것은 나에게 갖추어져 있는 것〔在我者〕을 구하는 것이기 때문에, 노력하면 반드시 얻어지게 될 것이다. 그러나 헛되이 구할 수도 없고, 구한다고 해서 반드시 얻어지지 않는 것도 있다. 이러한 것은 나의 밖에 있는 것〔在外者〕을 구하는 것이기 때문에, 아무리 노력한다고 해도 소용이 없을 것이다(《孟子》, 〈盡心上〉 3).

이 가운데 외적 조건에 따라 통제되는 일(생존 동기, 감각추구 동기, 이기적 동기, 사회비교 동기의 충족)에 대해 개인은 아무런 통제력이나 책임이 없다. 그러나 행위자 자신이 통제하는 일(도덕적 동기의 추구와 충족)에 대한 책임은 오로지 행위자 자신에게 있다는 것이 맹자의 생각이다. 그는 "화와 복이 모두 자기 스스로 불러오지 않는 것이 없고"(〈公孫丑上〉 4), 따라서 "무릇 사람들은 스스로가 먼저 자신을 모멸한 다음에 남이 그를 모멸하게 되는 법"(〈離婁上〉 8)이라 보고 있다. 곧 "만물의 이치는 모두 나에게 갖추어져 있으므로"(〈盡心上〉 4) 행위자 자신이 모든 일의 주체이고, 따라서 모든 일의 책임을 스스로에게 돌이켜 찾아야 한다〔反求諸己〕고 보는 것이다(〈離婁上〉 4).

이와 같이 모든 책임을 스스로에게 돌이켜 찾음으로써, "군자는 인과 예로써 마음을 간직하여 …… 누구라도 나에게 포악무도한 태도로써 대한다면, 스스로가 불인(不仁)하고, 무례(無禮)하며, 불충(不忠)한 점이 없었는지 반성하게 된다"[101]는 것이다. "자기를 반성해 보아 스스로가 참되다면〔反身而誠〕, 즐거움이 이보다 더 클 수가 없기"(〈盡心上〉 4) 때문이다. 이렇게 모든 일의 책임을 스스로에게서 찾는 자세〔反求諸己〕가 《맹자》에서 드러나는 대인평가의 중요한 특징이다.

공·맹과 마찬가지로 순자도 인간의 자기 결정성과 책임의 자기 귀인을 강조한다. 순자도 통제의 소재를 외적 조건〔在天者〕과 행위자 자신〔在我

---

101) 君子以仁存心 以禮存心 …… 有人於此 其待我以橫逆 則君子必自反也 我必不仁也 必無禮也 …… 我必不忠(〈離婁下〉 28)

者·在己者]으로 나누고 있는데, 도덕적 동기의 추구와 충족은 오로지 행위자 자신의 소위(所爲)에 달려 있으므로, 그 책임을 스스로 져야 한다고 본다(《荀子》,〈天論〉28~29 ;〈正論〉28~29). 이렇게 모든 일이 자기 결정적이기 때문에, 모든 원인을 반드시 스스로에게서 찾아야 하며, 따라서 스스로를 항상 반성해 보아야 한다는 것이다. 이는 다음 진술문에서 분명하게 언급되고 있다.

> 같이 놀면서 사랑받지 못하는 것은 내가 먼저 어질지 못하기 때문이고, 서로 사귀면서 공경받지 못하는 것은 반드시 내가 먼저 어른을 공경하지 않기 때문인데 …… 도대체 자기가 잘못해 놓고서 남에게 책임을 미루는 것은 아주 사정에 어두운 일이다(《荀子》,〈法行〉21~22).

그러므로 모든 일이 자기 결정에서 나온다는 사실을 잘 깨달아, 항상 스스로를 반성하여 모든 책임을 스스로에게서 찾는 일, 이것이 자기 통제의 핵심이라고 순자는 보고 있다. 이렇게 《순자》에서도 책임의 자기 귀인이 대인평가와 귀인의 중요한 기준이 되고 있는 것이다.

정 서   앞에서 보았듯이, 유학자들은 인의 체득 및 실현과 관련된 사단(四端)과 같은 타인·규범 중심의 정서는 적극 권장하는 대신, 외적 조건이나 상황에 따라 일어나는 칠정(七情)과 같은 자아 중심의 정서는 적극 억제해야 한다는 태도를 보이고 있다. 곧 전자는 모두 재기자에 속하여 개인의 도덕적 수양에 근거를 둔 정서들이어서, 스스로 하는 노력에 따라 함양·계발되므로 권장해야 마땅하지만, 후자는 모두 재인자 또는 재천자에 속하는 정서들이어서, 타인이나 외적 조건과 자신의 현 상태가 일치 또는 불일치하는 데서 일어나기 때문에 스스로가 어찌할 수 있는 것이 아니므로, 내적으로 통제하고 조절해야 마땅하다는 것이다.

칠정과 같은 자아 중심의 정서는 대체로 사람의 마음을 가려 도(道)를 올바로 인식하지 못하게 하고, 결과적으로 사람을 악으로 인도하는 원천이 된다고 유학자들은 본다. 이를 순자는 "무엇이 사람의 마음을 가려지게 만드는가? 좋아서 하고 싶은 것[欲]이 가려지게 만들고, 싫어하는 것[惡]이 가려지게 만든다"[102]고 표현하고 있다. 여기서 "욕오(欲惡)는 말하자면 호오(好惡)와 같은 것으로"(蔡仁厚, 1984, p. 420), 이에 가려진다는 것은 좋아서 하려는 것과 싫어서 피하려는 것, 곧 욕구와 감정 때문에 바른 것을 보지 못하는 폐단을 말한다. 이렇게 정서와 욕구는 인식 능력[知]과 도덕적 행위 능력[能]의 주체인 마음[心]이 제대로 기능을 발휘하지 못하도록 가리는 노릇을 한다고 유학자들은 파악하고 있다.

그렇기 때문에 유학사상에서는 사단을 제외한 대부분의 정서는 통제되고 조절되어야 한다고 본다. 이러한 사실을《순자》에서는《서경(書經)》을 인용하여 다음과 같이 제시하고 있다.

《서경》에 이르기를 "자기대로의 좋아하는 감정을 억누르고, 오직 옛 성왕이 정하신 법을 따르며, 또 자기대로의 싫어하는 감정을 나타내지 말고, 반드시 옛 성왕의 법을 따르라"고 하였으니, 이것은 군자가 공의(公義)로써 사욕(私欲)을 이겨야 함을 말한 것이다.[103]

이렇게 호·오 같은 대부분의 개인적 감정은 철저히 통제되고 억제되어야 한다는 것이 유학자들의 공통된 생각이다. 사단과 같은 타인·규범 중심의 정서는 적극 권장하지만, 칠정과 같은 자아 중심의 정서는 억제해야 한다는 이러한 주장은 조선조 성리학자들의 핵심 논변(論辨)의 하나였던 사단칠정론(四端七情論)의 주제이기도 했다(윤사순, 1997 ; 정양은, 1970 ; 조긍호, 2003a ; 한덕웅, 1994, 1997, 2003). 곧 인간관계에서 타인의 심정 속

---

102) 故爲蔽 欲爲蔽 惡爲蔽 …… 凡萬物異 則莫不相爲蔽 此心術之公患也(《荀子》,〈解蔽〉3 :《荀子集解》에서는 첫 구의 '故'를 '胡'의 誤字로 보아, '何'의 뜻으로 풀고 있다.)

103) 書曰 無有作好 遵王之道 無有作惡 遵王之路 此言君子之能以公義勝私欲也(〈修身〉40 ;〈天論〉37에는 끝절만 '此之謂也'라 바뀌었을 뿐, 같은 내용이 보인다.)

성을 대상으로 하여 느끼는 선한 정서인 사단은 적극 권장해야 하지만, 사물이나 타인의 물리적 존재를 대상으로 하여 개인적으로 느끼는, 선악이 결정되지 않았으나 악으로 흐를 가능성이 높은 칠정은 적극 통제하고 억제하여야 한다[104]고 조선조의 성리학자들은 주장하였던 것이다.

동기 유학자들은 그 충족 여부가 개인의 도덕적 수양에 달려 있는 재기자인 도덕적 동기를 인간 동기의 중핵으로 간주하여 적극 권장한다. 이에 견주어, 그 충족 여부가 외적 조건이나 다른 사람에게 달려 있는 재천자·재인자인 생존 동기, 감각추구 동기, 이기적 동기, 사회비교 동기의 추구는 억제되고 통제되어야 한다는 것이 유학자들의 공통된 시각이다.

이렇게 재인자·재천자인 동기들을 억제하고 통제해야 하는 까닭은 이들을 제한 없이 추구하면, 천하의 온갖 폐해가 이로 말미암아 일어나기 때문이다.[105] 외적 조건에 따라 충족되는 욕구를 제한 없이 추구하면, 옳은 도리를 망각하여〔以欲忘道〕 의혹에 빠지고[106] 무슨 일이든지 마구 하여,[107] 일이 제대로 이루어지지 않거나[108] 인륜을 어지럽히며,[109] 타인의

---

104) 惻隱羞惡辭讓是非 何從而發乎 發於仁義禮智之性焉爾 喜怒哀懼愛惡欲 何從而發乎 外物觸其形而動於中 緣境而出焉爾〔答奇明彦 406,〈書〉,《退溪全書上》. 이는 成均館大學敎 大東文化硏究院 刊(1958).《退溪全書》上卷, p. 406의 〈書〉 가운데 '答奇明彦'을 가리킨다. 앞으로 退溪의 인용은 이를 따른다.〕; 四端皆善也 …… 七情善惡未定也(答奇明彦 406,〈書〉,《退溪全書上》); 四端皆善也 …… 七情本善而易流於惡(答奇明彦 412,〈書〉,《退溪全書上》)

105) 天下害生縱欲(《荀子》,〈富國〉2)

106) 愛之欲其生 惡之欲其死 旣欲其生 又欲其死 是惑也(《論語》,〈顔淵〉10);耳目之官 不思而蔽於物 物交物 則引之而已矣 心之官則思 思則得之 不思則不得也 此天之所與 我者(《孟子》,〈告子上〉15);以欲忘道 則惑而不樂(《荀子》,〈樂論〉7)

107) 其未得之也 患得之 旣得之也 患失之 苟患失之 無所不至矣(《論語》,〈陽貨〉15);飢者易爲食 渴者易爲飮(《孟子》,〈公孫丑上〉10);飢者甘食 渴者甘飮 是未得飮食之正也 飢渴害之(《盡心上》27);苟無恒心 放僻邪侈無不爲已(〈梁惠王上〉7;〈滕文公上〉3);苟爲後義而先利 不奪不饜也(〈梁惠王上〉1);唯利所在 無所不傾 如是則可謂小人矣(《荀子》,〈不苟〉17)

108) 無見小利 …… 見小利 則大事不成(《論語》,〈子路〉17)

원망을 듣거나110) 치욕을 당하여,111) 인생을 망치고 심지어는 국가를 멸망에 이르게도 한다.112) 이렇게 욕구를 함부로 추구하면 사물의 노예가 되어〔以己爲物役〕,113) 날로 퇴보하여114) 결국에는 소인이 되고 마는 것이다.115)

이러한 폐단에서 벗어나는 길은 욕구를 절제하는 것밖에 없다. 이러한 태도가 《맹자》에서는 다음과 같이 제시되고 있다.

> 마음을 기르는 데는 욕심을 줄이는 것〔寡欲〕보다 더 좋은 방법이 없다. 그 사람됨이 욕심이 적으면, 본래의 착한 마음을 간직하지 못하는 수가 있다고 하더라도 그런 경우는 드물게 마련이고, 반대로 그 사람됨이 욕심이 많으면, 어쩌다가 본래의 착한 마음을 간직하는 수가 있다고 하더라도 그런 경우 또한 드물게 마련이다.116)

이러한 재인자·재천자인 생물적, 감각적, 이기적, 사회비교적 동기를 절제해야 한다는 주장은 공자와 순자도 강조하고 있는 유학자들의 공통된 견해이다. 이는 인심도심설(人心道心說)로 대표되는 성리학의 동기론에서도 또한 강조되는 관점이다. 여기서 도심은 도덕적 동기를 말하고, 인심은 재인자·재천자인 그 밖의 동기들을 말한다.117) 그런데 "도심은 순전히 천리

---

109) 欲潔其身而亂大倫(〈微子〉 7)

110) 子曰 放於利而行 多怨(〈里仁〉 12)

111) 先利而後義者辱(《荀子》,〈榮辱〉 25)

112) 是君臣父子兄第 終去仁義 懷利而相接 然而不亡者 未之有也(《孟子》,〈告子下〉 4);
    大國之主也 而好見小利 是傷國(《荀子》,〈王霸〉 33);挈國以呼功利 不務張其義 齊
    其信 唯利之求 …… 如是則 …… 國不免危削 綦之以亡(〈王霸〉 5~6)

113) 故欲養其欲 而縱其情 …… 夫是之謂以己爲物役(《荀子》,〈正名〉 26~27);耳目之
    官 不思而蔽於物 物交物 則引之而已矣(《孟子》,〈告子上〉 15)

114) 小人錯其在己者 而慕其在天者 是以日退也(《荀子》,〈天論〉 29)

115) 體有貴賤 有小大 無以小害大 無以賤害貴 養其小者爲小人 養其大者爲大人(《孟子》,
    〈告子上〉 14);從其大體爲大人 從其小體爲小人(〈告子上〉 15)

116) 養心莫善於寡欲 其爲人也寡欲 雖有不存焉者寡矣 其爲人也多欲 雖有存焉者寡矣(〈盡
    心下〉 35)

117) 情之發也 有爲道義而發者 如欲孝其親 欲忠其君 見孺子入井而惻隱 見非義而羞惡 過

(天理)일 뿐이어서, 이에는 선(善)만 있고 악(惡)은 없지만, 인심에는 선
도 있고 악도 있다."118)

따라서 선·악 혼재 상태인 인심(생물적, 감각적, 이기적, 사회비교적 동
기)보다 순선(純善) 상태인 도심(도덕적 동기)이 동기의 중핵을 이루어야
한다는 것이 성리학자들의 시각으로, 이를 퇴계(退溪)는 다음과 같이 표현
하고 있다.

> 대체로 마음을 다잡는 공부[心學]의 방법은 비록 많지만, 그 요점을 종합해
> 서 말하면, 사람의 욕구를 억제하고[遏人欲] 천리를 보존하는[存天理] 두 가
> 지일 따름이다. 여기서 욕구를 억제하는 일은 인심의 측면에 속하는 것이고,
> 천리를 보존하는 일은 도심에 속하는 것이라 할 수 있다.119)

이것이 퇴계의 유명한 알인욕(遏人欲)·존천리(存天理)의 생각인데, 율곡
(栗谷)도 "대체로 인심은 마구 자라나도록 해서는 안 되며, 이를 절제하고
단속하는 일을 중요하게 여겨야 하고, 도심은 마땅히 간직하고 길러내야 하
며, 이를 미루어 나가고 넓히는 일을 아름답게 여겨야 한다"120)고 표현한다.

통제 대상 차원의   인간을 능동적, 주체적 존재로 인식하는 유학
유학적 심성 이해 종합   사상에서는 모든 것이 도덕 주체인 자기 자신
에게 달려 있다고 본다. 따라서 사회와 대인관계에서 질서와 조화를 유지

宗廟而恭敬之類 是也 此則謂之道心 有爲口體而發者 如飢欲食 寒欲衣 勞欲休 精盛思
室之類 是也 此則謂之人心〔人心道心圖說 282,〈說〉,《栗谷全書》. 이는 成均館大學
校 大東文化研究院 刊(1958).《栗谷全書》, p. 282의〈說〉가운데 '人心道心圖說'을
가리킨다. 앞으로 栗谷의 인용은 이를 따른다.〕; 夫聲色臭味之類 所謂人心也 仁義
禮智之類 所謂道心也(窮理章 453,〈聖學輯要 修己上〉,《栗谷全書》)
118) 道心純是天理 故有善而無惡 人心也 有天理也 有人欲 故有善有惡(人心道心圖說 282,
〈說〉,《栗谷全書》)
119) 大低心學雖多端 總要而言之 不過遏人欲存天理兩事而已 …… 凡遏人欲事當屬人心
一邊 存天理事當屬道心一邊 可也(答李平叔 849,〈書〉,《退溪全書上》)
120) 大抵人心不可滋長 而節約爲貴 道心宜保養 而推廣爲美也(〈語錄上〉758,《栗谷全書》)

〈표 5-2〉통제의 대상 차원의 유학적 심성 이해 종합

심성 · 행동 측면	유학사상에서 장려하는 내용
대인 평가	자기 표현 억제 장려
귀 인	책임의 자기 귀인 장려
정 서	자기 중심의 정서 억제 · 조절 장려
동 기	생물적, 이기적 욕구 통제 강조

하는 것도 바로 자신에게 달려 있으므로, 항상 자기를 억제하고 모든 일의 책임을 스스로에게 돌려서 찾는 자세가 강조되고 권장되는 것이다. 특히 그 유발 조건이 외부 상황에 달려 있어서, 스스로 수양하는 데 방해가 되는 '칠정'과 같은 자기 중심의 정서나 생물적, 이기적 욕구는 적극 억제하고 조절해야 한다고 본다. 이러한 유학사상에서 끌어낼 수 있는 통제 대상 차원의 대인평가 · 귀인 · 정서 · 동기의 내용을 요약하면, 〈표 5-2〉와 같다.

이 표와 2장에서 제시한 〈표 2-4〉의 내용을 연결지어 보면, 적극적으로 자기를 드러내는 자기 주장을 강조하는 개인주의 사회와는 달리, 집단주의 사회와 유학사상에서는 자기를 드러내지 않고 억제하고 통제할 것을 강조한다. 이러한 사실은, 능동적 주체자로 인간을 파악하는 유학의 체계는 동아시아 사회에 집단주의 문화가 형성되는 배경으로 작용하였음을 시사한다.

(3) 변화가능성 : 자기 성찰과 자기개선 강조

유학사상에서 무한한 가능체로 인간을 파악하는 시각은 사람이 본디부터 도덕적 인식과 행위의 능력을 갖춘 존재라는 사실에 대한 주체적 자각에서 나오는 것이다. 이는 관계에 따른 역할의 연쇄망 속에서 상대방과 맺는 관계가 달라짐에 따라 변화하는 역할과 의무를 충분히 인식하여 수행할 수 있는, 인간의 가변성에 대한 믿음의 근거가 된다. 뿐만 아니라, 이는 자기의 단점과 잘못을 적극적으로 확인하여 고침으로써 자기개선을 이룰 수 있는 존재라는 인간 존재의 가소성에 대한 믿음의 근거이기도 하다. 따라서 이러한 무한한 가능체로 인간을 파악하는 관점에서는 상황에 따른 인간

의 가변성을 강조하고, 자기 성찰과 자기개선을 위한 노력을 중시하는 태
도가 나오게 된다. 이러한 점은 행위의 변이가능성 차원에서 상황의 변화
가 있더라도 한결같은 안정성을 강조하여, 일상생활에서 안정적이고 긍정
적인 특성을 확충함으로써 자기를 고양하는 일이 자기 향상의 방안이라고
보는 개인주의 문화와는 달리, 상황에 따른 가변성을 강조하여 자기의 단
점이나 부정적 특성을 확인하고 고쳐나가는 자기 성찰과 자기개선을 자기
향상의 방안으로 여기는 집단주의 문화의 관점과 같은 것이다.

대인평가   유학사상에서는 인간을 능동적이고 주체적인 가능체로 본다.
따라서 유학사상만큼 교육의 중요성을 인식하고 강조하고 있
는 사상체계도 드물 것이다. 이는 선진유학 때부터 내려오는 유학의 전통
이라고 볼 수 있다. 유학사상에서 이렇게 배움과 가르침을 중요하게 여긴
다는 것은 유학자들이 대인평가에서 자기 성찰과 자기개선의 노력을 강조
한다는 사실을 의미한다. 이는 무한한 가능체로 인간을 파악하는 유학사상
의 관점에서 나오는 대인평가의 차원이다.

공자는 스스로를 "배우기 좋아하는 사람"(《論語》, 〈公冶長〉 27) 또는 "가
르치기를 게을리 하지 않는 사람"(〈述而〉 33)이라고 자평하여 교육의 중요
성을 역설하면서, 이렇게 배우기를 좋아하는 증거로 "노여움을 다른 대상
으로 옮기지 않고[不遷怒], 같은 잘못을 두 번 저지르지 않는 일[不貳過]"
을 들고 있다(〈雍也〉 2). 곧 그는 잘못을 알아서 고치는 일이 바로 스스로
를 개선하는 지름길임을 거듭 역설하고 있는 것이다(〈學而〉 8 ; 〈里仁〉 17 ;
〈雍也〉 2 ; 〈述而〉 21 ; 〈子罕〉 24 ; 〈顔淵〉 4 ; 〈衛靈公〉 29 등). 그러나 이렇게
잘못을 고치는 일은 매우 어려운 일이어서,[121] 군자와 소인의 구별은 잘못
을 고치느냐 아니면 이를 고치지 않고 꾸미느냐에 달려 있다[122]고 공자는
본다. 이렇게 자기를 성찰하여 잘못을 고침으로써 항상 자기개선을 이루려

---

121) 子曰 已矣乎 吾未見能見其過而內自訟者也(《論語》, 〈公冶長〉 26)

122) 子曰 人之過也 各於其黨 觀過 斯知仁矣(〈里仁〉 7) ; 子路有聞 未之能行 唯恐有聞
    (〈公冶長〉 13) ; 子夏曰 小人之過也 必文(〈子張〉 8)

노력하는 자세,123) 이것이 유학사상에서 끌어낼 수 있는 또 다른 대인평가
의 기준이다.

오늘날 쓰이는 교육이란 말은 《맹자》의 〈진심상(盡心上)〉 20장(得天下
英才而敎育之 三樂也)에 처음 나올 정도로 맹자도 교육을 중요하게 여겼다.
그에 따르면, 인간이란 결코 완선(完善)의 상태로 태어나는 것이 아니라,
다만 착하게 될 수 있는 싹을 지니고 있을 뿐이며, 이러한 점을 스스로 깨
달아 착하게 될 수 있는 가능성을 갖춘 존재일 따름이다.124) 여기에서 바로
인간이 본래 선성(善性)을 갖추고 있는데도 교육이 필요한 까닭을 만날 수
있다. 곧 "진실로 잘 기르면 어떠한 것도 자라지 않는 것이 없고, 진실로
잘 기르지 못하면 어떠한 것도 소멸되지 않는 것이 없기"125) 때문에, 사람
에게 본래 갖추어져 있는 선성의 싹이 환경조건이나 물욕(物欲)에 가려져
사라지지 않도록 해야 한다는 데서 교육의 필요성이 나오는 것이다.

이렇게 교육, 곧 가르침과 배움을 통하여 사람은 누구나 태어날 때부터
갖추고 있는 착한 품성을 회복하여 자기개선을 이루어야 한다는 것이 맹자
교육론의 핵심이다. 맹자도 공자와 마찬가지로 잘못을 고쳐 자기개선을 이
루는 일을 중시하고 있으며(〈公孫丑上〉 9 ; 〈告子下〉 15), 이러한 자기개선
의 방법이 곧 가르침과 배움이라는 것이다. 이렇게 잘못의 수정과 자기개
선은 《맹자》에서도 강조하는 대인평가의 또 다른 기준이다.

순자는 천인관계론(天人關係論)에서 천인지분(天人之分)을 나누고(《荀
子》, 〈天論〉 30, 33), 이 가운데 사람에게 고유한 직분을 충실히 수행하여
참어천지(參於天地)할 수 있다고 보고 있는데(〈天論〉 21~23, 28 ; 〈禮論〉
24~25 ; 〈富國〉 11), 인성론(人性論)에서도 인간의 주체적인 노력인 위
(僞)를 통해 성위지분(性僞之分)의 상태에서 성위지합(性僞之合)을 이룰
수 있다고 본다(〈榮辱〉 31~32 ; 〈儒效〉 36 ; 〈正名〉 2 ; 〈性惡〉 2~3, 13~

---

123) 子曰 見賢思齊焉 見不賢而內自省也(〈里仁〉 17) ; 子曰 三人行 必有我師焉 擇其善者
而從之 其善者而改之(〈述而〉 21) ; 子曰 內省不疚 夫何憂何懼(〈顏淵〉 4)

124) 乃若其情 則可以爲善矣 乃所謂善也 若夫爲不善 非才之罪也(《孟子》, 〈告子上〉 6)

125) 苟得其養 無物不長 苟失其養 無物不消(〈告子上〉 8)

14). 곧 주체적이고도 능동적인 노력을 통해 스스로 본래부터 갖추고 있는 가능태가 현실태로 바뀌게 하는 것, 이것이 바로 화성기위(化性起僞), 곧 성위지합의 요체라고 보는 것이 순자 인성론의 핵심이다.[126]

  이렇게 화성기위하는 인위적 노력의 핵심은 바로 배움과 수신이다. 이러한 사실은 《순자》 32편 가운데 첫 머리가 〈권학(勸學)〉과 〈수신(修身)〉이라는 점에서도 곧바로 드러난다. 배움과 수신을 통해 악으로 흐르기 쉬운 본성을 교정하고 순화함으로써 자기 본성을 이루는 일, 그렇게 하여 지혜가 밝아지고 행실에 잘못이 없게 하는 일(〈勸學〉 2)이 삶의 이상적 자세라는 것이 바로 순자의 인성론과 성인론의 요지이다. 이렇게 잘못을 고쳐 자기개선을 이루기 위해 노력하는 일은 《순자》에서도 대인평가의 또 다른 중요한 기준으로 대두된다.

정 서 유학사상에서도 사단과 같이 재기자에 속하는 타인과 규범 중심의 정서는 적극 권장하는 대신, 칠정과 같이 재천자·재인자에 속하는 자아 중심의 정서는 적극 억제해야 한다는 태도를 견지한다. 이렇게 정서를 통제하고 조절함으로써 평온한 마음을 가지는 일은 군자의 경지에 나아갈 수 있는 지름길로,[127] 이러한 감정의 통제와 조절은 군자가 언행을 일치시키거나,[128] 자기 잘못을 고쳐(《論語》, 〈述而〉 3), 자기개선을 이루는(〈學而〉 16 ; 〈里仁〉 14 ; 〈憲問〉 32 ; 〈衛靈公〉 18) 근본이 된다. 이는 공자의 다음과 같은 말에서 잘 드러난다.

---

126) 無性則僞之無所加 無僞則性不能自美 性僞合 然後成聖人之名 一天下之功 於是就也 故曰 天地合而萬物生 陰陽接而變化起 性僞合而天下治(《荀子》, 〈禮論〉 24) ; 聖人積思慮 習僞故 以生禮義 而起法度 …… 故聖人化性而起僞 僞起而生禮義 禮義生而制法度 然則禮義法度者 是聖人之所生也(〈性惡〉 6~7)
127) 君子不憂不懼(《論語》, 〈顏淵〉 4) ; 君子 …… 嘉善而矜不能(〈子張〉 3) ; 君子矜而不爭(〈衛靈公〉 21) ; 憂道不憂貧(〈衛靈公〉 31) ; 君子泰而不驕 小人驕而不泰(〈子路〉 26) ; 君子 …… 泰而不驕(〈堯曰〉 2) ; 君子坦蕩蕩 小人長戚戚(〈述而〉 36)
128) 子曰 古者言之不出 恥躬之不逮也(〈里仁〉 22) ; 行己有恥(〈子路〉 20) ; 子曰 君子恥其言之過其行也(〈憲問〉 29)

사마우(司馬牛)가 군자에 대해 여쭙자, 공자께서 "군자는 걱정하거나 두려
워하지 않는다"고 대답하셨다. 사마우가 다시 "걱정하지도 않고 두려워하지도
않으면, 그런 사람을 군자라 부를 수 있단 말씀입니까?" 하고 여쭙자, 공자께서
는 "안으로 살펴보아 잘못이 없는데, 무엇을 걱정하며 또 무엇을 두려워하겠느
냐?"고 대답하셨다.[129]

이렇게 자기 잘못을 고쳐 자기개선을 이루면, 마음이 평온해져서 정서적
안정이 이루어지므로, 걱정할 것도 없고 두려워할 것도 없게 된다고 공자
는 보았다.

이상에서 보듯이, 정서 유발의 조건이 자기의 수양에 달려 있는 타인·
규범 중심의 정서를 권장하고, 그 유발 조건이 상황이나 타인에게 달려 있
는 자아 중심의 정서에 대한 억제를 강조하며, 이러한 정서의 조절과 통제
를 통해 자기개선을 이루고, 결과적으로 정서적 안정을 취하는 일이 군자
가 되는 길이라고 보는 것이 바로 공자 정서설의 핵심이다.

맹자와 순자도 마음에 내재한 '사단'과 '부끄러워함(恥)' 같은 정서는 잘
기르고 보존해야 하지만, 외적 근원을 갖는 칠정 같은 자아 중심의 욕구와
감정은 조절하고 통제함으로써 자기개선을 이루고, 결과적으로 정서적 안
정을 꾀해야 한다는 정서이론을 가지고 있다. 이렇게 정서의 조절과 통제
가 자기개선을 이루는 핵심적인 방법이 된다는 견해는 선진유학에서뿐만
아니라, 성리학의 체계에도 이어지는 유학사상의 근본적인 시각이다. 성리
학자들은 이렇게 정서의 조절과 통제가 이루어져 자기개선에 이르는 길을
거경(居敬)에서 찾는데(김성태, 1976, 1989 ; 정양은, 1970 ; 한덕웅, 1994),
이러한 거경은 심적 자기 조절이 이루어지는 전체 과정으로서(한덕웅,
1994), 정서의 승화(조절과 통제)를 통해 자기개선에 이르는 핵심 과정인
것이다.

---

129) 司馬牛問君子 子曰 君子不憂不懼 曰 不憂不懼 斯謂之君子矣乎 子曰 內省不疚 夫何
憂何懼(〈顔淵〉 4)

동 기 유학자들은 재기자인 도덕적 동기는 적극 권장하지만, 재천자·재인자인 생물적, 감각적, 이기적, 사회비교적 동기들은 억제할 것을 주장하는 공통된 동기설을 가지고 있다. 그런데 이러한 동기들은 단순히 억제하기만 할 것이 아니라, 도덕적 동기에 따라 제어되거나 인도되어야 한다는 것이 유학자들의 태도이다.

《논어》에서 이러한 태도는 "군주를 섬길 때에는 자기 직무를 성실히 하고(도덕적 동기가 기본적이고), 식(食)은 뒤로 미루어야 한다"[130]거나, "군자는 도(道 : 도덕적 동기)를 꾀하지 식(食 : 생존 동기·이기적 동기)을 꾀하지 않는다. …… 군자는 도(도덕적 동기의 충족)를 걱정하지 빈곤(생존 동기·이기적 동기의 불충족)을 걱정하지 않는다"[131]는 말에서 곧바로 드러난다. 그러나 "생존 동기[食]의 충족은 도덕적 동기[喪祭]의 충족과 마찬가지로 사람들의 삶에서 소중한 것"[132]이고, 어떤 면에서 생존동기는 도덕적 동기보다 더 강한 것[133]이기 때문에, 도덕적 동기에 따라 나머지 동기들을 제어하는 일은 상당히 어려워진다. 더욱이 이러한 도덕적 동기는 그 자체가 실현하기 어려운 것이라는 사실[134]이 동기 제어의 문제를 더욱 복잡하게 만드는 요인이 된다.

그러나 이러한 도덕적 동기는 내재적으로 통제할 수 있는 동기이기 때문에, 이는 스스로 하는 노력에 따라 충족되는 것이다(《論語》, 〈雍也〉 28 ; 〈顔淵〉 1). 따라서 사람들은 끊임없는 노력을 통해 도덕적 동기를 실현하여[135] 인(仁)을 체현해야 하며, 이것이 바로 이상적 인간의 삶의 태도이다. 이러한 이상적 인간은 모든 동기가 도덕적 동기에 따라 제어되어 "언제나 마음이 바라는 대로 행하여도 도리에 어긋나지 않는"(從心所欲 不踰矩)[136] 상

---

130) 子曰 事君 敬其事 而後其食(《論語》, 〈衛靈公〉 37)

131) 子曰 君子謀道 不謀食 …… 君子憂道 不憂貧(〈衛靈公〉 31)

132) 所重民食喪祭(〈堯曰〉 1)

133) 吾未見好德如好色者也(〈子罕〉 17 ; 〈衛靈公〉 12)

134) 子貢曰 我不欲人之加諸我也 吾亦欲無加諸人 子曰 賜也 非爾所及也(〈公冶長〉 11)

135) 君子去仁 惡乎成名 君子無終食之間違仁 造次必於是 顚沛必於是(〈里仁〉 5)

136) 七十而從心所欲 不踰矩(〈爲政〉 4)

태, 곧 도덕적 동기의 상태로 승화된 경지에 이른 사람으로 볼 수 있다는
것이 《논어》에서 끌어낼 수 있는 동기론의 또 다른 특징이다.

맹자도 도덕적 동기에 따라 여러 동기가 제어되어 동기의 승화가 이루어
진 상태를 "할 일만 행하고 해서는 안 될 일은 하지 않으며, 바랄 것만 바
라고 바라서는 안 될 것은 바라지 않는 경지"[137]로 보고, 이러한 경지에
이르게 되면 "인의(仁義 : 도덕적 동기)에 배가 불러서 맛있는 음식(생물
적, 이기적 동기)을 더 이상 바라지 않게 된다"[138]고 봄으로써, 공자와 같
은 견해를 펴고 있다.

순자도 공·맹의 관점을 이어받고 있는데, 그는 이를 생물적, 이기적 욕
구를 절제하는 절욕(節欲)과 도덕적 동기에 따라 생물적, 이기적 욕구를
제어하는 도욕(道欲)으로 나누어 제시하고 있다.[139] 이러한 절욕과 도욕은
예(禮)로써 가능한데, 예에 따른 욕구의 조절과 제어가 곧 절욕과 도욕이
라는 것이 순자의 생각이다.

> 눈으로 하여금 예가 아니면 보려 하지 않게 하고, 귀로 하여금 예가 아니면
> 들으려 하지 않게 하며, 입으로 하여금 예가 아니면 말하려 하지 않게 하고,
> 마음으로 하여금 예가 아니면 생각하려 하지 않게 해야 한다.[140]

이렇게 되면, 예를 무엇보다도 좋아하게 된다[141]고 순자는 보는데, 이것

---

137) 無爲其所不爲 無欲其所不欲 如此而已矣(《孟子》,〈盡心上〉17)

138) 飽乎仁義也 所以不願人之膏粱之味也(〈告子上〉17)

139) 凡語治而待去欲者 無以道欲 而困於有欲者也 凡語治而待寡欲者 無以節欲 而困於多
欲者也 …… 欲不待可得 而求者從所可 欲不待可得 所受乎天也 求者從所可 所受乎
心也 …… 心之所可中理 則欲雖多 奚傷於治 …… 心之所可失理 則欲雖寡 奚止於
亂 故治亂在於心之所可 亡於情之所欲 …… 欲雖不可盡 可以近盡也 欲雖不可去 求
可節也(《荀子》,〈正名〉19~22)

140) 使目非是無欲見也 使耳非是無欲聞也 使口非是無欲言也 使心非是無欲慮也(〈勸
學〉21 : 여기서 '是'는 사람의 正道, 곧 禮를 말하는데, 이는 《論語》의〈顏淵〉1장의
非禮勿視 非禮勿聽 非禮勿言 非禮勿動과 같은 맥락이다.)

141) 及至其致好之也 目好之五色 耳好之五聲 口好之五味 心利之有天下(〈勸學〉21)

이 바로 동기의 승화가 이루어진 상태라 볼 수 있을 것이다. 또 이와 같이 하여 "도가 욕구를 제압하면, 항상 즐거워서 혼란스럽지 않을"[142] 뿐만 아니라, 자기를 소중히 하여 사물을 부리는 상태〔重己役物〕가 이루어진다[143]고 순자는 본다. 이렇게 예에 따른 욕구의 제어가 곧 동기의 승화라는 것이 바로 예론(禮論)에 담긴 순자의 동기론의 핵심이다.

도덕적 동기에 따라 여러 동기를 제어해야 한다는 생각은 선진유학자들뿐만 아니라 성리학자들의 인심도심설의 핵심이기도 하다. 성리학자들은 인심, 곧 사적인 욕구의 폐단에서 벗어나는 일은 단순히 이를 억제하거나 절제하는 수준에만 머물러서는 안 되고, 도심(도덕적 동기)으로 이를 제어함으로써, 도심이 주재하도록 해야 한다고 주장한다. 이를 퇴계와 율곡은 각각 다음과 같이 말하였다.

인심이란 도심과 상대해서 성립하는 것으로, 자기 몸의 이기적 측면에 속한 것이니, 이렇게 인심은 이미 이기적인 한 방향에 떨어져 있는 것이기 때문에, 다만 도심의 명령을 들어서 도심과 하나가 되도록 해야 한다.[144]

마음을 다스리는 사람은 어떤 생각이 일어날 때에 이것이 인심임을 알게 되면, 정밀하게 잘 살펴, 반드시 도심을 가지고 이를 제어함으로써, 인심이 항상 도심의 명령을 따르도록 해야 한다. 이렇게 되면, 인심도 또한 도심이 될 것이다.[145]

---

142) 以道制欲 則樂而不亂(〈樂論〉 7)
143) 心平愉 則色不及傭 而可以養目 聲不及傭 而可以養耳 …… 故無萬物之美 而可以養樂 無勢列之位 而可以養名 如是而加天下焉 其爲天下多 其和樂少矣 夫是之謂重己役物(〈正名〉 27~28 : 王先謙의 《荀子集解》에서는 '傭'을 '備'의 誤字, 그리고 '和樂'을 '私樂'의 誤字로 보고 있다.)
144) 人心之名 已與道心相對而立 乃屬自家體段上私有底 蓋旣曰私有 則已落在一邊了 但可聽命於道心而爲一(答李平叔 849, 〈書〉, 《退溪全書上》)
145) 治心者 於一念之發 …… 知其爲人心 則精而察之 必以道心節制 而人心常聽命於道心 則人心亦爲道心矣(人心道心圖說 282~283, 〈說〉, 《栗谷全書》)

이렇게 도심에 따라 인심을 제어하게 되면, "상호의존적, 대인관계 지향적인 도심"(한덕웅, 1994, p. 37)으로 통합되는 동기의 승화가 이루어진다는 것이 퇴계와 율곡을 비롯한 성리학자들의 주장이다. 이들은 도심에 따른 인심의 제어, 그리고 그 결과 이루어지는 동기의 승화 과정은 거경(居敬)에 힘입어 이루어진다고 본다. 따라서 조선조 성리학자들의 수양론의 중추인 거경은, 개인적, 자기 중심적 감정과 동기를 비롯하여 마음을 어지럽히는 요소들을 조절하고 제어하는 핵심 방법론이라고 볼 수 있다.

변화가능성 차원의 유학적 심성 이해 종합

인간을 무한한 가능체로 보는 유학사상의 시각에서 보면, 군자나 성인은 자기 성찰을 통하여 자기의 단점과 잘못을 찾아, 이를 고쳐나가려는 자기개선의 노력을 끊임없이 하는 사람들이다. 이들은 이러한 노력을 통해 '칠정'과 같은 자기 중심의 정서를 억제하고 통제하여, '사단'과 같은 타인 및 규범 중심의 정서가 지배적인 정서가 되도록 노력해야 한다. 그리고 유학사상에서는 생물적, 이기적 동기를 제어함으로써, 도덕적 동기가 지배적인 동기 상태가 되도록 주체적으로 노력하는 것이 바른 삶의 자세라고 여긴다. 곧 자기의 통제와 개선을 통한 자기 향상이 인간 삶의 이상이라고 보는 것이 유학사상의 핵심이다. 이러한 유학사상에서 끌어낼 수 있는 변화가능성(자기 향상의 방안) 차원의 대인평가·정서·동기의 내용을 요약하면, 〈표 5-3〉과 같다.

이 표와 2장에서 제시한 〈표 2-5〉의 내용을 연결지어 보면, 자기 장점의

〈표 5-3〉 변화가능성 차원의 유학적 심성 이해 종합

심성·행동 측면	유학사상에서 강조하는 내용
대인 평가	자기 성찰과 자기개선 강조
정　　서	정서의 조절·통제를 통한 자기개선 강조
동　　기	동기의 변용과 승화 지향

확인과 확충을 자기 향상의 통로로 보아, 스스로 가지고 있는 부적(負的) 특성을 부정하고 부적인 정서는 적극 회피하려는 개인주의 사회와는 달리, 집단주의 사회와 유학사상에서는 자기 단점의 확인과 개선은 자기 향상의 통로라고 봄으로써, 스스로 지닌 단점을 어렵지 않게 수용하고, 부적 정서에 대한 수용도도 높아진다. 이는 인간의 일관적 안정성을 강조하는 개인주의 문화와 상황가변성을 강조하는 집단주의 문화 또는 유학사상에서 나오는 당연한 결과이다. 이러한 사실은 무한한 가능체로 인간을 파악하는 유학의 체계는 동아시아 사회에 집단주의 문화가 생겨나는 사상적 배경이 되어왔음을 시사한다.

3) 동아시아 집단주의의 배경 : 유학사상

지금까지 한국·중국·일본으로 대표되는 동아시아 유교권 국가들에 집단주의 문화가 생겨난 배경에는 유학사상이 놓여 있음을 살펴보았다. 이들 국가에서는 근세까지도 유학사상을 국가 경영의 최고 이념으로 널리 받들어온 공통점이 있다. 물론 일본의 경우는 한국이나 중국과 사정이 조금 다르기는 했지만, 최고 권력자 집단이 유교 장려책을 썼다는 점은 공통된다. 이들 동아시아 국가들에서 유학은 과거의 전통만은 아니다. 유학사상은 현재도 동아시아인들의 생각과 행동 및 가치관의 중추가 되고 있다. 곧 동아시아인들의 삶을 지배하고 있는 이러한 "마음의 유교적 습성들"(Tu Wei-Ming, 1996)은 이들의 현재의 삶을 지배하고 있는 현실의 체계인 것이다.

유학은 인간이 도덕적, 사회적 존재라는 사실을 기반으로 하여[人性論], 이러한 인간이 이를 수 있는 이상적 상태[君子論·聖人論]를 정립한 다음, 이러한 이상적 인간이 되는 길[修養論]과 이러한 이상적 인간의 사회적 삶의 모습[道德實踐論·禮論]을 제시하고 있는 이론체계이다. 이러한 유학사상의 정수는 인성론과 그 이상적 지향처라 할 성인론·군자론에 있다. 이렇게 보면, 유학의 체계는 인간의 존재론적 특성을 기반으로 하여, 그 이상적 모형인 성인과 군자가 되기 위한 '인간 존재의 확대'를 지향하고 있는 사상체계라고 하겠다.

유학자들이 이렇게 인간의 존재 확대를 부르짖는 논리적 근거는 그들이 인간을 파악하는 기본틀에 있다. 유학 경전 전체를 꿰뚫고 있는 인간 파악의 기본 시각은 대체로 세 가지 정도로 요약할 수 있는데, 이는 인간을 사회적 관계체, 능동적 주체자, 그리고 무한한 가능체인 존재로 파악한다는 것이다. 곧 인간은 개체로서 지니는 존재가치를 뛰어넘어 관계를 맺고 있는 타인과 그들로 이루어진 사회에 대한 책임을 스스로 짊어지고 실천해야 하는 존재로써, 능동적, 주체적으로 존재 확대를 이루어낼 수 있는 무한한 가능성을 갖고 있다는 것이다.

이렇게 유학자들은 인간 존재의 기본 특성을 사람과 사람 사이의 관계라는 사회성에서 찾고 있다. 곧 사회적 관계체로 인간의 존재 특성을 규정하는 것이 유학사상에서 끌어낼 수 있는 인간 파악의 가장 기본적인 관점이다. 말하자면, 인간이 지니고 있는 도덕적 바탕은 바로 이러한 인간 존재의 사회성에서 연유한다는 관점이 유학사상의 핵심인 것이다.

유학사상에서 강조하는 인간의 능동성과 주체성, 그리고 가변성과 가능성도 인간의 사회성과 도덕성에 대한 인식을 바탕으로 하는 것이다. 곧 스스로에게 본래부터 모든 도덕성의 근거가 갖추어져 있으므로, 이를 잃지 말고 잘 간직하고 길러서 일상생활에서 실천하는 것이 능동적, 주체적인 삶의 자세라는 것이 유학사상의 기본 관점이다. 따라서 능동적, 주체적, 가능체적 존재로서 인간을 파악하는 관점은 사회적 관계체로 인간을 보는 태도에서 연역되어 나오는 시각이라 할 수 있다. 이렇게 유학사상의 여러 특징의 배경에는 사회성을 강조한다는 사실이 놓여 있으며, 바로 이 점이 유학사상의 전통을 가지고 있는 동아시아 사회에 집단주의 문화가 생겨난 바탕인 것이다.

2장에서, 사회행위의 원동력과 목표(주의의 초점), 자기 표현의 양식(통제 대상) 및 행위의 변이가능성(자기 향상의 방안)이라는 세 차원에서 자율성·독립성·자기 주장·안정성을 강조하는 개인주의 사회와는 달리,

집단주의 사회에서는 연계성·조화성·자기 억제·가변성을 강조하고 있음을 살펴보았다. 이러한 세 차원은 위에서 제시된 유학사상에서 도출되는 인간 파악의 세 관점과 관련이 깊다.

사회적 관계체로 인간을 보는 관점은 사회행위의 원동력을 사회관계 속의 역할과 의무로 보고, 모든 사회행위의 목표를 사회관계의 질서와 조화의 추구라고 본다. 이는 사회행위의 원동력과 목표 차원에서 연계성을 강조하는 집단주의 문화의 관점과 같다. 이러한 시각에서 보면, 군자나 성인은 자기를 닦는 수기와 함께, 타인과 사회에 대한 관심을 가지고, 이를 앞서 배려하는 특징을 가진 사람들이다. 따라서 이들의 주의는 자기 자신보다는 관계를 맺고 있는 타인이나 사회에 쏠려 있으며, 결과적으로 대인평가의 기준을 타인과 사회에 대한 관심과 배려에서 찾는다. 이러한 경향은 곧바로 '사단'과 '부끄러워함' 같은 타인과 규범을 참조대상으로 하는 타인 중심의 정서를 강조하고 권장하는 태도를 낳는다. 또한 사회를 배려하는 경향은 다양한 동기들 가운데 도덕적 동기, 곧 그 충족 조건이 스스로 하는 도덕적 수양에 달려 있으며, 자신보다 타인과 사회를 지향하는 동기를 중시하고 권장하는 경향으로 이어진다. 이렇게 유학사상에서 사회적 관계체로 인간을 보는 관점에서는 행위 원동력과 목표에 바탕을 둔 주의의 초점 차원 가운데 집단주의 문화의 특징(사회행위의 원동력 = 관계의 연쇄망에 따른 역할·의무 ; 사회행위의 목표 = 연계성·조화성 ; 주의의 초점 = 타인과 사회)과 일치하는 특징이 도출된다. 이와 같이 사회적 관계체로 인간을 파악하는 유학의 체계는 이를 사상적 배경을 삼아온 동아시아 사회에 집단주의 문화가 형성되는 기반이 되어왔던 것이다.

능동적 주체자로 인간을 보는 관점은 모든 도덕적 바탕이 본디부터 사람 속에 갖추어져 있으므로, 모든 사회행위의 원인을 자기 내부로 되돌려 자기 속에 침잠할 것을 강조한다. 이는 자기 표현 양식의 차원에서 자기 억제를 강조하는 집단주의 문화의 관점과 통한다. 이러한 시각에서는, 모든 것이 도덕 주체인 자기 자신에게 달려 있다고 봄으로써, 항상 모든 일의 책임과 원인을 스스로에게 돌려서 찾는다. 그리고 사회와 대인관계에서 질서와 조화를 유지하는 것(모든 사회행위 목표)도 자기 자신에게 달려 있으므로, 통제해야 할 대상을 외부 환경조건이 아니라 자기 자신에게서 찾고, 결과적으로 항상 자기를 억제할 것을 강조한다. 이러한 자기 억제와 자기 통제를 중시하는 경향은 특히 정서와 동기의 측면에서 두드러진다. 곧 유학사상에서는, 그 유발 조건이나 충족 조건이 외부 상황에 달려 있어서, 스스로 하는 도덕적 수양에 방해가 되는 '칠정'과 같은 자기 중심의 정서나 생물적, 이기적 욕구는 적극적으로 억제하고 조절해야 한다고 본다. 이와 같이 능동적 주체자로 인간을 보는 유학사상의 관점에서는 자기 표현의 양식에 바탕을 둔 통제 대상의 차원 가운데 집단주의 문화의 특징(자기 표현의 양식 = 자기 억제 ; 통제 대상 = 자기 자신)과 일치하는 특징이 도출된다. 이렇게 능동적 주체자로 인간을 파악하는 유학체계에서도 동아시아 사회에 집단주의 문화가 형성된 배경 가운데 하나를 찾아볼 수 있는 것이다.

마지막으로, 무한한 가능체인 존재로 인간을 보는 관점은, 관계에 따른 역할의 연쇄망 속에서 관계가 달라짐에 따라 변화하는 역할을 충실히 수행할 수 있는 인간의 가소성을 강조한다. 이는 행위의 변이가능성 차원에서 상황에 따른 가변성을 강조하는 집단주의 문화의 관점과 맥을 같이 하는 것이다. 이러한 시각에서 보면, 인간은 항상 자기를 돌아봄으로써 자기의 단점과 잘못을 찾아, 이를 고쳐나가려는 자기개선의 노력을 끊임없이 해야 하는 존재이다. 따라서 자기 성찰과 자기개선이 대인평가의 중요한 기준으로 나타난다. 또한 유학사상에서는, 사람은 끊임없는 자기개선의 과정에서 '칠정'과 같은 자기 중심의 정서와 생물적, 이기적 동기를 억제하고 통제하여, '사단'과 같은 타인·규범 중심의 정서와 도덕적 동기가 지배적인 정서와 동기가 되도록 노력함으로써, 자기개선을 통한 자기 향상이 이루어지도록 해야 한다고 본다. 이렇게 유학사상에서 무한한 가능체로 인간을 보는 관점에서는, 행위의 변이가능성과 자기 향상의 방안 차원에서 집단주의 문화의 특징(상황에 따른 변이가능성 = 가변성 ; 자기 향상의 방안 = 자기개선)과 부합하는 특징이 도출된다. 이와 같이 무한한 가능체로 인간을 파악하는 유학의 체계도 동아시아 사회에 집단주의 문화가 형성된 사상적 배경으로 작용해 왔던 것이다.

지금까지 보아왔듯이, 집단주의 문화에서 특징으로 나타나는 세 차원의 강조점과 유학사상에서 도출되는 인간 파악의 세 관점은 서로 맞닿아 있다. 뿐만 아니라, 유학사상에서 끌어낼 수 있는 대인평가·귀인·정서·동기의 이론체계는 집단주의 문화에서 두드러진 대인평가·귀인·정서·동기의 내용과 일치하는 것으로 드러난다. 이러한 사실들은 모두 유학사상이 동아시아 지역에 집단주의 문화가 형성되는 배경이 되어왔음을 드러내는 것이다.

유학사상의 이상적 인간형론

"서양에서는 플라톤에서부터 심성(心性)을 삼분하는 사상이 발달하여, 칸트에 이르러 지(知)·정(情)·의(意)를 삼분하는 이론이 철학의 형이상 학에 우세"(정양은, 1986, p. 11)하게 되었고, 이러한 전통에 따라 "지적 체 험, 정적 체험, 의지적 체험을 각각 독립된 심적 단위로 구분하여"(정양은, 1970, p. 78) 연구하는 심리학이 발달하였다. 곧 서구의 현대심리학은 전통 적으로 인간의 심성을 지·정·의의 삼분체계로 파악하는 태도를 바탕으 로 성립하고 있다(Hilgard, 1980). 현대심리학에서는 이들 각각을 인지·정 서·동기로 연구해 오고 있으며(Parkinson & Colman, 1995), 이 세 체계 사 이의 관계에서도 인지우월론(認知優越論)의 관점에서(정양은, 1970, 1976, 1986 ; Parkinson & Colman, 1995) 정서나 동기체계는 부차적인 체계이거나 인지체계에 힘입어 생겨나는 하위체계라고 보는 관점(Lazarus, 1982, 1984 ; Weiner, 1974)이 주조를 이루어왔다. 비록 최근에 이에 대한 반론(Zajonc, 1980, 1984, 1998)이 나오고, 또한 동기와 정서가 인지에 미치는 영향이 매 우 크다는 사실이 밝혀지고 있지만(조은경, 1994 ; Fiske & Taylor, 1991), 아 직까지 지적 체계와 과정을 중심으로 인간을 보는 견해가 서구심리학을 지 배하고 있다는 사실은 부인하기 힘들다(정양은, 1995, 2003 ; Kunda, 1990).

유학사상에서 보는 심리구성체론은 이와는 다르다(조긍호, 1990, 1995, 1998a). 유학의 심리구성체론은 인성론(人性論)으로 구체화되고 있는데,[1]

---

1) 전통적으로 유학의 인성론은, 동물과 다른 인간의 독특한 본성이 착한지 아니면 악 한지 하는 문제에 따라 고찰되어 왔다. 그러나 이 책에서는 그러한 선·악의 관점을 떠나, 유학사상에서 인간의 심성에 본유하는 것으로 여기는 특성은, 그것이 동물적 인 근거를 가지든 아니면 인간에게만 고유한 것이든 상관없이, 모두 인간의 본성이

인성론의 주춧돌을 놓고 완성한 유학자는 맹자와 그에 이은 순자라고 볼 수 있다(김충렬, 1982 ; 馮友蘭, 1948/1977). 이들도 인간의 심성에 지·정·의의 요소가 갖추어져 있다고 보는 점은 서양 철학자들과 마찬가지다. 그러나 유학자들은 이 밖에 사단(四端)과 도덕적 행위 능력[良能·能] 같은 도덕성의 바탕이 인간의 심성에 본래부터 갖추어져 있다고 본다. 곧 덕(德)·지·정·의라는 사분체계로 인간을 보는 것이 유학사상에서 나타나는 심리구성체론의 특징이다.

유학사상에서는 이 네 체계 가운데 덕을 중심으로 나머지 요소가 통합될 것을 강조하는 덕성우월론(德性優越論)의 관점을 견지한다. 이는 유학이 성덕(成德)을 지향하는 체계라는 점에서 당연한 논리적 귀결이다. 곧 유학사상에서는 인간이 가진 생물적, 이기적 욕구와 감정체계를 지양하고, 스스로가 도덕 주체임을 깨달아, 일상생활에서 도덕성을 실천하는 것이 인간 삶의 이상이라고 보고 있다. 이렇게 스스로 갖추고 있는 도덕성에 대한 인식과 이의 실천이 유학적 삶의 모습이고, 이러한 삶의 이상적 표본이 바로 군자(君子) 또는 성인(聖人)인 것이다.

이와 같이 유학사상에서 도덕성의 인식과 실천은 하나로 통합되는 것이고, 이는 결국 이상적 인간이 되는 데서 핵심을 이루는 심리구성체이다. 이러한 배경에서 이 장에서는 우선 맹자와 순자의 인성론을 통해 유학사상에서 이끌어낼 수 있는 심리구성체론의 특징, 특히 인간 심성에서 차지하는 도덕적 인식과 실천 능력의 위상에 대해 간단히 살펴본 다음, 군자론·성인론을 중심으로 유학사상에서 제시하는 이상적 인간의 특징과 그 발달 과정에 대해 고찰해 보기로 하겠다.

라 보는 관점에서 인성론을 고찰하고자 한다. 말하자면, 이 책에서 인성론은 인간의 심리구성체론과 '같은 의미를 내포하는 개념이라고 볼 수 있다.

1. 유학의 인성론과 그 심리학적 함의

유학의 체계는 인성론을 바탕으로 성립되었다고 할 수 있는데(김충렬, 1982), 이러한 인성론은 맹자와 순자에 힘입어 본격적으로 전개되고 있을 뿐, 공자는 이에 대해 뚜렷한 견해를 밝히고 있지 않다. 이는 본래 갖추고 태어나는 인간의 본성을 일컫는 성(性)이 《맹자》에서는 35회,[2] 《순자》에서는 92회[3]나 쓰이고 있지만, 《논어》에서는 오직 2회[4]만 쓰이고 있을 뿐이라는 사실에서 잘 드러난다. 공자가 직접 성에 대해 말한 것은 "사람의 본성[性]은 대체로 비슷하지만, 익히는 바[習]에 따라 서로 달라진다"[5]는 것뿐이고, 제자들과 나눈 대화에서는 이에 대해 거의 언급하지 않았다. 자공(子貢)은 "선생님의 문장은 들을 수 있었지만, 선생님께서 성과 천도(天道)에 대해 말씀하시는 것은 들을 수 없었다"[6]고 하여, 공자가 인간의 본성에 대한 이론을 제시하지 않았음을 말하고 있다.

1) 맹자의 인성론

유학에서 본격적인 인성론은 맹자의 성선설(性善說)에서 비롯한다. 유학의 핵심은 인(仁)의 체득과 실천을 강조하는 것이다. 유학의 창시자인 공자는 자기의 도가 인으로 관통된다고 주장하기는 하였지만,[7] 인간이 인

---

2) 《孟子引得》(Harvard-Yenching Institute, Sinological Index Series, Supplement 17, 1941) 참조

3) 《荀子引得》(Harvard-Yenching Institute, Sinological Index Series, Supplement 22, 1950) 참조.

4) 《論語引得》(Harvard-Yenching Institute, Sinological Index Series, Supplement 16, 1940) 참조.

5) 子曰 性相近也 習相遠也(《論語》,〈陽貨〉2)

6) 子貢曰 夫子之文章 可得而聞也 夫子之言性與天道 不可得而聞也(〈公冶長〉12)

7) 子曰 參乎 吾道一以貫之 曾子曰 唯 子出 門人間曰 何謂也 曾子曰 夫子之道 忠恕而已矣(〈里仁〉15). 朱熹는 《論語集註》에서 忠이란 자신을 다하는 것[盡己]이고, 恕는 자기를 미루어서 남에게까지 미치게 하는 것[推己]이라 설명하였다(盡己之謂忠 推己

을 실천해야 하는 근거를 설명하지 않았는데, 이러한 문제에 해답을 주려
고 하였던 것이 바로 맹자의 성선설이다(馮友蘭, 1948/1977). 맹자의 성선
설이 나옴으로 해서, 인간을 만물과 구별하고, 유학에서 강조하는 모든 도
덕성의 근거를 인간 자신에게서 찾음으로써, 인간을 모든 것의 중심에 두
는 관점이 비로소 성립하였다고 볼 수 있다(김충렬, 1982). 참으로 맹자 사
상의 핵심은 성선설에 있으며, 다른 문제들에 대한 논의는 모두 성선설에
뿌리를 대고 있다고 볼 수 있다. 그의 성선설은 남송(南宋)시대 신유학(新
儒學)에 힘입어 《맹자》가 《논어》와 《대학(大學)》 및 《중용(中庸)》과 함
께 사서(四書)의 하나로 격상됨에 따라 자연히 유학의 정통 인성론으로 인
정되었던 것이다(Needham, 1969/1986, pp. 21~29).

(1) 인성에 본유하는 요소

맹자는 자주 인간 본성의 착함을 말하곤 하였는데,[8] 그의 성선설은 유명
한 사단설(《孟子》, 〈公孫丑上〉 6)을 근거로 한다. 그렇다면 맹자는 인간에
게 본래부터 내재한 본성이 모두 선하다고 보는 것인가? 그렇지는 않다. 맹
자는 동물과 구별하여 인간만이 가진 특성의 측면에서 성선을 말하고 있
다. 곧 맹자가 말하는 성(性)은 인간이 다른 동물과 구별되는 까닭, 다시
말하면 사람만이 독특하게 가지고 있는 특성을 말하는 것이며, 그런 점에
서 사람의 본성은 착하다는 것이다. 이는 성에 관한 전통적 해석의 시각[9]

之謂恕). 그는 程子의 말을 빌려, 이 忠은 天道로서 體이며, 恕는 人道로서 用이어서,
이 둘은 결국 한 가지로 통일되는 것으로 보았다(程子曰 以己及物 仁也 推己及物 恕
也 違道不遠 是也 忠恕一以貫之 忠者 天道 恕者 人道 忠者 無妄 恕者 所以行乎忠也
忠者 體 恕者 用 大本達道也). 이 忠恕는 바로 仁을 이루는 방법, 곧 仁之方으로서,
공자의 道가 忠恕로 관통된다는 것은 곧 仁으로 관통된다는 의미라고 볼 수 있다.
이에 관해서는 김승혜(1990, pp. 111~115) 참조.

8) 孟子道性善 言必稱堯舜(《孟子》, 〈滕文公上〉 1)

9) '性'은 古文에서는 '生'과 같은 글자였으므로, 사람들은 매번 이른바 性을 사람이 태
어나면서부터 갖추고 있는 생리적 특성으로 여겼다(勞思光, 1967/1986 ; 양승무,
1986). 이것이 성론(性論)의 전통적 시각이었다. 그러나 "맹자에 이르러 성론은 전
통과 반전통으로 갈라졌다. 전통적 입장에 선 고자는 여전히 생리적 측면에서 性을

에서 "태어난 그대로를 성이라 한다"고 말하는 고자(告子)의 생지위성론
(生之謂性論)을 맹자가 비판한 데서 잘 드러난다.

> 고자가 "태어난 그대로를 성이라 한다"고 말하였다. 이에 대해 맹자가 "태어
> 난 그대로를 성이라 하는 것은 흰 것을 희다고 말하는 것과 같은 의미인가?"라
> 고 물었더니, 고자가 "그렇다"고 답하였다. 이에 대해 맹자는 또 "깃털이 흰 것
> 을 희다고 하는 것은 눈이 흰 것을 희다고 하는 것과 같으며, 눈이 흰 것을 희다
> 고 하는 것은 옥이 흰 것을 희다고 하는 것과 같은가?"라고 물었는데, 고자의
> 대답은 역시 "그렇다"는 것이었다. 그러니까 맹자는 다시 "그렇다면, 개의 성이
> 소의 성과 같고, 소의 성이 사람의 성과 같다는 말인가?"라고 물었다.10)

이 인용문에서 보듯이, 고자는 태어나면서부터 갖추어져 있는 것을 성이
라 보았다. 그리하여 그는 식욕과 색욕 같은 생리적, 감각적 욕구를 성이라
보고,11) 이는 인간과 동물이 다를 것이 없으므로 사람을 포함한 모든 동물
의 본성은 같다고 하였다. 따라서 태어난 그대로의 특성, 곧 생명 현상인 성
은 선도 악도 아닌 중성적인 것으로 볼 수밖에 없다는 성무선·무불선설(性
無善 無不善說)을 주장하기에12) 이르렀다.

그러나 맹자는 모든 사물의 성은 저마다 독특하게 가지고 있는 특성에서
찾아야 한다고 본다. 따라서 개와 소, 그리고 사람은 타고난 특성이 서로 다

규정, 생지위성(生之謂性)을 주장했고, 반전통적 입장이 된 맹자는 처음으로 심리적
인 면에서 性을 설명, 성선설을 내세웠다. 일반적으로 맹자의 성선을 유가의 전통으
로 보지만, 인성론사(人性論史)에서는 그야말로 반전통론자였던 것이다"(김충렬,
1982, p. 173). 이러한 지적에서 볼 수 있듯이, 孟子의 성론은 동물과는 다른 인간만
이 가진 독특한 특성을 두고 전개한 것이라는 사실은 《孟子》 연구자들의 공통된 견
해이다(김충렬, 1982 ; 勞思光, 1967/1986 ; 배종호, 1982 ; 양승무, 1986 ; 이강수,
1982 ; 이상은 1976 ; 馮友蘭, 1948/1977 등).

10) 告子曰 生之謂性 孟子曰 生之謂性也 猶白之謂白與 曰 然 白羽之白也 猶白雪之白 白
    雪之白 猶白玉之白與 曰 然 然則犬之性 猶牛之性 牛之性 猶人之性與(〈告子上〉 3)
11) 告子曰 食色性也(〈告子上〉 4)
12) 公都子曰 告子曰 性無善無不善也(〈告子上〉 6)

르므로, 저마다 성 또한 서로 다르다는 것이다. 그러나 맹자도 인간이 동물적 특성을 갖추고 있다는 사실을 부정하지는 않는다. 다만 인간의 본성은 모든 동물이 공통으로 갖춘 특성에서가 아니라, 인간만이 독특하게 갖추고 있는 특성에서 찾아야 한다고 보았을 뿐이다. 그렇다면 동물들과 공통적인 것이든 아니면 인간만의 고유한 것이든 간에, 맹자가 인간이 본래부터 갖추고 있는 본성이라고 보고 있는 요소들에는 무엇이 있는가?

생물체로서 지닌 욕구 맹자도 사람에게 생리적, 감각적 욕구와 이기적 욕구 같은 생물체로서 갖는 욕구가 선천적으로 갖추어져 있음을 인정한다(蒙培元, 1990/1996, pp. 64~73). 맹자는 고자와 벌인 인내의외지변(仁內義外之辯)에서 고자가 "식욕과 색욕은 성이다"라고 한 데 대해 직접 비판하지 않고, 그의 의외설(義外說)만 비판함으로써,13) 사람이 식(食)·색(色) 같은 생존 욕구를 가지고 있음을 부정하지 않고 있다.

또한 그는 이목구비 같은 감각기관의 감각 욕구뿐만 아니라, 부귀 따위의 이기적 욕구도 사람이 본디부터 갖추고 있음을 인정한다.

> 그러므로 무릇 같은 종류끼리는 모두 서로 비슷한 법이다. 어찌 홀로 사람에게서만 그렇지 않다고 의심하겠는가? 성인도 나와 같은 종류의 인간이다. ……
> 그러므로 맛에서는 누구나 입으로 똑같이 맛있는 음식을 즐기고자 함이 있고, 소리에서는 누구나 똑같이 귀로 아름다운 소리를 즐기고자 함이 있으며, 색깔에서는 누구나 눈으로 똑같이 아름다운 것을 즐기고자 함이 있는 것이다.14)

---

13) 告子曰 食色性也 仁內也 非外也 義外也 非內也 孟子曰 何以謂仁內義外(〈告子上〉 4). 4장 주 28에 제시된 告子의 仁內義外說에 대한 孟子의 비판은 본 주에 이어지는 구절이다. 이 둘을 이어서 읽어보면, 孟子는 告子가 "食·色은 性이다. 그리고 仁은 내재하는 것이지 외재하는 것이 아니고, 義는 외재하는 것이지 내재하는 것이 아니다"라고 한 데 대해, 義外說에 대한 비판만을 할 뿐 "食色性也"라는 또 다른 주장에 대해서는 아무런 비판을 하지 않고 있다. 이는 孟子도 食·色과 같은 생물학적 생존 욕구가 인간에게 본유한다는 사실을 받아들이고 있음을 의미하는 것이다.

천하의 선비들이 자기를 좋아해주는 것은 사람들이 모두 바라는 바이고 ……
아름다운 여색은 사람들이 모두 바라는 바이며 …… 부(富)도 사람들이 모두
바라는 바이고 …… 귀(貴) 또한 사람들이 모두 바라는 바이다.15)

여기서 앞의 인용문은 감각 욕구의 본유성을 말하고, 뒤의 인용문은 주
로 이기적 욕구의 본유성을 말하는 것으로 볼 수 있다. 그러나 이러한 생
존 욕구와 감각 욕구 및 이기적 욕구 들은 모든 동물이 함께 가지고 있는
것이고, 그 충족 여부는 외적 환경조건에 달려 있으므로(〈盡心上〉 3), 이
를 인간의 본성으로 볼 수 없다는 것이 성선설의 요지이다. 그 대신 사람
에게는 다른 동물과는 달리 인·의·예·지의 근거가 갖추어져 있는데
(〈公孫丑上〉 6), 이는 인간만의 특성으로, 이를 인간의 본성으로 보아야 한
다는 것이다(蒙培元, 1990/1996, pp. 64~90). 다음의 지적에서 이러한 점이
잘 드러난다.

입의 맛에 관한 것, 눈의 색에 관한 것, 귀의 소리에 관한 것, 코의 냄새에
관한 것, 사지의 편안함에 관한 것은 성(性 : 타고난 본성)이다. 그러나 거기에
는 명(命 : 외적 조건)이 있으니, 군자는 이를 성(인간에게만 고유한 본성)이
라 일컫지 않는다. 인(仁)의 부자(父子)에 관한 것, 의(義)의 군신(君臣)에 관
한 것, 예(禮)의 손님과 주인에 관한 것, 지(智)의 현명한 사람에 관한 것, 성
인(聖人)의 천도(天道)에 관한 것은 명(命 : 하늘이 부여한 것)이다. 그러나
거기에는 성(性 : 사람이 고유하게 할 일)이 있으므로, 군자는 이를 명(외부에
서 부여된 특성)이라 일컫지 않는다.16)

---

14) 故凡同類者擧相似也 何獨至於人而疑之 聖人與我同類者 …… 故曰 口之於味也 有同
     耆焉 目之於聲也 有同聽焉 目之於色也 有同美焉(〈告子上〉 7)
15) 天下之士悅之 人之所欲也 …… 好色人之所欲 …… 富人之所欲 …… 貴人之所欲(〈萬
     章上〉 1)
16) 口之於味也 目之於色也 耳之於聲也 鼻之於臭也 四肢之於安佚也 性也 有命焉 君子不
     謂性也 仁之於父子也 義之於君臣也 禮之於賓主也 智之於賢者也 聖人之於天道也 命也
     有性焉 君子不謂命也(〈盡心下〉 24)

이를 "군자가 사람의 본성으로 삼는 것은 인·의·예·지로서, 이는 마음에 뿌리를 두고 있는 것"[17]이라는 주장과 결부시키면, 맹자가 주장하고자 하는 바가 분명하게 드러난다. 우선 인간에게는 생리적, 감각적, 이기적 욕구와 함께 인·의·예·지를 추구하는 도덕적 욕구가 본래부터 갖추어져 있다는 것이다. 그런데 이 가운데 전자는 외적 조건에 따라 그 충족 여부가 결정되는 욕구, 곧 내재적으로 통제할 수 없는 욕구들이고, 후자는 자발적인 노력으로 충족되는 욕구, 곧 내재적으로 통제할 수 있는 욕구들이다. 이렇게 "충족 여부가 스스로에게 달려 있는 욕구〔在我者〕는 구하면 얻어지고 내버려두면 없어지는 것이어서, 애써 노력하면 반드시 충족되게 마련이지만, 충족 여부가 외적 조건에 달려 있는 욕구〔在外者〕는 구하는 방법이 따로 있고, 또 얻고 얻지 못하는 일이 외적 조건〔命〕에 달려 있으므로, 애써 구하려 해도 별로 잘 충족되지 않기"(〈盡心上〉 3) 때문에, 재외자(在外者)인 생물체적 욕구들이 아니라 재아자(在我者)인 도덕적 욕구가 인간 욕구의 중핵이 되어야 한다는 것이 맹자 성선설의 기본 논지인 것이다.

사단(四端)과 그 밖의 정서   '정(情)'이란 글자가 《맹자》에는 네 번 나오는데(〈滕文公上〉 4 ; 〈離婁下〉 18 ; 〈告子下〉 6, 8),[18] 모두 본질·실정·본성의 뜻으로 쓰일 뿐, 정서나 감정의 뜻은 없다. 따라서 맹자는 오늘날과 같은 유개념(類槪念)으로서 정서라는 개념은 가지지 않았다고 볼 수 있다. 그러나 유학적 정서 이론의 중심인 사단칠정론(四端七情論) 가운데 사단이 《맹자》의 〈공손추상〉 6장에 처음 제시되고 있고, 또 맹자가 칠정에 대해 직접 언급하고 있지는 않지만, 이에 해당되는 감정들(喜·怒·哀·懼·愛·惡·欲)과 그 밖의 감정들(예를 들어 恥·樂·患·憂·畏·怨·恐 따위)이 자주 제시되고 있다는 사실[19]은 맹자도 정서를 인간에게 본유하는 특성으로 보고 있다는 증거가 된다.

---

17) 君子所性 仁義禮智根於心(〈盡心上〉 21)
18) 《孟子引得》 참조.
19) 이에 대해서는 조긍호(2003a, pp. 398~403) 참조.

맹자는 측은지심(惻隱之心)·수오지심(羞惡之心)·사양지심(辭讓之心)·
시비지심(是非之心)이 각각 인(仁)·의(義)·예(禮)·지(智)의 근거로서,
이를 사단(四端)이라 표현하기도 하였지만(〈公孫丑上〉6), 또 다른 곳에서
는 이를 인·의·예·지 그 자체라고 표현하기도 한다.

> 측은지심을 사람이면 누구나 가지고 있고, 수오지심을 사람이면 누구나 가
> 지고 있으며, 공경지심(恭敬之心 : 여기서는 사양지심을 공경지심이라 표현하
> 고 있다)을 사람이면 누구나 가지고 있고, 또 시비지심을 사람이면 누구나 가
> 지고 있다. 측은지심은 인이고, 수오지심은 의이며, 공경지심은 예이고, 시비지
> 심은 지이다. 이렇게 인·의·예·지는 외부에서 나에게 스며들어 온 것이 아
> 니라, 나에게 본래부터 갖추어져 있는 것이다.[20]

이렇게 도덕, 곧 인·의·예·지의 근거가 되는 측은·수오·사양·시
비의 네 가지 시초가 인간에게 본래부터 갖추어져 있고, 그렇기 때문에 인
간의 본성은 착하다는 것이 맹자의 성선설이다. 이러한 사단은 기본적으로
대인관계에서 타인을 지향하는 사회적 정서라고 볼 수 있다(정양은, 1970 ;
한덕웅, 1994, 2003). 따라서 사단을 사람이 본래부터 갖추고 있다는 사실은
"도덕성의 출처가 사람의 (본유적인) 심리정감(心理情感)에 있음"(蒙培元,
1990/1996, p. 67)을 뜻하는 것이다. 곧 맹자는 도덕의 근거가 인간에게 본
유하는 자연스러운 정감에 있다고 보고 있으며, 사람은 자기에게 본래 갖
추어져 있는 이러한 선(善)의 바탕을 확충하도록 노력해야 한다는 것이 바
로 맹자의 생각이다. 말하자면, 맹자는 사단과 같은 사회·타인 지향적 정

---

20) 惻隱之心 人皆有之 羞惡之心 人皆有之 恭敬之心 人皆有之 是非之心 人皆有之 惻隱之
   心仁也 羞惡之心義也 恭敬之心禮也 是非之心智也 仁義禮智 非由外鑠我也 我固有之也
   (〈告子上〉6). 朱熹는《孟子集註》에서 이 구절을 해석하여, "〈公孫丑上〉6장에서는
   이 네 가지 마음을 넓혀서 채우게 하려고 네 가지 단서[四端]라 한 것이고, 여기에
   서는 다만 그 쓰임[用]을 바탕으로 하여 그 本體를 드러내고자 했을 뿐"(彼欲其擴
   而充之 此直因用以著其本體)으로, 둘 사이에 근본적인 차이가 있는 것은 아니라 보
   았다.

서의 함양을 적극 권장하는 태도를 취하는 것이다.

양지와 양능   맹자는 사람이 선천적인 인식 능력과 도덕적 행위 능력을
갖추었다고 보고, 이를 양지(良知)와 양능(良能)이라 불렀
다. 그는 사단의 본유성과 함께 이러한 양지·양능의 본유성을 인간의 고
유 선성(善性)의 근거로 보고 있다.

> 사람에게는 배우지 않고서도 할 수 있는 바[所不學而能者]가 있으니 그것
> 이 바로 본유적인 양능이며, 또한 생각하지 않고서도 알 수 있는 바[所不慮而
> 知者]가 있으니 그것이 바로 본유적인 양지이다. 어린 아이는 누구나 다 자기
> 어버이를 사랑할 줄 알게 마련이고, 점차 자라나게 되면 누구나 다 자기 형을
> 공경할 줄 알게 마련이다. 어버이를 친애하는 것[親親]이 바로 인(仁)이고, 윗
> 사람을 공경하는 것[敬長]이 바로 의(義)이다. 인과 의는 다른 것이 아니라,
> 바로 이러한 친친·경장의 마음을 천하의 다른 사람들에게까지 넓혀가는 일이
> 다.21)

주희(朱熹)는 양지·양능에서 "양(良)이란 것은 본래 잘하는 것을 말한
다"고 하면서, 정자(程子)의 말을 인용하여 "양지와 양능은 모두 후천적인
근거가 없는 것이니, 이는 바로 선천적으로 갖추어진 것이지, 후천적인 인

---

21) 人之所不學而能者 其良能也 所不慮而知者 其良知也 孩提之童 無不知愛其親也 及其長
也 無不知敬其兄也 親親 仁也 敬長 義也 無他 達之天下也(〈盡心上〉 15). 이 인용문
의 해석에서 맨 마지막 구절(無他 達之天下也)은 趙岐의 《孟子章句》에 따른 해석
이다. 朱熹의 《孟子集註》에 따르면, 이 구절은 "어버이를 친애함을 仁이라 하고, 어
른을 공경함을 義라 하는 것은 다름이 아니라, 이를 천하에 통달하여도 다름이 없
기 때문이다"라고 해석된다. 곧 趙岐는 이를 推己及人의 의미로 풀고 있는 데 견주
어, 朱熹는 "친친·경장은 비록 한 사람의 사사로운 것일지라도, 이를 천하에 통달
하여도 다름이 없는 것은 바로 인의(仁義)인 때문이다"(親親敬長 雖一人之私 然 達
之天下無不同者 所以爲仁義也)라는 뜻, 곧 親親이 仁이고, 敬長이 義라는 것은 개인
에게뿐만 아니라, 천하에 통용되는 이치라는 말로 풀고 있다.

위(人爲)에 달려 있는 것은 아니다"[22]라고 해석하고 있다. 후한(後漢, 25~
220)시대 조기(趙岐, ?~201)도 《맹자장구(孟子章句)》에서 양능을 "인간
본성에 스스로 능한 것"(性所自能), 양지를 "인간 본성에 스스로 아는
것"(性所自知)이라 해석하여, 양지·양능은 인성에 본유하는 능력이라는
주장을 펴고 있다. 여기서 생각하지 않고도 아는[不慮而知] 능력인 양지는
선천적인 인식 능력을 말하는 것이고, 배우지 않고도 할 수 있는[不學而
能] 능력인 양능은 선천적인 도덕적 행위 능력을 말하는 것이다.

　이렇게 맹자는 인간에게 선천적인 인식 능력과 행위 능력이 갖추어져 있
음을 인정하고 있다. 그런데 위의 인용문에서 보면, 이러한 선천적 인식과
행위 능력은 모두 친친지인(親親之仁)과 경장지의(敬長之義), 곧 도덕성을
바탕으로 하는 것이다. 말하자면, 자기에게 본래부터 갖추어져 있는 도덕
성의 근거를 주체적으로 인식하고, 이를 일상생활에서 실천하는 능력이 바
로 양지·양능인 것이다.

(2) 심(心)의 기능 : 가치의 자각과 실천

　이상에서 보듯이, 맹자는 인간에게 도덕성 및 그 행위 능력의 체계, 인식
능력의 체계, 정서체계, 그리고 욕구체계가 갖추어져 있다고 본다. 그런데
맹자에게는 욕구체계나 정서체계뿐만 아니라, 인식체계나 행위 능력의 체
계까지도 모두 도덕성을 근거로 하여 이의 실천을 지향하는 체계로 통합되
고 있으며, 이것이 바로 그의 성선설의 요지이다. 맹자는 이러한 통합 기능
을 생각의 기관인 마음[心]에 부여하고 있다.

　　눈과 귀 같은 감각기관은 생각하지 못하고 (외부의) 물체에 가려진다. 감각
　기관이 외부 사물과 교접하면, 거기에 이끌려버릴 뿐이다. 그러나 마음의 기관
　은 생각을 한다[心之官則思]. 생각하면 스스로가 도덕 주체임을 깨닫게 되고,
　생각하지 않으면 이를 깨닫지 못하게 된다. 이는 하늘이 나에게 부여해 준 것

---

22) 良者本然之善也 程子曰 良知良能 皆無所由 乃出於天 不繫於人(《孟子集註》)

이다.(〈告子上〉 15)

여기서 마음의 생각하는 작용은 가치의식의 자각을 말한다. 곧 가치의식
의 자각이 마음의 작용이다.[23] 맹자에게 "심(心)은 도덕 정감(道德情感)일
뿐만 아니라 또한 인식 주체이고, 인식 작용과 공능(功能)을 가지고 있으
며, 양자는 합해서 하나인 것이다. 사(思)의 작용을 통해서 도덕 정감은 자
각적인 도덕 이성으로 변한다"(蒙培元, 1990/1996, p. 75).

이러한 마음의 생각하는 작용을 통해 맹자는 도덕 주체인 인간 존재를
해명하고 있다고 볼 수 있다(勞思光, 1967/1986). 이렇게 보면, 맹자가 말하
는 성선은 곧 가치의식의 자각 주체가 개인 자신이며, 이러한 가치의식을
깨닫는 마음이 본래 인간에게 갖추어져 있다는 점에서 인간 본성은 착하다
는 의미라고 추론할 수 있다. 말하자면, 마음의 생각하는 기능을 통해 인간
에게 본유한 도덕성을 인식하고, 동물적 욕구와 감정체계를 제어하며, 자
각된 도덕성을 일상생활에서 실천하는 것이 성선(性善)한 존재로서 인간
이 추구하는 삶의 이상이라는 것이 맹자 성선설의 요체인 것이다.

2) 순자의 인성론

순자의 인성론은 성악설(性惡說)로 알려져 있다. 이는 《순자》 32편 가
운데 23편인 〈성악(性惡)〉에 근거를 둔 것이다. 그러나 최근에는 순자의
인성론을 성악설로 단정짓는 것은 순자의 전체 이론체계를 잘못 이해하게
만들 소지가 많다는 주장이 설득력을 얻어가고 있다. 이렇게 성악설을 순
자의 핵심 이론체계로 보는 것이 옳지 않다는 주장은 대체로 세 가지 방향
에서 제기된다. 이는 문헌학적인 비판, 성악설 자체가 갖는 논리적 모순성

---

23) '心之官則思'의 내용이 '마음의 작용은 가치의식을 자각하는 것'을 뜻한다고 보는 것
은 《孟子》 연구자들(김충렬, 1982 ; 勞思光, 1967/1986 ; 蒙培元, 1990/1996 ; 배종
호, 1982 ; 양승무, 1986 ; 이강수, 1982 ; 이상은, 1976 ; 馮友蘭, 1948/1977 등)의 공
통된 견해이다.

에 대한 비판, 그리고 이와 밀접한 관련이 있기는 하지만 성악설과 순자의
다른 이론체계 사이의 모순성에 대한 비판 들이다.[24]

  이러한 비판을 바탕으로 곽말약(郭沫若, 1945/1991)은 "성악설은 순자가
맹자에게 지기 싫어서 억지로 주장한 것에 지나지 않으며, 그의 심리설이
나 교육설과도 일정한 유기적 관련이 없는 것"(p. 265)이라 혹평하고 있으
며, 서복관(徐復觀, 1969)도 순자의 성악설은 예(禮)·사(師)·법(法)·군
주(君主)의 정치를 강조하려던 전국 말기의 시대적 요구를 반영한 것일
뿐, 엄밀한 논증이 부족한 이론이라 깎아내리고 있다. 또한 진대제(陳大齊,
1954)는, 순자도 성은 본래 악을 지향하는 것이라고 했지 선한 쪽으로 방
향을 바꿀 가능성까지 부인하는 것은 아니며, 따라서 이는 인성향악설(人
性向惡說)이라고 보는 것이 타당하다는 주장을 펴고 있다. 김충렬(1982)도
비슷한 견해를 밝히면서, 맹자의 성선설과 순자의 성악설은 사람의 어느
측면을 중심으로 고찰했느냐의 차이일 뿐이므로, 맹자의 이론은 심(心)의
자각 작용을 중시한 심선설(心善說), 순자의 이론은 정(情)의 자연스러운
충동을 중시한 정악설(情惡說)이라고 보는 것이 타당하다고 주장한다. 이
러한 배경에서 필자는 좁은 의미의 전통적인 성악이란 관점에서 벗어나,
순자가 전반적으로 인성에 본유한 것으로 보고 있는 요소들을 확인하고,
이를 넓은 의미에서 성(性)이라 보는 관점을 취하고자 한다.

(1) 인성에 본유하는 요소

  순자는 치란(治亂)·길흉(吉凶) 같은 인간사와 관계없는 객관적이고 기
계적인 자연 현상으로서 파악한 하늘[天]을 근거로, 천지와 직분을 달리
하는 사람의 독자성을 밝혀내고[天人之分], 사람은 이러한 독자성에서 연
유하는 고유 직분을 충실히 수행함으로써 천지에 동참하게 된다[參於天
地]는 독특한 천인관계론(天人關係論)을 전개하고 있다. 그러므로 천인지

---

24) 이에 대해서는 郭沫若(1945/1991, pp. 256~265), 김승혜(1990, pp. 220~221, 244~
    245) 및 조긍호(1995, pp. 4~6) 참조.

분(天人之分)에 따라 사람이 해야 할 일〔所爲〕과 해서는 안 될 일〔所不爲〕을 명확히 하여〔明於天人之分〕, 소불위(所不爲)에 속하는 하늘에 달린 것〔在天者〕을 사모하거나 알려고 하지 말고, 소위(所爲)에 속하는 자기에게 달린 것〔在己者〕을 갈고 닦고 익혀서 바르게 하는 것이 바로 참어천지(參於天地) 하는 길이라는 것이 순자의 천인관계론의 핵심이다.25) 이렇게 사람의 능동성과 자율성을 강조하는 순자의 천인관계론의 논리적 뼈대는 바로 '분(分)과 합(合)'에 있다. 이러한 '분과 합'의 개념은 그의 인성론·예론·수양론을 비롯한 전체 이론의 논리적 바탕으로 그대로 이어지고 있다(김승혜, 1990 ; 정인재, 1992 ; 조긍호, 1994).

순자에게 인성론은, 천인지분으로 하늘에서 독립된 사람이 할 수 있고 또 해야 할 일〔所爲〕을 찾아내는 근거가 된다는 점에서 중요성을 갖는다. 순자는 이를 우주 만물과는 다른 사람의 독특성에서 찾고 있다. 그는 사람에게 있는 것을 태어나면서부터 지닌 자연적인 것과 후천적으로 갖추게 된 인위적인 것으로 나누고, 전자를 성(性), 후자를 위(僞)26)라 부른다. 이러

---

25) 이에 관해서는 김승혜(1990, pp. 288~305), 정인재(1992)와 조긍호(1994) 참조.

26) 이는 '거짓'이나 '꾸밈'의 뜻이 아니라 '人爲'의 뜻이다. 王先謙의 《荀子集解》에서는 《荀子》에 나오는 '僞'는 대체로 '爲'로 보아야 한다고 논술하고 있는데(《荀子》〈正名〉 2의 '心慮而能爲之動 謂之僞'의 해설에서 '王'은 '荀書多以僞爲爲'라 기술하고 있다), 특히 '性'과 대립되어 '僞'가 쓰일 때는 항상 '爲'를 가리키는 것이다.

　　Dubs(1927, pp. 82~83)는 宋代에 朱熹 등이 荀子의 인성론을 이단으로 배척한 데는 두 가지 요인이 있는데, 그 가운데 하나가 荀子의 본의와는 달리 '僞'를 '거짓'이나 '꾸밈'의 뜻으로 해석한 것이라고 본다. 곧 '人之性惡 其善者僞也'(〈性惡〉 1)를 "사람의 본성은 악하다. 그 착한 것은 인위적인 노력의 소산이다"(p. 83)로 해석하지 않고, "(사람의 본성이기도 한) 자연은 악하다. 그 (겉보기에) 착한 것은 사악한 것이다"(p. 83. 괄호 안은 원문 그대로임)라고 해석한 때문이라는 것이다. Dubs가 순자 배척의 또 하나의 요인으로 제시한 것은, 孟子와 荀子가 '인간 본성(human nature)'을 가리키는 용어로 사용하고 있는 '性'이란 글자를 朱熹는 "우주의 자연(the nature of the universe)"으로 해석하여, 우주론적 개념(cosmological concept)으로 만들었다는 점이다. 이러한 맥락에서 朱熹는 性惡이란 말을 "자연은 악하다"(p. 82) 또는 "우주는 악하다"(p. 82)로 해석했고, 만유의 생성 근거인 '자연'을 악하다고 보는 주장을 받아들일 수 없었다는 것이다. 이러한 두 가지 배경에서 朱

한 성위지분(性僞之分)은 천인관계론의 천인지분에 대한 인성론적 전개인
셈이다. 그렇다면, 순자가 인간에게 본디부터 있는 자연적인 성이라고 본
요소에는 어떠한 것들이 있는가?

생물체로서 지닌 욕구 순자도 맹자와 마찬가지로 사람에게 생리적 욕구,
감각추구 욕구 및 이기적 욕구 같은 생물체적 욕
구와 도덕적 욕구가 태어나면서부터 갖추어져 있다고 본다.

> 무릇 사람에게는 한 가지로 똑같은 바가 있다. 굶주리면 배불리 먹기를 바
> 라고, 추우면 따뜻해지기를 바라며, 피로하면 쉬기를 바란다. 또한 이익을 좋아
> 하고, 손해를 싫어한다. 이것은 사람이 태어나면서부터 갖추고 있는 바로서, 그
> 렇게 되기를 기다려서 그러한 것이 아니다. 이는 성인인 우(禹)나 악인인 걸
> (桀)이나 똑같다.[27)

> 무릇 눈이 아름다운 색깔을 좋아하고, 귀가 좋은 소리를 좋아하며, 입이 좋
> 은 맛을 좋아하고, 마음이 이익을 좋아하며, 몸과 피부가 편안함을 좋아하는
> 것은 모두 사람의 본성에서 나온 것으로, 느껴서 스스로 그러한 것이지, 그렇
> 게 되기를 기다려서 그러한 것은 아니다.[28)

熹와 그의 추종자들이 "순자를 비난하고 배척한 것은 그야말로 자연스러운 결과였
다"(p. 83)는 것이다. 이러한 논의가 맞다면, 신유학자들의 荀子 폄하론은 이승환
(1998b)이 제시하는 '해석의 5단계' 가운데 1단계인 '어원학적 이해(philological
understanding)'의 장벽을 넘지 못한 데에 그 원천이 있다고 하겠다. 곧 朱熹 시대
(1100년대 후반)의 글자의 뜻을 가지고 1,400여 년 전의 荀子(B.C. 250년대)를 해
석하려 한 데서 나온 오류인 것이다.

27) 凡人有所一同 飢而欲食 寒而欲煖 勞而欲息 好利而惡害 是人之所生而有也 是無待而然
者也 是禹桀之所同也(《荀子》,〈榮辱〉31 ;〈非相〉8~9에도 凡人有所一同을 제외한
똑같은 구절이 나온다.)
28) 若夫目好色 耳好聲 口好味 心好利 骨體膚理好愉佚 是皆生於人之情性者也 感而自然
不待事而後生之者也(〈性惡〉6)

무릇 귀(貴)하기로는 천자(天子)가 되고 싶고, 부(富)하기로는 천하를 소
유하고 싶은 것, 이는 사람의 본성으로 모두 똑같이 바라는 것이다.[29]

의(義 : 도덕적 욕구)와 이(利 : 이기적 욕구)는 사람이 함께 가지고 있는
것이다. 비록 요순(堯舜) 같은 성인도 사람들의 이익추구 욕구를 다 없앨 수는
없지만, 이익 추구 욕구가 의를 좋아하는 마음(도덕적 욕구)을 이기지 못하게
할 수는 있다.[30]

위의 첫 인용문에서는 생리적 욕구와 이기적 욕구, 두 번째 인용문에서
는 감각추구 욕구와 이기적 욕구, 세 번째 인용문에서는 이기적 욕구, 그리
고 네 번째 인용문에서는 도덕적 욕구의 본유성에 대해 언급하고 있다.
이렇게 다양한 욕구들 가운데 도덕적 욕구의 충족 여부는 사람이 하기에
달려 있어서 자발적으로 통제할 수 있지만, 나머지 생물체적 욕구들(생리
적, 감각 추구적, 이기적 욕구)의 충족 여부는 외적 조건에 달려 있어서 자
발적으로 통제할 수 없다고 본다는 점에서는 순자도 맹자와 의견을 같이한
다. 순자는 도덕적 욕구의 충족으로 말미암은 즐거움은 사람의 내부에서 나
오는 것이기 때문에 이를 '의로운 즐거움[義榮]'이라 부르고, 이기적 욕구의
충족으로 말미암은 즐거움은 밖에서 오는 것이기 때문에 이를 '조건적 즐거
움[勢榮]'이라 부르고 있다.[31] 그는 전자는 '내가 하기에 달린 것[在我者]',
후자는 '외적 조건에 달린 것[在天者]'이기 때문에, 사람은 외적 조건에 달
린 것에 얽매이지 말고, 자기가 하기에 달린 것에 삼가 힘씀으로써, 날로 발
전이 있도록 해야 한다[32]고 주장한다. 이렇게 순자도 맹자와 마찬가지로 도

---

29) 夫貴爲天子 富有天下 是人情之所同欲也(〈榮辱〉 39)
30) 義與利者 人之所兩有也 雖堯舜 不能去民之欲利 然而能使其欲利不克其好義也(〈大
略〉 20)
31) 志意修 德行厚 知慮明 是榮之由中出者也 夫是之謂義榮 爵列尊 貢祿厚 形勢勝 上爲天
子諸侯 下爲卿相士大夫 是榮之從外至者也 夫是之謂勢榮(〈正論〉 28~29)
32) 若夫心意修 德行厚 知慮明 生於今而志乎古 則是在我者也 故君子敬其在己者 而不慕其
在天者 …… 君子敬其在己者 而不慕其在天者 是以日進也(〈天論〉 28~29)

덕적 욕구를 인간이 지닌 욕구의 중핵으로 파악하는 것이다.

정 서 정(情)이란 글자가 《순자》에는 모두 118회나 나오는데, 이 가운데 대부분(91회)은 '정(情)'자 홀로 의미를 가지고 있으며, 성정(性情, 2회)·정성(情性, 18회)·정욕(情欲, 4회)·천정(天情, 3회)처럼 두 글자가 어울려 쓰임으로써 의미를 갖는 경우도 27회나 된다.33) 《순자》에서 쓰이는 정(情)도 대부분은 《맹자》와 마찬가지로 진실·진정·진실된 마음 같은 뜻을 가진다. 그러나 《순자》에서 정은 인간이 태어나면서부터 갖추고 있는 생물적 욕구와 정서적 측면을 아우르는 용어로 쓰이는 경우도 많다는 점이 특이한 사실이다. 대체로 성정·정성·정욕이라고 쓰일 때의 정(情)은 생물적 욕구체계라는 뜻을 가지지만, '천정(天情)'으로 쓰일 때(〈天論〉 24, 25)와 '정(情)' 한 글자로만 쓰이는 몇몇 경우(〈正名〉 2, 22)에는 개별적인 감정 반응을 아우르는 유개념인 정서(情緖)라는 의미로 사용되고 있다. 다음은 《순자》에서 유개념인 정서의 의미로 쓰인 예들이다.

　　사람의 육체가 갖추어지고 정신이 생겨나면, 여기에는 좋아함〔好〕·미워함〔惡〕·기쁨〔喜〕·성냄〔怒〕·슬픔〔哀〕·즐거움〔樂〕이 갖추어지는데, 이를 '자연적 정서〔天情〕'라고 한다.34)

　　사람의 본성에 갖추어져 있는 좋아함〔好〕·미워함〔惡〕·기쁨〔喜〕·성냄〔怒〕·슬픔〔哀〕·즐거움〔樂〕을 일러 정(情)이라 한다.35)

이러한 예에서 보면, 순자는 정(情)에 정서의 의미를 부여하고 있으며, 따라서 유학자들 가운데 정을 정서의 유개념으로 사용하는 것은 순자가 처음이라 하겠다.

---

33) 《荀子引得》 참조.
34) 形具而神生 好惡喜怒哀樂臧焉 夫是之謂天情(〈天論〉 24)
35) 性之好惡喜怒哀樂 謂之情(〈正名〉 2)

순자에게 이러한 정은 욕(欲)과 함께 사람이 태어날 때부터 갖추고 있
는 성(性)을 구성하는 한 가지 요소이다. 《순자》에서 성은 그의 인간구조
론이 제시하는 인간의 모든 타고난 특성인 생물체적 욕구와 정서〔欲‧情〕,
그리고 다음에 기술할 인지 능력〔知〕과 도덕적 행위 능력〔能〕을 모두 아
우르는 넓은 의미로 쓰이기도 하고, 또 생물체적 욕구와 정서〔欲‧情〕만
일컫는 좁은 의미로 쓰이기도 한다(김승혜, 1990 ; 조긍호, 1994, 1995). 이렇
게 좁은 의미에서 욕과 정만 가리킬 때 성은 악해질 가능성이 많다고 순자
는 개념화하고 있는데, 이 점이 바로 순자의 이론이 성악설(性惡說)로 알
려진 근거이다. 그러나 이러한 욕과 정은 인간의 삶과 행위의 최고 규범인
예(禮)에 따라 조절되고 통제되어야 한다고 순자는 보았다(조긍호, 1997a, b,
1998a, b, 2000, 2003a).

지(知)와 능(能)   맹자와 마찬가지로 순자도 사람에게 선천적인 인식 능
력과 도덕적 행위 능력이 갖추어져 있다고 보고, 이를
지와 능이라 부르고 있다.

　　알 수 있는 근거〔所以知〕가 사람에게 갖추어져 있는 것을 지(知 : 인식 능
력)라 하고 …… 행할 수 있는 근거〔所以能〕가 사람에게 갖추어져 있는 것을
능(能 : 행위 능력)이라 한다.[36]

　　사람의 바탕이 되는 본성에 있는 인식 능력〔知〕과 도덕적 행위 능력〔能〕은
군자나 소인이나 마찬가지다. …… 그러므로 소인의 인식 능력과 행위 능력을
자세히 살펴보면, 그들이 군자가 하는 일을 똑같이 하고도 남음이 있을 만큼
충분하다는 것을 알 수 있다.[37]

---

36) 所以知之在人者 謂之知 …… 所以能之在人者 謂之能(〈正名〉3)
37) 材性知能　君子小人一也 …… 故熟察小人之知能　足以知其有餘可以爲君子之所爲也
　　(〈榮辱〉28∼30)

이렇게 순자는 사람에게 인식 능력인 지(知)와 도덕적 행위 능력인 능(能)이 본래부터 갖추어져 있다고 본다. 이들은 각각 맹자가 말하는 양지·양능과 같은 것이라 볼 수 있다. 이렇게 순자는 사람이 욕·정·지·능이라는 네 측면의 구조로 이루어졌다고 보며, 이 네 가지는 바로 성(性)을 이루는 요소라 하겠다. 성의 이러한 요소들 가운데 지와 능은 위(僞)를 이루는 바탕이 된다. 위란 사려를 쌓고〔知〕 능력을 익힌〔能〕 다음에 이루어지는 것38)이기 때문이다. 그리고 이러한 지와 능은 각각 인간이 인간된 까닭인 변(辨)과39) 인간이 천하에서 가장 귀한 존재가 되는 까닭인 의(義)40)의 근거이기도 하다.

여기서 지는 외부의 사물을 받아들여서 종합하고, 분별하고, 판단하는〔辨〕 지성적인 인식 능력이다. "무릇 알 수 있는 것은 사람의 본성이고, 이를 통해 알게 되는 것은 사물의 이치이다"41)라는 순자 자신의 말에서도 분명히 드러나듯이, "인식할 만한 근거가 사람에게 갖추어져 있는 것"(所以知之在人者,〈正名〉3)이 바로 지이다. 이어서 능은 옳은 것으로 판단된 도리를 행하고 지킴으로써 의(義)에 이를 수 있는 행위 능력이다. 이는 "도를 알기만 하는 것은 이를 행하는 것만 못하다. 배움이란 배운 것을 실제로 행하는 데서 끝나는 것이다. 이렇게 배운 것을 행하면 밝게 통하게 되고, 밝게 통하면 성인이 된다"42)는 순자의 말이 뜻하는바, 알게 된 도를 실제로 "행할 수 있는 근거가 사람에게 갖추어져 있는 것"(所以能之在人者,〈正名〉3)이 바로 능이다.

---

38) 心慮而能爲之動 謂之僞 慮積焉 能習焉 而後成 謂之僞(〈正名〉2)
39) 故人之所以爲人者 非特以其二足而無毛也 以其有辨也(〈非相〉9~10)
40) 水火有氣而無生 草木有生而無知 禽獸有知而無義 人有氣有生有知 亦且有義 故最爲天下貴也(〈王制〉20)
41) 凡以知 人之性也 可以知 物之理也(〈解蔽〉25)
42) 知之不若行之 學至於行之而止矣 行之明也 明之爲聖人(〈儒效〉33)

(2) 심(心) : 도덕적 인식과 실행의 기관

이렇게 순자는 생물적 욕구[欲], 정서[情], 인식 능력[知], 도덕적 행위 능력[能]이 사람에게 본래부터 갖추어져 있는 특성이라고 본다. 그렇다면, 각각의 기능을 주재하는 기관은 무엇인가? 순자는 이를 감각기관[天官]과 마음[心]에서 찾고 있다.

> 귀·눈·코·입·몸(피부)은 저마다 특유하게 외부 사물을 만나 이를 받아 들일 뿐, 서로의 기능을 바꾸어 할 수는 없는데, 이를 일러 '자연적인 감각기관 [天官]'이라 한다. 마음[心]은 사람의 한가운데에 자리 잡고 있어서 오관을 다 스리는 것으로, 이를 일러 '자연적인 군주[天君]'라고 한다.[43]

이 가운데 감각기관은 생물적 욕구와 정서를 담당하는 기관이다. 아름다 운 색깔을 좋아하는 것, 듣기 좋은 소리를 좋아하는 것, 좋은 맛을 좋아하 는 것과 같은 생물체적 욕구와 감정 반응은 모두 눈·귀·입을 비롯한 감 각기관의 기능이라고 순자가 보고 있음(〈性惡〉 6)은 앞에서 이미 지적하였 다. 순자는 감각기관으로 외부 사물을 변별해서 받아들임에 따라 좋아하거 나 싫어하는 감정 반응과 바라거나 피하려는 욕구 반응이 나타난다고 보았 다.[44] 채인후(蔡仁厚, 1984)는 순자의 욕(欲)과 정(情)은 "모두 생물체의 생명적인 내용으로서, 사람에게 남아 있는 동물적 본성을 말하는 것이다. 말하자면, 여기서는 '사람이 동물인 근거'(人之所以爲動物)가 되는 자연생 명적인 징표만을 볼 수 있을 뿐, '사람이 사람된 근거'(人之所以爲人)가 되 는 도덕 가치의 내용은 볼 수 없다"(p. 390)고 주장하면서, 따라서 '사람이 동물인 근거'가 되는 욕과 정은 인간이 동물과 공유하는 감각기관에서 담

---

43) 耳目鼻口形能 各有接而不相能也 夫是之謂天官 心居中虛 以治五官 夫是之謂天君(〈天 論〉 24~25 : 王先謙의 《荀子集解》에서는 '形能'은 '形態'의 誤字로 보고 있다.)

44) 何緣而以同異 曰 緣天官 凡同類同情者 其天官之意物也同 …… 形體色理 以目異 聲 音清濁 …… 奇聲 以耳異 甘苦鹹淡 …… 奇味 以口異 香臭芬鬱 …… 奇臭 以鼻異 疾養 …… 輕重 以形體異(〈正名〉 6~8)

당하는 심리구성체라고 본다.

그러나 '사람이 사람된 까닭'이 되는 변(辨, 〈非相〉 9～10)과 의(義, 〈王制〉 20)의 근거인 지(知)와 능(能)은 사람의 고유 기관인 심(心)의 기능에 속한다. 인식 능력[知]이 마음[心]의 기능에 속한다는 사실은 "심은 징지(徵知)를 가지고 있어서"[45] 사람은 이 마음을 통해 비로소 도(道)를 알 수 있게 된다[46]는 순자 자신의 말에서 곧바로 드러난다. 여기서의 징지(徵知)에 대해 양량(楊倞, 818)은 《순자주(荀子注)》에서 "징(徵)은 부른다, 모은다[召]는 말로서, 징지란 심이 만물을 불러 모아서 이를 인식하게 됨을 말한다"[47]고 해석하였다. 그 뒤 이에 대한 해석은 "증명(證明)"(胡適, 1961, p. 51), "지용(智用), 곧 지성(知性)"(牟宗三, 1979, p. 262), "이해(理解)"(蔡仁厚, 1984, p. 438), "전반적 오성(overall understanding)"(Watson, 1963, p. 142), "감각적 인상에 대한 의미 부여(gives meaning to impression)"(Dubs, 1928/1966, p. 285)를 비롯하여 매우 다양하게 제시되어 왔다. 이들을 종합하면, 징지란 "지식으로 하여금 근거 있게 하는 것으로서, 잡다하게 받아들인 감각 또는 인상을 수집하여, 조리 있게 정리하고 해석하며 종합하여 주는 작용이다"(정인재, 1981, p. 334). 곧 "오관(五官)을 통해 감각으로 경험한 잡다한 사실들을 해석하고 정리하여 통일된 인식에 도달"하게 하는 것으로서, "개별적으로 경험된 것들의 전체적 의미를 분명히 해줌으로써 오관의 작용을 완성시키는 것"(김승혜, 1990, p. 241)이 바로 심의 징지이다. 이렇게 보면, 징지는 현대심리학에서 말하는 인지 능력 및 작용과 같은 것이라 하겠는데, 순자는 이렇게 인식 능력의 기능을 심에 부여하고 있는 것이다.

이어서 순자는 도덕적 행위 능력[能]을 담당하는 기관 또한 심(心)이라 보고 있다. 이는 "마음이 도를 인식한[知道] 다음에야 도를 옳은 것으로 받아들이게 되고[可道], 그런 뒤에야 도를 지키고[守道] 그럼으로써 도가

---

45) 心有徵知(〈正名〉 8)

46) 人何以知道 曰 心(〈解蔽〉 11)

47) 徵召也 言心能召萬物而知之(《荀子注》)

아닌 것을 금할 수[禁非道] 있게 된다"48)는 말에서 잘 드러난다. 여기서 도를 옳은 것으로 받아들이는 가도(可道)는 도덕적 선택 작용을 말하고, 이를 일상생활에서 지키는 수도(守道)와 도가 아닌 것을 금하는 금비도(禁非道)는 도덕적 실천을 말한다. 이러한 도덕적 선택과 실천이 바로 도덕적 행위라고 보면, 그 근거는 지도(知道)에 있으며, 지도의 주체는 바로 심이므로, 심이 바로 도덕적 행위 능력의 주체임이 분명해진다.

이상에서 보았듯이, 순자는 정(情)과 욕(欲)은 감각기관, 그리고 지(知)와 능(能)은 심(心)에서 담당하는 심리구성체라 보았다. 그렇다면, 감각기관과 심은 서로 어떠한 관계에 있는가? 앞의 인용문(〈天論〉 24~25)에서 감각기관은 천관(天官), 심은 천군(天君)이라 표현한 데서 이미 이 둘의 관계가 드러난다. 순자는 또 다른 곳에서 "심은 (감각기관을 포함해서) 신체의 군주[形之君]이고 정신작용의 주인[神明之主]이다. 명령을 내리기는 하지만, 명령을 받는 적은 없다"49)고 말하여, 둘의 관계를 분명히 하고 있다. 곧 심은 절대적인 자율성과 능동성을 가진 주체이고, 감각기관은 이의 지배를 받는 존재라는 것이다. 따라서 "심이 시키지 않으면, 희고 검은 것이 앞에 있어도 눈은 이를 보지 못하며, 옆에서 천둥이 치고 북이 울려도 귀는 이를 듣지 못한다."50)

3) 유학적 심리구성체론

이렇게 맹자와 순자의 인성론은 사람에게 본래 갖추어져 있는 인간 본성의 구성체들과 그들 각각의 기능 및 그들 사이의 관계에 관한 이론체계이다. 이것에서는 심리학이 다루어야 할 문제 영역을 확인하는 작업, 곧 심리구성체론(心理構成體論)의 문제에 대한 시사를 얻어낼 수 있다. 맹자는 도덕의 근거인 사단(四端), 정서체계, 생물적 욕구체계, 인식 능력의 체계[良

---

48) 心知道 然後可道 可道然後能守道 以禁非道(〈解蔽〉 11)

49) 心者形之君也 而神明之主也 出令而無所受令(〈解蔽〉 14)

50) 心不使焉 則白黑在前 而目不見 雷鼓在側 而耳不聞(〈解蔽〉 2)

知〕, 도덕적 행위 능력의 체계〔良能〕를 사람이 갖추고 태어난다고 본다. 순자는 생물적 욕구체계〔欲〕, 감정체계〔情〕, 인식 능력의 체계〔知〕, 그리고 도덕적 행위 능력의 체계〔能〕를 사람이 갖추고 있다고 본다. 이렇게 보면, 선진유학자들은 도덕성과 도덕 의지(도덕적 행위 능력), 인식 능력, 정서 및 생물적 욕구체계로 인간의 심리구성체를 파악하였다고 볼 수 있다.

　이러한 심리구성체 가운데 유학자들이 가장 중요하게 여긴 것은 인지 능력과 도덕적 행위 능력이다. 맹자에게 양지와 양능은 "아주 어린 아이라도 태어나면서부터 누구나 자기 어버이를 친애할 줄 알고, 자라나서는 누구나 자기 형을 공경할 줄 아는 것"(〈盡心上〉 15)이다. 곧 어버이를 친애하는〔親親〕인(仁)의 시초와 어른을 공경하는〔敬長〕의(義)의 시초를 깨달아 알고, 이를 실천할 수 있는 능력이 양지와 양능, 곧 인지 능력과 행위 능력인 것이다. 이렇게 맹자가 말하는 인지 능력과 행위 능력은 스스로가 도덕 주체임을 인식할 수 있는 능력〔良知〕과 이를 일상생활에서 실천할 수 있는 도덕적 행위 능력〔良能〕을 가리키는 것이다. 말하자면, 맹자에게 양지와 양능은 도덕성이라는 하나의 체계를 구성하는 앞면과 뒷면 같아서, 떼어내고자 하여도 떼어낼 수 없는 능력이다. 여기에 인간의 인지, 특히 사회 인지의 중핵을 도덕성에서 찾는 맹자 인성론의 열쇠가 있다.

　순자의 지와 능도 같은 맥락에서 이해할 수 있다. 순자에게도 지와 능은 도덕적 인식과 도덕적 행위의 근거가 되는 심리구성체이다. 이는 "무릇 우(禹) 임금이 우 임금이 된 까닭은 인의(仁義)와 바른 규범〔法正〕을 실행했기 때문이다. 그러므로 인의와 바른 규범에는 알고 실행할 수 있는 이치가 갖추어져 있다. 따라서 길거리의 보통 사람들도 누구나 인의와 바른 규범을 알 수 있는 바탕〔知〕을 가지고 있고, 인의와 바른 규범을 실행할 수 있는 근거〔能〕를 갖추고 있는 것이다"[51]라는 순자의 말에서 분명히 드러난다.

---

51) 凡禹之所以爲禹者 以其爲仁義法正也 然則仁義法正 有可知可能之理 然而塗之人也 皆有可以知仁義法正之質 皆有可以能仁義法正之具(〈性惡〉 13)

이렇게 보면, 선진유학에서는 심리구성체가 도덕성(또는 道德意志), 지성, 욕구 및 정서의 체계로 이루어져 있다고 보는 셈이다. 이러한 관점에서 이전의 심리학이 추구했던 인지(認知)·동기(動機)·정서에 덧붙여서 덕성(德性)을 연구해야 할 필연성이 생기며, 여기에 바로 동양심리학이 성립할 수 있는 바탕이 놓여 있다고 볼 수 있을 것이다. 이러한 인간 심성의 구조론에서 중요한 심리학적 문제는 각 구성 요소 사이의 관계이다. 앞서 말한 바대로 현대심리학에서는 인지우월론이 대세를 이루어왔다. 그러나 맹자와 순자는 덕성의 우월성을 주장하였다. 이는 유학이 기본적으로 성덕을 지향하는 체계라는 점에서 당연한 논리적 귀결이라 하겠다.

4) 도덕 인식과 실행의 통합

유학의 심리구성체론에서 특별히 주의해서 생각할 것은, 이 체계에서 인지 능력[良知·知]과 도덕적 행위 능력[良能·能]을 별개의 심리구성체로 상정하기는 하지만, 이 두 가지의 기능은 유학의 근본 목적인 성덕(成德)이라는 한 가지 목표로 통합되는 것이어서, 따로따로 나누어 살필 수가 없다는 사실이다. 스스로에게 갖추어져 있는 도덕성과 스스로가 도덕 주체라는 사실에 대한 인식[知]은 일상생활에서 도덕 실천[能]을 목표로 하는 것이고, 또 후자(도덕 실천)는 전자(도덕 인식)를 근거로 삼기 때문이다.

이렇게 도덕적 인식과 이에 대한 일상적 구현은 도덕 주체인 인간의 서로 분리할 수 없는 두 측면이라는 것이 유학사상의 특징이다. 유학자들은 인식 없는 실행이나 실행을 전제로 하지 않는 인식은 모두 공허한 것으로 보고 배격하며, 도덕 주체인 인간에게서 이 두 측면(인식과 실행)이 통합되는 것이 바로 덕을 이루어[成德] 군자가 되는 길이라고 본다(김승혜, 1990 ; 勞思光, 1967/1986 ; 蔡仁厚, 1984 ; Nisbett, 2003 ; Tu Wei-Ming, 1985).

도덕적 인식과 실행이 통합되어야 한다는 것은 공자 때부터 이어지는 유학의 전통이다. 유학의 핵심 경전인 《논어》는 공자의 "배우고(知에 따른 인식) 그것을 항상 익히면(能에 따른 실행) 또한 기쁘지 아니 하겠는가?"(《論語》, 〈學而〉 1)라는 말씀에서 시작하여, 도덕적 인식과 실행의 통합을 강조하는 유학의 전통을 열고 있다. 이러한 관점을 공자는 "도(道)를 깨달아 알기만 하는 사람은 그것을 실천해 보아서 좋아하는 사람만 못하고, 그것을 좋아하기만 하는 사람은 그것을 체현하여 즐기는 사람만 못하다"52)고 표현하기도 하여, 사람이 해야 할 일〔道〕의 인식과 실행이 통합되어야 함을 역설하였다.

맹자도 공자의 관점을 이어받아, 도덕적 인식과 실행의 통합이 중요함을 다음과 같이 말하고 있다.

> 군자가 올바른 방법으로 깊이 탐구하여 나아가는 것은 스스로 깨달아 얻고자 하는 것이다〔道德認識〕. 스스로 깨달아 도를 얻으면 이에 머무르는 것이 안정되고, 그렇게 되면 도를 활용하는 데 더욱 깊이가 있게 된다〔道德實踐〕. 이렇게 도를 활용하는 데 깊이가 있게 되면, 자기의 좌우 가까이에서 항상 그 근원을 파악하게 된다. 그러므로 군자는 스스로 도를 깨달아 얻고자 하는 것이다.53)

맹자는 이렇게 도를 깨달아 인식하는 일〔明道〕과 이를 일상생활에서 실행하는 일〔集義〕의 조화〔配義與道〕, 곧 도덕 인식과 실행의 통합을 군자가 되는 핵심이라고 본다. 이는 그의 유명한 호연지기론(浩然之氣論)에서 드러나는 관점이다.54)

도덕적 인식과 실천의 통합에 대해서 공자와 맹자보다 더 집중적으로 논의하는 사람은 순자이다. 앞에서도 지적하였듯이, 순자에게 도는 곧 인도(人道)이고(《荀子》, 〈儒效〉 9~10), 이는 곧 예의(禮義)이다.55) 예의는 일

---

52) 子曰 知之者不如好之者 好之者不如樂之者(《論語》, 〈雍也〉 18)

53) 君子深造之以道 欲其自得之也 自得之 則居之安 居之安 則資之深 資之深 則取之左右 逢其原 故君子欲其自得之也(《孟子》, 〈離婁下〉 14)

54) 敢問浩然之氣 曰 難言也 …… 其爲氣也 配義與道 無是 餒也(〈公孫丑上〉 2)

55) 禮者人道之極也(《荀子》, 〈禮論〉 13)

상생활, 개인 감정, 자연 질서, 사회 질서를 비롯한 인간 생활 전반의 규범
이므로(張其昀, 1984 ; 馮友蘭, 1948/1977), 이는 실생활에서 이루어지는 실
천을 전제로 하는 것이다(唐君毅, 1986 ; 牟宗三, 1979 ; 柳熙星, 1993 ; 蔡錦昌,
1989 ; 蔡仁厚, 1984 ; 黃公偉, 1974 ; Cua, 1985 ; Dubs, 1927). 그렇다면 이러한
예의에 대한 인식은 그 실천과 서로 뗄 수 없는 관계에 있을 수밖에 없다.
둘의 관계에 대한 순자의 관점은 다음의 말에 잘 드러난다.

> 마음이 도를 인식한(知道) 뒤에야 도를 옳은 것으로 받아들이게 되고(可
> 道), 도를 옳은 것으로 받아들인 뒤에야 비로소 도를 지키고(守道), 그럼으로
> 써 도가 아닌 것을 금할 수(禁非道) 있게 된다. …… 도를 인식하여 밝게 깨닫
> 고(知道察), 인식한 도를 실행하면(知道行), 도와 한몸을 이룬 사람(體道者)
> 이 되는 것이다.56)

이 인용문에서 "도를 인식하고 옳은 것으로 받아들이는 일"(知道·可
道)은 "도를 인식하여 밝게 깨달은 상태"(知道察)에 해당하고, "도를 지키
고 도 아닌 것을 금하는 일"(守道·禁非道)은 "인식한 도를 실행하는 상
태"(知道行)에 해당하는 것이다. 그러니까 도의 인식(察道)은 도를 인식하
여 옳은 것으로 받아들이는 일을 말하고, 도의 실행(行道)은 도를 지키고
도 아닌 것을 금하는 일을 말하는 셈이다. 이렇게 "지도찰(知道察)·지도
행(知道行)의 구절을 바탕으로 마음이 능히 지도(知道)·가도(可道)·수
도(守道)·금비도(禁非道)할 수 있다는 말을 살펴보면, 순자가 주장하는
인지심(認知心)은 실제로 지(知)·행(行)의 두 방면을 함께 아우르는 것
으로, 다만 인지의(認知義)뿐만 아니라, 실천의(實踐義)도 포함하는 것임
을 알 수 있다"(蔡仁厚, 1984, p. 416).

---

56) 心知道 然後可道 可道然後能守道 以禁非道 …… 知道察 知道行 體道者也(〈解蔽〉 11~
   13). 여기서 道는 사람이 행해야 할 바의 人道를 말하는 것이다. 이는 "道는 하늘의
   도도 아니고, 땅의 도도 아니며, 사람이 행해야 할 바로서, 군자가 따르는 것"(〈儒效〉
   9~10)이라는 人道論에서 분명히 드러나는 荀子의 관점이다.

이상의 논의에서 분명히 드러나듯이, 유학사상에서는 도덕적 인식과 실
행은 서로 떼어놓고 생각할 수 없으며, 둘의 통합이 이상적 인간이 되는
지름길이라고 본다. 이렇게 인식과 실행의 통합을 이룬 사람들이 바로 군
자나 성인이므로, 유학사상에서 제시하는 이상적 인간형의 특징은 군자와
성인의 도덕적 인식과 그 실천 의지를 통해 잘 드러나게 된다. 이 점이 바
로 유학사상에서 인성론과 이상적 인간형론이 만나는 접점이다. 이러한
배경에서 여기에서는 도덕적 인식과 실천 의지의 함양을 중심으로, 유학
사상에서 보는 이상적 인간형의 특징과 그 발달 과정에 대해 살펴보기로
하겠다.

2. 유학의 성인론·군자론

유학은 요(堯)·순(舜)·우(禹)·탕(湯)·문(文)·무(武)·주공(周公)·
공자(孔子) 들을 이상적 인간으로 설정해 놓고, 이러한 상태에 이르는 일
을 사람의 삶의 목표로 삼는 사상체계이다. 따라서 유학사상의 정수는 이
상적 인간형론에 있다고 하겠으며, 결과적으로 이는 그들의 교육론·수양
론·도덕실천론·예론 들의 바탕을 이루고 있다. 선진유학자들의 저술에
서 이러한 이상적 인간은 대인(大人)·대장부(大丈夫)·대유(大儒)·현인
(賢人)·현자(賢者)·지인(至人)·성인(成人)·군자(君子)·성인(聖人)
과 같은 다양한 용어로 표현된다.[57]

이 가운데 '대인(大人)'은 《논어》에서는 2회(〈季氏〉 8), 《맹자》에서는
12회(〈滕文公上〉 4 ; 〈離婁上〉 20 ; 〈離婁下〉 6, 11, 12 ; 〈告子上〉 14, 15 ; 〈盡
心上〉 19, 33 ; 〈盡心下〉 34), 《순자》에서는 2회(〈解蔽〉 14 ; 〈成相〉 9) 나오
고, '대장부(大丈夫)'는 《맹자》에서만 3회(〈滕文公下〉 2) 보일 뿐이며, '대

---

[57] 앞으로 제시되는 각 용어의 출처와 횟수는 《論語引得》·《孟子引得》·《荀子引得》
  참조.

유(大儒)'는 《순자》에서만 14회(〈儒效〉 1, 4, 27, 28, 32, 38 ; 〈成相〉 5) 나온다. 그리고 '성인(成人)'은 《논어》에서 4회(〈憲問〉 13), 《순자》에서 1회(〈勸學〉 22) 나오고 있고, '지인(至人)'은 《순자》에서만 3회(〈天論〉 23 ; 〈解蔽〉 21~22) 나올 뿐이다.

'현(賢)'이란 글자는 《논어》에서는 모두 18개 장에서 24회 나오는데, 이 가운데 "회(回)는 참 어질도다"58)나 "사(師 : 子張)와 상(商 : 子夏) 가운데 누가 더 낫습니까?"59)와 같이 술어형으로 쓰인 경우가 13회이고, 이상적 인간을 일컫는 경우가 11회인데, '현(賢)'이 4개 장(〈學而〉 7 ; 〈里仁〉 17 ; 〈子路〉 2 ; 〈子張〉 3)에 6회, '현자(賢者)'가 3개 장(〈憲問〉 39 ; 〈衛靈公〉 13 ; 〈子張〉 22)에 4회, '현인(賢人)'이 1개 장(〈述而〉 14)에서 1회 나온다. 《맹자》에서 '현'은 33개 장에서 74회 나오는데, 이 가운데 관형어나 술어형으로 쓰이는 경우가 30회이고, 이상적 인간을 일컫는 경우는 '현'이 13개 장(〈梁惠王上〉 7 ; 〈公孫丑上〉 5 ; 〈離婁上〉 7 ; 〈離婁下〉 7, 20 ; 〈萬章上〉 6 ; 〈萬章下〉 3, 6, 7 ; 〈告子下〉 6, 7 ; 〈盡心上〉 46 ; 〈盡心下〉 12)에 22회, '현자'가 14개 장(〈梁惠王上〉 2 ; 〈梁惠王下〉 4, 16 ; 〈公孫丑上〉 4 ; 〈滕文公上〉 4 ; 〈離婁下〉 17 ; 〈萬章上〉 9 ; 〈萬章下〉 3, 6 ; 〈告子上〉 10 ; 〈告子下〉 6 ; 〈盡心上〉 31 ; 〈盡心下〉 20, 24)에 18회, '현인'이 2개 장(〈公孫丑上〉 1 ; 〈萬章下〉 7)에 4회 나온다. 《순자》에서 '현'은 모두 145회 나오고 있는데, 이 가운데 관형어나 술어형으로 쓰이는 경우가 39회이고, 이상적 인간을 일컫는 '현'이 22개 편(〈修身〉·〈非相〉·〈非十二子〉·〈仲尼〉·〈儒效〉·〈王制〉·〈富國〉·〈王覇〉·〈君道〉·〈臣道〉·〈致仕〉·〈議兵〉·〈彊國〉·〈天論〉·〈正論〉·〈解蔽〉·〈君子〉·〈成相〉·〈大略〉·〈宥坐〉·〈子道〉·〈堯問〉)에서 56회, '현자'가 9개 편(〈非十二子〉·〈富國〉·〈臣道〉·〈致仕〉·〈正論〉·〈性惡〉·〈君子〉·〈成相〉·〈堯問〉)에서 17회, '현인'이 4개 편(〈非相〉·〈大略〉·〈哀公〉·〈堯問〉)에서 11회, '현량(賢良)'이 6개 편(〈王制〉·〈君道〉·〈正論〉·〈君子〉·〈子道〉·

---

58) 賢哉回也(《論語》, 〈雍也〉 9)
59) 師與商孰賢(〈先進〉 15)

〈賦〉)에서 13회, '현사(賢士)'가 3개 편(〈王覇〉·〈彊國〉·〈成相〉)에서 5회, '현능(賢能)'이 3개 편(〈仲尼〉·〈王制〉·〈成相〉)에서 4회 나타난다.

이에 견주어, 유학에서 이상적 인간의 전형으로 쓰이는 '군자(君子)'와 '성인(聖人)'이란 표현은 상대적으로 많이 쓰이는 편이다. '군자'는 《논어》의 86개 장에서 모두 107회, 《맹자》의 54개 장에서 81회, 《순자》의 모든 편에서 279회나 나오고 있다. '성인(聖人)'은 이보다 좀 적어서 《논어》의 3개 장(〈述而〉 25 ; 〈季氏〉 8 ; 〈子張〉 12)에서 4회, 《맹자》의 14개 장(〈公孫丑上〉 2 ; 〈公孫丑下〉 9 ; 〈滕文公上〉 4 ; 〈滕文公下〉 9 ; 〈離婁上〉 1, 2 ; 〈萬章上〉 7 ; 〈告子上〉 7 ; 〈盡心上〉 23, 24, 38 ; 〈盡心下〉 15, 24, 38)에서 29회, 《순자》의 22개 편(〈勸學〉·〈修身〉·〈不苟〉·〈榮辱〉·〈非相〉·〈非十二子〉·〈仲尼〉·〈儒效〉·〈王制〉·〈富國〉·〈君道〉·〈天論〉·〈正論〉·〈樂論〉·〈解蔽〉·〈正名〉·〈性惡〉·〈成相〉·〈賦〉·〈大略〉·〈堯問〉)에서 83회 나오고 있다. '성(聖)' 한 글자로 성인을 나타내는 경우도 《논어》의 3개 장(〈雍也〉 28 ; 〈述而〉 33 ; 〈子罕〉 6)에서 4회, 《맹자》의 5개 장(〈公孫丑上〉 2 ; 〈滕文公下〉 9 ; 〈離婁下〉 1 ; 〈萬章下〉 1 ; 〈盡心下〉 25)에서 16회, 《순자》의 10개 편(〈仲尼〉·〈儒效〉·〈正論〉·〈解蔽〉·〈性惡〉·〈君子〉·〈成相〉·〈大略〉·〈哀公〉·〈堯問〉)에서 19회나 된다.

이렇게 보면, 선진유학의 경전에서 이상적 인간을 가리키는 말로 가장 많이 등장하는 것은 '현'·'성'·'군자'라고 볼 수 있다. 이러한 맥락에서 이 책에서는 현인·군자·성인에 관한 유학자들의 말을 바탕으로 하여, 유학사상에서 제시하고 있는 이상적 인간형에 대해 살펴보기로 하겠다.

1) 이상적 인간의 특징

군자·현인·성인은 모두 도(道)를 자각하고 있는 이상적 상태의 인간을 가리키는 말이지만, 저마다 담고 있는 의미는 그 쓰임에 따라 약간씩 다르다. 이 가운데 군자는 계급 개념이 강한 용어이다(이상은, 1976). 군자 통치(君子統治)라는 유가 이념의 전통에서 이는 치자(治者) 계층, 곧 사대부(士

大夫) 계층을 일컫는 개념으로 많이 사용된다.[60] 그러나 군자라는 용어가 반드시 이러한 계급 개념으로만 쓰이는 것은 아니다. 《논어》에서는 주로 군자와 대칭하는 말로 소인(小人)이 13개 장(〈爲政〉 14 ; 〈里仁〉 11, 16 ; 〈顏淵〉 16, 19 ; 〈子路〉 23, 26 ; 〈憲問〉 7, 24 ; 〈衛靈公〉 1, 20, 33 ; 〈陽貨〉 4)에서 쓰이고 있으나, 〈안연(顏淵)〉 19장을 빼고는 《맹자》에서와(〈滕文公上〉 2 ; 〈滕文公下〉 5 ; 〈離婁下〉 22) 달리, 군자는 덕을 이룬 사람이고 소인은 그렇지 못한 사람으로 제시되고 있을 뿐, 치자·피치자의 개념으로는 사용되지 않는다. 또한 맹자의 사상에 비추어 보아도 "군자와 소인은 오직 그 개인의 정신적 자각 여하에 달려 있는 것이요, 반드시 계급적 구분에 있는 것은 아니다. 정신적 자각의 입장에서 보면, 상층 계급에도 소인이 있고, 하층 계급에도 군자가 있음은 역사와 현실이 증명"(이상은, 1976, p. 79)하기 때문이다.

또한 현·현자·현인도 군자와 비슷한 맥락으로 많이 쓰이는 개념이다. 그러나 이는 도를 자각한 어질고 지혜로운 사람이라는 뜻을 강하게 담고 있다는 점에서 군자와 다르다. 현·현자·현인을 군자와 비슷한 맥락으로 사용한 대표적인 사람이 맹자인데, 《맹자》에서는 현자(현·현인)도 군자와 마찬가지로 통치자(〈梁惠王上〉 2, 4 ; 〈公孫丑上〉 1 ; 〈滕文公上〉 3, 4 ; 〈萬章上〉 6 ; 〈盡心上〉 8 등) 또는 관직을 맡고 있는 사대부(〈梁惠王下〉 7 ; 〈公孫丑上〉 4, 5 ; 〈離婁下〉 20 ; 〈萬章下〉 6 ; 〈盡心上〉 8, 31 등)의 개념으로 쓰이는 곳이 많다. 그러나 이 경우에도 도를 자각한 어질고 지혜로운 군주 또는 선비의 뜻을 가지고 있다는 점에서, 계급적인 측면을 강조하는 군자와는 다르다. 이는 '현'의 대칭 개념이 '불초(不肖)'로 쓰이고 있다(〈離婁下〉 7 ; 〈萬章上〉 6 ; 〈告子下〉 6)는 사실이나, 현 또는 현자가 직접 '지(智)'의 의미

---

60) 이러한 사실은 《孟子》만 예로 들어보아도, 군자를 직접 통치자(〈梁惠王下〉 14 ; 〈公孫丑下〉 9 ; 〈離婁下〉 2 ; 〈盡心上〉 13 ; 〈盡心下〉 27 등) 또는 관직을 맡고 있는 사대부(〈滕文公下〉 3 ; 〈離婁下〉 27 ; 〈告子下〉 8, 10, 14 등)의 개념으로 사용하는 곳이 많으며, 또한 군자의 대칭 개념으로 사용되는 것들이 民(〈公孫丑下〉 9), 小人(〈滕文公上〉 2 ; 〈滕文公下〉 5 ; 〈離婁下〉 22), 野人(〈滕文公上〉 3 ; 〈萬章上〉 4), 庶民(〈離婁下〉 19 ; 〈盡心下〉 27), 衆人(〈告子下〉 6) 들로, 대체로 사대부 이하의 피지배 계층을 가리키는 말이라는 점에서 드러난다.

로 쓰이기도 한다는[61] 사실에서 잘 드러난다.

　현(현자·현인)·군자·성인 가운데 유학자들이 이상적 인간의 전형으로 받아들이고 있는 것은 역시 성인이라고 볼 수 있다. 성인에 대해서는 일찍이 공자도 "성인은 요순도 이를 오히려 어렵게 여겼거늘"[62] "성(聖)과 인(仁)을 내가 어찌 감히 넘보리오?"[63] 하며 높이 평가할 정도이다. 맹자도 제자인 공손추와 벌인 문답에서, 공손추가 "선생님은 이미 성인이십니까?"라고 묻자 "아! 그 무슨 말인가? …… 무릇 성인은 공자께서도 스스로 이러한 경지에 있지 않다고 하셨거늘, 그 무슨 소리를 함부로 하고 있느냐?"고 나무라면서, "나는 아직 이루지 못하였다. 나의 소망은 오직 공자를 배우는 것일 뿐이다"[64]라고 하여, 성인의 경지를 높이 평가하고 있다. 곧 성인은 시공(時空)을 초월하는 절대적인 존재이기 때문에,[65] "인륜의 표준"[66]으로서 "백대 뒤에도 본받을 스승"[67]이 될 만큼, 그 감화력이 위대한 존재라고 맹자는 보았다. 순자도 이상적 인간의 최종 단계를 성인이라 보아, 군자보다 높게 평가하였다. 이를 그는 "배움의 궁극적인 의의는 사(士)가 되는 데서 시작하여 성인(聖人)이 되는 데서 끝난다"[68]고 표현하고 있다.

---

61) 挾賢而問(《孟子》,〈盡心上〉43) ; 智之於賢者也(〈盡心下〉24)

62) 必也聖乎 堯舜其猶病諸(《論語》,〈雍也〉28)

63) 若聖與仁 則吾豈敢(〈述而〉33)

64) 然則夫子旣聖矣乎 曰 惡 是何言也 …… 夫聖孔子不居 是何言也 …… 吾未能有行焉 乃所願則學孔子也(《孟子》,〈公孫丑上〉2)

65) 이러한 논지는 《孟子》에 나오는 聖人에 대한 기술의 배경을 이루는데, 이러한 논점을 직접 언급한 구절도 많다. 예를 들면, 〈離婁下〉1장에서는 舜과 文王을 비교하면서 "이 두 사람은 서로 땅의 거리가 천리 이상 떨어져 있고, 또 서로 세대의 차이가 천년 이상이나 된다. 그렇지만 두 분이 다 뜻을 이루어 중국에서 왕도·덕치를 행한 점이 마치 부절(符節)을 맞춘 듯이 일치한다. 곧 앞선 聖人이나 뒤에 난 聖人이나 그 법도는 하나였던 것이다"(地之相去也 千有餘里 世之相後也 千有餘歲 得志行乎中國 若合符節 先聖後聖 其揆一也)라고 기술하고 있다.

66) 聖人 人倫之至也(〈離婁上〉2)

67) 聖人 百世之師也(〈盡心下〉15)

68) 學惡乎始 惡乎終 …… 其義則始乎爲士 終乎爲聖人(《荀子》,〈勸學〉12)

이렇게 군자·현인·성인은 담고 있는 의미가 약간씩 다르기는 하지만,
모두 유학사상에서 이상적 인간을 가리키는 보편적 용어로 사용되고 있다.
여기에서는 각 용어가 내포한 계급 관념은 버리고, 이들 모두에서 선진유
학의 사상가들이 이상적 인간의 특징으로 제시하고 있는 공통적인 요소들
을 찾아보기로 하겠다.

(1) 공자의 군자론

공자는 "성인은 내가 아직 만나보지 못하였다. 그러니 군자라도 만나볼
수 있다면 좋겠다"[69]거나 "군자에게는 두려워할 것이 세 가지가 있으니,
천명(天命)과 대인(大人)과 성인(聖人)의 말씀이다"[70]라고 하여, 성인을
군자보다 상위 개념으로 잡고 있다. 그는 "성인은 요순도 이를 어렵게 여
겼다"(《論語》, 〈雍也〉 28)고 하여, 보통 사람으로서 이룰 수 있는 이상적
인간형은 군자로 보고, 이를 자주 언급하고 있다. 공자의 군자상은 다음 구
절에서 잘 나타난다.

> 자로(子路)가 군자에 대해 묻자, 공자는 "군자는 자기를 닦음으로써 삼가는
> 사람이다"[修己以敬]라고 대답하였다. 자로가 "그것뿐입니까?" 하고 묻자, 공
> 자는 "군자는 자기를 닦음으로써 사람들을 편안하게 해주는 사람이다"[修己以
> 安人]라고 대답하였다. 자로가 거듭 "그것뿐입니까?" 하고 묻자, 공자는 "군자
> 는 자기를 닦음으로써 온 백성들을 편안하게 해주는 사람이다"[修己以安百姓].
> 자기를 닦음으로써 온 백성들을 편안하게 해주는 일은 요순도 이를 오히려 어
> 렵게 여겼다"고 대답하였다.[71]

이 인용문에서 공자는 군자의 특징을 "자기를 닦음으로써 삼가는 일"

---

69) 子曰 聖人吾不得而見之矣 得見君子者斯可矣(《論語》, 〈述而〉 25)

70) 孔子曰 君子有三畏 畏天命 畏大人 畏聖人之言(〈季氏〉 8)

71) 子路問君子 子曰 修己以敬 曰 如斯而已乎 曰 修己以安人 曰 如斯而已乎 曰 修己以安
    百姓 修己以安百姓 堯舜其猶病諸(〈憲問〉 45)

(修己以敬), "자기를 닦음으로써 주위의 사람들을 편안하게 해주는 일"(修己以安人), 그리고 "자기를 닦음으로써 온 천하 사람들을 편안하게 해주는 일"(修己以安百姓)의 세 가지로 보고 있다. 여기서 수기이경(修己以敬)은 자기 완성, 수기이안인(修己以安人)은 대인관계에서 조화의 달성(관계 완성), 그리고 수기이안백성(修己以安百姓)은 사회적 책무의 자임(自任)과 달성(사회 완성)을 의미한다. 그러므로 공자는 개인 인격의 수양과 완성뿐만 아니라, 타인에 대한 관심과 배려 및 사회에 대한 책임감을 이상적 인간의 기본 특징으로 보고 있다. 곧 인간은 스스로 타고난 도덕적 인격을 완성해야 할 뿐만 아니라, 기본적으로 이를 타인과 사회에 대한 배려와 책임감으로 승화시켜야 하는 존재라고 공자는 보고 있는 것이다.

수기이경(修己以敬) 군자는 인의(仁義)에 바탕을 두고 자기 몸을 닦는 사람이다. 이를 공자는 "군자가 인(仁)을 떠나면, 어떻게 이름을 이룰 수 있겠는가? 군자는 밥 한 끼 먹을 시간에도 인을 떠나서는 안 되고, 경황 중이나 위급한 상황에서도 반드시 인에 머물러야 한다"[72]거나, "군자는 의(義)를 으뜸으로 삼아야 한다"[73]거나, 또는 "군자는 천하의 일에서 …… 오로지 의를 따라야 한다"[74]거나 "군자는 의를 깨달아 이에 밝고, 소인은 이익에 밝다"[75]고 말하고 있다. 이렇게 군자는 인의의 도를 깨달아 이에 밝기 때문에, 일상생활에서 자기를 다하고[忠] 믿음이 있으며[信],[76] 항상 도(道)를 꾀하고 걱정할 뿐 일신의 욕심을 꾀하거

---

72) 君子去仁 惡乎成名 君子無終食之間違仁 造次必於是 顚沛必於是(〈里仁〉 5)

73) 君子義以爲上(〈陽貨〉 23)

74) 君子之於天下也 …… 義之與比(〈里仁〉 10)

75) 君子喩於義 小人喩於利(〈里仁〉 16)

76) 君子 …… 主忠信(〈學而〉 8). 孔子가 忠과 信을 修己의 바탕으로 강조하고 있다는 사실은 "십호쯤 되는 작은 마을에도 반드시 나처럼 忠·信한 사람이 있겠지만, 나처럼 배우기를 좋아하는[好學] 사람은 없을 것이다"(十室之邑 必有忠信如丘者焉 不如丘之好學也, 〈公冶長〉 27)라고 하여, 스스로를 忠信과 好學으로 평가하고 있다는 사실과 "공자께서는 네 가지로 가르치셨으니, 文·行·忠·信이었다"(子以四敎

나 걱정하지 않는다.[77]

이와 같이 군자는 인·의·도·덕을 바탕으로 자기 수양을 이룬 사람이기 때문에, 자기에게 잘못이 있을 때 이를 고치기를 꺼리지 않으며,[78] "어진 사람을 보면 그와 같아지려 하고, 어질지 못한 사람을 보면 안으로 스스로를 반성하여"[79] 자기를 개선하려 한다. "군자의 잘못은 일식·월식과 같아서, 군자가 잘못하면 모든 사람이 그것을 보게 되지만, 이를 고치면 모든 사람이 그를 우러러 보게 되는 것이다."[80] 이렇게 군자가 잘못을 고쳐 자기개선을 할 수 있는 것은 "널리 글을 배워 인의의 도를 깨우치고, 예로써 자기 몸을 단속하여,"[81] "모든 책임을 남에게 돌리는 소인〔小人求諸人〕과는 달리 자기에게서 모든 책임을 찾기〔君子求諸己〕" 때문이다(〈衛靈公〉 20). 그리하여 "군자는 자기의 무능을 탓할지언정 남이 자기를 알아주지 않는 것을 탓하지 않으며,"[82] 결과적으로 "남이 자기를 알아주지 않는다고 해도 서운해 하지 않을"(〈學而〉 1) 수 있는 것이다.

군자는 이렇게 항상 잘못을 개선하고 모든 책임을 자기에게서 찾기 때문에, 정서적으로 안정되어 있어서 "걱정하거나 두려워하지 않는다. …… 안으로 돌이켜보아 잘못이 없으므로, 걱정하거나 두려워할 것이 없기 때문이

文行忠信, 〈述而〉 24)는 진술들에 잘 드러난다.

77) 君子謀道不謀食 …… 君子憂道不憂貧(〈衛靈公〉 31)

78) 君子 …… 過則勿憚改(〈學而〉 8)

79) 見賢思齊焉 見不賢而內自省也(〈里仁〉 17)

80) 君子之過也 如日月之食焉 過也 人皆見之 更也 人皆仰之(〈子張〉 21)

81) 君子博學以文 約之以禮(〈雍也〉 25). 〈子罕〉 10장에는 제자인 顏淵이 孔子를 평가하면서 "선생님께서는 차근차근히 사람을 잘 이끄시어, 文으로써 나를 넓혀 주시고, 禮로써 나를 단속하게 해 주셨다"(夫子循循然善誘人 博我以文 約我以禮)고 하여, 같은 이야기가 나오고 있다.

82) 君子病無能焉 不病人之不己知也(〈衛靈公〉 18) ; 〈學而〉 16(不患人之不己知 患不知人也), 〈里仁〉 14(不患無位 患所以立 不患莫己知 求爲可知也), 〈憲問〉 32(不患人之不己知 患其不知也)에도 같은 내용이 제시되고 있다. 이를 위의 君子求諸己 小人求諸人(〈衛靈公〉 20)과 함께 고찰하면, 孔子가 자기에게 돌이켜 모든 책임을 구하는 反求諸己의 태도를 얼마나 강조했는지 알 수 있다.

다."[83] 그리하여 "항상 걱정에 쌓여 있는 소인과는 달리, 군자는 언제나 마음이 평탄하고 여유가 있다."[84] 이렇게 정서적으로 안정된 군자는 "태연하고 교만하지 않으며"[85] 늘 겸손하다. 군자가 겸손하다는 것은 공자 스스로 "군자의 일을 몸소 행하는 일은 내가 아직 모자란다"[86]거나, "성(聖)과 인(仁)을 내가 어찌 감히 넘보겠는가? 나는 다만 인을 행하기를 싫어하지 않고, 남을 가르치기를 게을리 하지 않는다고 할 수 있을 뿐이다"[87]라거나, "군자의 도에 세 가지가 있는데, 나는 하나도 능한 것이 없다"[88]거나, 또는 "나는 나면서부터 아는 사람〔生而知之者〕은 못 된다. 다만 옛 것을 좋아해서 서둘러 그것을 구하고자 하는 사람일 뿐이다"[89]라고 겸손하게 자평한 사실에서 잘 드러난다.

군자는 정서적으로 안정되어 있을 뿐만 아니라, 자기의 이기적 욕구를 억제할 수 있는 사람이다. 군자는 배부름이나 편안함,[90] 부귀,[91] 이익 추구,[92] 그리고 여색과 남을 이기려는 욕구와 탐욕[93] 같은 생물체로서 지닌 이기적 욕구를 억제하고, "의(義)를 밝게 깨달아"(君子喩於義, 〈里仁〉 16), "덕을 항상 마음 속에 간직하고 있는 사람"(君子懷德, 〈里仁〉 11)이다. 이렇기 때문에 군자는 자기 표출을 억제하여, 말을 아끼고 삼간다.[94] 이렇게 자기 표출을 억제하는 것은 "행동이 말을 따라가지 못할까봐 걱정해

---

83) 君子不憂不懼 …… 內省不疚 夫何憂何懼(〈顏淵〉 4)

84) 君子坦蕩蕩 小人長戚戚(〈述而〉 36)

85) 君子泰而不驕 小人驕而不泰(〈子路〉 26)

86) 子曰 文莫吾猶人也 躬行君子 則吾未之有得(〈述而〉 32)

87) 子曰 若聖與仁 則吾豈敢 抑爲之不厭 誨人不倦 則可謂云爾已矣(〈述而〉 33)

88) 子曰 君子道者三 我無能焉(〈憲問〉 30)

89) 子曰 我非生而知之者 好古敏以求之者也(〈述而〉 19)

90) 君子食無求飽 居無求安(〈學而〉 14)

91) 富與貴 是人之所欲也 不以其道得之 不處也(〈里仁〉 5)

92) 君子懷德 小人懷土 君子懷刑 小人懷惠(〈里仁〉 11)

93) 君子有三戒 少之時 血氣未定 戒之在色 及其壯也 血氣方剛 戒之在鬪 及其老也 血氣既衰 戒之在得(〈季氏〉 7)

94) 仁者其言也訒(〈顏淵〉 3)

서"95)인데, 이렇게 "군자는 말은 신중하게 하고, 이를 실행하기는 빠르게
하는 사람"96)인 것이다.

이상에서 보듯이, 군자는 인의를 바탕으로 하여 도를 체득함으로써 자기
개선을 이루고, 모든 책임을 스스로에게 돌이켜 구함으로써 정서적으로 안
정되며, 이기적 욕구와 자기 표출을 억제하고, 자기가 몸소 얻은 도를 실행
하려 노력하는 사람이다. 이것이 바로 자기를 닦아 삼가게 된〔修己以敬〕
군자의 특징으로, 공자는 이를 "군자는 의(義)로써 바탕을 삼고, 예(禮)로
써 이를 행하며, 겸손하게 이를 드러내고, 성실함으로써 이를 이루나니, 이
것이 바로 군자다움"97)이라고 표현하고 있는 것이다.

수기이안인(修己以安人)   군자는 인의를 바탕으로 자기 몸을 닦아 도덕적
수양을 이룬 뒤에 일상생활에서 주위 사람들과
조화를 이루고, 그들을 편안하게 이끌어주는 사람이다. 이들은 우선 가족
들에게 효와 우애를 다하여 가정의 질서를 꾀한다. 이것이 인을 행하는 근
본이 되기 때문이다.98) 이들은 친척들에게 돈독하게 하고, 옛 친구들도 잘
보살피며,99) 그들이 선을 행하도록 정성을 다하여 권면한다.100)

군자는 사람들을 공경하고, 그들에게 공손하고 예의바르게 대하여 주위
사람들을 형제같이 여기며,101) 교만하지 않고(〈子路〉 26), "남을 긍휼히 여

---

95) 君子恥其言之過其行也(〈憲問〉 29) ; 古者言之不出 恥躬之不逮也(〈里仁〉 22)

96) 君子 …… 敏於事而愼於言(〈學而〉 14) ; 君子欲訥於言而敏於行(〈里仁〉 24) ; 子貢問
君子 子曰 先行 其言而後從之〔〈爲政〉 13 : 何晏(193~249)은 《論語集解》에서 '先行'
을 句로 보아 떼어 읽고 있으나, 朱熹는 《論語集註》에서 '先行其言'을 句로 보아 떼
어 읽고 있다. 여기서는 古注의 풀이가 더 자연스럽다고 보아, 이를 택하였다.〕

97) 君子義以爲質 禮以行之 孫以出之 信以成之 君子哉(〈衛靈公〉 17)

98) 君子務本 本立而道生 孝弟也者 其爲仁之本與(〈學而〉 2)

99) 君子篤於親 …… 故舊不遺(〈泰伯〉 2) ; 周公謂魯公曰 君子不施其親 不使大臣怨乎
不以 故舊無大故 則不棄也 無求備於一人(〈微子〉 10)

100) 子路問曰 何如斯可謂之士矣 子曰 切切偲偲 怡怡如也 可謂士矣 朋友切切偲偲 兄弟怡
怡(〈子路〉 28)

101) 君子敬而無失 與人恭而有禮 四海之內 皆兄弟也 君子何患乎無兄弟也(〈顏淵〉 5)

겨 다투지 않으며, 또 함께 어울리되 편당을 짓지 않는다."102) 이들은 "바르고 곧되, 자기만 옳다고 고집을 부리지 않으며",103) 남의 악함을 들추어 내거나 남을 비방하는 것을 미워한다.104) "군자는 소인들처럼 이익에 붙좇지 않고, 사람들 사이에 조화를 추구하기"105) 때문이다.

이와 같이 "사람들을 편애하거나 아첨할 뿐 널리 사랑하지 못하는 소인과는 달리, 군자는 사람들을 널리 사랑하지 편애하거나 아첨하지 않는다."106) 곧 군자는 도를 배움으로써 사람들을 사랑하고,107) 그럼으로써 그들 사이에서 조화를 이루게 되는 것이다.

수기이안백성(修己以安百姓)   수기로써 인격적 수양을 이룬 군자는 가족·친척·친구 같은 주변 사람들만 포용하고, 그들과만 조화를 이루려 하지는 않는다. "군자는 어진 사람을 존중하고, 모든 사람을 포용한다. 잘하는 사람을 가상히 여길 뿐만 아니라, 무능한 사람도 긍휼히 여겨 포용하는 것이다."108) "마치 온갖 장인들이 공장에 있으면서 자기 일을 이루어내듯이, 군자는 배움을 통해 그 도를 이루려 하는데,"109) 군자가 이루려는 도는 바로 수기를 통한 도덕적, 인격적 완성이나 대인관계에서 조화를 추구하는 일만이 아니라, 자기에게 주어진 사회적 책무를 떠맡아 완수하는 일까지도 포함하는 것이다. 공자는 "천명이 부여

---

102) 君子矜而不爭 群而不黨(〈衛靈公〉21)

103) 君子 貞而不諒(〈衛靈公〉36) ; 〈里仁〉10장에도 "군자는 천하에서 꼭 이래야 한다는 것도 없고, 이래서는 절대로 아니 된다는 것도 없이, 오직 義를 따를 뿐이다"(君子之於天下也 無適也 無莫也 義之與比)라고 하여, 같은 내용이 나온다.

104) 子貢曰 君子亦有惡乎 子曰 有惡 惡稱人之惡者 惡居下流而訕上者 惡勇而無禮者 惡果敢而窒者(〈陽貨〉24)

105) 君子和而不同 小人同而不和(〈子路〉23)

106) 君子周而不比 小人比而不周(〈爲政〉14)

107) 君子學道則愛人 小人學道則易使也(〈陽貨〉4)

108) 君子尊賢而容衆 嘉善而矜不能(〈子張〉3)

109) 百工居肆以成其事 君子學以致其道(〈子張〉7)

한 자기 할일을 알지 못하면 군자가 될 수 없다"[110]고 말하고, 자신은 "감히 성(聖)과 인(仁)을 스스로 내세울 수는 없지만, 인의의 도를 행하기를 싫어하지 않으며, 남을 가르치기를 게을리 하지 않는다"(〈述而〉33)고 하였다. 이렇듯 다른 사람들에게 인의의 길을 가르쳐서 그들로 하여금 그 길을 따르도록 이끄는 일, 그리하여 온 천하의 사람들을 편안하게 해주는 일을 자기에게 주어진 천명으로 알고, 이 일을 기꺼이 떠맡아 실행하고 있음을 분명히 하고 있다. 공자는 이렇게 온 천하의 사람을 편안하게 해주는 것[安百姓]을 자기에게 주어진 천명으로 알고 있었기에, 송(宋)의 환퇴(桓魋)가 그를 해치려 하는데도 "하늘이 나에게 덕(德)을 부여하셨으니, 환퇴가 나를 어찌 하겠는가?"[111] 하는 당당한 부동심(不動心)을 굳게 지닐 수 있었다.

그런데 이렇게 사회적 책무를 스스로 맡아 완수하는 일은 실제로 무척 어려운 일이다. 공자는 제자인 자공(子貢)이 "널리 백성들에게 은혜를 베풀어 많은 사람을 구제한다면, 어떻습니까? 인(仁)하다고 할 만하겠습니까?" 하고 물은 데 대해, "어찌 인에만 머물겠는가? 반드시 성인일 것인데, 이는 요순도 오히려 어렵게 여겼던 경지이다"라고 대답하여,[112] 안백성하는 일의 어려움을 말하고 있다. 이러한 수기이안백성은 수기이경·수기이안인과 함께 이상적 인간의 세 가지 특징 가운데 하나인 것이다.

세 특징의 통합　여기서 공자가 보는 이상적 인간의 이러한 세 가지 특징은 모두 수기(修己)를 바탕으로 한다는 점을 눈여겨볼 필요가 있다. 이러한 수기의 바탕은 바로 인의(仁義)이고, 이상적 인간은

---

110) 不知命 無以爲君子也(〈堯曰〉3)
111) 子曰 天生德於予 桓魋其如予何(〈述而〉22). 孔子가 이러한 당당한 부동심을 굳게 지니고 있었다는 사실은 〈子罕〉5(子畏於匡 曰 文王旣沒 文不在玆乎 天之將喪斯文也 後死者不得與於斯文也 天之未喪斯文也 匡人其如予何)에도 잘 드러난다.
112) 子貢曰 如有博施於民而能濟衆 何如 可謂仁乎 子曰 何事於仁 必也聖乎 堯舜其猶病諸(〈雍也〉28)

모두 이러한 인의를 자각하여 체득했다는 공통점을 가지고 있다. 따라서 그들의 세 가지 특징은 이러한 인의가 상황과 처지에 따라 달리 드러난 것일 뿐이다. 이러한 사실은 다음과 같은 말에서 잘 드러난다.

공자께서 자산(子産)에 대해 평하여 말씀하셨다. "그는 군자의 도 네 가지를 간직하고 있었으니, 몸가짐은 공손하고, 윗사람을 섬김에는 공경스러웠으며, 백성을 기름에는 은혜로웠고, 백성들에게 일을 시킴에는 의로웠다."113)

여기서 몸가짐이 공손한 것은 수기이경, 윗사람을 공경하는 것은 안인에 속하는 일이라면, 백성들을 은혜로 기르고 의롭게 부리는 것은 안백성에 속하는 일이라 할 수 있을 것이다. 이렇게 군자는 수기의 바탕을 자기의 도덕적, 인격적 완성, 대인관계에서 조화의 달성, 그리고 사회적 책무의 자임과 완수로 넓혀가는 사람인 것이다.

(2) 맹자의 성인론

이상적 인간의 특징을 수기·안인·안백성의 세 가지로 보는 공자의 관점은 맹자에게 그대로 이어진다. 맹자는 백이(伯夷)·이윤(伊尹)·유하혜(柳下惠)·공자(孔子)를 비교하면서, 성인의 유형을 다음과 같이 정리하였다.

백이는 성인 가운데 가장 순수하고 깨끗한 분이고〔聖之清者〕, 이윤은 성인 가운데 가장 사회적인 책임을 다한 분이고〔聖之任者〕, 유하혜는 성인 가운데 가장 융화를 도모한 분이며〔聖之和者〕, 공자는 성인 가운데 가장 시중(時中)을 취하신 분이다〔聖之時者〕. 이 가운데 공자는 이들을 모두 모아서 크게 이루신 분이다.114)

---

113) 子謂子産 有君子之道四焉 其行己也恭 其事上也敬 其養民也惠 其使民也義(〈公冶長〉 15)

114) 伯夷聖之清者也 伊尹聖之任者也 柳下惠聖之和者也 孔子聖之時者也 孔子之謂集大成 (《孟子》,〈萬章下〉 1)

이 인용문에서 공자는 앞에 말한 백이·이윤·유하혜의 청(淸)·임(任)·화(和)를 모두 모아서 크게 이루신 분이라고 표현되고 있다. 이는 백이·이윤·유하혜가 성인의 어느 한 쪽에 치우친 부분만 이룬 것이라면, 공자는 이들을 모두 모아서 크게 이루어〔集大成〕, 시의에 맞게 중용(中庸)을 취한 성인의 전형이라는 뜻이다. 이러한 사실은 맹자가 다른 곳에서 "백이는 좁고, 유하혜는 소홀하다. 좁거나 소홀한 것을 군자는 따르지 않는 법이다"[115]라고 비판한 데서 잘 드러난다. 그러나 맹자는 또 다른 곳에서 백이와 유하혜를 칭찬하여, "성인은 백대 뒤에도 본받을 스승으로, 백이와 유하혜가 바로 이러한 사람이다"[116]라고 높이 평가하고 있다. 이 셋 가운데서 맹자가 한결같이 높이 평가한 사람은 이윤뿐이다.[117] 이러한 점에서, 맹자

---

115) 伯夷隘 柳下惠不恭 隘與不恭 君子不由也(〈公孫丑上〉9)

116) 聖人百世之師也 伯夷柳下惠是也(〈盡心下〉15)

117) 이 세 사람에 대한 기술은《孟子》를 통틀어 伯夷는 8개 장(〈公孫丑上〉2, 9 ;〈滕文公下〉9 ;〈離婁上〉13 ;〈萬章下〉1 ;〈告子下〉6 ;〈盡心上〉22 ;〈盡心下〉15), 柳下惠는 5개 장(〈公孫丑上〉9 ;〈萬章下〉1 ;〈告子下〉6 ;〈盡心上〉28 ;〈盡心下〉15), 그리고 伊尹은 8개 장(〈公孫丑上〉2 ;〈公孫丑下〉2 ;〈萬章上〉6, 7 ;〈萬章下〉1 ;〈告子下〉6 ;〈盡心上〉31 ;〈盡心下〉38)에서 보인다. 이 가운데 伯夷와 柳下惠를 비판한 〈公孫丑上〉9장을 빼고는 대체로 伯夷는 聖之淸의 전형으로, 柳下惠는 聖之和의 전형으로, 그리고 伊尹은 聖之任의 전형으로 표현되고 있어, 孟子가 이 세 사람을 얼마나 높이 평가했는지를 잘 알 수 있다.
　　이 세 사람 가운데 伊尹은 전혀 孟子의 비판을 받지 않았다는 점에서 孟子가 가장 높이 평가한 것으로 볼 수 있으며, 〈公孫丑上〉9장에서 "백이는 좁고, 유하혜는 소홀하다"고 비판한 것은 孟子 자신의 처신을 합리화하기 위한 탄식이 아니었을까 추측된다. 곧 孟子가 살던 戰國時代도 伯夷가 살던 殷 나라 말기의 紂王 때와 마찬가지로 난세였는데, 伯夷는 이 혼란을 피해 숨어 버려서 淸을 견지한 것과 달리, 孟子는 仁義王道를 실현하려는 꿈을 버리지 않고 제후국을 순방하였으며, 그렇다고 柳下惠처럼 낮거나 높은 관직을 가리지 않고 맡아 항상 和를 추구하지도 못하고, 가는 곳마다 자기의 뜻이 받아들여지지 않으면 버리고 떠났다. 따라서 孟子 자신이 보기에 仁義王道를 펴보려는 뜻도 가지지 않고 숨어버린 伯夷는 지나치게 좁고, 仁義王道를 펼 만한 자리가 아닌데도 머무르곤 했던 柳下惠는 지나치게 소홀했다고 비판해야 자기의 처신이 합리화될 수 있다고 생각한 것은 아닐까 추측할 수 있다. 그러나 伊尹은 역시 난세인 夏 나라 말기의 桀王 때에 湯을 도와 殷 나라의 성립에 결정적 구실을 했으므로, 맹자가 추구하는 仁義王道의 실현을

6장 유학사상의 이상적 인간형론 393

가 이상적 인간의 특징으로 여기는 것은 바로 백이의 청(淸), 유하혜의 화
(和), 이윤의 임(任)[118]이라고 볼 수 있다.

성지청(聖之淸)　이는 수기를 통하여 인의를 체득함으로써 본래 타고난
깨끗함과 순수함을 굳게 지닌 상태를 말하는데, 그 전형
은 백이에게서 볼 수 있다.

　백이는 눈으로는 나쁜 것을 보지 않았고, 귀로는 나쁜 소리를 듣지 않았다.
그는 인의의 도를 지키는 임금이 아니면 섬기지 않았고, 착한 백성이 아니면
다스려 쓰지도 않았으며, 천하가 잘 다스려지면 나가서 벼슬했으나, 흐트러지
면 물러나 은퇴했다. 그는 포악한 정치를 꾸며대는 나라나 횡포한 백성이 사는
곳에서는 참고 살지를 못했으며, 도덕을 가릴 줄 모르는 사람과 함께 있는 것
을 마치 관복을 입고 흙탕물 속에 앉아 있는 듯이 생각했다. 그는 은(殷) 나라
의 폭군 주왕(紂王) 때에는 북해의 물가에 은둔하여 천하가 맑아지기를 기다
렸다. 그러므로 백이의 고고한 덕풍을 들으면 감화를 받아, 욕심이 많은 사람
은 청렴하게 되고, 겁이 많은 사람은 굳은 뜻을 세우게 되었다.[119]

　이룬 인물로 나무랄 점을 찾기 어려웠을 것이며, 또한 그를 추켜올림으로써, 이를
통해 자기의 처신을 합리화하는 발판을 얻으려 했다고 생각할 수도 있을 것이다.
　어떻든 伯夷·柳下惠·伊尹이 聖人의 특징을 저마다 전형적으로 대표할 수 있
는 인물이라고 孟子가 본 것만은 틀림없는 사실이다.

118) 앞에 인용한 〈萬章下〉 1장에서는 淸(伯夷)·任(伊尹)·和(柳下惠)의 순서로 나
오지만, 여기에서는 淸·和·任의 순서로 기술하고자 한다. 이는 〈公孫丑上〉 9장
의 기술대로 伯夷(淸)와 柳下惠(和)는 孟子에게 비판을 받고 있지만, 伊尹(任)은
《孟子》를 통틀어 전혀 비판을 받고 있지 않다는 점과, 또한 淸은 개인적 수양,
和는 대인 관계의 조화, 그리고 任은 사회적 책임의 측면에서 성인의 특징을 나타
내므로, 그 적용 범위로 보아도 淸·和·任의 순서로 이상적 인간의 특징을 말하
는 것이 타당하다고 생각하기 때문이다.
119) 伯夷目不視惡色 耳不聽惡聲 非其君不事 非其民不使 治則進 亂則退 橫政之所出 橫民
之所止 不忍居也 思與鄕人處 如以朝衣朝冠坐於塗炭也 當紂之時 居北海之濱 以待天
下之淸也 故聞伯夷之風者 頑夫廉 儒夫有立志(〈萬章下〉 1)

이렇게 이상적 인간은 "태어날 때부터 가지고 있는 본래의 순수한 마음을 잃지 않고"[120] 항상 깨끗함을 굳게 지니는 사람이다. 그리하여 비록 "이들의 행위는 상황에 따라 서로 달라져서 멀리 물러나 은퇴하기도 하고, 가까이 참여하기도 하며, 또는 벼슬을 내놓고 떠나기도 하고, 자리를 지켜 머물러 있기도 하지만, 모두 자기 자신을 깨끗하게 지키는 데로 귀결"[121]되는 것이다.

이들이 이렇게 순수하고 깨끗함을 지킬 수 있는 것은 이들이 "사람의 마음에 뿌리를 두고 있는 인의예지를 성(性)으로 삼아"(〈盡心上〉 21) 항상 "인에 머물고, 의를 따르기"[122] 때문이다. 그리하여 이들은 "예답지 않은 예나 의답지 않은 의는 절대로 행하지 않고,"[123] 오로지 자기가 체득한 "인의를 자연스럽게 행할 뿐이지 억지로 그 효과를 바라고 행하지는 않으며,"[124] 이(利)를 좇지 않고 오로지 인의(仁義)에만 전념하는 것이다.[125]

---

120) 大人者 不失其赤子之心者也(〈離婁下〉 12)

121) 聖人之行不同也 或遠或近 或去或不去 歸潔其身而已矣(〈萬章上〉 7)

122) 居仁由義 大人之事備矣(〈盡心上〉 33)

123) 非禮之禮 非義之義 大人弗爲(〈離婁下〉 6). 이와 똑같은 내용이 〈離婁下〉 28장에도 나온다 : "이런 까닭에 군자에게는 일생 동안의 걱정이라면 '舜도 사람이고 나도 사람으로, 순은 천하의 표본이 되어 후세에 전해지는데, 나는 아직 일개 평범한 마을 사람에 지나지 않는다'는 것이니, 이는 걱정할 만한 일이다. 이를 걱정한다면 어떻게 해야 하는가? 오직 순과 같이할 따름이다. 이렇게 된다면, 군자에게 근심거리는 없어지는 것이다. 仁이 아니면 하지 않고, 禮가 아니면 행하지 않는다면, 만일 잠시 환난이 닥쳐온다 해도 군자는 근심하지 않는다"(是故君子有終身之憂 無一朝之患也 乃若所憂則有之 舜人也 我亦人也 舜爲法於天下 可傳於後世 我由未免爲鄕人也 是則可憂也 憂之如何 如舜而已矣 若夫君子所患則亡矣 非仁無爲也 非禮無行也 如有一朝之患 則君子不患矣).

124) 舜明於庶物 察於人倫 由仁義行 非行仁義(〈離婁下〉 19). 이렇게 仁義의 도를 체득한 사람은 仁義와 한몸이 되어 이를 자연스럽게 행하는 것이지, 그 효과를 바라고 억지로 仁義에 맞도록 인위적으로 행동하는 것이 아니라는 사실은 이 밖에도 〈滕文公下〉 4(君子之道也 其志將以求食與), 〈離婁下〉 11(大人者 言不必信 行不必果 惟義所在), 〈盡心下〉 33(哭死而哀 非爲生者也 經德不回 非以干祿也 言語必信 非以正行也 君子行法 以俟命而已矣) 들에 기술되어 있다.

125) 《孟子》를 통틀어 '利'는 '仁義'의 대립 개념으로 쓰인다. 이는 《孟子》의 첫 머리인

이렇게 이상적 인간은 본래의 깨끗함과 순수함을 굳게 지님으로써 "하늘을 우러러도 부끄럽지 않고, 사람들을 굽어 보아도 부끄럽지 않으며,"[126] "천하의 넓은 곳에 머물고, 천하의 바른 지위에 서며, 천하의 대도를 행하여 …… 부귀하게 되어도 마음을 방탕하게 흐트리지 않고, 빈천에 빠져도 마음이 변하지 않으며, 위세나 무력에도 굴복하지 않는 대장부"[127]의 당당함을 갖춘 사람인 것이다. 이러한 성지청(聖之淸)은 바로 공자가 말하는 수기이경(修己以敬)의 상태와 같은 경지라고 볼 수 있을 것이다.

성지화(聖之和)   이는 수기를 통하여 체득한 인의를 대인관계에서 나타내 보임으로써 사람들 사이에 조화를 이루는 상태를 말하는데, 그 전형은 유하혜에게서 볼 수 있다.

유하혜는 더러운 임금을 섬기는 것을 수치로 여기지 않았고, 작은 관직이라

〈梁惠王上〉 1장이, "양혜왕이 맹자에게 '선생님께서 불원천리하고 오셨으니, 역시 장차 우리나라를 이롭게 할 방도가 있겠습니까?' 하고 묻자, 맹자는 '왕께서는 하필 利를 말씀하십니까? 역시 仁義가 있을 뿐입니다'라고 대답하였다"(孟子見梁惠王 王曰 叟 不遠千里而來 亦將有以利吾國乎 孟子對曰 王何必曰利 亦有仁義而已矣)는 구절로 시작한다는 데서 잘 드러난다. '利'와 '仁義'를 대립시킨 구절은 〈告子下〉 4(何必曰利)에도 나온다. 따라서 仁義를 좇는 사람은 利와 富貴를 탐하지 않는다는 것이 孟子의 생각인데, 이는 "富해지려 하면 仁할 수 없고, 仁을 행하면 富해지지 않는다"(爲富不仁矣 爲仁不富矣, 〈滕文公上〉 3)는 표현에 그대로 드러나 있다. 이러한 생각은 유학의 기본 정신이라고도 생각할 수 있는데, 일찍이 孔子도 이에 대해 "君子는 義에 밝고, 小人은 利에 밝다"(君子唯於義 小人唯於利, 《論語》, 〈里仁〉 16)라고 적고 있다. 《孟子》에서 이러한 논지는 〈離婁下〉 29(顔子當亂世 居於陋巷 一簞食 一瓢飮 人不堪其憂 顔子不改其樂 孔子賢之), 〈告子上〉 17(言飽乎仁義也 所以不願人之膏粱之味也 令聞廣譽施於身 所以不願人之文繡也), 〈告子下〉 9(君不鄕道 不志於仁 而求富之 是富桀也), 〈盡心上〉 25(欲知舜與跖之分 無他 利與善之間也)를 비롯한 여러 곳에서 거듭 나타나고 있다.

126) 仰不愧於天 俯不怍於人(〈盡心上〉 20)
127) 居天下之廣居 立天下之正位 行天下之大道 …… 富貴不能淫 貧賤不能移 威武不能屈 此之謂大丈夫(〈滕文公下〉 2)

도 마다하지 않았다. 그는 나가서 벼슬할 때는 자기의 현명한 재덕을 감추지
않고 반드시 도(道)를 따랐으며, 설사 버림을 받아도 원망하지 않았고, 또 곤
궁한 지경에 빠져도 걱정하지 않았다. 예절을 모르는 시골 사람과 함께 있어도
유유하게 어울렸으며, 차마 버리고 떠나지 못하였다. 그는 "너는 너고, 나는 나
다. 비록 내 옆에서 벌거벗고 알몸이 된다고 해도, 네가 어찌 나를 더럽힐 수
있겠느냐?"는 태도를 굳게 지녔다. 그러므로 유하혜의 관후한 풍도를 듣게 되
면 감화를 받아, 도량이 좁은 사람은 너그러워지고, 성격이 각박한 사람은 돈
독해졌다.[128]

이렇게 이상적 인간은 대인관계에서 조화를 이루는 사람이다. 이러한 인
화(人和)를 이상적 인간의 한 특징으로 보는 것은, 일찍이 공자가 "군자는
널리 사랑하고 사사로이 아첨하여 편당을 만들지 않지만, 소인은 아첨하여
편당을 만들되 두루 사랑하지 못한다"(《論語》,〈爲政〉14)거나 "군자는 사
람들과 화합하되, 의(義)를 굽혀서 남을 좇지 않는다. 그러나 소인은 이
(利)를 추구하여 같이 어울리나, 화합하지는 못한다"(《論語》,〈子路〉23)고
표현한 데서 잘 드러난다. 여기서 더 나아가 맹자는 "천시(天時)는 지리
(地利)만 못하고, 지리는 인화만 못하다"[129]고 봄으로써, 국가 경영에서도
인화가 가장 중요함을 역설하여 인화에 적극적인 의미를 부여하고 있다.
이상적 인간이 이렇게 인화를 이룰 수 있는 것은 그가 사람을 널리 사랑
하기 때문이다. 그는 "자기 어버이를 친애하는[親親] 마음을 넓혀 사람들
을 인애하고[仁民], 또 이를 넓혀 사물을 아끼고 사랑한다[愛物]."[130] 곧
"어진 사람은 남을 사랑하고, 예를 지키는 사람은 남을 공경한다. 따라서
남을 사랑하는 사람이라면, 사람들도 그를 사랑하고, 남을 공경하는 사람

---

128) 柳下惠不羞汚君 不辭小官 進不隱賢 必以其道 遺逸而不怨 阨窮而不憫 與鄕人處 由由
    然不忍去也 爾爲爾 我爲我 雖袒裼裸裎於我側 爾焉能浼我哉 故聞柳下惠之風者 鄙夫
    寬 薄夫敦(〈萬章下〉1)
129) 天時不如地利 地利不如人和(〈公孫丑下〉1)
130) 親親而仁民 仁民而愛物(〈盡心上〉45)

이라면, 사람들도 그를 공경하게 되는 것이다."[131]

이들이 이렇게 널리 사람을 사랑할 수 있는 것은 "무릇 자기에게서 나온 것은 자기에게 돌아간다"[132]는 사실을 잘 인식하고, 항상 모든 일의 원인을 자기에게 돌이켜 구하기 때문이다. 곧 이들은 절대로 "하늘을 원망하지 않고, 남을 탓하지 않으면서,"[133] "자기가 남을 사랑하는데도 그가 친근하게 대해 오지 않으면, 자기의 인이 부족하지 않은지 반성하고 …… 남에게 예로 대했는데도 그가 예로써 답하지 않으면, 자기의 공경함이 부족하지 않은지 반성한다."[134] 그리하여 이들은 잘못을 저질렀을 때에도 "자기의 행동이 의가 아님을 알면 이를 서둘러 그만두며,"[135] 이렇게 이들이 "자기의 잘못을 고치면, 사람들이 우러러 보면서"[136] 그들을 믿고 따름으로써, 인화가 자연스럽게 이루어지는 것이다. 맹자는 "군자로서 신의롭지 않으면, 그가 무엇을 지켜 행할 수 있겠는가?"[137]라고 말하여, 인화를 이루는 데는 신의가 중요함을 역설하고 있다. 이러한 성지화(聖之和)는 바로 공자가 말하는 수기이안인(修己以安人)의 경지라고 말할 수 있을 것이다.

성지임(聖之任) 이는 수기를 통하여 체득한 인의를 사회적으로 구현함으로써 사회적 책임을 다하는 상태를 말하는데, 그 전형은 이윤에게서 볼 수 있다.

이윤은 "누구인들 잘 섬기면 임금이 아니며, 누구인들 잘 부리면 백성이 아니랴?"고 하면서, 나라가 잘 다스려져도 나가서 벼슬하였고, 나라가 잘 다스려

---

131) 仁者愛人 有禮者敬人 愛人者人恒愛之 敬人者人恒敬之(〈離婁下〉 28)

132) 出乎爾者 反乎爾者也(〈梁惠王下〉 12)

133) 君子不怨天 不尤人(〈公孫丑下〉 13)

134) 愛人不親 反其仁 …… 禮人不答 反其敬(〈離婁上〉 4)

135) 如知其非義 斯速已矣(〈滕文公下〉 8)

136) 且古之君子 過則改之 …… 古之君子 其過如日月之食 民皆見之 及其更也 民皆仰之(〈公孫丑下〉 9)

137) 君子不亮 惡乎執(〈告子下〉 12)

지지 않아도 나가서 역시 벼슬하였다. 또 그는 "하늘이 백성을 양육하심에 선
지자로 하여금 후지자를 깨우치게 하고, 선각자로 하여금 후각자를 깨우치게
하셨다. 나는 하늘이 낳은 백성 가운데 선각자로서, 장차 이 도(道)로써 이 백
성을 깨우치고자 한다"고 말하면서, 온 천하의 백성들로서 비록 미천한 남녀라
할지라도 요순 때와 같은 은덕을 입지 못하는 사람이 있으면, 바로 자기가 그
들을 구렁 속에 밀어넣어 고생시키는 것처럼 생각하였다. 그는 이렇듯이 천하
에 대한 무거운 짐을 스스로 지고자[自任] 하였다.[138]

이렇게 이상적 인간은 사회적 책임을 강하게 느끼고, 이를 널리 실천하
는 사람이다. 그는 자기가 체득한 인의의 도를 통해 자신의 깨끗함을 굳게
지니거나 대인관계에서 인화를 꾀하는 데만 머물지 않고, 다른 사람도 인
의의 도를 몸소 얻게 하려 들고, 또 이를 그들과 더불어 실행하고자 하며,
더 나아가 이러한 인의의 은택을 그들이 누리게 하려는 사회적 책임을 떠
맡는 사람인 것이다. 곧 이상적 인간은 "다른 사람에게서 선을 취하여 이
를 그들과 함께 행하려 하는데, 이것이 바로 남과 더불어 선을 이루는 일이
며, 군자에게는 이렇게 남과 더불어 선을 이루는 일[與人爲善]보다 더 큰
일은 없는 것이다."[139]

이상적 인간이 이렇게 남과 더불어 선을 이루는 방법으로 《맹자》에서
제시되는 것은 두 가지다. 하나는 교육이고, 또 하나는 현실 정치에 참여하
여 인정(仁政)을 펴는 일이다. 이는 공자 이래 유학의 전통이 되어왔다. 공
자와 맹자 모두 제자들을 교육하면서, 현실 정치에 참여할 방법을 찾기 위
해 동분서주하였던 것이다.

이들은 교육을 통하여 교화를 베풂으로써, 사람들이 자신 안에 본래 갖
추어져 있는 인의의 도를 깨닫게 한다. 곧 이들은 "자신이 깨달은 밝은 도

---

138) 伊尹曰 何事非君 何使非民 治亦進 亂亦進 曰 天之生斯民也 使先知覺後知 使先覺覺
後覺 予天民之先覺者也 予將以此道覺此民也 思天下之民 匹夫匹婦有不與被堯舜之澤
者 若己推而內之溝中 其自任以天下之重也(〈萬章下〉1)
139) 取諸人以爲善 是與人爲善者也 故君子莫大乎與人爲善(〈公孫丑上〉8)

리로써 사람들을 밝게 깨우쳐줌으로써,"[140] "자기 스스로를 바르게 하고, 나아가서는 천하만물도 바로잡아주는 사람"[141]이다. 그리하여 "이들이 지나간 곳의 백성들은 모두 교화되고, 이들의 덕을 간직하면 마음이 신통하게 되어, 위 아래가 천지의 조화와 일치하여 흐르게 되는 것이다."[142]

또한 이들은 "그 마음과 생각을 다하고, 이어서 남에게 차마 잔인하게 하지 못하는 정치〔不忍人之政〕를 베풂으로써, 인(仁)이 천하를 덮고 가득 차게 하려 한다."[143] 이러한 인정(仁政)을 받고 있는 백성들은 "설사 자기를 죽인다 해도 원망할 줄 모르고, 자기를 이롭게 해주어도 고마운 줄 모르며, 감화를 받아 날로 선(善)으로 옮아가도 누구 때문에 그렇게 되는지를 모르는"[144] 태평성대를 누리게 된다. 이렇게 "이들이 지키려 하는 바는 자기 몸을 닦아서 천하를 바르게 하려는 것"[145]뿐으로, 공자도 이미 지적하였듯이(《論語》, 〈雍也〉 28) 이러한 사회적 책임을 다하는 일은 이상적 인간에게도 어려운 일이다. 이러한 성지임(聖之任)은 바로 공자가 말하는 수기이안백성(修己以安百姓)의 상태와 같은 경지라고 볼 수 있겠다.

세 특징의 통합　　이렇게 이상적 인간은 순수함과 깨끗함, 대인관계의 조화 및 사회에 대한 관심과 책임의 완수를 특징으로 하는 사람이라는 것이 공자와 맹자의 공통된 생각이다. 여기서 맹자도 공자와 마찬가지로 이상적 인간의 이러한 세 특징이 모두 인의를 근거로 삼는 수기를 바탕으로 한다고 보며, 따라서 이들의 세 가지 특징은 이러한 인의가 저마다 겪고 있는 상황과 처지에 따라 달리 표현되는 것이라고 본다는 점을 주목해야 한다.

---

140) 賢者以其昭昭 使人昭昭(〈盡心下〉 20)

141) 有大人者 正己而物正者也(〈盡心上〉 19)

142) 夫君子所過者化 所存者神 上下與天地同流(〈盡心上〉 13)

143) 聖人 …… 旣竭心思焉 繼之以不忍人之政 而仁覆天下矣(〈離婁上〉 1)

144) 王者之民 …… 殺之而不怨 利之而不庸 民日遷善而不知爲之者(〈盡心上〉 13)

145) 君子之守 修其身而天下平(〈盡心下〉 32)

이러한 사실은 "백이·유하혜·이윤의 세 사람은 비록 그 길이 같지는 않았지만, 지향하는 바는 한 가지였다. 이 한 가지는 바로 인(仁)이었으며, 이렇게 군자는 역시 인일 뿐이다. 어찌 반드시 똑같겠는가?"146)라는 맹자 자신의 말에서 잘 드러난다.147) 곧 이들은 "궁해도 의(義)를 잃지 않음으로써 선비로서 자신의 절개를 지킬 수가 있고, 잘 되어도 도(道)에서 벗어나지 않음으로써 백성들을 실망시키지 않는 사람이다. 이들은 뜻을 얻으면 백성들에게 은택을 더욱 베풀어주고, 뜻을 얻지 못하면 자신의 몸을 다스림으로써 후세까지 이름을 남기게 된다. 따라서 이들은 궁하면 홀로 그 몸을 선하게 하고, 잘되면 온 천하를 선하게 하는 것이다."148) 이렇게 이들은 "뜻을 얻으면 백성들과 함께 도를 따르고, 뜻을 얻지 못하면, 혼자서라도 그 도를 실행하는"149) 자유자재한 사람들로서, 이들의 세 가지 특징은 서로 별개가 아니라 상황과 처지에 따라 달리 드러날 뿐인 것이다.

(3) 순자의 성인론

《순자》에서 군자는 소인(小人)과 대비하여 이상적 인간형으로도 그려지고 있지만, 성인과 대비하여 아직 완전한 인격체에 이르지는 못한 상태의 사람을 가리키는 말로도 쓰인다. 따라서 순자가 그리고 있는 이상적 인간형의 대표적인 모습은 소인과 대비된 군자와 성인에게서 찾아볼 수 있는데, 순자는 이상적 인간의 특징을 다음과 같이 다양한 측면으로 나누어 살

---

146) 三子者不同道 其趨一也 一者何也 曰 仁也 君子亦仁而已矣 何必同(〈告子下〉 6)
147) 仁義의 道를 체득한 사람들은 비록 상황에 따라 그 처신이 달랐지만 "처지를 바꾸면 똑같을 것이다"(易地則皆然)라는 孟子의 생각은 이 〈告子下〉 6장 말고도 舜과 文王을 견주어 기술한 〈離婁下〉 1(先聖後聖 其揆一也), 禹·稷·顏回를 견주어 기술한 〈離婁下〉 29(禹稷顏回同道 …… 禹稷顏子易地則皆然), 伊尹의 행실에 대한 세인의 비판에 대해 그를 두둔하여 서술한 〈萬章上〉 7(聖人之行不同也 或遠或近 或去或不去 歸潔其身而已矣)에도 표현되고 있다.
148) 窮不失義 故士得己焉 達不離道 故民不失望焉 古之人得志澤加於民 不得志修身見於世 窮則獨善其身 達則兼善天下(〈盡心上〉 9)
149) 得志與民由之 不得志獨行其道(〈滕文公下〉 2)

피고 있다.

　　그러므로 군자는 예에 대해서는(ㄱ) 삼가 이에 안주하며, 일에 대해서는(ㄴ) 바르게 행하여 실수가 없게 하며, 다른 사람에 대해서는(ㄷ) 원망이 적고 너그럽되 아첨하지 아니하며, 자기 자신에 대해서는(ㄹ) 조신하고 가다듬되 도에 어긋나지 않게 하며, 변전하는 일을 처리할 때는(ㅁ) 민첩하고 빠르되 미혹되지 아니하며, 천지만물 곧 자연계의 현상에 대해서는(ㅂ) 그렇게 된 까닭을 따지려 하지 않고 그 이용 가치를 발휘하는 데 힘쓰며, 많은 관리와 기술자에 대해서는(ㅅ) 그들과 능력을 경쟁하려 하지 않고 오직 그 공적을 잘 이용하며, 윗사람을 섬길 때는(ㅇ) 충성스럽고 순종하되 게으르지 아니하며, 아랫사람을 부릴 때는(ㅈ) 고르게 두루 미쳐서 치우치지 않게 하며, 친구와 교제할 때는(ㅊ) 의로움에 따라 만사에 법도가 있게 하며, 향리에 거할 때는(ㅋ) 널리 포용하되 혼란스럽지 않게 한다.[150]

　순자가 이 인용문에서 제시하고 있는 열한 가지 측면은 대체로 자신의 수양에 관한 것(ㄱ, ㄹ), 일과 사물에 관한 것(ㄴ, ㅁ, ㅂ), 대인관계에 관한 것(ㄷ, ㅊ, ㅋ), 그리고 사회적인 책임에 관한 것(ㅅ, ㅇ, ㅈ)의 네 가지로 묶어볼 수 있다. 이렇게 보면, 순자가 제시하는 이상적 인간형의 특징은 이러한 네 측면에서 정리할 수 있을 것이다.

자기 수양　군자나 성인은 예(禮)에 안주하고, 이에 따라 근신하며, 스스로를 가다듬은 사람이다. 곧 그들은 도(道)를 밝게 깨닫고 실행하여 도와 한몸이 된 사람이다(〈解蔽〉 13). 이러한 순자의 성인론(聖人

---

150)　故君子之於禮 敬而安之 其於事也 徑而不失 其於人也 寡怨寬裕而無阿 其爲身也 謹修飾而不危 其應變故也 齊給便捷而不惑 其於天地萬物也 不務說其所以然 而致善用其材 其於百官之事 技藝之人也 不與之爭能 而致善用其功 其待上也 忠順而不懈 其使下也 均徧而不偏 其交遊也 緣義而有類 其居鄕里也 容而不亂(《荀子》,〈君道〉6~7 : 王先謙의《荀子集解》에서는 '其爲身也 謹修飾而不危'의 '危'를 '詭'로 보아 '違'의 뜻으로 풀고 있다.)

論)에서는 무엇보다도 인식능력인 지(知)에 따라 인도(人道)를 분명히 자각할 것을 강조한다.[151] 앞에서도 보았듯이 순자는 심(心)의 지적 기능을 중요하게 여겨 인간이 지성의 주체로서 지닌 측면을 강조하였는데(牟宗三, 1979 ; 蔡仁厚, 1984), 성인론에서도 그의 이러한 측면이 잘 드러난다. 그러나 순자가 보는 도의 명확한 인식 속에는 실생활에서 하는 실천이 전제가 되어 있다. 순자가 보는 "지(知)는 반드시 독실한 행위 가운데서 완성되는 것이며, 따라서 도에 밝다[明]는 사실은 이러한 독실한 행위 가운데서 표현되는 것"(蔡仁厚, 1984, p. 465)이기 때문이다. 이러한 사실은 순자가 거듭 여러 곳에서(〈王制〉 19 ; 〈儒效〉 36 ; 〈性惡〉 2, 14), 일상생활에서 예의 또는 선을 쌓으면 도를 밝게 인식한 성인이나 군자가 된다고 말하는 데서도 잘 드러나 있다.

이렇게 군자나 성인은 도와 한몸을 이룬 사람[體道者]으로서, 도에 한결같기 때문에 항상 올바르고(〈解蔽〉 17), 따라서 당당함을 굳게 지닌다. 곧 "이들은 예에 밝기 때문에 천하에 어디를 가더라도 항상 당당하며,"[152] 또한 어디를 가더라도 누구에게서나 귀하게 여김을 받는다.[153] 이렇게 "뜻이 닦여진 사람은 부귀를 우습게 알고, 도의가 무거운 사람은 왕과 제후도 가볍게 보는 법이므로"[154] "군자는 빈궁해도 그 뜻이 넓고, 부귀 속에서도 체모가 공손한"[155] 당당함을 굳게 지닐 수 있는 것이다.

---

151) 이에 대해서는 〈修身〉 36 ; 〈非相〉 20 ; 〈儒效〉 14, 19~20 ; 〈禮論〉 15, 37 ; 〈解蔽〉 26 ; 〈性惡〉 16 ; 〈哀公〉 27~28 들에서 士・君子・聖人을 대비하여 제시한 부분에 잘 드러나 있다. 荀子는 士・君子・聖人을 이상적 인간에 이르는 단계로 보았는데, 이에 대해서는 '이상적 인간이 되는 과정'의 진술에서 자세히 논의할 것이다.

152) 古者先王審禮 以方皇周浹於天下 動無不當也(〈君道〉 5~6)

153) 體恭敬而心忠信 術禮義而情愛人 橫行天下 雖困四夷 人莫不貴(〈修身〉 30 : 楊倞의 《荀子注》에서는 '術'은 '法'으로 보며, 王先謙의 《荀子集解》에서는 '情愛人'의 '人'은 '仁'의 誤字로 보고 있다.)

154) 志意修則驕富貴矣 道義重則輕王公矣(〈修身〉 29)

155) 君子貧窮而志廣 富貴而體恭(〈修身〉 39) ; 故君子 …… 貧窮而不約 富貴而不驕(〈君道〉 6)

일이나 사물과 맺는 관계 군자나 성인은 모든 일을 바르게 행하고 변화하는 사태에 민첩하게 대응하되 실수가 없으며, 각 사물의 가치를 제대로 인식하여 실생활에 바르게 사용하는 사람이다. 일처리에서 실수가 없고, 사물의 가치를 바르게 인식하고 있는 것은 이들이 올바른 이치에 밝기 때문이다. 곧 "군자는 행위와 논의에서 구태여 어렵거나 자세한 것을 귀하게 여기지 않고 …… 오로지 예의에 합당한 것만 귀하게 여긴다."156) 이렇게 "말은 반드시 이치에 합당하고, 일은 반드시 힘써 행해야 할 것에 합당한 것, 이것이 바로 군자의 장점이다."157)

이와 같이 군자나 성인은 도에 합치하여 지식이 온갖 사물과 일에 합당하게 되었으므로,158) 여러 가지 사태의 변화를 한꺼번에 만나도 막히지 않고 제때에 대응할 수 있다.159) 곧 "군자는 의로써 굽히고 펴며 또한 변화에 응할 수 있는 사람"160)인 까닭에 "굽힐 때는 굽히고 펼 때는 펴는"161) 알맞음을 간직하게 된다. 이를 순자는 다음과 같이 말하고 있다.

> 그 말은 법도에 맞고, 그 행실은 예의에 맞으며, 하는 일에는 후회가 없고, 위험에 대처하고 변화에 대응하는 데는 간곡히 모두 이치에 합당하며, 때에 따라 옮겨가고 세태에 따라 움직이며, 천 번을 일어나고 만 번을 변화해도 그 도는 오로지 한 가지에 닿는 것, 이것이 바로 '큰 선비〔大儒〕'가 이른 경지이다.162)

---

156) 君子行不貴苟難 說不貴苟察 …… 唯其當之爲貴(〈不苟〉 1 :《荀子注》에서는 끝 구절의 '當'을 '合禮義'라 풀고 있다.)

157) 言必當理 事必當務 是然後君子之所長也(〈儒效〉 12)

158) 以義應變 知當曲直故也(〈不苟〉 6);宗原應變 曲得其宜 如是然後聖人也(〈非十二子〉 39)

159) 竝遇變態而不窮 審之禮也(〈君道〉 6)

160) 此言君子能以義屈伸變應故也(〈不苟〉 7)

161) 故君子時詘則詘 時伸則伸也(〈仲尼〉 50)

162) 其言有類 其行有禮 其事無悔 其持險應變曲當 與時遷徙 與世偃仰 千擧萬變 其道一也 是大儒之稽也(〈儒效〉 28 :《荀子集解》에서는 첫 구절의 '類'를 '法'이라 풀고 있고,《荀子注》에서는 끝 구절의 '稽'를 '成'으로 풀고 있다.)

이렇게 "군자는 도에 한결같아 이로써 사물을 바라보는데, 도에 한결같음으로써 뜻이 바르게 되고, 도로써 사물을 살펴봄으로써 사물의 이치에 밝게 통하게 된 사람이다. 그리하여 그들은 이러한 바른 뜻을 가지고 사물에 대한 밝은 이치를 실제에 활용하기 때문에, 만물이 모두 제자리를 잡게 할 수 있는 것이다."[163]

대인관계 군자나 성인은 예의에 따라 서로 사귀고, 다른 사람을 너그럽게 포용하는 사람이다. 이렇게 사람을 널리 포용할 수 있는 것은 이들이 "자기를 기준으로 하여 남을 헤아리는 사람"[164]이기 때문이다. 이러한 사실을 순자는 다음과 같이 말하고 있다.

그러므로 군자가 자기를 바로잡을 때는 먹줄을 대듯이 엄격히 하고, 남을 대할 때는 도지개로 이끌어 바로잡아주듯이 한다. 이렇게 먹줄을 대듯이 자기를 바로잡으므로 천하의 법칙이 될 수 있으며, 도지개로 바로잡아주듯이 남을 대하므로 능히 널리 포용할 수 있는 것이다. 이렇게 되면 많은 사람이 모이게 되고, 그 결과 천하의 큰 일을 이루어낼 수 있다. 그러므로 군자는 현명하면서도 노둔한 사람을 능히 포용할 수 있고, 지혜로우면서도 어리석은 사람을 능히

---

163) 故君子壹於道 而以贊稽物 壹於道則正 以贊稽物則察 以正志行察論 則萬物官矣(〈解蔽〉17)

164) 聖人者以己度者也(〈非相〉13). 이렇게 자기를 기준으로 하여 남을 헤아리는 것은 孔子에게서 비롯된 태도로, 유학사상에서 바람직한 대인관계를 형성하는 기본 원리로 제시하는 것이다. 《論語》에서 공자는 "자기가 서고자 하는 곳에 남을 먼저 세우고, 자기가 이르고자 하는 곳에 남을 먼저 이르게 하라"(己欲立而立人 己欲達而達人, 〈雍也〉28)거나 "자기가 바라지 않는 것을 남에게 베풀지 말라"(己所不欲 勿施於人, 〈顏淵〉2 ; 〈衛靈公〉23)고 권하고 있는데, 《大學》에서는 이를 '자기를 척도로 하여 남을 헤아리는 태도'(絜矩之道)라 부르고 있다(所惡於上 毋以使下 所惡於下 毋以事上 所惡於前 毋以先後 所惡於後 毋以從前 所惡於右 毋以交於左 所惡於左 毋以交於右 此之謂絜矩之道, 〈傳〉10). 이는 현대심리학에서 탐구하는 共感(empathy)이라는 현상과 비슷하다 하겠다. 이에 대해서는 조긍호(1991, pp. 96~103) 참조.

포용할 수 있으며, 지식이 많으면서도 지식이 얕은 사람을 능히 포용할 수 있고, 순수하면서도 혼잡한 사람을 능히 포용할 수 있는데, 이를 일러 '두루 포용하는 법도〔兼術〕'라 한다.165)

군자나 성인은 이러한 겸술(兼術)로써 대인관계를 맺기 때문에 "군자는 유능해도 좋고 또 유능하지 못해도 좋다. 군자는 스스로 유능하면 널리 사람들을 포용하고 솔직하여 남을 열어 이끌어주고, 스스로 유능하지 못하면 공손하게 삼가고 굽혀서 남을 두려워하며 섬기기 때문이다."166) 이와 같은 넓은 포용력〔兼術〕이 이상적 인간의 대인관계에서 나타나는 특징이다.

사회에 대한 책임 순자는 군자와 성인 같은 이상적 인간은 사회에 대한 책임을 지고 이를 완수해야 한다는 점을 역설하고 있다. 이는 군자 통치라는 유가 이념의 전통으로 볼 때 당연한 일로, 군자는 본래 치자(治者) 계층을 가리키는 말로 많이 쓰인 개념이었다(이상은, 1976).167)

---

165) 故君子度己以繩 接人則用抴 度己以繩 故足以爲天下法則矣 接人用抴 故能寬容 因求以成天下之大事矣 故君子賢而能容罷 知而能容愚 博而能容淺 粹而能容雜 夫是之謂兼術(〈非相〉 17 : 王先謙은 《荀子集解》에서 '接人用抴'의 '抴'를 '緤'로 보아 '緊'의 뜻으로 풀고, '因求以成天下之大事矣'의 '求'는 '衆'의 誤字로 보고 있다.)

166) 君子能亦好 不能亦好 … 君子能則寬容易直 以開道人 不能則恭敬繜絀 以畏事人(〈不苟〉 4)

167) 《荀子》에서도 君子는 治者 자신 또는 治者 계층을 나타내는 말로 사용되는 경우가 많다(〈修身〉 39~40 ; 〈儒效〉 11~12 ; 〈王制〉 5, 19 ; 〈富國〉 10~11 ; 〈君道〉 1, 4 ; 〈致士〉 17). 특히 〈王制〉에서 荀子는 "천지가 군주를 낳았지만 군자는 천지를 다스린다. 군자라는 사람은 천지에 참여하여 만물을 거느리는 백성들의 부모이다. 그러므로 군자가 없으면 천지가 다스려지지 못하고, 예의도 통일되지 않는 것이다"(故天地生君子 君子理天地 君子者天地之參也 萬物之摠也 民之父母也 無君子 則天地不理 禮義無統, 〈王制〉 19)라고 하여, 이러한 군자 통치의 이념을 뚜렷하게 드러내 보이고 있다. 이는 《孟子》에서도 역시 마찬가지다(이에 대해서는 조긍호, 1991, p. 50 참조). 이러한 군자 통치의 이념은 유가에서 "성인이 되는 것을 인생의 최고의 목표로 생각하도록 한다. 內聖外王이 바로 그것이다"(정인재, 1992, p. 57). 內聖과 外王은 모두 성인의 경지에 이르렀다는 공통점이 있는데, "유가의 학문은

이러한 사회적 책임의 측면에서 군자나 성인은 예의로써 위 아랫사람을 잘
섬기거나 부리며, 그들과 경쟁하려 하지 않고 오로지 자기의 책임을 다하
고, 또 그들도 그들의 책임을 다하도록 도와주는 사람이다. 그들은 "공의
(公義)로써 사적인 욕구를 제어하여 공(公)과 사(私)가 분명한 사람"[168]
이므로, "의(義)가 있는 곳에서는 권세에 기울어지지 않고, 개인적인 이익
을 돌아보지 않으며, 온 나라를 다 준다 해도 눈도 깜짝하지 않는 ……
진정한 용기"[169]를 갖추고 있는 사람이다. 그리하여 그들은 "인(仁)이 있
는 곳이라면 가난한 것도 마다 않고, 인이 없는 곳이라면 부귀도 과감히
버린다. 천하가 자기를 알아주면 고통과 즐거움을 천하와 함께하려 하지
만, 천하가 자기를 알아주지 않으면 고독하게 천지 사이에 홀로 서 있어도
두려워하지 않는 것이다."[170] 따라서 "군자는 다스림의 원천"[171]이요 "도
(道)와 법(法)의 요체로서, 잠시라도 없을 수 없는 존재이다. 그를 얻으면
다스려지고 편안해지며 존립하게 되지만, 그를 잃으면 혼란하고 위태로워
지며 망하게 된다. …… 그리하여 옛부터 '다스려짐은 군자에게서 나오고,
혼란은 소인에게서 나온다'고 했던 것이다."[172] 이렇게 군자와 성인이 사
회적 책임을 져야 하는 까닭을 순자는 다음과 같이 말하고 있다.

군자는 덕으로 아랫사람을 다스리고, 소인은 힘으로 윗사람을 섬긴다. 힘이
란 덕의 부림을 받는 것이다. 백성들의 힘은 군자를 기다린 다음에야 공을 이

內聖을 본질로 삼고, 外王은 그 공능의 표현으로 보는 것이다"(蔡仁厚, 1984, p.
456). 이렇게 보면, 결국 이상적 인간이 사회에 대한 책임을 져야 한다는 것은 유
가의 근본 이념인 것이다.

168) 此言君子之能以公義勝私欲也(〈修身〉 40)

169) 義之所在 不傾於權 不顧其利 擧國而與之 不爲改視 …… 是士君子之勇也(〈榮
辱〉 24)

170) 仁之所在無貧窮 仁之所亡無富貴 天下知之 則與天下同苦樂之 天下不知之 則傀然獨
立天地之間而不畏(〈性惡〉 18)

171) 君子者治之原也(〈君道〉 4)

172) 君子也者 道法之總要也 不可少頃曠也 得之則治 失之則亂 得之則安 失之則危 得之則
存 失之則亡 …… 傳曰 治生乎君子 亂生乎小人 此之謂也(致士 17)

루게 되며, 백성들의 무리는 군자를 기다린 다음에야 조화를 이루게 되며, 백
성들의 재산은 군자를 기다린 다음에야 모이며, 백성들의 형세는 군자를 기다
린 다음에야 편안해지며, 백성들의 수명은 군자를 기다린 다음에야 길어진다.
군자가 없으면 부모와 자식이 친해질 수 없고, 형제가 순조롭지 못하며, 남녀
는 즐거울 수 없다. 젊은이는 군자로 말미암아 성장하고, 노인은 군자로 말미
암아 봉양받을 수 있는 것이다. 그러므로 옛부터 "천지가 사람들을 낳지만, 성
인이 사람들을 완성한다"고 하는 것이다.173)

이렇게 군자나 성인은 "그 도를 닦고, 그 의를 행하여 천하 사람들이 함
께 바라는 이익을 일으켜주고, 그들 모두에게 해가 되는 일을 제거해 주는
사람인 까닭에, 천하의 모든 사람들이 믿고 따르는 것이다."174)

여러 특징의 통합   이상과 같이 순자는 이상적 인간의 특징을 자기 수양,
일이나 사물과 맺는 관계, 대인관계, 사회적 책임 완
수라는 네 측면에서 살피고 있다. 순자가 보는 이러한 이상적 인간의 모습
은 공자나 맹자의 그것과 비슷하다고 볼 수 있다. 다만 순자는 일이나 사물
과 맺는 관계 측면을 따로 떼어서 고찰하고 있을 뿐인데, 공자나 맹자에게
이는 "일 때문에 사람으로서 할 도리에서 소외되지 않는 것", 곧 수기이경
(修己以敬)과 성지청(聖之淸)에 포괄되어 있다고 볼 수 있다.

순자가 공자·맹자와는 달리 '일이나 사물과 맺는 관계' 측면에서 군자의
특징을 따로 떼어서 제시하고 있는 것은 인간을 덕성 주체(德性主體)로 파
악하는 공·맹과는 달리 인간을 지성 주체(知性主體)로 파악(黃公偉, 1974 ;
牟宗三, 1979 ; 蔡仁厚, 1984)한다는 데 그 근거가 있다고 볼 수 있다. 위에 제
시한 〈군도(君道)〉 6~7의 인용문에서 '일이나 사물과 맺는 관계' 항목에

---

173) 君子以德 小人以力 力者德之役也 百姓之力 待之而後功 百姓之群 待之而後和 百姓之
財 待之而後聚 百姓之勢 待之而後安 百姓之壽 待之而後長 父子不得不親 兄弟不得不順
男女不得不歡 少者以長 老者以養 故曰 天地生之 聖人成之 此之謂也(〈富國〉 10~11)
174) 修其道 行其義 興天下之同利 除天下之同害 而天下歸之也(〈正論〉 5)

해당하는 것은 "일에서는 바르게 행하여 실수가 없게 한다"(其於事也 徑而無失), "변전하는 일을 처리할 때는 민첩하고 빠르되 미혹되지 않는다"(其應變故也 齊給便捷而不惑), "자연계의 현상에 관해서는 그렇게 된 까닭을 따지려 하지 않고, 그 이용가치를 발휘하는 데 힘쓴다"(其於天地萬物也 不務說其所以然 而致善用其材) 하는 세 가지이다. 곧 지성의 주관자인 지(知)에 힘입어 주변에서 벌어지는 일과 자연 현상에 대해 정확하게 인식한 바탕 위에서, 일을 실수 없이 처리하고 실생활에 바르게 활용하는 합리적인 태도를 순자는 군자의 일 처리 특징으로 강조하고 있는 것이다. 이렇게 순자가 인간 존재의 지성적인 측면을 강조하여 파악한다는 사실은, 그가 도덕적 행위[守道·禁非道]도 도덕적 인식과 수용[知道·可道]의 근거 위에서 성립하는 것으로 보고 있다(〈解蔽〉 11)는 점, 곧 "지도(知道)가 수도(守道)의 선결 조건"(蔡仁厚, 1984, p. 409)이라고 본다는 점에서도 잘 드러난다. 이러한 맥락에서 지성의 주체인 인간 존재의 특징이 잘 드러나는 '일이나 사물과 맺는 관계' 측면을 순자가 군자의 한 특성으로 강조하게 된 배경을 이해할 수 있을 것이다.

순자에게도 이상적 인간의 여러 특징은 별개가 아니라 서로 연관되고 통합되어야 하는 것이다. 이러한 사실은 순자가 도를 밝게 깨닫고[察道] 이를 실행함으로써[行道] 도를 체현한 사람[體道者]을 온전한 이상적 인간으로 보고 있다(〈解蔽〉 13)는 점에서 잘 드러난다. 그에 따르면 수양을 통해 "선을 쌓아서 온전하게 다 이룬 사람"[175] 또는 "도를 갖추어 온전히 아름답게 된 사람"[176]이 바로 성인인 것이다. 이러한 성인은 태어나면서부터 성인이 아니라, 사람이 할 일을 널리 배우고 닦아서 이루어지는 것이라고 순자는 강조하는데,[177] 이렇게 배우고 닦고 쌓은 다음이라야 이상적 인간

---

175) 積善而全盡 謂之聖人(〈儒效〉 36)

176) 聖人備道全美者也 是縣天下之權稱也(〈正論〉 6)

177) 涂之人百姓 積善而全盡 謂之聖人 彼求之而後得 爲之而後成 積之而後高 盡之而後聖
故聖人也者 人之所積也(〈儒效〉 36);今使塗之人伏術爲學 專心一志 思索孰察 加日
縣久 積善而不息 則通於神明 參於天地矣 故聖人者 人之所積而致也(〈性惡〉 14)

이 갖추어야 할 여러 특징을 온전하게 갖출 수 있기 때문이다. 그러므로 "배우는 사람은 본래 성인이 되기 위해 배우는 것"(〈禮論〉 14)이며, 이렇게 배운 내용을 실생활의 여러 분야(자기 수양, 일 처리, 대인관계, 사회적 책임 완수)에서 실행하여 밝게 된 사람이 바로 이상적 인간의 전형인 성인[178]이라고 순자는 보는 것이다.

(4) 《대학》의 삼강령

《대학(大學)》은 본래 《예기》 49편 가운데 42편으로 들어 있던 것인데, 한당(漢唐)시대에는 그리 존중되지 않다가, 북송(北宋)시대에 와서 《예기》 31편인 《중용》과 함께 《예기》에서 따로 떼어 다루어진 경전이다. 특히 이는 정호(程顥, 호 明道, 1032~1085)와 정이(程頤, 호 伊川, 1033~1107) 형제가 《논어》·《맹자》·《중용》과 대등하게 다뤄 연구하고 검토한 이래, 남송(南宋)의 주희가 이에 주해를 붙여 《대학장구(大學章句)》를 출판하고, 이를 위의 세 책과 함께 사서(四書)로 합편하여 높인 이래, 유학의 기본 경전으로 받아들여졌다(차주환, 1985).

《대학》의 주석으로는 《예기》 원문에 편입되어 있는 한대 정현(鄭玄, 127~200)의 주(注)와 당대 공영달(孔穎達, 547~648)의 소(疏)가 있는데, 이를 고주(古註)라 하여 신주(新註)라 불리는 송(宋)대의 주, 특히 주희의 《대학장구》와 구별한다. 주희의 신주는 《예기》 고본(古本)에 나오는 《대학》의 순서를 새로 세우고, 주희 스스로 빠졌다고 생각하는 부분을 보충해 넣은 것인데, 이에 대해 반론이 많았으며, 더구나 명(明)대에 왕수인(王守仁, 호 陽明, 1472~1528)이 《예기》 고본과 고주를 바탕으로 《대학고본방석(大學古本旁釋)》을 지어, 주희와 다른 해석을 하였다(권덕주, 1998 ; 차주환, 1985).

이러한 여러 주석들 가운데 가장 널리 받아들여진 것은 주희의 신주 계

---

178) 不聞不若聞之 聞之不若見之 見之不若知之 知之不若行之 學至於行之而止矣 行之明也 明之爲聖人 聖人也者 …… 無他道焉 已乎行之矣(〈儒效〉 33)

통이었다. 특히 조선의 성리학계에서는 이를 정통한 주로 인정해 왔다. 주희의 《대학장구》에서는 《대학》을 〈경(經)〉 1장과 〈전(傳)〉 10장으로 나누어 제시하고 있는데, 경에서는 《대학》 전체의 기본 내용을 삼강령(三綱領)과 팔조목(八條目)으로 제시하고, 전은 이들을 각각 설명하는 형식으로 구성되어 있다. 이 가운데 삼강령은 이상적 인간의 특징을 진술한 것이고, 팔조목은 이상적 인간에 이르는 단계를 서술한 것으로 볼 수 있다. 여기서 《대학》 첫 머리의 삼강령을 제시하면, 다음과 같다.

> 대학의 도는 자기가 갖추고 태어난 본래의 착한 덕을 드러내어 밝히는 데
> 〔明明德〕 있고, 사람들을 친애하는 데〔親民〕 있으며, 지극한 선에 머무르는 데
> 〔止於至善〕 있다.[179)]

이렇게 《대학》에서는 대학의 도를 깨우쳐서 실천하는 이상적 인간의 특징을 지어지선(止於至善)·친민(親民)·명명덕(明明德)의 세 가지로 들고 있다. 여기서 '지어지선'은 도덕적, 인격적 수양을 이룬 상태를 말하는 것으로, 이상적 인간의 여러 특징의 바탕이 되는 것이다. 이는 공자가 말하는 수기이경(修己以敬)의 상태에 해당되는 것이라 볼 수 있다.

이어서 '친민'은 일상생활에서 지선(至善)에 머물러 도덕적, 인격적 완성

---

179) 大學之道 在明明德 在親民 在止於至善(《大學》, 〈經〉). 여기서 둘째 구절을 '親民'이라 읽은 것은 古註와 《大學》 古本 및 王陽明의 독법(小島毅, 2004, pp. 124~137)을 따른 것이다. 朱熹의 新註에서는 程子의 전통을 따라 이를 '新民'이라 읽어, "백성들을 새롭게 한다"라고 풀이하고 있다. 그러나 王陽明의 주장에 따라 '親民'이 옳다고 하는 측에서는 ㄱ) 원본에 따라 '親民'으로 읽어도 文義에 어긋남이 없다, ㄴ) 이것은 《大學》 三綱領의 첫 머리에 나오는 중요한 부분인데, 첫 머리부터 틀린 글자를 쓸 리가 없다는 전거를 대고 있다(권덕주, 1998, p. 16). 필자는 이러한 논리 말고도 이를 이상적 인간의 특징을 진술한 문장으로 볼 경우, 이는 공자의 '修己以安人'에 해당하는 것으로 보는 것이 타당하다는 관점에서, 이를 '親民'으로 읽고자 한다. 또한 여기서의 '民'을 新註에서는 '백성'의 뜻으로 풀고 있으나, 필자는 《詩經》 〈大雅 生民〉의 '厥初生民 時維姜嫄'의 예를 따라 보통의 여러 '사람'을 가리키는 뜻으로 풀어, '修己以安人'의 '人'과 같은 뜻으로 보고자 한다.

을 이룬 다음, 이를 주변 사람들에게 확대하고 베풂으로써, 그들과 더불어 친애함과 조화를 이룬 상태를 말하는 것이라 해석할 수 있다. 이렇게 본다면, 이는 공자가 말하는 수기이안인(修己以安人)의 상태를 의미하는 것이라 생각할 수 있을 것이다.

다음으로 '명명덕'은 자기의 착한 본심을 미루어 밝게 드러냄으로써, 온 천하의 사람들로 하여금 도덕과 모든 일의 바탕이 스스로에게 내재되어 있음을 깨달아 알도록 하는 상태를 말하는 것이라 해석할 수 있다.[180] 따라서 이는 공자의 수기이안백성(修己以安百姓)에 해당되는 특징이라 볼 수 있다.

이렇게 보면, 《대학》의 삼강령에서도 공·맹·순의 군자론·성인론과 일관되는 특징으로 이상적 인간의 상태를 그리고 있는 것으로 추론할 수 있다. 곧 대학의 도를 배우고 실천하는 유학적 인간은 도덕적, 인격적 완성을 이루어 이를 굳게 지키고[止於至善], 이러한 수양 결과를 일상생활에서 실천하여 사람들 사이에서 친애함과 조화를 이루며[親民], 더 나아가 온 천하의 사람들로 하여금 스스로가 도덕 주체라는 사실을 밝게 깨닫도록 하는 사명을 다하는[明明德] 사람인 것이다.

2) 이상적 인간이 되는 과정

이상적 인간형론의 문제에서 또 한 가지 살펴볼 것은, 어떠한 과정을 거쳐 이러한 이상적 인간의 상태에 이를 수 있는가 하는 것이다. 이 문제에

---

180) 新註에서는 '明明德'을 스스로의 至德을 닦아 일신을 수양하는 일, 곧 孔子의 修己以敬을 가리키는 것으로 해석하고 있다. 그러나 여기서는 이를 온 천하의 사람들로 하여금 스스로의 至德을 밝게 깨달아 알도록 인도하는 修己以安百姓의 상태를 가리키는 것으로 보고자 한다. 이는 이 구절에 이어 八條目을 제시하는 구절이 "古之欲明明德於天下者 先治其國 欲治其國者 先齊其家 ……"로 시작되어, 明明德이 治國보다 넓은 平天下를 대신하는 말로 쓰이고 있다는 점에서 그 근거를 찾을 수 있다. 이 구절에 이어서 八條目을 제시한 구절은 " …… 家齊而后國治 國治而后天下平"으로 끝나는데, 이는 앞의 '古之欲明明德於天下者'가 곧 '古之欲平天下者'의 뜻임을 알게 하는 증거가 된다.

대해 공자·맹자·순자 같은 유학의 선구자들은 성인(聖人)을 군자(君子)나 사(士)보다 높은 단계로 보는 관점을 전개하고 있다.

공자는 "군자는 성인의 말씀을 두려워해야 한다"(《論語》, 〈季氏〉 8)고 보아 성인의 등급을 군자보다 높게 설정하고, "성인은 요순도 오히려 어렵게 여겼던 경지"(〈雍也〉 28)로서 "내가 감히 넘볼 수 없다"(〈述而〉 33)면서, "성인을 만나보기 힘들다면, 군자라도 만나볼 수 있다면 좋겠다"(〈述而〉 25)고 말하기도 하였다. 맹자도 "성인은 인류의 표준"(《孟子》, 〈離婁上〉 2)으로서 "백대 뒤에도 본받을 스승"(〈盡心下〉 15)이기 때문에, 자기는 감히 이에 미치지 못하니, 다만 "공자를 따라 배워"(〈公孫丑上〉 2) "앞선 성인들의 자취를 이어가려 할 뿐"[181] 더 큰 욕심은 없다고 말하였다. 순자도 "배움의 목표는 사(士)가 되는 데서 시작하여 성인이 되는 데서 끝난다"(《荀子》, 〈勸學〉 12)고 하여 성인을 최고의 등급에 올려놓고, 이에 이르는 과정 또는 사·군자·성인의 차이를 〈수신(修身)〉, 〈권학(勸學)〉, 〈유효(儒效)〉, 〈해폐(解蔽)〉 들에서 자주 언급하고 있다.

이러한 공통된 관점 말고도 공자·맹자·순자를 비롯한 초창기 유학자들은 저마다 특유한 단계론을 제시하기도 한다. 여기서는 각자에게 특유한 단계론을 중심으로 하여, 유학의 체계에서 끌어낼 수 있는 이상적 인간의 상태에 이르는 단계론을 살펴보기로 하겠다.

(1) 공자의 연령단계론

공자는 자기 경험에 비추어 인간의 발달 과정을 연령의 함수로 제시하고 있다.

> 나는 열다섯에 배움에 뜻을 두었고[志學], 서른에 도에 굳건히 설 수 있게 되었으며[而立], 마흔에는 외부 사물에 의해 미혹되지 않게 되었고[不惑], 쉰에는 천명을 알게 되었으며[知天命], 예순에는 어떤 것을 들어도 저절로 깨달

---

181) 我亦欲正人心 息邪說 距詖行 放淫辭 以承三聖者(《孟子》, 〈滕文公下〉 9)

게 되었고〔耳順〕, 일흔에는 무엇이나 마음이 하고자 하는 바를 좇아도 도리에 어긋나지 않게 되었다〔從心所欲 不踰矩〕.182)

이 인용문의 각 연령 수준에서 공자가 도달했다고 밝힌 단계들이 심리학적으로 어떤 의미를 갖는가 하는 점에 대해서는 앞으로 많은 연구가 뒤따라야 할 것이다. 예를 들면, 이립(而立)은 자아정체성(ego-identity)의 확립과, 불혹(不惑)은 정서적 안정과, 지천명(知天命)은 통일된 인생관의 확립과, 이순(耳順)은 자기 객관화와, 그리고 종심소욕 불유구(從心所欲不踰矩)는 자기확대 및 자기 통제와 관계가 있는 것으로 해석할 수 있을 것이다.

이러한 연령단계 가운데 '지학(志學)'에서 '불혹'까지는 자기 수양과 밀접한 관계가 있는 특징들을 나타낸다. 이에 견주어, '지천명'은 자기만이 해야 할 역할의 인식과 관련이 있다. 이는 자기 인생의 존재의의가 현실 정치에 참여하는 데 있는지, 아니면 교육을 통한 도의 전수에 있는지를 확실하게 이해하는 것을 의미한다. '이순'은 대체로 어떤 것을 들어도 저절로 깨우치게 되는 특징, 곧 지식의 확충으로 풀이하고 있으나, 이는 자기 객관화를 통한 편안하고 조화로운 상태를 이루는 단계로 볼 수도 있다. '지천명'을 통해 확인한 자기의 고유 역할을 실제 사회생활을 통해 펼치고, 그 결과 타인들과 조화로운 관계를 유지하는 자기 객관화를 귀가 순조로워지는 '이순'의 핵심이라 볼 수 있을 것이다. 그리고 '종심소욕'의 상태는 이제 인간적으로 완성되어 항상 어떤 일을 하든지 사람의 도리에 맞는 삶의 경지에 이른 상태, 곧 자기 수양과 대인관계의 조화뿐만이 아니라, 사회적 책임도 다함으로써 이루어진 완성된 삶의 상태를 일컫는 것이라 생각할 수 있다. 이와 같이 '지천명'부터 '종심소욕'까지는 수기의 결과를 '안인'과 '안백성'의 경지로 확대한 상태를 의미하는 것이라 볼 수 있다. 이렇게 보면, 공자의

---

182) 吾十有五而志于學 三十而立 四十而不惑 五十而知天命 六十而耳順 七十而從心所欲 不踰矩(《論語》, 〈爲政〉 4)

연령단계론은 수기 → 안인 → 안백성의 단계론으로 정리할 수 있을 것이다.

공자의 단계론을 이와 같이 수기 → 안인 → 안백성의 점진적 확대론으로 볼 수 있다는 사실은 〈헌문(憲問)〉 45장에 제시된 수기·안인·안백성의 군자론에서부터 드러난다. 공자는 제자인 자로의 군자에 대한 거듭되는 물음에 수기 → 안인 → 안백성의 순서로 대답한 다음, 맨 마지막에 "수기이안백성은 요순도 오히려 어렵게 여긴 경지"라고 말하여(〈憲問〉 45), 이러한 확대론을 직접 밝히고 있다.

〈옹야(雍也)〉 28장에서도 백성들에게 널리 베풀고 뭇사람들을 구제하는 '안백성'의 상태는 "요순도 오히려 어렵게 여긴 경지"라고 하여, 똑같은 확대론을 제시하고 있다. 또한 이 장에서는 제자인 자공과 이러한 문답 직후에 "무릇 인(仁)이란 자기가 서고자 하는 곳에 남을 먼저 세워주고, 자기가 이루고자 하는 일을 남이 먼저 이루도록 해주는 것이다. 능히 자기 몸 가까이에서 취하여 이를 미루어갈 수 있으면, 인을 행하는 방도라고 이를 만하다"[183]고 하여, '안인'과 '수기'는 '안백성'의 전 단계임을 분명히 하고 있다. 이렇게 '수기'를 거쳐 '안인'의 상태에 이르고, '안인'을 거쳐 '안백성'의 상태에 이르는 점진적 확대 과정이 이상적 인간상에 이르는 단계라고 보는 것이 공자의 기본 시각인 것이다.

(2) 맹자의 단계론

앞에서 제시한 공자의 연령단계론을 맹자도 받아들였다. 그는 제자인 공손추(公孫丑)와 문답하면서 "공손추가 '선생님께서 제(齊)나라의 경상(卿相) 자리에 올라 도를 행하게 되면, 비록 이로 말미암아 패왕의 공업을 이루신다고 해도 이상할 것이 없을 것입니다. 이렇듯이 임무가 막중하고 책임이 무거워도 선생님의 마음이 흔들리지 않으시겠습니까?'라고 묻자, '아니다. 나는 이미 마흔이 넘었으니 절대로 마음이 흔들리지 않는다'고 대답하였다."[184] 여기서 '사십부동심(四十不動心)'은 공자가 말하는 '사십이불

---

183) 夫仁者 己欲立而立人 己欲達而達人 能近取譬 可謂仁之方也已(〈雍也〉 28)

혹(四十而不惑)'과 같은 뜻으로, 공자가 제시한 연령에 따른 발달단계론을 맹자도 받아들인 것으로 볼 수 있다.

그러나 공자의 단계론이 주로 개인적 수양의 측면을 강조하는 관점이 강한 것과 달리, 맹자는 인간의 사회적 존재 특성을 강조하는 관점에서 독특한 단계론을 제시하고 있다. 이는 제자인 호생불해(浩生不害)와 벌인 다음과 같은 문답에 잘 드러난다.

> 모든 사람이 좋아하고 욕심내는 사람을 선인(善人)이라 하고, 선한 덕성을 자기 몸에 지녀 체득함으로써 믿음을 얻게 되면 신인(信人)이라 하고, 선을 힘써 실천하여 이를 꽉 채우면 미인(美人)이라 하고, 충실하고 또 그 덕업이 빛을 발휘하게 되면 대인(大人)이라 하고, 크면서도 생각하거나 노력함이 없이도 도와 일치하여 남을 감화하게 되면 성인(聖人)이라 하고, 성하면서 알 수 없는 경지에 이르면 신인(神人)이라 한다.[185]

이 인용문 가운데 신인(神人)에 대해 주회는《맹자집주(孟子集註)》에서 정자(程子)의 말을 인용하여 "성불가지(聖不可知)란 성의 지극히 묘함을 사람이 추측할 수 없다는 말이지 성인의 위에 또 한 등급의 신인이 있다는 말은 아니다"[186]고 기술함으로써, 맹자의 관점을 선·신·미·대·성(善·信·美·大·聖)의 다섯 단계론으로 정리하고 있다. 여기서 '선'은 개인적으로 도를 체득하는 측면, '신'과 '미'는 대인관계의 측면, 그리고 '대'와 '성'은 사회적 책임 측면의 이상적 인간이 지닌 특징과 결부되는 것이라 볼 수 있고, 따라서 맹자는 도의 체득을 통한 깨끗함과 순수함의 견지 → 대인관계에서 조화의 달성 → 사회적 책임의 완수로 이상적 인간형에 이르는

---

184) 公孫丑問曰 夫子加齊之卿相 得行道焉 雖由此霸王 不異矣 如此則動心否乎 孟子曰 否 我四十不動心(《孟子》,〈公孫丑上〉 2)

185) 可欲之謂善 有諸己之謂信 充實之謂美 充實而光輝之謂大 大而化之之謂聖 聖而不可 知之之謂神(〈盡心下〉 25)

186) 程子曰 聖不可知 謂聖之至妙 人所不能測 非聖人之上又有一等神人也(《孟子集註》)

단계를 논한 것이라 할 수 있다.

이렇게 맹자도 성지청→성지화→성지임의 점진적 확대론을 제시하였다는 사실은 그가 직접 "군자에게는 다른 사람들과 더불어 선을 이루는 일보다 더 큰 일은 없다"(〈公孫丑上〉8)고 표현한 데서도 잘 드러난다. 또한 각각 '성지청'과 '성지화'의 전형으로 평가하고 있는(〈萬章下〉1) 백이와 유하혜에 대해 맹자 스스로가 "백이는 좁고, 유하혜는 소홀하다"(〈公孫丑上〉8)고 비판하기도 하였지만, '성지임'의 전형(〈萬章下〉1)인 이윤에 대해서는 한결같이 높이 평가하였다[187]는 사실에서도 그가 성지청→성지화→성지임의 점진적 확대론을 주장하고 있음을 확인할 수 있다.

(3) 순자의 단계론

순자는 이상적 인간에 이르는 단계를 사·군자·성인의 3단계로 설정하고 있다. 이러한 사실은 "배움의 궁극적인 의의는 사가 되는 데서 시작하여 성인이 되는 데서 끝난다"(《荀子》,〈勸學〉12)는 구절에서 잘 드러난다. 왕선겸(王先謙, 1891)은 《순자집해(荀子集解)》에서 이 구절을 해설하면서 "《순자》에서는 사·군자·성인을 세 등급으로 보고 있다"[188]고 하여, 이러한 사실을 확인해 주고 있다. 이러한 사→군자→성인의 단계에 대해 순자는 다음과 같이 진술하고 있다.

예를 좋아하여 이를 실행하는 사람이 사이다. 뜻을 확고히 하여 도를 이행하는 사람이 군자이다. 두루 밝게 통달해서 막힘이 없는 사람이 성인이다.[189]

저 배움이란 이를 실행하면 사가 되고, 행한 위에 더욱 힘쓰면 군자가 되고, 모든 일에 두루 통해서 알게 되면 성인이 된다.[190]

---

187) 이 장의 주 117) 참조.

188) 荀書以士君子聖人爲三等(《荀子集解》)

189) 好法而行士也 篤志而體君子也 齊明而不竭聖人也(《荀子》,〈修身〉36 : 《荀子集解》에서는 첫 구절의 '法'을 '禮'로, 둘째 구절의 '篤'을 '固', '體'를 '履道'로 풀고 있다.)

그러므로 배우는 사람은 성왕(聖王 : 성인과 선왕)을 스승으로 삼고, 성왕의
제도를 법으로 삼아야 한다. 그리하여 그 법을 본받아 만사의 근본적인 원칙을
구하고, 그 사람됨을 닮도록 노력해야 한다. 이를 향해 힘쓰는 사람이 사이고,
이와 비슷하게 되어 가까이 이른 사람이 군자이며, 이를 완전히 통달하여 알게
된 사람이 성인이다.191)

이 세 인용문에서 보듯이, 성인은 도를 완전히 통찰하고 있는 사람이다.
순자는 "성인은 그 원하는 바를 따르고, 자기의 정(情)을 두루 갖추되, 이
(理)에 따라 정도에 맞는 것이다. 그런데 억지로 할 것이 무엇이 있으며,
참아내야 할 것이 무엇이 있으며, 조심할 것이 무엇이 있겠는가?"192)라 하
여, 도와 한몸이 된 사람이 바로 성인이라고 보았다. 따라서 성인은 "백왕
의 법을 익혀 이를 흑백을 구별하듯이 하고, 당시의 변화에 대응하기를 하
나 둘의 수를 세듯이 한다. 또한 예를 행하고 절도를 지키기를 사지를 가지
고 태어난 듯이 편안히 하며, 때에 따라 공을 세우기를 사계절이 비추듯이
자연스럽게 한다. 정치를 공평하게 하고 백성들을 조화롭게 하는 솜씨도
뛰어나서, 억만이나 되는 많은 사람에게 하기를 마치 한 사람에게 하듯 두
루 베푼다"193)는 것이다.

이에 견주어 군자는 성인의 상태에 가까이 가기는 했지만, 아직 이에 이
르지는 못한 상태를 가리킨다. 곧 이들은 "행위가 바르고 뜻이 견고하며,
들은 바의 도를 닦아 바르게 함으로써 자기의 본성을 고치고 꾸미기를 좋
아한다. 그러나 그 말이 대체로 합당하기는 하되 내용을 충분히 깨달은 것

---

190) 彼學者 行之曰士也 敦慕焉君子也 知之聖人也(〈儒效〉 13~14 :《荀子集解》에서는
    '敦慕'를 둘 다 '勉'으로 보아, 이 구절을 '行而加勉 則爲君子'라 풀고 있다.)
191) 故學者以聖王爲師 案以聖王之制爲法 法其法以求其統類 以務象效其人 嚮是而務士也
    類是而幾君子也 知之聖人也(〈解蔽〉 26)
192) 聖人縱其欲 兼其情 而制焉者理矣 夫何彊何忍何危(〈解蔽〉 22)
193) 修百王之法 若辨白黑 應當時之變 若數一二 行禮要節而安之 若生四枝 要時立功之巧
    若詔四時 平正和民之善 億萬之衆 而博若一人 如是則可謂聖人矣(〈儒效〉 19~20 :
    《荀子集解》에서는 '平正'의 '正'을 '政'으로, '博若一人'의 '博'을 '傅'로 보고 있다.)

은 아니고, 그 행실이 대체로 합당하기는 하되 아직 편안한 상태는 아니며, 그 지려(智慮)가 대체로 합당하기는 하되 아직 빈틈없이 짜여 있지는 않다. 그런데도 이들은 위로는 자기가 높이는 도를 크게 넓힐 수 있고, 아래로는 자기만 못한 사람을 깨우쳐 이끌 수 있는 것이다."[194]

끝으로 사는 "행위가 바르고 뜻이 견고하며, 사욕으로 말미암아 들은 바의 도를 혼란스럽게 하지는 않는 사람이다."[195] 곧 사는 배움의 길에서 도를 배우고 이를 실천하려고 노력하기는 하되, 아직 크게 미숙한 상태를 이르는 것이다.

이상에서 보듯이 순자는 "지(志)·행(行)·지(知)의 세 방면에서 인격의 등급을 논하고 있다"(蔡仁厚, 1984, p. 495). 이러한 사실은 순자의 다음과 같은 진술에서 잘 드러난다.

뜻[志]은 애써 사욕을 억제한 뒤에야 비로소 공평해지고, 행실[行]은 애써 자기 성정을 억제한 뒤에야 비로소 닦아지며, 지식[知]은 남에게 즐겨 물어본 뒤에야 비로소 재능을 발휘하게 된다. 이렇게 되어 뜻이 공평해지고, 행실이 닦아지고, 재주가 갖추어진 사람은 소유(小儒)라 할 만하다. 그러나 아무런 인위적인 노력 없이도 뜻[志]은 저절로 공평하고, 행실[行]은 저절로 닦아졌으며, 지식[知]은 모든 법도와 원리에 통달했으면 대유(大儒)라 할 만하다.[196]

이와 같이 지(志)·행(行)·지(知)를 닦는 과정에 있는 사람이 사이고, 상당히 닦여 있지만 아직 미진한 상태에 있는 사람이 군자이며, 완전히 도와 한몸이 되어 억지로 노력함이 없이도 스스로 편안하게 된 사람이 성인

---

194) 行法至堅 好修正其所聞 以橋飾其情性 其言多當矣 而未喻也 其行多當矣 而未安也 其
知慮多當矣 而未周密也 上則能大其所隆 下則能開道不已若者 如是則可謂篤厚君子矣
(〈儒效〉 19 : 《荀子集解》에서는 첫 구절의 '法'은 '正', '至'는 '志'로 보고 있다.)

195) 行法至堅 不以私欲亂所聞 如是則可謂勁士矣(〈儒效〉 19)

196) 志忍私 然後能公 行忍情性 然後能修 知而好問 然後能才 公修而才 可謂小儒矣 志安
公 行安修 知通統類 如是則可謂大儒矣(〈儒效〉 37~38)

이라는 것이 바로 순자의 생각이다. 곧 "성인은 사람이 쌓아서 이루는
것"(〈儒效〉 36 ; 〈性惡〉 4)으로서, 이들은 태어나면서부터 보통 사람과 다
른 것이 아니라, 후천적인 쌓음의 정도가 다를 뿐이다.197) 이렇게 보면,
뜻·행실·지식의 세 측면에서 점진적인 축적198)의 과정을 통해 사→군
자→성인의 단계를 거쳐 이상적 인간의 상태에 이르게 된다는 다방면 동
시 점진주의가 바로 순자가 보는 이상적 인간형의 발달 단계론이 지닌 핵
심이라 할 수 있을 것이다.

(4) 《대학》의 욕구위계설

《대학》의 경(經)에는 앞에 논의된 삼강령 말고도 수양의 단계론을 제시
한 팔조목이 제시되고 있다.

> 옛날에 자기가 가진 밝은 덕을 온 천하에 밝게 드러내고자 하는 사람은 먼
> 저 자신의 나라를 다스렸고, 자기의 나라를 다스리고자 하는 사람은 먼저 자신
> 의 집을 가지런히 하였으며, 자기의 집을 가지런히 하고자 하는 사람은 먼저
> 자신의 덕을 닦았다. 자기의 덕을 닦고자 하는 사람은 먼저 자신의 마음을 바
> 로잡았고, 자기의 마음을 바로잡고자 하는 사람은 먼저 자신의 뜻을 참되게 하
> 였으며, 자기의 뜻을 참되게 하고자 하는 사람은 먼저 자신의 지식을 넓혔다.
> 이렇게 지식을 넓히는 것은 사물의 이치를 궁구하는 데 달렸다. 그러므로 사물
> 의 이치를 구명한〔格物〕 뒤에야 지식이 극진하게 되고, 지식이 극진하게 된〔致
> 知〕 뒤에야 뜻이 참되어지고, 뜻이 참되어진〔誠意〕 뒤에야 마음이 바로잡히고,

---

197) 故聖人之所以同於衆 其不異於衆者性也 所以異而過衆者僞也(〈性惡〉 7) ; 凡人之性
　　者 堯舜之與桀跖 其性一也 君子之與小人 其性一也(〈性惡〉 11) ; 材性知能 君子小人
　　一也 好榮惡辱 好利惡害 是君子小人之所同也 若其所以求之之道則異矣 …… 故熟
　　察小人之知能 足以知其有餘可以爲君子之所爲也(〈榮辱〉 28~30) ; 可以爲堯禹 可以
　　爲桀跖 可以爲工匠 可以爲農賈 在勢注錯習俗之所積耳(〈榮辱〉 31~32)
198) 이 세 측면에서 이루어지는 축적을 표현하는 荀子의 진술은 위의 인용문(〈儒效〉
　　37~38) 말고도 〈非相〉 15, 19 ; 〈王霸〉 3 ; 〈君道〉 7, 16 ; 〈天論〉 28 ; 〈榮辱〉 28 ;
　　〈正論〉 6, 28~29 ; 〈解蔽〉 13을 비롯한 여러 곳에서 발견된다.

마음이 바로잡힌〔正心〕 뒤에야 덕이 닦이고, 덕이 닦인〔修身〕 뒤에야 집이 가
지런해지고, 집이 가지런해진〔齊家〕 뒤에야 나라가 다스려지고, 나라가 다스
려진〔治國〕 뒤에야 천하가 화평해지는〔平天下〕 것이다.[199]

이것이 《대학》의 유명한 격물(格物) → 치지(致知) → 성의(誠意) → 정
심(正心) → 수신(修身) → 제가(齊家) → 치국(治國) → 평천하(平天下)라
는 수양의 팔조목이다. 이는 매슬로(1954)의 동기위계설과 같은 논리적 구
조를 가진 이론체계이다. 곧 하위 단계의 욕구가 충족되어야 그 다음 단계
의 욕구가 나타난다는 것이다. 《대학》에서는 '격물'이 가장 하위의 욕구이
고, '평천하'가 최상위의 욕구라고 보는 셈이다.

여기서 격물 → 치지 → 성의 → 정심 → 수신까지는 '수기이경'의 단계, 제
가는 '수기이안인'의 단계, 그리고 치국 → 평천하는 '수기이안백성'의 단계
를 가리키는 것이라 볼 수 있다. 이렇게 보면, 《대학》에서도 《논어》·《맹
자》·《순자》와 마찬가지로 자기 수양〔修己〕에서 비롯하여, 대인관계에서
조화의 달성〔安人〕을 거쳐, 사회적인 책무의 자임과 완수〔安百姓〕의 경지
에 이르는 것으로 이상적 인간상의 발달단계를 그리고 있다 하겠다.

---

199) 古之欲明明德於天下者 先治其國 欲治其國者 先齊其家 欲齊其家者 先修其身 欲修其
身者 先正其心 欲正其心者 先誠其意 欲誠其意者 先致其知 致知在格物 物格而后知至
知至而后意誠 意誠而后心正 心正而后身修 身修而后家齊 家齊而后國治 國治而后天
下平(《大學》,〈經〉)

4부 종합 고찰

2부에서는 서구 개인주의 문화의 역사적, 사상적 배경과 이 문화권에서 제시하는 이상적 인간형론에 대해 살펴보았다. 우선 3장에서는 르네상스와 종교개혁 이후 대두한 자유주의가 서구 개인주의의 사상적 배경이라는 사실과 함께, 개인주의라는 용어는 그것이 사용되는 나라의 역사적 배경과 그것이 적용되는 인간 활동 영역에 따라 다양한 의미를 띤다는 점을 확인하였다. 그러나 서구 사회에서 개인주의는 개인 존재의 자기 완비성·존엄성·자율성·사생활의 자유·자기 개발 같은 공통된 기본 요소로 구성되는 개념임을 알 수 있었다. 다음 4장에서는 서구 개인주의의 이러한 기본 요소에서 끌어낼 수 있는 이상적 인간형의 모습과 현대 서구심리학자들이 제시한 이론들을 통해, 서구인들이 개념화하고 있는 이상적 인간형에 대해 살펴보았다. 이러한 논의에서 밝혀진 사실은 서구인들은 공통적으로 자기 실현인을 대표적인 이상적 인간상으로 여긴다는 사실이었다.

  3부에서는 한국·중국·일본 같은 동아시아 집단주의 문화의 역사적, 사상적 배경과 이 문화권에서 제시하는 이상적 인간형론에 대해 살펴보았다. 우선 5장에서는 동아시아 각국의 역사에서 유학사상이 차지하는 위상과 유학사상에서 끌어낼 수 있는 인간관, 그리고 유학사상에서 읽어낼 수 있는 지·정·의를 비롯한 인간 심성에 대한 이해 양식을 바탕으로, 동아시아 집단주의의 사상적 배경에 유학체계가 놓여 있음을 확인할 수 있었다. 다음 6장에서는 유학의 경전들에서 제시하고 있는 이상적 인간상인 군자와 성인의 특징과 군자와 성인이 되는 과정에 관한 이론적 관점을 근거로, 동아시아인들이 가지고 있는 이상적 인간형론에 대해 살펴보았다. 이러한 논의들에서 밝혀진 것은 동아시아인들은 자기 완성뿐만 아니라, 타인과 사회에 대한 관심과 배려를 바탕으로 그들에 대한 책임을 기꺼이 지고, 이를

실생활에서 완수하려 노력하는 사람을 이상적 인간상으로 삼는다는 사실
이었다.

이러한 2부와 3부의 내용을 바탕으로 4부에서는 동・서의 이상적 인간
상을 대비하여 종합적으로 고찰해 본 다음, 여기에서 이끌어낼 수 있는 새
로운 심리학의 구축을 위한 시사점을 제시하기로 하겠다. 먼저 7장에서는
2부와 3부에서 살펴본 서양과 동양의 이상적 인간형론을 대조해 봄으로써,
개인주의와 집단주의 문화권에서 제시하는 이상적 인간상의 차이를 끌어
내고, 이러한 차이가 현재 두 문화권에서 살고 있는 사람들의 지・정・의
를 비롯한 심성의 특징과 어떻게 관련되어 있는지를 확인할 것이다. 이어
서 8장에서는 이러한 고찰이 시사하는 새로운 유학적 심리학체계의 가능
성과 그 내용에 대해 생각해 보기로 하겠다.

7장

동·서 이상적 인간형론의 대비

3장에서 확인한 여러 개인주의 개념에 공통된 기본 요소를 근거로, 4장에서는 서구 개인주의 문화권에서 형성된 이상적 인간형을 유추해 본 다음, 현대 서구심리학이 제시한 열세 가지 이상적 인간의 특징에 관한 이론과, 두 가지 이상적 인간의 상태에 이르는 과정에 관한 이론들을 살펴보았다. 이러한 이론들을 근거로 삼는 연구들은, 대체로 개인 존재가 개체로서 이루어낼 수 있는 가장 이상적인 모습은 개인이 갖추고 있는 능력과 잠재력 같은 가능성을 최대로 발휘하는 것이라는 관점을 따르면서, 이러한 사람들은 어떠한 특징을 가지고 있는지를 개념으로 끌어내거나, 실제로 그러한 상태에 이른 사람을 분석하여 그 특징을 뽑아내거나, 서로 다른 이론적 관점에서 이상적 인간의 특징이나 그 도달 과정을 논리적으로 추론해 내는 방식으로 이루어져 왔다.

6장에서는 동아시아 집단주의 문화권에서 형성된 이상적 인간형을 그 사상적 기반인 유학사상을 중심으로 살펴보았다. 이 장에서는 유학사상에서 제시하는 이상적 인간형은 군자와 성인으로, 이들에 관한 이론은 유학사상의 인간 본성에 관한 견해, 곧 인성론에 논리적 근거가 있다고 보아, 우선 유학의 인성론 체계와 그 심리학적 함의를 살펴보았다. 이러한 고찰로 밝혀진 것은 유학사상에서는 인간의 본성을 덕·지·정·의라는 네 가지 측면에서 파악하는데, 이 가운데 덕성이 가장 핵심적이고, 나머지(지·정·의)는 모두 덕성에 지배되어야 한다는 덕성우월론의 관점에서 인간의 본성을 논의하고 있다는 사실이다. 유학의 군자론·성인론은 이러한 인성론에 근거를 두고 있으며, 따라서 유학사상에서는 덕성에 따라 인간의 지·정·의(인지·정서·동기)가 통합되고 제어되는 상태가 이상적이라는 관점을 취하고 있다. 그러므로 개인 존재라는 개체의 자기실현뿐만 아니라, 타인과 사회에 대한 관심 확대와 책임 수행이라는 측면을 강조하는 것이 유학사상에서 제시하는 이상적 인간형론의 특징이라 볼 수 있다.

이렇게 개인주의 문화권에서 제시한 이상적 인간형론과 집단주의 문화권에서 제시한 그것은 사상적 배경의 차이만큼이나 커다란 차이가 있다. 여기에서는 이러한 동·서 진영에서 드러나는 이상적 인간형의 차이를 4장과 6장에서 제시한 내용을 근거로 대비함으로써, 다음 장에서 이러한 차이가 지닌 심리학적 시사점을 밝혀 논하는 기초 자료로 삼고자 한다. 이를 위해 우선 서양 개인주의와 동양 집단주의의 사상적 배경인 자유주의와 유학사상의 차이부터 대조하기로 하겠다.

1. 자유주의와 유학사상에서 개인을 파악하는 관점의 차이

서구사회에서 개인주의가 지배적인 삶의 태도로 굳어진 역사적 배경에 대해 3장에서 살펴본 바 있다. 르네상스와 종교개혁을 통해 거세진 개인화의 흐름은 명예혁명·과학혁명·상업혁명을 거쳐 나타난 자유주의 사상에 힘입어 정점에 이르렀다. 이러한 자유주의의 물결은 뒤이은 계몽주의운동과 산업혁명을 통해 정치 분야와 경제 분야에 확산됨으로써, 서구인의 의식과 삶의 기본적인 자세로 자리 잡게 되었다. 이러한 맥락에서 서구 개인주의의 사상적 배경은 자유주의에서 찾을 수 있다(Kim, 1995). "자유주의의 인간관과 사회관은 …… 개인주의적인 인간관과 사회관"이고, "따라서 자유주의의 철학적 핵심은 개인주의"(노명식, 1991. p. 27)이다. 이렇게 자유주의는 서구사회에 개인주의적인 삶의 양식을 꽃피운 사상적 배경이었다.

이와는 대조적으로 한국·중국·일본 같은 동아시아 집단주의 사회의 공통된 철학적 배경은 유학사상이었다. 5장에서는 동아시아 집단주의의 사상적 배경에 무엇보다도 유학의 체계가 놓여 있었다는 사실을 밝혀 논하였다. 중국에서는 약 2,100여 년 전의 한(漢)나라 초기부터, 한국에서는 약 600여 년 전의 조선(朝鮮)시대부터, 그리고 일본에서는 약 400여 년 전의 에도시대부터 유학이 관학으로서 국가 상층부의 지배 이념이 되었다. 이와 같이 오랫동안 유학의 체계가 통치이념이자 사고양식으로 군림해 온 동아시아 사회에서 집단주의가 지배적인 삶의 태도로 굳어지게 된 배경에는 유학의 인간관에 근본적으로 집단주의의 특징이 그대로 반영되어 있다는 사실이 놓여 있으며, 그 결과 유학적 사고와 행습은 민중들의 삶에 깊이 뿌리 내림으로써, 오늘날까지도 이 사회에 살고 있는 사람들에게 "마음의 유교적 습성들"을 조성해 왔던 것이다. 이렇게 유학사상은 동아시아 사회에 집단주의적인 삶의 양식을 꽃피운 사상적 배경이었다.

3장과 5장에서 논의하였듯이, 서구 개인주의와 동아시아 집단주의의 배경에 각각 자유주의 이념과 유학사상이 놓여 있다면, 이 두 사회에 살고 있는 사람들이 지닌 심성과 행동의 여러 차이는 그 사상적 배경이 되는 자유주의와 유학의 체계를 대비하여 확인해 봄으로써 분명하게 이해할 수 있을 것이다. 그리고 이러한 두 사상체계의 차이는 그대로 서구와 동아시아 사회에서 제시해 온 이상적 인간형의 차이로 연결될 수 있을 것이다. 이러한 맥락에서 여기에서는 우선 자유주의와 유학사상의 기본적인 차이를 개인 존재를 파악하는 관점을 중심으로 하여 간단히 대비해 보겠다.

1) 자유주의의 이념과 현대 서구인의 행동 특징

자유주의란 무엇이냐 하는 정의를 올바로 하기 위해 먼저 해야 할 일은 "자유주의의 가치들을 떠받치고 있는 인간관"과 "그 인간관에 관련된 사회관"이 어떤 것이냐를 밝힌 뒤, "자유주의적 가치들이란 어떤 가치들인가를 자유주의적 인간관과 사회관의 틀 안에서 살펴보는 일이다"(노명식, 1991, p. 30). 그렇다면, "자유주의의 인간관과 사회관은 어떤 것인가? 그것은 개인주의적인 인간관과 사회관이다. 따라서 자유주의의 철학적 핵심은 개인주의이다. 그러므로 자유주의란 무엇인가를 물으려면, 무엇보다도 먼저 개인주의란 무엇인가를 물어야 한다"(p. 27) 이렇게 자유주의는 자유주의를 구성하고 있는 여러 가치의 총합만으로는 이해될 수 없고, 그 가치들을 떠받들고 있는 개인주의적 인간관과 사회관을 아우르는 하나의 세계관으로 받아들일 때에 비로소 이해할 수 있게 되는 것이다.

자유주의는 "개인을 사회제도 및 사회구조에 앞서는 것으로 보아, 사회보다 더 현실적이고 보다 더 기본적인 것"(p. 31)으로 여기는 신념체계이다. 곧 자유주의는 사회의 존재론적 구성 단위를 서로 독립된 개체로 살아가는 개인이라고 보는 신념체계로서, 이렇게 "개인이 사회에 우선하고, 개인이 사회보다 더 진실하다"고 여김으로써, "논리상 사회는 개인들의 산술적 총계에 불과한 하나의 허구"(p. 43)라고 인식한다. 이와 같이 자유주의의 세계관에서는 움직일 수 없는 중심점을 개인에게 두고 있고, 그렇기 때문에 자유주의는 개인보다 사회를 앞세우는 어떤 종류의 사회이론에 대해서도 한결같이 대항해 왔던 것이다.

이상에서 보듯이 자유주의의 인간관은 개인주의와 마찬가지로 개인 중심의 인간관이고, 그 사회관은 "개인 존재의 총합체가 곧 사회"라는 관념이다. 이러한 맥락에서 보면, 자유주의가 어떤 것이냐 하는 문제는 곧 자유주의에서 사회의 존재론적 구성 단위인 개인을 어떻게 개념화하고 있느냐 하는 문제와 직결되는 것으로 볼 수 있다. 자유주의도 그것이 적용되어 사용되는 영역에 따라 정치적 자유주의, 경제적 자유주의와 같이 여러 가지로 달라질 수 있다. 그러나 자유주의에서 개인을 파악하는 핵심에는 공통적으로 자유와 자유의지, 이성과 진보, 그리고 평등과 존엄성과 같은 관념이 놓여 있는 것으로 볼 수 있다.

(1) 자유의 보유자인 개인

"개인주의의 핵심적 가치는 개인의 자유이다"(노명식, 1991, p. 53). 자유주의에서는 그 어느 가치보다도 자유가 최고의 위치를 차지하는데, 자유주의가 추구하는 모든 다른 가치들은 개인의 자유와 밀접하게 관련되어 있는 것이다. 자유라는 것이 그렇게 고귀한 가치이고, 또 자유라는 말은 누구나 쉽게 쓰는 말이지만, 자유란 무엇인가를 따져보면 그렇게 단순한 개념은 아니다. "자유라는 개념이 서양사상사에서 그 나름의 자리를 차지하게 된 것은 근세에 와서"(p. 54), 곧 자유주의 사상이 나타난 다음이다.

자유라는 관념이 역사상 처음 나타난 것은 고대 그리스에서였다. "그러나 그 자유는 폴리스와 같은 유기체적 사회의 집단적 자유로서, 거기에는 아직 개인적 자유라는 관념은 없었다"(p. 55). 헬레니즘과 로마 시대에 와서 폴리스가 해체되고 세계시민주의(cosmopolitanism)가 퍼져나가면서 개인의 자유라는 개념이 대두하고, 스토아 학파와 에피쿠로스 학파에 힘입어 개인이라는 관념이 철학적 근거를 갖고 자각되기 시작하였지만, 기독교가 로마의 국교로 승인받아 정치적, 세속적 색채를 강하게 띠기 시작하면서 개인의 자유라는 관념은 다시 퇴조하였다. 더구나 중세에 와서 "자유는 일반적으로 특정 집단들의 특권을 방어하려는 구호에 불과한 것으로서, 보편적 성격을 결여한 것이었다. 따라서 서양 중세에서는 보편적 성질의 자유의 개념은 거의 존재하지 않았다"(p. 57).

르네상스를 거치며 개성의 적극적이고도 자율적인 발휘를 인정하고 존중하게 됨으로써 거센 개인화의 물결이 굽이치기 시작하면서, 근대적인 자유의 개념이 싹트게 되었다. 이러한 근대적인 개인적 자유의 개념은 개인의 권리라는 개념과 동전의 앞뒷면을 이루는 대등한 관계에 있다. 개인의 자유는 개인의 권리 수호를 목표로 하는 것이고, 개인의 권리는 개인의 자유 확보를 바탕으로 한다. 이러한 맥락에서 개인적 자유의 관념이 확산되는 데 중요한 기여를 한 것은 종교개혁이었다고 볼 수 있다. "자유의 주체로서의 개인의 권리를 강조하게 되는 데 있어 가장 중요한 사건은 종교개혁이었"(p. 57)던 것이다.

종교개혁은 서구 역사에서 '신앙의 자유'와 '양심의 자유'라는 관념을 탄생시킨 획기적인 사건이었다. 종교개혁과 맞물리면서 정치·사회질서이던 봉건제도가 무너지고 절대왕권이 군림하게 되자, 보편적 합리성을 지닌 국가 이성(raison d'état)의 개념이 나타나고, 그 연장으로 '정치적 자유'라는 추상적 보편 개념이 탄생하게 되었다. 같은 시기에 인쇄기가 발명되고, 이로 말미암아 인쇄술이 놀랍게 발전하면서 지식과 정보가 큰 속도로 보급되기 시작하자, 민주주의 이념에 대한 민중의 자각과 함께 '표현의 자유'라는 관념이 뿌리내리게 되었다. 그리고 조선술과 항해술이 발달함으로써 이른바 지리상의 발견이 이루어지고, 그 결과 항해시대가 닥쳐옴으로써 상업자본주의가 급속히 성장하여, '경제적 자유주의'의 개념이 보급되었다. "이렇게 하여 홉스와 로크 시대에 이르면, 어떤 권위도 침범할 수 없는 자연적, 초시간적 천부의 권리의 구체적 실체로서의 개인이라는 관념"이 자연권 사상과 함께 다양한 삶의 기반으로 굳어지게 되었으며, "여기서 시민적 제 자유(civic liberties)가 당연한 권리로서 주장되기에 이른 것이다. 이토록 16세기 이래 서구 세계에서는 양심의 자유, 신앙의 자유, 정치적 자유, 표현의 자유, 경제적 자유 및 시민적 제 자유의 기본적 관념들이 성장하여, 근대적 의미의 개인적 자유의 관념이 수립되었다"(노명식, 1991, pp. 57~58).

자유주의가 추구해 온 최고의 이념은 이와 같이 개인적 자유의 확보에 있었다. 자유주의의 이념에 비추어볼 때, 개인은 자율적으로 신앙과 양심 및 도덕 표준을 누구의 간섭이나 제재도 받지 않고 스스로 선택하고 준수할 자유를 가진 존재이다. 개인은 이렇게 자기가 자율로 선택한 신앙·양심·사상 및 도덕 표준을 누구의 간섭이나 제재도 받지 않고 말이나 글이나 행동으로 표현할 수 있는 자유를 가지고 있다. 뿐만 아니라, 개인은 스스로가 본래부터 갖추고 있는 여러 가지 권리를 보호하고 또 이를 늘릴 수 있는 정치체제와 그 대표자들을 자율에 따라 고를 수 있는 자유를 지니고 있으며, 자기의 사적 소유권과 사적 이익을 어떠한 부당한 간섭이나 제재도 받지 않고 적극적으로 추구할 수 있는 자유를 갖추고 있다. 또한 개인은 자기만의 사적 공간과 영역을 확보하여 진실로 자기 혼자만의 사생활을 즐기고, 자기만이 갖추고 있는 독특한 개성을 신장할 수 있는 자유도 가지고 있다. 자유주의의 이념에 따르면, 이러한 모든 자유는 개인에게 천부의 권리이기도 한 것이다.

이상에서 보듯이, 개인 존재가 자유의 보유자로서 지니는 가장 기본적인 특징은 자율적인 선택의 가능성이 그에게 주어져 있다는 사실이다. 개인은 스스로의 판단과 원망(願望)에 따라 자율적으로 자기에게 가장 유리하거나, 가장 적합하거나, 또는 가장 타당한 신앙·양심·사상·도덕률·정치체제 및 경제체제를 선택할 권리를 가졌으며, 이것이 바로 개인의 자유에 담긴 내용인 것이다. 따라서 개인의 자유의 핵심은 바로 이러한 개인의 자율성에서 찾을 수 있다. 또한 자유주의 이념에서는, 개인은 자유의 보유자로서 이러한 자율성을 최대로 발휘할 수 있는 자기만의 공간과 영역을 지니고, 그러한 사적 영역에서 자기 독특성의 발전을 최대한 꾀할 수 있다고 전제한다. 곧 누구의 간섭과 제재도 받지 않는 사적 영역의 확보는 자율성 행사의 전제 조건인 것이다. 이렇게 보면, 3장에서 끌어낸 개인주의의 다섯 가지 기본 요소들 가운데 '자율성'과 '사생활의 자유'는 바로 자유의 보유자로서 개인 존재를 파악하는 자유주의의 이념에서 직접 끌어낼 수 있는 것으로 추정할 수 있다.

개인주의의 기본 요소인 자율성은 "개인이 독자적이고 합리적인 가치 판단의 주체임을 의미"(김영한, 1975, p. 111)하는 것으로, 개인 존재가 타인이나 사회 또는 여러 사회적 장치에서 독립된 존재라는 독립성 개념을 전제로 한다. 곧 개인의 사고와 행동은 독립된 존재인 개인의 것이며, 그의 통제 밖에 있는 작인(作因)이나 원인에 지배되지 않고, 순전히 그 자신의 의지와 의사에 따라 결정된다는 자발적 방향 설정 또는 자기 결정성이 곧 자율성의 내용이다. 따라서 개인은 자기가 마주치는 압력과 규범을 의식적, 비판적으로 평가하여 자기의 의도를 갖추고, 또 독립적이고 합리적인 숙고를 거쳐 실제적 결정을 할 수 있는 한에서 자율적이다. 말하자면, 자율성은 개인의 독립성과 자기 결정성을 통해 드러나는 가치인 것이다.

이렇게 개인의 독립성을 전제로 자율성이 드러난다면, 독립성이 가장 많이 보장되는 곳인 사적 영역, 곧 사생활의 장면에서 자율성이 최대로 발휘된다고 볼 수 있다. 말하자면 사생활의 자유는 자율성이 발휘되는 바탕이 된다. 이러한 사생활의 자유는 개인주의를 철학적 기반으로 하는 자유주의의 기본 이념이다. "공공의 간섭을 전혀 받지 않고 생각하고 행동하는 개인 고유의 생활 영역, 즉 현대적 의미의 사생활의 자유라는 관념이야말로 자유주의의 중심 사상을 구성"(노명식, 1991, p. 46) 한다. 이러한 사생활의 자유가 현대 자유주의자들에게 매우 중요한 이유는 개인의 최대의 행복과 성취를 기대할 수 있는 곳이 바로 사적 영역이기 때문이다. 이렇게 사생활의 자유는 개인의 삶을 내재화하는 기능을 하고, 이 때문에 스스로에 대한 성찰을 강화하는 배경이 된다. 바로 이러한 사생활의 사유화와 내재화 및 그로 말미암은 자기 성찰은 외부의 영향이 닿을 수 없는 사적인 영역에서 개인의 독립성·자율성이 최대로 발휘될 수 있기 때문에 가능한 것이다.

자유의 보유자로 개인 존재를 파악하는 자유주의 이념을 사상적 배경으로 하고 있는 개인주의 사회에서 이렇게 개인의 자율성과 독립성을 강조하는 경향은 그대로 현대 서구 사회인의 심성과 행동의 특징으로 나타난다. 개인 중심의 인간관을 바탕으로, 사람을 그가 처해 있는 상황과 관련짓지 않고 독립적인 존재로 파악하는 개인주의 사회에서는 개인의 자율성을 강조하게 되며, 결과적으로 개별적이고 평등한 개체로서 추구하는 독립성과 독특성이 이 사회에 살고 있는 사람들의 주의의 초점에 떠오르게 마련이다. 따라서 개인주의 사회에서는 개인의 '자율성·독립성·독특성'을 중심으로 사람을 평가하고, 그의 여러 행동의 원인을 우선 개인의 독특하고 독립적인 '자율적 선택'에서 찾으려 하며, 이러한 개인의 자율성과 독립성 및 독특성을 드러내는 정서가 권장되고, 또한 이러한 여러 특성들을 드러내려는 욕구가 강하게 나타나는 것이다. 뿐만 아니라, 개인주의 사회에서는 독립적인 개인이 자기를 드러내는 것은 개인이 가진 자연스러운 권리라고 인식하여, 적극적인 '자기 표현'을 당연하게 여긴다. 그리하여 자기의 욕구나 감정 들이 타인에게 미칠 영향이나 자기가 속한 집단의 조화를 해칠 가능성을 염두에 두지 않고, 이를 적극적으로 드러내도록 권장하는 것이다.

(2) 이성의 주체인 개인

"자유주의의 철학적 기반으로서의 개인주의에는 무엇이든지 자기의 것이라는 소유의 개념이 깊이 스며 있다. 개인주의의 독립·자족의 관념과 소유의 관념은 매우 가까운 관계에 있"(노명식, 1991, p. 37) 다. 이렇게 무엇이라도 나와 관계된 것은 내 것이라는 생각은 17세기 이래 자유주의 철학에 깊이 침투하여, 자신의 생명뿐만 아니라 노동이나 정신의 산물인 재산이나 여러 결과물, 심지어는 인격까지도 자기의 소유라는 철저한 "소유의 개인주의"를 낳았다(pp. 37~38). 그렇다면 그러한 소유와 재산은 어떻게 얻을 수 있는가? 이 문제에 대해 자유주의적 개인주의가 제시하는 주장에는 두 가지가 있는데, "하나는 인간은 욕망에 의해 움직인다는 자유주의적 인간관이고, 또 하나는 그 욕망 충족을 추구하는 데는 이성의 엄격한 기능의 지시를 받는다는 이성관이다"(p. 38).

이기적인 욕망이 인간 행동의 근본적인 동기라는 인간관은 자유주의의 가장 큰 특색이다. 자유주의적 인간관에 따르면 개인을 움직이게 하는 욕망은 매우 적극적인 것으로서, 개인은 자기 자신의 행복과 쾌락과 만족을 추구하는, 기본적으로 이기적인 정열과 욕망에 따라 활동하고 행동하는 존재이다. 바로 이러한 사실을 전제로 하여 자유주의적 인간관이 성립하는 것이다. 이렇게 개인 행동의 첫째 동인은 자기 자신의 이익과 행복, 곧 이기적인 쾌락의 추구에 있다고 자유주의자들은 보며, 이러한 쾌락 추구를 위해 적극적으로 노력할 권리가 모든 개인에게 천부적으로 주어져 있을 뿐만 아니라, 아무런 외적인 간섭과 제재만 없다면 최대한의 쾌락 추구라는 자기 본위의 목표가 달성될 수 있다고 보는 것이 자유주의의 기본 관념이다. 말하자면, "자유주의는 인간의 욕망은 저절로 있는 것이고, 인간의 기본적 성품의 일부이며, 외적 압력을 전혀 받지 않고 형성되는 것"이라고 본다. 그리하여 "자유주의는 …… 사람들은 자기들이 원하는 바가 무엇이며, 자기들의 이해관계가 무엇인지를 다 알고 있고, 표현할 수 있다고 강조"(p. 39)하는 것이다.

여기에서 자유주의의 욕망관과 이성관이 만나게 된다. 자유주의에서는, 인간은 이기적인 쾌락 추구의 욕망뿐 아니라 이성의 주체로서, 자기가 가지고 있는 욕망의 내용을 인식함은 물론, 이를 자기에게 유리하게 채울 수 있는 방법을 합리적으로 선택할 수 있는 존재라고 보는 것이다. 이렇게 자유주의에서는 욕구의 인식과 그 실현 방법의 선택은 오로지 개인이 가지고 있는 이성의 결과라고 보아, 욕망에 대한 이성의 우월성을 강조한다.

자유주의의 욕망관과 이성관이 만나게 되는 또 하나의 접점은 개인들 사이에 욕망이 충돌할 가능성에서 찾을 수 있다. 누구든지 천부의 재산권과 소유권에 따라 자기의 이기적 욕구를 채우려 하다 보면, 반드시 욕구의 충돌이 빚어질 수밖에 없고, 그렇게 되면 사회는 혼란에 빠져 서로 간에 공멸하는 상태에 이를 수밖에 없을 것이다. 이러한 충돌을 피하기 위해 개인들이 동의하여 욕구 조정의 체제를 만들기로 합의하게 되고, 그 결과 나타나는 것이 국가체제라고 자유주의자들은 주장한다. 이것이 유명한 사회계약설의 요지인데, 이러한 계약설의 밑바탕에는 개인 존재가 가지고 있는 이성 또는 합리성에 대한 믿음이 놓여 있다. 이렇게 개인들의 욕망이 충돌하여 낳게 될 파괴적 혼란을 막아주는 장치가 바로 개인이 본래부터 갖추고 있는 이성 또는 합리성이라고 보는 것이 개인주의의 기본 이념이다.

욕망이 있고, 그것을 추구하는 동력이 있는 것만으로는 그 욕망의 충족이 보장되지 않는다. 이를 자기에게 가장 적절하고 유리한 방법을 선택하여 행동으로 옮겨야 욕망의 충족 여부가 결정된다. 이성은 이러한 선택의 기능을 수행하는 인간의 본성이다. 이성은 개인이 가진 서로 다른 욕망들이 경쟁할 때, 그리고 나의 욕구와 타인의 욕구가 충돌할 때 "가장 경제적인 방법으로 최대의 만족을 얻는 방법을 가르친다." 따라서 "이성은 본질적으로 자기 이익을 가장 효과적으로 추구할 수 있는 계산 능력"(노명식, 1991, p. 41)을 본질로 한다. 이렇게 욕망이 이성보다 선행하는 것일지는 모르지만, 그 충족 여부는 오로지 그 충족 방법에 대한 합리적인 계산과 선택에 달려 있게 마련이고, 이러한 관점에서 보면 인간의 삶에서 이성은 욕망보다 우월한 것이다.

계몽사상으로 이어진 자유주의에서는 인간의 이성에 대해 초기보다 더 적극적이고 낙관적인 관점을 밝히고 있다. "이 흐름의 자유주의자들에게 있어서 이성은 계산 능력보다 더 높은 차원의 것으로서, 개인생활과 사회생활을 그 이성의 이상(理想) 위에 수립할 수 있다고 믿는다"(p. 42). 그들은, 개인이나 사회는 이러한 합리적인 이성의 기능에 힘입어 불합리하거나

비합리적인 정열·욕망·증오·편견·습관·전통의 굴레에서 벗어나게
되고, 인류의 진보와 행복에 보편적으로 적용할 수 있는, 또 가장 많이 공
헌할 수 있는 일반적, 보편적 원리들을 자연과 인간성에 대한 합리적 이해
를 바탕으로 체계적으로 끌어내게 된다고 믿는다. 이렇게 이성은 인간과
자연 및 인류 사회를 지배하는 보편적 원리를 발견해 낼 수 있는 과학적
탐구의 근거이며, 결과적으로 인류 사회의 진보는 바로 이성이 인간에게
본래부터 갖추어져 있다는 사실 때문에 가능해진다고 자유주의자들은
본다.

　이상에서 보듯이, 이성의 주체로서 개인은 스스로 모든 행위의 원천을
갖추고 있을 뿐만 아니라, 자기의 독특한 개성을 확인하여 이를 실생활에
서 실현할 만한 최선의 방책을 찾아냄으로써, 자기 발전을 꾀할 수 있는
존재이기도 하다. 이러한 맥락에서 보면, 3장에서 끌어낸 개인주의의 다섯
가지 기본 요소들 가운데 '자기 완비성'과 '자기 개발'의 요소는 개인 존재
를 이성의 주체로 파악하는 자유주의 이념에서 직접 끌어낼 수 있다. 또한
이성은 합리적 선택의 근거이고, 앞에서 살펴본 자율성은 자유로운 선택을
의미했다는 점에서, 이성의 주체로 개인 존재를 파악하는 자유주의의 관점
은 개인의 '자율성'이라는 요소와도 관련을 맺고 있다고 할 수 있다.

　이성의 주체로 개인 존재를 파악하는 자유주의 이념을 사상적 배경으로
하는 개인주의 사회에서는 이렇게 개인을 그 행위의 원인이 되는 조건들
(욕구·감정·인식 능력)을 완비하고 있는 존재로 본다. 따라서 개인주의
사회에서는 상황과 분리된 개인 중심의 인간관을 바탕으로 하여, 개인이
갖추고 있는 내적 속성에서 모든 행동의 원인을 찾게 된다. 그 결과 상황이
나 조건보다는 성격·능력·의도·욕구·감정 같은 개인의 성향에서 행위
의 원인을 찾는 '성향주의 편향'(근본적 귀인 오류)이 두드러진 귀인양식
이 된다. 또한 개인주의 사회에서는 자기 자신보다는 외부 상황이나 조건
을 통제의 대상으로 보는 '환경통제 욕구'와 이에 따른 '외부 지향적 행동
특성(능동성·적극성·도전·경쟁)'을 높이 평가하며, 스스로에 대해서 사
실 이상으로 낙관적으로 인식하는 '정적 착각'의 경향도 높아진다.

개인주의 사회에서는 이성의 주체인 개인은 합리적인 선택에 따라 자기의 개성을 확인하고, 이를 최대한 발전시킬 수 있는 능력을 지닌 존재로 파악한다. 그 결과 개인주의 사회에서는 이러한 이성의 힘을 통해 자신의 독특성과 개성을 깨달아 개발하기 위한 최선의 방책을 스스로 찾아내어, 이를 실현시키려 노력하는 사람을 높이 평가한다. 그리하여 이 사회에 살고 있는 사람들은 자기의 독특성을 사실 이상으로 과장되게 인식하는 경향이 높아지고, 이러한 경향은 자기의 장점은 지나칠 만큼 인지하고 추구하지만, 자기의 단점은 무시하거나 왜곡하여 인식하는 행동으로 이어진다. 같은 맥락에서 이들은 일상생활에서 부정적인 정서와 불행감은 의도적으로 회피하려 하고, 반대로 긍정적 정서와 행복감에 지나치게 집착하고 추구하는 경향을 보인다. 한마디로 개인주의 사회에 살고 있는 사람들은 자기의 긍정적 특성과 정서, 독특성, 환경통제력 및 낙관적 미래관 같은 자기의 장점이나 긍정적 측면을 사실 이상으로 과장해서 인식하고, 또 이를 추구하는 '자기 고양'의 경향이 강하게 나타나는 것이다.

(3) 안정적 실체인 개인

서구사회에서는 일찍부터 모든 사물이 고정적이고 안정적이며 일관된 특성을 가지고 있다고 믿고, 이를 사물의 본질이라 여겼다. 이러한 고정적이고도 안정적이며 일관된 특성을 가지고 있는 것은 자연사물뿐만 아니라 동식물과 같은 생물들, 그리고 심지어는 사람도 마찬가지라 여겼으며, 저마다 안정적인 실체로서 지닌 본질을 파악하게 되면, 세상의 삼라만상을 이해할 수 있을 것이라 생각했다. 니스벳(2003)에 따르면, 이렇게 사물의 본질을 안정적인 실체로 이해하려는 경향은 서구 문화 발상의 원천인 그리스 문명에서 비롯된 전통이었다.

그리스인들은 해안까지 이어지는 산으로 둘러싸인 좁은 평지와 비교적 긴 해안가에서 살아야 했다. 따라서 그들은 사냥·목축·수렵 그리고 무역에 의존해서 생계를 꾸려갈 수밖에 없었다. 이런 일들은 농업에 견주어 다른 사람들과 협동할 필요성이 덜하며, 무역을 빼고는 굳이 안정적인 공동체가 필요 없다고 할 수 있다. 그리하여 그리스에서는 중앙집권화한 강력한 통일국가가 지배하는 대신, 산과 해안선으로 둘러싸인 좁은 지역을 지배하는 도시국가들이 난립할 수밖에 없었다. 이런 상황에서 점차 인구가 늘어나면서 수렵·채취물과 제한된 농업 생산물만으로는 삶을 영위하는 데 한계가 있었기 때문에, 그리스인들은 일찍부터 무역과 해외 식민지 개척에 열을 올렸다. 그 결과 도시 간의 이주와 교역이 활발해짐으로써, 서로 생각과 의견과 삶의 관습이 다른 사람들과 접촉할 일이 늘어나고, 따라서 사람들 사이의 차이에 관심을 기울이게 되어, 시장과 정치집회에서 벌어지는 대립과 논쟁이 삶의 중요한 부분으로 등장하였다.

그리하여 그리스인들은 나와 나 아닌 것, 인간과 자연, 하나의 사물과 다른 사물을 엄격히 구별하여, 그들 사이의 차이를 찾아 범주화하고, 저마다 지닌 불변적이고 안정된 고정적 본질을 추상화하여, 그들을 지배하는 법칙을 찾아내려 노력하였다. 그 결과 그들에게는 맥락과 분리된 독립적인 대상이 주의의 초점에 떠올라, 이러한 분리된 대상의 안정적, 불변적, 고정적 속성을 인식하는 데 힘을 쏟았다. 플라톤은 사물들이 가지는 이러한 고정적, 불변적, 안정적 속성은 그 사물들에서 얻는 감각을 뛰어넘는 것으로, 논리적 범주화와 접근에 따라 파악되는 이데아(idea), 곧 형상(形相, form)만이 사물의 참된 실재라고 가르쳤다. "아리스토텔레스는 형상의 실재성을 인정하지는 않았지만, 그 역시 어떤 사물의 속성이란 그 사물의 감각적 속성과는 무관하게 존재한다고 생각하였다"(Nisbett, 2003, p. 9).

그리스인들은 더 나아가 사물들이 가지는 이러한 불변하는 본질적 속성이 그 사물의 운동과 여러 상태의 원천이라고 보았다. 예를 들면, 아리스토텔레스는 나무 조각이 가지고 있는 '가벼움' 또는 '부성(浮性)'이라는 불변하는 속성이 나무를 물에 뜨게 만든다고 생각하였다. 이러한 맥락에서 그리스인들은 사물뿐만 아니라 사람들도 역시 독립적이고 개별적인 실체라고 보았으며, 각 개인이 가지고 있는 고정적, 불변적, 안정적 속성을 파악하는 것이 개인의 행동과 심성의 상태를 이해하는 지름길이라 여겼다. 곧 그들은 개인은 그의 심성과 행동의 원천이 되는 성격 특성·능력·욕구 같은 내적 성향을 갖추고 있는데, 이들은 비교적 고정적, 불변적, 안정적인 개인의 본질을 이룬다고 보았던 것이다(Nisbett, 2003 ; Nisbett et al., 2001 ; Ross & Nisbett, 1991).

이와 같이 모든 존재를 고정적, 불변적, 안정적 실체로 인식하는 경향은 고대 그리스 이후 서구 문화의 전통이 되어왔다. "이렇게 고정적, 불변적인 심리적 속성이 개인에게 원천적으로 주어져 있다는 사실은, 개인을 단순히 그러한 속성들을 지닌 존재로서 파악하는 개인에 대한 추상적 관념을 낳는다"(Lukes, 1973, p. 73). 루크스(1973)에 따르면, 개인주의의 기본 요소 가운데 하나로서, 개인 존재를 자기의 행동과 여러 심리 경향의 원천이 되는 내적 성향을 본래부터 갖추고 있는 고정적, 불변적, 안정적인 실체로 인식하는 개인에 대한 추상적 관념은 17~18세기 자유주의 사상의 모태가 되었다. 곧 자유주의의 핵심인 자연권 사상과 사회계약설은 개인 존재에게 고정적, 불변적, 안정적인 기본권과 내적 성향이 본래부터 갖추어져 있다는 사실을 전제로 하여 성립한 것이다. 자연법 이론가들은, 개인은 그의 행위와 심성의 모든 본질적 원천을 본래부터 갖추고 있는데, 이는 고정적, 불변적, 안정적인 것으로서 결코 남에게 양도할 수도 없고, 또 어떤 것에도 침해받아서는 안 되며, 이것이 바로 국가 형성 이전의 자연 상태의 모습이라고 본다. 자연 상태에서 개인이 가지는 스스로에 대한 원천적인 주권(sovereignty)은 바로 이러한 고정적, 불변적 속성을 지닌 본유적인 소여성(所與性, givenness)에 근거를 두고 있으며, "이러한 개인적 주권이 집단권위(group-authority)의 유일한 원천으로서, 사회는 개인의 의지와 권력의 집합체(aggregate)일 뿐"(Lukes, 1973, p. 74)이라고 홉스부터 칸트에 이르는 자유주의자들은 인식하고 있는 것이다.

이렇게 개인은 모든 행위와 심리 경향의 원천이 되는 내적 성향(성격 특성·능력·동기 들)을 본래부터 갖추고 있으며, 이러한 내적 성향은 시간과 상황에 따라 거의 달라지지 않는 고정적, 불변적, 안정적인 경향을 띤다고 인식함으로써, 개인 존재를 안정적인 실체로 파악하는 관점은 고대 그리스 시대부터 서구사회의 전통이 되어왔다. 더구나 이는 자유주의 이론가들의 자연법 사상과 사회계약설의 바탕이 되는 관념이기도 하다. 이러한 개인은 누구나 고정적이고 불변적인 성향을 갖춘 안정적 실체이기 때문에 스스로에 대한 주권을 갖추고 있고, 이러한 점에서 누구나 평등하고 존엄한 존재이다. "자유주의의 철학적 핵심은 개인주의이고, 개인주의에 있어서의 개인의 개념은 본질적으로 보편적이고 평등주의적이다"(노명식, 1991, p. 82). 비록 내용은 서로 다를지라도, 누구나 똑같이 고정적이고 불변적인 성향을 갖춘 안정적 실체이고, 이러한 점에서 누구나 똑같은 주권적 실체라는 사실에서 인간 존엄성의 근거를 찾을 수 있다. 이러한 맥락에서 보면, 3장에서 살펴본 개인주의의 다섯 가지 기본 요소들 가운데 '자기완비성'과 '존엄성'의 요소는 고정적, 불변적, 안정적 실체로 개인 존재를 이해하는 자유주의의 이념에서 직접 이끌어낼 수 있는 것이다.

불변적, 안정적 실체로서 개인 존재를 파악하는 자유주의의 이념을 사상적 배경으로 하는 개인주의 사회에서는, 세계가 고정되고 안정된 곳이며, 서로 구별되는 독특하고 불변하고 안정된 속성을 지닌 대상들로 구성된다고 본다(Nisbett, 2003). 이러한 세계인식 양식은 아동의 사회화에도 그대로 이어져, 개인주의 사회에서는 아동들에게 고정되고 안정된 특성을 지닌 대상들의 차이에 주목하도록 요구한다. 니스벳(2003)에 따르면, 이러한 사회화 강조점은 그대로 언어를 배우는 과정에 영향을 미쳐, 개인주의 사회의 아동들은 동사보다 명사를 먼저 익히는 "명사 편향(noun bias)"을 보인다고 한다. 명사는 고정되고 독특한 특성을 가진 대상에 대한 명명(命名)이고, 동사는 대상들 사이의 유동적인 관계를 진술하는 것이므로, 개인주의 사회에서는 유아 초기부터 고정되고 안정된 사물들 사이의 차이에 더 주목하도록 사회화되기 때문이다.

이렇게 세계를 고정적, 불변적, 안정적 대상들로 구성된 것으로 보는 개인주의 사회의 특징은 사람에 대한 인식에도 그대로 반영된다. 드웩(Dweck, 1991)과 그 동료들(Chiu, Hong, & Dweck, 1997 ; Dweck, Hong, & Chiu, 1993 ; Dweck & Leggett, 1988)은, 성격과 능력 같은 자기의 속성들에 대해 사람들이 가지고 있는 내현적 이론(implicit theory)은 '실체설(entity theory)'과 '증가설(incremental theory)'의 두 가지로 나눌 수 있는데, 이러한 내현적 이론체계는 대인평가, 자기 지각, 상호작용, 성취 귀인 같은 장면에서 서로 다른 목표를 갖게 하여, 사회 상황에서 여러 행동적 차이를 낳는다는 이론을 제시하였다. 여기서 실체설은 개인의 성격과 능력 같은 내적 특성은 상황이나 시간이 변하더라도 비교적 고정되고 안정되어 있으며 불변한다고 보는 신념체계이고, 증가설은 개인의 성격이나 능력은 시간과 상황에 따라 체계적으로 변하기 때문에 역동적이고 가변적이라고 보는 신념체계이다. 실체설 신념자들은 사회 상황에서 자기에 대한 긍정적 평가를 추구하고 부정적 평가를 회피하는 판단을 하려는 수행 목표(performance goal)에 따라 동기화되고, 증가설 신념자들은 자기의 능력이나 특성을 개선하려는 학습 목표(learning goal)에 따라 동기화된다. 그 결과 전자는 성공과 자기의 장점과 긍정적 특성을 추구하고, 실패와 단점 또는 부정적 특성을 회피하려 하며, 성취 장면에서 장애를 만났을 때 쉽게 포기하는 경향이 높고, '하향적인 사회비교'를 함으로써 자기를 끌어올리려는 경향이 높아진다. 반대로 후자는 자기의 부정적 특성이나 단점도 비교적 어렵지 않게 받아들이며, 성취 장면에서 실패했거나 장애를 경험해도 포기하지 않고 다시 도전하는 자기 비판과 자기개선의 경향을 보인다.

많은 비교문화 연구들(Cousins, 1989 ; Chiu et al., 1997 ; Dweck et al., 1993 ; Heine, Kitayama, Lehman, Takata, Ide, Leung, & Matsumoto, 2001 ; Hong, Chiu, & Kung, 1997 ; Lee, Hallahan, & Herzog, 1996 ; Markus & Kitayama, 1991a, b, 1994a ; Miller, 1984 등)에서 개인주의 사회에 사는 사람들은 이 가운데 실체설의 신념체계에 따라 자기를 파악하는 경향이 강하다는 사실이 밝혀졌다. 그 결과 이들은 개인의 성격 특성은 상황이나 시간에 따라 변하지 않는 고정된 것으로 보는 경향이 강하고(Choi & Nisbett, 1998, 2000 ; Choi, Nisbett, & Norenzayan, 1999 ; Nisbett, 2003 ; Norenzayan et al., 2002), 능력도 선천적이고 고정적인 안정된 특성(Weiner, 1979)이어서 시간이나 노력에 따라 변할 수 없다고 본다(Markus & Kitayama, 1991a). 이들은 성취가 노력보다는 고정적인 능력의 결과라고 인식하고(Holloway, 1988 ; Stevenson & Stiegler,

1992), 따라서 성취 결과와 노력의 정도 사이에 높은 역상관(r = −0.91)이 나타난다(Heine et al., 2001). 곧 이 둘 사이에 매우 높은 정상관(r = 0.64)이 나타나는 동아시아인들은, 성취는 노력의 산물이라고 보는 증가설의 신념체계를 지니고 있으나, 북미인들은 성취가 노력보다는 능력의 산물이라고 보는 실체설의 신념체계를 지니고 있는 것이다.

개인주의 사회에 사는 사람들은 이렇게 고정적이고 안정적인 자기 개념을 가졌으므로, 원인이 되는 내적 속성과 그 결과인 외적 행위 사이에 일관성을 추구하는 경향이 아주 높고(Markus & Kitayama, 1991a, 1994a ; Fiske et al., 1998 ; Heine & Lehman, 1997), 자기가 지닌 성격 특성들 사이의 일치도와 "자기 개념 명료도(self-concept clarity)"도 아주 높으며(Choi, 2002 ; Choi & Choi, 2002), 내적 속성인 기대와 실제 결과가 일치하지 않을 때 심한 혼란을 경험하여 크게 놀라는 경향을 보인다(Choi & Nisbett, 2000 ; Nisbett et al., 2001). 이렇게 개인주의 사회에서는 개인의 행위를 안정되고 고정되며 불변하는 내적 속성의 발현이라고 보기 때문에, 내적 속성과 외적 행위의 불일치, 내적 속성들 사이의 상황 간 불일치 및 외적 행동들의 상황 간 불일치는 개인의 정체성에 심한 혼란을 일으키게 되고, 결과적으로 "일관성 추구의 동기"가 강해지는 것이다(Fiske et al., 1998 ; Heine et al., 2001 ; Heine & Lehman, 1997 ; Markus, & Kitayama, 1991a, 1994a ; Nisbett, 2003 ; Nisbett et al., 2001).

2) 유학사상과 현대 동아시아인의 행동 특징

유학의 인성론에서는 인간의 본성을 이루는 기본 요소를 덕·지·정·의의 네 가지로 보고, 이 가운데 덕(도덕성)이 가장 중심적인 것으로서 나머지 지(인지)·정(정서)·의(동기)는 모두 덕에 따라 제어되고 통합되어야 한다고 본다. 이렇게 덕의 요소를 중심으로 인간의 본성을 파악하는 유학사상의 관점은 유학자들이 가지고 있는 기본적인 인간관에서 나오는 것으로 볼 수 있다. 유학사상에서는 인간을 사회적 관계체, 능동적 주체자,

그리고 무한한 가능체라고 보는 인간관을 제시하고 있다. 이러한 세 가지 인간 파악의 관점에 공통된 특징은 모두가 인간의 사회성에 대한 강조를 바탕에 깔고 있다는 점이다.

유학은 인간 존재의 기본 특성을 사람과 사람 사이의 관계라는 사회성에서 찾는 사상체계이다. 사람은 부모와 자식, 군주와 신하, 남편과 아내, 어른과 아이, 친구와 친구 사이의 관계 속에서 태어나, 이러한 관계 속에서 살다가 관계 속에서 죽어가는 존재이므로, 이러한 관계를 떠나서는 인간 존재의 의미를 찾을 수 없다고 보는 것이 유학사상이다. 그러므로 유학사상에서는 그러한 관계 속의 역할과 의무 및 상대방에 대한 배려와 관심이 인간의 삶과 모든 행위의 일차적인 원천이 된다고 생각한다. 이것이 인간 존재를 사회적 관계체로 보는 관점의 근거이다.

이렇게 타인 및 그들과 함께 삶을 살아가는 터전인 사회에 대한 관심과 배려가 곧 덕의 근원이다. 인간을 능동적, 주체적 존재로 파악하는 관점은, 이러한 덕의 바탕이 인간에게 본래부터 갖추어져 있으므로 사람은 스스로가 도덕의 주체라는 사실을 깨달아 이를 능동적, 주체적으로 삶의 장면에서 실천함으로써, 인간의 나머지 인성 요소들, 곧 지·정·의가 덕에 힘입어 통제되도록 하는 것이 바른 삶의 자세라는 전제에서 나오는 것이다. 따라서 능동적, 주체적 존재로 인간을 파악하는 인간관도 결국은 인간의 사회성을 강조하는 데서 생겨나는 관점이다.

그리고 이러한 이상적인 삶의 목표를 이룰 수 있는 무한한 가능성이 인간에게 갖추어져 있다고 보는 것이 인간 존재를 가능체로 파악하는 관점이다. 곧 인간은 누구나 도덕적인 완성을 이루고, 이를 사회생활에서 실천하는 군자나 성인이 될 수 있는 가변적인 존재라고 유학자들은 보고 있으며, 사람을 이러한 가능체로 파악하는 인간관의 기본 전제에도 역시 인간의 사회성에 대한 강조가 깔려 있는 것이다.

이상에서 보듯이, 유학사상의 인간관은 이에 바탕을 두고 있는 집단주의와 마찬가지로 관계 중심의 인간관이고, 그 사회관은 "사람들 사이의 관계가 곧 사회 구성의 기본 단위"라는 관념이다. 이러한 맥락에서 보면, 서구 자유주의와 대비되는 동아시아 유학사상의 특징이 무엇이냐 하는 문제는, 유학사상에서 사회의 존재론적 구성 단위인 관계와 그 구성 요소인 개인을 어떻게 개념화하고 있느냐 하는 문제와 직결된다고 할 수 있을 것이다. 유학사상에서 개인을 파악하는 태도에는 그 인간관이 깔려 있는데, 유학사상의 세 가지 인간관에서 각각 의무·역할 및 타인에 대한 배려의 복합체, 덕성의 주체, 그리고 가변적이고 과정적인 존재로 개인을 파악하는 관점이 도출된다고 볼 수 있다.

(1) 의무·역할·배려의 복합체인 개인

유학사상에서는 사회 구성의 기본 단위를 사람들 사이의 관계라고 파악함으로써, 인간을 사회적 관계체로 이해하는 인간관을 드러내고 있다. 이러한 관점을 가장 집약하여 드러내고 있는 사람은 순자인데, 그는 유명한 대본설(大本說)을 통해 "군주와 신하, 부모와 자식, 형과 동생, 남편과 아내 사이의 관계는 처음이자 마지막이고, 마지막이자 처음으로서, 천지와 더불어 이치를 같이하고, 만세를 통하여 영구히 지속되는 위대한 근본"(《荀子》,〈王制〉19~20)이라고 말하여, 사회적 관계체로 인간을 보는 견해를 선언하고 있다. 이 대본설에서 순자가 주장하려고 했던 것은 군신·부자·형제·부부 들의 인간관계는 우주의 기본 질서와 마찬가지로서, 아무리 시간이 지나더라도 변하지 않는 인간 삶의 핵심적이고도 보편적인 원리가 된다는 사실이다. 곧 인간은 천지를 떠나서는 살 수 없듯이 사람들 사이의 관계를 떠나서는 살 수 없으므로, 이러한 관계는 인간의 삶이 이루어지는 기본 터전이며, 아무리 시간이 지나더라도 이러한 사실은 달라지지 않을 것이라고 순자는 보고 있다.

맹자는 오륜설(五倫說)을 통해 이러한 관점에서 한 걸음 더 나아간 주장을 펴고 있다. 그는 "부모와 자식 사이에는 친애함〔親〕이 있어야 하고, 군주와 신하 사이에는 의로움〔義〕이 있어야 하며, 남편과 아내 사이에는 직분의 나뉨〔別〕이 있어야 하고, 어른과 아이 사이에는 차례〔序〕가 있어야 하며, 벗들 사이에는 믿음〔信〕이 있어야 한다"(《孟子》,〈滕文公上〉4)고 말하여, 각 관계에는 필연적으로 이루어야 할 질서가 있으며, 이러한 질서가 이루어질 때에야 비로소 조화롭고 평화로운 사회가 이룩될 수 있다고 주장하였다.

그렇다면 각 관계의 조화로운 질서는 어떻게 해야 이룰 수 있는가? 이에 대한 해답은 공자의 유명한 정명론(正名論)에서 찾을 수 있다. 공자는 사회관계 속에서 각자에게 주어진 역할과 의무를 충실히 수행하는 것이 사회질서와 조화 유지의 핵심이라 보고, 이를 정명론 체계로 제시하고 있다. 곧 "군주는 군주의 역할과 의무를 다하고, 신하는 신하의 역할과 의무를 다하며, 부모는 부모의 역할과 의무를 다하고, 자식은 자식의 역할과 의무를 다하는 것"(《論語》, 〈顔淵〉 11)이 사회에 질서와 조화를 가져오는 정사(政事)의 근본이기 때문에, 자기에게 정사를 맡겨준다면 "반드시 이름을 바로잡는 일(正名 : 각자에게 주어진 역할과 의무를 충실히 수행하도록 하는 일)부터 하겠다"(〈子路〉 3)고 말하고 있는 것이다.

맹자와 순자도 이러한 공자의 정명론 체계를 이어받아, 각 관계 속에서 이루어지는 역할과 의무 수행이 각 관계의 질서를 유지하는 핵심 요건이라 보고 있다. 맹자는 이러한 주장을 "군주다운 군주가 되려면 군주의 역할과 도리를 다해야 하고, 신하다운 신하가 되려면 신하의 역할과 도리를 다해야 한다"[1]는 관계융합론(關係融合論)으로 제시하고 있다.[2] 순자는 이러한 주장을 좀더 자세히 분석하여, 조화로운 사회관계를 이루기 위해서는 우선 사회관계에서 각자가 해야 할 역할과 의무를 명백히 하고[明分], 실생활에서 이를 실행하도록 해야 한다[守分]고 보고, 이를 명분사군론(明分使群論, 《荀子》, 〈富國〉 2~3) 또는 군거화일론(群居和一論, 〈榮辱〉 39~40)으로 제시하고 있다.[3]

---

1) 欲爲君 盡君道 欲爲臣 盡臣道(《孟子》, 〈離婁上〉 2)
2) 孟子의 關係融合論과 그 심리학적 시사점에 대해서는 조긍호(1998a, pp. 163~178) 참조..
3) 荀子의 明分使群論 또는 群居和一論과 그 심리학적 시사점에 대해서는 조긍호(1998a, pp. 272~291) 참조.

이렇게 유학사상에서는 인간의 사회생활과 사회행위의 원동력을 사회관계 속의 역할과 의무에서 찾고 있으며, 결과적으로 이러한 역할과 의무의 근거인 관계 당사자들 사이의 연계성이나 그들에 대한 관심과 배려를 강조하게 된다. 여기서 타인에 대한 관심과 배려는 유학적 덕목의 핵심인 인(仁)의 기본 내용이라는 점에 주목해야 한다. 공자는 인은 "자기가 하려 하지 않는 것을 남에게 베풀지 않는 일"(《論語》, 〈顔淵〉 2 ; 〈衛靈公〉 23), "자기가 서고자 하면 남을 먼저 세워주고, 자기가 이루고자 하면 남이 먼저 이루게 해주는 일"(〈雍也〉 28), 또는 "남을 사랑하는 일"(〈顔淵〉 22)이라고 하여, 타인에 대한 관심과 배려가 사람이 이루어야 할 덕행의 바탕이라 보고 있다.

맹자는 이러한 타인에 대한 관심과 배려가 "자기를 미루어 다른 사람에게 미치는 일"(推己及人, 《孟子》, 〈梁惠王上〉 7)과 "다른 사람들과 즐거움과 괴로움을 함께하는 일"(與民同之, 〈梁惠王下〉 4)로 드러난다고 보고 있다.[4] 순자는 타인에 대한 관심과 배려는 다른 사람을 너그럽게 포용하는 일로 드러난다는 겸술론(兼術論)을 제시하고 있다.[5] 그에 따르면, "다른 사람을 너그럽게 두루 포용하는 일"(兼術)은 군자와 성인의 특징인데, 이들은 "자기를 기준으로 하여 남을 헤아리는 사람"(《荀子》, 〈非相〉 13)이기 때문에, "현명하면서도 능히 노둔한 사람을 포용할 수 있고, 지혜로우면서도 능히 어리석은 사람을 포용할 수 있으며, 견문이 넓으면서도 능히 견문이 얕은 사람을 포용할 수 있고, 순수하면서도 능히 혼잡한 사람을 포용할 수 있다"(〈非相〉 17)는 것이다. 《대학》에서는 맹자가 제시하는 추기급인과 여민동지, 그리고 순자가 제시하는 겸술의 핵심은 "자기를 기준으로 하여 남을 헤아리는 혈구지도(絜矩之道)"를 통해 이룰 수 있다고 보아, 다음과 같이 진술하고 있다.

---

4) 孟子의 推己及人과 與民同之의 이론과 그 심리학적 시사점에 대해서는 조긍호(1998a, pp. 154~163) 참조.
5) 荀子의 兼術論과 그 심리학적 시사점에 대해서는 조긍호(1998a, pp. 333~346) 참조.

윗사람을 미워하게 만드는 그러한 태도로 아랫사람을 부리지 말아야 하며, 아랫사람을 미워하게 만드는 그러한 태도로 윗사람을 섬기지 말아야 한다. 앞사람을 미워하게 만드는 그러한 태도로 뒷사람에게 먼저 하지 말아야 하며, 뒷사람을 미워하게 만드는 그러한 태도로 앞사람과 상종하지 말아야 한다. 그리고 오른쪽 사람을 미워하게 만드는 그러한 태도로 왼쪽 사람과 사귀지 말아야 하며, 왼쪽 사람을 미워하게 만드는 그러한 태도로 오른쪽 사람과 사귀지 말아야 한다. 이런 것을 자기를 척도로 하여 남을 헤아리는 혈구지도(絜矩之道)라 하는 것이다.[6]

여기서 상·하와 전·후의 관계는 다만 시공간적인 인간관계만을 나타내는 것이 아니라 부자·군신·장유의 관계를 아우르는 것으로 이해해야 할 것이고, 좌·우의 관계는 횡적인 관계, 곧 부부·붕우의 관계를 뜻하는 것으로 이해해야 할 것이다. 이러한 혈구지도는 "다른 사람의 처지에서 생각해 보는 역지사지(易地思之)", 곧 "공감(共感, empathy)"의 능력을 의미하는 것이고, 공자·맹자·순자가 계속 강조하고 있는 대인관계의 연계성과 조화성을 이루는 바탕인 타인에 대한 관심과 배려는 바로 혈구지도에서 곧바로 드러나게 된다는 것이 《대학》의 관점이다.

인간을 사회적 관계체로 보는 관점에서 개인 존재를 의무·역할·배려의 복합체로 파악하는 유학사상의 관점은, 이를 사상적 배경으로 하는 집단주의 사회의 현대 동아시아인이 지닌 심성과 행동의 특징으로 그대로 연결된다. 관계 중심의 인간관을 바탕으로 사람을 다른 사람과 맺고 있는 관계와 자기 및 관계 당사자가 겪고 있는 상황과 관련하여 파악하는 집단주의 사회에서는, 개인의 사회행위의 일차적인 원천을 개인이 속해 있는 관계 속의 의무와 역할 및 타인에 대한 관심과 배려에서 찾게 되고, 사회행위의 목표를 상대방과 연계성을 확립하고 조화를 이루는 데 두게 된다. 그

---

[6] 所惡於上 毋以使下 所惡於下 毋以事上 所惡於前 毋以先後 所惡於後 毋以從前 所惡於右 毋以交於左 所惡於左 毋以交於右 此之謂絜矩之道(《大學》, 〈傳〉 10)

결과 집단주의 사회에 살고 있는 사람들에게는 자기 자신보다는 관계를 맺고 있는 다른 사람이나 집단이, 그리고 자기의 내적 성향(성격·능력·의도·욕구·정서)보다는 외적 행위 규범(역할·의무·배려)과 상황적 요구가 주의의 초점으로 떠오르게 되는 것이다.

이렇게 주의의 초점이 자기 밖으로 열려 있음으로 해서, 집단주의 사회인들은 자기의 외적 측면과 사회관계에 주목하는 '공적 자의식' 수준이 높고, 자기만의 독특성은 감추려 하는 대신 자기와 내집단원들 사이의 유사성은 사실 이상으로 과장하여 지각하는 '허구적 합의성 효과'가 높으며, 타인을 참조기준으로 하여 자기의 상태와 사람들 사이의 유사성을 판단하는 경향도 높다. 또한 이들은 대인관계에서 '연계성·조화성·배려성·겸손성' 같은 관계 유지적이고 조화 추구적인 특성을 높이 평가하고, 스스로도 이러한 특성을 함양하기 위해 노력한다. 그리고 이들은 개인의 내적 성향보다는 외적, 상황적 요인의 관련성에 중심을 두고 인간을 파악하므로, 이러한 관계에 내포된 역할과 사회적 압력을 행위의 원동력으로 본다. 따라서 이러한 외적, 상황적 요인에서 행동의 원인을 찾는 '상황주의 편향'이 특징적인 귀인양식으로 드러나는 것이다.

집단주의 사회에서 이렇게 자기보다는 다른 사람이 주의의 초점에 떠오르는 경향은 이들의 정서와 동기의 특징에서도 그대로 드러난다. 집단주의 사회인들은 사람들 사이의 관계를 이어주는 '통합적 정서'의 사회화를 강조하게 되어, 결과적으로 동정·공감·조화감·수치감 같은, 타인을 일차적인 참조대상으로 하는 '타인 중심의 정서'가 중시된다. 그리고 이들에게는 소속·존경·모방·친밀·보호·의존과 같은, 개인을 타인과 밀접하게 해주고 개인과 사회환경 사이의 공동체감을 촉진하는 '일체성의 동기'가 두드러진다. 또한 집단주의 사회인들에게는 성취동기도 '집단 지향'의 형태를 띠어, 가족과 같은 중요한 타인의 기대에 부응하기 위한 노력의 배경을 이룸으로써, 집단의 목표가 성취 노력의 중심을 차지한다. 이와 같이 집단주의 사회인들은 개인으로 존재하는 자기가 아니라, 관계를 맺고 있는 타인 및 집단이나 관계 그 자체가 주의의 초점에 떠오름으로써, 위에서 살펴본 바와 같은 여러 가지 심리적, 행동적 특징을 보이는 것이다.

(2) 덕성 주체인 개인

유학사상에서는 인·의·예·지 같은 모든 도덕의 바탕이 사람에게 본래부터 갖추어져 있고, 인간은 이를 주체적으로 인식하여 일상생활에서 실천할 수 있는 능동적, 주체적 존재라고 본다. 이렇게 인간 존재를 능동적 주체자로 파악하는 관점은 인간 자신이 덕성의 주체라는 사실에 대한 자각을 전제로 하는 것이다. 이러한 사실은 맹자의 유명한 사단설(四端說)에서 잘 드러난다.

> 곤경에 빠진 사람을 보고 불쌍히 여기는 마음〔惻隱之心〕이 없으면 사람이 아니요, 자기가 옳지 않음을 부끄러워하고 남이 옳지 않음을 미워하는 마음〔羞惡之心〕이 없으면 사람이 아니요, 사양하는 마음〔辭讓之心〕이 없으면 사람이 아니요, 옳고 그름을 가리려는 마음〔是非之心〕이 없으면 사람이 아니다. 측은지심은 인(仁)의 근거요, 수오지심은 의(義)의 근거요, 사양지심은 예(禮)의 근거요, 시비지심은 지(智)의 근거이다. 사람에게 이 네 가지 근거가 갖추어져 있다는 사실은 마치 그에게 팔다리가 갖추어져 있는 것과 마찬가지로 자명한 일이다.(《孟子》, 〈公孫丑上〉 6)

이러한 사단설을 통해 맹자는 "인·의·예·지 같은 도덕의 근거는 인간의 본성 속에 본래부터 내재한 자연적인 것이지, 외부에서 주어지는 인위적인 것은 아니다"(〈告子上〉 6)라는 도덕의 본유설을 주장한다. 맹자는 한 걸음 더 나아가, 인간은 스스로가 덕성의 주체라는 사실을 능동적으로 인식하고 주체적으로 실천할 수 있는 존재라는 사실을 고자(告子)의 인내의외설(仁內義外說)에 대한 비판(〈告子上〉 4)을 통해 분명히 하고 있다.[7] 이 논쟁에서 맹자는 객관적 사물 존재 자체에서 도덕적 행위의 근거를 찾

---

7) 5장 '유학사상에서 도출되는 인간관' 가운데 '능동적 주체자인 존재' 항목 참조.

으려는 고자와 달리, 사물 존재 자체가 아니라 이에 대한 개인의 주관적 인식에서 도덕적 행위의 근거를 찾으려는 주장을 폈고, 따라서 도덕의 본유성보다는 이에 대한 개인의 주체적 자각에서 도덕성의 근거를 찾음으로써, 인간의 능동성과 주체성을 강조하는 관점을 드러내고 있다.

이렇게 덕성 주체인 인간의 자각을 도덕성의 바탕으로 강조하는 관점은 공자 때부터 이어지는 유학사상의 전통이다. 공자는 "내가 인(仁)을 행하고자 하면, 곧바로 인이 이르게 된다"[8]고 보아, 도덕성이란 자기 몸에 그 근거가 갖추어져 있기는 하지만, 이를 자각하는 일이 무엇보다 중요함을 역설하고 있다. 그리하여 그는 "인을 행하는 것은 자기에게 달려 있는 일이지, 남에게 달려 있는 일이 아니므로"(《論語》,〈顔淵〉 1), "능히 가까이 자기 몸에서 취해서 남에게 깨닫게 할 수 있으면, 인을 행하는 방도라고 이를 만하다"[9]고 보았다. 이와 같이 공자는 덕성 주체인 스스로에 대하여 자각하는 일이 일상생활에서 도덕성을 실천하는 바탕임을 강조하고 있다.

순자도 또한 그의 독특한 인도론(人道論)을 통해 같은 관점을 제시한다. 그는 "도(道)는 하늘의 도도 아니고, 땅의 도도 아니며, 사람으로서 행해야 할 바로서 군자가 따르는 것"(《荀子》,〈儒效〉 9~10)이라는 인도론의 근거에서, "군자는 자기에게 달려 있는 일〔在己者〕을 삼가 행할 뿐, 하늘에 달린 일〔在天者〕을 사모하지 않으며 …… 그렇기 때문에 날로 발전한다"[10]는 천인지분(天人之分)의 논리를 전개한다. 그에게는 "자기에게 달린 일이란 마음과 뜻을 닦고, 덕행에 힘쓰며, 인식과 판단을 명확히 하고, 오늘날에 태어났지만 옛 사람의 도에 뜻을 두는 것,"[11] 즉 스스로가 도덕의 주체임을 깨닫고, 이를 일상생활에서 실천하려 노력하는 일인 것이다.

유학사상에서 인간을 능동적, 주체적 존재로 파악하는 관점은 이렇게 스스로가 도덕 주체라는 사실에 대한 자각에서 생겨나는 것이다. 스스로

---

8) 子曰 仁遠乎哉 我欲仁 斯仁至矣(《論語》,〈述而〉 29)
9) 夫仁者 己欲立而立人 己欲達而達人 能近取譬 可謂仁之方也已(〈雍也〉 28)
10) 故君子敬其在己者 而不慕其在天者 …… 是以日進也(《荀子》,〈天論〉 28~29)
11) 若夫心意修 德行厚 知慮明 生於今而志乎古 則是其在我者也(〈天論〉 28)

가 덕성의 주체라는 사실에 대한 자각은 곧바로 모든 일의 책임을 스스로 에게서 찾는 삶의 태도로 이어지게 되는데, 이렇게 보면 인간 존재의 능동 성과 주체성은 모든 책임을 스스로에게서 구하는 태도와 직접 연결된다고 볼 수 있다. 이러한 태도는 공자 때부터 이어지는 유학사상의 전통인데, 그는 "인의 실천은 남에게 달려 있는 일이 아니라 자기에게 달린 일"(《論 語》,〈顏淵〉1)임을 분명하게 인식하고 있기 때문에, "군자는 모든 책임을 남에게 돌리는 소인과는 달리, 모든 일의 책임을 스스로에게서 찾으려 한 다"(〈衛靈公〉20)고 본다. 곧 "군자는 남이 자기를 알아주지 않는다고 해 도, 성내거나"(〈學而〉1) "걱정하지 않고, 다만 자기의 무능함을 걱정할 뿐"(〈里仁〉14 ;〈憲問〉32 ;〈衛靈公〉18)인데, 모든 책임이 덕성의 주체인 자기에게 달려 있다는 사실을 확고하게 깨닫고 있기 때문이다.

맹자도 "만물의 이치는 모두 나에게 갖추어져 있으므로"(《孟子》,〈盡心 上〉4), "화와 복이 모두 자기 스스로가 불러오지 않은 것이 없고"(〈公孫 丑上〉4), "행동에 알맞은 결과를 얻지 못하면, 돌이켜 자기에게서 책임을 구하는〔反求諸己〕태도"(〈離婁上〉4)가 필요하다고 본다. 그리하여 "내가 남을 사랑하는데도 그가 나를 친애하지 않으면 나의 인(仁)이 부족하지 않은지 돌이켜 반성해 보고, 남을 다스리는데도 잘 다스려지지 않으면 나 의 지혜가 부족하지 않은지 돌이켜 반성해 보며, 남에게 예로 대했는데도 그가 예로 답해 오지 않으면 나의 공경함이 부족하지 않은지 돌이켜 반성 해 보아야"(〈離婁上〉4) 한다는 것이다.

순자도 같은 견해를 굳게 지니고 있다. 그도 인간의 능동성과 이의 주체 적 자각을 강조하면서, "같이 놀면서 사랑받지 못하는 것은 반드시 내가 먼저 어질지 못한 점이 있었기 때문이고, 서로 사귀면서 공경받지 못하는 것은 반드시 내가 먼저 공손하지 않은 점이 있었기 때문인데 …… 도대체 자기가 잘못해 놓고서 남에게 책임을 미루는 일은 사정에 아주 어두운 일"(《荀子》,〈法行〉21~22)이라고 말하고 있다. 이와 같이 공자·맹자·순 자 같은 유학의 선구자들은 모두, 덕성 주체로서 지니는 자각은 모든 일이 자기 결정적이라는 사실에 대한 인식을 갖게 함으로써, 삶의 과정에서 곧

바로 책임의 자기 귀인[反求諸己]이라는 태도를 낳는다고 보고 있다.

유학사상에서 이러한 책임의 자기 귀인 태도는 이어서 자기 자신에 그 원천이 있는 정서나 욕구[在己者·在我者]를 중시하거나 권장하고, 그 유발이나 충족 여부가 외적, 상황적 조건에 달려 있는 정서나 욕구[在天者·在人者]를 통제해야 한다는 관점을 낳는다. 공·맹·순뿐만 아니라 성리학에서도 외적 조건이나 상황이 일으키는 정서('칠정' 같은 자기 중심의 정서) 또는 외적 조건이나 상황에 그 충족 여부가 달려 있는 욕구(생물적, 이기적 동기)는 적극적으로 억제되거나 통제되어야 하는 대신, 개인 내적 활동이 일으키는 정서('사단' 같은 타인 중심의 정서)나 도덕성을 추구하는 동기(도덕적 동기)는 적극 권장되어야 한다는 견해를 굳게 지녔던 것이다.[12] 이상에서 보듯이, 덕성의 주체로 개인을 파악하는 유학사상의 관점에서는 책임의 자기 귀인을 중시하고 외적, 상황적 조건 탓에 일어나거나 충족되는 정서와 동기의 억제를 강조하는 태도가 도출된다. 이러한 사실은 흔히 인간을 억압하는 기제(機制)로 알려진 유학의 체계가 인간의 능동성과 주체성을 얼마나 강조하고 있는지에 대한 좋은 반증이 된다.

개인 존재를 덕성 주체로 파악하는 유학사상에서 비롯하는, 책임의 자기 귀인과 자기 억제를 강조하는 삶의 태도는, 이를 그 사상적 배경으로 하는 집단주의 사회에 살고 있는 현대 동아시아인의 심성과 행동의 특징으로 그대로 이어지고 있다. 관계 중심의 인간관을 바탕으로 내집단과 사회의 조화를 최대의 명제로 삼고 있는 집단주의 사회인에게 중요한 것은 조화로운 집단 속에서 쓸모 있는 성원으로 받아들여지는 일이다. 그러므로 이들에게는 집단 안에서 불화를 일으키지 않고, 그들과 원만한 관계를 유지하는 일이 바람직한 것으로 받아들여진다. 따라서 이들에게는 '양보와 협동, 겸손' 그리고 '자기 억제'가 미덕으로 등장한다. 그리하여 이들은 갈등 상황에서 양보와 중재와 타협을 통해 갈등을 해결하려 하며, 자기 노출보다는 자기

---

12) 유학사상의 정서와 동기 이론에 대해서는 조긍호(2003a, pp. 393~422, 423~471)
참조.

은폐와 표현의 보류, 그리고 신중함과 겸손함을 높이 평가한다. 이들은 다변보다는 침묵과 눌변을 강조하며, 솔직한 표현보다는 우회적인 표현 양식을 선호한다. 특히 분노나 자부심 같이 내집단의 조화와 단결을 해칠 가능성이 있는 정서는 적극 억제할 것이 권장된다. 집단주의 사회에서 이러한 자기 중심의 정서를 드러내는 일은 미숙함의 징표가 되고, 철이 없는 행동이라 여겨지는 것이다.

이는 욕구 표출의 경우에도 마찬가지다. 자기 욕구를 있는 그대로 드러내는 것은 필연적으로 집단 안에 갈등을 일으키기 쉬우므로, 욕구의 표출을 억제할 것이 권장된다. 집단의 목표와 개인의 목표가 갈등을 일으킬 때는 집단의 목표가 우선권을 갖는 것으로 받아들여지며, 억제해야 할 것은 집단의 목표가 아니라 개인의 목표이다. 이들에게 통제란 외부 환경을 나에게 맞추도록 변화시키는 것이 아니라, 나를 외부 환경에 맞추어 변화시키는 일이다. 곧 통제의 대상은 외부 환경조건이 아니라 자기 자신인 것이다. 따라서 이들에게 자기 존중감의 근원은 외부 환경을 자기에게 맞게 변화시킴으로써 얻게 되는 "개인 효능감(personal efficacy)"에 있는 것이 아니라, 자기를 외부 조건에 맞게 변화시킴으로써 얻는 집단 소속감과 조화감에서 오는 "집단 효능감(group efficacy)"에 있다(Bandura, 1997). 이렇게 집단주의 사회에서는 자기 억제와 상황 적응성 및 대인관계에서 조화를 유지하는 일이 자존감의 근거가 되므로, 결과적으로 '내적 욕구 통제의 동기'가 강해진다.

집단주의 사회에서는 사람들 사이의 상호연계성 및 집단의 통합과 조화를 강조하므로, 타인에게 단결심과 소속감을 보이려고 노력한다. 이 사회에 사는 사람들은 내집단과 동일시된 자기관을 가지고 있으므로, 집단 규범이나 압력에 대한 동조를 집단 소속이나 자기확장의 수단으로 중요하게 여겨, 집단 규범에 '동조하는 동기'가 강해진다. 또한 이 사회에서 내집단의 통합과 조화를 강조하는 경향은 겸손의 가치를 강조하게 되고, 결과적으로 성취에 대한 귀인에서 '겸양 편향'이 두드러진 양식으로 드러난다. 곧 자기의 성공에 대해서는 운이나 과제곤란도(課題困難度) 같은 외적 조건에 귀인하지만, 자기의 실패에 대해서는 능력이나 노력 같은 내적 성향의 부족에 귀인하는 경향이 높다. 이와 같이 덕성 주체로 개인 존재를 파악하는 집단주의 사회에 살고 있는 사람들은 도덕성의 근거가 자신에게 본래부터 갖추어져 있고, 이를 실생활에서 실천하는 것이 바람직한 삶의 태도라는 인식에서 요구되는 행동양식(자기 억제와 책임의 자기 귀인)을 실제로 강하게 보이고 있는 것이다.

(3) 가변적, 과정적 존재인 개인

유학은 성덕(成德)을 지향하는 체계로서, 유학만큼 교육의 중요성을 강조하는 사상체계도 드물다. 유학사상은 인간을 일상생활에서 가르침[教]과 배움[學]을 통해 누구나 덕을 이룰 수 있는 무한한 가능성을 갖춘 존재로 파악하는 관점을 바탕으로 성립한다. 인간은 선인들이나 도를 이룬 사람들의 가르침을 따라 배움으로써 자기 성찰과 자기개선을 이루어나가고, 그럼으로써 현재의 불완전한 소인의 상태에서 장차 이상적인 군자·성인의 상태로 변화될 수 있는 가변적인 존재이며, 인간의 삶은 이러한 궁극적인 성덕의 상태를 지향해 가는 과정이라고 유학자들은 본다. 곧 개인은 가변적이고 과정적인 존재이지, 절대로 불변하거나 고정된 존재로 볼 수는 없다고 유학자들은 간주하는 것이다.

교육의 중요성에 대한 강조는 공자 때부터 이어지는 유학사상의 전통이다. 공자의 가르침과 언행을 기록한 《논어》는 '배움[學]'이란 글자에서 시작되며, 공자는 스스로를 "배우기 좋아하는[好學] 사람"(《論語》, 〈公冶長〉 27) 또는 "가르치기를 게을리 하지 않는[誨人不倦] 사람"(〈述而〉 33)이라고 하여, 가르치고 배우는 일을 중요하게 여기고 있다. 그는 가르침을 베풀면 누구나 착하게 변화될 수 있다고 보고 사람을 가리지 않았으며(〈衛靈公〉 38), 예의를 갖추고 찾아오는 사람이면 누구에게나 가르침을 베풀었다(〈述而〉 7).

맹자도 교육을 중요하게 여겨,[13] "천하의 영재를 얻어서 이들을 교육하

---

13) 오늘날 쓰이는 '教育'이란 용어는 孟子가 유명한 君子三樂說(《孟子》, 〈盡心上〉 20)

는 일은 군자의 세 가지 즐거움 가운데 하나로서, 천하를 지배하고 다스리
는 일은 군자의 즐거움에 들지 못한다"(《孟子》, 〈盡心上〉 20)라고 말함으
로써 교육을 그 무엇보다 중요한 일로 강조하고 있다. 그는 한 걸음 더 나
아가 교육을 선각자 또는 군자의 의무라고까지 격상시켜,14) "중정(中正)의
도를 얻은 사람은 그렇지 못한 사람을 교육하고, 재능 있는 사람은 재능
없는 사람을 교육해야 한다. …… 만일 중정의 도를 얻은 사람이 그렇지
못한 사람을 버리고, 재능 있는 사람이 그렇지 못한 사람을 버려 교육하지
않는다면, 현명한 사람과 어리석은 사람의 차이는 거의 없을 것이다"15)라
는 주장을 펴고 있다. 따라서 맹자도 "가르침을 베풀 때 가는 사람은 좇지
않고, 오는 사람은 거절하는 법이 없었으며, 진실로 도를 배우겠다는 마음
으로 오면, 이를 모두 받아들일 뿐이었다."16) 공·맹의 이런 태도는 순자에
게도 이어져, 《순자》 32편 가운데 1편인 〈권학(勸學)〉이 "배움이란 멈출
수 없는 것"(學不可已)이란 말로 시작되고 있는 것이다.

이러한 배움의 목표는 자신 속에 도덕의 근거가 본래부터 갖추어져 있다
는 사실을 자각하고, 이를 실생활에서 실현함으로써 인간의 존재의의를 완
성하는 일이다. 공자는 이를 "군자는 배움으로써 그 도를 이룩한다"(《論
語》, 〈子張〉 7)고 표현하고 있으며, 맹자는 "배움의 도란 다른 것이 아니라
그 놓쳐버린 마음을 찾는 데 있을 뿐이다"17)고 하여 도덕적 자각을 강조한
다. 맹자는 교육의 핵심이 자신이 도덕 주체라는 점에 대한 자각에 있다는
사실을 다음과 같이 강조한다.

에서 처음 사용한 말이다.

14) 天之生此民也 使先知覺後知 使先覺覺後覺也 予天民之先覺者也 予將以斯道覺斯民也
   非予覺之而誰也(〈萬章上〉 7). 〈萬章下〉 1장에서 伯夷·伊尹·柳下惠·孔子와 비교
   하여 聖人의 품격을 논하면서 伊尹을 기술하는 데에도 같은 말이 나오고 있어, 孟子
   가 교육의 책임을 얼마나 통감하고 있는지 알 수 있게 한다.

15) 中也養不中 才也養不才 …… 如中也棄不中 才也棄不才 則賢不肖之相去 其間不能以
   寸(〈離婁下〉 7)

16) 夫子之設科也 往者不追 來者不拒 苟以是心至 斯受之而已矣(〈盡心下〉 30)

17) 學問之道無他 求其放心而已矣(〈告子上〉 11)

　　군자가 올바른 방법으로 깊이 탐구하여 나아가는 것은 스스로 깨달아 얻고
자 하는 것이다. 스스로 깨달아 도를 얻으면 이에 머무는 것이 안정되고, 그렇
게 되면 도를 활용하는 데 더욱 깊이가 있게 된다. 이렇게 도를 활용하는 데
깊이가 있게 되면, 자기의 좌우 가까이에서 항상 그 근원을 파악하게 된다. 그
러므로 군자는 도를 깨달아 스스로 얻고자 하는 것이다.[18]

　이 인용문에서 강조하듯이, 맹자는 스스로에게 본래부터 갖추어져 있는
인의(仁義)의 도를 스스로 깨달아 체득하게 하는 것이 교육의 기본적인 목
표라고 보고 있다. 이렇게 인의를 깨달아 체득하게 되면 도에 머무는 것이
더욱 안정되고, 도를 활용하는 데 더욱 깊이가 있게 되며, 좌우 가까이에서
항상 도의 근원을 파악하는 사람, 곧 이상적 인간이 될 수 있다는 것이다.
　순자는 배움의 목표가 이렇게 도의 자각을 통해 소인의 상태에서 이상적
인간의 상태로 변화하는 일에 있다는 사실을 직접 지적하여, "배움의 궁극
적인 목표는 사(士)가 되는 데서 시작하여 성인(聖人)이 되는 데서 끝난
다"(《荀子》, 〈勸學〉 12)거나 "배우는 사람은 본디 성인이 되기 위해 배우는
것"(〈禮論〉 14)이라고 진술하고 있다. 순자는 성인은 태어나면서부터 성인
이 아니라, 사람의 할일을 배우고 닦음으로써 보통 사람이 변화하여 이루
어지는 것임을 강조한다(〈儒效〉 36 ; 〈性惡〉 13, 14). 이렇게 배움의 목표가
인간의 존재의의를 완성한 성인의 상태에 이르는 일이고, 따라서 성인은
배움을 통해서 이루어지는 것이라는 이러한 관점은 유학자들에게 공통된
것이다.
　이러한 배움에 대한 예찬은 인간의 무한한 가변성에 대한 믿음에 근거
를 두고 있다. 유학자들은 사람에게 본래부터 인지 능력과 도덕 행위 능력
이 갖추어져 있다고 전제한다. 맹자는 "생각하지 않고도 알 수 있는 인식
능력"인 양지(良知)와 "배우지 않고도 행할 수 있는 도덕 행위 능력"인

---

18)　君子深造之以道 欲其自得之也 自得之 則居之安 居之安 則資之深 資之深 則取之左右
　　逢其原 故君子欲其自得之也(〈離婁下〉 14)

양능(良能)에 관한 본유설을 주장하고 있고(《孟子》, 〈盡心上〉 15), 순자도
역시 인지 능력〔知〕과 도덕 행위 능력〔能〕에 관한 본유설을 인정하고 있
다(《荀子》, 〈正名〉 3). 바로 이러한 선천적 인식 능력과 도덕 행위 능력을
통해 사람은 자신이 도덕 주체라는 사실을 자각하여 배울 수 있고, 이러한
배움을 실생활에서 실행함으로써 성인의 상태로 변화될 수 있다는 것이
유학자들의 한결같은 주장이다. 이러한 인식 능력과 행위 능력의 본유성
에 대한 관점은 바로 인간의 무한한 가변성에 대한 확신의 배경이 되어,
자기 성찰과 자기개선을 통해 성인의 상태로 변모될 수 있는 근거가 된다
고 유학자들은 본다.

  유학자들에게 자기개선은 성인이나 군자가 되기 위한 전제이다.[19] 공
자는 거듭거듭(《論語》, 〈學而〉 8 ; 〈里仁〉 17 ; 〈雍也〉 2 ; 〈述而〉 21, 30 ; 〈子
罕〉 24 ; 〈顏淵〉 4 ; 〈衛靈公〉 29 ; 〈子張〉 21) 개과(改過)를 통한 자기개선을
강조하고 있으며, 이러한 태도는 맹자(《孟子》, 〈公孫丑下〉 9 ; 〈告子下〉 15)
와 순자(《荀子》, 〈勸學〉 2)에게도 그대로 이어지고 있다. 이러한 자기개선
을 통해 인간은 소인의 상태에서 벗어나 군자와 성인의 상태에 이르게 된
다고 유학자들은 보며, 따라서 자기개선은 교육의 목표(성인이 되는 일)를
이루는 핵심 과정인 것이다. 이렇게 가능체인 존재로 인간을 파악하는 유
학사상의 관점에서는 인간의 가변성에 대한 강조와 자기개선을 위한 노력
을 중시하는 태도가 나오게 된다.

  개인을 가변적, 과정적 존재로 파악하는 유학사상에서 나오는, 개인의
가변성과 자기개선의 노력을 중요하게 여기는 삶의 태도는, 이를 그 사상
적 배경으로 하는 집단주의 사회에 사는 현대 동아시아인의 심성과 행동의
특징으로 그대로 이어지고 있다. 집단주의 사회인들은 인간의 가변성에 대
한 믿음에 바탕을 두고, 자신의 부적 특성과 단점을 확인하고 이를 고침으
로써 '자기 향상'을 꾀하려는 경향이 강하다. 이들은 개인의 성격이나 능력
은 시간과 상황에 따라 체계적으로 변화하는 역동적이고 가변적인 것이라

---

19) 이에 대해서는 조긍호(2003a, pp. 379~389) 참조.

고 보는 '증가설'의 신념체계를 굳게 지니고 있다(Cousins, 1989 ; Chiu et al., 1997 ; Dweck et al., 1993 ; Heine et al., 2001 ; Hong et al., 1997 ; Lee et al., 1996 ; Markus & Kitayama, 1991a, b, 1994a ; Miller, 1984 등). 그 결과 이들은 개인의 성격이란 살아가는 동안 계속 변화하는 가변적인 것이라고 인식하며(Choi & Nisbett, 1998, 2000 ; Choi et al., 1999 ; Nisbett, 2003 ; Norenzayan et al., 2002), 지능 같은 능력도 고정된 것이 아니라 개인의 노력에 따라 얼마든지 변화할 수 있다고 본다(Markus & Kitayama, 1991a). 이는 동아시아인들이 인간이란 상황과 개인의 노력에 따라 달라질 수 있는 가변적인 존재라고 인식하는 경향이 강함을 드러내주는 결과이다.

집단주의 사회인들은 사람뿐만이 아니라 사람이 살고 있는 세상 자체도 때에 따라 변하는 관계를 바탕으로 조직화되는 가변적인 곳이라고 인식한다(Nisbett, 2003). 이러한 세계인식 양식은 아동의 사회화에도 그대로 이어져, 집단주의 사회에서는 아동들에게 대상들 사이의 관계와 유사성을 눈여겨보도록 요구한다. 이러한 사회화 강조점은 그대로 언어 습득 과정에 영향을 미쳐, 집단주의 사회의 아동들은 명사보다 동사를 먼저 익히는 "동사편향(verb bias)"을 보인다(Choi, S. H. & Gopnik, 1995). 동사는 대상들 사이의 유동적인 관계를 기술하는 것으로, 집단주의 사회에서는 유아 초기부터 대상들 사이의 유동적이고 가변적인 관계 맺기에 관심을 기울이도록 사회화되기 때문이다.

이러한 인간의 가변성에 대한 인식은 집단주의 사회인들로 하여금 스스로를 서로 반대되는 긍정적 특성과 부정적 특성을 공유하고 있는 존재로 받아들이게 한다. 예를 들면, 스스로를 어떤 때는 '무례하지만', 또 어떤 때는 '공손하고 예의바르기도 하다'고 상반되게 인식하는 것이다. 이러한 경향을 '바넘 효과(Barnum effect)'라 하는데, 이러한 바넘 효과는 동아시아인에게는 아주 크고, 미국인에게는 거의 나타나지 않는 것으로 밝혀지고 있다(Choi, 2002 ; Choi & Choi, 2002). 이는 집단주의 사회인들이 스스로가 서로 반대되는 정(正)·부(負)의 특성을 함께 지닌 것으로 인식하고 있음을 의미하는 결과이다. 이러한 경향은 성격 특성만이 아니라, 세상사에 대한 인식에서도 나타난다. 예를 들면, 동아시아인들은 '아는 것이 병이다'와 '아는 것이 힘이다' 같이 서로 반대되는 진술을 두고 찬성하는 비율을 합하면 100%가 넘어서(미국인은 거의 100%에 가까움), 서로 반대되는 신념을 공유하고 있다(Choi, 2002 ; Choi & Choi, 2002). 이는 '아는 것이 병'으로 작용하는 상황뿐만 아니라 '아는 것이 힘'으로 작용하는 상황이 있을 수 있음을 인정하는 것으로, 상황에 따른 인간 행위의 가변성에 대한 신념에서 나오는 경향이라 하겠다.

바로 이렇게 집단주의 사회인들 스스로 정·부 특성을 공유한다는 신념은 성인들이 자기 개념을 구성하는 특성을 견주어보았을 때, 개인주의 사회에서는 정적 특성의 비율이 부적 특성보다 4~5배 이상 많지만, 집단주의 사회에서는 두 특성의 비율이 같거나 또는 부적 특성의 비율이 더 높다는 결과(Bond & Cheung, 1983 ; Kitayama et al., 1995 ; Markus et al., 1997 ; Schmutte et al., 1995 ; Stigler et al., 1985)에서도 드러난다. 이렇게 집단주의 사회인들은 자신이 부적 특성을 지니고 있음을 거리낌 없이 수용하는데, 이는 이러한 부적 특성 및 단점의 수정을 통해 '자기개선'을 이루는 데서 자기 향상의 근원을 찾기 때문이다.

이러한 맥락에서 집단주의 사회인들이 능력보다 노력을 성취의 요인으로 보는 경향의 근거를 찾을 수 있다. 이들은 성취는 비교적 고정적인 능력보다는 가변적인 노력의 결과라 인식하고(Holloway, 1988 ; Stevenson & Stiegler, 1992), 따라서 성취 결과와 노력 사이에 매우 높은 정상관($r = 0.64$)을 보여, 성취는 노력의 산물이라고 보는 '증가설'의 신념체계를 지니고 있다. 그리하여 이들은 자기의 성공에 대한 능력 귀인자보다는 노력 귀인자를 더욱 겸손하고, 따뜻하며, 유능한 사람이라고 생각할 뿐만 아니라, 전자보다 후자에게 더욱 호감을 느끼는 경향(김혜숙·유주란, 1995 ; 조긍호·김소연, 1998)을 보인다. 이러한 사실은 고정적이고 안정적인 능력보다는 후천적인 실천과 노력을 중요하게 여기는 유교문화의 특징(Bond & Hwang, 1986 ; Kim, 1995 ; Stevenson & Lee, 1996 ; Yu & Yang, 1994)을 그대로 반영하고 있다.

집단주의 사회에 살고 있는 사람들은 이렇게 가변적이고 과정적인 자기 개념을 가지고 있으므로, 내적 속성과 외적 행동 사이에 일관성을 추구하는 경향이 약하고(Fiske et al., 1998 ; Heine & Lehman, 1997 ; Markus & Kitayama, 1991a, 1994a), 자기의 성격 특성들 사이의 일치도와 '자기 개념 명료도'도 아주 낮으며(Choi, 2002 ; Choi & Choi, 2002), 내적 속성인 기대와 실제 결과가 일치하지 않을 때도 그리 크게 혼란을 느끼지 않는다(Choi & Nisbett, 2000 ; Nisbett et al., 2001). 이와 같이 집단주의 사회에서는 개인의 행위를 가변적이며 과정적인 속성이나 상황적 요구의 영향 때문이라고 보아, 내적 속성과 외적 행동의 불일치, 그리고 상황에 따라 내적 속성들 사이에 또는 외적 행동들 사이에 불일치가 일어나도 크게 놀라워하지 않고, 결과적으로 일관성을 추구하려는 동기가 약한 것이다(Fiske et al., 1998 ; Heine et al., 2001 ; Heine & Lehman, 1997 ; Markus & Kitayama, 1991a, 1994a ; Nisbett, 2003 ; Nisbett et al., 2001).

3) 자유주의와 유학사상에서 개인을 파악하는 관점의 대비

이상에서 현대 서구 개인주의와 동아시아 집단주의의 사상적 배경이 되어온 자유주의 이념과 유학사상이 개인 존재를 파악하는 관점을 살펴보고, 이어서 이러한 개인관이 현대 서구인과 동아시아인의 심성과 행동의 특징에 어떻게 연결되고 있는지에 대해서도 살펴보았다. 이러한 논의를 통해, 2장에서 살펴본 개인주의와 집단주의 사회인들이 주의의 초점(〈표 2-3〉), 통제의 대상(〈표 2-4〉), 행위의 변이가능성(〈표 2-5〉)의 세 차원에서 드러내는 여러 심리적, 행동적 차이는 대체로 이 두 사회의 사상적 배경인 자유주의 이념과 유학사상이 개인 존재를 파악하는 관점의 차이에서 직접 도출된다는 사실을 확인할 수 있었다.

자유주의 이념에서 개인 존재를 파악하는 관점은 무엇보다도 개인을 자유의 보유자로 인식하는 것이다. 16세기 이래 서구사회에서는 개인이 신앙의 자유, 양심의 자유, 표현의 자유, 정치적 자유, 경제적 자유, 사생활의

자유 같은 여러 가지 자유를 보유하고 있다는 개인적 자유의 관념이 지배
하여 왔으며, 이러한 생각이 자유주의 이념의 토대가 되고 있다. 자유주의
가 추구해 온 최고의 이념은 이와 같이 개인적 자유의 확보였는데, 이러한
개인적 자유라는 관념의 배경에는 자연권 사상이 놓여 있다. 곧 개인은 생
명·재산·행복추구에 대한 기본권을 나면서부터 부여받았으며, 이러한
기본권을 행사하거나 보호하기 위한 필수 장치가 바로 개인적 자유라는 것
이다. 이러한 자유의 관념에는 개인이 그 어느 누구의 부당한 간섭이나 제
재도 받지 않고, 자기에게 가장 유리하거나 적합하거나 또는 타당한 신
앙·양심·사상·도덕률·정치 및 경제체제를 자율적으로 선택할 수 있다
는 독립성과 자율성에 대한 신념이 바탕에 깔려 있다.

자유의 보유자로 개인을 파악하는 관점은 곧 개인의 독립성과 자율성을
중시하는 삶의 태도를 낳게 되며, 결국 독립성과 자율성을 높이 평가하고
이를 일상생활에서 추구하는 심리적, 행동적 경향을 일으키게 된다. 이러
한 개인 존재의 독립성과 자율성에 대한 강조는 개인의 사회행위의 원동력
을 자유의 보유자로서 개인이 갖추고 있는 독특한 내적 속성(성격·능
력·욕구·감정)에서 찾는 관점을 낳게 되고, 결국 개인주의 사회에서는
주의의 초점이 개인 존재 및 그의 내적 속성에 쏠리게 마련이다. 이에 따라
결국 2장에 제시된 〈표 2-3〉에서 개인주의 사회인이 보이는 여러 심리적,
행동적 특징이 나타나는 것이다.

자유의 보유자로 개인 존재를 인식하는 자유주의 이념과는 대조적으로
유학사상은 인간을 사회적 관계체로 보는 관점에 따라 개인 존재를 사회관
계에 내포되어 있는 역할·의무 및 타인에 대한 관심과 배려의 복합체로
간주하는 태도를 굳게 지니고 있다. 유학사상에서는 사회를 이루는 기본
단위는 부자·군신·부부·장유·붕우로 대표되는 사람들 사이의 관계라
고 본다. 이러한 관점을 바탕으로 각 관계에서 관계 당사자들에게 요구되
는 쌍무적인 역할과 의무의 수행을 통해 관계의 조화와 질서가 달성되고,
그렇게 되면 조화롭고 평화로운 이상사회가 이루어질 것이라고 본다. 결과
적으로 유학사상에서는 사회행위의 원동력을 개인이 처한 사회관계 속의

역할과 의무에서 찾으며, 이러한 역할과 의무의 근거인 관계 당사자들 사이의 상호연계성이나 상대방에 대한 관심과 배려를 중시한다.

이렇게 개인 존재를 역할·의무·배려의 복합체로 여기는 태도는 관계 당사자들 사이의 연계성과 조화성을 강조하는 삶의 태도를 낳게 되며, 결국 상호연계성과 조화성을 높이 평가하고, 이를 일상생활에서 추구하는 심리적, 행동적 경향을 일으킨다. 이러한 관계 당사자들 사이의 연계성과 조화성에 대한 강조는 자기 자신보다는 관계를 맺고 있는 상대방이나 집단이, 그리고 자기의 내적 속성보다는 공적 규범과 상황적 요구가 주의의 초점에 떠오르게 할 것이고, 결과적으로 집단주의 사회에서는 2장에 제시된 〈표 2-3〉의 집단주의 사회인이 보이는 여러 심리적, 행동적 특징이 생겨나는 것이다.

이렇게 2장에서 제시한 주의의 초점 차원에서 나타나는 개인주의와 집단주의 사회의 대인평가·귀인·정서·동기의 특징적인 차이는, 이 두 사회에서 개인 존재를 각각 자유의 보유자와 역할·의무·배려의 복합체로 보는 차이에서 비롯하는 것이다.

자유의 주체로 개인을 파악하는 관점에 이어, 자유주의의 이념은 개인을 자기 자신의 행복과 쾌락과 만족을 추구하는 존재, 곧 이기적인 정열과 욕망에 따라 활동하고 행동하는 존재로 보는 전제 위에 성립하고 있다. 그러나 사람들 모두 이기적인 욕망을 추구하다 보면, 필연적으로 욕구 충돌이 빚어질 수밖에 없다. 개인이 본디부터 지닌 이성의 힘이 빛을 내기 시작하는 것은 이 지점에서라고 자유주의자들은 본다. 곧 이성의 주체로서 개인들은 욕구 충돌이 낳는 파국을 피하고, 그러면서도 최대한 각자의 이익을 보장하는 선에서 욕구를 조정하는 체제를 만들기로 합의하게 되고, 그 결과 나타난 것이 사회계약에 따른 국가체제라는 것이다. 이렇게 국가와 사회는 개인 이성의 산물이라는 것이 자유주의자들의 생각이다. 이러한 이성은 개인에게 유익한 것을 합리적으로 계산하고 선택하는 능력으로 드러난다.

그러므로 이성 주체로 개인 존재를 파악하는 자유주의 관점에서는 인간의 합리성을 강조하며, 이성의 힘에 대한 강한 신뢰가 삶의 신조로 나타난다. 따라서 이성의 주체인 인간이 외부 환경세계를 통제할 수 있다고 믿고, 결국 외부 환경을 통제의 대상으로 보는 태도를 갖는다. 그리하여 이들은 자기를 이성의 주체로서 적극적으로 드러내고, 자기에게 이익을 가져올 수 있는 요인(자기의 장점이나 긍정적 특성·능력·감정)을 늘리려 노력하며, 자기의 현재와 미래를 지나치게 낙관적으로 인식하는 경향을 보인다. 따라서 이들에게는 2장에서 제시된 〈표 2-4〉의 개인주의 사회인이 보이는 여러 심리적, 행동적 특징이 두드러지게 나타나는 것이다.

이성 주체로 개인 존재를 인식하는 자유주의 이념과는 대조적으로, 유학사상에서는 인간의 능동성과 주체성이 타인에 대한 관심과 배려라는 덕성에서 최대로 드러난다고 본다. 유학사상에서는 인간을 능동적, 주체적 존재로 파악하는데, 여기서 능동성과 주체성이란 인·의·예·지와 같은 도덕의 근거가 개인에게 본래부터 갖추어져 있다는 사실을 자각하고, 이를 실생활에서 실행하는 일을 뜻한다.

그러므로 유학자들에게 인간의 능동성과 주체성은 모든 일의 책임을 도덕 주체인 개인에게서 찾는 태도와 직접 연결되며, 따라서 유학사상에서는 자기의 이기적, 사적 욕구와 감정을 억제하는 일이 인간의 능동성과 주체성을 발휘함으로써 삶의 목표인 도덕적 완성을 이루는 지름길이 된다고 본다. 그 결과 유학사상에서는 통제의 대상을 덕성 주체인 자기 자신에게서 찾음으로써, 책임의 자기 귀인과 자기 억제를 강조하며, 이러한 경향은 결과적으로 2장의 〈표 2-4〉에서 제시한 집단주의 사회인의 여러 심리적, 행동적 특징을 낳는 배경이 되고 있는 것이다.

이렇게 2장에서 제시한 통제의 대상 차원에서 나타나는 개인주의와 집단주의 사회의 대인평가·귀인·정서·동기의 특징적인 차이는 이 두 사회에서 개인 존재를 저마다 이성 주체와 덕성 주체로 보는 차이에서 비롯하는 것이다.

자유주의의 이념에서 개인 존재를 파악하는 세 번째 관점은 개인을 안정적 실체로 인식하는 것이다. 모든 사물이 고정된 속성을 갖추고 있으며, 이

러한 속성은 안정적인 것이어서, 시간이나 상황에 따라 변하지 않는다고
생각하는 것은 고대 그리스 시대부터 서구 문화의 전통이었다. 이러한 세
상사에 대한 인식은 사람에 대한 이해에도 그대로 이어져 왔는데, 특히 자
유주의자들은 모든 개인은 자기만의 독특한 내적 성향(성격·능력·동기
들)을 완비하고 있으며, 이는 다른 사물들과 마찬가지로 고정적, 안정적,
불변적인 실체라고 본다. 곧 개인은 고정된 성격 특성과 능력 및 동기 들을
갖추고 있으며, 이러한 고정된 속성들은 시간과 상황에 따라 달라지지 않
는 안정성과 불변성을 띤다는 것이다.

이렇게 개인 존재를 고정적, 안정적, 불변적 실체로 파악하는 관점은 현
대 서구인들에게 그대로 이어져서, 개인의 성격과 능력은 시간과 상황이 달
라져도 변하지 않는다는 실체설의 신념체계를 강하게 보임으로써, 개인의
내적 성향들 사이, 외적 행동들 사이, 그리고 내적 성향과 외적 행동 사이에
는 어떠한 경우에도 안정적이고 불변하는 일관성이 존재하는 것으로 파악
하는 경향을 보인다. 그 결과 이들에게서는 2장의 〈표 2-5〉에 제시된 개인
주의 사회인들의 여러 심리적, 행동적 특징이 강하게 나타나는 것이다.

고정적, 안정적, 불변적 실체로 개인 존재를 인식하는 자유주의 이념과는
대조적으로, 유학사상에서는 인간을 무한한 가능체로 보는 관점에 따라 개
인을 가변적, 과정적 존재로 여긴다. 성덕을 지향하는 체계로서 유학사상은
일상생활에서 가르침과 배움을 통해 누구나 덕을 이룰 수 있는 가능성을 갖
춘 존재라고 본다. 배움을 통해 사람은 불완전한 소인의 상태에서 덕을 이
룬 군자와 성인의 상태로 변화될 수 있다는 관점을 바탕으로, 개인을 가변
적, 과정적 존재로 파악하는 것이 유학사상의 특징이다. 인간을 관계 속의
존재로 파악하는 유학사상에서는 맺고 있는 관계의 양상에 따라 달라지는
역할과 의무에 맞추어, 스스로를 변화시키는 가변성을 강조하기도 한다.

이렇게 인간을 고정적, 불변적 존재가 아니라 과정적, 가변적 존재라고
보는 유학사상의 관점에서는 자기의 단점을 확인하고 수용하며 배움을 통
해 이를 개선함으로써 자기 향상을 이룰 수 있다고 보아, 인간의 가변성과
자기개선을 강조한다. 개인 존재의 가변성과 자기개선을 강조하는 이러한

유학사상의 태도는 현대 동아시아인들에게도 그대로 이어져서, 개인의 성
격과 능력은 시간과 상황에 따라 역동적으로 변화될 수 있다는 증가설의
신념체계를 강하게 보이며, 자기의 부정적 요인(단점과 부정적 특성·감
정 들)도 무난히 수용하고, 이를 개선하는 일을 가치 있게 여기며, 성취 장
면에서 능력보다는 노력을 높이 평가하는 경향을 낳게 된다. 그 결과 이들
에게서는 2장의 〈표 2-5〉에 제시된 바와 같은 집단주의 사회인들의 여러
심리적, 행동적 특징이 강하게 나타나는 것이다.

이렇게 2장에서 제시한 변화가능성 차원에서 나타나는 개인주의와 집단
주의 사회의 대인평가·귀인·정서·동기의 특징적인 차이는 이 두 사회
에서 개인 존재를 각각 고정적, 안정적, 불변적 실체와 가변적, 과정적 존
재로 보는 차이에서 비롯하는 것이다.

이상에서 분명해졌듯이, 2장에서 제시한 개인주의와 집단주의 사회의 세
차원(주의의 초점, 통제의 대상, 변화가능성)에서 나타나는 특징적인 여러
차이는, 모두 두 사회의 사상적 배경인 자유주의 이념과 유학사상이 개인
존재를 파악하는 관점과 거기에서 끌어낼 수 있는 강조점의 차이에서 비롯
하고 있다. 이러한 사실을 표로 나타내면 〈표 7-1〉과 같은데, 이 표와 2장에
서 제시한 〈표 2-2〉(문화유형에 따른 인간 이해 양식과 강조점의 차이)를
대조해 보면, 개인주의는 자유주의 이념, 그리고 집단주의는 유학사상을 배
경으로 하여 생겨난 삶의 태도임을 쉽게 확인할 수 있다.

〈표 7-1〉 자유주의 이념과 유학사상에서 개인 존재를 파악하는 관점 대비

차 원	유학사상	자유주의
주의의 초 점	역할·의무·배려의 복합체 : 연계성·조화성·배려성 강조	자유의 보유자 : 독립성·독특성·자율성 강조
통제의 대 상	덕성 주체 : 자기 억제·책임의 자기 귀인 강조	이성 주체 : 자기 주장·자기 고양 강조
변 화 가능성	가변적·과정적 존재 : 가변성·자기개선 강조	안정적 실체 : 안정성·일관성 강조

2. 동아시아와 서구의 이상적 인간형론의 차이

서구 개인주의 사회에서 그리고 있는 이상적 인간형에 대해서는 현대 서구의 성격심리학이 연구한 결과들을 중심으로 4장에서 살펴보았다. 현대 서구심리학에서는 이상적 인간의 상태를 자기실현(Jung, Adler, Maslow), 생산성(Fromm, Rogers), 적응성(Erikson, Lawton), 통일성(Cattell, Seeman, Elkin), 성숙성(Allport), 자율성(Riesman et al.) 같은 다양한 관점에서 개념화하고 있으며, 이에 이르는 단계에 대해서도 점성설(Erikson)과 욕구위계설(Maslow)의 관점에서 고찰하고 있다.

동아시아 집단주의 사회에서 그리고 있는 이상적 인간형론에 대해서는 유학사상의 군자론·성인론을 중심으로 6장에서 살펴보았다. 유학사상에서는 자기 수양, 대인관계에서 인화의 추구, 그리고 사회적 책무의 달성이라는 세 측면에서 이상적 인간의 특징을 논하는 공통점이 있으며, 이러한 이상적 인간이 되는 과정을 점성설(공자), 점진적 과정론(맹자·순자), 욕구위계설(《대학》) 같은 관점에서 고찰하고 있다. 여기서는 이 두 진영에서 제시한 이상적인 인간형론을 이상적 인간의 특징에 관한 논의와 이상적 인간에 이르는 과정에 관한 논의로 나누어 대비하기로 하겠다.

1) 이상적 인간의 특징론

이상적 인간형론의 핵심은 이상적 상태에 이르면 인간 존재는 어떠한 특징을 가지며, 이러한 상태에 이르지 못한 사람과 비교해 볼 때 어떠한 차이가 있는가에 관한 논의이다. 개인 존재를 자유의 보유자, 이성 주체, 고정적, 안정적 실체로 보는 자유주의 이념을 사상적 배경으로 하는 서구의 이상적 인간형론은 개인 존재가 이러한 개체로서 지닌 특성에 초점을 맞추어 이상적 인간의 상태를 개념화하는 특징을 보이고 있다. 그들은 개체인 개인 존재가 자율적으로 선택한 분야에서 자기를 완성하는 측면에 중점을 두고, 이러한 자기 완성은 자기 잠재력이나 능력을 최대한 실현하거나 성숙된 적응을 하는 데서 이루어진다고 본다. 따라서 대체로 합리적인 이성을 바탕으로 한, 일상생활에서 수행하는 여러 가지 일의 성취를 중요하게 여기는 경향을 띠고 있다.

이와는 대조적으로, 개인을 역할·의무·배려의 복합체, 덕성 주체, 가변적이고 과정적인 존재로 보는 유학의 체계를 사상적 배경으로 하는 동아시아의 이상적 인간형론은, 인간의 사회적 특성에 초점을 맞추어 이상적 인간의 상태를 개념화하는 특징을 보인다. 유학자들은 개인 존재의 자기 완성에만 머무르지 않고, 실생활에서 도덕 실천(타인과 조화 유지, 사회적 책무의 자임과 완수)을 중시하는 경향을 띰으로써, 사회적 관계체인 개인 존재의 사회성을 강조하는 태도를 보이는 것이다. 여기에서는 서구와 동아시아 사회에서 나타나는 이러한 이상적 인간의 특징에 관한 입론의 차이를 정리해 보기로 하겠다.

(1) 서구 개인주의 사회의 이상적 인간상

4장에서는 현대 서구 성격심리학에서 제시하는 이상적 인간상을 정신역동이론 계열의 네 학자(Jung, Adler, Fromm, Erikson), 특질이론 계열의 세 이론(Allport, Cattell, 5대요인 모형), 현상학적 이론 계열의 두 학자(Maslow, Rogers), 그리고 이들 계열로 분류하기 힘든 네 학자(Lawton, Riesman 외, Seeman, Elkin)의 이론들을 통해 살펴보았다.

이 가운데에서 정신역동이론 계열의 학자들은, 인간은 본래부터 창조성과 통합성을 갖추고 있다는 사실을 전제로 하여, 개인이 개체로서 가진 내적, 외적인 잠재가능성을 최대로 발휘함으로써(Jung), 생산성이 풍부하고(Fromm), 주체적이고 자율적이며(Adler), 독특하고도 건전한 사람(Erikson)이 되는 것이 바로 이상적 인간이 되는 길이라고 본다. 특질이론가들은 이상적 인간의 특징은 긍정적 특성의 가산적 총화(加算的總和)로 볼 수 있다는 전제에서, 올포트는 여섯 개(자기감 확대, 따뜻한 대인관계, 정서적 안정과 자기 수용, 객관적 현실 인지와 업무 수행, 자기 객관화, 통일된 인생관), 커텔은 한 개(성격 통일성), 그리고 5대요인 모형은 다섯 개(외향성, 우호성, 성실성, 정서적 안정성, 체험 개방성)의 특질을 제시하고, 이러한 성격을 갖추는 것이 이상적 인간이 되는 길이라고 본다. 현상학적 이론 계열에서는 인간의 본유적인 자기실현 경향성을 인정하고, 이를 통해 인간 삶을 조명하려는 특징을 보인다. 그들은 인간의 주관적 체험을 중시하는 관점에서, 부정적 자기 개념이나 여러 가지 제약조건의 간섭 또는 제재를 받지 않고 개인이 갖추고 있는 자기실현 경향성이 제대로 구실을 함으로써, 자기의 잠재가능성을 실생활에서 최대한 실현하는 상태를 이상적 인간의 상태로 본다. 그러면서 이들의 특징을 열여섯 가지(Maslow)와 다섯 가지(Rogers)로 제시하고 있다. 그 밖의 학자들은 각자 나름의 이론적 관점에서, 잘 적응되거나(Lawton), 자주적이거나(Riesman 외), 성격의 통일을 이룬 사람(Seeman, Elkin)을 이상적 인간으로 보고, 그들의 특징을 나열하고 있다.

이렇게 네 계열의 이론들은 저마다 기본 관점이 서로 다르다. 성격역동 이론들은 대체로 개인의 창조성과 통합성 같은 능력을 바탕으로 개인의 성격구조가 역동적으로 통일을 이루는 것에서, 그리고 현상학적 이론들은 개인의 자기실현 경향성을 전제하고 이것이 실생활에서 제대로 발휘되는 것에서 이상적 인간상에 이르는 길을 찾으려 하며, 이런 경로를 통하여 이상적 상태에 이른 사람들의 주관적, 현상적 체험이나 행동의 특징들을 제시하고 있다. 이와 달리, 특질이론들은 인간의 기본적인 능력이나 경향성 또는 동기를 전제하지 않고, 성격이란 단순히 모든 사람의 성격 구성에 공통된 요인들의 총합으로 이루어진다고 보아, 각 요인에 해당하는 긍정적 특질들의 합산으로 이상적 상태를 규정하고 있다. 기타 이론들은 이러한 이론들의 특징을 약간씩 모아서 가지고 있으나, 리즈먼 등을 빼고는 대체로 특질이론 쪽으로 더 기울어져 있다고 볼 수 있다.

그러나 이들은 모두 이상적 인간상의 여러 특징들을 나열하여 제시하고 있다는 공통점을 보이고 있다. 따라서 이들이 제시하는 이상적 인간의 현상적 특징들을 정리해 보면, 서구사회에서 제시되는 이상적 인간상의 주요 특징과 그 모습을 추측할 수 있을 것이다. 김성태(1976)는 이러한 맥락에

서 현대 서구 심리학자 열 명[20]이 제시한 이상적 인간형론을 개관하여, 이
들 이상적 인간형의 특징이 모두 쉰두 가지로 열거됨을 찾아낸 다음, 이들
을 비슷한 것끼리 다섯 군집(群集)으로 묶어낸 결과를 제시하고 있다. 이
들 다섯 가지 군집은 주체성, 자기 수용, 따뜻한 대인관계, 자기 통일, 그리
고 문제 중심성으로, 김성태(1976, 1984, 1989)에 따르면 서구인들이 그리
는 이상적 인간상은 이 다섯 군집의 특징을 가진 사람으로 볼 수 있다는
것이다. 이제 김성태(1976, 1984, 1989)를 따라 현대 서구 사회인이 그리고
있는 이상적 인간형의 다섯 가지 특징을 제시하기로 하겠다.

주체성 열여섯 개의 특질들이 하나의 군집으로 묶이는데, 그 공통성을
뽑아보면 "주체성"(김성태, 1989, pp. 204~205)이라고 부를 수 있
다. 로턴의 "자기의 책임과 역할을 잘 알아차려서 이를 해내는 것", 프롬의
"자기에게 부여된 가능성을 실현시키는 것", "부족과 토지에 대한 의존에
서 탈피하는 것", "자기의 분리와 소외를 극복하는 것", "주체감을 갖는
것", "충분히 새로 태어나는 것", 에릭슨의 "자율성", "주도성", "정체성",
"생산성", 리즈먼 등의 "자기 주체감", 매슬로의 "자주적이며 독자적인
것", "자발적이고 활발한 태도", "초월성", 올포트의 "크고 넓은 자아 동일
시 영역을 갖는 것", 그리고 시먼의 "적극적인 자기 개념" 들이 이 군집에
속한다(김성태, 1976, p. 24). 이 군집의 특질들은 요컨대 자기 자신의 가능
성을 실현하려고 노력하는 것, 주체감을 갖는 것, 자기의 책임과 역할을 알
아차리고 자기의 소임을 수행하기 위해 활발히 움직이는 것 들이 중심을
이루는데, 이러한 맥락에서 이상적 인간의 첫째 특질은 "자기 성취를 해내
는 것, 책임을 완수하는 것, 그리고 주체감을 갖는 것"(p. 25)이다.

김성태(1989)는 이 군집을 '주체성'이라 이름 붙이고 있는데, 여기서 주
체성이란 말은 매우 다양한 의미를 띤다. 넓은 의미에서는 "인격의 성숙성

---

20) 김성태(1976)는 3장에서 개관한 이론 가운데 Jung, Adler, Maslow와 5대요인 모형
   을 제외한 Fromm, Erikson, Allport, Cattell, Maslow, Lawton, Riesman 외, Seeman,
   Elkin, Arasteh의 이론을 개관하고 있다.

과 같은 뜻"으로도 쓰이고, 좁은 의미에서는 "자기 동일성과 거의 같은 뜻"으로도 쓰인다. 곧 이는 "자기에게 본질적인 것, 자기에게만 특유한 것으로 보람을 느끼는 인격 특질, 그리고 앞으로 자기가 지향해 나가야만 할 것으로 보는 사명과 책임 등이 뭉쳐진 것"(p. 204)이다. 이렇게 좁게 보면 이는 에릭슨의 '정체성'과 같은 의미라고 생각할 수 있으나, 김성태(1976, p. 24)의 군집분석에서는 여기에 정체성뿐만 아니라 에릭슨의 자율성·주도성·생산성도 포함시키고 있어서, 넓은 의미의 "자기 완성"(김성태, 1984, pp. 291~283)을 뜻한다고 볼 수도 있는 포괄적인 개념이다.

이상에서 보듯이 주체성은 좁은 의미에서는 에릭슨의 정체성과 같은 의미로 쓰인다. "에릭슨은 어린이가 청년기가 되면 자기의 역량과 특징, 그리고 자기에게 주어진 기회와 가능성이 어떤 것인가를 알게 되고, 이에 따라 스스로 해야 할 소임과 역할을 깨닫게 되며, 아울러 인간이 일반적으로 지니는 욕구들도 알게 되어, 여러 가지 자기의 모습이 통합되어서 일정한 자기상을 굳힌다"(김성태, 1989, p. 204)고 보고, 이를 정체감이라 불렀다. 그(Erikson, 1959)는 정체성이란 "내적 동일성과 일관성을 유지하려는 한 개인의 능력이 타인이 그에게서 발견하는 통일감 및 일관성과 잘 일치하고 있다고 믿는 것"(p. 102)이라 정의하여, 스스로 보는 나와 남이 보는 내가 일치할 때 정체감이 확립된 것으로 보았다. 곧 정체성이 확립된 개인은 자신의 위치·역량·기회·가능성·소임 들에 대한 객관적, 현실적인 인식이 이루어진 사람이다. 이렇게 보면, 이상적 인간은 자기의 현재와 미래의 가능성에 대해 객관적이고도 현실적인 인식을 하고 있는 사람이라는 특징을 갖는다고 볼 수 있겠다.

그러나 이들은 여기에만 머무르지 않는다. 넓은 의미에서 주체성은 이러한 자기 인식을 현실 세계에서 펴내고 성취한다는 자기 완성의 의미도 띤다(김성태, 1984). 자기 완성이란 "자기가 지니는 가능성·능력·특질 들을 계속 실현시키고, 주어진 상황에서 자기가 해야 할 타당한 사명을 충실하게 달성하며, 또 인간의 본성과 개인마다 다르게 지니고 있는 개별성을 충분히 이해하고, 자신의 개별성이 무엇인지도 정확히 인지하여 이들을 담담하게 받아들이며, 또 자기라는 한 인간 속에서 이들 여러 가지를 통일하고 협동하여 결합되게 하는 것"(김성태, 1984, p. 281)이다. 이렇게 보면, 이상적 인간은 "참된 자기의 위치를 알고 그 자기를 성취시키는 사람됨"(p. 282)의 특징을 가지는 셈이다.

요컨대 "주체성이란 자아상과 사명을 정확하게 파악하고, 이들이 그때그때 해야 할 과업과 장래 문제에 일관성 있게 확고히, 그러면서도 신축성 있게 대처하는 태세"(김성태, 1989, p. 205)를 말하는 것으로, 이것이 개인주의 사회에서 제시하는 이상적 인간상의 첫 번째 특징이다.

자기 수용 열다섯 개의 특질들이 "자기 수용"(김성태, 1989, pp. 205~208) 또는 "정확한 현실 파악력"(김성태, 1984, pp. 283~284)이라 부를 수 있는 군집으로 묶어진다. 이들은 로턴의 "현실을 그대로 받아들이는 것", 에릭슨의 "자기 통정"(자기와 타인을 받아들이고, 이를 바탕으로 자기 성취·자기 책임을 다하는 것), 프롬의 "현실을 있는 그대로 파악하는 것", "있는 그대로의 진리를 파악하는 것", "자기 중심성을 극복하는 것", "사랑과 이성으로 세계를 이해하고 받아들이는 것", 올포트의 "자기 객관화", "정서적 안정성(수용적 태도)", "현실적 인지력", 매슬로의 "자기와 타인 및 자연을 있는 그대로 받아들이는 것", "비공격적인 유머", "현실의 효율적인 인지", 시먼의 "고도의 환경적 접촉", "지적 효율성" 들로 이루어지는 군집이다. 이 군집의 특질들은 "현실을 효율적으로 인지하고, 자기 자신을 현실 속에서 객관화시켜 현실과 자기 자신을 있는 그대로 받아들임으로써, 현실 속에서 조화 있게 살아나가는 것"(김성태, 1976, p. 25)을 뜻하는 공통성을 보이고 있다.

'자기 수용'의 특징을 보이는 사람들은 자기의 좋고 나쁜 점을 사실 그대로 인정하고 이들에 적절히 대처한다(Dignan, 1966). 이렇게 자기 수용은 "현실을 있는 그대로 파악할 수 있으며, 그 속에서 자기의 위치를 객관화시켜서 볼 수 있고, 이러한 현실과 자기를 있는 그대로 받아들이는 것을 말한다. 여기서 받아들인다는 것은 이러한 현실과 자기를 좋아한다는 뜻을 지닌다. 현실 속에서 자기의 좋고 나쁜 점을 사실대로 인정하면서, 나쁜 점에 대해서도 심한 신경증적 혐오를 보이지 않고 적절하게 처리해 나간다는 것이다. 사실 정확하게 현실을 파악하는 지적 능력과 현실을 있는 그대로 받아들이고 좋게 보는 너그러운 정적(情的) 능력은 서로가 상보적 관계에 있어, 그 어느 쪽이 없어도 한쪽이 제 구실을 다하지 못한다고 볼 수 있다"(김성태, 1989, pp. 205~206).

세상을 살아가면서 사람은 누구나 늘 좌절을 경험한다. 그러나 이러한 좌절에 대처하는 양식에는 개인마다 차이가 많다. 대체로 인격적으로 미숙한 사람은 좌절에 대해 심한 감정적 동요를 보이면서, 남을 비난하거나 심지어는 스스로를 저주하기도 한다. 그러나 성숙한 사람은 흥분하는 스스로를 꾸짖으면서 흥분과 감정의 동요를 가라앉히기 위해 노력하고, 때를 기다리거나 장애물을 에돌아감으로써 좌절을 이겨내려 한다. 이들은 필요한 경우에는 문제 사태에서 물러서기도 한다. "이들은 충동적으로 반응하지 않으며, 남의 안녕을 해치지 않는 방식으로 정서적 안전을 지키며 살아가는 것을 익힌 사람들이다"(p. 207).

이러한 "정서적 안정성"은 생활 속에서 지속적인 "안전감"을 발달시킨 결과 얻어지는 특성이다(Maslow, 1954/1970). 에릭슨(1963/1988)에 따르면, 영아기에 어머니와 맺는 관계를 통해 "기본적 신뢰감"을 발달시키게 되면, 정서적으로 안정된 사람이 된다. 이들은 "남의 신념과 감정을 고려하면서 자기의 신념과 감정을 표출하는 자제심을 지니게 되고, 또 이와 같은 남의 입장을 고려하는 버릇이 당황함이 없이 조심성 있게 살아가게 하여 안정성을 얻게 한다"(김성태, 1989, p. 207). 정서적으로 안정되어 있다고 해서, 이들이 늘 조용하고 밝은 상태에 놓여 있기만 한 것은 아니다. 이들도 격정에 휩싸일 때가 있고, 비관에 빠질 때도 있다. 그러나 이들은 이에 대해 충동적으로 반응하지 않음으로서 자기와 타인에게 해를 끼치지 않으며, 곧 그러한 상태에서 헤어나 안정을 되찾는다.

이들의 이러한 정서적 안정성은 자기 객관화와 정확한 현실 파악의 바탕이 된다. 사실 정서적으로 흥분되어 있거나 너무나 자기 중심적으로 동기화되어 있으면, 자기의 능력이나 상황을 객관적으로 파악하지 못하고, 현실을 정확하게 파악할 수도 없게 된다. "현실 사태를 정확하게 인지할 수 있는 것은 단순한 지적 능력의 탁월성만의 소산이 아니고, 마음의 안정성, 순수하고 객관적인 무욕 상태, 편견 없는 공적인 상태에서 이루어지는 것이다"(김성태, 1984, p. 283). 그러나 이러한 정서적 안정성만 이루어져 있다고 해서 정확한 현실 파악이 다 되는 것은 아니다. 넓고 깊은 지식의 축적이 있고, 이것을 참고로 하고 이용할 때, 정서적 안정성이 제 기능을 발휘하여 정확한 현실 인식이 가능해지는 것이다.

이렇게 이상적 인간은 정서적 안정성을 바탕으로 하여 자기에게 주어진 현실을 정확하게 파악하는 사람이다. 이들은 있는 그대로 현실을 파악하지, 자기의 요구에 맞추어 현실을 왜곡해서 보지 않는다. "이들은 있는 그대로의 현실에 접하여 사물, 인물, 그리고 사태를 있는 그대로 파악한다. 이러한 방식으로 얻은 지각 내용을 자기 수용적 입장에서 대하므로, 정서적 불안정은 있을 수 없고, 언제나 담담한 감정으로 대응하여 나가게 되는 것이다"(김성태, 1989, p. 208). 앞에서 올바른 정체감, 자율성, 그리고 책임감 같은 주체성과 자기 성취가 이상적 인간의 첫 번째 특징임을 언급하였지만, 이러한 자기 책임과 사명의 완수를 위해서는 정확한 현실 파악과 주어진 현실을 자기에게 당연한 것으로 받아들이는 태도가 필요하다.

요약하면, 자기 수용이란 "자기의 현실을 효율적으로 인지하고, 현실 속에서의 자기를 객관적으로 볼 수 있으며, 현실과 자기 자신을 있는 그대로 받아들이는 것"(김성태, 1984, p. 280)으로, 이것이 개인주의 사회에서 제시하고 있는 이상적 인간의 두 번째 특징인 것이다.

따뜻한 대인관계   아홉 개의 특질들이 또 하나의 군집으로 묶이는데, 그 공통성은 "따뜻한 대인관계"(김성태, 1984, pp. 285~287 ; 1989, pp. 208~211)이다. 에릭슨의 "신뢰감"과 "친밀감", 프롬의 "자연과 사람을 애정적으로 받아들여 좋은 관계를 맺는 것", "사랑하고 창조하는 능력", 올포트의 "따뜻한 대인관계", 매슬로의 "좋은 대인관계", "민주적 성격구조", "친밀감", 그리고 엘킨의 "상호 애정과 이해 그리고 수용적 태도에 입각해서 나와 타인과의 관계를 유지하는 것" 들이 이 군집에 속한다(김성태, 1976, p. 25). 이 군집의 특질들은 "타인과 친근하며, 동정심과 이해심을 가지고 부드러운 관계를 맺는 것"(p. 25)의 중요성을 강조하는 공통점을 보이고 있다.

이러한 특질들을 지닌 사람들은 애정과 이해심, 존경심과 헌신감을 가지고 따뜻한 대인관계를 유지할 수 있는 사람들이다. 여기서 애정이란 어떤 사람과 접촉하여 쾌감·안전감 또는 행복함과 같은 정서적 충족을 얻을 수 있기 때문에, 그 사람과 계속 접촉을 유지하려는 경향성을 말한다. 이러한 애정에는 상대방에 대한 이해와 공동의식이 전제되어 있다. 곧 "두 사람이 서로 개인적 가치들을 인정하고 서로 좋아하는 관계"가 애정 관계인데, "이러한 관계에 있으면 공동의식이 생겨서 집단 전체의 문제를 우선적으로 생각하게 된다. 이렇게 서로의 개인적 가치를 인정하면서도, 서로 나와 너의 분별이 없이 우리의 일로서 모든 문제를 다루게 된다. 이같이 '우리'를 의식하는 인간관계가 바로 애정"(김성태, 1984, pp. 285~286)인 것이다.

다른 사람과 따뜻한 관계를 맺는 능력을 이상적 인간의 가장 중요한 특징으로 보고 강조한 사람은 프롬이다. 그(1947, 1955)는 인간은 타인과 밀접한 관계를 추구(관계성 욕구, 정착 욕구)하면서 동시에 독립을 추구(초월 욕구, 정체성 욕구)해야 하는 존재, 곧 타인과 하나가 되면서도 자기의 독특성과 특수성을 지켜야 하는 모순된 욕구를 지니고 있는 존재라고 보았다. 프롬(1955)은, 이러한 대립적 욕구들을 통합함으로써 인간의 가치를 수단이 아니라 그 자체로서 인정하는 "생산적 인격"의 상태에 이르게 되면, "타인과 사랑으로 이어지고, 우애와 연대의 결합으로 정착"(p. 362)되는 따뜻한 관계를 형성하게 된다고 보았다. 그는 이러한 생산적인 대인관계의 핵심이 사랑이라고 보고, 이는 자신과 세계를 결합하며, 동시에 통일된 완전한 모습과 개별성의 감정에 대한 요구를 함께 채우려는 정열이라고 보았다. 그리하여 "사랑이란 사람이 자기 자신의 자아의 단독성과 본래의 완전한 모습을 그대로 지닌 채, 자기 밖의 어떤 인물이나 사물과 결합하는 것"이어서, "자기 자신의 마음의 움직임을 전부 털어놓게 하는 공동 참여 의식이며, 마음의 교환경험"(Fromm, 1955, p. 31)이 된다는 것이다.

사랑의 관계는 이렇게 공동 참여의식을 전제로 하기 때문에, 상대방에 대한 책임과 헌신적 노력을 필요로 한다. 프롬(1947)은 생산적 사랑의 특질로 상대의 발전과 행복에 관심을 가지고 상대방을 성심껏 돌보아주는 노고, 상대의 문제를 바로 자기의 문제로 느끼고 다루는 책임감, 상대의 개별성과 특이성을 있는 그대로 인정하는 존경심, 그리고 상대의 사람됨을 객관적으로 정확하게 파악할 수 있는 상대에 대한 정확한 지식의 네 가지를 들고 있다. 이 가운데 노고와 책임감이 상대방에 대해 헌신하게 만드는 요인들이다. 그러나 이것만 가지고는 "지나치게 맹목적이고 헌신적이어서, 잘못하면 지배욕, 소유욕을 충족시키는 구실밖에 못한다. 그러므로 상대를 존경하고 잘 아는 이지적인 두 요인이 없이는 참된 사랑은 이루어지지 못한다"(김성태, 1984, pp. 286~287). 이렇게 프롬은 상대방에 대한 정확한 인식을 바탕으로 그의 개별성과 특이성을 있는 그대로 인정하고 존중하는 가운데, 상대방의 행복과 발전에 깊은 관심과 책임감을 느껴서 그에 대한 수고를 아끼지 않는 것이 바로 참된 사랑의 관계라고 본다. 그리고 "생산적 인격"에 이른 사람은 타인과 이러한 참된 사랑을 바탕으로 따뜻한 관계를 맺는 특징을 지니고 있다고 보는 것이다.

프롬 말고도 타인에 대한 이해와 원만한 관계 형성의 측면을 이상적 인간의 특징으로 강조한 대표적인 사람은 올포트라고 할 수 있다. 올포트(1961)는 이상적 성격의 상태를 "성숙 성격"이라 부르고 있는데, 그는 성숙 성격자의 사회 적응의 특질을 "자기감의 확대"와 "타인과 따뜻한 관계 형성"의 두 가지로 나누어 고찰하였다. 그는, 자기감의 확대는 가족이나 친구 같은 주변 사람들과 주변에서 벌어지는 일들에 관심을 가지고 배려를 하는 특질로, 이 때문에 가족이나 친구들 사이에 애착이 짙어져서 깊은 친밀감을 지니게 된다고 본다. 이들은 이렇게 친밀성이 많기 때문에 타인에 대한 이해가 풍부해지고, 모든 사람에 대해 그 인간 조건을 이해하고 존경하게 됨으로써 동정감 또는 자비심이 풍부해져서, 주위 사람들과 따뜻한 관계를 맺는다는 것이다. 이러한 친근감과 동정감은 남에게 짐이 되거나 그들을 괴롭히는 존재가 되지 않을뿐더러, 스스로 주체성을 추구해 나가는 데서도 방해가 되지 않아, 이들은 남들과 따뜻한 관계를 맺으면서도 자기의 주체성을 확고히 지키고 자기 일에 몰두할 수 있게 된다고 올포트는 보았다.

요약하면, 이상적 인간은 "남을 사랑하고 이해할 수 있는 애정적 태도로써 타인과의 따뜻한 관계를 유지하여"(김성태, 1984, p. 281) 나가는 특징을 가진 사람이며, 타인에 대한 애정과 이해심, 그리고 존경과 헌신이 이들이 타인들과 따뜻한 관계를 맺을 수 있는 바탕이다.

자기 통일 다섯 개의 특질들이 "자기 통일"(김성태, 1989, pp. 211~213) 또는 "확고한 인생관"(김성태, 1984, pp. 284~285)이라 부를 수 있는 군집으로 묶인다. 이들은 로턴의 "주체적 입장에서 확고한 인생 목표를 가지고 사는 것", 리즈먼 등의 "자기 행동을 의식적으로 통제할 수 있는 것", "합리적이고 비권위적이며 비강박적인 분명한 인생 목표를 갖는 것", 올포트의 "타당한 인생 목표를 갖는 것", 그리고 커텔의 "올바른 가치관에 입각해서 크고 먼 목표를 지향해 여러 욕구의 통제를 해내는 특성 구조" 들이다. 이 군집의 특질들은 "타당하고 확고한 인생 목표를 지니고, 이를 향해 살아가는 것"(김성태, 1976, p. 26)의 중요성을 강조하는 공통점을 보이고 있다.

이상적 인간의 자기 통일의 측면을 강조하고 있는 대표적인 사람들 가운데 하나가 올포트이다. 그(1961)는 자기가 보는 이상적 인간형인 "성숙 성격자"의 특징으로 자기 객관화와 통일된 인생관을 강조한다. 여기서 자기 객관화는 통찰과 해학의 두 요소를 바탕으로 하여 스스로에 대해 정확히 이해하는 것이다. 성숙한 사람은 자기 자신을 객체화하여 봄으로써, 현실적 자기와 이상적 자기 및 남들이 나에게 바라는 자기의 차이를 잘 통찰하여 이해하고 있을 뿐만이 아니라, 타인에 대해서도 객관적으로 판단하고 안정적으로 반응한다. 이들은 이러한 통찰에 덧붙여, 삶에 대해 여유로운 태도를 가지고 나선다. 이들이 가진 해학이 이를 가능하게 하는데, 이러한 해학으로 말미암아 이들은 자신이나 남의 삶이 가지는 가소로운 측면을 이해하고 웃어넘기면서도 삶을 사랑하는 자세를 가짐으로써, 자기 객관화를 유지할 수 있다고 올포트는 보는 것이다.

성숙하지 못한 사람에게 해학은 자칫 삶에 대한 냉소로 나타나기 쉬운데, 이는 뚜렷한 인생 목표를 갖지 못했기 때문이다. 올포트(1961)에 따르면, 성숙한 사람은 그들의 삶 속의 의미를 분명하고 일관성 있게 또 체계적으로 보고, 이를 통합할 수 있다. 이들은 생활의 목적을 갖게 해주는 중심적 가치관을 가지고 있어서, 그것이 그들의 삶을 위한 통합된 바탕의 구실을 하기 때문에, 삶을 진지하게 대하며 이에 대해 냉소적인 태도를 갖지 않는 것이다. 이러한 중심적 가치관이 타당한 인생 목표를 제시해 주고, 결과적으로 올바른 가치 지향의 삶을 영위하게 한다. 이렇게 "자기 통찰, 유머에 더하여 이성적으로 잘 체계화된 분명한 인생 목표가 있어, 이것이 인격을 총괄하고 있으면 성숙성은 확고한 것이 된다. …… 다시 말해서, 한 통일된 인생관의 형식으로 체계화된 인생 목표에 따라 생활을 영위할 때 참된 성숙 성격이 이루어진다"(김성태, 1989, p. 212)는 것이 올포트의 주장이다.

커텔(1965)은 이상적 인간상을 "통일 성격"을 이룬 사람으로 보고, 이들은 "자기의 여러 가지 목표들이 단 하나의 조화된 인생 목표에 응집되어 살아가는 사람"(p. 264)이라고 보았다. 이렇게 커텔은 성격의 통일이란 개인이 가지는 여러 가치들의 통일이라고 본다. 여기서 가치란 한 개인이 타인과 더불어 따르기를 원하는 사회 · 예술 · 도덕 및 여러 영역의 삶의 표준을 말한다. "이러한 가치적 태도들이 초자아 구조와 자기를 보는 태도 구조 속에 자리 잡고 있는데, 이들의 조화된 통일이 성격의 통일을 좌우한다"(김성태, 1989, p. 212)고 커텔은 보며, 바로 이러한 통일된 가치관 체계를 체득하는 것이 바로 이상적 인간의 기본적인 특징이라는 것이다.

리즈먼 등(1950)이 미국을 대표로 하는 현대 서구사회의 이상적 인간형으로 내세우는 "자율적 인간"도 확고한 인생 목표를 통해 자기 통일을 이룬 사람이라 볼 수 있다. 그들이 말하는 자율적 인간이란 사회의 행동 규범에 충분히 동조할 수 있으면서도, 실제 행동하는 데서 동조 여부의 결정은 스스로 자유롭게 선택하는 사람을 말한다. 그렇기 때문에 사회가 요청하는 것 이상을 해낼 수 있다는 것이다. 특히 "내부 지향형의 성격을 지닌 자율적 인간은 분명한 인생 목표를 내재화시켜 지니고 있어, 변화하는 세계에 꿋꿋하게 대응할 수 있게 훈련되어 있으며, 또 이들의 목표와 욕구는 합리적이고 비권위적이며 비강박적인 것이 특징"(김성태, 1989, pp. 211~212)으로서, 타인 지향형이 대다수를 차지하고 있는 오늘날 가장 바람직한 성격 유형으로 볼 수 있다고 리즈먼 등은 보고 있다. 곧 자율적 인간의 핵심 특징도 확고한 인생 목표의 흔들림 없는 추구에 있는 것이다.

이렇게 개인주의 사회에서 그리고 있는 이상적 인간은 자기 통찰과 해학, 그리고 여러 가치관의 통합을 바탕으로 하여 "보람 있는 생활을 할 수 있게 확고하고도 타당한 인생관을 지니고 살며, 통일된 세계관을 세우고 이에 맞추어 행동해 나가는"(김성태, 1984, p. 280) 특징을 가지고 있는 사람이다.

문제 중심성 네 개의 특질들이 "문제 중심성"(김성태, 1984, pp. 287~288 ; 1989, pp. 213~214)이라 부를 수 있는 하나의 군집으로 묶인다. 이들은 로턴의 "당면한 일에 열중하는 것", "문제를 직접 현실 속에서 해결해 나가는 것", 에릭슨의 "근면성", 그리고 매슬로의 "문제 중심성" 들인데, "이는 요컨대 일에 열중하는 경향을 나타낸 것이라 할 수 있다"(김성태, 1976, p. 26).

성인의 적응 문제에 주로 관심을 가지고 "잘 적응된 사람"의 특징을 연구한 로턴(1946)은 그들의 특징을 스무 가지로 제시하는데, 이들 가운데 대략 반 정도가 직접이든 간접이든 문제 중심성과 관련이 있을 정도로 그는 성숙한 성인의 특징으로 일에 열중하는 경향을 강조하고 있다. 이들은 "생활을 위해 어떤 특수 역할을 하거나 지위를 차지하는 것을 반대할지라도, 자신이 그 자리를 차지하고 있는 동안은 그 역할이나 그 지위에서 해야 할 책임과 경험을 기꺼이 받아들여 해낸다", "해결해야 할 어떤 문제가 있을 때, 그 문제를 피하려고 하기보다 그것을 해결해 버리려고 노력한다", "자기의 발전과 행복을 방해하는 진정한 장애물을 쳐부수고 제거하는 데서 즐거움을 느낀다", "일단 하기로 결정한 것이면, 중대한 새 전기가 생기지 않는 한 그 일을 해낸다", "활동의 계획을 세우기 위해 진지하게 사고를 할 뿐이지, 활동을 늦추거나 도피하려는 계략을 꾸미기 위해 사고를 하지는 않는다", "자기의 실패에서 많은 교훈을 얻으며, 실패를 정당화하기 위해 애쓰지는 않는다", "자기의 성공을 과장하지 않고, 또 원래 성공한 분야에서 더욱 영역을 넓혀간다", "일할 때는 일에 열중하고, 놀 때는 노는 데 열중한다", "여러 가지 습성이나 태도가 잘 조직되어 있어, 부닥치는 어려움을 근본적으로 조정해서 쉽게 해결한다", "일단 하려고 한 것은 그 일에 열중하여, 있는 힘을 다해 효율적으로 해낸다", 이렇게 열 가지이다. 이들은 대체로 일에 적극적으로 나서고 회피하려 하지 않으며, 일의 성패에 따른 교훈을 겸허히 받아들여 모자란 일의 해결에 이용하고, 스스로 선택하지 않은 일이더라도 자기가 해야 할 일이라면 책임 있게 해내는 것과 같이 일에 열중하는 태도와 관련된 특징들이다. 이렇게 로턴은 잘 적응된 사람의 가장 중요한 특징을 문제 중심의 일 처리에서 찾고 있는 것이다.

이렇게 일에 열중하는 태도는 "근면성"으로 드러나는데, 에릭슨(1963/1988)에 따르면 이러한 근면성은 6~11세의 학령기 동안에 이미 익혀야 한다. 곧 성장한 뒤 긴요하게 쓰일 여러 가지 지적, 사회적 기술의 숙달을 통하여 근면성은 매우 어린 시기부터 발달한다는 것이다. 바로 이러한 근면성을 통하여 "자기에게 주어진 어떤 기술의 습득이나 해야 할 과제가 있으면, 이에 열중하고 몰입하는 습성이 두드러지게 나타난다"(김성태, 1989, p. 213).

매슬로도 "자기실현인"의 특징으로 문제 중심성을 강조하였다. 그(1954/1970)에 따르면, 자기실현인은 자기 중심적이 아니라 문제 중심적이어서, 자의식에 얽매이지 않고 문제에 집중해서 일을 하므로 훌륭한 결과를 이루어낼 수 있다. 불완전한 사람에게서 흔히 볼 수 있는 내성적 경향과는 달리, 문제 중심화한 사람은 생활에 어떤 사명감을 지니며, 성취해야 할

과업이 있다. "이런 문제들은 자기 자신을 위한 이기적인 문제라기보다, 책임이나 의무로 느끼는 과제인 경우가 많다"(김성태, 1989, p. 213). 이들은 이런 과제에 집중해서 자기 중심성에서 벗어나 열성적으로 이를 해결하려 노력한다. "해야 할 일에 열중하니 쓸데없는 잡념이 없고, 집중적으로 한 가지 일에만 골몰하여 특별히 흥분하지도 않고, 담담한 심정으로 살아가는 안정된 모습으로 일에 임하는 것이다"(김성태, 1984, p. 288).

올포트도 이상적 성격형인 "성숙 성격자"의 특징으로 일에 열중하는 문제 중심성을 중요하게 꼽고 있다. 그(1961)에 따르면, 성숙한 사람은 현실과 맞닥뜨려 자신의 욕구와 상상에 맞도록 왜곡해서 지각하지 않고 있는 그대로 현실을 객관적으로 인식하는데, 이러한 정확하고 객관적인 현실 인식에 덧붙여, 그들은 문제 해결에 적절한 기술을 지닌 채 문제 지향적으로 일에 달라붙는다. 그들은 지극히 문제 중심적이어서, 업무가 우선일 때에는 사사로운 욕구나 충동은 제쳐놓고 자신을 잊을 정도로 업무에 집중한다.

이렇게 문제 중심적인 사람들은 대상을 인지할 때 지나치게 단순화하거나 왜곡시키지도 않고, 또 부당하게 추상화시키는 것도 아니고, 상반되는 경향이 공존하는 모습을 있는 그대로 받아들인다. 활동을 하는 데서도 마음의 안정성을 토대로 대상에 객관적으로 대처하며, 따라서 집중적이고 정확하며 착실하게 임하여, 효율적이고 성공적인 성취를 이룬다. 성숙 성격자나 자기실현인들은 이와 같이 정확한 현실 파악력과 문제 중심성을 토대로 하여 "정상인에게서는 기대할 수 없는 탁월한 업적"(김성태, 1984, p. 284)을 나타내 보이는 것이다.

요약하면 문제 중심성이랑 "현실을 있는 그대로 파악하면서, 그 속에서 해야 할 일을 적절하게 선택하여, 그 일의 성패와 자기를 관련짓지 않고, 아무런 자의식 없이 일 자체에만 몰입하는 것"(김성태, 1989, p. 214)으로, 이렇게 "문제를 직접 현실 속에서 해결하는 데 만족을 느끼며, 자기 중심적이 아니고 문제 중심적으로 일에 열중"(김성태, 1976, p. 27)하는 것이 개인주의 사회에서 그리는 이상적 인간의 또 한 가지 특징으로 나타나는 것이다.

(2) 동아시아 집단주의 사회의 이상적 인간상

5장에서 동아시아 집단주의의 사상적 배경에 유학사상이 놓여 있음을 확인해 보았다. 중국·한국·일본의 역사에서 유학사상은 최근까지도 오랫동안 관학의 위치를 차지하고 있었다. 한국인들의 경우 현재 유교를 자기의 종교라고 응답하는 사람은 0.5%에 지나지 않았으나, 전체 인구의 91.7%가 그 신념이나 행동 습관으로 보아 유교인이라고 볼 수 있을 정도로 유학적 사고와 행동양식이 현대 한국인의 삶의 양식을 실제로 지배하고 있음이 드러나고 있다(고병익, 1996 ; 윤이흠 외, 1985). 이러한 사실은 유교의 기본 가치를 드러내는 문항 40개로 "중국적 가치 검사"를 마련하여 22개국 대학생에게 실시하였을 때, 중국·홍콩·대만·일본·한국 같은 동아시아 국가의 대학생들은 매우 강한 유교적 역동성의 가치체계를 보인다는 연구 결과(Hofstede, 1991/1995)와 일맥상통하는 것이다.

이와 같이 유교적 가치체계는 현재까지도 동아시아 사회의 가장 중심적인 삶의 가치로 받아들여지고 있다. 이러한 사실은 유학의 체계 속에 동아시아 사회의 집단주의 가치가 그대로 담겨 있음을 의미하는 것이다. 5장에서 살펴보았듯이, 유학사상에서 끌어낼 수 있는 세 측면의 인간관(사회적 관계체, 능동·주체적 존재, 무한한 가능체)에 따라 집단주의와 개인주의의 차이를 개관하는 세 차원 가운데 집단주의의 강조점(연계성·조화성, 자기 억제, 가변성·자기 개선)이 직접 연역되어 나오는 것이었다. 뿐만 아니라, 유학사상에서 끌어낼 수 있는 대인평가와 귀인·정서·동기이론의 특징들과 현대 집단주의 사회인이 보이는 심성과 행동의 여러 특징들 사이에 일치도가 매우 높음을 확인할 수 있었다. 이렇게 동아시아 집단주의의 배경에는 유학사상이 놓여 있는 것이다.

이러한 맥락에서 유학사상이 제시하는 이상적 인간상이 곧 동아시아 집단주의 사회에서 그리는 이상적 인간상이 된다는 사실을 추론할 수 있다. 유학의 경전들에서 이상적 인간상은 대인(大人)·대장부(大丈夫)·대유(大儒)·지인(至人)·현인(賢人)·군자(君子)·성인(聖人) 같은 다양한 용어로 표현되고 있으나, 이 가운데 이상적 인간상의 전형으로 주로 쓰이는 것은 군자와 성인이다. 6장에서는 《논어》, 《맹자》, 《순자》, 《대학》에 나오는 군자와 성인에 대한 언급을 분석하여, 유학사상이 제시하는 이상적 인간상의 모습을 정리함으로써, 동아시아 집단주의 사회에서 그리고 있는 이상적 인간상의 특징을 확인해 보았다.

《논어》에서 공자는 군자의 모습을 수기이경(修己以敬)·수기이안인(修己以安人)·수기이안백성(修己以安百姓)의 세 가지로 제시하고 있다. 《맹자》에서는 성인의 모습이 성지청(聖之淸)·성지화(聖之和)·성지임(聖之任)의 세 가지로 제시되고 있다. 《순자》에서는 군자와 성인의 모습을 자기 수양, 일 또는 사물과 맺는 관계, 대인관계, 사회에 대한 책임의 네 측면에서 살피고 있다. 《대학》에서는 지어지선(止於至善)·친민(親民)·명명덕(明明德)을 삼강령으로 제시하여 배움의 최고 목표로 삼음으로써, 이상적 인간을 세 측면에서 살피는 관점을 드러내고 있다.

여기서 수기이경(《論語》), 성지청(《孟子》), 자기 수양과 일 또는 사물과 맺는 관계(《荀子》), 그리고 지어지선(《大學》)은 자기 수련을 통한 도덕적 개체의 자기 완성이라는 측면에서 나타나는 군자와 성인의 특징을 의미하는 것이다. 수기이안인(《論語》), 성지화(《孟子》), 대인관계(《荀子》), 그리고 친민(《大學》)은 대인관계에서 인화를 꾀하는 측면에서 드러나는 군자와 성인의 특징을 말하는 것이다. 그리고 수기이안백성(《論語》), 성지임(《孟子》), 사회에 대한 책임(《荀子》) 및 명명덕(《大學》)은 사회적 책임의 자임과 완수라는 측면에서 나타나는 군자와 성인의 특징을 드러내는 것이다. 이렇게 유학사상에서는 자기 수련을 통한 자기 완성, 대인관계의 인화 도모 및 사회적 책임의 자임과 완수라는 세 가지 측면에서 이상적 인간상을 그려내고 있다.

여기서 한 가지 생각해 둘 것은 이 세 가지 특징은 모두 인간의 사회성에 대한 강조에서 연역되어 나온다는 사실이다. 자기 수련을 통해 이루어야 할 것은 자신이 도덕 주체라는 사실에 대한 인식과 도덕성을 실생활에서 실천하려는 의지다. 도덕성의 핵심은 곧 인간의 사회적 존재 특성에서 비롯하는 타인에 대한 관심과 배려이다. 그러므로 자기 수련이란 자신보다 남에게 먼저 관심을 갖는 태세의 확립을 목표로 하는 것이다. 이렇게 자기 수련을 통해 도덕 주체로서 자각을 이룬 사람은 대인관계에서 타인을 존중하고 앞서 배려함으로써, 그들과 조화로운 관계를 유지할 수 있다. 그리고 이들은 모두 함께 누리는 삶의 터전인 사회에 대한 책임을 기꺼이 떠맡으려 한다. 자신만이 아니라 똑같은 도덕의 주체로서 남들도 이러한 사실을 인식하도록 관심을 갖고 도와줌으로써, 평화롭고 질서 있는 사회를 이룩하는 데 온 힘을 쏟는다. 이와 같이 유학의 체계에서 나타나는 이상적 인간상은 자기의 완성에서 대인관계의 완성을 거쳐 사회적 책임의 완수에 이르기까지 끊임없이 자기확대를 이루어가는 존재로 그려지고 있으며, 이러한 관점의 바탕에는 사회적 존재인 인간의 사회성을 강조하는 유학의 기본 이념이 깔려 있는 것이다.

자기 수련을 통한 자기 완성   공자는 군자의 첫 번째 특징을 "자기를 닦음으로써 삼가게 된 사람"(修己以敬)이라 보았다. 유학에서 '삼가다[敬]'란 말은 상당히 다양한 의미를 가지고 널리 쓰이고 있으나,21) 대체로 인간의 도덕적 수련의 바탕으로 강조되고 있다.22) '경 상태에 머무르는 일[居敬]'에 대해서는 특히 성리학에서 강조하고 있는데, 성리학자들에게 거경은 "성인이 되고자 하는 학문[聖學 : 유학 전체를 가리킴]의 처음이자 마지막이 되는 요체"23)로서, 자기 수련의 핵심으로 부각되고 있다. 이러한 거경(居敬)에 대해 성리학자들은 주일무적(主一無適 : 마음을 하나에 집중하여 다른 곳으로 흩어지지 않도록 하는 일), 정제엄숙(整齊嚴肅 : 몸가짐을 정돈하여 가지런히 하고, 마음을 엄숙하게

---

21) 敬은 《論語》에서 21회, 《孟子》에서 40회, 《荀子》에서 94회 사용되고 있다(《論語引得》·《孟子引得》·《荀子引得》 참조).

22) 居敬의 의미와 그 심리학적 함의에 대해서는 김성태(1989), 한덕웅(1994, pp. 76~96), 조긍호(2003a, pp. 464~469) 참조.

23) 敬爲聖學之始終 豈不信哉(敬齋箴 210, 〈聖學十圖〉, 《退溪全書上》) ; 敬之一字 豈非聖學始終之要也哉(大學經 203, 〈聖學十圖〉, 《退溪全書上》) ; 敬者聖學之始終也(修己上 收斂章 431, 〈聖學輯要〉, 《栗谷全書》)

지니는 일), 상성성법(常惺惺法 : 항상 똑똑하게 각성 상태에 머무르는 일), 불용일물(不容一物 : 마음을 거두어들여, 다른 생각이 그 속에 들어오지 못하게 하는 일)과 같이 다양하게 언급하고 있다.[24]

이러한 거경의 상태는 궁리(窮理)의 근본이어서 사물의 이치를 올바로 알아차리게 하거나 이렇게 깨달은 도를 일상생활에서 실천하여 도덕적 완성을 이루게 하는 것과 같은 다양한 기능을 한다. 김성태(1989)는 "경 공부라는 것은 마음의 안정성, 집중성 및 객관적 태도를 주된 요인으로 지니고 있는 주의 과정에 가까운 것"(p. 163)이라고 하여, 거경을 주의 집중이라는 인지 기능 측면에서 고찰하고 있다. 여기서 한 걸음 더 나아가 한덕웅(1994)은 "경 상태는 주의 분산 없는 주의 집중의 기능과 관련해서 사물 지각이나 판단에서의 주관적 오류를 극복토록 하는 인지적 기능도 지니지만, 인간의 목표 추구 활동을 활성화하고 행동적 표출을 자신의 판단에 일치시키도록 방향을 제시하는 동기적 기능도 지닌다. 그리고 행동 결과를 목표 설정에서 마련된 기준과 비교함으로써 환류하는 기능도 지닌다. 따라서 경은 심적 자기 조절이 이루어지는 전 과정에서 영향을 미친다"(p. 93)고 진술하고 있다.

거경의 기능을 이렇게 주의 집중과 함께 심적 자기 조절이라고 보면, 생물적, 이기적 동기〔人心〕를 제어하고〔遏人欲〕 도덕적 동기〔道心〕를 일으키는〔存天理〕 기능을 한다는 사실은 쉽게 이해된다. 율곡(栗谷)은 이를 "경 상태에서는 안으로 욕구가 싹트지 않고, 밖으로 사물의 유혹이 들어오지 못한다. …… 경은 사람의 욕구〔人欲〕를 대적하는 방도로서, 사람이 항상 경 상태에 있게 되면, 천리가 스스로 밝아지고, 사람의 욕구는 위로 떠오르지 못하게 되는 것이다"[25]라고 말하고 있다. 이렇게 경에 힘입어 생물

---

24) 或曰 敬若何以用力耶 朱子曰 程子嘗以主一無適言之 嘗以整齊嚴肅言之 門人謝氏之說 則有所謂常惺惺法者焉 尹氏之說 則其心收斂 不容一物者焉云云 敬者一心之主宰 而萬事之本根也(大學經 203, 〈聖學十圖〉, 《退溪全書上》)

25) 敬則內欲不萌 外誘不入 …… 敬所以抵敵人欲 人常敬則天理自明 人欲上來不得(修己 中 正心章 476, 〈聖學輯要〉, 《栗谷全書》)

적, 이기적 욕구를 제어할 수 있기 때문에, "악을 버리고 선을 따르는 일은 역시 경을 위주로 하는 일[主敬]과 도에 대한 올바른 이해[明理]에 달려 있을 수밖에 없는 것이다."26) 이와 같이 "경이란 덕을 모으는 근본이고, 인간의 본성을 완성하고 실천하는[踐形盡性] 요체"27)로서, 거경은 곧 동기 승화의 직접적인 방도이며 덕을 완성하는 핵심이 된다는 것이 바로 성리학자들의 관점이었던 것이다.

이렇게 경은 주의 집중의 인지 기능과 자기 조절의 동기 기능을 함께 가지는 자기 수련의 핵심이다. 그러므로 "자기를 닦음으로써 삼가게 된 사람"은 자기가 도덕 주체라는 사실을 확고하게 인식함과 아울러, 일상생활에서 도덕 실천을 통해 "알인욕·존천리(遏人欲 存天理)"하는 도덕적 자기 완성을 이룬 사람이다. 곧 이들은 도덕의 본성이 자기에게 본디부터 갖추어져 있다는 사실을 깨달아 스스로가 도덕 주체라는 가치의 자각을 이룬 바탕 위에서, 이기적 욕구에 물든 인심(人心)을 버리고 천리를 간직한 도심(道心)을 추구하는 이상적인 삶의 상태를 지향하게 되는 것이다(안병주, 1987 ; 이상은, 1973).

이상에서 보듯이 군자의 특징으로서 '수기이경'은 경 상태에 머무르는 거경을 통해 자기 수련을 이루어 도덕적 자기 완성에 이르는 일을 말한다. 이러한 군자의 특징인 수기이경의 상태를 맹자는 '성지청'이라 보았다. 맹자가 말하는 성지청의 전형은 백이(伯夷)로서, 그는 자기 수련을 통해 평생 도의 실천을 깨끗하게 견지한 사람이어서(《孟子》,〈公孫丑上〉 2, 9 ;〈滕文公下〉 10 ;〈離婁上〉 13 ;〈萬章下〉 1 ;〈告子下〉 6 ;〈盡心上〉 22 ;〈盡心下〉 15), "인에 머물고 의를 따름으로써"(居仁由義,〈盡心上〉 33) 자기 완성을 이룬 성인으로 제시되고 있다. 순자는 자기 수련을 이룬 군자의 특징을 "자기 수양"과 "일 또는 사물과 맺는 관계" 측면에서 살피고 있는데(《荀子》,〈君道〉 6~7), 이러한 군자의 특징은 공자의 '수기이경'과 맹자의 '성

---

26) 其欲去惡而從善 亦在主敬與明理而已(答金而精 684,〈書〉,《退溪全書上》)

27) 此敬之一字 乃聚德之本 而踐形盡性之要也(修己中 正心章 477,〈聖學輯要〉,《栗谷全書》)

지청'의 상태와 같은 것이다. 《대학》에서 삼강령으로 제시하고 있는 대
학의 도 가운데 지극한 선에 머무르는 "지어지선"도 자기 수련을 통한
도덕적 자기 완성의 상태를 말하는 것이다. 이러한 맥락에서 보면, 유학
고전(《論語》·《孟子》·《荀子》·《大學》)에서 제시하는 군자와 성인의 첫
번째 특징은 자기 수련을 통한 도덕적 자기 완성을 이루는 일이라 볼 수
있다.

이러한 자기 수련의 기본 전제는 도덕 주체인 자기에게 모든 도덕의 바
탕이 본유한다는 사실을 자각하는 데 있다. 이러한 관점은 공자 때부터 이
어지는 유학의 전통으로, 공자는 "인(仁)을 행하는 것은 자기에게 달려 있
는 일이지, 남에게 달려 있는 일이 아니다"(《論語》, 〈顏淵〉 1)라고 말하여
도덕의 본유설을 인정하고 있으며, 따라서 "능히 가까이 자기 몸에서 취해
서 남에게 깨닫게 할 수 있으면, 인을 행하는 방도라고 이를 만하다"(〈雍
也〉 28)고 보아, 덕성 주체인 스스로에 대한 자각이 일상생활에서 도덕성
을 실천하는 바탕임을 역설하고 있다. 이러한 관점은 맹자와 순자에게도
이어져, 맹자는 "인·의·예·지 같은 도덕의 근거는 인간의 본성 속에 본
유하는 자연적인 것이지 외부에서 주어지는 인위적인 것은 아니다"(《孟
子》, 〈告子下〉 6)라는 도덕 본유설의 근거 위에서 이에 대한 자각을 강조하
여, "군자는 도를 깨달아 스스로 얻고자 한다"(〈離婁下〉 14)고 표현하였다.
순자도 "군자는 자기에게 달린 일을 삼가 행할 뿐, 하늘에 달린 일을 사모
하지 않으므로 …… 날로 발전하는데"(《荀子》, 〈天論〉 28~29), 여기서 자
기에게 달린 일이란 곧 도덕 주체임에 대한 자각과 일상생활에서 이를 실
천하는 일(〈天論〉 28)인 것이다.

군자와 성인은 이렇게 도덕 주체라는 자각에 충실하기 때문에 모든 일의
책임을 돌이켜 스스로에게서 찾으려 하는 반구저기(反求諸己)의 태도를
굳게 가지고 있다. 공자는 "소인은 모든 책임을 남에게 돌리지만, 군자는
스스로에게서 모든 책임을 찾으려 하며"(《論語》, 〈衛靈公〉 20), 자기의 무
능을 자책할지언정 남이 자기를 알아주지 않는다고 해서 걱정하거나(〈學
而〉 16 ; 〈里仁〉 14 ; 〈憲問〉 32 ; 〈衛靈公〉 18) 서운해하지 않는다(〈學而〉 1)

고 말하고 있다. 맹자도 "만물의 이치는 모두 나에게 갖추어져 있으므로"(《孟子》,〈盡心上〉4), "행동에 알맞는 결과를 얻지 못하면, 돌이켜 자기에게서 책임을 구하는 태도"(〈離婁上〉4)가 필요하다고 본다. 순자도 모든 일의 책임은 자기에게 있는데, "도대체 자기가 잘못해 놓고서 남에게 책임을 미루는 일은 사정에 아주 어두운 일"(《荀子》,〈法行〉21~22)이라 진술하여 같은 견해를 밝히고 있다. 이렇게 유학사상에서는 도덕 주체에 대한 자각이 모든 일은 자기에게 달려 있다는 인식을 낳음으로써, 모든 일의 책임을 스스로에게서 찾는 태도〔反求諸己〕를 불러일으킨다고 보고 있는 것이다.

군자와 성인은 이렇게 책임의 자기 귀인 경향이 강하기 때문에, 자기에게 잘못한 일이 있을 때 이를 고치기를 주저하지 않으며(《論語》,〈學而〉8), "어진 사람을 보면 그와 같아지려 하고, 어질지 못한 사람을 보면 안으로 스스로를 반성하여"(〈里仁〉17) 자기를 고치려 한다. 이와 같이 군자는 자기의 잘못을 고쳐 자기개선을 이루려 하고, 그렇기 때문에 남들이 우러러본다(〈子張〉21). 맹자도 같은 견해를 밝히면서, 군자는 잘못을 저질렀을 때에도 "자기의 행동이 의가 아님을 알자마자 이를 서둘러 그만두며"(《孟子》,〈滕文公下〉8), 이렇게 이들이 "자기의 잘못을 고치면, 사람들이 우러러 보면서"(〈公孫丑下〉9) 그들을 믿고 따르게 된다고 말하고 있다. 순자도 "군자는 널리 배우고, 매일 이를 자기에게 비추어 반성해 봄으로써, 지혜가 밝아지고 행실에 잘못이 없게 된다"(《荀子》,〈勸學〉2)고 말하여, 자기개선을 군자의 중요한 특징으로 강조하고 있다.

군자와 성인은 이렇게 항상 잘못을 개선하고 모든 책임을 스스로에게서 찾기 때문에, 정서적으로 안정되어 있을 뿐만 아니라(《論語》,〈顔淵〉4 ;〈述而〉36 ;〈子路〉26 ;《孟子》,〈滕文公下〉2 ;〈盡心上〉20 ;《荀子》,〈修身〉39 ;〈君道〉5~6), 자기 자신에게 그 원천이 있는 정서나 욕구〔在己者·在我者〕를 중요하게 여기거나 실행하고, 그 유발이나 충족 여부가 외적, 상황적 조건에 달려 있는 정서나 욕구〔在天者·在人者〕는 통제할 수 있다(《論語》〈顔淵〉1 ;《孟子》,〈盡心上〉3 ;《荀子》,〈天論〉28~29 ;〈正論〉28~29).

공·맹·순뿐만 아니라 성리학에서도 외적 조건이나 상황이 일으키는 정서나 외적 조건 또는 상황에 그 충족 여부가 달려 있는 욕구는 인심(人心)이라 하여 이를 적극 억제하고, 개인의 내적 활동에 힘입어 일어나는 정서나 도덕성을 추구하는 동기는 도심(道心)이라 하여 지향하고 간직하여야 한다고 본다. 따라서 군자의 상태를 이기적, 생물적 정서나 욕구를 억제하고 타인 지향적, 도덕적 정서와 욕구를 존양하는 일[遏人欲 存天理]에서 찾는다.

이상에서 보듯이, 군자와 성인은 도덕의 근거가 자신에게 본유한다는 자각을 이루고, 이러한 바탕 위에서 모든 책임을 자기에게서 구함으로써, 항상 자기 잘못을 고치려 노력하는 태도를 굳게 지닌 사람들이다. 그들은 자기 자신이 해야 할 일과 해서는 안 될 일이 있음을 잘 분별하여,[28] "바른 뜻을 가지고 사물에 대한 밝은 이치를 실제에 활용하기 때문에, 만물이 모두 제자리를 잡도록"(《荀子》, 〈解蔽〉 17) 실생활에서 도덕적 가치에 맞는 일 처리를 할 수 있다. 그리하여 그들은 도덕 주체로서 자기가 해야 할 일은, 외적, 상황적 조건에 따라 생기거나 충족되는 이기적, 생물적 정서나 욕구를 적극 억제하고, 그 대신 타인 지향적, 도덕적인 정서와 욕구는 굳게 간직하고 키워나가는 일이라고 보아, 이러한 삶의 태도를 지향함으로써 도덕적 자기 완성을 이루려 하는 것이다.

대인관계의 인화 도모　　군자와 성인은 인·의·예·지 같은, 인간에게 본유하는 도덕성을 바탕으로 자기 몸을 닦아 도덕적 수양을 이룬 뒤에, 일상생활을 통해 주위 사람들과 조화를 이루고, 그들을 편안하게 이끌어주는 사람이다. 공자는 이러한 상태를 "수기이안인"(《論語》, 〈憲問〉 45)이라 표현하는데, 주희(朱熹)는 여기서의 "다른 사

---

28) 子曰 非禮勿視 非禮勿聽 非禮勿言 非禮勿動 顏淵曰 回雖不敏 請事斯語矣(《論語》, 〈顏淵〉 1) ; 人有不爲也 而後可以有爲(《孟子》, 〈離婁下〉 8) ; 無爲其所不爲 無欲其所不欲 如此而已矣(〈盡心上〉 17) ; 於不可已而已者 無所不已 於所厚者薄 無所不薄也(〈盡心上〉 44) ; 聖人淸其天君 …… 如是則知其所爲 知其所不爲矣 則天地官而萬物役矣(《荀子》, 〈天論〉 25)

람(人)은 자기(己)와 대비하여 말한 것"[29]으로 보아, 가족과 주위 사람의 뜻으로 풀고 있다. 이렇게 공자는 도덕적 수양을 이룬 군자는 자기 수련에만 머물지 않고, 주위 사람들과 조화롭고 편안한 관계를 맺음으로써, 그들을 도덕적 자각 상태로 이끄는 특징을 지닌다고 보고 있다. 맹자는 이러한 특징을 "성지화"(《孟子》, 〈萬章下〉 1)라 부르는데, 그 전형은 유하혜(柳下惠)로서, "도량이 좁은 사람을 너그럽게 이끌고, 성격이 각박한 사람을 돈독하게 하여"(〈萬章下〉 1 ; 〈盡心下〉 15), 주위의 모든 사람을 인화로써 품어안은 사람(〈公孫丑上〉 2 ; 〈萬章下〉 1 ; 〈告子下〉 6 ; 〈盡心上〉 28 ; 〈盡心下〉 15)이라 보았다. 순자는 대인관계에서 널리 사람들을 포용함으로써 사람들을 의롭게 이끌고 혼란하지 않게 하여, 사람들 사이에 조화가 이루어지게 하는 것(《荀子》, 〈君道〉 6~7)이 군자의 특징 가운데 하나라 보고 있다. 《대학》에서는 이러한 군자의 특징을 "친민"이라고 표현하여, 도덕적 완성 뒤에 이를 주변 사람들에게 확대하고 베풂으로써, 그들 사이에 조화를 이루어 사람들을 친애하는 일을 배움의 두 번째 목표로 삼고 있다. 이처럼 유학의 고전들에서는 공자의 "수기이안인"의 논의를 뒤이어, 대인관계에서 조화를 꾀하는 일을 군자와 성인의 두 번째 특징으로 제시하고 있는 것이다.

유학자들은 사람들 사이에 조화를 꾀하는 일은 한꺼번에 모든 사람을 똑같이 아끼고 친애하는 것이 아니라, 부모와 가족에 대한 친애함에서 시작하여 주위 사람, 그리고 그 밖의 사람을 친애하는 데로 점점 넓혀나가야 한다고 본다. 공자는, 군자는 먼저 가족들에게 효와 우애를 다하여 가정의 질서를 꾀하는데, "이것이 인을 행하는 근본이 되기 때문"(《論語》, 〈學而〉 2)이라고 하여, 이러한 사랑의 점진적 확대주의를 주장하고 있다. 군자는 가족에 대한 효와 우애를 넓혀서 친척들에게 돈독히 하고, 옛 친구들도 잘 보살펴서(〈泰伯〉 2 ; 〈微子〉 10), 그들이 선을 행하도록 권면한다(〈子路〉 28). 곧 군자는 가족을 공경하는 마음을 넓혀서 사람들을 공경하고, 그들에게

---

29) 人者對己而言(《論語集註》)

공손하고 예의바르게 대함으로써 모든 사람을 형제같이 여기는 경지(〈顔
淵〉5)까지 이르게 된다고 공자는 주장하는 것이다.

　극단적인 위아설(爲我說)이나 겸애설(兼愛說)을 배격하면서, 차등애설
(差等愛說)의 견지에서 사랑의 점진적 확대주의를 공자보다도 더욱 강조
한 사람이 맹자이다. 그는 "양주(楊朱)는 자신만을 위하니 이는 '군주를 무
시하는'30) 것이고, 묵적(墨翟)은 무차별적 사랑인 겸애를 주장하니 이는
부모를 무시하는 것이다. 부모도 무시하고 군주도 무시하면, 이는 금수와
다를 것이 없다. …… 이러한 그릇된 학설은 사람들을 속이고, 인의의 도
를 막아버리게 된다"31)고 하여, 차등애에 따른 사랑의 점진적 확대를 주장
하였다. 맹자는 인의(仁義)는 곧 어버이를 친애하고〔親親〕어른을 공경하
는〔敬長〕것에서 출발한다고 본다. 이러한 점을 그는 "인(仁)의 핵심은 어
버이를 모시는 것이고, 의(義)의 핵심은 형을 따르는 것이며, 지(智)의 핵
심은 이 두 가지를 깨달아 이를 버리지 않는 것이고, 예(禮)의 핵심은 이
두 가지를 조절하여 아름답게 꾸미는 것"32)이라고 표현함으로써, 인간 행
위의 당위적 규범인 인·의·예·지의 핵심을 바로 친친(親親)과 경장(敬
長)에서 구하고 있다. 맹자에 따르면, 이러한 친친과 경장은 사람에게 본유
하는 인식 능력인 양지(良知)와 본유하는 도덕적 행위 능력인 양능(良能)
을 갖춤으로써 나오는 자연스러운 것이지, 결코 인위적인 것이 아니다. 곧
"사람은 누구나 배우지 않고서도 할 수 있는 양능과 배우지 않고서도 알
수 있는 양지를 가지고 있는데, 바로 이러한 양지·양능을 갖춤으로 해서
사람은 누구나 어려서부터 자기 어버이를 사랑할 줄 알고, 점차 자라나면
서는 누구나 자기 형을 공경할 줄 알게 된다. 이러한 양지·양능을 바탕으

---

30) 여기에 나오는 '無君'은 이 책의 맥락에서 현대적으로 해석하면, "사회적 책임을 무
　　시하는"의 뜻으로 풀이할 수 있을 것이다.
31) 楊氏爲我 是無君也 墨氏兼愛 是無父也 無父無君 是禽獸也 …… 是邪說誣民 充塞仁
　　義也(《孟子》,〈滕文公下〉9)
32) 仁之實 事親是也 義之實 從兄是也 智之實 知斯二者弗去是也 禮之實 節文斯二者是也
　　(〈離婁上〉27)

로 해서 어버이를 친애하는 것이 바로 인이고, 윗사람을 공경하는 것이 의로서, 인의란 다른 것이 아니라 바로 이러한 친친과 경장을 넓혀서 천하에 달통하도록 하는 일일 뿐”(〈盡心上〉 15)이라는 것이다.

따라서 이렇게 자기 가까이에서 출발하는 친친과 경장의 도를 사람들을 인애하고 사물을 아끼는 데까지 넓혀야 한다는 것이 맹자의 점진적 확대주의의 핵심이다. 이를 맹자는 다음과 같이 표현하고 있다.

> 군자가 사물을 대할 때는 이를 아끼고 사랑하기는 하지만, 사람을 대하듯이 인애하지는 않는다. 군자가 사람을 대할 때는 그들을 인애하기는 하지만, 어버이를 대하듯이 친애하지는 않는다. 군자는 어버이를 친애하고 나서 사람들을 인애하고, 사람들을 인애하고 나서 사물을 아끼고 사랑한다.33)

여기서 볼 수 있는 바와 같이, 다른 사람을 인애하는 것[仁民]은 어버이를 친애한 뒤의 일이며, 사물을 사랑하는 것[愛物]은 다른 사람을 인애한 뒤의 일이라는 것이 맹자의 생각이다. 이렇게 친친과 경장을 인민과 애물로까지 넓히는 것이 바로 인의를 실행하는 단계이다. 이러한 확대를 통하여 “나의 집 어른을 공경하는 마음을 미루어 남의 어른을 공경하는 데까지 미치고, 나의 집 어린이를 보살피는 마음을 미루어 남의 어린이를 보살피는 데까지 미치는”34) 추기급인(推己及人)을 이루게 된다. 맹자는 이러한 인의의 점진적 확대를 강조하면서, 이를 “도는 가까이에 있는데 이를 멀리서 구하고, 할 일은 쉬운 데 있는데 이를 어려운 데서 구하려 한다. 사람마다 자기 어버이를 친애하고 자기 어른을 공경한다면, 천하가 화평하게 될 것”35)이라 표현하기도 한다. 공자도 이러한 점을 지적하여 “가까운 데서 취하여 미루어 깨우치는 것이 바로 인(仁)을 실행하는 방법”(《論語》, 〈雍也〉 28)이라고 말하였다.

---

33) 君子之於物也 愛之而弗仁 於民也 仁之而弗親 親親而仁民 仁民而愛物(〈盡心上〉 45)
34) 老吾老 以及人之老 幼吾幼 以及人之幼(〈梁惠王上〉 7)
35) 道在爾而求諸遠 事在易而求諸難 人人親其親 長其長 而天下平(〈離婁上〉 11)

군자가 이렇게 가족관계에서 시작되는 인의의 도를 다른 사람에게까지 점차 넓혀감으로써 사람들 사이에 조화를 이루려면 몇 가지 전제가 필요하다. 그 하나는 대인관계에서 서로에게 규정되어 있는 역할과 의무를 쌍무적으로 실천하여, 각 관계에 내재한 질서를 이루는 일이다. 예를 들면, 부모는 부모의 역할과 의무를 다하고, 자식은 자식의 역할과 의무를 다함으로써, 부모-자식 관계의 기본 질서인 친애함이 유지 또는 달성되도록 하는 일〔父子有親〕이다. 공자는 이러한 사실을 "정명론(正名論)"의 체계(《論語》, 〈顏淵〉 11 ; 〈子路〉 3)를 통해 제시하고 있으며, 맹자는 "관계융합론(關係融合論)"(《孟子》, 〈離婁上〉 2), 그리고 순자는 "명분사군론(明分使群論)"(《荀子》, 〈富國〉 2~3) 또는 "군거화일론(群居和一論)"(《荀子》, 〈榮辱〉 39~40)으로 제시하여 공자의 관점을 이어받고 있다.

대인관계에서 조화를 이룰 수 있게 하는 또 하나의 핵심은 타인에 대한 관심과 배려이다. 공자는 "인(仁)이란 남을 사랑하는 일"(愛人, 《論語》, 〈顏淵〉 22)이므로, "자기가 하려 하지 않는 것을 남에게 베풀지 말고"(〈顏淵〉 2 ; 〈衛靈公〉 23), "자기가 서고자 하면 남을 먼저 세워주고, 자기가 이루고자 하면 남이 먼저 이루게 해주는"(〈雍也〉 28) 식으로 타인을 앞서 배려하는 일이 덕을 이루고 다른 사람과 조화를 꾀하는 지름길이라 보았다. 맹자에게는 이러한 다른 사람들에 대한 관심과 배려가 자기를 미루어 다른 사람에게 미치는 "추기급인(推己及人)"(《孟子》, 〈梁惠王上〉 7)과 또한 다른 사람들과 즐거움과 괴로움을 함께하는 "여민동지(與民同之)"(〈梁惠王下〉 4)의 태도로 드러난다. 순자는 타인에 대한 관심과 배려는 다른 사람을 너그럽게 포용하는 일로 드러난다는 "겸술론(兼術論)"을 제시하고 있다. 그에 따르면, 다른 사람을 널리 포용하는 겸술은 군자와 성인의 특징으로서, 군자와 성인은 "자기를 기준으로 하여 남을 헤아리기"(《荀子》, 〈非相〉 13, 17) 때문에, 노둔한 사람, 어리석은 사람, 지식이 얕은 사람, 순수하지 않은 사람을 포함하여 다른 사람들을 능히 포용할 수 있다(〈非相〉 17)는 것이다. 이렇게 "자기를 기준으로 하여 남을 헤아리는 일"을 《대학》에서는 "혈구지도(絜矩之道)"라 하여, 대인관계에서 조화를 이루는 핵심으로 제시하고 있다. 이렇게 군자와 성인은 처지를 바꾸어서 남의 상태를 헤아려보는 "역지사지(易地思之)"의 태도로 다른 사람들을 두루 포용함으로써, 타인에 대해 관심을 갖고 그들을 먼저 배려하는 태도를 견지하고 있고, 그럼으로써 조화로운 대인관계를 맺을 수 있는 것이다.

　군자와 성인이 대인관계에서 조화를 이룰 수 있는 핵심으로 생각해 볼 수 있는 다른 한 가지는 이들이 사람들을 널리 두루 사랑할 뿐, 사사로이 편애하거나 편당을 짓지 않는다는 사실이다. 공자는 군자의 이러한 태도를, "소인은 사사로이 편애하거나 아첨할 뿐 널리 사람들을 사랑하지 못하지만, 군자는 사람들을 널리 사랑하지 편애하거나 아첨하지 않는다"(《論語》, 〈爲政〉 14)거나 "소인은 이(利)를 추구하여 같이 어울려도 널리 화합하지 못하지만, 군자는 널리 사람들과 화합하되 의를 굽혀 남에게 붙좇지 않는다"(〈子路〉 23)라고 하며, 소인과 대비하여 제시하고 있다. 맹자가 강조하는 친친 → 인민 → 애물이라는 사랑의 점진적 확대(《孟子》, 〈盡心上〉 45)도 사사로이 편당을 짓거나 편애하는 것이 아니라, 널리 누구나 포용하고 사랑하는 군자의 상태를 표현하는 것이다. 순자도 다른 사람에 대해 원망을 하지 않고 널리 포용할 뿐 사사로이 아첨하지 않으며, 향리의 누구라도 널리 두루 포용하고 사랑하는 것을 군자의 대인관계에서 드러나는 태도(《荀子》, 〈君道〉 6~7)로 강조하고 있다.

　이상에서 보듯이, 군자와 성인은 어버이를 친애하고 어른을 공경하는 것같이 가족관계에서 시작하는 사랑의 도를 널리 다른 사람을 두루 사랑하도록 넓혀감으로써, 사사로이 편당을 짓거나 편애하지 않고 누구나 두루 포용하고 사랑하며, 다른 사람을 자기보다 앞서 배려하고, 대인관계에서 쌍무적으로 요구되는 역할과 의무를 다하는 사람이다. 그렇게 하여 이들은 조화로운 대인관계를 이루고, 더 나아가 다른 사람들을 편안하게 이끌어줄 수 있는 것이다.

사회적 책무의 자임과 완수 수기를 통해 인격적 수양을 이룬 군자는 가족·친척·친구 같은 주변 사람들만 포용하고, 그들과만 조화를 이루려 하는 것은 아니다. 군자는 사회적 존재인 인간의 존재의의는 사회적 책무를 자임하여 이를 완수하는 데 있다고 보고, 온 천하의 사람들에게 인의의 도를 가르쳐서 그들로 하여금 인의의 길을 따르도록 이끄는 일, 그리하여 온 천하의 사람들을 편안하게 해주는 일을 자기에게 부여된 천명으로 알고 이 일을 기꺼이 떠맡아 실행하려 한다. 공자는 이러한 군자의 특징을 "수기이안백성"(《論語》, 〈憲問〉 45)이라 표현하는데, 주희는 여기서의 "백성은 모든 사람을 가리키는 것"[36]이라고 보아, 온 천하 사람들이라는 뜻으로 풀고 있다. 곧 공자는 수기를 통해 도덕적 수양을 이룬 군자는 자기 수양[修己]과 주위 사람에 대한 배려[安人]에 머물지 않고, 사회 전체에 대해 관심을 갖고 모든 사람들을 도덕적 자각의 상태로 이끌어 그들을 편안하게 해주는 특징을 갖는다고 보는 것이다.

맹자는 이러한 특징을 "성지임"(《孟子》, 〈萬章下〉 1)이라 부르는데, 그 전형은 이윤(伊尹)으로서, "그는 천하에 대한 무거운 짐을 스스로 지고자 함으로써"(〈萬章下〉 7 ; 〈萬章下〉 1), 혼란한 사회를 구제하는 군자의 책임을 스스로 떠맡고 이를 완수하려는 태도를 굳게 지닌 사람(〈公孫丑上〉 2 ; 〈公孫丑下〉 2 ; 〈萬章下〉 6, 7 ; 〈萬章下〉 1 ; 〈告子下〉 6 ; 〈盡心上〉 31 ; 〈盡心下〉 38)이었다. 순자도 군자나 성인은 예의로써 위 아랫사람을 잘 섬기거나 부리며, 그들과 경쟁하려 하지 않고, 오로지 자기의 사회적인 책임을 다하고, 또 그들도 그들의 책임을 다하도록 도와주는 사람(《荀子》, 〈君道〉 6~7)이라고 보아, 사회에 대한 책임을 떠맡고 이를 완수하는 일을 군자의 또 하나의 특징으로 제시하였다. 《대학》에서는 이러한 군자의 특징을 "명명덕"이라고 하여, 자기가 깨달은 밝은 덕을 천하에 드러내어 밝힘으로써 천하를 평화롭게 하는 일이 군자의 가장 큰 지향처라고 보고 있다.

이렇게 군자와 성인은 사회적 책임을 강하게 느끼고, 이를 실제 사회생활

---

36) 百姓則盡乎人矣(《論語集註》)

에서 널리 실천하는 사람이다. 그들은 자기가 체득한 인의의 도를 통해 자기 인격의 수양이나 대인관계에서 인화를 꾀하는 데만 머물지 않고, 다른 사람들도 인의의 도를 체득하게 하고, 또 이를 다른 사람들과 더불어 실행하려 하며, 더 나아가 이러한 인의의 은택을 온 천하의 사람들이 누리게 하려는 사회적 책임을 떠맡는 사람인 것이다. 공자는 "널리 백성들에게 은혜를 베풀어 많은 사람을 구제하는 일"(博施濟衆)이 성인의 할일로서, 이는 매우 어려운 경지(《論語》, 〈雍也〉 28)라고 말하여, 사회적 책임을 자임하고 완수하는 일의 핵심은 박시제중(博施濟衆)에 있다고 보았다. 맹자는 "군자가 지키려 하는 바는 자기 몸을 닦고 나서 천하를 화평하게 하려는 것"(《孟子》, 〈盡心下〉 32)이라는 관점에서, "군자는 다른 사람과 더불어 함께 선을 이루고자 하는데, 군자에게는 다른 사람들과 더불어 선을 이루는 일〔與人爲善〕보다 더 큰 일은 없다"(〈公孫丑上〉 8)고 보아, 사회적 책임의 자임과 완수의 핵심은 여인위선(與人爲善)에 있음을 강조하였다. 순자는 "군자는 그 도를 닦고 그 의를 행하여, 천하 사람들이 함께 바라는 이익을 일으켜주고, 그들 모두에게 해가 되는 일을 없애주는〔興利除害〕 사람"(《荀子》, 〈正論〉 5)이라고 보아, 홍리제해(興利除害)가 사회적 책임 완수의 핵심이라고 보았다.

군자와 성인이 이러한 사회적 책임을 완수하는 방법의 하나는 현실 정치에 참여하여 인의의 정사〔仁政〕를 펼치는 일이다. 공자는 인정(仁政)의 핵심은 덕치(德治)라고 보아, 이를 "정사는 덕으로 해야 한다"[37]는 한마디로 표현하고 있다. 그 까닭에 대해 그는 "법으로써 백성들을 이끌고 형벌로 다스리면, 백성들이 형벌을 면하려고만 하지 잘못에 대해 부끄러워할 줄 모르지만, 덕으로 백성들을 인도하고 예로써 다스리면, 백성들이 잘못에 대해 부끄러워하고 또 선(善)에 이르게 되기 때문"[38]이라고 보았다. 곧 덕치를 베풀면 온 천하의 사람들이 스스로가 도덕 주체임을 깨달아 선하게 됨으로써, 평화로운 사회가 이루어질 수 있다는 것이다.

---

37) 子曰 爲政以德(《論語》, 〈爲政〉 1)
38) 子曰 道之以政 齊之以刑 民免而無恥 道之以德 齊之以禮 有恥且格(〈爲政〉 3)

맹자는 이러한 인정을 어질지 못한 일을 "남에게 차마 잔인하게 하지 못하는 정사"(不忍人之政)라고 보고, "성인은 그 마음과 생각을 다하고, 이어서 남에게 차마 잔인하게 하지 못하는 정사를 베풀어, 인(仁)이 천하를 덮어 가득 차게 하려 한다"(《孟子》, 〈離婁上〉 1)고 말하였다. 그는 이러한 불인인지정(不忍人之政)의 핵심을 "백성들과 괴로움과 즐거움을 함께하는 일"(與民同之)이라고 보아,[39] "군자가 백성들의 즐거움을 자기의 즐거움으로 삼게 되면 백성들도 또한 군주의 즐거움을 자기들의 즐거움으로 삼게 되고, 군주가 백성들의 걱정을 자기의 걱정으로 여기게 되면, 백성들도 또한 군주의 걱정을 자기들의 걱정으로 여기게 된다. 이는 천하와 함께 즐거워하고 또 천하와 함께 걱정하는 것으로, 그러고도 왕 노릇을 못한 사람은 아직까지 없었다"[40]고 표현하고 있다. 이러한 인정을 받고 있는 백성들은 "설사 자기를 죽인다 해도 원망할 줄 모르고, 자기를 이롭게 해주어도 고마운 줄 모르며, 감화를 받아 날로 선(善)으로 옮아가도 누구 때문에 그렇게 되는지를 모르는"(〈盡心上〉 13) 태평성대를 누리게 되는 것이다.

순자는 "군자는 다스림의 원천"(《荀子》, 〈君道〉 4)이요, "도와 법의 요체로서 잠시라도 없을 수 없는 존재이다. …… 다스림은 군자에게서 나온다"(〈致士〉 17)고 하여, 군자 통치(君子統治)의 이념을 제시함으로써, 군자가 사회적 책임을 완수하는 방법의 하나가 인정을 펴는 일임을 분명히 하였다. 순자도 이러한 인정의 핵심은 덕치에 있음을 "군자는 덕으로 아랫사람들을 다스리고, 소인은 힘으로 윗사람을 섬긴다. 백성들의 힘은 군자의 덕에 의지해야 공을 이루게 되고, 백성들의 사회생활은 군자의 덕에 말미암아야 조화롭게 되며 …… 백성들의 형편은 군자의 덕을 통해야 편안하

---

39) 이러한 생각은 《孟子》〈梁惠王〉의 중심 내용이 되고 있다. 예를 들면, 〈梁惠王上〉 2장(古之人 與民偕樂 故能樂也), 〈梁惠王下〉 1장(今王與百姓同樂則王矣), 〈梁惠王下〉 2장(文王之囿 方七十里 …… 與民同之 民以爲小 不亦宜乎), 〈梁惠王下〉 4장(爲民上而不與民同樂者 亦非也), 〈梁惠王下〉 5장(王如好貨 與百姓同之 於王何有 …… 王如好色 與百姓同之 於王何有) 들에서 이러한 관점을 직접적으로 밝히고 있다.

40) 樂民之樂者 民亦樂其樂 憂民之憂者 民亦憂其憂 樂以天下 憂以天下 然而不王者未之有也(〈梁惠王下〉 4)

게 된다"(〈富國〉 10~11)는 말로 표현하고 있다. 《대학》에서는 인정에 참여하는 일을 "명명덕"이라고 보아,[41] 이를 "옛날에 자기가 가진 밝은 덕을 천하에 밝게 펴려고 하는 사람은 먼저 자신의 나라를 다스렸다"(《大學》,〈經〉)고 표현함으로써, 인정의 핵심을 덕치에서 찾고 있다.

이상에서 보듯이, 유학자들은 공통적으로 군자와 성인이 사회적 책임을 다해 온 천하의 사람들을 선으로 이끌고 편안하게 해주는 한 가지 방법은 현실 정치에 참여하여 인정을 펼치는 일이라고 보고 있다. 그리하여 공·맹·순은 오랫동안 주유천하(周遊天下)하면서 현실 정치에 참여할 기회를 찾으려 하였다. 그러나 현실 정치에 참여하여 인정을 펼칠 기회를 얻는 일은 외적, 상황적 조건〔天命〕에 달린 일〔在天者〕로서, 현실에서는 아무도 이들을 받아들이지 않았다. 그리하여 공자는 "천명을 모르면 군자가 아니다"(《論語》,〈堯曰〉 3)라는 관점에서, 현실 정치에 참여하여 자기 뜻을 펼치려는 꿈을 버리고 은퇴하였으며, 맹자와 순자도 마찬가지였다. 맹자는 "뜻을 얻으면 백성들과 인의의 도를 말미암고, 뜻을 얻지 못하면 홀로 그 도를 행하는 사람이 대장부"[42]라는 관점에서, "옛 사람들은 뜻을 얻으면 그 은택이 백성들에게 더해지고, 뜻을 얻지 못하면 몸을 닦아 세상에 드러나게 되는 법이어서, 궁하면 홀로 그 몸을 선하게 지키고, 영달하면 천하를 모두 선하게 하려 하였다"(《孟子》,〈盡心上〉 9)고 보아, 현실 정치 참여의 길이 막혀도 부동심(不動心)을 잃지 않았다(〈公孫丑上〉 2). 순자도 "군자는 천하가 자기를 알아주면 고통과 즐거움을 천하와 함께하려 하지만, 천하가 자기를 알아주지 않으면 홀로 서 있어도 두려워하지 않는다"(《荀子》,〈性惡〉 18)는 당당함을 잃지 않았던 것이다.

공·맹·순이 군자와 성인이 사회적 책임을 완수하는 방법으로 현실 정치에 참여하여 인정을 펼치는 일보다 더 중요하다고 본 것은 교육이다. 유

---

41) 三綱領 가운데 明明德의 해석에 대해서는 異論이 많으나, 여기서는 이를 平天下를 의미하는 것이라 보는 관점을 택하였다. 이에 대해서는 6장의 주 180) 참조.

42) 居天下之廣居 立天下之正位 行天下之大道 得志與民由之 不得志獨行其道 富貴不能淫 貧賤不能移 威武不能屈 此之謂大丈夫(《孟子》,〈滕文公下〉 2)

학자들이 사회적 책임을 다하는 방법으로 배움〔學〕과 가르침〔敎〕을 정치 참여보다 더욱 강조하였다는 사실은 정(政)이라는 글자가 《논어》에서는 40회, 《맹자》에서는 54회, 그리고 《순자》에서는 91회만 쓰일 뿐이지만,[43] 학(學)과 교(敎)라는 글자는 각각 64회와 7회(《論語》), 32회와 35회(《孟子》), 그리고 81회와 42회(《荀子》)나 쓰이고 있어, 1.3~1.8배나 더 많이 언급된다는 점에서 잘 드러난다. 유학에서 배움과 가르침을 중요하게 여긴다는 것은 무한한 가능체로 인간을 파악하는 관점에서 나오는 자연스러운 일이다.

유학자들은 이렇게 교육을 군자의 의무라고 강조하여, 군자가 사회적 책임을 완수하는 핵심으로 보고 있다. 이러한 사실은 맹자가 "성지임"의 전형인 이윤을 설명하면서, 이윤이 "하늘이 이 백성을 양생하심에 선지자로 하여금 후지자를 깨우치게 하고, 선각자로 하여금 후각자를 깨우치게 하셨다. 나는 하늘이 내신 백성 가운데 선각자이다. 그러므로 나는 내가 깨달은 도를 가지고 이 백성들을 깨우치려 한다. 내가 그들을 깨우쳐주지 않는다면 누가 하겠는가?"(《孟子》, 〈萬章下〉 7)라고 말한 것을 강조하는 데서 잘 드러난다. 따라서 중정(中正)의 도를 얻은 군자는 그렇지 못한 사람을 교육하여(〈離婁下〉 7), 온 천하의 사람들로 하여금 중정의 도를 깨우치게 함으로써, 그들과 함께 선을 이루어야 할 책임이 있다는 것이다.

그러나 이러한 교육이 도를 먼저 깨달은 선지자나 선각자들만의 책임은 아니다. 사람들은 항상 다른 사람에게서 무엇이든지 배울 것이 있고, 따라서 누구나 다른 사람을 가르치는 구실을 하고 있다고 유학자들은 보았다. 공자는 이러한 사실을 "나를 포함해서 세 사람이 함께 길을 가면, 그 가운데는 반드시 나의 스승이 있는 법이다. 나머지 두 사람 가운데 착한 사람을 골라 그를 따르고, 착하지 않은 사람을 보고는 자기의 잘못을 반성하고 고쳐야 한다"[44]는 말로 지적하고 있다. 이렇게 누구나 항상 다른 사람의 본

---

43) 《論語引得》·《孟子引得》·《荀子引得》 참조.

44) 子曰 三人行 必有我師焉 擇其善者而從之 其不善者而改之(《論語》, 〈述而〉 21)

보기가 되므로, 일상생활에서 스스로가 도덕 주체임을 깨달아 올바른 삶을 살도록 노력해야 하며, 이것이 바로 사회적 책임을 다하는 방법으로서 교육이 가져오는 보람이라고 유학자들은 보고 있는 것이다.

이상에서 보듯이, 군자와 성인은 도덕적 인격을 이루어 주위 사람들을 편안하게 이끈 다음에, 이를 넓혀 온 천하의 사람들을 편안하게 이끌어주어야 할 사회적인 중책을 떠맡고, 이를 일상생활에서 실행하려는 삶의 태도를 지니고 살아가는 사람들이다. 그들은 현실 정치에 참여하여 인정을 펼침으로써 온 천하의 사람들에게 요순시대와 같은 대동(大同)사회의 평화와 은택을 베풀어주거나, 그런 기회를 얻지 못하면 후세들을 교육함으로써, 그들로 하여금 자기 자신이 도덕 주체라는 사실을 스스로 깨달아 도덕적 삶을 살아가도록 이끌어주는 사람인 것이다.

(3) 이상적 인간상의 동·서 대비

이상에서 서구 개인주의 사회에서 그리고 있는 이상적 인간상의 특징을 현대 서구 성격심리학의 연구 결과들을 중심으로 살펴본 다음, 동아시아 집단주의 사회에서 개념화하고 있는 이상적 인간상의 특징을 그 사상적 배경이 되어온 유학의 군자론과 성인론을 통해 살펴보았다. 지금까지의 고찰에서는 예측대로 이 두 문화권에서 제시하는 이상적 인간상 사이에는 그 사상적 배경의 차이만큼이나 커다란 차이가 있다는 사실이 확인되었다.

김성태(1976, 1984, 1989)는 현대 서구 성격심리학자들이 제시하는 자기실현인(Jung, Maslow, Rogers), 창조적 성격(Adler), 성숙 성격(Allport), 건전 성격(Erikson, Lawton), 생산적 성격(Fromm), 자주적 성격(Riesman 외), 통일 성격(Cattell, Seeman, Elkin) 들에 관한 이론을 고찰하여, 이들을 대체로 주체성·자기 수용·자기 통일·문제 중심성·따뜻한 대인관계라는 다섯 가지 특징으로 종합하여 제시하고 있다. 여기서 주체성은 "자기가 타고난 가능성을 실현하고 주체감을 가지며, 자신의 책임과 역할 성취를 충분히 완수"(김성태, 1976, p. 26)하는 특징을 말한다. 자기 수용은 "자기의 현실을 효율적으로 인지하고, 현실 속에서의 자기를 객관화시키며, 현실과 자기 자신을 있는 그대로 받아들"(p. 26)이는 특징을 의미한다. 자기 통일은 "확고하고도 타당한 인생 목표를 지니고 살며, 통일된 세계관을 세우고, 이에 맞추어 자주적으로 행동"(p. 27)하는 특징이다. 문제 중심성은 "문제를 직접 현실 속에서 해결하는 데 만족을 느끼며, 자기 중심적이 아니고 문제 중심적으로 일에 열중"(p. 27)하는 특징을 말한다. 그리고 따뜻한 대인관계는 "사랑, 이해와 수용적 태도로 타인과의 따뜻한 관계를 유지"(p. 27)하는 특징을 가리킨다.

이러한 다섯 가지 특징은 '따뜻한 대인관계'를 빼고는 모두 개체로서 존재하는 개인에 대한 관심에서 끌어낼 수 있는 것이라 볼 수 있다. 곧 자기 자신의 능력과 잠재력에 대한 인식(주체성), 자기를 둘러싸고 있는 현실에 대한 인식과 이의 수용(자기 수용), 자기의 진로와 인생 목표의 객관적 정립(자기 통일), 일상생활에서 자기의 가능성을 실현하려는 문제 중심적인 일 처리와 성취 지향(문제 중심성)처럼 개체로서 존재하는 개인의 정체성 확립 및 성취와 관련이 깊은 특징들이다. 정체감이란 자신의 능력과 가능성에 대한 객관적이고도 정확한 이해와 수용, 자기의 현실에 대한 객관적이고도 정확한 이해, 그리고 이 두 가지를 토대로 하는 자기의 목표와 진로에 대한 객관적이고도 명확한 설정 들로 구성되는 자기 동일성과 지속성에 대한 인식(Erikson, 1959)이고, 이를 추구하여 현실 속에서 자기의 모든 잠재적 가능성을 성취하는 것이 곧 자기실현이다. 이렇게 서구 개인주의 사회에서는 자기 정체성을 확립하고 이를 추구하는 자기실현을 핵심으로 삼고, 여기에 대인관계의 원만함을 덧붙여 이상적 인간상을 개념화하는 것으로 볼 수 있다. 곧 "자기 정체성을 확립하고, 일상생활 속에서 자기의 가능성을 실현하기 위해 노력하며, 다른 사람과 따뜻한 관계를 맺으면서 살아가는 사람"을 자기를 실현한 사람(Jung, Maslow), 창조적인 사람(Adler), 생산적인 사람(Fromm), 건전한 사람(Erikson), 성숙된 사람(Allport), 통일된 사람(Cattell, Seeman, Elkin), 완전히 기능하는 사람(Rogers), 잘 적응된 사람(Lawton), 자주적인 사람(Riesman 외)이라고 보아, 이상적 인간상으로 삼았다고 요약할 수 있다.

유학사상에서는 이상적 인간상을 대인·대장부·대유·현인·군자·성인과 같이 다양하게 제시하고 있으나, 이 가운데 가장 일반적인 것은 군자와 성인이다. 《논어》·《맹자》·《순자》·《대학》에서는 군자와 성인을 세 가지 특징으로 파악하고 있다. 그 하나는 자기 수련을 통한 자기 완성이다. 군자와 성인은 끊임없는 자기 수련을 통해 스스로 도덕 주체라는 사실을 확고히 자각함으로써, 자기가 바라야 할 것[所欲]과 바라서는 안 되는 것[所不欲], 해야 할 일[所爲]과 해서는 안 되는 일[所不爲]을 잘 분별하여, 소불욕(所不欲)은 억제하고 소욕(所欲)은 잘 간직하여 키워나가며, 소불위(所不爲)는 행하지 않고 소위(所爲)는 적극적으로 추구하는 도덕적 자기 완성을 이룬 사람들이다. 그렇기 때문에 이들은 모든 일의 책임을 도덕 주체인 자기에게서 구하며[反求諸己], 정서적으로 안정되어 있을 뿐만 아니라, 자기의 잘못을 고쳐 자기개선을 함으로써 자기 향상을 이룰 수 있다.

군자와 성인은 이렇게 도덕적 자기 완성을 이루는 데만 머물지 않고, 이를 다른 사람에게 널리 펼침으로써 대인관계에서 인화를 이루고 있다. 그들은 자기 가족에 대한 도덕적 의무와 역할을 수행하여 가족관계에서 조화를 이룬 다음에, 이를 다른 사람들과 이루는 관계에서 요구되는 의무와 역할 수행으로 넓혀가고, 타인들에 대한 관심과 배려에 따라 남들을 포용함으로써 널리 사람들을 사랑하고, 그들과 조화로운 대인관계를 이루어나간다.

자기 수련을 통해 도덕적 자기 완성을 이룬 군자와 성인은 이렇게 다른 사람들을 널리 포용하여 조화로운 관계를 이룬 다음에, 온 천하의 사람들을 편안하게 이끌어주는 일을 자기에게 부여된 사명으로 알고, 이러한 사회적 중책을 떠맡고, 이를 일상생활에서 완수하려 한다. 그들은 현실 정치에 참여하여 인정을 펼침으로써, 백성들이 인의의 은택을 입어 편안하게 살 수 있게 하는 일을 자기의 책임으로 여긴다. 그러나 현실 정치에 참여하는 기회는 천명(天命)에 속하는 일이어서 원한다고 해서 얻어지는 것이 아니다. 그러므로 그들이 정치 참여보다 더욱 중요하게 여기는 것은 교육이다. 그들은 온 천하의 사람들에게 누구나 도덕성을 본래부터 갖추고 있는 도덕 주체라는 사실을 직접 가르치거나, 실생활에서 행동 모범을 통해 깨우쳐줌으로써, 스스로 도덕적 완성을 이루어 평화로운 사회생활을 할 수 있도록 이끄는 일을 자기들에게 주어진 사회적 책무라고 받아들여, 이를 완수하기 위해 평생을 노력하는 것이다. 이렇게 이들은 "인(仁)을 이루는 일을 자기의 책임으로 받아들임으로써, 임무는 무겁고, 죽어서라야 그 책임에서 벗어나게 되는"[45] 삶을 살아가는 사람들이다.

이렇게 보면, 서구심리학에서 제시하는 이상적 인간상과 동아시아 유학 사상에서 제시하는 이상적 인간상의 유사점과 차이점이 분명히 드러난다. 서구에서 제시하는 자기 정체성의 확립 및 자기실현(주체성·자기 수용·자기 통일·문제 중심성)과 따뜻한 대인관계의 특징은, 동아시아에서 제시하는 자기 수련을 통한 도덕적 자기 완성(수기이경·성지청·지어지선)과 대인관계의 인화 도모(수기이안인·성지화·친민)라는 특징과 비슷하다고 볼 수 있다. 물론 이 경우에도 전자는 독특하고 독립적인 개체로서 자기 개성을 실현하는 일이 핵심 목표로 전제되고 있지만, 후자는 사회적 관계체인 개인의 타인에 대한 관심과 배려 및 책임의 달성을 그 핵심 목표로 전제한다는 차이가 있다. 그러나 이러한 차이보다 더욱 근본적인 것은 유학사상이 제시하는 사회적 책무의 자임과 완수(수기이안백성·성지임·명명덕)라는 특징은 서구의 이상적 인간상에서는 찾을 수 없다는 사실이다. 이는 서구에서는 오로지 독립적인 개체인 개인의 특성에 초점을 맞추어 이상적 인간상을 제시하고 있지만, 동아시아 유학사상에서는 인간의 사회적 존재 특성을 강조하는 관점에서 이상적 인간상을 개념화하고 있기 때문에 나오는 차이라 볼 수 있다.

여기서 한 가지 고찰해 보아야 할 것은 동·서양 할 것 없이 그들이 제시하는 이상적 인간상은 그야말로 바람직한 목표 상태로서 존재하는 인간의 특징을 말하는 것이지, 현실의 삶 속에서 누구나 그러한 이상적인 상태를 이룰 수 있다는 의미는 아니라는 사실이다. 매슬로(1970)에 따르면, 자기실현을 이루어 이상적 인간형의 상태에 이른 사람은 극소수여서, 인구의

---

45) 士不可以不弘毅 任重而道遠 仁以爲己任 不亦重乎 死而後已 不亦遠乎(《論語》,〈泰伯〉7)

1% 이하만 이러한 상태에 이를 뿐이다. 나머지 대부분은 무엇인가의 결핍에 매달려, 자기 중심적으로 자기에게 집착하는 삶을 살고 있을 뿐이라는 것이다. 공자도 "자기를 닦음으로써 온 천하의 사람들을 편안하게 해주는 '수기이안백성'(修己以安百姓)은 요(堯)나 순(舜) 같은 성인도 오히려 어렵게 여긴 경지"(《論語》,〈憲問〉45)라거나, "널리 사람들에게 은혜를 베풀고 뭇 사람들을 구제하는 일〔博施濟衆〕은 …… 요와 순 같은 성인도 오히려 어렵게 여긴 경지"(〈雍也〉28)라고 말하여, 사회적인 책무의 자임과 달성이 매우 어려운 일임을 지적하고 있다. 이렇게 이상적 인간형에 이르는 것은 매우 어려운 일이고, 따라서 이는 인간의 삶이 지향해야 할 고귀한 목표 상태로서 의미를 갖는 것이다. 이 책의 맥락에서 중요한 것은 현실적인 삶의 과정이나 거기서 드러나는 심성·행동의 특징에서만이 아니라, 그러한 목표 상태의 설정에서조차도 동·서 문화권의 차이가 매우 뚜렷하게 드러난다는 사실이다.

2) 이상적 인간이 되는 과정론

이상적 인간상의 특징론과 함께 이상적 인간형론을 이루는 또 하나의 갈래는 어떠한 과정을 거쳐 이러한 이상적 인간상에 이르게 되는가 하는 과정론이다. 이러한 과정론은 이상적 인간이 가지는 여러 가지 특성들이 점성적 원칙에 따라 연령단계를 거치며 개인에게 갖추어지는 것으로 보는 점성설의 견해와, 개인의 행동을 지배하는 욕구의 위계를 설정하고, 최상의 욕구위계에 이른 사람을 최종적인 이상 상태를 이룬 사람으로 간주하는 욕구위계설의 견해로 나누어볼 수 있다.

(1) 동·서 점성설의 대비

서구심리학에서 제시된 대표적인 점성설로는 에릭슨의 이론을 꼽을 수 있고, 동아시아 유학사상에서 찾을 수 있는 대표적인 점성설의 견해로는 공자의 연령단계론을 들 수 있다.

에릭슨의 점성설 에릭슨(1963/1988)은 사람의 성격은 태어나면서부터 늙어 죽을 때까지 지속적으로 발달한다고 보았다. 그는 인생을 여덟 단계(영아기-유아기-놀이 아동기-학령기-청년기-성인 초기-성인기-노년기)로 나누고, 각 단계마다 고유한 '심리·사회적 위기'를 제시하고 있는데, 각 단계에서 이를 잘 극복하면 여덟 가지의 바람직한 성격 특성이 갖추어진다고 보았다. 이렇게 해서 갖추어지는 성격 특성은 차례대로 신뢰감-자율성-주도성-근면성-정체성-친밀감-생산성-자기 통정이다. 그러니까 각 단계마다 심리·사회적 위기를 극복하고, 이러한 여덟 가지의 바람직한 성격 특성을 갖추어가는 과정이 바로 이상적 인간형에 이르는 길이라는 것이 에릭슨의 견해인 것이다.

여기서 이러한 여덟 가지 특성 가운데 영아기와 성인 초기의 위기를 극복한 결과 갖추어지는 '신뢰감'과 '친밀감'은 '따뜻한 대인관계'를 낳는 특성들이고, 나머지는 모두 '개체의 정체성 확립과 자기 가능성 성취'에 관련되는 특성들이라고 볼 수 있다. 따라서 에릭슨의 이론은 앞에서 고찰한 서구심리학의 이상적 인간상의 특징론과 똑같은 논리구조를 가진 것으로 볼 수 있다. 곧 에릭슨도 독립적인 개체인 개인의 독특성 실현과 원만한 대인관계에 초점을 맞추어, 각각에 필요한 특성들의 연령단계별 발달 과정을 제시하고 있는 것이다.

공자의 연령단계론 공자도 사람이 태어나면서부터 늙어 죽을 때까지 각 연령단계별로 반드시 이루어야 할 발달과업이 있다고 보고, 자기의 경험에 비추어 각 과업을 이루었을 때 갖추게 되는 마음의 상태를 제시함으로써, 점성설의 견해를 밝히고 있다. 그는 인생을 여섯 단계(10대 중반-30대-40대-50대-60대-70대)로 나누고, 각 단계에서 이루어야 하는 과업으로 지학(志學)-이립(而立)-불혹(不惑)-지명(知命)-이순(耳順)-종심소욕(從心所欲)을 들고 있다.

여기서 '지학'은 도덕적 자각을 이루는 데 뜻을 두고 노력하는 일을 말하고, '이립'은 그러한 노력의 결과 도덕적 자각을 이루었음을 의미하며, '불혹'은 도덕적 성숙이 이루어지고 이를 일상생활에서 실천하여 정서적인 안정이 이루어졌음을 뜻하는 것이다. 이 세 단계는 자기 수련 및 이의 실천을 통한 인화의 도모, 곧 '수기이경'과 '수기이안인'의 특징이 갖추어진 상태로 볼 수 있다. 다음 '지명'은 사회적 책무의 자임이라는 뜻으로 풀 수 있다. 곧 천명을 깨달아 자기가 현실 정치에 참여하는 길을 통해서가 아니라 후대를 교육하는 길을 통해 사회적 책무를 달성해야 함을 확고히 인식한 것으로 볼 수 있다. 이어서 '이순'은 어떤 것을 들어도 저절로 깨우치는 상태, 곧 지식의 확충으로 풀이할 수도 있으나, 이는 지천명을 통한 자기 책무의 인식, 곧 자기 객관화를 통한 사회적 책무의 안정적 실천을 뜻하는 것으로도 볼 수 있다. 마지막으로 70세 이후에는 무엇을 하든지 군자의 도리에 어긋나지 않게 된 상태, 말하자면 사회적 책무의 완수를 통해 무욕의 상태에 이르렀음을 말하고 있다. 따라서 '지명'부터 '종심소욕'까지는 사회적 책무를 자임하고 이를 완수하기 위해 매진하는, '수기이안백성'의 특징을 말하는 것으로 볼 수 있다.

이렇게 공자의 연령단계론은 수기-안인-안백성의 단계론, 곧 군자의 세 가지 특징이 점성적으로 갖추어진다는 관점을 제시하는 것으로 볼 수 있다. 이러한 공자의 점진적 확대론은 맹자의 선(성지청)-신·미(성지화)-대·성(성지임)의 점진주의, 순자의 사-군자-성인의 점진주의, 《대학》의 지어지선-친민-명명덕의 점진론의 관점으로 이어진다. 이렇게 공자를 대표로 하는 유학자들은 개인의 도덕적 완성에서 출발하여, 대인관계의 인화 달성을 거쳐 마지막으로 사회적 책무의 자임과 완수를 통해 이상적 인간상에 이르게 된다는 관점을 제시하고 있는 것이다.

(2) 동·서 욕구위계설의 대비

서구심리학에서 제시된 대표적인 욕구위계설은 매슬로의 이론을 들 수 있고, 유학사상에서 찾을 수 있는 대표적인 욕구위계설은 《대학》에 제시된 팔조목 이론을 들 수 있다.

매슬로의 욕구위계설 매슬로(1954/1970, 1962/1968, 1967, 1971)는 인간의 욕구가 위계적으로 출현한다는 이론을 제시하였다. 그에 따르면, 인간의 욕구는 생리적 욕구-안전 욕구-소속과 사랑의 욕구-자존감의 욕구-자기실현 욕구라는 순서로 생겨나는데, 하위 단계의 욕구가 충족되어야 그 다음 단계의 욕구가 나타난다고 한다. 곧 생리적 욕구가 충족되어야 안전을 꾀하게 되고, 안전의 욕구가 충족되어야 사회 집단에 소속되어 다른 사람과 애정을 주고받으려는 욕구가 나타나게 되며, 이것이 충족되어야 자존감을 높이려는 욕구가 나타나고, 자존감이 높아진 뒤라야 비로소 자기실현의 욕구가 나타난다는 것이다. "매슬로는 자기실현 욕구가 개인의 핵심적 동기로 작용되고 있는 경우를 성숙된 성격으로 보았는데, 이러한 고차적인 동기는 보다 저급한 여러 수준의 동기들이 모두 충족됨으로써 발전될 수 있다고 보았다"(김성태, 1989, p. 19). 곧 매슬로는 자기실현을 지향하는 생활의 동기를 "성장 욕구"라고 보고, 이보다 하위에 있는 여러 동기들을 "결핍 욕구"라고 보면서, 개인의 생활이 "성장 욕구"와 그에 따른 "존재 가치(B-values)"에 따라 주도되는 사람이 바로 이상적 인간형이라고 보는 것이다. 이는 그의 욕구위계설에 따른 당연한 논리적 귀결이다.

매슬로는 하위 단계의 동기인 결핍 욕구에 주도되는 사람과 상위 단계의 동기인 성장 욕구에 주도되는 사람의 지각과 사고 양상의 차이에서 이러한 단계론의 근거를 찾고 있다. 그에 따르면, 결핍 욕구가 삶을 주도하고 있는 사람은 자기 집착성·자기 중심성·자기 의식성이 강하고, 성장 욕구가 주도하는 사람은 자기 초월성·문제 중심성·자기 망각성이 강한 편이라고 한다. 김성태(1989)는 이를 요약하여, 이 두 동기 사이에는 "특히 자기 중심성 대 자기 초월성의 차이가 중요한 것"(p. 20)이라고 보고 있다. 곧 결핍 욕구에 주도되는 사람의 지각이나 사고는 자기 중심적인 데 반해, 성장 욕구에 주도되는 사람의 지각이나 사고는 자기 초월적이라는 것이다. 이를 바꾸어 말하면, 이상적 인간형에 이르는 과정은 자기 중심적인 지각과 사고가 지배하는 결핍 욕구의 단계에서 자기 초월적 지각과 사고가 지배하는 성장 욕구 단계로 이행하는 과정으로 볼 수 있다는 것이다.

　그러나 매슬로가 말하는 자기 초월성이란 기본적으로 독립된 개체의 자기실현을 지향하는 것일 뿐으로, 유학사상에서 말하는 사회적 책무의 자임과 완수라는 자기 존재의 확대 지향과는 거리가 멀다. 유학사상에서 개인존재의 의의는 사회적 관계망 속에서 찾아질 수밖에 없는 것이고, 이러한 점에서 사회적 책임의 완수 속에는 사회적 관계의 완성이라는 의미가 강하게 함축되어 있는 것이지, 결코 자기 개체의 실현에만 국한되는 것은 아니다. 이러한 관점에서 보면, 성장 욕구의 배경이 되는 자기 초월성도 역시 자기 중심적일 수밖에 없으며, 이 점이 바로 유학자들과 매슬로의 커다란 차이인 것이다.

《대학》의 팔조목 욕구위계설　　《대학》에서는 격물(格物)－치지(致知)－성의(誠意)－정심(正心)－수신(修身)－제가(齊家)－치국(治國)－평천하(平天下)의 유명한 팔조목 수양론을 제시하고 있다. 《대학》에서는 이 팔조목 각각을 사람의 욕구로 개념화하고 있으며, 따라서 이는 욕구위계설의 형태를 띠고 있다. 곧 격물이 가장 하위의 기본적인 욕구이고, 평천하가 가장 상위의 욕구라고 보는 것이다.

　여기서 '격물' 욕구와 '치지' 욕구는 사물의 이치를 궁구하여 지혜를 극진하게 하고자 하는 '인지 동기'라 볼 수 있다. 그 다음 '성의' 욕구와 '정심' 욕구 및 '수신' 욕구는 뜻을 참되게 하고, 마음을 바르게 함으로써, 덕을 닦으려 하는 '자기 완성 동기'라고 볼 수 있다. 이어서 '제가' 욕구는 집을 정돈하여 집안사람들과 올바른 관계를 맺는 일, 곧 인륜(人倫)을 다하려는 '관계 완성 동기'라고 볼 수 있다. 다음으로 '치국' 욕구와 '평천하' 욕구는 이러한 바탕 위에서 사회의 모든 사람들에게 스스로가 도덕 주체로서 명덕(明德)을 지닌 존재임을 밝게 깨닫게 함으로써, 평화로운 사회를 이룩하려는 '사회 완성 동기'라고 볼 수 있다. 이렇게 보면, 《대학》에서 제시하는 욕구들은 인지 동기－자기 완성 동기－관계 완성 동기－사회 완성 동기의 위계 구조를 가지는 것으로 생각할 수 있다. 이러한 위계는 공자가 제시하는 수기-안인-안백성의 위계, 맹자의 성지청-성지화-성지임의 위계, 《대학》의 지어지선-친민-명명덕의 위계가 의미하는 점진적 확대론과 같은 의미구조를 갖는 것이다.

여기서 《대학》에서 제시하는 여덟 가지 욕구는 인지 동기에 해당하는 '격물'과 '치지'의 욕구를 빼고는, 모두 자기를 닦고 다른 사람들에게 덕을 베푸는 것과 관련된 욕구들로서 도덕적 동기라고 볼 수 있다. 따라서 《대학》에서도 인지 동기와 도덕적 동기의 위계 관계 및 도덕적 동기를 구성하는 요소 동기들(자기 완성-관계 완성-사회 완성) 사이의 위계구조를 설정하고 있다 하겠다. 이렇게 《대학》에서는 도덕적 동기를 상위에 있는 동기로 봄으로써, 사람에게 중핵이 되는 동기는 도덕적 동기여야 한다는 점, 그리고 도덕적 동기 가운데서도 사회 완성 동기를 가장 상위에 둠으로써, 사회의 모든 사람들에게 인의를 베풀고자 하는 사회 완성이 욕구 승화의 정점이 된다는 사실을 강조하는 관점을 전개하고 있는 것이다.

이렇게 이상적 인간형은 자기 완성-관계 완성-사회 완성의 욕구위계에 따라 발달해 가며, 그의 모든 삶이 사회 완성의 동기에 따라 지배되는 상태가 인간이 이룰 수 있는 최종 정착점이라는 것이 《대학》의 욕구위계설의 근본적인 뜻이다. 이러한 위계설은 사회성에서 인간의 존재의의를 찾는 유학의 관점에서 당연하게 도출되는 것으로서, 개체로서 존재하는 개인의 자기실현 욕구에만 초점을 맞추는 매슬로의 관점과는 근본적인 차이가 있다.

3) 이상적 인간형론의 동·서 대비

지금까지 살펴본 동·서 이상적 인간형론의 특징을 대비하여 제시하면, 다음 〈표 7-2〉와 같다.

이 표에서 보듯이, 서구심리학에서는 개체로서 존재하는 개인의 자기실현에 초점을 맞추어 이상적 인간의 모습을 그려내고 있지만, 유학사상에서는 사회적 존재인 개인이 타인 및 사회와 맺는 관계에 초점을 맞추어 이상적 인간의 모습을 상정하고 있다. 그 결과 서구심리학에서는 이상적 인간

〈표 7-2〉 동·서 이상적 인간형론 대비

이론 유형		서구심리학	유학사상
특징론		자기실현(주체성·자기 수용·자기 통일·문제 중심성)	자기 수련을 통한 자기 완성 (수기이경·성지청·지어지선)
		따뜻한 대인관계	대인관계에서 인화 도모 (수기이안인·성지화·친민)
			사회적 책무의 자임과 완수 (수기이안백성·성지임·명명덕)
과정론	점성설	자기실현·대인관계 특성의 연령단계에 따른 첨가	도덕적 자기 완성—대인관계의 인화—사회적 책무의 자임과 완수 특성의 연령단계에 따른 점진적 확대
	욕구위계설	생리—안전—소속—자존감—자기실현의 욕구위계	인지(격물·치지)—자기 완성(성의·정심·수신)—관계 완성(제가)—사회 완성(치국·평천하)의 욕구위계

의 발달 과정을 개체인 개인이 자기실현을 하는 데 필요한 긍정적 특성을 획득하는 과정, 또는 다양한 개인적 목표를 추구하고 획득하는 과정으로 파악한다. 이에 견주어 유학사상에서는 개인으로서 자기를 완성하는 일은 조화로운 대인관계의 달성이나 사회적인 책무의 자임과 완수를 위한 기본 조건이라는 전제 아래, 자기 완성을 거쳐 관계 완성과 사회 완성을 지향하는 과정으로 이상적 인간형의 발달 과정을 정리해 내고 있다.

이상적 인간형에 대한 이러한 동·서양의 관점의 차이는 근본적으로 두 진영의 인간관 및 개인과 사회의 관계에 대한 관점의 차이에서 비롯하는 것이다. 서구에서는 자유주의 사상의 전통으로 말미암아 사회의 궁극적인 존재론적 단위는 평등하고 독립적인 개인이라고 보며, 사회는 이러한 개별적 개체들의 복수적인 집합일 뿐이라고 본다. 그들은 이러한 개인을 자유의 보유자, 이성의 주체 및 안정적, 고정적 실체로 인식한다. 이러한 관점에서는 다양한 능력·동기·정서·특성 들을 완비하고 상황이나 타인과는 분리된 독립적인 개인을 사회제도의 출발점으로 삼기 때문에, 기본적으로 비사회적인 개인이 가진 고정적인 내적 특성들을 사회행위의 규범적 단위로 보게 된다. 그 결과 상황유리적이고 개인 중심적인 인간관이 두드러져서, 개인의 자율성과 독특성의 추구를 사회관계의 목표로 삼는 개인주의적 인간 파악의 관점이 부각되는 것이다.

이와는 대조적으로 동아시아에서는 유학사상의 전통으로 말미암아 인간은 타인과 맺는 관계 속에 존재하고, 이에 따라 규정되며, 따라서 사회는 각자가 이러한 관계에 내포된 역할과 의무를 충실히 수행함으로써 유지된다고 본다. 곧 사회의 궁극적인 구성 단위는 사람 사이의 관계 또는 이러한 관계의 원형인 가족과 같은 일차집단이라고 보며, 이러한 관계를 떠난 개인 존재는 상상적인 원자일 뿐 존재의의를 잃는다고 본다. 그들은 이러한 관계 속의 개인을 의무·역할·배려의 복합체, 덕성의 주체 및 가변적, 과정적 존재로 인식한다. 따라서 이러한 체계에서는 개인 간의 관계를 사회제도의 출발점으로 삼기 때문에, 관계 속에서 생겨나는 역할과 상호연계성을 사회행위의 규범적 단위로 본다. 그 결과 상황 의존적이고 관계 중심적인 인간관이 두드러져서, 상호 관계에서 조화와 질서를 추구하는 일을 사회관계의 목표로 삼는 집단주의적 인간 파악의 관점이 부각되는 것이다.

지금까지 고찰해 온 바와 같은 동·서양의 이상적 인간형론의 차이는 바로 이러한 인간 이해 관점의 차이에 근원을 두고 있는 것이다. 말하자면, 동·서양에서 인간을 이해하는 관점의 차이는 이러한 이상적 인간형에 대한 입론의 차이에서 가장 뚜렷하게 드러나는 것이다. 이상적 인간형을 파악하는 이러한 동·서양의 관점 차이는 필연적으로 두 진영에서 전개해 왔거나 또는 앞으로 전개될 심리학의 모습에서도 차이를 가져올 것이다.

8장

새로운 심리학의 가능성 탐색

　지금까지 동·서 문화권에서 제시해 온 이상적 인간형론의 차이를 그 사상적 배경을 살피는 데서 시작하여 다각도로 검토해 보았다. 우선 1부의 1장에서 서구 문화와 동아시아 문화를 각각 개인주의와 집단주의로 개념화하여 대비해 볼 수 있다는 연구 결과들과 그 이론적 근거를 제시한 다음, 2장에서는 이 두 문화권의 사람들에게서 나타나는 대인평가·귀인·정서·동기의 여러 측면에 따른 차이를 주의의 초점, 통제의 대상, 행위의 변이가능성이라는 세 차원의 강조점을 중심으로 고찰해 보았다. 현대 문화비교연구 결과들을 통해 밝혀지고 있는 이러한 차이는 모두 두 문화권 사람들이 가지고 있는 인간과 자기를 파악하는 이해의 틀(인간관·자기관)의 차이에서 연역될 수 있었으며, 이러한 관점에서 두 문화권의 사람들이 바람직한 상태로 여기는 이상적 인간형에 차이가 있을 수 있다는 전제를 끌어내었다.

　다음 2부에서는 서구 개인주의 문화권의 이상적 인간형론에 대해 고찰해 보았다. 이를 위해 우선 3장에서 서구 개인주의의 사상적 배경을 개인주의의 기본 요소, 서구 문화에서 개인주의가 대두하고 성장해 온 역사적 배경 속에서 살펴보았다. 이러한 고찰을 통해 서구 개인주의의 배경에 르네상스 이후 17~18세기에 나타나 정치·경제·사회·문화의 여러 영역에 영향을 미친 자유주의 사상이 놓여 있음을 확인할 수 있었다. 곧 서구 개인주의는 자유주의 사상과 함께 서구인들의 삶의 기본 태도와 양식으로 굳어졌던 것이다. 4장에서는 자유주의라는 사상적 배경을 지닌 서구사회의 이상적 인간형에 관한 논의들을 살펴보았다. 먼저 개인주의를 구성하는 기본 요소들과 관련하여 이상적 인간의 모습을 끌어낸 다음, 현대 서구의 성격심리학자들이 제시한 이상적 인간형론을 이상적 인간의 특징에 관한 이론들과 이상적 인간의 상태에 이르는 과정에 관한 이론들로 나누어 살펴보았다. 이러한 고찰에서 밝혀진 것은 서구사회에서는 독립된 개체인 개인의 자기실현을 핵으로 하여 이상적 인간상을 개념화하고 있다는 사실이었다.

이어서 3부에서는 동아시아 집단주의 문화권에서 제시하는 이상적 인간형론에 대해 고찰해 보았다. 우선 5장에서 동아시아 집단주의의 배경에 유학사상이 놓여 있다는 사실을, 동아시아 사회에서 유학이 차지하는 위상, 유학사상에서 끌어낼 수 있는 인간관, 그리고 유학사상에서 대인평가·귀인·정서·동기와 같은 인간의 심성과 행동을 이해하는 이론틀을 통해 살펴보았다. 이러한 고찰의 결과 유학사상에서 도출되는 인간관에서 유학사상이 제시하는 대인평가·귀인·정서·동기에 관한 이론이 직접적으로 연역되며, 이러한 이론들은 곧바로 현대 동아시아 집단주의 사회에 살고 있는 사람들에게서 나타나는 여러 심성과 행동의 특징으로 연결된다는 사실을 확인할 수 있었다. 다음 6장에서는 동아시아 집단주의의 사상적 배경인 유학사상이 제시하는 이상적 인간형론을 군자론과 성인론을 중심으로 살펴보았다. 이러한 고찰에서 밝혀진 것은 유학사상에서는 인간의 사회적 존재 특성에서 나오는 타인 및 사회에 대한 관심과 배려를 핵으로 하여 이상적 인간상을 개념화하고 있다는 사실이었다.

7장에서는 현대 서구심리학에서 제시한 이상적 인간형론과 동아시아 유학사상에서 제시한 이상적 인간형론을 대비해 보았다. 이를 위해 서구 개인주의와 동아시아 집단주의의 사상적 배경, 곧 자유주의와 유학의 체계에서 파악하고 있는 개인의 개념 차이를 먼저 대비함으로써, 두 문화권에서 제시하는 이상적 인간형론에 차이를 가져오는 개념적 바탕을 확립하려 하였다. 이어서 동·서의 이상적 인간형론을 이상적 인간상의 특징에 관한 이론과 이상적 인간의 상태에 이르는 과정론으로 나누어 대비해 보았다. 이제 여기에서는 위와 같은 동·서의 인간 이해 관점의 차이와 그에 따른 이상적 인간형의 차이에 관한 고찰들에서 끌어낼 수 있는 심리학적인 함의에 관해 논의하기로 하겠다.

이상적 인간형의 문제는 워낙 방대한 주제이기 때문에 그 동·서 차이에서 끌어낼 수 있는 심리학적 함의는 실로 무수하겠으나, 이 장에서는 그 가운데 도덕성의 문제, 자기의 문제, 정신건강과 심리치료의 문제에 국한하여 논의하고자 한다. 자유주의와 유학사상에서 끌어낼 수 있는 개인 파악의 기본 차이는 자유의 보유자, 이성의 주체, 안정적이고 고정적인 실체로서 존재하는 독립적인 개체의 자율성과 독특성을 강조하느냐, 아니면 의무·역할·배려의 복합체, 덕성의 주체, 가변적이고 과정적인 존재로서 서로 연관된 사람들 사이의 연계성과 조화성 추구를 강조하느냐 하는 데 있다. 이러한 차이는 무엇보다도 도덕성의 근거와 내용에 관한 관점의 차이, 자기 존중과 자기 향상 방안에 관한 관점의 차이, 최상의 바람직한 적응 상태와 이를 위한 과정에 관한 관점의 차이를 낳을 수 있기 때문이다.

1. 도덕심리학의 문제

서구심리학에서 이상적 인간상을 그리는 핵심 개념은 자기실현이다. 곧 서구사회에서는 독립적인 개체인 개인으로서 자기의 독특성과 자율성을 인식하고(주체성), 이를 현실 속에서 자신의 것으로 받아들이고 인정하며(자기 수용), 자기의 독특한 개성을 실생활에서 발휘하기 위하여(문제 중심성) 통일된 인생 목표를 세우고 노력하며(자기 통일), 그러한 과정에서 타인들과 따뜻하고 원만한 관계를 맺으면서(따뜻한 대인관계) 살아가는 사람을 이상적 인간상으로 여기고 있다. 이러한 과정에서 가장 중요한 것은 개인의 이성이다. 이성의 주체로서 개인은 자기에게 가장 유익하고도 바람직한 자기상을 합리적으로 설정하고 추구해 가야 하며, 이것이 이상적인 삶의 조건이라고 보는 것이다. 이러한 관점에서 타인에 대한 관심과 배려를 중핵으로 삼는 도덕성은 이상적 인간상을 설정하는 데 그다지 중요하지 않거나, 부차적인 중요성만을 가질 뿐이다.

그러나 동아시아 유학사상에서는 이와는 다른 관점에서 이상적 인간형을 그려낸다. 유학자들이 보기에 인간은 사회적 존재로서, 사회성을 외면하고 인간을 이해하려 한다는 것은 있을 수 없는 일이다. 사람은 누군가의 자식, 형 또는 아우로서 태어나서, 누군가의 자식, 친구, 어버이, 동료, 부하 직원 또는 상사로서 살다가, 누군가의 어버이, 스승, 친구 또는 이웃으로 죽어가는 관계 속의 존재이다. 이렇게 서로 관계를 맺고 살아가는 다른 사람과의 연계 속에서 개인의 존재의의와 그 특성이 드러나게 된다는 것이 이들의 생각이다. 그러므로 자기의 존재의의를 타인이나 사회와 맺는 관계 속에서 찾아, 그들에 대해 관심을 가지고, 그들을 먼저 배려하며, 그들에 대한 책임을 다하려고 노력하는 것이 바람직한 삶의 태도이고, 이상적인 인간이 되는 길이라고 보는 것이 유학자들의 기본 관점이다. 이러한 과정에서 가장 중요한 것은 덕성이다. 덕성의 주체로서 개인은 스스로가 도덕 주체임을 깨달아, 일상생활에서 도덕성을 실천해야 한다는 것이 유학자들이 보는 이상적 인간상의 전제 조건이다. 이러한 관점에서는 도덕성이 인간의 가장 기본적이고도 중요한 특성으로 부각된다.

여기에서 도덕심리학의 문제가 새로운 심리학의 연구 주제로 떠오르는 근거를 만날 수 있다. 지금까지의 서구심리학과는 달리 유학사상을 통해 세워질 새로운 동양심리학에서 다루어야 할 첫 번째 연구 주제는 바로 도덕성에 관한 심리학적 접근인 것이다.

1) 도덕성의 존재 근거 문제

도덕심리학에서 다루어야 할 가장 기본적인 물음은 도덕성의 존재 근거에 관한 문제일 것이다. 도대체 도덕성이 인간 심성에 본유하는 것인가, 아니면 심성의 다른 요소에 딸려 있거나 다른 요소에 힘입어 부차적으로 갖추어지는 것인가? 만일 전자라면, 도덕성의 문제는 심리학의 고유한 문제 영역으로 검토되어야 할 것이다. 그러나 후자라면, 도덕성은 다른 심성 요소와 갖는 관계에서 부차적으로 다루어질 수밖에 없을 것이다.

(1) 서구심리학의 부차요소설

인간 심성을 구성하는 심리구성체를 지(知, cognition, thinking)·정(情, affect, feeling)·의(意, conation, willing)의 삼분체계로 보는 것은 현대심리학이 받아들인 서양 철학의 전통이었다(Hilgard, 1980). 이 가운데 정은 현대심리학에서 정서(情緒, emotion)로, 의는 동기(動機, motivation)로 탐구되어, 인간 행동의 열소적(熱素的, hot) 압력체계(Kövecses, 1990) 또는 행동동원체계(Duffy, 1962)에 대한 연구의 맥을 구성하였다. 이와 달리 지는 감각(sensation)·지각(perception)·학습(learning)·문제해결(problem solving)·기억(memory) 같은 넓은 의미의 인지심리학(認知心理學, cognitive psychology) 차원에서 탐구되었다. 이는 인간이 자신과 타인 및 외부 대상 세계를 인식하고, 그 결과로서 지식을 획득하고 축적하여 활용하는 인간 행동의 냉소적(冷素的, cold) 측면에 대한 연구로 이어졌다. 전통적으로 현대의 서구심리학은, 더구나 1960년대 후반의 인지혁명(cognitive revolution) 뒤에는 인지우월주의에 지배되어, 열소적 요인인 정서와 동기를 인간 행동을 설명하는 데 부차적인 체계로 보아, 인지의 부속체계로 간주하는 관점이 주류를 이루었다(Markus & Zajonc, 1985).

서구에서 인간 심성의 구성 요소를 이렇게 지·정·의의 삼요소로 보는 관점은 플라톤에서 시작되어 줄곧 이어오는 전통이었다. 플라톤은 인간의 영혼(psyche)은 욕구(epithumetikon)·감정(thumikon)·이성(logikon)으로 구성되었다고 보았다(박전규, 1985, p. 44 ; Bordt, 1999/2003, p. 108 ; Dickinson, 1967/1989, p. 148 ; Guthrie, 1960/2003, pp. 148~150). 플라톤이 영혼의 세 가지 요소를 상정한 것은 정의(正義)의 개념을 규정하기 위한 전제 조건이었다. "인간의 정의는 영혼의 세 부분이 서로 바른 관계를 유지하는 데서 성립한다. 바른 관계는 영혼의 세 부분이 각자 자기 몫을 행함으로써, 즉 각자에게 합당한 일을 행함으로써 달성된다. 이성의 경우 합당한 일은 바르게 사고하는 것이고, 정서의 경우는 적절히 반응하는 것이고, 충동의 경우는 인간의 삶을 적절한 방식으로 규정하는 것이다. 그러나 정서와 충동이 적절히 반응하게 하기 위해서는 이성이 바르게 사고할 뿐만 아니라 일정한 방식으로 정서와 충동을 다스림으로써, 결과적으로 정서와 충동이 이성을 따르게 할 필요가 있다. 이성의 다스림은 정서나 충동에 대한 억압의 한 형식으로 이해되어서는 안 되고, 인간의 감정과 충동의 질서로 이해되어야 한다. 질서는 이를테면 인간의 정서적 반응이 충동을 따르지 않고 이성을 따르는 데에 세워진다. …… 정서와 충동은 이성의 다스림을 통해서만 전체로서의 영혼이 일종의 내적 조화를 달성하게끔, 다시 말해서 인간이 아무런 내적 갈등도 겪지 않게끔 정돈될 수 있다. 이런 내적 조화가 곧 인간의 정의이다"(Bordt, 1999/2003, pp. 109~110).

비교적 길게 따온 이 인용문에서 현대심리학의 연구 경향과 관련된 두 가지 사실을 유추할 수 있다. 그 하나는 현대심리학이 따르고 있는 인지우월주의의 교의가 플라톤 때부터 이미 시작되었다는 사실이다. 플라톤은 정서와 욕구가 이성의 지배를 통해서라야 제대로 기능을 수행할 수 있다고 봄으로써, 사람의 심성(영혼)을 구성하는 세 가지 요소 가운데 이성을 가장 핵심 위치에 놓아, 인간을 이성의 주체로 파악하는 전통의 초석을 놓은 것이다.

이 책에서 펼치는 논의와 관련하여 위의 인용문에서 읽어낼 수 있는 또 한 가지 사실은, 정의를 영혼의 삼요소 사이에 이루어지는 내적 조화의 산물로 보고 있다는 사실이다. 이는 덕이 인간의 심성에 본유하는 요소가 아니라, 이성이 정서와 욕구를 지배한 결과, 곧 이성의 부속물이라는 관점을 드러내는 것이다. 덕(德, virtue)에 해당하는 그리스어는 아레테(aretē)이다. "아레테는 무엇보다도 우선 어떤 특정한 일에 대한 숙달 또는 능함을 의미"(Guthrie, 1960/2003, p. 23)하였다. 이는 상대적인 용어로서, 단독으로는 불완전한 단어이다. 언제나 "무엇의 아레테" 또는 "누구의 아레테"라는 종속 관계를 나타내었다. "레슬링 선수들의 아레테, 말 타는 사람들이나 장군들 및 제화공들, 또는 노예들의 아레테가 있다. 정치적인 아레테, 가정적인 아레테, 군사적인 아레테가 있다. 그것은 사실상 '능함(efficiency)'을 의미했다"(p. 21). 따라서 "그와 같은 능함은 종사하는 일에 대한 특유한 이해와 지식에 의존한다"(p. 23). 그리하여 소크라테스는 "덕은 앎(지식)이다"(p. 24, 99)라고 규정하였다. "그러므로 모든 경우에서 아레테는 먼저 일정한 할일을 가지는 데 달려 있고, 둘째로는 그 일이 무엇이며, 그것이 달성하고자 목표로 삼고 있는 것이 무엇인지에 대한 철저한 앎에 달려 있다"(p. 101). 이렇게 고대 그리스에서 덕은 자신이 하는 일에서의 능함 또는 탁월성을 의미했으며, 따라서 덕은 지식의 근거가 되는 이성의 결과물이었다. 이와 같이 덕을 인간 심성에 본유하는 것이 아니라 이성의 하위체계 또는 이성적 판단의 결과라고 보는 관점은 플라톤 이후 서양 철학의 전통이 되어왔다. 서양인들은 흄처럼 덕의 근거를 정서에서 찾으려 하든, 아니면 칸트처럼 의지[善意志]에서 찾으려 하든(박재주, 2003) 이성적 지식 또는 판단의 결과물이라고 보는 관점을 굳게 지녀온 것이다.

이러한 서양 철학의 전통은 그대로 심리학의 연구로 이어지고 있다. 현대 서구심리학에서는 도덕성을 인간에게 본유하는 요소가 아니라 부차적인 것이거나, 후천적으로 학습되는 행동 습관이거나, 또는 인지 발달의 결과 나타나는 선택 능력의 한 가지라고 보고 연구를 진행해 왔던 것이다.

정신역동이론적 접근 정신분석학의 창시자인 프로이트는 인간의 심성을 구성하는 체계를 무의식적이며 본능적인 욕구의 체계인 원초아(原初我, id), 원초아의 욕구를 현실 생활에서 충족시키는 현실 생활의 담당체계인 자아(自我, ego), 그리고 자아가 욕구를 충족시킬 때 사회적으로 용납받는 방법으로 충족시키도록 지도·감독하는 체계인 초자아(超自我, super-ego)의 세 가지로 보고 있다. 여기서 초자아는 바로 개인에게 양심(良心, conscience)의 구실을 하는 도덕성의 체계이다. 이렇게 보면, 프로이트도 도덕성을 인간의 심성을 구성하는 핵심체계 가운데 하나로 보았다고 생각할 수 있다.[1]

그러나 프로이트는 초자아에 본유적인 근거를 부여하지 않음으로써, 초자아를 인간 심성의 부차적인 체계로 보았다. 그는 인간 행동의 근거는 모

---

1) Freud의 이론체계에 대해서는 이진숙(1960/1993), 홍숙기(2004), Hall과 Lindzey (1978), Hjelle와 Ziegler(1981/1983) 및 Phares(1984/1989)를 주로 참고하였다.

두 원초아의 무의식적, 본능적 욕구에 있는 것으로 보고, 자아나 초자아는 이러한 욕구의 집행을 담당하거나 그 과정에 통제적인 영향을 미치는 것으로 보았다. 곧 원초아가 인간 심성에 본유하는 체계라면, 자아와 초자아, 특히 초자아는 욕구 충족을 억제하거나 늦추는 구실을 하는 부수적인 체계라고 보는 것이다. 이를테면, "인간은 태어날 때부터 쾌락을 추구하는 욕구에 따라 자기 자신의 충동을 표출하게 마련이기 때문에, 출생이라는 자연적 상태로는 도저히 도덕적 행동을 할 수 없는 존재"(정옥분·곽경화, 2003, p. 28)라는 것이다. 이렇게 프로이트는 개인의 도덕적 행위의 원천이 되는 초자아의 본유설을 부인하고, 성격 발달 단계에 따라 후천적으로 습득되는 것으로 보며, 그 기능도 원초아의 욕구 충족 과정에 딸린 부차적인 체계로 보고 있다. 곧 인간에게 본유하는 것은 쾌락추구적인 욕구의 체계이고, 초자아는 욕구 추구 과정에 제한적인 영향을 미치는 하위체계일 뿐이라는 것이다.

프로이트는 이러한 초자아는 성격 발달의 세 번째 단계인 남근기(男根期, phallic period, 3~5세 또는 6세) 동안에 동성 부모에 대한 동일시(同一視, identification) 과정을 통해 발달한다고 본다. 그에 따르면, 본능적, 무의식적 욕구체계인 원초아를 구성하는 가장 기본적인 욕구는 성적인 욕구와 공격 욕구인데, 이 가운데 핵심적인 것은 성적 욕구이다. 프로이트는 이러한 성적 욕구가 충족되어 가는 양상에 따라 성격이 다섯 단계를 거쳐 발달한다고 보고 있는데, 첫 번째 단계가 구강기(口腔期, oral period, 0~1세), 두 번째 단계가 항문기(肛門期, anal period, 1~3세)다. 이 시기는 각각 입과 항문이 성감대(erotic zone)가 되어, 빠는 활동과 배설 활동을 통해 성적인 욕구가 충족된다. 세 번째 단계가 남근기인데, 이는 자기 성기의 자극을 통해 성적인 만족을 추구하는 시기이다. 이 시기의 아이들은 아버지와 어머니, 그리고 자신을 삼각관계로 인식하여, 동성의 부모를 배척하고 이성의 부모에게 애착을 느끼는 심리적인 경험을 하게 된다. 이것이 바로 외디푸스 복합(Oedipus complex : 사내 아이의 경우) 또는 일렉트라 복합(Electra complex : 여자 아이의 경우)이다.

남근기 동안에 이성 부모에게 애착을 갖고 동성 부모를 배척하는 과정에서 아이들은 동성 부모가 연적(戀敵)인 자기에게 해를 끼칠지도 모른다거나(사내 아이의 경우) 또는 이미 해를 끼쳤다(여자 아이의 경우)고 생각하여, 동성 부모에 대한 공포심을 갖게 된다. 이것이 거세공포(去勢恐怖, castration phobia : 사내 아이의 경우)와 남근선망(男根羨望, penis envy : 여자 아이의 경우)이다. 이러한 공포심으로 말미암아, 그리고 이성 부모의 관심을 끌기 위해 아이들은 동성 부모와 자신을 동일시하여 외디푸스 복합과 일렉트라 복합을 극복하고, 동성 부모를 따라 그들의 행동 양식, 금기, 가치관을 받아들여 내면화하게 되는데, 그 결과 갖추어지는 것이 초자아라는 것이다. 이때 여자 아이들은 동성 부모인 어머니가 이미 자기에게 해를 끼쳤다(자기가 본래 가지고 있었던 남자 성기를 빼앗아 버렸다)고 생각하므로 (그러므로 자기가 본래 가지고 있었던 남자 성기를 되찾고 싶다는 남근선망을 갖는다), 일렉트라 복합의 극복이 완전하지 못하고, 따라서 어머니에 대한 동일시가 철저하게 이루어지지 않는다고 프로이트는 본다. 따라서 여성은 남성보다 약한 초자아를 발달시키게 되어, 도덕적인 면에서 남자보다 덜 엄격해진다는 것이다(정옥분·곽경화, 2003, p. 29 ; 홍숙기, 2004, p. 108).

이렇게 프로이트에게 도덕성의 근거는 개인의 바깥에 존재하는 사회적인 행동 규범과 금기와 같은 도덕 기준이다. 외디푸스 복합과 일렉트라 복합을 극복하는 과정에서 동성 부모에 대한 동일시를 통해 개인 바깥에 있는 도덕 규범이 개인에게 들어와 내면화하면, "밖으로부터 들어온 도덕적 기준이 마치 내부에서 발생한 것과 같은 양심으로 인식되며, 만약 불완전한 도덕적 기준이 내면화되면, 초자아의 힘은 그만큼 약해져서 도덕적으로 성숙되지 못한 성격을 지니게 된다. …… 따라서 프로이트의 양심, 즉 초자아는 무의식 속에 숨겨진 형태로 존재하며, 이는 인지적 특징보다는 정의적 특성(도덕적 감정)을 더 많이 지니게 된다"(정옥분·곽경화, 2003, p. 29).

위와 같은 과정을 통해 외부 준거에 따른 도덕 규범이 내면화한 도덕 감정은 죄책감(guilty feeling)을 통해 개인의 행동에 영향을 미친다고 프로이트는 본다(김호권, 1969, pp. 216~219 ; 정옥분·곽경화, 2003, p. 29 ; 홍숙기, 2004, p. 98). 초자아를 갖춘 사람은 스스로 "의식하지 못하는 '나쁜' 생각에 대해 스스로를 나쁜 놈이라고 비난하며 죄책감(양심의 가책)에 시달"(홍숙기, 2004, p. 98)리게 되므로, 이를 피하기 위해 도덕적 행동을 하게 된다는 것이다. 말하자면, 죄책감으로 말미암아 도덕적 행동을 하게 된다는 가설이 성립하는데, 이러한 관점은 "범칙 행위 뒤에 오는 반응이 진실로 죄책감이나 후회감을 표출할 것이라는 가정, 즉 이 죄책감이 다른 목적을 위한 수단적인 반응이 아니라 정말로 자신에게 심리적 고통을 가하는 자기견책적인 것이라는 가정 위에서만 비로소 성립된다"(김호권, 1969, pp. 217~218). 요컨대, 사회 규범에 어긋나는 행동을 했을 때 나타나게 될 초자아의 비난과 견책, 곧 죄책감을 피하기 위해서 도덕적 행동을 하게 되며, 따라서 도덕적 행위는 죄책감을 피하기 위한 자기 방어적인 반응일 뿐이라고 프로이트는 보는 것이다.

초자아(도덕성)의 근거와 발달 과정 및 그 작용 기제에 대한 이러한 프로이트의 이론은 많은 비판을 받아왔다(Hall & Lindzey, 1978, pp. 66~70). 말리노프스키(Malinowski) 같은 인류학자들의 비교문화적 연구들에서는 외디푸스 복합(일렉트라 복합)과 그에 뒤이은 동성 부모와의 동일시가 모든 문화에 보편적인 것이 아니라는 관찰 결과들이 밝혀짐으로써, 도덕성 발달에 관해 프로이트가 제시한 기본 교설의 근거가 흔들리게 되었다. 또한 호나이 같은 많은 여성 심리학자들은 남근선망에 대한 해석을 바탕으로 한 여성 비하의 측면을 비판하였고, 아들러 같은 신분석학자(neo-analyst)들은 성격에 미치는 사회·문화적 요인의 영향을 너무 외면했다는 점과, 인간을 지나치게 수동적, 기계적, 과거결정론적으로 이해하려 한다는 점에서 비판하였다(Hjelle & Ziegler, 1981/1983, pp. 70~71). 그리고 프로이트가 제시한 "죄책감-도덕적 행동 가설"도 많은 실증적 연구에서 비판을 받았다(김호권, 1969, pp. 218~219 ; 정옥분·곽경화, 2003, p. 29).

학습이론적 접근 학습이론가들은 인간의 행동은 거의 다 보상(reward)과 처벌(punishment)이라는 강화(强化)의 원리에 따라 학습된 것이라고 주장한다. 그들은 태어날 때부터 지닌 인간의 특성이라는 관념을 거부하고, 인간의 행동은 오로지 강화의 원리에 따라 후천적으로 학습된 것이며, 따라서 모든 행동은 학습의 결과물일 뿐이라고 본다. 이러한 "학습이론적 입장에서는 도덕성이라는 것을 개별적인 사태 속에 산재하는 도덕적 행위의 총합으로 규정하고 있으며, 이런 입장에 따른다면 그러한 모든 도덕적 행위를 내면적으로 통합하고 통제하는 일반적이고 기저적인 '양심'의 존재가 일단 부인되지 않을 수 없다"(김호권, 1969, pp. 215~216).

이들이 주장하는 학습의 원리도 간단하기 그지없다. 이들은 인간을 철저한 쾌락추구적 존재라고 보는 관점에서, 사람들은 과거의 경험을 통해 보상받은 대상 또는 보상을 가져온 대상에는 접근하고 추구하려 하지만, 처벌을 받은 대상 또는 처벌을 가져온 대상은 회피하려 한다고 본다. 따라서 과거 경험을 통해 보상받은 행동은 습득되어 개인의 행동 목록에 등록되고 유지되지만, 처벌을 받은 행동은 억제되고 개인의 행동 목록에서 탈락한다. 이러한 과정을 통해 특정 상황에서 특정 행동을 하는 경향성, 곧 습관이 형성되는 과정이 학습의 과정이며, 인간의 모든 행동은 이러한 습관 형성(habit formation)의 결과물일 뿐이라는 것이다. 그러므로 도덕적 행위란 특정 상황에서 사회 규범이 권장하는 방향으로 행동하는 습관이 형성된 것일 뿐이며, 이러한 개별 습관들의 총합체가 곧 도덕적 행위의 집합이 된다는 주장이 학습이론적 접근의 요지이다.

학습이론에서는 이렇게 인간의 행동은 환경조건과 과거 경험의 함수로 이해할 수 있다고 본다. 인간의 본유적이거나 내재적인 특성, 예를 들면 도덕성 같은 것을 전제하지 않아도, 환경조건과 과거의 강화사(强化史, history of reinforcement)만 알게 되면, 개인이 구체적 상황에서 하는 구체적 행동을 이해할 수 있다는 것이다. 요컨대, 인간은 환경조건의 생성물일 뿐이어서, "자유 의지" 같은 것은 허구이며, 이에 바탕을 둔 인간의 "존엄성"이란 개념도 허구라는 극단론으로까지 치닫는 것이 학습이론의 관점이다(Skinner, 1971/1982). 이러한 관점을 따르면, "인간의 행동이 환경에 적합하지 못할 때 그 행동은 가차없이 도태되며, 결국은 그 인간도 도태되고 만다"

고 보게 된다. "그러므로 인간은 살아남기 위하여 환경에 적합한 행동을 할 필요가 있으며, 환경은 상과 벌을 통하여 체계적인 자극을 주어서 개인의 바람직한 행동을 조장하고, 바람직하지 않은 행동은 적극적으로 감소"(정옥분·곽경화, 2003, p. 30)시키는데, 이렇게 환경적 요구에 순응하는 행동의 학습을 통해 도덕적 행위가 학습되는 것이다.

이러한 관점에서는 도덕성이란 구체적 상황에서 구체적인 행동으로 나타나는 것일 뿐이지, 그 배후에 있는 내면적 감정이나 판단은 문제되지 않는다. "예컨대, 정직성이란 덕목 내지 특성은 남에게 발각당할 염려가 없어 보이는 장면에서 정직성이라는 준칙을 어기는 행위를 나타내느냐 않느냐에 의해서 측정될 수 있다고 보는 것이다. 이런 장면에 놓인 개인의 내면적인 '이유'나 갈등보다는 외면적으로 발현되는 행위의 '결과'가 중요시된다"(김호권, 1969, p. 213).

이렇게 구체적 상황에서 드러나는 "좋은 습관"들의 총합체로 도덕성을 규정하는 학습이론적 접근이 실제로 인간 삶의 장면에서 유용성을 가지려면, 특정 상황에서 나타나는 "좋은 습관"이 다른 상황으로 일관성 있게 전이되어 나타날 수 있어야 할 것이다. 삶의 과정에서 부딪히는 모든 구체적 상황의 구체적 행동들을 학습할 수는 없고, 또 이들을 모두 교육한다는 것은 불가능하기 때문이다. 학습이론가들은 하나의 상황에서 학습된 행동은 비슷한 다른 사태로 전이된다는 일반화(generalization)의 원리를 통해 이러한 문제를 해결하려 한다. 그러나 실제 연구의 결과에서는 특정 상황에서 나타나는 구체적인 "좋은 습관(도덕적 행동)"이 비슷한 사태로 일반화하는 경향성은 매우 낮으며, 장래 행동에 대한 예측 가능성도 매우 낮다는 사실들이 밝혀지고 있다(김호권, 1969, pp. 213~215). 곧 "직접적 훈련과 신체적인 처벌이 단기간의 사태에서 순종을 낳는 데에는 효과적일지라도, 그 뒤의 생활과 가정 밖의 장면 또는 허용된 조건 속으로 전이될 수 있는 도덕적 인격이라는 일반적이고 내면화된 습관을 만들어내지는 못한다"(Kohlberg, 1964, p. 389). 이렇게 하나의 상황에서 학습된 "좋은 습관"이 다른 상황 또는 장래 행동으로 일반화할 가능성이 실제로 낮다면, 도덕성이라는 보편

특성의 존재를 부정하고 구체적 행동 습관의 학습만을 강조하는 학습이론은 그 자체로서 논리적 함정뿐만 아니라, 실용적 관점에서도 한계를 가질 수밖에 없는 것이다.

인지발달이론적 접근 피아제(1926, 1932)와 콜버그(Kohlberg, 1963, 1964) 같은 발달심리학자들은 도덕성은 인지 능력의 발달에 따라 갖추어지는 도덕적 판단 능력에 지나지 않는다고 본다. 그들은 도덕 판단 능력을 연령의 증가에 딸려 나오는 변화로 규정하고, 개인의 도덕적 판단 능력이 도덕 이전의 상태에서 질적으로 다른 도덕적 성숙의 단계로 발달해 나가는 과정에 근본적인 관심을 둔다. 이들의 이론은 범도덕적 행위의 통정자인 초자아와 같은 도덕성의 존재를 부정한다는 점에서 정신역동이론과 구별된다. 또한 객관적 환경조건의 함수로서 학습되는 구체적 행위가 아니라 다양한 환경조건에 놓여 있는 도덕적 문제 사태에서 필요한 체계적인 판단 능력을 강조한다는 점에서 학습이론과도 차이를 보인다. 이들은 도덕적 판단 능력의 발달에 초점을 두어, "개인의 도덕성의 발달은 행위의 주체자로서의 개인이 그를 둘러싼 사회적 환경을 어떻게 인식하며, 사회적 환경 내의 제 규율을 어떻게 개념화하느냐에 따라 결정된다"(김호권, 1969, p. 224)고 주장한다. 곧 도덕성 또는 도덕적 행위를 개인의 인지 능력 발달과 그 발달 단계에 따라 규정되는 도덕적 판단에서 찾고 있다. 이렇게 이들은 개인의 심성에 내재하는 도덕성의 존재 자체를 부인하고, 이는 인지 능력 발달의 부수물일 뿐이라고 보아, 도덕성을 인지 능력의 부속체계로 간주하는 주장을 견지하는 것이다.

이러한 이론적 관점에서 발달이론가들은 여러 연령층의 아동과 청소년 및 성인들에게 도덕적 비교의 과제나 도덕적 곤경 상황을 제시한 다음, 도덕적 판단과 그러한 판단의 이유를 응답하게 하여, 이를 바탕으로 도덕 판단 능력의 발달에 관여하는 보편적 단계를 끌어내고자 한다. 예를 들어, 피아제는 "어머니를 도와드리려다가 접시를 다섯 개 깨뜨린 아이와, 과자를 몰래 꺼내 먹으려다가 접시를 한 개 깨뜨린 아이 가운데 누가 더 착한 아이인지” 하는 비교 판단의 과제를 제시하고, 이에 대한 여러 연령층 아동들의 판단 양상을 분석한다. 그는 이러한 도덕적 비교 판단의 과제에서, 5~6세 무렵까지의 “전조작 단계(前操作段階, pre-operational stage)”의 인지 능력을 지니고 있는 아동들은 대체로 후자(접시를 한 개 깨뜨린 아이)가 전자(접시를 다섯 개 깨뜨린 아이)보다 더 착한 아이라고 응답하지만, 7~8세 이후의 “구체적 조작 단계(具體的操作段階, concrete operational stage)”에 이른 인지 능력을 지닌 아동들은 거의 예외 없이 전자(어머니를 도와드리려던 아이)가 후자(과자를 몰래 꺼내려던 아이)보다 더 착한 아이라고 응답하는 결과를 얻었다.

　이러한 결과를 통해 피아제는 인간의 도덕 판단 능력이 행위의 결과를 중심으로 판단하는 “타율적 도덕 판단(heteronomous moral judgment)”의 단계에서 “자율적 도덕 판단(autonomous moral judgment)”의 단계로 발달해 간다는 비교적 단순한 이론을 제시하였다. 타율적 도덕 판단 단계에서 아동들은 도덕적 규칙이 외부에서 주어진 절대적이며 불변하는 것이라 생각하고, 이는 행위의 결과와 그 행위에 대한 상·벌에 따라 드러난다고 여긴다. 그리하여 행위의 결과 및 그에 대한 사회적 보상이나 처벌에 따라 도덕 판단을 한다. 이러한 현상은 이 시기의 아동들이 논리적 조작(操作, operation)을 하지 못하여 겉으로 드러난 사실에만 집착한 채 직관으로 세상사를 인식할 뿐만 아니라, 또한 지나치게 자기 중심성(ego-centricity)이 강하여 다른 사람의 처지에 서서 생각하지 못하기 때문에 나타나는 것이다. 이러한 사고 능력의 한계와 더불어, 이 시기의 아동들은 자기들의 부모나 성인들은 도덕적으로 완전하고 절대적이라고 믿기 때문에, 직관으로 인식한 도덕 규율을 타율적으로 받아들여 맹목적으로 따르게 된다. 이에 견주어, 논리적 조작을 할 수 있게 될 뿐만 아니라 자기 중심성에서도 벗어나는 구체적 조작기 이후의 아동들은 직관적, 현상적 사고양식에서 벗어나 세상사를 인식하고, 또한 타인의 처지에 서서 생각해 볼 수 있는 능력도 갖추어지기 때문에, 겉으로 드러난 결과 이면에 놓인 동기나 의도를 짐작하여 사고할 수 있게 된다. 이들은 도덕 규칙은 절대적이거나 불변하는 것이 아니라 상대적이고 가변적인 것이라는 사실을 이해하게 되는 것이다. 이렇게 도덕 판단의 원칙이 외부에서 주어지는 타율적 단계에서 자신의 내적 추론을 거친 자율적 단계로 발달해 간다고 피아제는 보며, 따라서 도덕 판단 능력은 그 자체 독자적인 것이 아니라 인지 능력의 발달 과정에 완전히 딸려간다고 하는 것이 피아제의 인지발달이론의 근본적인 주장이다.

콜버그는 도덕적 곤경 상황[2]을 제시한 뒤, 이러한 상황에서 주인공이 어떻게 해야 한다고 생각하는지를 판단하게 하고, 이어서 그 이유를 기술하게 한 다음, 이를 통해 도덕 판단의 단계를 설정하였다. 그는 다양한 연령층의 반응을 분석하여, 도덕 판단은 "인습 이전 수준(pre-conventional level : 처벌을 회피하거나 보상을 추구하는 차원에서 판단하는 수준)", "인습 수준(conventional level : 사회를 유지하는 규칙과 법률·질서 같은 행위 원칙을 준수해야 한다는 차원에서 판단하는 수준)", "인습 이후 수준(post-conventional level : 개인의 권리나 보편적 인권·도덕률 들을 바탕으로 판단하는 수준)"의 세 수준으로 나누어지며, 각 수준은 다시 두 단계씩 모두 여섯 단계로 이루어져 있는데, 연령이 높아질수록 상위 단계의 도덕 판단을 하게 된다는 이론을 제시하였다. 이러한 이론은 피아제의 이론을 넓힌 것으로 볼 수 있는데, 따라서 콜버그도 피아제와 마찬가지로 도덕성을 인지 능력의 부속체계로 보고 있는 것이다.

이러한 도덕성에 대한 인지발달이론은 몇 가지 점에서 비판을 받는다(김호권, 1969, p. 227 ; 정옥분·곽경화, 2003, pp. 44~46). 우선 이들의 이론은 도덕적 사고를 지나치게 강조하고, 도덕적 동기나 감정을 무시하고 있다는 비판을 받는다. 도덕적 행위에서는 도덕적 사고보다 도덕적 정서나

---

2) 이러한 곤경 상황의 예를 한 가지만 요약하여 제시하면 다음과 같다 : "아내가 큰 병에 걸려 죽어가고 있는데, 그녀를 살릴 수 있는 약을 동네 약국 주인이 최근에 발명하였다. 그런데 약값이 매우 비싸서, 온갖 노력을 했으나 그 반밖에 마련하지 못했다. 약국 주인에게 나머지 반은 나중에 갚겠다고 약속하고, 약을 팔라고 사정하였으나 거절당했다. 아내를 살리는 길은 약국에 몰래 숨어 들어가 약을 훔쳐오는 수밖에 없을 것 같다. 이때 남편은 어떻게 해야 할까?"

동기가 더욱 핵심적이라는 것이다(Haan, 1985 ; Hadit, Koller, & Dias, 1993 ; Hart & Chmiel, 1992). 다음으로 도덕 판단이 도덕적 행위를 보장하는 것이 아니라는 점에서도 비판을 받는다. 도덕적 행위는 도덕 판단이 성숙하기 훨씬 이전부터 발달하며, 도덕 판단은 상황의 변화와 무관하게 일관적이지만, 도덕적 행동은 상황이나 사회 계층에 따라 달라짐으로써, 도덕 판단이 도덕적 행동에 대해 예언력을 갖지 못한다는 것이다(김호권, 1969 ; Kurtines & Gerwitz, 1991). 그리고 주로 콜버그에게 집중되는 비판이기는 하지만, 이들이 도덕 판단 단계의 발달은 범문화적이거나 모든 집단에게 보편적으로 적용된다고 주장하는 데 대한 비판이다. 콜버그의 이론은 개인의 권리와 자유를 중요하게 여기는 서구 개인주의 문화의 가치에 기울어져 있어서, 동아시아를 비롯한 집단주의 문화권에는 적용되지 않으며(Fiske et al., 1998 ; Shweder, Mahapatra, & Miller, 1990), 개인주의 사회에서도 지나치게 경쟁을 추구하는 남성적 가치 중심이어서, 여성에게는 적용되기 힘들다(Gilligan, 1982)는 것이다.

세 접근의 종합   이상에서 살펴본 도덕성에 관한 서구심리학의 이론들은 도덕성을 "개인에게 내면화한 사회적 행위에 관한 일련의 문화 규칙"(Kohlberg, 1964, p. 384)이라고 규정한 다음, 정신역동이론은 내면화의 정의적(情意的) 측면, 학습이론은 내면화의 행동적 측면, 인지발달이론은 내면화 현상 속의 인지적 판단의 측면을 중요시하여 연구해 왔다고 볼 수 있다(김호권, 1969, pp. 211~212). 이들은 모두 도덕성의 본유설을 부정한다는 공통점을 띠고 있다. 프로이트의 정신역동이론은 도덕성의 존재 자체는 인정하나, 그 근거는 개인 밖의 사회 속에 있다는 관점을 따른다. 곧 개인 밖의 사회에 존재하는 도덕적 가치가 동성 부모에 대한 동일시 과정을 거쳐 내면화하여 개인 속에 자리 잡게 된다는 것이다. 이에 견주어, 학습이론이나 인지발달이론에서는 도덕성의 존재 자체를 거부하거나 인정하지 않는 관점을 따른다. 다만 사회적 규칙이 강화의 원리에 따라 학습되어 내면화하거나, 인지 능력이 발달하는 데 따라 판단 과정에서 고려되거나 고려되지 않을 뿐이라는 것이다.

또한 이들은 모두 도덕성을 인간 심성을 구성하는 고유체계가 아니라, 하위체계 또는 부속체계라고 본다. 프로이트는 도덕성의 존재 자체는 인정하나, 이는 욕구체계에 딸려 있거나 욕구체계에 의존해서 발달하는 하위체계라고 본다. 학습이론에서는 행동 습관만 있을 뿐이라고 보아, 도덕성이라는 것의 존재 자체를 거부하므로 말할 것도 없고, 인지발달이론에서도 도덕성은 인지 능력의 발달에 따라오는 인지 능력의 부속체계라고 보는 것이다.

(2) 유학사상의 본유설

도덕성의 본유설을 부정하고, 이를 인간 심성의 부차체계 또는 하위체계로 보는 서구심리학의 연구 경향과는 달리, 유학사상에서는 도덕성의 본유설을 바탕으로, 이를 인간의 심성을 구성하는 가장 기본적이고도 핵심적인 체계라고 본다. 유학사상에서 도덕성의 본유설은 맹자의 사단설에서 가장 집약적으로 드러나고 있다.

> 불쌍히 여기는 마음〔惻隱之心〕이 없으면 사람이 아니요, 자기가 옳지 않음을 부끄러워하고 남이 옳지 않음을 미워하는 마음〔羞惡之心〕이 없으면 사람이 아니요, 사양하는 마음〔辭讓之心〕이 없으면 사람이 아니요, 옳고 그름을 가리려는 마음〔是非之心〕이 없으면 사람이 아니다. 불쌍히 여기는 마음은 인의 시초〔仁之端〕요, 부끄러워하고 미워하는 마음은 의의 시초〔義之端〕요, 사양하는 마음은 예의 시초〔禮之端〕요, 옳고 그름을 가리려는 마음은 지의 시초〔智之端〕이다. 사람이 이 네 가지 시초〔四端〕를 갖추고 있다는 사실은 마치 사람에게 팔과 다리가 갖추어져 있는 것과 마찬가지로 자연스러운 일이다.(《孟子》, 〈公孫丑上〉 6)

이 인용문에서 보듯이 맹자는 인·의·예·지의 근거인 측은지심·수오지심·사양지심·시비지심의 네 가지 시초가 마치 인간이 몸을 갖추고 태어나듯이 태어날 때부터 갖추어져 있고, 그렇기 때문에 인간의 본성은 착

하다는 성선설을 주장한다. 또 다른 곳에서 맹자는 "사람이란 누구나 측은
지심·수오지심·공경지심(사양지심)·시비지심을 본래 갖추고 있다. 따
라서 인·의·예·지는 바깥에서 인간에게 스며들어 온 것이 아니라, 인간
에게 본래부터 갖추어져 있는 것이다"(〈告子上〉6)라고 주장하여, 도덕성
의 본유설을 직접 설파하고 있다. 이러한 사단은 기본적으로 대인관계에서
타인을 지향 대상으로 하는 사회적 정서이다(정양은, 1970 ; 한덕웅, 1994,
2003). 따라서 사람이 사단을 본래부터 갖추고 있다는 사실은 "도덕의 출
처가 사람의 (본유적인) 심리 정감(情感)에 있음"(蒙培元, 1990/1996, p. 67)
을 의미하는 것이다. 이렇게 맹자는 도덕의 근거가 인간에게 본유하는 타
인 지향의 정서, 곧 타인에 대한 관심과 사랑이라는 자연스러운 정감에 있
다고 보는 것이다. 이 점은 도덕성의 근거를 인지 능력 발달의 후천적 부수
물이라고 보는 피아제와 콜버그 같은 인지발달론자의 관점이나, 이를 5~6
세 무렵 이후에 동성 부모와 동일시한 결과 형성되는 초자아에서 찾는 프
로이트의 정신역동이론의 관점과는 근본적으로 다르다.

순자는 사단과 같은 본유적인 정감에서 도덕성의 근거를 찾는 맹자와는
달리, 사물과 다른 인간만의 독특한 본유적인 특성을 도덕성이라고 보는
시각에서 도덕 본유설을 주장하였다. 이러한 관점은 다음의 표현에서 곧바
로 드러난다.

그러므로 사람이 사람된 까닭은 (동물과는 달리) 다만 두 다리로 서고, 몸
에 털이 없다는 사실에서 연유하는 것은 아니다. 이는 사람이 변별함[辨]을 가
지고 있다는 데서 연유하는 것이다. 무릇 새나 짐승도 부모와 자식의 관계는
있지만 부모 자식 간의 친애함[父子之親]은 없고, 암컷과 수컷은 있지만 남녀
직분의 분별[男女之別]은 없다.[3]

---

3) 故人之所以爲人者 非特以其二足而無毛也 以其有辨也 夫禽獸有父子 而無父子之親 有
牝牡 而無男女之別(《荀子》,〈非相〉9~10)

물과 불은 기(氣)는 가지고 있으나 생명[生]은 없다. 초목은 생명은 있으나 지각[知]은 없다. 새와 짐승은 지각은 있으나 올바름[義]은 없다. 사람은 기도, 생명도, 지각도 가지고 있을 뿐만 아니라, 또한 올바름을 가지고 있다. 그러므로 천하에서 가장 귀한 존재가 되는 것이다(《荀子》,〈王制〉20).

이러한 논의에서 보면, 사람은 우주 안에서 유일하게 변(辨)과 의(義) 같은 도덕성의 바탕을 본래부터 갖추고 있는 존재이다. 사람은 이러한 도덕성[辨과 義]을 통해 사람을 포함한 천지 만물과 직분을 나누어[分] 사회생활[群]을 할 수 있으며, 이것이 인간 존재의 특이성이다. 이러한 사실은 순자의 다음과 같은 진술에서 잘 드러난다.

사람의 힘은 소를 따라가지 못하고, 빠르기는 말을 당하지 못한다. 그런데도 사람은 소와 말을 부려 이용한다. 그 까닭은 무엇인가? 이는 사람은 사회생활[群]을 할 수 있지만, 소나 말은 사회생활을 할 수 없기 때문이다. 그렇다면, 사람이 사회생활을 할 수 있는 까닭은 무엇인가? 이는 직분을 나누어[分] 가졌기 때문이다. 이렇게 직분을 나누어 가지는 것은 무엇을 통해서 이루어지는가? 이는 올바름[義]을 통해서이다. 그러므로 올바름을 통해 직분을 나누어 가지면 조화[和]가 이루어지고, 조화가 이루어지면 하나로 뭉치게 되며, 하나로 뭉치면 힘이 많아지고, 힘이 많아지면 강하게 되며, 강하게 되면 만물을 이긴다.[4]

이 인용문에서 보듯이, 순자는 인간이 조화로운 사회생활을 영위할 수 있는 근거를 다른 동물과는 달리 변과 의 같은 도덕성을 본래부터 갖추고 있다는 사실에서 찾고 있다. 바로 이렇게 도덕성이 본유하기 때문에 인간은 우주 안에서 가장 특이한 존재가 된다는 것이다.

---

4) 力不若牛 走不若馬 而牛馬爲用 何也 曰 人能群 彼不能群也 人何以能群 曰 分 分何以能行 曰 以義 故義以分則和 和則一 一則多力 多力則彊 彊則勝物(〈王制〉20~21)

이와 같이 유학자들은 도덕성의 본유설에 대한 강한 신념을 공유하고 있다. 이러한 도덕성의 본유설에 덧붙여서 유학자들은 도덕성이 인간 심성의 가장 중핵이 되는 체계라는 덕성우월론(德性優越論)을 견지하고 있다. 맹자와 순자는 양지·양능(《孟子》) 또는 지·능(《荀子》)과 같은 도덕적 인식 능력과 도덕적 행위 능력을 사람이 본래부터 갖추고 있다고 보고, 이를 통해 덕성 주체로서 자각을 이루어야 할 뿐만 아니라, 이기적 욕구와 정서를 억제하여, 이러한 이기적 욕구와 정서〔人欲〕가 도덕성에 따라 지배되고 다스려져야 한다고 주장한다. 이러한 관점은 공자 때부터 이어지는 유학의 전통이며, 특히 성리학자들은 삶의 목표를 알인욕·존천리(遏人欲 存天理)라고 보아, 도덕성에 따른 이기적 욕구와 정서의 통제를 중요하게 여기고 있다. 이러한 맥락에서 보면, 유학자들이 도덕성의 본유설을 통해 주장하려는 핵심은 덕성우월론의 관점이라 할 수 있다. 곧 유학자들은 도덕성에 힘입어 인간 존재 전체가 지닌 특성이 통합되어야 함을 강조하고 있는 것이다.

이와 같이 도덕성을 인간 심성을 구성하는 중핵체계로 보는 유학사상의 관점은, 도덕성(초자아)을 욕구(원초아)의 하위체계로 보는 정신역동이론이나, 인지 능력 발달의 부산물로 보는 인지발달이론 같은 현대 서구심리학의 관점과 크게 대비된다. 도덕성을 인간 심성의 하위체계 또는 부속체계로 보는 관점에서는 도덕성을 욕구나 인지의 하위 요소로 탐구하면 되므로, 이미 심리학적 탐구의 중심 문제에서 도덕성은 밀려나게 된다. 그러나 유학사상과 같이 도덕성의 본유설에 근거를 두고 도덕성을 인간 심성의 가장 중핵적인 체계로 보면, 도덕성의 문제가 심리학에서 다루어야 할 가장 중심적인 문제 영역으로 부각될 것이다. 곧 유학사상을 바탕으로 하여 정립될 동양심리학의 체계에서는 도덕심리학이 중핵의 위치를 차지하게 될 것이다.

2) 도덕성의 본질 문제

이상에서 살펴본 도덕성의 존재 근거에 관한 물음은 도대체 도덕성이 심리학의 연구 문제로서 어떠한 위상을 갖는 것인지에 관한 물음일 뿐이었다. 이러한 도덕성의 존재 근거에 대한 물음보다 도덕성에 관한 심리학적 탐구에서 더욱 중요한 물음은 도덕성의 본질 또는 기능에 관한 물음일 것이다. 심리학은 인간의 행동에 미치는 상황적, 개인적 요인의 영향을 객관적으로 분석하여 인간 행동과 심성에 관여하는 법칙을 정립하려 하는 학문으로서, 이러한 법칙은 연구 주제가 되는 특성의 기능과 영향을 탐구함으로써 정립될 수 있을 것이기 때문이다. 그러므로 도덕성에 관한 심리학적 탐구는 도덕성이 개인에게 어떠한 기능을 하는지, 그리고 그것이 개인의 행동과 심성에 어떠한 영향을 미치는지 하는 문제에 대한 분석에 초점을 맞추게 될 것이다.

테일러(Taylor, 1989)는 한 사회의 도덕 관념은 그 사회의 인간관을 그대로 반영하게 마련이어서, 도덕성의 본질 또는 기능은 각 사회에서 인간을 파악하는 관점이 달라지는 데 따라 변화한다고 보았다. 서구 개인주의 사회에서는 인간을 타인이나 집단과 분리되고 구획된 독립적인 실체라고 보므로, 개인은 자기실현을 목표로 하여 자기가 지향하는 바를 자유롭게 추구하고, 이에 맞게 살 자율적 권리를 지닌다는 관점에서, 도덕성의 본질을 개인의 자유 선택과 독립적인 개인들 사이의 계약에서 찾는다. 이에 견주어, 동아시아 집단주의 사회에서는 인간은 타인이나 집단과 맺는 관계 속에서 존재의의를 찾을 수밖에 없다고 보므로, 자기확대를 목표로 하는 타인이나 집단에 대한 배려에서 도덕성의 본질을 찾는다(Fiske et al., 1998 ; Gilligan, 1982 ; Hamilton, Blumenfeld, Akoh, & Miura, 1990 ; Miller, 1991, 1994, 1997b ; Miller & Bersoff, 1992, 1994 ; Shweder et al., 1990). 도덕성의 본질에 관한 이러한 두 문화권의 관점의 차이는 도덕적 문제 상황의 규정이나 도덕성의 기능에 관한 여러 가지 차이를 낳게 되는데, 이러한 문화차 연구가 도덕성에 관한 현대심리학의 탐구에서 중심 주제가 되고 있다.

(1) 개인주의 사회와 정의의 도덕성

서구의 자유주의 사상에서는 존재론적 우선성(ontological priority)을 공동체나 집단보다는 개별적이고 비사회적인 개인에게 두고 있으며, 사회관계란 이러한 개인들이 비슷한 처지에 있는 다른 사람들과 합의함으로써 형성되는 이차적이고 후속적인 것이라고 여긴다. 그러므로 이러한 자유주의를 사상적 배경으로 하고 있는 서구사회의 도덕적 전통은 매우 개인주의적이었다(Fiske et al., 1998, p. 940). 개인을 여러 가지 개인적 권리와 자유를 지진 이성의 주체일 뿐만 아니라, 스스로 모든 행위의 원천이 되는 고정적, 안정적 속성을 완비하고 있는 존재라고 간주하는 자유주의의 관념은 이러한 도덕성에 관한 접근에서 핵심을 이룬다.

　이러한 서구식 접근에서 근본 가정은 사회란 개인들이 이익 갈등을 최소화하고, 자신의 이익을 지키기 위하여 다른 성원들과 계약을 맺음으로써 형성된 것이며, 개인들은 이러한 계약을 통해 자기 이익을 최대로 보장해 줄 수 있는 사회적 행위 원칙에 합의하게 된다는 것이다. 이러한 행위 원칙들은 서로 간에 개인적 이익을 보장해 줄 수 있는 만큼의 범위에서 합법적이며, 사회의 안녕은 부당한 침해에서 개인의 이익을 보호하는 데서 나온다. 이러한 견해에 따르면, 사람들은 타인과 이익 갈등이 빚어졌을 때 어떤 원칙을 따라야 할지에 대해 이성적 사고로써 분별할 수 있어야 하며, 그 결과 개인은 도덕적 자율성을 보유하게 된다는 것이다(Kittay & Meyers, 1987). 이러한 행위 원칙 가운데 핵심이 되는 것은 정의(正義)의 원칙이며, 도덕성은 이러한 정의 원칙에 따른 자율적 선택에서 나온다고 보는 것이 "정의의 도덕성(the morality of justice)"의 핵심이다.

　이와 같이 정의의 도덕성은 개인적 자유의 관념과 사회계약의 개념을 핵심으로 하고 있다. 이 전통에서는 도덕성에 들어맞느냐의 여부를 타인의 권리를 침해하느냐의 여부에 따라 판단한다. 여기서는 도덕 판단의 목표를 타인의 권리를 침해하지 않으면서 자기의 이익을 최대로 확보하는 것에 두며, 타인의 권리를 증진하거나 타인을 돕는 것은 도덕 판단의 전제 조건이 아니다. 이렇게 정의의 관점에 초점을 맞추면 남을 도울 의무나 책임은 없어지고, 따라서 남을 돕거나 집단의 이익을 꾀하는 것은 오로지 개인의 재량권에 딸린 문제이지 도덕적 전제 조건은 아니게 된다. 이와 같이 서구 개인주의 사회에서 지배적인 정의의 도덕성은 개인의 권리와 자유, 그리고 사회계약을 바탕으로 하여 성립하고 있으며, 자율적인 선택이 도덕 판단의 핵심이라 보는 관점이다(Nunner-Winkler, 1984).

현대 서구심리학에서 이루어진 도덕성에 관한 연구들은, 그 가운데서도 피아제와 콜버그 같은 인지발달론자들의 연구들은 이러한 정의의 도덕성 개념을 기반으로 하여 이루어진 것으로 볼 수 있다(Fiske et al., 1998). 그들은 도덕적으로 자율적인 개인을 이상으로 규정하여 도덕 판단 단계를 설정하고 있으며, "도덕적 세계에 대한 판단도 물리적 세계에 대한 판단과 마찬가지로 진·위 또는 정·오의 문제"(p. 940)라고 보고 있다. 또한 이러한 객관적인 정의 원칙이 도덕적 행위와 그 판단의 준거로 작용한다면, 스스로가 이러한 원칙에 어긋나 타인의 권리를 침해할 경우 이는 심한 죄책감을 일으킬 것이라고 추론할 수 있다. 이러한 맥락에서 보면, 양심의 가책에서 나오는 죄책감을 도덕적 행위의 근거라고 간주하는 프로이트의 관점도 정의의 도덕성 관념에 기반을 둔 것으로 생각할 수 있다.

(2) 집단주의 사회와 배려의 도덕성

동아시아의 유학사상에서는 사회의 궁극적인 구성 단위를 독립적이고 개별적인 개인 존재에서 찾지 않고, 개인 간의 관계 또는 그러한 관계의 원형인 가족과 같은 일차집단에서 찾는다. 여기에서는 개인의 존재의의는 이렇게 관계를 맺고 있는 타인과 상호연계성 속에서 찾아야 한다고 여기며, 상호관계에서 나오는 쌍무적인 역할과 의무 및 상대방에 대한 관심과 배려가 사회행위의 근본적인 원동력이라고 본다. 이들은 개인을 의무·역할·배려의 복합체, 타인을 앞서 고려하고 그들의 복지에 책임을 지는 덕성의 주체, 그리고 성덕을 지향하여 자기개선을 이루려 하는 가변적, 과정적 존재로 파악한다. 유학자들은 인간에게서 사회성을 제거해 버리면, 개인은 존재의의를 잃게 된다고 보았다. 이러한 유학의 체계를 사상적 배경으로 하고 있는 집단주의 사회에서 개인의 권리와 객관적인 정의의 원칙은 이차적인 관심으로 밀려나게 되며(Yeh, 1996), 따라서 이들의 도덕성 관념은 지극히 관계 중심적인 것일 수밖에 없다.

534 4부 종합 고찰

객관적인 행위 원칙인 정의의 원칙은 절대적이거나 보편적인 것이 아니
라 이차적인 중요성을 가질 뿐이며, 이보다는 대인관계에서 나타나는 상대
방에 대한 배려와 책임감이 더 중요하다는 사실을 공자는 다음과 같이 제
시하고 있다.

> 섭공(葉公)이란 사람이 공자에게 "우리 무리에 정직하게 행동하는 사람이
> 있습니다. 그는 자기 아버지가 남의 양을 훔치자, 관가에 고발하여 이를 증거하
> 였습니다" 하고 말씀드렸다. 이에 대해 공자께서는 "우리 무리의 정직한 사람은
> 이와 다릅니다. 아버지는 자식을 위하여 숨겨주고, 자식은 아버지를 위하여 숨
> 겨줍니다. 정직함은 바로 이러한 가운데에 있는 것입니다"라고 말씀하셨다.[5]

객관적인 정의의 원칙보다 부모-자식 사이의 윤리가 더욱 중요하며, 구
태여 정의의 원칙을 내세우지 않아도 사람들 사이의 관계가 바로 정립되
면, 저절로 바른 행위가 이루어진다고 보는 것이 공자의 견해였다. 사람들
사이의 관계 윤리, 곧 타인에 대한 배려와 책임이 객관적이고 보편적인 행
위 원칙보다 우선한다고 공자는 보고 있는 것이다. 물론 이 인용문에서 공
자가 객관적인 정의 원칙을 무시하는 것이 옳다고 보는 것은 아니다. 다만
객관적 원칙보다는 모든 행위 원칙의 출발 원천이 되는 대인관계, 그 가운
데서도 특히 부모-자식의 관계에서 서로 배려하고 상대방의 복지에 대해
책임을 지려 하는 자세가 더욱 중요함을 역설하고 있을 뿐이다. 공자는 이
러한 대인관계에서 서로 간의 배려와 책임을 외면하거나 무시하면, 객관적
인 행위 원칙의 도출 근거 자체가 사라진다고 보았던 것이다. 이렇게 다른
사람에 대한 배려와 책임감에서 도덕성의 근거를 찾으려 하는 것이 "배려
의 도덕성(the morality of caring)"으로, 동아시아 집단주의 사회에서는 이
러한 관점에서 도덕성을 개념화하고 있다(Fiske et al., 1998 ; Miller, 1994,

---

5) 葉公語孔子曰 吾黨有直躬者 其父攘羊 而子證之 孔子曰 吾黨之直者異於是 父爲子隱 子
  爲父隱 直在其中矣(《論語》, 〈子路〉 18)

1997b ; Miller & Bersoff, 1992, 1994).

이렇게 배려의 도덕성은 도덕성의 출처를 대인관계에서 나타나는 타인에 대한 관심과 배려 및 책임감에서 찾으려는 관점을 취한다. 개인이 자기의 권리나 자유 또는 이익보다는 관계를 맺고 있는 타인에 대한 배려와 책임을 앞세우는 데서 도덕성이 나온다고 보는 것이 집단주의 사회의 특징이다. 곧 "집단주의 사회에서 개인의 욕구와 권리에 대한 관심은 사회적 의무보다 부차적이며, 개인 간의 근본적인 상호의존성에서 나오는 대인 간 책임감은 강력한 도덕적 '선'으로 경험되는 것이다"(Fiske et al., 1998, p. 941).

길리간(Gilligan, 1982)은 개인주의 사회에서조차도 정의의 도덕성은 남성들만의 도덕 원리일 뿐, 대인관계의 조화에 깊은 관심을 가지고 있는 여성들은 배려의 도덕성 관념을 바탕으로 도덕의 문제를 규정하는 경향이 강하다고 주장함으로써, 도덕성의 본질이 문화 사이에서만 아니라 한 문화권 안에서도 집단별로 차이가 생길 수 있다는 사실을 밝혀내고 있다.[6] 이러한 맥락에서 보면 앞으로 도덕심리학의 연구에서는 개인주의와 집단주의 사회뿐만 아니라, 그 하위 집단이나 계층별로 나타나는 도덕성의 개념 규정과 그 기능의 차이에 대해서도 폭넓은 검토가 이루어져야 할 것이다.

2. 자기심리학의 문제

서구 개인주의의 사상적 배경인 자유주의의 체계에서는 개인 존재를 자유의 보유자, 이성의 주체, 그리고 고정적, 안정적 실체로 개념화하여 인

---

6) Miller와 Bersoff(1992)는 Gilligan의 관점은 타인에 대한 관심보다는 개인의 욕구와 감정 중심적일 뿐만 아니라, 집단의 맥락을 고려하더라도 여전히 개인의 개성의 발견을 도덕성의 목표라고 보고 있으며, 또한 자기에 대한 책임과 타인에 대한 책임 사이의 갈등을 핵심 경쟁 요인으로 설정함으로써, 진정한 의미에서 배려의 도덕성을 다루었다고 보기 힘들고, 여전히 개인주의 윤리학의 범위를 벗어나지 못하였다고 비판한다.

식하고 있다. 그리하여 개인주의 사회에서는 개인의 독립성과 자율적 선택, 독특성과 개성 및 일관성과 안정성을 강조하는 특징을 보인다. 이 사회에서는 개인의 모든 행위의 원천을 독립적이고 독특하며 안정적인 내적 속성에서 찾으려 하고, 자율적인 개인의 선택을 중시함으로써 자기를 적극적으로 드러내려 하며, 상황이나 시간이 변하더라도 달라지지 않는 일관성과 안정성을 개인의 진정한 모습이라고 받아들인다. 개인주의 사회에서는 사회의 궁극적인 구성 단위를 이러한 독립적, 이성적, 안정적 개인 존재에게서 찾는다. 그 결과 개인주의 사회에 살고 있는 사람들은 개인 중심의 인간관을 가지게 되며, 타인과는 구별되는 독특하고 독립적이며 안정적인 내적 속성을 통해 스스로를 규정하는 독립적 자기관을 지니게 된다. 이러한 개인 중심적 인간관과 독립적 자기관에서 이 사회에 살고 있는 사람들의 인지·정서·동기의 여러 특징들이 나오는 것이다(Markus & Kitayama, 1991a, b).

이와는 대조적으로, 동아시아 집단주의의 사상적 배경인 유학의 체계에서는 개인을 의무·역할·배려의 복합체, 덕성의 주체, 그리고 가변적, 과정적 존재로 개념화하여 인식한다. 그리하여 집단주의 사회에서는 타인과의 상호연계성과 조화성, 타인에 대한 관심과 배려 및 자기 단점의 확인과 수용을 통한 자기개선을 강조하는 특징을 보인다. 이 사회에서는 개인의 모든 행위의 원천을 대인관계 속의 역할과 의무 및 상황적 요인에서 찾으려 하며, 관계 속의 연계성과 조화성을 강조하므로 자기 노출은 이에 방해가 된다고 보아, 가능한 한 자기를 억제하고 드러내지 않으려 하며, 겪고 있는 상황이나 조건에 따라 달라지는 역할에 맞추어 제때에 적합하게 자기를 변화시키는 가변성을 건전한 적응의 양상이라 보아 중시한다. 집단주의 사회에서는 사회의 궁극적인 구성 단위를 독립적인 개인이 아니라 사람들 사이의 관계나 이러한 관계의 원형인 가족과 같은 일차집단에서 찾는다. 이 사회에서는 사회적 존재 특성을 제거해 버리면 인간의 존재의의 자체가 사라지게 된다고 받아들인다. 그 결과 집단주의 사회에 살고 있는 사람들은 관계 중심적인 인간관을 가지게 되며, 다른 사람과 맺는 관계 속의 역할과 의무 또는 타인에 대한 배려를 통해 자신을 규정하는 상호의존적 자기관을 지니게 된다. 이러한 관계 중심적 인간관과 상호의존적 자기관에서 이 사회에 살고 있는 사람들의 인지·정서·동기의 여러 특징들이 나오는 것이다(Markus & Kitayama, 1991a, b).

이러한 인간관과 자기관의 문화차는 두 문화권에서 개념화하는 이상적 인간상의 차이로 그대로 연결된다. 지금까지 보아왔듯이, 개인주의 사회에서는 이성의 주체로서 독립적이고 자율적인 독특한 개인의 자기실현을 핵으로 하여 이상적 인간상을 정립하려 하고, 집단주의 사회에서는 덕성의 주체인 개인이 타인이나 사회에 대해 가지는 관심과 배려 및 책무의 자임과 완수를 핵으로 하여 이상적 인간상을 정립하려 한다. 이러한 이상적 인간상의 동·서 대비를 통해 자기심리학의 문제가 중요한 심리학의 연구 주제로 도출된다고 볼 수 있다. 자기 존중감의 근원 및 자기 향상 방안의 문화차 문제, 그리고 자기확대 동기와 자기실현 동기 같은, 자기 관련 기본 동기에서 나타나는 문화차 문제들이 이 분야 연구의 주요 과제로 떠오르는 것이다.

1) 문화와 자기 존중감의 근원

"제임스(James, 1890/2005) 이래 심리학자들은 자기에 대해 긍정적인 견해를 갖고자 하는 것이 아주 강력한 동기의 하나라는 사실을 지속적으로 밝혀왔다"(Matsumoto, 2000, p. 63). 이러한 정적(正的) 자기 평가를 위한 욕구는 인간의 보편적인 동기인데(Brown, 1998 ; Heine et al., 1999 ; Sedikides & Skowronski, 2000, 2002), 정적 자기 평가 욕구는 해당 사회의 문화적 명제(cultural mandate)를 달성하는 데서 충족되는 것임이 많은 문화비교연구의 결과들(조긍호, 2002 ; Fiske et al., 1998 ; Heine et al., 1999 ; Kitayama et al., 1995, 1997 ; Kunda, 2000 ; Markus & Kitayama, 1991a, b, 1994a, b ; Matsumoto, 2000 ; Sedikides, Gaertner, & Toguchi, 2003)에서 밝혀지고 있다. 곧 문화 유형에 따라 소속 성원들이 따를 것으로 가정하는 문화적 명제가 달라지는

데, 소속 사회의 문화적 명제를 충족하는 일이 자기 존중감(self-esteem)의 근거가 된다는 것이다. 그러므로 자기 존중감의 근원은 문화 유형에 따라서 달라지게 된다.

개인의 독립성을 중시하는 개인주의 사회의 문화적 명제는 자율성과 개별성의 추구이다. 따라서 개인주의 사회에서는 자기의 내적 욕구, 권리 및 능력의 표출과 사회적 압력에 대한 저항의 노력을 통해 개인의 역량과 주도성(agency)이 체험되므로, 결과적으로 독특성과 탁월성, 자기 표현의 유능성 및 외적 제약을 받지 않는 자유로움이 자기 존중감의 근거가 된다. 이에 견주어, 개인 사이의 상호의존성을 중시하는 집단주의 사회의 문화적 명제는 상호연계성, 사회 통합 및 대인 간 조화의 추구이다. 따라서 집단주의 사회에서는 타인에 대한 민감성, 상황의 필요와 요구에 대한 적응 및 자기 억제와 조절의 노력을 통해 개인의 역량과 주도성이 체험되므로, 결과적으로 이러한 자기 억제와 상황 적응성 및 대인관계에서 조화를 유지하는 것이 자기 존중감의 근거가 된다.

(1) 자기 존중감의 근원과 허구적 독특성의 문제

이처럼 자기 존중감의 추구 욕구가 보편적인 인간의 동기이고, 자기 존중감의 근거가 문화적 명제에 달려 있다면, 문화에 따라 정적 자기 평가의 통로가 달라질 것이라는 사실은 필연적인 결과이다. 어느 사회에서든지 자기에 대한 정적 평가인 자기 존중감은 자기의 탁월성에 대한 정적 평가를 바탕으로 하는 것이다(Brown, 1998 ; Heine et al., 1999 ; Kunda, 2000 ; Maehr & Nicholls, 1980 ; Markus & Kitayama, 1991a, b, 1994a, b ; Matsumoto, 2000 ; Sedikides et al., 2003). 따라서 자기 존중감은 해당 문화에서 중요하게 여기는 성향 또는 특성에 대한 인식을 바탕으로 할 것이다. 세디키데스, 가에트너와 토구치(Sedikides, Gaertner, & Toguchi, 2003)는 미국인(개인주의 사회인)과 독립적 자기관의 보유자들은 개인중심성향(자율성·독립성·독창성·자립성·개별성·독특성)이 집단중심성향(호의성·타협성·협동성·충성심·참을성·자기 희생)보다 더 중요하다고 평가하며, 또한 집단중심성향보다는 개인중심성향의 탁월성에 힘입어 더 자기 존중감이 높아진다고 보는 것과 달리, 일본인(집단주의 사회인)과 상호의존적 자기관의 보유자들은 정반대의 결과를 보인다는 사실을 밝혀냄으로써, 이러한 논의의 타당성을 입증하고 있다.

이러한 배경에서 보면, 2장에서 제시된 바와 같은 자기의 독특성과 탁월성을 사실 이상으로 과장하여 지각하는 허구적 독특성 효과(Heine & Lehman, 1997 ; Markus & Kitayama, 1991b ; Myers, 1987)가 개인주의 사회만의 고유한 특징이라기보다는, 두 문화에서 중요하게 여기는 특성의 유형에 따라 달라질 것이라 추론할 수 있다. 곧 개인주의 사회에서 중시하는 여러 능력과 독립적 성향에 대한 허구적 독특성의 지각 경향은 집단주의 사회보다는 개인주의 사회에서 더 강하겠지만, 집단주의 사회에서 중시하는 상호의존적 성향에 대한 허구적 독특성의 지각 경향은 개인주의 사회보다는 집단주의 사회에서 더 강하게 나타날 가능성이 있다(Sedikides, Gaertner & Vevea, 2005).

필자(조긍호, 2002)는 우리나라 고등학생(연구 1)과 대학생(연구 2)들을 개인중심성향자와 집단중심성향자로 나누고, 이들에게 세 개씩의 '능력(지적 능력·기억력·운동능력)', '개체성 특성(독립성·자립성·자기 주장성)', '배려성 특성(동정심·온정성·타인 사정 이해심)'을 제시해 준 다음, '같은 학교 학생들 가운데 이들 각각의 특성에서 자기보다 우수하다고 생각되는 비율'을 추정하게 하였다. 그 결과 개인주의 사회에서 중시하는 능력과 개체성 특성에서는 개인중심성향자(능력 : 34~35% ; 개체성 특성 : 29~31%)가 집단중심성향자(능력 : 39~47% ; 개체성 특성 : 44~45%)보다 자신의 독특성을 과대평가하였으나, 집단주의 사회에서 중시하는 배려성 특성에서는 집단중심성향자(24~31%)가 개인중심성향자(36~39%)보다 자신의 독특성을 과대평가함이 확인되었다.

물론 이 연구에서도 전반적으로 개인중심성향자(모두 34%)가 집단중심성향자(36~41%)보다 독특성 지각 경향이 큰 것으로 나타나, 허구적 독특성 지각 경향이 개인주의 사회의 특징임이 드러나기는 하였다. 그러나 해

당 사회의 문화적 명제와 일치하는 경우 독특성 지각 경향이 높아진다는
이러한 결과는 문화에 따라 자기 평가 기준에 차이가 있음을 시사하는 것
이다. 곧 개인주의 사회에서는 여러 가지 능력과 독립적이고 자율적인 개
체적 특성의 보유가 대인평가의 기준이 되므로, 능력과 독립성 및 자립성
의 탁월함이 자기 존중감의 근원으로 작용하지만, 집단주의 사회에서는 대
인관계에서 배려와 조화를 추구하는 특성의 보유가 대인평가의 기준이 되
므로, 이러한 배려성·조화성의 우월함이 자기 존중감의 근원으로 작용하
는 것이다.

(2) 자기 존중감의 근원과 그 측정의 문제

앞의 결과들을 염두에 두면, 서구에서 이루어진 연구들(Heine & Lehman,
1997 ; Markus & Kitayama, 1991b)에서 밝히려 했던 바와 같은, 자기의 탁월
성을 과장하는 "허구적 독특성 지각" 경향이 개인주의 문화에서만 나타난
다는 생각의 배경에는 긍정적인 자기 평가를 통해 자기 존중감의 고양을 꾀
하는 경향이 개인주의 문화의 특징일 뿐이라는 견해가 깔려 있다(Kunda,
2000 ; Matsumoto, 2000)고 생각할 수 있다. 실제로 바우마이스터, 티스와 허
턴(Baumeister, Tice & Hutton, 1989)은 서구에서 이루어진 자기 존중감 연구
들을 두루 살펴, 이들 연구에서 사용된 척도에 관계없이 서구인들이 지닌
자기 존중감의 평균 또는 중앙치가 이론적 중간점보다 상위에 편포되어 있
음을 밝혀내었다. 또한 하이네, 레만, 마커스와 기타야마(Heine, Lehman,
Markus, & Kitayama, 1999)에 따르면, "자기 존중감 척도(Self-Esteem Scale :
SES)" 점수들의 사후 종합분석(meta-analysis)에서 유럽계 캐나다인은 이론
적 중간점보다 상위에 편포하고, 중간점 이하인 사람은 7% 미만임에 견주
어(Heine et al., 1999, 그림 1, p. 776), 일본인의 사후 종합분석에서는 이론
적 중간점을 중심으로 정상분포한다(그림 2, p. 777)는 사실이 드러났다. 이
러한 결과는 디너 들(Diener & Diener, 1995)의 분석에서도 나타나고 있다.

이러한 결과들은 서구인의 자기 존중감 수준이 전반적으로 동아시아인의
그것보다 높음을 나타내는 것이다. 그러나 이러한 연구들은 실제적이고도

이론적인 중대한 문제점을 안고 있다. 우선 생각해 볼 수 있는 것은 정적인 자기 평가의 욕구가 과연 개인주의 사회에서만 작용하는 것인가 하는 점이다. 앞에서도 언급했듯이, 제임스(1890/2005) 이래 많은 학자들은 이러한 정적 자기 평가를 위한 욕구가 인간의 가장 강력하고도 보편적인 동기의 하나일 뿐만 아니라(Brown, 1998 ; Heine et al., 1999 ; Matsumoto, 2000), 심지어는 인간의 진화 과정에서 사회적 수용과 거부의 단서 구실을 해 온 중요한 진화적 이점을 가지는 특성이어서(Leary & Baumeister, 2000) "인류의 진화사까지로(Sedikides & Skowronski, 2000, 2002) 그 출현을 추적해 볼 수 있는 동기"(Sedikides et al., 2003, p. 62)라고 보고 있다. 이러한 관점에서 보면, 개인주의 사회일수록 자기 존중감 수준이 높다(Baumeister et al., 1989 ; Diener & Diener, 1995 ; Heine et al., 1999)는 결과들은 이들 연구에서 사용된 척도가 서구의 개인주의 사회에서 강조하는 측면을 더 잘 반영하기 때문일 가능성이 있는 것이다.

이러한 연구들에서 주로 사용된 척도는 로젠버그(Rosenberg, 1965)의 열 문항짜리 '자기 존중감 척도(SES)'인데, 이는 대체로 "나는 내가 좋은 특성을 많이 가지고 있다고 생각한다", "나는 나 자신에 대해 좋은 태도를 가지고 있다", "전반적으로 나는 나 자신에 대해 만족한다", "나는 최소한 남들과 같은 기준에서 가치 있는 사람이라고 생각한다"와 같이 개인주의 문화에서 중시하는 적극적인 자기 주장이나 자기 고양적 편향(조긍호, 1993, 1996a, b, 1997a, 1999a, 2000, 2002 ; Markus & Kitayama, 1991a, b, 1994a, b ; Triandis, 1989, 1990, 1995)의 측면을 드러내는 문항들로 구성되어 있어, 자기 억제를 강조하는 집단주의 문화에서 똑같이 적용되기 어려운 점이 있다(Heine et al., 1999).

하이네와 레만(Heine & Lehman, 1997)은 유럽계 캐나다인, 아시아계 캐나다인, 일본인의 세 집단에서 로젠버그(1965)의 SES와 싱겔리스(Singelis, 1994)의 "독립성-상호의존성 척도(Independence-Interdependence Scale)" 사이의 상관성을 뽑아낸 결과, SES와 독립성(개인주의적 가치) 사이에는 세 집단 모두 유의미한(p < 0.001) 정적 상관을 보이나(각각 r = 0.42,

0.43, 0.33), SES와 상호의존성(집단주의적 가치) 사이에는 부적 상관(각
각 r = −0.18, p < 0.001 ; r = −0.14, p < 0.01 ; r = −0.08, p > 0.05)을 보
임을 밝혀냈다. 이는 로젠버그(1965)의 SES가 개인주의적 가치를 민감하
게 반영함을 나타내는 결과이다.

이러한 맥락에서 보면, 집단주의자들의 자기 존중감 수준이 개인주의자
들의 그것보다 낮은 것은 사용된 척도의 편파성에 말미암은 것이지, 사실
을 반영한 것이 아닐 가능성이 높다. 따라서 문화집단 간 자기 존중감 수준
의 차이를 같은 기준에서 비교하려면 각 문화집단이 지닌 자기 존중감의
근원적 차이를 반영한 새로운 측정 척도를 개발하는 데 우선 관심을 기울
여야 할 것이다.

(3) 자기 존중감의 근원과 효능감의 문제

이상에서 보듯이, 자기 존중감의 근원은 문화집단에 따라 커다란 차이를
보인다. 사회행위의 원동력을 개인의 능력·성격·욕구 같은 내적 특성에
서 찾음으로써, 이들을 완비한 개인의 독립성과 자율성을 추구하고 강조하
는 개인주의 사회에서는 내적 특성의 확인과 적극적 표현 같은 개별성과 자
기 독특성의 추구가 자기 존중감의 근거가 된다. 이에 견주어, 사회행위의
원동력을 관계 속의 역할·의무·배려 같은 상황 특성에서 찾음으로써, 상
호의존성과 연계성 및 조화를 추구하고 강조하는 집단주의 사회에서는 상
황의 변화에 맞추는 자기 조절과 자기 억제 및 사회 맥락과의 조화 유지가
자기 존중감의 근거가 된다(Bandura, 1997 ; Fiske et al., 1998 ; Heine et al.,
1999 ; Kitayama et al., 1997 ; Kunda, 2000 ; Markus & Kitayama, 1991a, b ;
Matsumoto, 2000).

이러한 두 문화권에서 자기 존중감을 낳는 근원의 차이에서 자기 표현과
통제의 의미에 대한 문화차가 생긴다. 개인주의 사회에서는 독립성과 자율
성을 키울 수 있는 자기 주장을 적극 권장한다. 따라서 개인주의 사회에서
는 자기의 내적 요구·권리 및 능력의 표출과 사회적 압력에 대한 저항의
노력을 통해 개인 역량이 발휘된다고 여기고, 통제란 결국 개별성과 자율성

을 성취하기 위하여 사회 상황이나 외적 제약을 변화시키는 것을 의미하게 된다(Markus & Kitayama, 1991a, b). 그리하여 이들은 "환경 세계를 개인의 욕구에 합치되도록 변화시킬 수 있는 능력"(Rothbaum et al., 1982, p. 8)이 통제력의 원천이라 보아, "개인의 욕구에 부합되도록 외부 세계를 변화시키기 위한 노력"(p. 8)을 강조하는 관점에서, 능동성·도전 및 저항과 극복 같은 외부 지향적 행동(outward behavior)을 중시하고, 수동성·후퇴 및 순종 같은 내부 지향적 행동(inward behavior)은 통제 불능의 상태에서 나오는 병리적 행동이라 간주한다(Rothbaum et al., 1982 ; Weisz et al., 1984).

이와는 대조적으로, 집단주의 사회에서는 대인관계 속의 조화와 통합을 꾀할 수 있는 자기 억제를 권장한다. 따라서 집단주의 사회에서는 타인에 대한 민감성, 상황의 필요와 요구에 대한 적응 및 자기 억제와 조절의 노력을 통해 개인 역량이 발휘된다고 여기고, 통제란 결국 상호의존성과 연계성을 실현하기 위하여 개인적 욕구와 목표 및 사적 감정 따위의 내적 속성을 억제하는 것을 의미하게 된다(Markus & Kitayama, 1991a, b). 그리하여 이들은 "자기를 외부 세계와 합치되도록 만들고, '현실과 타협'하려는 노력"(Rothbaum et al., 1982, p. 8)이 통제력의 원천이라 보아 중시함으로써, 자기의 기대·목표·욕구 같은 내부의 속성을 외부 현실에 맞게 변화시킴으로써 보상을 얻으려 한다(Weisz et al., 1984).

이렇게 개인주의 사회에서 통제력의 원천을 타인이나 외적 조건과 분리된 개인에게서 찾는 경향은 자기의 통제력을 사실보다 과장하여 지각하는 "통제력 착각(illusion of control)"의 현상이나(Crocker, 1982 ; Langer, 1975 ; Taylor & Brown, 1988), 자기의 미래를 타인의 미래보다 더 나을 것이라고 기대하는 "비현실적인 낙관주의(unrealistic optimism)"의 경향을 낳는다(Brown, 1986 ; Taylor & Brown, 1988 ; Weinstein, 1980). 그러나 이러한 통제력 착각이나 비현실적 낙관주의의 경향은 통제력의 근거를 개인 안에서 찾으려 하지 않는 집단주의 사회에서는 나타나지 않는다. 곧 일본인은 캐나다인과는 달리 비현실적 낙관주의의 경향을 거의 보이지 않는다(Heine & Lehman, 1995). 따라서 통제력 과대 지각이 문화적인 요구로 작용하는 개인주의 문화에서는 이것이 적응 수준을 높여, 지진과 같은 자연 재해에도 잘 대처하게 하고 또 행복감을 가져다주지만, 그렇지 않은 집단주의 문화에서는 통제력 착각이나 비현실적 낙관주의가 적응 수준이나 자연 재해에 대한 대처 및 행복감의 증진에 아무런 영향을 미치지 못하거나, 오히려 역기능을 갖게 되는 것이다(Diener & Diener, 1995 ; Heine & Lehman, 1995).

통제의 의미에 대한 문화차와 관련하여 한 가지 고찰해 보아야 할 것은 "자기 효능감(self-efficacy)"의 문화차 문제이다. "자기 효능감은 자기의 삶에 영향을 미치는 사상(事象, event)들을 통제할 수 있는 능력에 대한 신념"(Bandura, 2000, p. 212)이다. 따라서 효능감은 개인이 가지는 통제력의 주축이 되는 신념이다. 앞의 논의에 비추어보면, 이러한 자기 효능감은 개인주의 사회에서는 일차적인 중요성을 갖지만, 집단주의 사회에서는 중요하지 않거나 경험되지 않는 것으로 보일 수도 있다. 그러나 이는 그렇지 않다.

통제감의 주축인 효능감 신념의 기능적 가치는 문화보편적인 것이다(Bandura, 1997, 2000). 하지만 여기서 말하는 "보편성(universality)이 탈문화적 관점(culture-free perspective)을 의미하는 것은 아니다. 자기가 바라는 효과를 얻을 수 있는 능력에 대한 신념은 어떤 문화권에서나 확립될 수 있는 것이다. 그러나 효능감 신념이 어떻게 발달하는지, 이것이 어떤 목적으로 쓰이는지, 그리고 특정 문화 환경 내에서 이것이 가장 잘 발휘될 수 있는 방법이 무엇인지는 문화적 가치와 실제가 결정하는 것이다. 따라서 효능감의 신념은 집단주의와 개인주의 사회에서 모두 생산성에 기여할 수 있는데, 다만 개인주의자들은 스스로 사태를 관리할 수 있을 때 가장 효능감을 느끼고 생산적이지만, 집단주의자들은 타인들과 함께 사태를 관리할 때 가장 효능감을 느끼고 생산적일 뿐인 것이다"(Bandura, 1997, p. 32). 집단 작업이 개인주의 사회에서는 "사회 태만(social loafing)"을 가져오지만, 집단주의 사회에서는 "사회 촉진(social facilitation)"을 가져온다(Early, 1989, 1993, 1994 ; Gabrenya, Latané, & Wang, 1983 ; Gabrenya, Wang, & Latané, 1985 ; Geen & Shea, 1997 ; Karau & Williams, 1993)는 사실은 이를 입증하고 있다.

이렇게 개인주의 사회에서 자기 존중감의 근원은 개인으로서 유능하다는 "개인 효능감(personal efficacy)"이라면, 집단주의 사회에서 자기 존중감의 근원은 소속감과 조화감에서 나오는 "집단 효능감(collective efficacy)"이다(Bandura, 1997, 2000). 개인주의 사회에서 "나도 가치 있는 사람이라는 느낌(자기 존중감)"은 남이 못하는 일을 내가 할 수 있거나, 남과 다른 나만의 독특한 개성이 드러날 때, 또는 환경과 타인을 통제하여 나에게 맞게 변화시켰을 때 높아지지만, 집단주의 사회에서 "나도 가치 있는 사람이라는 느낌"은 나의 사적인 욕구나 감정을 억제하고 남들과 잘 어울리거나, 남들이 나를 유용한 성원으로 받아들여 줄 때, 또는 남들과 같은 소속원으로서 집단의 통합을 위해 함께 노력할 때 높아진다. 이렇게 개인주의 사회에서는 능력이나 독특성·독립성·자율성 같은, 개인주의 문화와 일치하는 특성의 탁월성을 지각하는 것이 자기 존중감의 근원이지만, 집단주의 사회에서는 배려성·연계성·협동성 같은, 집단주의 문화와 일치하는 특성의 탁월성을 지각하는 데 자기 존중감의 근원이 있다.[7]

2) 문화와 자기 향상의 방안

이상에서 보았듯이, 정적인 자기상을 추구하려는 경향은 인간사회에서 누구나 가지는 문화보편적인 욕구이지만, 문화 유형에 따라 정적인 자기상

---

7) 이러한 배경에서 Fiske 등(1998)은 "자기와 관련된 좋은 느낌의 근원은 문화에 따라 아주 달라서, 이를 '자기 존중감'이라고 불러야 할지에 대해 의문을 가지게 된다"(p. 930)고 보고 있으며, Markus와 Kitayama(1991a)는 "자기 존중이란 일차적으로 서구의 현상으로, 자기 존중감의 개념은 자기만족(self-satisfaction) 또는 문화적 명제의 충족을 반영할 수 있는 용어로 대치"(p. 230)될 필요가 있음을 역설하고 있다. 같은 맥락에서 Heine 등(1999)은 개인주의 사회뿐만 아니라 집단주의 사회의 정적 자기 평가 또는 자기 존중감을 아우를 수 있는 새로운 개념화가 필요하다면서, 집단주의자들의 자기 평가의 양상을 이해하기 위한 방편으로 자기 존중감과 대조되는 "관계 존중감"(relationship-esteem, p. 786)의 개념을 제시하였다.

을 구성하는 내용에 대한 생각은 서로 다르다. 그러므로 이러한 정적인 자기상을 이루기 위해 자기 향상을 꾀하는 방안에 대한 관점이 문화 유형에 따라 서로 달라질 것이라는 사실은 자명한 일이다.

개인주의 사회에서는 개인이 지니거나 이룩한 능력·태도·가치관·성격·정서 같은 고정적이고 안정적인 내적 속성에 따라 개인 존재의 의의가 드러난다고 본다. 따라서 이 사회에서는 스스로가 긍정적인 내적 속성을 가능한 한 많이 가지는 일이 자기 향상의 지름길이라고 보아, 자기가 가진 긍정적 속성을 적극적으로 드러내 보이려 노력할 것이다. 이에 견주어, 집단주의 사회에서는 개인이 내집단과 갖는 연계성과 책임 수행을 통해 개인의 존재의의가 드러난다고 본다. 따라서 이 사회에서는 집단의 조화와 통합을 이루기 위해 자기의 장점을 드러내는 대신, 자기의 단점을 찾아 이를 개선하는 데서 자기 향상이 이루어진다고 볼 것이다.

(1) 개인주의 사회와 자기 고양

개인주의 사회에서는 독립성이 문화적 명제이므로 개인의 독특성을 강조하고, 결과적으로 자기의 장점과 고유성에 민감해져, 정적인 자기상과 자기에 대한 정적인 감정을 추구하게 된다. 이 사회에서는 스스로가 성취한 독특성과 장점의 확충에 따른 자기 고양(self-enhancement)을 자기 향상의 통로라고 본다. 곧 개인주의 사회에서는 자기 고양의 방향으로 문화적 압력이 작용하게 되어, 자기의 단점이나 부적 측면은 회피하거나 줄이려는 대신, 자기의 정적 측면에 주의를 기울이고, 이를 정교화하게 된다. 그 결과 개인주의 사회에서 자기화(self-making)는 자기 안에 갖추어져 있는 안정적이고 일관된 정적 특성을 확인하고 끌어올리는 일을 주축으로 삼아, 이러한 자기 고양을 통해 자기 향상을 이루는 일이 자기 존중의 근거가 된다(조긍호, 1997a, 2003a, b ; Diener & Diener, 1995 ; Diener & Larsen, 1993 ; Fiske et al., 1998 ; Heine & Lehman, 1995 ; Kitayama & Markus, 1994, 1995 ; Kitayama et al., 1994, 1995, 1997 ; Markus & Kitayama, 1994a, b).

이러한 사실은 동아시아인들과는 달리 서구인들은 자기의 성격 특성을 진술하게 하였을 때 부적 특성보다는 정적 특성을 위주로 하여 자기 진술을 한다는 결과에서 입증된다. 미국 성인의 자기 개념을 구성하는 특성을 정적 특성과 부적 특성으로 나누어보면, 정적 특성이 부적 특성보다 4~5배나 된다(Holmberg et al., 1997). 또한 서구인들의 자기 존중감 분포는 이론적 중간점에서 압도적 다수(약 93%)가 정적인 방향으로 편포되고 있다는 결과(Heine et al., 1999, 그림 1, p. 776)도 이러한 사실을 드러내준다. 이렇게 개인주의 사회에서는 부적 특성보다는 정적 특성을 더욱 규범적이고 정상적인 것으로 받아들여, 이러한 정적 특성의 보유로 말미암은 자기 만족도가 곧 행복감을 일으키는 바탕이 된다(Diener & Diener, 1995 ; Heine & Lehman, 1995 ; Kwan et al., 1997). 미국인들에게 주관적 안녕감은 정적 특성의 보유로 말미암은 자부심에 따라 크게 좌우되는 것이다(Heine & Lehman, 1995).

개인주의 사회에서 자기의 정적인 측면을 부적인 측면보다 더욱 규범적이고 정상적인 것으로 받아들이는 경향은 성격 특성의 경우에만 나타나는 것은 아니다. 그들은 정서의 체험에서도 정적 정서 경험을 부적 정서 경험보다 더 바람직한 것으로 받아들일 뿐만 아니라, 실생활에서 더욱 자주 경험한다(차경호, 1995 ; Suh & Diener, 1995). 또한 미국인들은 정적 정서 경험과 부적 정서 경험 사이에 강한 역상관을 보여, 정적 정서를 많이 경험할수록 부적 경험의 빈도는 상대적으로 적어지고 있다(Bagozzi, Wong, & Yi, 1999). 그리하여 개인주의 사회에서는 부적 정서 경험의 빈도에 견주어 정적 정서 경험의 빈도가 높을수록 행복감이나 주관적 안녕감이 높아지는 것이다(Diener et al., 1995 ; Suh & Diener, 1995).

이렇게 개인주의 사회에서는 자기의 단점이나 부적 성격 특성, 그리고 부적 정서 경험을 부정적인 자기 개념의 원천이 되는 것으로 받아들여 적극적으로 회피하고, 그 대신 정적 특성이나 정적 정서가 적극적으로 탐색된다(Kitayama et al., 1997). 그렇기 때문에 개인주의 사회에서는 성취 장면에서 성공을 적극적으로 추구하고, 실패는 가능한 한 회피하려 한다. 이러한 사실은 자기의 성공에 대해서는 능력의 출중함 같은 내적 특성에서 원인을 찾지만, 자기의 실패에 대해서는 나쁜 운이나 과제의 곤란도 같은 외적 요인에서 원인을 찾는 귀인의 "자기 고양 편향(ego-enhancing bias)"이 개인주의 사회인들에게서 지배적으로 나타난다는 결과(Diener & Diener, 1995 ; Fiske et al., 1998 ; Heine & Lehman, 1995 ; Kitayama & Markus, 1994, 1995 ; Kitayama et al., 1994, 1995, 1997 ; Markus & Kitayama, 1991a, b, 1994a 등)에서 잘 드러난다. 이러한 경향은 이들이 성공 상황은 자존심과 관련이 높은 것으로 받아들여 적극 추구하지만, 실패 상황은 자존심과 아무런 관계가 없는 것으로 받아들여 가능한 한 회피하려 하는 현상(Kitayama et al., 1997)으로 이어지는 것이다.

이와 같이 개인주의 사회에서는 자기의 장점이나 정적 특성 및 정적 정서 경험의 확충이 자기 향상의 통로라고 받아들여, 이를 적극적으로 추구하는 경향이 강하다. 그들은 자신을 정적 특성을 중심으로 개념화하고, 정적 정서를 가능한 한 많이 경험하려 하며, 자기의 자존감을 높이는 방향으로 성취 결과를 귀인하는 경향을 보인다. 같은 맥락에서 그들은 자기의 단점이나 부적 특성, 그리고 부적 정서의 경험은 애써 외면하려 하거나 적극적으로 회피하려 한다. 요컨대, 개인주의 사회에서 지배적인 자기 향상의 방안은 자기의 긍정적 측면의 확충을 통한 자기 고양인 것이다.

(2) 집단주의 사회와 자기개선

집단주의 사회에서는 연계성이 문화적 명제이므로 타인에 대한 배려와 조화의 유지를 강조하게 되고, 결과적으로 정적인 자기상이나 자기에 대한 정적인 감정보다는 자기의 부적인 측면과 부적 감정에 더 민감하고, 또 이러한 경험을 비교적 쉽게 수용할 가능성이 높다. 이 사회에서는 다양한 상황과 관계에 따라 사람이 규정된다고 보므로, 이러한 상황과 관계에 맞추어 스스로 행위를 적합하게 조정할 것을 강조하고, 따라서 상황과 관계에 따른 행위의 가변성을 인정하고 중시한다. 그러므로 집단주의 사회에서는 대인관계의 조화를 해칠 수 있는 자기의 단점을 찾아 이를 고치려고 노력하고, 이러한 자기개선이 자기 향상의 통로로 부각된다. 곧 집단주의 사회에서는 자기 비판(self-criticism)과 자기개선의 방향으로 문화적 압력이 작용하여, 자기의 부적 측면에 주의를 기울이고, 이를 정교화하게 된다. 그결과 집단주의 사회에서 나타나는 자기화는 집단의 기대에 비추어 보아 자기에게 결여된 것이 무엇인가를 찾아내어 이를 수정하는 일이 주축을 이루며, 이러한 자기개선을 통해 자기 향상을 이루는 일이 자기 존중의 근거가된다(조긍호, 1997a, 2003a ; Diener & Diener, 1995 ; Diener & Larsen, 1993 ; Fiske et al., 1998 ; Heine & Lehman, 1995 ; Kitayama & Markus, 1994, 1995 ; Kitayama et al., 1995, 1997 ; Markus & Kitayama, 1994a, b).

이러한 사실은 미국인의 경우 자기 개념을 구성하는 정적 특성이 부적 특성의 4~5배나 되지만(Holmberg et al., 1997), 일본인(Kitayama et al., 1995 ; Markus et al.,1997)과 중국인(Bond & Cheung, 1983 ; Stigler et al., 1985) 및 한국인(Ryff et al., 1995 ; Schmutte et al., 1995)에게서는 그렇지 않거나 또는 부적 특성으로 자기를 기술하는 경향이 높다는 결과들이 입증하고 있다. 또한동아시아인들의 자기 존중감 분포는 정적으로 편포된 서구인들과는 달리이론적 중간점을 기준으로 정상분포하고 있다는 결과(Heine et al., 1999, 그림 2, p. 777)도 이러한 사실을 드러내준다.

집단주의 사회에서는 집단 속의 조화와 사회관계 속에서 자기의 적합한위치를 찾는 데 주의를 기울이게 되어, 이러한 조화를 해치거나 남에게 피해를 줄지도 모르는 부적 측면의 확인과 개선에 힘쓰게 되므로, 이러한 노력이 곧 행복감의 바탕이 된다. 곧 자기의 정적 측면의 확인에 바탕을 둔자기 만족도가 삶의 만족도 및 행복감의 직접적인 지표가 되는 개인주의사회와는 달리, 집단주의 사회에서 자기 만족도와 행복감은 아무런 상관이없고, 타인한테서 얻은 수용감이나 대인관계의 조화가 행복감의 직접적인지표가 되는 것이다(Diener & Diener, 1995 ; Heine & Lehman, 1995 ; Kwan et al., 1997).

이렇게 집단주의 사회에서는 자기의 부적인 특성에 대해 수용의 폭이 넓다. 이러한 경향은 성격 특성의 경우만이 아니라, 정서 경험의 경우에도 나타난다. 동아시아인들은 부적 정서 경험의 빈도가 서구인들보다 잦을 뿐만 아니라, 이러한 부적 정서 경험을 바람직한 것으로 수용하는 정도도 매우 높다(차경호, 1995 ; Suh & Diener, 1995). 미국인들은 정적 정서 경험의 빈도가 부적 정서의 경험보다 매우 잦은 데 견주어, 한국인과 중국인은 두 가지 정서 경험의 빈도가 비슷할 뿐만 아니라, 이 두 정서 경험 빈도 사이에 아무런 상관도 보이지 않는다(Bagozzi et al., 1999). 따라서 집단주의 사회에서 부적 경험의 빈도에 견주어 나타나는 정적 경험의 빈도는 행복감이나 주관적 안녕감과 아무런 연관성이 없다(Diener et al., 1995 ; Suh & Diener, 1995). 말하자면, 동아시아인들은 부적 정서를 많이 경험한다고 해서 불행하게 느끼지는 않으며, 그만큼 이들은 부적 정서에 대한 수용의 폭이 크다고 할 수 있다.

이와 같이 집단주의 사회에서는 자기의 단점이나 부적 성격 특성, 그리고 부적 정서 경험에 대한 수용도도 높고, 이를 적극적으로 회피하려 하지도 않는다. 그렇기 때문에 집단주의 사회에서는, 성취 결과에 대한 귀인 장면에서 자기 고양 편향이 지배적으로 나타나는 개인주의 사회와는 달리, 자기의 실패에 대해서는 노력의 부족 같은 내적 요인에 귀인하고, 자기의 성공에 대해서는 좋은 운이나 타인의 도움 같은 외적 요인에 귀인하는 "겸양 편향(modesty bias)"이 나타난다(Diener & Diener, 1993 ; Fiske et al., 1998 ; Heine & Lehman, 1995 ; Kitayama & Markus, 1994, 1995 ; Kitayama et al., 1995, 1997 ; Markus & Kitayama, 1991a, b, 1994a 등). 또한 이들은 성공 상황보다는 실패 상황이 자존심과 관련이 높은 것으로 받아들여, 후속 과제에서 과거에 성공했던 과제를 선택하여 수행하기보다는 실패했던 과제를 선택하여 수행하는 경향이 높으며, 그렇게 하여 성공하였을 때 자존심이 높아지는 것으로 받아들이는 경향이 강하다(Kitayama et al., 1997).

이와 같이 집단주의 사회에서는 자기의 단점이나 부적 특성 및 부적 정서 경험이 부정적인 자기 개념을 가져오는 것이라 받아들이지 않는다. 이들은 이러한 자기의 부적 측면에 대한 수용의 폭이 매우 커서, 무난히 자기 개념 속에 받아들인다. 이들은 이러한 부적 측면의 개선을 통해 사회집단의 조화가 이루어지고, 이러한 자기개선을 통해 집단원들이 자기를 유용한 성원으로 인정하고 받아들이는 경향이 높아질 것이라 기대한다. 요컨대, 집단주의 사회에서 지배적인 자기 향상의 방안은 자기의 부정적 측면을 수용하고 이를 고쳐나가는 자기개선인 것이다.

3) 자기실현과 자기확대

지금까지 살펴본 논의에서 분명해졌듯이, 개인주의 사회에서는 능력·성격·태도·감정·신념 같은 행위의 모든 원동력을 그 자체 속에 완비한 개인이 사회 구성의 기본 단위라고 본다. 이 사회에서는 타인이나 집단과 분리된 이러한 개인의 독특성과 자율성 및 독립성의 달성이 사회적 명제이고, 자기의 장점이나 독특성·자율성·독립성 같은 긍정적 특성의 확충을 통한 자기 고양을 자기 향상의 방안이라고 본다. 따라서 이러한 독특하고 자율적이며 독립적인 실체인 개인이 개인주의 사회에서 보는 이상적 인간이다(Fiske et al., 1998 ; Johnson, 1985 ; Miller, 1997b). 매슬로(1968)의 용어를 빌리면, 이러한 개인의 독특성·자율성·독립성을 달성하여, 개인이 잠재적으로 지닌 모든 내적 성향을 이루어내는 "자기실현"이 개인주의 사회에서 인간 삶의 이상이다(Wilson, 1997). 이렇게 보면, "자기실현 동기"는 개인주의 사회의 핵심적인 근본 동기라고 볼 수 있다.

이에 견주어, 집단주의 사회에서는 인간을 사회관계 속에서 상호의존적인 존재로 파악하며, 이러한 관계 속의 역할·규범 및 사회적 연대가 개인의 특성보다 더 중요한 행위의 원동력이라고 본다. 이 사회에서는 상호연관된 관계적 존재인 개인들이 이러한 관계와 역할의 연쇄망 속에 참여하여 자기개선을 통해 자기 향상을 꾀함으로써, 상호의존성과 조화로운 관계, 그리고 원만한 사회의 통합을 이루는 것이 인간 삶의 이상이라고 본다(Fiske et al., 1998 ; Miller, 1997b ; Tu Wei-Ming, 1985, 1996).

그러나 이 경우의 상호의존성은 사회관계의 중요성에 대한 관심과 지향을 의미하는 것이지, 자신의 개인적 가치에 관심이 없다는 것은 아니다. 곧 상호의존적인 삶이란 자기의 상실이나 자기에 대한 관심의 부재를 의미하는 것이 아니라, 개인의 주의·인지·감정·동기가 관계와 규범을 바탕으로 조직화되는 것을 의미할 뿐이다(Fiske et al., 1998). 그러므로 집단주의 사회에서는, 어떤 의미에서 보면, 더 잘 발달되고 분화된 자기관이 요청되는 것이다. 곧 이들에게는 자기의 여러 측면들이 서로 분리되어 일치하지 않을 수 있으므로(Triandis, 1989, 1990),[8] 이들 사이의 조화로운 관계 설정이 중요해진다.

  이러한 관점에서 보면, 집단주의 사회에서는 자기의 여러 측면, 예를 들면 스스로가 보는 "사적 자기(private self)", 일반적인 타인이 보는 나에 대한 견해인 "공적 자기(public self)" 및 집단의 성원들이 보는 나에 대한 견해인 "집단적 자기(collective self)" 사이에 조화를 이루어(Baumeister, 1986), 상호의존성을 최대화하는 것을 이상적 인간의 중요한 특징으로 받아들인다고 추론할 수 있다. 이러한 통합과 조화는 나에 대한 다양한 견해를 가지고 있는 타인이나 집단을 나 자신 속에 끌어들여 나 자신과 동일시하는 데서 가장 잘 이루어질 수 있을 것이다. 따라서 타인이나 집단을 자신의 중요한 속성 가운데 하나로서 자신의 정의 안에 포함시키는 "자기확대(self-expansion)"가 집단주의 사회의 가장 핵심적인 근본 동기가 될 것이라고 할 수 있다.

  애런과 그 동료들(Aron & Aron, 1986 ; Aron, Aron, & Smollan, 1992 ; Aron, Aron, Tudor, & Nelson, 1991)은 이러한 "자기확대 동기"가 인간의 기본적인 동기의 하나라고 제안하고, 이는 타인과 밀접한 애착 관계를 형성함으로써 이루어질 수 있음을 밝히고 있다. 이러한 자기확대는 밀접한 관계 형성 말고도 중요한 타인에 대한 인식이나 소속 집단의 인식을 활성화하는 때에도 이루어지며(Brewer & Gardner, 1996 ; Hinkley & Anderson, 1996 ; Smith &

---

8) 인도인들에게 '자기'는 구획된 실체(bounded entity)인 'individual(분리할 수 없는 통합된 존재)'이 아니라, 서로 연관되어 있지만 개별적인 여러 측면들의 'dividual(분리할 수 있는 분절된 존재)'로 받아들여진다(Bharati, 1985, pp. 219~225 ; DeVos, Marsella, & Hsu, 1985, p. 14 ; Marriott, 1976, p. 111)는 지적은 이러한 사실을 극적으로 드러내준다.

Henry, 1996), 또한 타인의 역할을 수행하여 그의 관점을 갖게 하는 절차에 따라서도 자기확대가 이루어지고 있다(이수원, 1993, 1994 ; Davis, Conklin, Smith, & Luce, 1996).

이상의 논의에서 보면, 개인주의 사회에서는 독립적이고 자율적인 개인 의 '자기실현 동기'를 가장 근본적인 동기로 보지만, 집단주의 사회에서는 "타인을 자신 속에 아울러"(Aron & Aron, 1986, p. 19) 개체인 개인의 범위 를 넓히려는 '자기확대 동기'를 가장 근본적인 동기로 본다. 자기실현 동기 를 근본 동기로 보는 개인주의의 배경에는 신-악마 ; 선-악 ; 인간-자연 ; 마음-신체 ; 자기-타인 ; 개인-집단(사회)을 대립적인 관계로 파악하는 서 구의 이원론 철학이 깔려 있다. 이와는 대조적으로, 자기확대 동기를 근본 동기로 보는 집단주의의 배경에는 동양의 일원론 철학이 깔려 있어서, 인 간과 자연, 자기와 타인, 개인과 집단(사회) 들을 서로 대립하는 것으로 파 악하지 않고, 서로를 아우를 수 있는 것으로 파악한다(Fiske et al., 1998 ; Johnson, 1985 ; Markus & Kitayama, 1991a, b ; Miller, 1997b).

또한 개인주의의 배경에는 자유의지(free will)에 따른 합리적 선택으로 인 간의 목표 지향성을 이해하려는 자유주의 전통이 놓여 있다(Johnson, 1985). 이와 달리 집단주의, 특히 동아시아 집단주의의 배경에는 인간을 관계 속의 존재로 파악하며, 이러한 관계 속의 조화와 사회성의 실현을 인간 발달의 궁 극적인 지향처로 보는 유학사상이 놓여 있다(조긍호, 1998a, 1999b, 2003a ; Bond & Hwang, 1986 ; Hsu, 1971, 1985 ; King & Bond, 1985 ; Tu Wei-Ming, 1985). 유학사상의 핵심은 바로 인간의 존재 확대 또는 확장이라고 요약할 수 있다(조긍호, 1998a, 1999b, 2003a ; Tu Wei-Ming, 1985).

동아시아인의 삶의 배경이 되어왔던 유학사상에서는 자기개선과 이를 통한 자기확대를 삶의 목표로 설정하고 있다. 유학사상에서는 모든 일의 책임을 스스로에게서 찾음으로써〔反求諸己〕자신의 단점을 고쳐나가는 자 기개선을 자기 발전의 핵심으로 본다. 이는 공자·맹자·순자 같은 초기 유학자들뿐만 아니라 성리학자들에게서도 공통으로 나타나는 유학사상의 핵심 관점이다.

이러한 자기개선은 곧 자기를 확대하여 도덕적 완성을 이루는 근본이 된다. 곧 공자가 말한 이른바 주위 사람 및 온 천하 사람들과 하나가 되어 그들을 편안하게 해주는 안인(安人)과 안백성(安百姓)은 곧 자기개선을 통해 자기를 닦는 수기(修己)를 바탕으로 이루어지는 것이며, 따라서 공자는 이를 "자기를 닦음으로써 주위 사람들을 편안하게 해주는 일"(修己以安人)이라거나 "자기를 닦음으로써 온 천하 사람들을 편안하게 해주는 일"(修己以安百姓)이라고 표현하였다(《論語》, 〈憲問〉 45). 이렇게 유학사상의 핵심은 바로 인간의 존재 확대 또는 확장이라고 요약할 수 있는데(조긍호, 1998a, 1999b, 2003a, ; Tu Wei-Ming, 1985), 《대학》에서 제시하는 격물(格物)−치지(致知)−성의(誠意)−정심(正心)−수신(修身)−제가(齊家)−치국(治國)−평천하(平天下)의 팔조목(八條目) 동기위계설도 이러한 생각을 잘 드러낸다. 곧 팔조목 각각에서 상위 조목은 하위 조목의 목표로서, 최상위 목표인 평천하까지 자기확대가 이루어질 수 있고, 또 그렇게 되도록 노력해야 함을 역설하고 있는 것이다. 조선조의 성리학에서도 거경(居敬)의 최종 목표는 곧 덕을 모음으로써〔聚德〕인간의 본성을 완성하고 실천하는 데〔踐形盡性〕있다(修己中 正心章 447, 〈聖學輯要〉, 《栗谷全書》)고 봄으로써, 자기개선과 이를 통한 자기확대를 삶의 최종 지향처로 삼고 있다.

이상에서 보아왔듯이, 서구인의 삶의 배경인 자유주의 사상에서는 자유의 보유자로서 지니는 자율성과 독립성, 이성 주체로서 지니는 합리성, 안정적 실체로서 지니는 자기 완비성과 독특성 들에서 개인 존재의 이상을 설정하고, 이러한 이상을 추구함으로써 개체의 가능성과 잠재력을 최대로 발휘하는 자기실현을 인간 삶의 목표로 규정해 왔다. 그러므로 서구인의 삶의 가장 기본적인 동기는 자기실현의 동기가 된다. 그러나 이러한 태도는 인간 삶을 개체로서 지닌 존재 특성에만 국한시켜 이해하고자 하는 것이다. 동아시아인의 삶의 배경인 유학사상에서는 이러한 개체적 존재 특성만 가지고는 인간 삶을 이해하는 데 한계가 있다고 본다. 그들은 개체라는 존재를 넘어서는 사회적 특성에서 인간 존재의 의의를 찾으려 한다. 그러므로 이들은 자기확대 동기를 인간 삶의 가장 기본적인 동기로 제시하고 있는 것이다.

이러한 맥락에서 보면, 자기실현과 개체적 존재 특성에만 초점을 맞추어 온 서구심리학의 '자기'에 대한 탐구는 지나치게 좁은 조망에서 연구를 진행해 온 것으로 보인다. 그러므로 서구 개인주의의 틀에서 벗어나서, 유학 사상을 배경으로 하는 동아시아인의 삶의 내용을 포괄하여 이해하기 위해 세워질 새로운 심리학에서는 자기에 관한 이해의 조망도 좀더 폭넓게 정립할 필요가 있을 것이다.

3. 정신건강과 심리치료의 문제

정신건강과 심리치료에 관한 현대 서구심리학의 연구에서는, 이상행동 (異常行動, abnormal behavior)의 원인과 증상, 그리고 그 종류 및 이의 진단에는 보편적인 기준이 적용될 수 있을 것이라는 견해가 주류를 이루어왔다. 곧 여러 이상행동은 문화권의 차이에 상관없이 동일한 원인 때문에 나타나고, 보편적인 증상을 보이며, 그 종류도 문화권에 따라 똑같을 뿐만 아니라, 이의 확인과 측정 기법도 문화에 따라 달라지지 않는다는 것이다. 그러나 정신분열증·우울증·신체화 증상·약물 중독 같은 가장 일반적인 이상행동에서조차 문화 유형에 따라 그 개념 규정이나 원인 및 증상이 달라질 수 있다는 사실이 최근의 연구들을 통해 밝혀지고 있다(Draguns, 1997 ; Jenkins, 1994 ; Marsella, 1979, 1985 ; Matsumoto, 2000). 문화 유형별로 권장되는 정서의 종류가 달라지고 또한 그 표출 규칙(display rule)이 달라짐에 따라(Jenkins, 1994), 그리고 자기를 파악하는 시각이 달라짐에 따라(Marsella, 1985) 정상과 이상의 개념 규정이 달라지고, 주로 나타나는 이상의 증상이 달라질 뿐만 아니라, 이에 대한 처치 또는 사회적 개입의 양상이 달라지는 것이다(Lefley, 1994).

이렇게 이상행동의 개념 규정과 이에 대한 치료적 개입이 문화 유형에 따라 달라진다면, 지금까지 논의해 왔듯이 인간을 파악하는 관점과 바람직한 상태로 설정하고 추구하는 이상적 인간상이 매우 다른 서구 개인주의 사회와 동아시아 집단주의 사회에서 정신건강과 그 치료를 보는 관점이 서로 달라질 것이라는 사실을 쉽게 추론할 수 있다.

1) 문화와 정신건강의 기준

서구 개인주의의 배경인 자유주의 사상에서는 개인 존재를 자유의 보유자, 이성의 주체, 안정적 실체라고 개념화하여 받아들인다. 그러므로 개인주의 사회에서는 자유의 보유자로서 지니는 독립성·독특성·자율성, 이성의 주체로서 지니는 합리성·적극성, 안정적 실체로서 지니는 일관성을 이상적 인간의 기준이라고 본다. 이에 견주어, 동아시아 집단주의의 배경인 유학사상에서는 개인을 의무·역할의 복합체, 덕성의 주체, 가변적, 과정적 존재라고 파악한다. 그러므로 집단주의 사회에서는 의무·역할의 복합체로서 지니는 연계성·조화성, 덕성의 주체로서 지니는 배려성·겸손성, 과정적 존재로서 지니는 가변성을 이상적 인간의 기준이라고 본다.

이러한 개인주의와 집단주의의 배경인 자유주의와 유학사상에서 개인을 파악하는 관점과 이상적 인간을 개념화하는 기준의 차이는 두 사회에 살고 있는 사람들의 여러 심성과 행동의 차이를 낳는 근거가 된다. 2장에서는 현대 서구 개인주의 사회인과 동아시아 집단주의 사회인의 사회인지·정서·동기의 여러 차이를 주의의 초점과 통제의 대상 및 행위의 변이가능성 차원에서 드러나는 강조점의 차이를 통해 개관하였다. 곧 개인주의 사회에서는 세 차원 각각에서 독립성·독특성, 자기 주장 및 안정성을 강조하는 데 견주어, 집단주의 사회에서는 각각 연계성·조화성, 자기 억제 및 가변성을 강조한다는 것이었다. 이러한 세 차원의 강조점 차이가 두 사회에서 이상적으로 여기고 추구하는 인간상의 차이와 관련이 있다면, 이들은 또한 이 두 사회에서 정신적으로 건강하지 못한 사람을 규정하는 차이로 작용한다고도 할 수 있을 것이다.

(1) 주의의 초점과 정신건강의 기준

개인주의 사회에서는 사회행위의 원동력을 능력·성격·정서·욕구 같은 개인의 내적 속성에서 찾음으로써, 개인의 독립성과 자율성 및 독특성을 강조하게 되고, 결과적으로 자기 자신과 그 내적 성향이 주의의 초점에 떠오른다. 따라서 이들은 자신의 자율성과 독특성을 사실 이상으로 과장하여 지각하고, 행위의 원인을 자기의 내적 속성에서 찾는 성향 귀인의 양상을 두드러지게 보인다. 또한 이들은 자기의 자율성과 독특성을 추구하는 데 도움이 되는 분화적 정서를 권장하고, 자기의 주도성을 추구하려는 동기가 강한 경향이 있다.

그러므로 개인주의 사회에서는 일상생활에서 개인의 독립성과 독특성 및 수월성의 추구를 지향하게 되고, 여러 가지 점에서 독립적이고, 독특하며, 유능한 사람을 바람직하며 정신적으로 건강한 사람이라고 여겨 높이 평가하게 된다. 결과적으로 이들은 독립적이지 못하고 사회 규범이나 남들의 의견에 잘 동조하는 사람, 독특하지 않은 사람, 다른 사람보다 뛰어나지 못한 의견이나 태도를 가지고 있는 사람, 그리고 여러 가지 점에서 남보다 못한 사람을 정신적으로 건강하지 못한 사람이라고 여겨 배척하게 된다.

이와는 대조적으로, 집단주의 사회에서는 사회행위의 원동력을 사회관계 속의 역할·규범 같은 상황적 속성에서 찾음으로써, 개인 사이의 연계성과 배려성 및 조화성을 강조하게 되고, 결과적으로 타인과 맺고 있는 관계 속의 역할과 규범이 주의의 초점으로 떠오르게 된다. 따라서 이들은 타인과 자신의 유사성을 사실 이상으로 과장하여 지각하고, 행위의 원인을 내적 속성보다는 역할·의무·규범이나 상황적 조건에서 찾는 상황 귀인의 양상을 두드러지게 보인다. 또한 이들은 타인에 대한 연계성과 조화성을 추구하는 데 도움이 되는 통합적 정서를 권장하고, 타인과 일체성을 추구하려는 동기가 강한 경향이 있다.

그러므로 집단주의 사회에서는 일상생활에서 타인에 대한 연계성과 조화성의 추구를 지향하게 되고, 타인과 잘 연계되고, 상호의존적이며, 원만한 관계를 유지하는 사람을 바람직하며 정신적으로 건강한 사람이라고 여겨 높이 평가하게 된다. 결과적으로 이들은 지나치게 독립성을 추구하거나 사회 규범이나 남들의 의견에 동조하기를 거부하는 사람, 지나치게 독특하거나 뛰어난 사람, 다른 사람과 잘 어울리지 못하는 사람, 그리고 지나치게 자기 주장이 강한 사람을 정신적으로 건강하지 못하거나 철이 없는 사람이라고 여겨 배척하게 된다.

이러한 사실은 많은 연구 결과들에서 입증되고 있다. 마커스 등(1997)은 미국인들은 자기를 기술할 때 개인적 특성의 독특성에 따라 기술하는 비율이 76%나 되지만, 한국·중국·일본 같은 동아시아인들은 관계적, 조화 추구적 특성(예를 들어, 나는 부모님을 기쁘게 해드리기 위해 노력한다)으로 기술하는 비율이 50%를 넘는다는 사실을 지적하고 있다. 또한 친한 친구의 특성을 기술하도록 한 연구들에서 미국 학생들은 유쾌함·열성적임·인기 있음·지도력 있음·농담을 잘함·잘 생김 같은 개인적 탁월성을 주로 제시함에 견주어(Kuhlen & Lee, 1943), 중국 학생들은 친절함·타인에 대한 배려·상냥함·겸손함·이타적임·노력형임·관대함 같은 대인관계적 특성을 주로 제시하고 있다(Chang, 1983 ; Chien, 1977)는 사실이 밝혀지고 있다. 매력적인 성격 특성에 관한 이러한 문화차는 두 문화에서 드러나는 "관계 관리(relationship management)"의 역동적 차이를 반영하는 것이다(Stover, 1974). 곧 "집단주의 사회에서는 대인관계의 조화로운 유지와 위계적 사회 상황에서 차지하는 위치에 적합하게 행동할 것을 강조하지만, 개인주의 사회의 주요 관심은 농담·주도성 및 자기의 능력과 기술의 표현을 통해 사회관계를 형성하고, 사회적 지위를 얻는 데 쏠리게 되는 것이다"(Bond & Hwang, 1986, p. 243).

개인주의 사회에서 독립성을 강조하는 경향이 강하다는 사실은 동조 행동의 문화차에 관한 연구들에서 드러난다. 본드와 스미스(Bond & Smith, 1996)는 17개국에서 이루어진 133개의 동조 행동에 관한 사후종합분석에서, 각국의 개인주의 점수와 동조량 사이에 강한 역상관이 있음을 밝혀, 집단주의 사회일수록 동조 행동이 많고, 개인주의 사회일수록 동조 행동이 적음을 확인하였다. 이러한 결과는 동조의 의미에 대한 문화차가 있음을 나타내준다. 개인주의 사회에서 동조는 부정적 가치를 갖는 배척해야 할 행동으로 받아들여짐에 견주어, "집단주의 사회에서 동조는 포용력과 자기 통제 및 성숙성의 지표로 여겨지는 등 매우 긍정적인 가치를 갖는 특성으로 수용된다"(Cialdini & Trost, 1998, p. 168). 그러나 "집단주의자들이라고 해서 사회 압력에 저항해서 자신의 지각·태도·신념 들을 유지하는 능력이 없는 것은 아니다. 이들에게 상호의존적인 타인에 대한 동조는 고도로 높이 평가되는 목표 상태로서, 이는 중요한 관계를 유지하기 위해 자기의 욕구와 원망(願望)을 조절하고 타인에게 화답하려는 용의성(willingness)의 표현인 것이다"(Markus & Kitayama, 1991a, p. 247).

이와 같이 개인주의 사회에서 정신건강을 규정하는 하나의 기준은 독립성·자율성·독특성·수월성이지만, 집단주의 사회에서 정신건강을 규정하는 기준은 연계성·상호의존성·조화성인 것이다. 독립적이고 독특하며 특출한 사람은 개인주의 사회에서는 바람직하지만 집단주의 사회에서는 철이 덜 든 사람일 뿐이며, 사회 규범에 잘 순응하고 모가 나지 않는 사람은 집단주의 사회에서는 바람직하지만 개인주의 사회에서는 정신적으로 종속적이어서 문제가 있는 사람일 뿐인 것이다.

(2) 통제의 대상과 정신건강의 기준

개인주의 사회에서는 개인의 독특성과 수월성, 사적인 감정과 욕구 같은 내적 속성의 표출을 인간의 자연적인 권리라고 보아 적극적인 자기 주장을 강조한다. 이들은 개인의 목표를 무엇보다 앞세우고, 그 결과 적극성과 경쟁, 자기 고양 및 솔직한 자기 표현을 권장한다. 개인주의 사회의 성원들은 그것이 타인이든 상황 조건이든 간에 외적 대상과 대립하는 일을 자연스러운 것으로 받아들여서, 경쟁과 대결을 통한 해결을 선호하며, 대인관계에서도 적극성·주도성·자발성·솔직성·외향성처럼 자기를 드러내는 특성을 높이 평가한다. 이들은 귀인 장면에서도 자기 존대를 추구하는 자기 고양 편향을 강하게 보인다. 또한 이들은 정서의 표출은 인간의 당연한 권리라고 보아, 분노 같은 정서일지라도 거리낌 없이 드러낼 것을 권장한다.

그리고 이들은 환경을 자신에게 맞도록 변화시키려는 환경 통제의 동기와 자율성을 추구하려는 동기가 강하다.

그러므로 개인주의 사회에서는 자기 표현과 자기 주장의 솔직성과 적극성을 추구하여 지향하고, 솔직하고 적극적으로 자기를 드러내고 자기 주장을 하는 사람을 바람직하며 정신적으로 건강한 사람이라고 여겨 높이 평가한다. 이들은 어려서부터 적극적으로 자기를 주장하는 훈련을 받으며, 남들과 함께 있는 장면에서도 남들의 반응에 신경 쓰지 않고 무엇이라도 자기를 드러내도록 권장된다. 예를 들면, 수업 시간에도 아무리 사소한 것일지라도 질문을 많이 하도록 권장된다. 이들은 자기를 드러내지 않거나 자기 주장을 하지 않는 것은 자신감이 없거나 솔직하지 못한 탓이라고 여겨 회피한다. 이들은 자기의 욕구나 감정을 표출하지 않는 것은 정신건강에 해를 끼치며, 장기적으로는 부적응을 일으키는 근본적인 원인이 되는 것으로 받아들이는 것이다.

이와는 대조적으로, 집단의 통합과 조화를 중시하는 집단주의 사회에서는 집단 목표를 개인 목표보다 상위에 두고, 개인적 감정이나 욕구의 표출은 사회의 통합과 조화를 깨뜨릴 가능성이 있으므로 이를 드러내지 않을 것을 강조하며, 결과적으로 양보와 협동, 겸양 및 자기 표현의 억제를 권장한다. 집단주의 사회의 성원들은 관계 당사자들 사이의 대립을 매우 부자연스러운 것으로 받아들여서, 갈등 상황에서 양보와 중재를 통한 해결을 선호하며, 대인관계에서도 양보·협동·과묵함·내향성과 같은 자기를 통제하고 억제하는 특성들을 높이 평가한다. 이들은 귀인 장면에서도 자기 은폐나 내집단 고양 같은 겸양 편향을 강하게 보인다. 또한 이들은 정서와 욕구를 있는 그대로 드러내는 것은 대인관계에서 조화와 통합을 해칠 위험이 있다고 보아 억제하도록 권장된다. 특히 분노와 같이 대인관계를 해칠 위험성이 큰 정서는 적극적으로 억제하라고 교육받는다. 그리고 내집단의 규범을 개인의 규범으로 내면화하는 경향이 강하고, 이는 내집단의 통합과 조화에 기여하므로 적극 권장되며, 결과적으로 자신을 내집단에 맞게 변화시키는 자기 통제의 동기와 집단의 통합을 추구하려는 동기가 강하다.

그러므로 집단주의 사회에서는 자기 억제와 자기 통제를 추구하여 지향하게 되고, 자기의 사적 감정이나 욕구를 잘 억누름으로써 집단의 조화와 통합에 이바지하는 사람을 바람직하며 정신적으로 건강한 사람이라 여겨 높이 평가한다. 이들은 어려서부터 가능한 한 다른 사람과 잘 어울리고, 자기의 감정이나 욕구를 억제하도록 훈련을 받으며, 남들과 함께 있는 장면에서는 그들의 반응에 주의를 기울이도록 요구받는다. "모난 돌이 정 맞는다"는 속담이 의미하듯이, 남들과 함께 있을 때는 가능한 한 자기를 드러내지 않고 그들 속에 섞이도록 권장되는 것이다. 이들은 자기의 사적 감정이나 욕구 또는 독특성을 있는 그대로 드러내는 것은 아직 철이 없는 탓이라고 여겨 회피한다. 이들은 자기를 있는 그대로 드러내고 적극적으로 자기 주장을 하는 것은 사회의 통합에 해를 끼칠 뿐만 아니라, 장기적으로는 외톨이가 되게 함으로써 정신건강에도 악영향을 미친다고 받아들이는 것이다.

개인주의 사회에서 적극적으로 자기를 주장하는 경향은 지나치게 자기 존대를 추구하는 현상을 낳는다. 이러한 자기 존대의 추구는 개인주의 사회에서 정신건강과 직접 연관되는 것으로 밝혀지고 있다(Taylor & Brown, 1988). 전통적인 관점에서는 자신과 현실 세계에 대한 정확한 인식이 정신건강의 핵심이라고 보았다. 곧 "개인이 지각하는 내용이 현실 세계의 내용과 합치할 때의 현실 지각을 정신적으로 건강하다고 부른다"(Jahoda, 1958, p. 6)는 관점에서 "현실을 '있는 그대로' 지각하는 능력은 효율적인 기능 수행을 위해 필수적이며, 따라서 이는 건강한 성격 발달의 전제 조건들 가운데 하나로 간주되었던 것이다"(Jourard & Landsman, 1980, p. 75).

그러나 사회인지론자들은 인간의 정상적인 인지 과정에서 편향(bias)과 착각(illusion)이 보편적으로 나타난다는 사실과(Fiske & Taylor, 1984, 1991 ; Greenwald, 1980 ; Nisbett & Ross, 1980 ; Taylor, 1983), 이러한 편향과 착각은 지각자 자신과 환경세계의 중심 측면을 반영하는 중요성을 갖는다는 사실을 밝혀내고 있다(Taylor & Brown, 1988). 테일러와 브라운(Taylor & Brown, 1988)은 이러한 다양한 편향과 착각들 가운데 자기와 관련되어 있는 세 가지의 "정적 착각(positive illusion)", 곧 비현실적으로 정적인 자기 평가(unrealistically positive self-evaluation)와 과장된 통제력 지각(exaggerated perception of control) 및 비현실적인 낙관주의(unrealistic optimism)는 정신 건강과 안녕감에 이바지하는 광범위한 인지적, 감정적, 사회적 기능을 수 행하며, 오히려 자기와 현실 세계에 대한 객관적이고 정확한 인식이 우울 증과 같은 정신질환의 지표라는 주장을 펴고 있다.

그러나 이러한 자기에 대한 정적 착각이 모든 문화에서 공통적으로 나타 나는 현상은 아니고, 따라서 이러한 정적 착각과 정신건강의 관계도 범문 화적이라고는 볼 수 없다. 이러한 정적 착각은 자율적이고 자기 충족적인 독립적 자기관을 강조하는 개인주의 문화에서 두드러져서 자기 고양 편향 으로 나타나지만, 관계 속의 조화와 타인에 대한 배려를 추구하는 상호의 존적 자기관을 강조하는 집단주의 문화에서는 반대로 겸양 편향이 두드러 지게 나타난다(조긍호, 1993, 1996a, b ; Diener & Diener, 1995 ; Heine & Lehman, 1995 ; Kitayama et al., 1997 ; Markus & Kitayama, 1991a, b, 1994b). 그 러므로 정적 착각을 통한 자기 존대의 추구가 문화적 명제로 작용하는 개 인주의 사회에서는 이것이 행복감을 가져다주어 정신건강의 기준으로 작 용할 수 있지만, 그렇지 않은 집단주의 사회에서는 정적 착각을 통한 자기 존대가 행복감의 증진에 역기능을 갖거나 아무런 상관이 없게 되는 것이 다(Diener & Diener, 1995 ; Heine & Lehman, 1995 ; Kitayama, Markus, & Kurokawa, 1994).

이와 같이 개인주의 사회에서 정신건강을 규정하는 또 하나의 기준은 적 극적인 자기 표현과 자기 주장 및 자기 존대의 추구이지만, 집단주의 사회 에서 정신건강을 규정하는 기준은 자기 억제와 자기 통제 및 자기 겸양의 추구이다. 적극적으로 자기의 사적 감정과 욕구를 드러내고 자기 존대를 추구하는 사람은 개인주의 사회에서는 바람직하지만 집단주의 사회에서는 사회의 통합을 해치는 사람일 뿐이며, 자기의 감정과 욕구를 잘 억제하고 겸손을 추구하는 사람은 집단주의 사회에서는 바람직하지만 개인주의 사 회에서는 솔직하지 못하거나 정신적인 문제를 가져올 가능성이 높은 사람 일 뿐인 것이다.

(3) 행위가변성과 정신건강의 기준

개인주의 사회에서는 개인의 지속적이고 안정된 고정적 성향이 사회행위의 원동력이라고 봄으로써, 상황과 관계가 달라지더라도 일관된 안정성을 유지할 것을 강조한다. 이들은 개인의 능력과 성격은 비교적 고정적이고 안정적인 실체여서 쉽게 변화되지 않는다고 보는 경향이 강하다. 따라서 이들은 자기가 갖추고 있는 정적(正的)인 측면에 초점을 맞추어 자기를 규정하려고 하며, 자기 향상의 통로를 긍정적인 안정적 속성의 확인과 증진에서 찾으려 한다. 그 결과 이들은 자기의 부적인 특성과 감정은 가능한 한 무시하고 부인하려 하고, 반대로 정적인 특성과 감정을 추구하고 확충함으로써 긍정적인 자기 개념을 유지하려는 경향이 강하다. 그리고 이들은 자기의 여러 측면, 예를 들면 태도와 행동 사이, 또는 하나의 상황과 다른 상황에서 하는 행동 및 생각 사이의 일관성을 추구하려는 동기가 강하다.

그러므로 개인주의 사회에서는 가능한 한 자기의 부적 특성은 무시하고 정적 측면을 확충함으로써 정적인 자기상을 유지하려 하며, 이렇게 정적인 특성을 바탕으로 정적인 자기 개념을 유지하는 사람을 바람직하며 정신적으로 건강한 사람이라고 여겨 높이 평가한다. 이들은 정서 경험에서도 기쁨·자부심·유쾌감 같은 정적인 감정에 민감하고 이를 추구하며, 이러한 정적 감정을 많이 체험하는 것을 정신건강의 지표라고 여겨 중시한다. 이들은 부적인 특성의 확인으로 말미암아 자기 개념이 손상 받거나 부적 감정의 체험 빈도가 많아지는 것은 정신적인 부적응을 일으키는 지름길이라고 보아 적극 회피하려 한다. 또한 이들은 자기의 내적 속성과 외적 행동 사이에 일치성이 없거나, 또는 상황 조건에 따라 행동이 달라짐으로써 내적 속성의 일관성이 깨지는 것은 심각한 부적응의 증상이라고 보아 적극 회피하고, 이들 사이에 일치성과 일관성을 유지하기 위해 온갖 노력을 기울인다.

이와는 대조적으로, 개인이 다양한 상황과 관계에 따라 규정된다고 보는 집단주의 사회에서는 상황과 관계의 변이에 따른 가변성을 인정하고 강조한다. 이들은 개인의 능력과 성격은 노력하기에 따라 변화될 수 있는 과정적인 것으로 보는 경향이 강하다. 따라서 이들은 변화 과정에 초점을 맞추어 자기를 규정하려고 하며, 자기의 단점이나 부정적 특성을 찾아 고쳐가는 자기개선에서 자기 향상의 방안을 모색한다. 그 결과 이들은 자기의 단점이나 부적인 특성 및 감정을 무리없이 자기 개념 속에 받아들이는 경향이 강하다. 이들은 자기를 상황과 관계의 변이에 따라 다르게 규정되는 존재로서 항상 변화 과정 속에 있다고 받아들이기 때문에, 자기의 여러 측면 사이에, 또는 상황의 변화에 따른 특성이나 행동 및 생각에서 일관성이나 일치성을 추구하려는 동기는 그리 크게 나타나지 않는다.

그러므로 집단주의 사회에서는 자기의 단점이나 부적 특성으로 말미암아 자기 개념이 손상되는 것으로 받아들이는 경향은 개인주의 사회보다 약하다. 이들은 자기의 장점과 정적 특성을 적극적으로 추구하기보다는 단점이나 부적 특성을 찾아 고쳐나가는 데서 자기 존중감이 높아지는 것으로 받아들이고, 이를 정신적으로 건강한 태도라고 여긴다. 이들은 정서 경험에서도 수치심 같은 부적 정서를 자기 발전의 통로라고 보아 중시하며, 자기의 단점이나 잘못에 대해 수치심을 느끼지 못하는 사람은 발전이 없다고 보아 낮게 평가한다. 또한 이들은 어느 상황에서나 또 누구에게나 일관적으로 똑같이 행동하는 것은 정신적으로 미숙한 상태라고 보아 회피하고, 반대로 상황에 따라 적절하게 자기의 모습이나 행동을 변화시키는 것을 높이 평가한다.

이러한 사실은 많은 연구 결과에서 입증되고 있다. 개인주의 사회인들이 자기를 진술하는 특성들 가운데 정적 특성의 비율은 부적 특성의 4~5배나 되지만, 집단주의 사회인들에게서는 그 비율이 거의 비슷하거나 부적 특성의 비율이 더 높다는 결과들(Bond & Cheung, 1993 ; Holmberg et al., 1997 ; Kitayama et al., 1995 ; Markus et al., 1997 ; Ryff et al., 1995 ; Schmutte et al., 1995 ; Stigler et al., 1985), 개인주의 사회에서는 정적 특성의 보유로 말미암은 자기 만족도가 행복감을 가져오지만, 집단주의 사회에서 자기 만족도와 행복감은 아무런 상관이 없다는 결과들(Diener & Diener, 1995 ; Heine & Lehman, 1995 ; Kwan et al., 1997), 개인주의 사회에서는 자기 고양 편향이 일반적이지만, 집단주의 사회에서는 겸양 편향이 일반적으로 나타난다는 결과들(Diener & Diener, 1995 ; Fiske et al., 1998 ; Heine & Lehman, 1995 ; Kitayama et al., 1994, 1995, 1997 ; Markus & Kitayama, 1991a, b, 1994a), 개인주의 사회에서는 정적 정서가 행복감을 낳는 것이어서 이를 적극 추구하고 부적 정서는 회피하려 하지만, 집단주의 사회에서는 부적 정서의 수용도가 매우 높다는 결과들(차경호, 1995 ; Suh & Diener, 1995), 그리고 개인주의 사회에서는 내적 속성과 외적 행동의 불일치 또는 상황 간 불일치는 개인의 정체감에 심한 혼란을 일으키게 되어 일관성 추구의 동기가 강하지만, 집단주의 사회에서는 태도-행동의 불일치는 상황에 따른 유연성의 증거로 받아들여져서 일관성 추구의 동기가 거의 나타나지 않는다는 결과들(Choi & Nisbett, 2000 ; Fiske et al., 1998 ; Iwao, 1988 ; Kashima, Siegel, Tanaka, & Kashima, 1992 ; Markus & Kitayama, 1991a, b ; Triandis, 1989, 1995)은 모두 위에서 전개한 논의를 지지해 주고 있는 것이다.

이와 같이 개인주의 사회에서 정신건강을 규정하는 또 다른 기준은 정적 자기상과 일관성의 추구이지만, 집단주의 사회에서 정신건강을 규정하는 기준은 자기개선과 상황 간 유연성의 추구이다. 자기의 부적 측면을 무시하고 정적 측면을 확충하려 하며, 적극적으로 일관성을 추구하려는 사람은 개인주의 사회에서는 바람직하지만 집단주의 사회에서는 지나치게 경직되고 유연성이 부족한 사람일 뿐이며, 자기의 부적인 측면에 민감하고 상황에 따라 가변적인 사람은 집단주의 사회에서는 바람직하지만 개인주의 사회에서는 부적응의 증상을 보이는 사람일 뿐인 것이다.

2) 문화와 심리치료

지금까지 보아왔듯이, 문화 유형에 따라 이상성(異常性)의 기준과 그 밑바탕에 있는 심리적 원인이 달라진다면, 이를 치료하기 위한 접근법도 문화적 맥락에 따라 달라진다는 것은 자명한 일이다. 사실 심리치료(psychotherapy)의 여러 접근법들은 이러한 문화적 맥락에 따른 "문화화

(culturalization)"의 결과였다고 볼 수 있다. 현대 심리치료적 접근법의 뿌리는 대체로 프로이트가 창시한 정신분석학에 있다고 보는데, 이에는 유대인이었던 프로이트가 받아들인 유대 문화의 가치가 반영되어 있으며 (Langman, 1997), 이에 바탕을 두고 미국에서 변형·발전된 다른 심리치료법들은 또 그들 나름대로 미국의 문화적 가치를 드러내고 있는 것이다. 이러한 사실을 마쓰모토(Matsumoto, 2000, p. 265)는 다음과 같이 논술하고 있다.

> 심리치료의 뿌리와 그 발달의 역사를 검토하면서, 어떤 학자들은 현대 심리치료의 바탕인 정신분석학은 유대인의 문화적 맥락 안에서 특수하게 발전한 것이며, 이는 유대인의 신비주의와 여러 가지 측면에서 공통성을 지니고 있다는 사실을 지적하여 왔다(Langman, 1997). 사실 행동적 접근이나 인본적 접근 같은 다른 심리치료 접근법의 발달은 전통적인 정신분석학이 미국 문화와 사회에 '문화화'한 결과라고 간주할 수 있다. 이렇게 보면, 심리치료는 문화적 산물이어서, 문화적 맥락을 반영할 뿐만 아니라 재생산하고 있다고 생각할 수 있다. …… 이러한 의미에서 심리치료는 결코 탈가치적인 것이 될 수는 없다. 왜냐하면, 모든 심리치료는 특정 문화 맥락에 구속되어 있으며, 문화란 필연적으로 도덕적 가치체계와 연관되어 있는 것이기 때문이다.

이러한 관점에서 보면, 이상성에 대해 서로 다른 기준을 지니고 있는 만큼, 개인주의와 집단주의 사회에서 제시하고 있는 심리치료의 목표와 그 기법은 서로 달라질 수밖에 없을 것이다.

(1) 심리치료의 목표

개인주의 사회에서는 개인 존재를 자유의 보유자, 이성의 주체, 그리고 고정적, 안정적 실체라고 파악한다. 이 사회에서는 독립성·자율성과 독특성, 합리성과 적극성, 그리고 안정성과 일관성을 바람직한 개인의 특성으로 본다. 따라서 독립적, 자율적이지 못하거나 독특하지 못한 사람, 적극적으로 솔직하게 자기 표현이나 자기 주장을 하지 못하는 사람, 그리고 안정적이고 긍정적인 자기상을 가지고 있지 못하거나, 태도와 행동의 일치성 및 성격 특성의 상황 간 일관성이 결여된 사람을 정신적으로 문제가 있는 사람이라고 간주한다. 따라서 개인주의 사회에서는 '개체로서 지니는 자기의 독립성·자율성·독특성을 인식하고, 적극적으로 자기를 주장하며, 안정적이고 일관적인 정적 자기상을 지니고 있는 사람'이 되도록 도와주는 것이 심리치료의 궁극적인 목표로 부각된다.

이와는 대조적으로, 집단주의 사회에서는 개인을 역할·의무·배려의 복합체, 덕성의 주체, 그리고 가변적, 과정적 존재라고 인식한다. 이 사회에서는 타인과 맺는 연계성과 조화성, 자기 억제와 겸손성, 그리고 자기개선과 가변성을 바람직한 개인의 특성으로 본다. 따라서 집단에서 고립되거나 집단의 성원들과 잘 어울리지 못하는 사람, 자기의 감정이나 욕구를 억제하거나 통제하지 못하는 사람, 겸손하지 못하고 지나치게 자기 주장을 하는 사람, 그리고 자기의 단점이나 부적 측면을 부인하고 정적 측면만 지나치게 추구하는 사람이나, 지나치게 일관성을 추구하는 사람을 정신적으로 문제가 있는 사람이라고 간주한다. 따라서 집단주의 사회에서는 '더불어 함께 사는 존재로서 상호의존성과 조화성을 인식하고, 가능한 한 자기의 사적 감정과 욕구를 억제하고 드러내지 않으며, 자기의 단점을 수용하고 상황에 따라 유연한 적응성을 보이는 사람'이 되도록 도와주는 것이 궁극적인 심리치료의 목표로 부각된다.

(2) 심리치료 과정의 몇 가지 특징

이상에서 보듯이, 문화 유형에 따라 이상(異常)행동의 기준과 이를 치료하기 위한 심리치료의 목표가 달라진다면, 개인주의와 집단주의 사회의 심리치료 과정의 특징 및 그 과정에서 강조하는 내용에도 커다란 차이가 나타날 것이라는 사실은 쉽게 추론할 수 있다. 여기서는 개인주의와 집단주의의 심리치료 과정에서 통찰해야 할 내용, 주의와 이해의 강조점, 확인해야 할 자기의 측면, 그리고 자기 관련 훈련의 내용 들의 차이에 대해 간단히 살펴보기로 하겠다.

통찰의 내용   개인주의 사회에서는 독립적인 개인의 개체적 존재 특성을 강조한다. 이 사회에서 개체적 존재 특성이 약화되거나 상실되는 것이 정신적으로 건강하지 못하게 되는 핵심 요인이다. 따라서 개인주의 사회에서 심리치료의 궁극적인 목표는 독립성·자율성·수월성 같은 개체적 존재인 개인의 여러 특성을 확인하고 강화하는 일이다. 그러므로 개인주의 사회에서 심리치료를 통해 통찰하여야 할 핵심적인 내용은 '모든 사람은 얼마나 독특한 사람인가?', '나는 얼마나 독특한 사람인가?', 그리고 '나의 수월한 특성은 무엇인가?' 하는 내용을 바탕으로 한 '자기에 대한 통찰'이다.

이와는 대조적으로, 집단주의 사회에서는 대인관계 속에 있는 개인의 사회적 존재 특성을 강조한다. 이 사회에서는 사회적 존재로서 갖춰야 할 특성이 제대로 습득되지 않거나 개체적 존재 특성이 지나치게 드러나는 것이 정신적으로 건강하지 못하게 되는 기본 요인이다. 따라서 집단주의 사회에서 심리치료의 궁극적인 목표는 연계성·상호의존성·배려성·겸손성·조화성 같은 사회적 존재로서 개인이 지녀야 할 여러 특성을 확인하고 강화하는 일이다. 그러므로 집단주의 사회에서 심리치료를 통해 통찰해야 할 핵심적인 내용은 '모든 사람은 얼마나 서로 같은가?', '나는 다른 사람과 얼마나 서로 비슷한가?' 그리고 '다른 사람과 잘 어울리기 위해 내가 할 일은 무엇인가?' 하는 내용을 바탕으로 한 '인간 일반(보편적 자기)에 대한 통찰'이다.

주의와 이해의 강조점   개인주의 사회에서는 개인의 사적 감정과 욕구를 있는 그대로 드러내는 것을 인간의 기본적인 권리라고 간주한다. 따라서 자기의 내밀한 사적 감정과 욕구를 솔직하게 적극적으로 드러내지 못하고 억압하면, 심리적으로 부적응이 일어난다고 본다. 그러므로 개인주의 사회에서는 심리치료의 과정에서 자기의 진실한 사적 감정과 욕구가 무엇인지에 대해 항상 주의를 기울이고, 이를 정확하게 파악하여 이해할 것을 강조한다.

이와는 대조적으로, 집단주의 사회에서는 개인의 사적 감정과 욕구를 있는 그대로 드러내는 것은 대인관계의 조화와 집단의 통합을 해치는 원인이 된다고 간주한다. 따라서 자기의 사적 감정과 욕구를 솔직하게 있는 그대로 드러내면, 대인관계에 갈등을 일으켜 집단원들한테 배척당하므로, 결과적으로 심리적 부적응이 일어난다고 본다. 그러므로 집단주의 사회에서는 심리치료의 과정에서 자기 자신의 감정과 욕구에 주의를 기울이고 이해하려 하기보다는, 관계를 맺고 있는 상대방의 감정과 요구에 주의를 기울이고 이해할 것을 강조한다. 곧 처지를 바꾸어서 상대방의 위치에 서봄으로써〔易地思之, 絜矩之道〕, 상대방의 감정과 욕구를 공감하고 이해할 것을 강조하는 것이다.

자기 확인의 내용 개인주의 사회에서는 자기 장점 확충을 통한 자기 만족감이 행복감과 자기 존중감의 근원으로 작용한다. 따라서 이 사회에서는 자기의 단점을 부인하거나 무시하고, 그 대신 자기의 장점을 확충함으로써 정적인 자기상을 유지하는 일이 중요해진다. 이들은 자기의 단점이 불어나거나 부적 정서 체험의 빈도가 늘어남으로써 정적 자기상 대신 부적인 자기 개념을 가지게 되면, 심리적 부적응이 일어난다고 본다. 그러므로 자기가 잘하는 일이나 자신감을 가지게 하는 특성을 계속 찾아내서 이를 강화하여 자기 고양을 이루는 일이 중요해진다. 곧 개인주의 사회에서 확인하고 강화해야 할 자기의 측면은 정적인 특성과 정적인 감정 경험인 것이다.

이와는 대조적으로, 집단주의 사회에서는 자기의 단점을 찾아 이를 고쳐나가는 자기개선이 행복감과 자기 존중감의 근원으로 작용한다. 따라서 이 사회에서는 자기의 장점을 찾아 확충하려 하기보다는 자기의 단점을 찾아 이를 개선함으로써 자기 향상을 이루는 일이 중요해진다. 그러므로 집단주의 사회에서 확인해야 할 자기의 측면은 장점보다는 단점이나 부적인 특성이 된다. 모든 일의 책임을 자기 자신에게 돌이켜 구함으로써〔反求諸己〕 자기의 잘못을 수정하려는 자세가 강조되는 것이다.

자기 관련 훈련의 내용   개인주의 사회에서는 자기의 사적 감정과 욕구를 억제하고 드러내지 않는 일은 심리적 부적응의 직접적인 원인으로 작용한다고 본다. 그러므로 이 사회에서는 심리치료 과정에서 적극적으로 자기를 주장하고, 자기의 감정과 욕구를 효과적으로 표현할 수 있는 훈련을 강조한다. '나 표현'과 '나 전달'의 훈련이 개인주의적 심리치료 과정에서 중요하게 여기는 자기 관련 훈련의 주요 내용인 것이다.

이와는 대조적으로, 집단주의 사회에서는 자기의 사적 욕구와 감정을 있는 그대로 드러내는 일은 집단 안에 갈등을 일으키고 조화를 해치게 되므로, 심리적 부적응의 원천으로 작용한다고 본다. 그러므로 이 사회에서는 심리치료 과정에서 적극적으로 자기를 드러내는 대신, 자기를 억제하고 절제하는 극기(克己) 훈련을 강조한다. 곧 집단주의적 심리치료 과정에서는 '나 표현'과 '나 전달'보다는 '상대방 경청' 훈련이 더욱 중요해지는 것이다.

3) 새로운 심리학의 방향 : 맺는 말을 대신하여

현대심리학의 가장 기본적인 전제 가운데 하나는 인간의 여러 가지 능력과 특성들은 정상분포할 것이라는 가정이다. 예를 들면, 같은 연령층의 사람들에게서 지능의 분포는 평균 100을 중심으로 하여 좌우 대칭을 이루는 종 모양의 정상분포를 한다는 것이다. 이러한 분포 가운데 현대심리학에서는 오른쪽〔理想狀態, ideal state〕보다는 왼쪽〔異常狀態, abnormal state〕의 분포에 주로 관심을 가지고 연구를 진행해 왔다고 볼 수 있다. 현대심리학자들은 "심리학의 중요한 목표 가운데 하나는 심리학의 연구를 통해 얻어진 지식을 활용하여, 심리적 부적응으로 말미암아 고통을 겪고 있는 사람들이 그러한 증상에서 벗어나도록 도와줌으로써, 더욱 효과적이고 생산적이며, 행복한 삶을 영위하도록 이끌어주는 것"(Matsumoto, 2000, p. 251)이라는 전제에서 연구를 진행해 왔다. 그들은 목표 상태인 효과적이고 생산적이며 행복한 삶의 전형은 평균 부근의 많은 규범적이고 정상적인 사람들의 삶이라고 보고, 평균에서 왼쪽으로(부적인 방향으로) 치우친 이상을 보이는 사람들을 중간 부근의 정상으로 이끌어내려는 노력을 해왔다고 볼 수 있다. 곧 현대심리학, 특히 상담심리학과 임상심리학은 이상성(異常性, abnormality)에 초점을 맞추어, 이러한 심리적 이상으로 말미암아 고통을 받고 있는 사람들을 규범적이고 전형적인 정상성(正常性, normality)으로 이끌어주는 일에 초점을 맞추고 있었던 것이다. 그리하여 정신건강과 심리치료 영역에서 현대심리학의 연구는 일차적으로 이상행동의 원인과 증상, 그 종류 및 이의 진단 문제에 기울어져 있었다.

이와는 대조적으로, 동아시아인의 삶의 배경이 되어 온 유학사상은 현대 서구심리학과는 매우 다른 관점에서 정신건강의 문제에 관한 이론을 전개해 왔던 것으로 보인다. 그들은 여러 능력과 특성 분포의 왼쪽(부적인 방향)보다는 오른쪽(정적인 방향)의 이상(理想) 상태에 주로 관심을 가지고 있었다. 유학사상은 인간의 사회적, 도덕적 특성[人性論]을 전제로 하여, 이러한 존재 특성을 가지는 인간이 지향해야 할 이상적 상태[君子論·聖人論]를 정립한 다음, 사회적 차원[道德實踐論·禮論]과 개인적 차원[修養論]에서 이러한 이상적 상태에 이르기 위해 노력해야 할 바를 제시하고자 한 이론체계이다. 이렇게 유학자들은 군자와 성인이라는 이상적 인간상을 설정해 놓고, 이를 지향해 가는 것을 인간 삶의 목표로 규정함으로써, 전형적이고 규범적인 정상성의 상태에서 바람직한 이상(理想) 상태를 지향하도록 사람들을 독려하고 권장하는 이론체계를 전개해 왔던 것이다. 그러므로 이들의 사상에서는 인간의 존재 특성에 관한 이론체계인 인성론(이는 규범적이고 전형적인 정상성의 상태를 규정하고 있는 체계이다)과 이상적 인간상에 관한 이론체계인 군자론·성인론(이는 정상성에서 오른쪽의 정적 방향으로 치우쳐 있는 상태를 규정하고 있는 체계이다)이 중심이 되어 있다.

　물론 유학의 경전에서도 부적응 상태에 관한 이론체계가 없는 것은 아니다. 군자와 대비하여 제시되고 있는 소인에 관한 소인론(小人論)이나 걸(桀)·주(紂)·도척(盜跖) 같은 악인에 관한 악인론(惡人論)의 논의가 그것이다. 그러나 소인이나 악인에 관한 논의는 군자와 성인에 견주어 이상적 인간의 상태를 알기 쉽게 드러내기 위하여 전개된 것일 뿐, 그 자체 중요성을 갖는 이론체계는 아니다. 이렇게 유학사상은 정상적 상태에서 오른쪽 방향으로 치우쳐 있는 이상적(理想的) 상태를 중핵으로 하는 이론체계를 전개하고 있다.

　이상에서 보듯이, 현대 서구심리학에서는 인간 존재를 다분히 부정적 시각에서 고찰하는 관점이 주류를 이루지만, 유학사상은 인간 존재를 매우 긍정적 시각에서 고찰하는 관점이 주류를 이루고 있다. 곧 독립적이고 독특한 자기 주장적 존재인 인간은 환경세계나 타인과 대립하는 존재라는 관점에 따라 고찰함으로써, 이러한 대립 관계에서 잘못 적응하면 부정적으로 흐를 가능성에 초점을 맞추어 인간을 이해하려는 것이 서구심리학의 기본 태도였다. 이와 달리, 인간은 환경세계나 다른 사람들과 융합을 추구하는 존재라는 관점에서 고찰하는 유학사상에서는, 자신의 존재 확대를 통해 정적인 방향으로 발전할 수 있는 무한한 가능체로서 인간을 이해하려는 태도가 바탕을 이루고 있었다. 이러한 맥락에서 보면, 유학사상에서 도출되는 인간 이해의 조망을 포괄적으로 수용하는 관점에 서서 심리학의 연구 문제를 끌어내고자 하는 새로운 동양심리학에서는, 인간 존재를 다분히 긍정적인 시각에서 고찰하는 태도가 주류를 형성하게 될 것이라고 추론할 수 있는 것이다.

참고문헌

고전 자료

金時俊 譯解 (1998).《大學・中庸》(惠園東洋古典 3). 서울 : 惠園出版社.

大東文化研究院 影印 (1958).《栗谷全書》. 서울 : 成均館大學校.

────(1958).《退溪全書》上・下. 서울 : 成均館大學校.

民族文化推進會 編 (1976).《국역 퇴계집》(수정판). 서울 : 民族文化推進委員會.

────(1997).《국역 율곡집》(중판). 서울 : 솔.

成百曉 譯註 (1998).《大學・中庸集註》. 서울 : 傳統文化研究會.

楊倞 (818).《荀子注》. (服部宇之吉 編,《漢文大系》卷十五. 東京 : 富山房, 1972.)

王夢鷗 註譯 (1969).《禮記今註今譯》. 臺北 : 商務印書館.

王先謙 (1891).《荀子集解》. (服部宇之吉 編,《漢文大系》卷十五. 東京 : 富山房, 1972.)

李相玉 譯著 (1993).《禮記》上・中・下. 서울 : 명문당.

張基槿 譯 (1980).《孟子新譯》. 서울 : 汎潮社.

鄭長澈 譯解 (1992).《荀子》(惠園東洋古典 19). 서울 : 惠園出版社.

趙岐 (130~201?).《孟子章句》. (服部宇之吉 編,《漢文大系》卷一. 東京 : 富山房, 1972.)

朱熹 (1177).《論語集註》. (京城書籍組合 編,《原本備旨 論語集註》. 서울 : 太山文化社, 1984.)

────(1177).《孟子集註》. (京城書籍組合 編,《原本備旨 孟子集註》. 서울 : 太山文化社, 1984.)

────(1177).《大學集註》. (京城書籍組合 編,《原本備旨 大學・中庸》. 서울 : 太山文化社, 1984.)

────(1177).《中庸集註》. (京城書籍組合 編,《原本備旨 大學・中庸》. 서울 : 太山文化社, 1984.)

車柱環 譯 (1969).《論語》. 서울 : 乙酉文化社.

車柱環 譯 (1974).《中庸·大學》. 서울 : 乙酉文化社.

何　晏 (193~249).《論語集解》. (服部宇之吉 編,《漢文大系》卷一. 東京 : 富山房, 1972.)

韓相甲 譯 (1985).《四書集註》I·II. 서울 : 三省出版社.

Dubs, H. H. (1928/1966). *The works of Hsüntze*. Taipei : Ch'eng-Wen Publishing Co.

Harvard-Yenching Institute (1940).《論語引得》. (HYI Sinological Index Series, Supplement 16). Cambridge, Massachusetts : Harvard University Press.

──── (1940).《孟子引得》. (HYI Sinological Index Series, Supplement 17). Cambridge, Massachusetts : Harvard University Press.

──── (1950).《荀子引得》. (HYI Sinological Index Series, Supplement 22). Cambridge, Massachusetts : Harvard University Press.

Legge, J. (1970). *The works of Mencius*. New York : Dover.

Watson, B. (1963). *Hsün Tzu : Basic wrightings*. New York : Columbia University Press.

심리학 자료 및 기타

고병익 (1996).《동아시아사의 전통과 변용》. 서울 : 문학과지성사.

孔　繁 (1994).〈유학의 역사적 지위와 미래가치〉. 동아일보사 편,《공자사상과 21세기》(pp. 195~220). 서울 : 동아일보사.

郭沫若 (1945).《十批判書》. 重慶 : 科學出版社. (조성을 역.《중국고대사상사》. 서울 : 까치, 1991.)

권덕주 (1998).〈대학해제〉, 김시준 역해,《대학·중용》(혜원동양고전 3, pp. 8~35). 서울 : 혜원출판사.

길희성 (1998).〈철학과 철학사 : 해석학적 동양철학의 길〉(한국철학회 1998년도 춘계학술발표회 주제 논문).

김석근 (2000).〈현대 일본 사회와 유교 : 로고스와 파토스의 거리〉. 성균관대학교 유학·동양학부 편,《동아시아의 유교문화와 미래적 전망》(pp. 51~68). 서울 : 성균관대학교 유교·동양학부.

김성기 (2000). 〈동아시아에 있어서 유교의 현황과 미래〉. 성균관대학교 유학・동양학부 편, 《동아시아의 유교문화와 미래적 전망》(pp. 33~50). 서울 : 성균관대학교 유학・동양학부.

김성태 (1976). 《성숙인격론》. 서울 : 고려대학교출판부.

───── (1984). 《발달심리학》(전정판). 서울 : 법문사.

───── (1989). 《경과 주의》(증보판). 서울 : 고려대학교출판부.

김승혜 (1990). 《원시유교》. 서울 : 민음사.

김영한 (1975). 〈서평 : Steven Lukes(1973), *Individualism*〉. 《서양사론》, 16집, pp. 107~114.

───── (1989). 《르네상스 휴머니즘과 유토피아니즘》. 서울 : 탐구당.

───── (1998). 〈휴머니즘〉. 김영한 편, 《서양의 지적 운동 Ⅱ》(pp. 11~32). 서울 : 지식산업사.

김의철 (1997). 〈한국 청소년의 가치체계〉. 한국정신문화연구원 편, 《한국 청소년문화 : 심리─사회적 형성요인》. 성남 : 한국정신문화연구원.

김충렬 (1982). 〈동양 인성론의 서설〉. 한국동양철학회 편, 《동양철학의 본체론과 인성론》(pp. 169~184). 서울 : 연세대학교출판부.

김태영 (2002). 《유교 문화의 돌연변이 일본》. 서울 : 보고사.

김혜숙 (1995). 〈귀인상황의 공개성과 (집단)자아존중이 자기고양귀인과 집단고양귀인에 미치는 영향〉. 《한국심리학회지 : 사회》, 9(1), pp. 45~63.

───── (1997). 〈귀인상황의 공개성과 집단자아존중이 경쟁상황에서의 과제수행 결과에 대한 귀인에 미치는 영향〉. 《아주사회과학논총》(아주대학교 사회과학연구소), 12, pp. 1~19.

김혜숙・유주란 (1995). 〈자기고양귀인과 집단고양귀인이 귀인자에 대한 인상에 미치는 영향〉. 《한국심리학회지 : 사회》, 9(2), pp. 51~67.

김호권 (1969). 〈도덕성의 발달과 교육〉. 정원식 편, 《정의의 교육》(pp. 211~234). 서울 : 배영사.

나은영・민경환 (1998). 〈한국문화의 이중성과 세대차의 근원에 관한 이론적 고찰 및 기존자료 재해석〉. 《한국심리학회지 : 사회문제》, 4(1), pp. 75~93.

나은영・차재호 (1999). 〈1970년대와 1990년대 간의 한국인의 가치관 변화와 세대차 증감〉. 《한국심리학회지 : 사회 및 성격》, 13(2), pp. 37~60.

노명식 (1991). 《자유주의의 원리와 역사 : 그 비판적 연구》. 서울 : 민음사.

576

唐君毅 (1986). 《中國哲學原論 : 原性篇》. 臺北 : 學生書局.

勞思光 (1967). 《中國哲學史 : 古代篇》. 臺北 : 三民書局. (정인재 역. 《중국철학
　　사 : 고대편》. 서울 : 탐구당, 1986.)

牟宗三 (1979). 《名家與荀子》. 臺北 : 學生書局.

蒙培元 (1990). 《中國心性論》. 臺北 : 學生書局. (이상선 역. 《중국심성론》. 서울 :
　　법인문화사, 1996.)

민경환 (2002). 《성격심리학》. 서울 : 법문사.

민석홍 (1984). 《서양사개론》. 서울 : 삼영사.

박우룡 (1998). 〈자유주의〉. 김영한 편, 《서양의 지적 운동 Ⅱ》 (pp. 65~110). 서
　　울 : 지식산업사.

박재주 (2003). 《서양의 도덕교육 사상》. 서울 : 청계.

박전규 (1985). 《아리스토텔레스의 실천적 지혜》. 서울 : 서광사.

박준철 (1998). 〈프로테스탄티즘〉. 김영한 편, 《서양의 지적 운동 Ⅱ》 (pp. 33~64).
　　서울 : 지식산업사.

배종호 (1982). 〈동양 인성론의 의의〉. 한국동양철학회 편, 《동양 철학의 본체론과
　　인성론》 (pp. 343~367). 서울 : 연세대학교출판부.

徐復觀 (1969). 《中國人性論史 : 先秦篇》. 臺北 : 商務印書館.

小島毅 (2004). 《朱子學と陽明學》. 東京 : 放送大學出版會. (신현승 역. 《사대부의
　　시대 : 주자학과 양명학 새롭게 읽기》. 서울 : 동아시아, 2004.)

신정근 (2004). 《동중서 : 중화주의의 개막》. 서울 : 태학사.

辻本雅史 (1998). 〈일본의 전통유학과 대학〉. 성균관대학교 대동문화연구원 편,
　　《동아시아의 유학전통과 대학》. 서울 : 성균관대학교 대동문화연구원.

안병주 (1987). 〈퇴계의 학문관 : 심경후론을 중심으로〉. 《퇴계학연구》 (단국대학
　　교 퇴계학연구소), 1, pp. 39~59.

안신호 · 이승혜 · 권오식 (1994). 〈한국어 정서단어 분석 : 정서단어의 유사성 구조
　　와 정서체험의 구조〉. 《한국심리학회지 : 사회》, 8(1), pp. 150~175.

양승무 (1986). 〈맹자 성설설의 함의에 대한 고찰〉. 동양철학연구회 편, 《중국철학
　　사상 논구 1》 (pp. 99~120). 서울 : 여강출판사.

楊 適 (1991). 《中西人論的衝突 : 文化比較的一種新探》. 北京 : 人民大學出版部. (노
　　승현 역. 《동서인간론의 충돌 : 문화비교와 소외론》. 서울 : 백의, 1997.)

유재건 (1998). 〈마르크스주의〉. 김영한 편, 《서양의 지적 운동 Ⅱ》 (pp. 429~456).

서울 : 지식산업사.

柳熙星 (1993). 〈荀子禮論的價値根源硏究〉. 미간행 석사학위논문, 中華民國 東海大學.

육성필 (1994). 〈성격의 5요인 이론에 기초한 척도의 구성을 위한 예비연구〉. 미간
행 석사학위논문, 고려대학교.

육영수 (1998). 〈유토피아 사회주의〉. 김영한 편, 《서양의 지적 운동 Ⅱ》(pp. 395~
428). 서울 : 지식산업사.

윤사순 (1997). 《한국 유학 사상사론》. 서울 : 예문서원.

윤이흠·박무익·허남린 (1985). 〈종교인구조사의 방법론 개발과 한국인의 종교성
향〉. 장병길 교수 은퇴기념논총 간행위원회 편, 《한국종교의 이해》(pp.
343~371). 서울 : 집문당.

윤 진 (2003). 《헬레니즘》. 서울 : 살림.

윤호균 (1999). 〈불교의 연기론과 상담〉. 최상진·윤호균·한덕웅·조긍호·이수
원, 《동양심리학 : 서구심리학에 대한 대안 모색》(pp. 327~375). 서울 : 지
식산업사.

이강수 (1982). 〈원시 유가의 인간관〉. 한국동양철학회 편, 《동양철학의 본체론과
인성론》(pp. 185~219). 서울 : 연세대학교출판부.

이광세 (1998). 《동양과 서양 : 두 지평선의 융합》. 서울 : 길.

이극찬 (1982). 〈J. S. 밀의 생애와 자유론〉. 이극찬 역, 《통치론·자유론》(pp. 206~
225). 서울 : 삼성출판사.

이기동 (2003). 〈일본 유학을 통해 본 일본 문화의 뿌리〉. 홍윤식 편, 《일본 문화의
뿌리를 찾아서》(pp. 55~98). 서울 : 솔.

이부영 (1999). 《그림자》(분석심리학의 탐구 1). 서울 : 한길사.

───── (2001). 《아니마와 아니무스》(분석심리학의 탐구 2). 서울 : 한길사.

───── (2002). 《자기와 자기실현 : 하나의 경지, 하나가 되는 길》(분석심리학의
탐구 3). 서울 : 한길사.

이상은 (1973). 《퇴계의 생애와 사상》. 서울 : 서문당

───── (1976). 《유학과 동양문화》. 서울 : 범학도서.

이수원 (1990). 〈내면화 : 사회적 지식의 형성〉. 《한국심리학회지 : 일반》, 9(1),
pp. 54~73.

───── (1993). 〈사회적 갈등의 인지적 기제 : 사회적 자아중심성〉. 《한국심리학회
지 : 사회》, 7(2), pp. 1~23.

이수원 (1994). 〈사회적 자아중심성 : 타인이해에서 성향주의의 원천〉. 《한국심리
　　학회지 : 일반》, 13(1), pp. 129~152.

――― (1997). 〈한국심리학에서 비교 문화 연구의 위상〉. 한국심리학회 학술위원
　　회 편, 《심리학에서의 비교 문화 연구》 (pp. 15~56). 서울 : 성원사.

이승환 (1998a). 〈후기 근대 유학담론의 두 유형 : 뚜웨이밍(杜維明)과 에임스
　　(Roger Ames) 를 중심으로〉. 《東亞硏究》 (서강대학교 동아연구소), 35, pp.
　　363~416.

――― (1998b). 《유가 사상의 사회철학적 재조명》. 서울 : 고려대학교출판부.

――― (1999). 〈문화심리학과 자아형성〉. 한국 사회 및 성격심리학회 편, 《한국심
　　리학회 1999년도 하계 심포지엄 자료집 : 문화와 심리학》 (pp. 21~33). 서
　　울 : 한국 사회 및 성격심리학회.

――― (2004). 《유교 담론의 지형학》. 서울 : 푸른숲.

이종훈 (1994). 〈로맨티시즘〉. 김영한·임지현 편, 《서양의 지적 운동 I》 (pp. 467~
　　504). 서울 : 지식산업사.

이진숙 (1960/1993). 《프로이드》. 서울 : 중앙적성출판부.

이헌남 (1992). 《도움의 이원성 : 공정지향과 관계지향》. 미간행 박사학위논문, 한
　　양대학교.

張其昀 (1984). 《中華五千年史 : 戰國學術編》. 臺北 : 華岡書城. (中國文化硏究所 譯.
　　《中國思想의 根源》. 서울 : 文潮社, 1984.)

장석만 (1999). 〈'근대문명'이라는 이름의 개신교〉. 《역사비평》 (역사문제연구소),
　　봄호 (통권 46호), pp. 255~268.

장성수·이수원·정진곤 (1990). 〈한국인의 인간관계에 나타난 분배정의에 관한
　　연구〉. 《교육논총》 (한양대학교 한국교육문제연구소), 3, pp. 217~265.

전경수 (1994). 《문화의 이해》. 서울 : 일지사.

정양은 (1970). 〈감정론의 비교연구 : 사회적 감정을 중심으로〉. 《한국심리학회
　　지》, 1(3), pp. 77~90.

――― (1976). 〈심리구조이론의 동서비교〉. 《한국심리학회지》, 2(2), pp. 68~79.

――― (1986). 〈심리적 사실에 관한 동서비교〉. 《사회심리학연구》, 3(1), pp. 1~
　　16.

――― (1988). 〈조직에서의 인간관계〉. 《사회심리학연구》, 4(1), pp. 1~13.

――― (1995). 〈Willam James의 근원적 경험주의〉. 《학술원 논문집 : 인문·사회

과학편》, 34집, pp. 1~28.

정양은 (2003). 〈진리적 지식과 현상적 지식〉. 《학술원 논문집 : 인문・사회과학
편》, 42집, pp. 1~41.

정영숙 (1994). 〈어머니에 대한 배려가 자기통제에 미치는 효과〉. 미간행 박사학위
논문, 서울대학교.

────── (1995). 〈두 유형의 사회적 기대가 자기통제에 미치는 효과〉. 《한국심리학회
지 : 사회》, 9(1), pp. 85~97.

────── (1996). 〈어머니에 대한 배려가 아동의 과제수행 열심도에 미치는 효과〉.
《한국심리학회지 : 사회》, 10(1), pp. 159~170.

정옥분・곽경화 (2003). 《배려지향적 도덕성과 정의지향적 도덕성》. 서울 : 집문당.

정인재 (1981). 〈순자의 지식론〉. 강성위 외, 《동서 철학의 향연》 (pp. 323~357).
대구 : 이문사.

────── (1992). 〈중국사상에서의 사회적 불평등〉. 김영한・정인재・길희성・최재
현・조긍호, 《불평등사상의 연구》 (pp. 49~74). 서울 : 서강대학교 인문과
학연구소.

諸橋轍次 (1982). 《孔子・老子・釋迦 : 三聖會談》. 東京 : 講談社. (심우성 역. 《공
자・노자・석가》. 서울 : 동아시아, 2001.)

조경욱 (2000). 〈일본 사회의 "이에"(家) 의식에 나타난 효와 조상 숭배〉. 《동양사
회사상》, 3집, pp. 211~236.

조긍호 (1990). 〈맹자에 나타난 심리학적 함의(I) : 인성론을 중심으로〉. 《한국심리
학회지 : 사회》, 5(1), pp. 59~81.

────── (1991). 〈맹자에 나타난 심리학적 함의(II) : 교육론과 도덕실천론을 중심으
로〉. 《한국심리학회지 : 사회》, 6(1), pp. 73~108.

────── (1993). 〈대인평가의 문화간 차이 : 대인평가 이원모형의 확대 시론〉. 《한국
심리학회지 : 사회》, 7(1), pp. 124~149.

────── (1994). 〈순자에 나타난 심리학적 함의(I) : 천인관계론에 기초한 연구 방향
의 정초〉. 《한국심리학회지 : 사회》, 8(1), pp. 34~54.

────── (1995). 〈순자에 나타난 심리학적 함의(II) : 인성론을 중심으로〉. 《한국심리
학회지 : 사회》, 9(1), pp. 1~25.

────── (1996a). 〈문화유형과 타인이해 양상의 차이〉. 《한국심리학회지 : 일반》,
15(1), pp. 104~139.

조긍호 (1996b). 〈삶의 질과 주관적 안녕 : 비교 문화적 고찰〉. 《사회과학연구》
(서강대학교 사회과학연구소), 5, pp. 229~283.

──── (1997a). 〈문화유형과 정서의 차이 : 한국인의 정서 이해를 위한 시론〉. 《심
리과학》 (서울대학교 심리과학연구소), 6(2), pp. 1~43.

──── (1997b). 〈순자에 나타난 심리학적 함의(III) : 예론을 중심으로〉. 《한국심리
학회지 : 사회 및 성격》, 11(2), pp. 1~27.

──── (1998a). 《유학심리학 : 맹자·순자 편》. 서울 : 나남출판.

──── (1998b). 〈순자에 나타난 심리학적 함의(IV) : 수양론을 중심으로〉. 《한국심
리학회지 : 사회 및 성격》, 12(2), pp. 9~37.

──── (1999a). 〈문화유형에 따른 동기의 차이〉. 《한국심리학회지 : 사회 및 성격》,
13(2), pp. 233~273.

──── (1999b). 〈선진유학에서 도출되는 심리학의 문제〉. 최상진·윤호균·한덕
웅·조긍호·이수원, 《동양심리학 : 서구심리학에 대한 대안 모색》(pp. 31~
161). 서울 : 지식산업사.

──── (2000). 〈문화유형과 동기의 차이 : 한국인의 동기 이해를 위한 시론〉. 《한국
심리학회지:사회 및 성격》, 14(2), pp. 83~122.

──── (2002). 〈문화성향과 허구적 독특성 지각 경향〉. 《한국심리학회지 : 사회 및
성격》, 16(1), pp. 91~111.

──── (2003a). 《한국인 이해의 개념틀》. 서울 : 나남출판.

──── (2003b). 〈문화성향과 통제 양식〉. 《한국심리학회지 : 사회 및 성격》, 17(2),
pp. 85~106.

──── (2004). 〈동아시아 집단주의의 유학사상적 배경〉. 《사회과학연구》 (서강대
학교 사회과학연구소), 12, pp. 6~43.

──── (2005). 〈문화성향에 따른 유사성 판단의 비대칭성〉. 《한국심리학회지 : 사
회 및 성격》, 19(1), pp. 45~63.

조긍호·김소연 (1998). 〈겸양편향자의 선호 현상〉. 《한국심리학회지 : 사회 및 성
격》, 12(1), pp. 169~189.

조긍호·김은진 (2001). 〈문화성향과 동조행동〉. 《한국심리학회지 : 사회 및 성
격》, 15(1), pp. 139~165.

조긍호·김지용·홍미화·김지현 (2002). 〈문화성향과 공감 및 고독의 수준〉. 《한
국심리학회지 : 사회 및 성격》, 16(3), pp. 15~34.

조긍호 · 명정완 (2001). 〈문화성향과 자의식의 유형〉. 《한국심리학회지 : 사회 및 성격》, 15(2), pp. 111~139.

조은경 (1994). 〈사회심리학의 최근 동향 : 동기와 정서의 복귀〉. 한국심리학회 편, 《심리학 연구의 최근 동향 : '94》 (pp. 39~82). 서울 : 한국심리학회.

조지형 (1998). 〈개인주의〉. 김영한 편, 《서양의 지적 운동 Ⅱ》 (pp. 203~230). 서울 : 지식산업사.

주명철 (1994). 〈계몽주의〉, 김영한 · 임지현 편. 《서양의 지적 운동 Ⅰ》 (pp. 373~404). 서울 : 지식산업사.

陣鼓應 (1994). 《易傳與道家思想》. 臺北 : 商務印書館. (최진석 · 김갑수 · 이석명 역. 《주역 : 유가의 사상인가, 도가의 사상인가》. 서울 : 예문서원, 1996.)

陣大齊 (1954). 《荀子學說》. 臺北 : 中華文化出版.

차경호 (1995). 〈한국, 일본 및 미국 대학생들의 삶의 질의 비교〉. 한국심리학회 편, 《삶의 질의 심리학》 (pp. 113~144). 서울 : 한국심리학회.

차재호 · 정지원 (1993). 〈현대 한국 사회에서의 집합주의〉, 《한국심리학회지:사회》, 7(1), pp. 150~163.

차주환 (1985). 〈대학에 대하여〉. 한상갑 역, 《맹자 · 대학》 (pp. 399~404). 서울 : 삼성출판사.

차하순 (1963). 〈Renaissance Individualism의 개념〉. 《서양사론》, 4집, pp. 50~74.

蔡錦昌 (1989). 《荀子思想之本色》. 臺北 : 唐山出版社.

蔡仁厚 (1984). 《孔孟荀哲學》. 臺北 : 學生書局.

최갑수 (1994). 〈사회주의〉. 김영한 · 임지현 편, 《서양의 지적 운동 Ⅰ》 (pp. 119~170). 서울 : 지식산업사.

최상진 (1995). 〈한국인의 통제 유형〉. 임능빈 편, 《동양사상과 심리학》 (pp. 535~543). 서울 : 성원사.

최영진 (2000). 〈90년대 한국사회의 유교담론 분석〉. 성균관대학교 유학 · 동양학부 편, 《동아시아의 유교문화와 미래적 전망》 (pp. 20~32). 서울 : 성균관대학교 유학 · 동양학부.

馮友蘭 (1948). A short history of Chinese philosophy. 臺北 : 雙葉書店. (정인재 역. 《중국철학사》. 서울 : 형설출판사, 1977.)

한규석 (2002). 《사회심리학의 이해》 (개정판). 서울 : 학지사.

한규석 · 신수진 (1999). 〈한국인의 선호가치 변화 : 수직적 집단주의에서 수평적 개인주의로〉.《한국심리학회지 : 사회 및 성격》, 13(2), pp. 293~310.

한덕웅 (1994).《퇴계심리학》. 서울 : 성균관대학교출판부.

─── (1997). 〈한국유학의 4단7정 정서설에 관한 심리학적 실증연구〉, 한국심리 학회 편.《'97 연차학술대회 학술발표논문집》(pp. 331~359). 서울 : 한국 심리학회.

─── (2003).《한국유학심리학 : 한국유학의 심리학설과 유교문화에 관한 심리학 적 접근》. 서울 : 시그마프레스.

─── (2005). 〈성격 5요인으로 측정한 한국·미국·호주인의 성격차이〉, 한국심 리학회 편.《2005 연차학술대회 논문집》(pp. 58~59). 서울 : 한국심리학회.

현상윤 (1949).《조선유학사》. 서울 : 민중서관.

胡 適 (1961).《中國古代哲學史》(二版). 臺北 : 商務印書館.

홍숙기 (2004).《성격심리 상》(수정판). 서울 : 박영사.

─── (2005).《성격심리 하》(개정판). 서울 : 박영사.

黃公偉 (1974).《孔孟荀哲學證義》. 臺北 : 幼獅書店.

黑住眞 (1998). 〈일본사상사와 유학〉 (경상대개교50주년기념 남명학연구소 국제학 술심포지엄 발표논문).

Adler, A. (1929). *Problems of neurosis*. London : Kegan Paul.

Allport, G. W. (1937). *Personality : A psychological interpretation*. New York : Holt, Rinehart, & Winston.

─── (1961). *Pattern and growth in personality*. New York : Holt, Rinehart, & Winston.

─── (1968). The historical background of modern social psychology. In G. Lindzey & E. Aronson (Eds.), *The handbook of social psychology* (2nd ed., Vol. 1, pp. 1~80). Reading, MA : Addison-Wesley.

Amir, Y. & Sharon, I. (1987). Are social psychological law cross-culturally valid? *Journal of Cross-Cultural Psychology, 18*, pp. 383~470.

Arendt, H. (1959). *The human condition*. Garden City, NY : Double Day.

Arieli, Y. (1964). *Individualism and nationalism in American ideology*. Cambridge, MA.

Aron, A. & Aron, E. N. (1986). *Love and the expansion of self : Understanding attraction and satisfaction*. New York : Hemisphere.

Aron, A., Aron, E. N., & Smollan, D. (1992). Inclusion of Other In the Self Scale and the structure of interpersonal closeness. *Journal of Personality and Social Psychology, 63,* pp. 596~612.

Aron, A., Aron, E. N., Tudor, M., & Nelson. G. (1991). Close relationships as including other in the self. *Journal of Personality and Social Psychology, 60,* pp. 241~253.

Aronson, E., Brewer, M. B., & Carlsmith, M. (1986). Experimentation in social psychology. In G. Lindzey & E. Aronson (Eds.), *The handbook of social psychology* (3rd ed., Vol. 1, pp. 441~486). New York : Random House.

Asch, S. E. (1956). Studies of independence and conformity : A minority of one against a unanimous majority. *Psychological Monographs 70* (9, Whole No. 416)

Averill, J. R. (1982). *Anger and aggression : An essay on emotion.* New York : Springer.

Bagozzi, R. P., Wong, N., & Yi, Y. (1999). The role of culture and gender in the relationship between positive and negative affect. *Cognition and Emotion, 13,* pp. 641~672.

Bakan, D. (1966). *The duality of human existence.* San Francisco, CA : Jossey-Bass.

Bandura, A. (1997). *Self-efficacy : The exercise of control.* New York : Freeman.

———— (2000). Self-efficacy. In A. E. Kazdin (Ed.), *Encyclopedia of psychology* (Vol. 7, pp. 212~213). Washington, DC : American Psychological Association.

Barnlund, D. C. (1975). *Public and private self in Japan and the United States.* Tokyo : Simul Press.

Barry, H., Child, I., & Bacon, M. (1959). Relation of child training to subsistence economy. *American Anthropologist, 61,* pp. 51~63.

Baumeister, R. F. (1986). *Identity : Cultural change and the struggle for self.* New York : Oxford University Press.

Baumeister, R. F., Tice, D. M., & Hutton, D. G. (1989). Self-presentational motivations and personality differences in self-esteem. *Journal of Personality, 57,* pp. 547~579.

Beer, S. H. (1965). *Modern British politics.* London : Norton.

Benedict, R. (1947). *The chrysanthemum and the sword : Patterns of Japanese culture*. London : Secker & Warburg. (김윤식 · 오인식 역. 《국화와 칼》. 서울 : 을유문화사, 1991.)

Berlin, I. (1969). *Four essays on liberty*. New York : Oxford University Press.

Berry, J. W. (1966). Temne and Eskimo perceptual skills. *International Journal of Psychology, 1*, pp. 207~209.

——— (1971). Ecological and cultural factors in spatial perceptual development. *Canadian Journal of Behavioural Science, 3*, pp. 324~336.

——— (1976). *Human ecology and cognitive style : Comparative studies in cultural psychological adaptation*. New York : Sage/Halsted.

——— (1979). A cultural ecology of social behavior. In L. Berkowitz (Ed.), *Advances in experimental social psychology* (Vol. 12, pp. 177~206). New York : Academic Press.

Berry, J. W. & Annis, R. C. (1974). Acculturative stress : The role of ecology, culture and differentiation. *Journal of Cross-Cultural Psychology, 5*, pp. 382~406.

Berry, J. W., Poortinga, Y. H., Segall, M. H., & Dasen, P. R. (1992). *Cross-cultural psychology : Research and applications*. New York : Cambridge University Press.

Bharati, A. (1985). The self in Hindu thought and action. In A. J. Marsella, G. A. DeVos, & F. L. K. Hsu (Eds.), *Culture and self : Asian and Western perspectives* (pp. 185~230). New York : Tavistock.

Bond, M. H. (1988). *The cross-cultural challenge to social psychology*. Beverly Hills, CA : Sage.

——— (1994). Into the heart of collectivism : A personal and scientific journey. In U. Kim, H. C. Triandis, C. Kagitcibasi, S. C. Choi, & G. Yoon (Eds.), *Individualism and collectivism : Theory, method, and applications* (pp. 66~76). Thousand Oaks, CA : Sage.

——— (2002). Reclaiming the individual from Hofstede's ecological analysis—A 20-year Odyssey : Comment on Oyserman et al.(2002). *Psychological Bulletin, 128*, pp. 73~77.

Bond, M. H. & Cheung, T. S. (1983). College students' spontaneous self-concepts : The effect of culture among respondents in Hong Kong, Japan, and the United States. *Journal of Cross-Cultural Psychology, 14*, pp. 153~171.

Bond, M. H. & Hwang, K. K. (1986). The social psychology of Chinese people. In M. H. Bond (Ed.), *The psychology of Chinese people* (pp. 13~266). New York : Oxford University Press.

Bond, M. H. & Smith, P. B. (1996). Culture and conformity : A meta-analysis of studies using Asch's (1952b, 1956) line judgement task. *Psychological Bulletin, 119*, pp. 111~131.

Bordt, M. (1999). *Platon*. Freiburg : Verlag Herder. (한석환 역. 《철학자 플라톤》. 서울 : 이학사, 2003.)

Bradley, F. H. (1927). My station and its duties. In F. H. Bradley (Eds.), *Ethical studies* (2nd ed.). Oxford : Clarendon

Brewer, M. B. (1991). The social self : On being the same and different at the same time. *Personality and Social Psychology Bulletin, 17*, pp. 475~482.

Brewer, M. B. & Gardner, W. (1996). Who is this "we"? Levels of collective identity and self representations. *Journal of Personality and Social Psychology, 71*, pp. 83~93.

Brislin, R. W., Lonner, W. J., & Thorndike, R. W. (1973). *Cross-cultural research methods*. New York : Wiley.

Brown, J. D. (1986). Evaluations of self and others : Self-enhancement biases in social judgment. *Social Cognition, 4*, pp. 353~376.

────── (1998). *The self*. Boston, MA : McGraw-Hill.

Brown, J. D. & Taylor, S. E. (1986). Affect and the processing of personal information : Evidence for mode-activated self-schemata. *Journal of Experimental Social Psychology, 22*, pp. 436~452.

Burckhardt, J. (1860). *The civilization of the Renaissance in Italy* tr. by S. G. C. Middlemore, New York : Modern Library, 1955.

Burns, E. M., Lerner, R. E., & Meacham, S. (1984). *Western civilizations*(10th ed.). New York : Norton. (박상익 역. 《서양문명의 역사 I~IV》. 서울 : 소나무, 2003.)

586

Burr, V. (2002). *The person in social psychology*. New York : Taylor & Francis.

Buss, D. M. & Kenrick, D. T. (1998). Evolutionary social psychology. In D. T. Gilbert, S. T. Fiske, & G. Lindzey (Eds.), *The handbook of social psychology* (4th ed., Vol. 2, pp. 982~1026). Boston, MA : McGraw-Hill.

Carr, S. C. & MacLachlan, M. (1997). Motivational gravity. In D. Munro, J. F. Schumaker, & S. C. Carr (Eds.), *Motivation and culture* (pp. 133~155). New York : Routledge.

Cattell, R. B. (1965). *The scientific analysis of personality*. Baltimore, MD : Penguin.

Cattell, R. B. & Sweney, A. B. (1964). Components measurable in manifestations of mental conflict. *Journal of Abnormal and Social Psychology, 68*, pp. 479~490.

Chang, W. J. (1983). *The prediction of junior high-school students' sociometric status from some psycho-social variables*. Unpublished doctoral dissertation, University of Oregon.

Chien, M. (1977). Factors related to peer interaction among school children in urban and rural areas. *Psychological Testing, 24*, pp. 32~40.

Child, I. L.(1968). Personality in culture. In E. F. Borgatta & W. W. Lambert (Eds.), *Handbook of personality theory and research*. Chicago, IL : Rand McNally.

Chinese Culture Connection (1987). Chinese values and the search for culture-free dimensions of culture. *Journal of Cross-Cultural Psychology, 18*, pp. 143~164.

Chiu, C., Hong, Y. & Dweck, C. S.(1997). Lay dispositionism and implicit theories of personality. *Journal of Personality and Social Psychology, 73*, pp. 19~30.

Choi, I. (2002) *Who trusts fortune telling? Self-concept clarity and the Barnum effect*. Unpublished manuscript, Seoul National University.

Choi, I. & Choi, Y. (2002). Culture and self-concept flexibility. *Personality and Social Psychology Bulletin, 28*, pp. 1508~1517.

Choi, I. & Nisbett, R. E. (1998). Situational salience and cultural differences in the correspondence bias and actor-observer bias. *Personality and Social Psychology Bulletin, 24,* pp. 949~960.

Choi, I. & Nisbett, R. E. (2000). The cultural psychology of surprise : Holistic theories and recognition of contradiction. *Journal of Personality and Social Psychology, 79,* pp. 890~905.

Choi, I., Nisbett, R. E. & Norenzayan, A. (1999). Causal attribution across cultures : Variation and universality. *Psychological Bulletin, 125,* pp. 47~63.

Choi, S. H. & Gopnik, A. (1995). Early acquisition of verbs in Korean : A cross-linguistic study. *Journal of Child Language, 22,* pp. 497~512.

Chung, Y. E. (1994). Void and non-conscious processing. In G. Yoon & S. C. Choi (Eds.), *Psychology of the Korean people : Collectivism and individualism* (pp. 3~14). Seoul : Dong-A.

Cialdini, R. B. & Trost, M. B. (1998). Social influence : Social norms, conformity, and compliance. In D. T. Gilbert, S. T. Fiske, & G. Lindzey (Eds.), *The handbook of social psychology* (4th ed., Vol. 2, pp. 151~192). Boston, MA : McGraw-Hill.

Clark, M. S. & Mills, J. (1979). Interpersonal attraction in exchange and communal relationships. *Journal of Personality and Social Psychology, 37,* pp. 12~24.

——— (1993). The difference between communal and exchange relationships : What is and is not. *Personality and Social Psychology Bulletin, 19,* pp. 684~691.

Costa, P. T., Jr. & McCrae, R. R. (1992). *The NEO-PI-R : Professional manual.* Odessa, FL : Psychology Assessment Resources.

Cousins, S. (1989). Culture and selfhood in Japan and the U. S. *Journal of Personality and Social Psychology, 56,* pp. 124~131.

Crocker, J. (1982). Biased question in judgement of covariation studies. *Personality and Social Psychology Bulletin, 8,* pp. 214~220.

Cromby, J. & Standen, P.(1999). Taking ourselves seriously. In D. J. Nightingale & J. Cromby (Eds.), *Social constructionist psychology : A critcal analysis of theory and practice* (pp. 141~156). Philadelphia, PA : Open University

Press.

Cua, A. S. (1985). *Ethical argumentation : A study in Hsün Tzu's moral epistemology.* Honolulu, HI : University of Hawaii Press.

Davis, M. H., Conklin, L., Smith, A., & Luce, C. (1996). Effect of perspective taking on the cognitive representation of persons : A merging of self and other. *Journal of Personality and Social Psychology, 70,* pp. 713~726.

Davis, M. H. & Stephan, W. G. (1980). Attributions for exam performance. *Journal of Applied Social Psychology, 10,* pp. 235~248.

de Bonald, L. (1854). *Théorie du pouvoir,* Paris : Oeuvres.

Dein, D. S. (1982). A Chinese perspective on Kohlberg's theory of moral development. *Developmental Review, 2,* pp. 331~341.

DeVos, G. A., Marsella, A. J., & Hsu, F. L. K. (1985). Introduction : Approaches to culture and self. In A. J. Marsella, G. A. DeVos, & F. L. K. Hsu (Eds.), *Culture and self : Asian and Western perspectives* (pp. 2~23). New York : Tavistock.

Dicey, A. V. (1905/1962). *Law and public opinion in England.* London : Universal Law Publishing Co..

Dickinson, G. L. (1967). *The Greek view of life* (4ch ed.). New York : Macmillan. (박만준 · 이준호 역. 《그리스인의 이상과 현실 : 서양철학의 뿌리》. 서울 : 서광사, 1989.)

Diener, E. & Diener, M. (1995). Cross-cultural correlates of life satisfaction and self-esteem. *Journal of Personalty and Social Psychology, 68,* pp. 653~663.

Diener, E. & Larsen, R. J. (1993). The experience of emotional well-being. In M. Lewis & J. M. Haviland (Eds.), *Handbook of emotion* (pp. 405~415). New York : Guilford.

Diener, E., Suh, E., Smith, H., & Shao, L. (1995). National and cultural difference in reported subjective well-being : Why do they occur? *Social Indicators Research, 34,* pp. 7~32.

Dignan, S. M. (1966). Ego identity and maternal identification. *Journal of Personality and Social Psychology, 1,* pp. 476~483.

Draguns, J. (1997). Abnormal behavior patterns across cultures : Implications for counseling and psychotherapy. *International Journal of Intercultural Relations, 21*, pp. 213~248.

Dubs, H. H. (1927). *Hsüntze : The moulder of ancient Confucianism.* London : Probsthain.

Dülmen, R. v. (1997). *Die Entdeckung des Individuums 1500~1800.* Frankfurt am Main : Fischer Taschenbuch Verlag. (최윤영 역. 《개인의 발견 : 어떻게 개인을 찾아가는가 1500~1800》. 서울 : 현실문화연구, 2005.)

Duffy, E. (1962). *Activation and behavior.* New York : Wiley.

Dumont, L. (1970). *Homo hierarchicus.* Chicago, IL : University of Chicago Press.

────── (1983). *Essais sur l'individualisme.* Le Seuil.

────── (1986). *Essays on individualism : Modern ideology in anthropological perspective.* Chicago, IL.

Durkheim, E. (1893/1984). *The division of labour in society.* London : Macmillan.

Dweck, C. S. (1991). Self-theories and goals : Their role in motivation, personality, and development. In R. A. Dienstbier (Ed.), *Perspectives on motivation : Nebraska Symposium on Motivation, 1990* (pp. 199~235). Lincoln, NB : University of Nebraska Press.

Dweck, C. S., Hong, Y., & Chiu, C. (1993). Implicit theories : Individual differences in the likelihood and meaning of dispositional inference. *Personality and Social Psychology Bulletin, 19*, pp. 644~656.

Dweck, C. S. & Leggett, E. L. (1988). A social-cognitive approach to motivation and personality. *Psychological Review, 95*, pp. 256~273.

Early, P. C. (1989). Social loafing and collectivism : A comparison of the United States and the People's Republic of China. *Administrative Science Quarterly, 34*, pp. 565~581.

────── (1993). East meets West meets Mideast : Furthur exploration of collectivistic and individualistic work groups. *Academy of Management Journal, 36*, pp. 319~348.

────── (1994). Self or group? Cultural effects of training on self-efficacy and performance. *Administrative Science Quarterly, 39,* pp. 89～117.

Ekman, P. (1982). *Emotions in the human face* (2nd ed.). Cambridge, England : Cambridge University Press.

Elkin, H. (1965). The unconscious and integration of personality. *The Review of Existential Psychology and Psychiatry, 5(2),* pp. 176～189.

Erikson, E. H. (1959). Growth and crisis on the healthy personality. *Psychological Issues, 1,* pp. 50～100.

―――― (1963). *Childhood and society* (2nd ed.). New York : Norton. (윤진 · 김인경 역. 《아동기와 사회 : 인간발달 8단계 이론》. 서울 : 중앙적성출판사, 1988.)

―――― (1964). *Insight and responsibility.* New York : Norton.

Farr, R. M. (1996). *The roots of modern social psychology.* Cambridge, MA : Blackwell.

Festinger, L. (1954). A theory of social comparison processes. *Human Relations, 7,* pp. 117～140.

Fiske, A. P. (1990). *Making up society : The four elementary relational structures.* New York : Free Press.

―――― (2002). Using individualism and collectivism to compare cultures―A critique of the validity and measurement of the constructs : Comment on Oyserman et al.(2002). *Psychological Bulletin, 128,* pp. 78～88.

Fiske, A. P., Kitayama, S., Markus, H. R., & Nisbett, R. E. (1998). The cultural matrix of social psychology. In D. T. Gillbert, S. T. Fiske, & G. Lindzey (Eds.), *The handbook of social psychology* (4th ed., Vol. 2, pp. 915～981). Boston, MA : McGraw-Hill.

Fiske, S. T. & Taylor, S. E. (1984). *Social cognition.* Reading, MA : Addison-Wesley.

―――― (1991). *Social cognition* (2nd ed.). New York : McGraw-Hill.

Frijda, N. H. & Mesquita, B. (1994). The social rules and functions of emotions. In S. Kitayama & H. R. Markus(Eds.), *Emotion and culture : Empirical studies of mutual influence* (pp. 51～87). Washington, DC : American Psychological Association.

Fromm, E. (1941). *Escape from freedom*. New York : Rinehart.

───── (1947). *Man for himself*. London : Routledge.

───── (1955). *The sane society*. New York : Rinehart.

Furst, L. (1969). *Romanticism in perspective*. London : Melbourne.

Gabrenya, W. K., Latané, B., & Wang, Y. (1983). Social loafing in cross-cultural perspective : Chinese on Taiwan. *Journal of Cross-Cultural Psychology, 14*, pp. 368~384.

Gabrenya, W. K., Wang, Y., & Latané, B. (1985). Social loafing on an optimizing task : Cross-cultural differences among Chinese and Americans. *Journal of Cross-Cultural Psychology, 16*, pp. 223~242.

Geen, R. G. (1995a). *Human motivation : A social psychological approach*. Pacific Grove, CA : Brooks/Cole.

───── (1995b). Social motivation. In B. Parkinson & A. M. Colman (Eds.), *Emotion and motivation*(pp. 38~57). London : Longman.

Geen, R. G. & Shea, J. D. (1997). Social motivation and culture. In D. Munro, J. F. Schumaker, & S. T. Carr (Eds.), *Motivation and culture* (pp. 33~ 48). New York : Routledge.

Gelman, R. & Williams, E. M. (1997). Enabling constraints for cognitive development and learning. In W. Damon (Series Ed.), D. Kuhn & R. Siegler (Vol. Eds.), *Handbook of child psychology : Vol. 2. Cognition, perception, and language* (5th ed., pp. 575~630). New York : Wiley.

Gergen, K. J. (1985). Social constructionist inquiry : Context and implications. In K. J. Gergen & K. E. Davis (Eds.), *The social construction of the person* (pp. 3~18). New York : Springer.

───── (1994). *Realities and relationships : Soundings in social construction*. Cambridge, MA : Harvard University Press.

───── (1999). *An invitation to social construction*. London : Sage.

Gergen, K. J. & Davis, K. E. (Eds.) (1985). *The social construction of the person*. New York : Springer.

Gergen, K. J. & Gergen, M. M. (1988). Narrative and the self as relationships. In L. Berkowitz (Ed.), *Advances in experimental social psychology* (Vol.

21, pp. 17~56). New York : Academic Press.

Gierke, O. (1913). *Das deutsche Genossenschaft.* tr. as *Natural law and the theory of society, 1500~1800,* by E. Barker, Boston, MA : Beacon, 1957.

Gilbert, D. T., Fiske, S. T., & Lindzey, G. (Eds.) (1998). *The handbook of social psychology* (4th ed.). Boston, MA : MaGraw-Hill.

Gilligan, C. (1982). *In a different voice : Psychological theory and woman's development.* Cambridge, MA : Harvard University Press.

Goffman, E. (1961). *Asylums.* Garden City, NY : Anchor Books.

Goldberg, L. R. (1981). Language and Individual differences : The search for universals in personality lexicons. In L. Wheeler (Ed.), *Review of personality and social pshchology* (Vol. 2, pp. 141~166). Beverly Hills, CA : Sage.

———— (1990). An alternative "description of personality" : The Big-Five factor structure. *Journal of Personality and Social Psychology, 59,* pp. 1216~1229

Greenfield, P. M. (1976). Cross-cultural research and Piagetian theory : Paradox and progress. In K. F. Riegel & J. A. Meacham (Eds.), *The developing individual in a changing world* (Vol. 1, pp. 322~333). Paris : Hague.

———— (2000). Three approaches to the psychology of culture : Where do they come from? Where can they go? *Asian Journal of Social Psychology, 3,* pp. 223~240.

Greenwald, A. G. (1980). The totalitarian ego : Fabrication and revision of personal history. *American Psychologist, 35,* pp. 603~618.

Greenwald, A. G. & Pratkanis, A. R. (1984). The self. In R. S. Wyer, Jr. & T. K. Srull (Eds.), *Handbook of social cognition* (Vol. 3, pp. 129~178). Hillsdale, NJ : Erlbaum.

Gross, J. L. & Raynor, S. (1985). *Measuring culture.* New York : Columbia University Press.

Gudykunst, W. B. (Ed.) (1993). *Communication in Japan and the United States.* Albany, NY : State University of New York Press.

Gudykunst, W. B., Yoon, Y., & Nishida, D. (1987). The influence of individualism and collectivism on perceptions of communication in ingroup and outgroup relationships. *Communication Monographs, 54*, pp. 295~306.

Guisinger, S. & Blatt, S. J. (1994). Individuality and relatedness : Evolution of a fundamental dialect. *American Psychologist, 49*, pp. 104~111.

Guthrie, W. K. C. (1960). *The Greek philosophers : From Thales to Aristotle.* New York : Harper & Row. (박종현 역. 《희랍 철학 입문 : 탈레스에서 아리스토텔레스까지》. 서울 : 서광사, 2003.)

Haan, N.(1985). Processes of moral development : Cognitive or social disequilibrium. *Developmental Psychology, 21*, pp. 996~1006.

Haidt, J., Koller, S. H., & Dias, M. G. (1993). Affect, culture, and morality, or is it wrong to eat your dog? *Journal of Personality and Social Psychology, 65*, pp. 613~628.

Halévy, E. (1901~4). *The growth of philosophic radicalism.* tr. by M. Morris, new ed., Boston, MA : Beacon, 1934.

Hall, C. S. & Lindzey, G. (1978). *Theories of personality* (3rd ed.). New York : Wiley.

Hall, E. T. (1976). *Beyond culture.* Garden City, NY : Doubleday Anchor Books.

Hamilton, V. L., Blumenfeld, C., Akoh, H., & Miura, K. (1989). Credit and blame among American and Japanese children : Normative, cultural, and individual differences. *Journal of Personality and Social Psychology, 59*, pp. 442~451.

Han, S. P. & Shavitt, S. (1994). Persuasion and culture : Advertising appeals in individualistic and collectivistic societies. *Journal of Experimental Social Psychology, 30*, pp. 326~350.

Han, S. Y. & Ahn, C. Y. (1990). Collectivism and its relationships to age, education, mode of marriage, and living in Koreans. 《한국심리학회지:사회》, *5(1)*, pp. 116~128.

Harré, R. (1984). *Personal being.* Cambridge, MA : Harvard University Press.

Harré, R. (Ed.) (1986). *The social construction of emotions.* Oxford, England : Blackwell.

594

Hart, D. & Chmiel, S. (1992). Influnce of defense mechanisms on moral judgment development : A longitudinal study. *Developmental Psychology, 28*, pp. 722~730.

Hayek, F. A. (1949). *Individualism and economic order*. Chicago, IL : University of Chicago Press.

Heider, F. (1958). *The psychology of interpersonal relations*. New York : Wiley.

Heine, S. J., Kitayama, S., Lehman, D. R., Takata, T., Ide, E., Leung, C., & Matsumoto, H. (2001). Divergent consequences of success and failure in Japan and North America : An investigation of self-improving motivations and malleable selves. *Journal of Personality and Social Psychology, 81*, pp. 599~615.

Heine, S. J. & Lehman, D. R. (1995). Cultural variation in unrealistic optimism : Does the West feel more invulnerable than the East? *Journal of Personality and Social Psychology, 68*, pp. 595~607.

—— (1997). The cultural construction of self-enhancement : An examination of group-serving biases. *Journal of Personality and Social Psychology, 72*, pp. 1268~1283.

Heine, S. J., Lehman, D. R., Markus, H. R., & Kitayama, S. (1999). Is there a universal need for positive self-regard? *Psychological Review, 106*, pp. 766~794.

Hess, R. D., Chang, C. M., & McDevitt, T. M. (1987). Cultural variations in family beliefs about children's performance in mathematics : Comparisons among People's Republic of China, Chinese-Americans, and Caucasian-American families. *Journal of Educational Psychology, 79*, pp. 179~188.

Hilgard, E. R. (1980). The trilogy of mind : Cognition, affection, and conation. *Journal of the History of the Behavioral Sciences, 16*, pp. 107~117.

Hinkley, K. & Anderson, S. M. (1996). The working self-concept in transference : Significant-other activation and self change. *Journal of Personality and Social Psychology, 71*, pp. 1279~1295.

Hjelle, L. A. & Ziegler, D. J. (1981). *Personality theories : Basic assumption, research, and applications* (2nd ed.). New York : MaGraw-Hill. (이훈구

역.《성격심리학》. 서울 : 법문사, 1983.)

Hofstede, G. (1980). *Culture's consequences : International differences in work-related values*. Beverly Hills, CA : Sage.

—— (1983). Dimension of national cultures in fifty countries and three regions. In J. B. Deregowski, S. Dziurawiec, & R. C. Annis (Eds.), *Expiscations in cross-cultural psychology* (pp. 335~355). Lisse, Netherlands : Swets & Zeitlinger.

—— (1991). *Cultures and organizations : Software of the mind*. London : McGraw-Hill. (차재호·나은영 역.《세계의 문화와 조직》. 서울 : 학지사, 1995.)

Hofstede, G. & Bond, M. H. (1988). The Confucius connection : From cultural roots to economic growth. *Organizational Dynamics, 16*, pp. 4~21.

Hogan, R. (1983). A socioanalytic theory of personality. In M. Page & R. Dienstbier (Eds.), *Nebraska Symosium on Motivation, 1982* (pp. 55~89). Lincoln, NB : University of Nebraska Press.

Holloway, S. D. (1988). Concept of ability and effort in Japan and the United States. *Review of Educational Research, 56*, pp. 327~345.

Holloway, S. D., Kashiwagi, K., Hess, R. D., & Azuma, H. (1986). Causal attributions by Japanese and American mothers and children about performance in mathematics. *International Journal of Psychology, 21*, pp. 269~286.

Holmberg, D., Markus, H. R., Herzog, A. R., & Franks, M. (1997). *Self-making in American adults : Content, structure and function*. Unpublished manuscript, University of Michigan.

Holyoak, K. J., & Gordon, P. C. (1983). Social reference points. *Journal of Personality and Social Psychology, 44*, pp. 881~887.

Hong, Y, Chiu, C., & Kung, T. M. (1997). Bringing culture out in front : Effects of cultural meaning system activation on social cognition. In K. Lenng, U. Kim, S. Yamaguchi, & Y. Kashiman (Eds.), *Progress in Asian social psychology* (Vol. 1, pp. 139~150). Singapore : Wiley.

Hsu, F. L. K. (1971). Psychological homeostasis and jen : Conceptual tools for advancing psychological anthropology. *American Anthropologist, 73*, pp. 23~44.

—— (1983). *Rugged individualism reconsidered*. Knoxville, TN : University of Tennessee Press.

—— (1985). The self in cross-cultural perspective. In A. J. Marsella, G. A. DeVos, & F. L. K. Hsu (Eds.), *Culture and self : Asian and Western perspective* (pp. 24~55). New York : Tavistock.

Hui, C. H. & Triandis, H. C. (1986). Individualism and collectivism : A study of cross-cultural researchers. *Journal of Cross-Cultural Psychology, 17*, pp. 225~248.

Inkeles, A. (1969). Making men modern : On the causes and consequences of individual change in six developing countries. *American Journal of Sociology, 75*, pp. 208~225.

Inkeles, A. & Smith, D. H. (1974). *Becoming modern : Individual changes in six developing countries*. Cambridge, MA : Harvard University Press.

Iwao, S. (1988, August). *Social psychology's models of man : Isn't it time for East to meet West?* Invited address to the International Congress of Scientific Psychology, Sydney, Australia.

Iyengar, S. S. & Lepper, M. R. (1999). Rethinking the value of choice : A cultural perspective on intrinsic motivation. *Journal of Personality and Social Psychology, 76*, pp. 349~366.

Jahoda, M. (1958). *Current concepts of positive mental health*. New York : Basic Books.

James, W. (1890). *The principles of psychology*. New York : Dover. (정양은 역. 《심리학의 원리》I・II・III. 서울 : 아카넷, 2005.)

Jenkins, J. H. (1994). Culture, emotion, and psychopathology. In S. Kitayama & H. R. Markus (Eds.), *Emotion and culture : Empirical studies of mutual influence* (pp. 307~335). Washington, DC : American Psychological Association.

Ji, L., Peng, K., & Nisbett, R. E. (2000). Culture, control, and perception of relationships in the environment. *Journal of Personality and Social*

Psychology, 78, pp. 943~955.

Johnson, F. (1985). The Western concept of self. In A. J. Marsella, G. A. DeVos, & F. L. K. Hsu (Eds.), *Culture and self : Asian and Western perspective* (pp. 91~138). New York : Tavistock.

Johnson, P. (2003). *The Renaissance.* London : Weidenfeld & Nicolson. (한은경 역. 《르네상스》. 서울 : 을유문화사, 2003.)

Jones, E. E. & Davis, K. E. (1965). From acts to dispositions : The attribution process in person perception. In L. Berkowitz (Ed.), *Advances in experimental social psychology* (Vol. 2, pp. 220~266). New York : Academic Press.

Jones, E. E. & Nisbett, R. E. (1972). The actor and the observer : Divergent perceptions of the causes of behavior. In E. E. Jones, D. E. Kanouse, H. H. Kelley, R. E. Nisbett, S. Valins, & B. Weiner (Eds.), *Attribution : Perceiving the causes of behavior* (pp. 79~94). Morristown, NJ : General Learning Press.

Jourard, S. M. & Landsman, T. (1980). *Healthy personality : An approach from the viewpoint of humanistic psychology* (4th ed.). New York : Macmillan.

Jung, C. G. (1963). *Zur Psychologyie westlicher und östlicher Religion* (G. W. Bd. 11). Zürich : Rasher Verlag.

Kagitcibasi, C. (1985). Culture of separateness—culture of relatedness. In C. Klopp (Ed.), *1984 vision and reality : Papers in comparative studies* (Vol. 4, pp. 91~99). Columbus, OH : Ohio State University.

———— (1990). Family and socialization in cross-cultural perspective : A model of change. In J. Berman (Ed.), *Cross-cultural perspectives : Nebraska Symposium on Motivation, 1989* (pp. 135~200). Lincoln, NB : University of Nebraska Press.

———— (1994). A critical appraisal of individualism and collectivism : Toward a new formulation. In U. Kim, H. C. Triandis, C. Kagitcibasi, S. C. Choi, & G. Yoon (Eds.), *Individualism and collectivism : Theory, method, and applications* (pp. 52~65). Thousand Oaks, CA : Sage.

———— (1996). *Family and human development across cultures : A view from the*

598

other side. Hillsdale, NJ : Erlbaum.

Kagitcibasi, C. (1997). Individualism and collectivism. In J. W. Berry, M. H. Segall, & C. Kagitcibasi (Eds.), *Handbook of cross-cultural psychology* (2nd ed., Vol. 3, pp. 1~49). Boston, MA : Allyn & Bacon.

Kagitcibasi, C. & Berry, J. W. (1989). Cross-cultural psychology : Current research and trends. *Annual Review of Psychology, 40*, pp. 493~531.

Kahneman, D., Slovic, P., & Tversky, A. (Eds.) (1982). *Judgment under uncertainty : Heuristics and biases.* New York : Cambridge University Press.

Kaplan, D. & Manners, R. A. (1972). *Culture theory.* Englewood Cliffs, NJ : Prentice-Hall. (최협 역. 《인류학의 문화이론》. 서울 : 나남출판, 1994.)

Karau, S. J. & Williams, K. D. (1993). Social loafing : A meta-analytic review and theoretical integration. *Journal of Personality and Social Psychology, 65*, pp. 681~706.

Kashima, Y. (1997). Culture, narrative, and human motivation. In D. Munro, J. F. Schumaker, & S. C. Carr (Eds.), *Motivation and culture* (pp. 16~30). New York : Routledge.

Kashima, Y., Siegel, M., Tanaka, K., & Kashima, E. S. (1992). Do people believe behaviors are consistent with attitudes? Toward a cultural psychology of attribution processes. *British Journal of Social Psychology, 31*, pp. 111~124.

Kelley, H. H. (1967). Attribution theory in social psychology. In D. Levine (Ed.), *Nebraska Symposium on Motivation, 1967* (pp. 192~238). Lincoln, NB : University of Nebraska Press.

Kemper, T. (1984). Power, status, and emotions : A sociological contribution to a psychophisiological domain. In K. Scherer & P. Ekman (Eds.), *Approaches to emotion* (pp. 369~383). New York : Erlbaum.

Kim, H. & Markus, H. R. (1997). Deviance or uniqueness, harmony or conformity? A cultural analysis. *Journal of Personality and Social Psychology, 77*, pp. 785~800.

Kim, U. (1994). Individualism and collectivism : Conceptual clarification and elaboration. In U. Kim, H. C. Triandis, C. Kagitcibasi, S. C. Choi, & G. Yoon (Eds.), *Individualism and collectivism : Theory, method, and applications* (pp. 19~40). Thousand Oaks, CA : Sage.

Kim, U. (1995). *Individualism and collectivism : A psychological, cultural and ecological analysis.* Nordic Institute of Asian Studies(NIAS) Report Series, No. 21. Copenhagen, Denmark : NIAS Books.

―――― (2000). Indigenous, cultural, and cross-cultural psychology : A theoretical, conceptual, and epistemological analysis. *Asian Journal of Social Psychology, 3,* pp. 265~287.

Kim, U. & Choi, S. C. (1993). Asian collectivism : Indigenous and comparative perspectives. 중앙대학교 사회과학연구소 편, 《한국적 심리학의 탐색》 ('93 사회과학연구소 국제학술세미나 자료집, pp. 1~28). 서울 : 중앙대학교 사회과학연구소.

King, A. Y. C. & Bond, M. H. (1985). The Confucian paradigm of man : A sociological view. In W. S. Tseng & D. Y. H. Wu (Eds.), *Chinese culture and mental health* (pp. 29~46). New York : Academic Press.

Kitayama, S. (2002). Culture and basic psychological processes―Toward a system view of culture : Comment on Oyserman et al.(2002). *Psychological Bulletin, 128,* pp. 89~96.

Kitayama, S. & Markus, H. R. (Eds.) (1994). *Emotion and culture : Empirical investigations of mutual influence.* Washington, DC : American Psychological Association.

Kitayama, S. & Markus, H. R. (1995). Construal of self as cultural frame : Implications for internationlizing psychology. In N. R. Goldberger & J. B. Veroff (Eds.), *The culture and psychology reader* (pp. 366~383). New York : New York University Press.

Kitayama, S., Markus, H. R., & Kurokawa, M. (1994). *Cultural views of self and emotional experience : Does the nature of good feelings depend on culture?* Unpublished manuscript, Kyoto University.

Kitayama, S., Markus, H. R., Kurokawa, M., & Negishi, K. (1993). *The interpersonal nature of emotion : Cross-cultural evidence and implications.* Unpublished mannscript, Kyoto University.

Kitayama, S., Markus, H. R., & Lieberman, C. (1995). The collective construction of self-esteem : Implications for culture, self and emotion. In J. Russel, J. Fernandez-Dols, T. Manstead, & J. Wellenkamp (Eds.), *Everyday conceptions of emotion : An introduction to the psychology, anthropology, and linguistics of emotions* (pp. 523~550). Dordrecht, Netherlands : Kluwer.

Kitayama, S., Markus, H. R., Matsumoto, H., & Norasakkunkit, V. (1997). Individual and collective processes of self-esteem management : Self-enhancement in the United States and self-criticism in Japan, *Journal of Personality and Social Psychology, 72*, pp. 1245~1267.

Kittay, E. F. & Meyers, D. T. (Eds.) (1987). *Women and moral theory.* Totowa, NJ : Rowman & Littlefield.

Kluckhohn, C. (1956). Toward a comparison of value emphasis in different cultures. In L. D. White (Ed.), *The state of the social sciences* (pp. 116~ 132). Chicago, IL : University of Chicago Press.

Kluckhohn, F. & Strodtbeck, F. (1961). *Variations in value orientation.* Evanston, IL : Row, Peterson.

Kohlberg, L. (1963). The development of children's orientation toward a moral order : I. Sequence in the development of moral thought. *Vita Humana, 6,* pp. 11~33

――― (1964). Development of moral character and moral ideology. In M. L. Hoffman & L. W. Hoffman (Eds.), *Review of child development research* (Vol. 1, pp. 383~431). New York : Russell Sage Foundation.

Kövecses, Z. (1990). *Emotion concepts.* New York : Springer.

Kuhlen, R. G. & Lee, R. J. (1943). Personality characteristics and social acceptability in adolescence. *Journal of Educational Psychology, 34,* pp. 321~340.

Kuhn, T. (1962). *The structure of scientific revolutions.* Chicago, IL : University of Chicago Press.

Kunda, Z. (1990). The case for motivated reasoning. *Psychological Bulletin, 108,* pp. 480~498.

Kunda, Z. (2000). *Social cognition : Making sense of people.* Cambridge, MA : MIT Press.

Kurtines, W. M. & Gerwitz, J. (Eds.) (1991). *Moral behavior and development : Advances in theory, research and application.* Hillsdale, NJ : Erlbaum.

Kwan, V. S. Y., Bond, M. H., & Singelis, T. M. (1997). Pancultural explanation for life satisfaction : Adding relationship harmony to self-esteem. *Journal of Personality and Social Psychology, 73*, pp. 1038~1051.

Lamprecht, S. P.(1955). *Our philosophical tradition : A brief history of philosophy in Western civilization.* New York : Appleton-Century Crofts. (김태길 · 윤명로 · 최명길 역. 《서양철학사》. 서울 : 을유문화사, 1963.)

Langer, E. J. (1975). The illusion of control. *Journal of Personality and Social Psychology, 32*, pp. 311~328.

Langer, E. J. & Roth, J.(1975). Heads I win, tails it's chance : The illusion of control as a function of the sequence of outcomes in a purely chance task. *Journal of Personality and Social Psychology, 32*, pp. 951~955.

Langman, P. F. (1997). White culture, Jewish culture, and the orgins of psychotherapy. *Psychotherapy, 34*, pp. 207~218.

Laurent, A. (1993). *Historie de l'individualisme.* Paris : Presses Universitaires de France. (김용민 역. 《개인주의의 역사》. 서울 : 한길사, 2001.)

Lawton, G. (1946). *Aging successfully.* New York : Columbia University Press.

Lazarus, R. S. (1982). Thoughts on the relations between emotion and cognition. *American Psychologist, 37*, pp. 1019~1024.

────── (1984). On the primacy of cognition. *American Psychologist, 39*, pp. 124~129.

Leary, M. R. & Baumeister, R. F. (2000). The nature and function of self-estee m : Sociometer theory. In M. Zanna (Eds.), *Advances in experimental social psychology* (Vol. 32, pp. 1~62). San Diego, CA : Academic Press.

Lee, F., Hallahan, M., & Herzog, T. (1996). Explaining real-life events : How culture and domain shape attributions. *Personality and Social Psychology Bulletin, 22*, pp. 732~741.

Lee, H. O. & Boster, F. J. (1992). Collectivism-individualism in perceptions of speech rate : A cross-cultural comparison, *Journal of Cross-Cultural Psychology* 23, pp. 377~388.

Lee, H. O. & Rogan, R. G. (1991). A cross-cultural comparison of organizational conflict management behaviors. *International Journal of Conflict Management, 2,* pp. 181~199.

Lefley, H. P.(1994). Mental health treatment and service delivery in cross-cultural perspective. In L. L. Adler & U. P. Gielen (Eds.), *Cross-cultural topics in psychology* (pp. 179~199). Westport, CT : Praeger.

Leung, K. & Bond, M. H. (1982). How Americans and Chinese reward task-related contributions : A preliminary study. *Psychologia, 25,* pp. 2~9.

——— (1984). The impact of cultural collectivism on reward allocation. *Journal of Personality and Social Psychology, 47,* pp. 793~804.

Levy, R. I. (1984). The emotions in comparative perspective. In K. R. Scherer & P. Ekman (Eds.), *Approaches to emotion* (pp. 397~412). Hillsdale, N J : Erlbaum.

Lew, S. K. (1977). Confucianism and Korean social structure. In C. S. Yu (Ed.), *Korean and Asian religious tradition* (pp. 151~172). Toronto, Canada : University of Toronto Press.

Lewis, M. (1993). Self-conscious emotions : Embarrassment, pride, shame, and guilt. In M. Lewis & J. M. Haviland (Eds.), *Handbook of emotions* (pp. 563~573). New York : Guilford.

Lindsay, A. D. (1930~33). Individualism. *Encyclopedia of the social sciences* (Vol. 7), p. 676.

Livesley, W. J. & Bromley, D. B. (1973). *Person perception in childhood and adolescence.* London : Wiley.

Lukes, S. (1968). Methodological individualism reconsidered. *British Journal of Sociology, 19,* pp. 119~129.

——— (1971). The meanings of "Individualism". *Journal of History of Ideas, 32,* pp. 45~66.

——— (1973). *Individualism.* New York : Harper & Row.

Maehr, M. (1974). Culture and achievement motivation. *American Psychologist,*

29, pp. 887~896.

Maehr, M. & Nicholls, J. (1980). Culture and achievement motivation : A second look. In N. Warren (Ed.), *Studies in cross-cultural psychology* (Vol. 2, pp. 221~267). New York : Academic Press.

Maine, H. (1963). *Ancient law*. Boston, MA : Beacon.

Mannheim, K. (1960). *Ideology und utopia* (paperback ed.). London : Routledge.

Marks, G. (1984). Thinking one's abilities are unique and one's opinions are common. *Personality and Social Psychology Bulletin, 10*, pp. 203~208.

Markus, H. R. & Kitayama, S. (1991a). Culture and the self : Implications for cognition, emotion, and motivation. *Psychological Review, 98*, pp. 224~253.

―――― (1991b). Cultural variation in the self-concept, In J. Strauss & G. R. Goethals (Eds.), *The self : Interdisciplinary approaches* (pp. 18~48). New York : Springer.

―――― (1994a). A collective fear of the collective : Implications for selves and theories of selves. *Personality and Social Psychology Bulletin, 20*, pp. 568~579.

―――― (1994b). The cultural construction of self and emotion : Implications for social behavior. In S. Kitayama & H. R. Markus (Eds.), *Emotion and culture : Empirical investigations of mutual influence* (pp. 89~130). Washington, DC : American Psychological Association.

Markus, H. R., Mullally, P. R., & Kitayama, S. (1997). Self-ways : Diversity in modes of cultural participation. In U. Neisser & D. Jopling (Eds.), *The conceptual self in context* (pp. 13~61). New York : Cambridge University Press.

Markus, H. R. & Zajonc, R. B. (1985). The cognitive perspective in social psychology. In G. Lindzey & E. Aronson (Eds.), *Handbook of social psychology* (3rd ed., Vol. 1, pp. 137~230). New York : Random House.

Marriott, M. (1976). Hindu transactions : Diversity without dualism. In B. Kapferer (Ed.), *Transaction and meaning : Directions in the anthropology of exchange and symbolic behavior* (pp. 109~143). Philadelphia, PA :

Institute for the Study of Human Issues.

Marsella, A. J. (1979). Cross-cultural studies of mental disorders. In A. J. Marsella, K. Tharp, & T. Ciborowski (Eds.), *Perspectives in cross-cultural psychology* (pp. 233～262). New York : Academic Press.

——— (1985). Culture, self, and mental disorder. In A. J. Marsella, G. DeVos, & F. L. K. Hsu (Eds.), *Culture and self : Asian and Western perspectives* (pp. 281～307). New York : Tavistock.

Marsella, A. J. & Choi, S. C. (1994). Psychological aspects of modernization and economic development in East Asian nations. *Psychologia, 36*, pp. 201～213.

Maslow, A. H. (1954). *Motivation and personality*. New York : Happer & Row. (2nd ed. in 1970)

——— (1962). *Towards a psychology of being*. New York : Van Nostrand. (2nd ed. in 1968)

——— (1966). *The psychology of science*. New York : Harper & Row.

——— (1967). A theory of metamotivation : The biological rooting of the value-life. *Journal of Humanistic Psychology, 7*, pp. 93～127.

——— (1971). *The farther reaches of human nature*. New York : Viking.

Matsumoto, D. (1989). Cultural influence on the perception of emotion. *Journal of Cross-Cultural Psychology, 20*, pp. 92～105.

——— (2000). *Culture and psychology : People around the world* (2nd ed.). Belmont, CA : Wadsworth.

Matsumoto, D., Kudoh, T., Scherer, K., & Wallbott, H. (1988). Antecedents of and reactions to emotions in the United States and Japan. *Journal of Cross-Cultural Psychology, 19*, pp. 267～286.

McAdams, D. P.(2001). *The person : An integrated introduction to personality psychology* (3rd ed.). Orlando, FL : Harcourt College Publishers

McClelland, D. C. (1961). *The achieving society*. Princeton, NJ : Van Nostrand.

McClelland, D. C., Atkinson, J. W., Clark, R. A., & Lowell, E. L. (1953). *The achievement motive*. New York : Appleton-Century-Crofts.

McCrae, R. R. & Costa, P. T., Jr. (1997). Personality trait structure as a human universal. *American Psychologist, 52*, pp. 509~516.

Mead, M. (1967). *Cooperation and competition among primitive people.* Boston, MA : Beacon Press.

Mehryar, A. (1984). The role of psychology in national development : Wishful thinking and reality. *International Journal of Psychology, 19*, pp. 159~167.

Merriam-Webster Inc. (1986). *Webster nineth new collegiate dictionary.* Springfield, MA : Merriam-Webster Inc.

Miller, D. T. & Ross, M. (1975). Self-serving biases in the attribution of causality : Fact or fiction? *Psychological Bulletin, 82*, pp. 213~225.

Miller, J. G. (1984). Culture and the development of everyday social explanation. *Journal of Personality and Social Psychology, 46*, pp. 961~978.

——— (1986). Early cross-cultural commonalities in social explanation. *Developmental Psychology, 22*, pp. 514~520.

——— (1987). Cultural influence on the development of conceptual differentiation in person description. *British Journal of Developmental Psychology, 5*, pp. 309~310.

——— (1991). A cultural perspective on the morality of beneficence and inter-personal responsibility. *International and Intercultural Communication Annual, 15*, pp. 11~23.

——— (1994). Cultural diversity in the morality of caring : Individually-oriented versus duty-based interpersonal moral codes. *Cross-Cultural Research, 28*, pp. 3~39.

——— (1997a). Throretical issues in cultural psychology. In J. W. Berry, Y. H. Poortinga, & J. Pandey (Eds.), *Handbook of cross-cultural psychology* (2nd ed., Vol. 1, pp. 85~128). Boston, MA : Allyn & Bacon.

——— (1997b). Cultural conceptions of duty. In D. Munro, J. F. Schumaker, & S. C. Carr (Eds.), *Motivation and culture* (pp. 178~192). New York : Routledge.

——— (2002). Bringing culture to basic psychological theory—Beyond in-divualism and collectivism : Comment on Oyserman et al. (2002).

Psychological Bulletin, 128, pp. 97~109.

Miller, J. G., & Bersoff, D. M. (1992). Cultural and moral judgement : How are conflicts between justice and interpersonal responsibilities resolved? *Journal of Personality and Social Psychology, 62*, pp. 541~554.

——— (1994). Cultural influences on the moral status of reciprocity and the discounting of endogenous motivation. *Personality and Social Psychology Bulletin, 20*, pp. 592~602.

Miller, J. G., Bersoff, D. M., & Harwood, R. L. (1990). Perceptions of social responsibilities in India and the United States : Moral imperatives or personal decision? *Journal of Personality and Social Psychology, 58*, pp. 33~47.

Miller, J. G. & Luthar, S. (1989). Issues of interpersonal responsibility and accountability : A comparison of Indians' and Americans' moral judgement. *Social Cognition, 3*, pp. 237~261.

Mills, J. & Clark, M. S. (1982). Exchange and communal relationships. In L. Wheeler (Ed.), *Review of personality and social psychology* (Vol. 3, pp. 121~144). Beverly Hills, CA : Sage.

Mischel, W. (1968). *Personality and assessment*. New York : Wiley.

Mizokawa, D. T. & Ryckman, D. B. (1990). Attributions of academic success and failure : A comparison of six Asian-American ethnic groups, *Journal of Cross-Cultural Psychology, 21*, pp. 434~451.

Morris, M. W., Nisbett, R. E., & Peng, K. (1995). Causal attribution across domains and cultures. In D. Sperber, D. Premack, & A. J. Premack (Eds.), *Causal understandings in cognition and culture* (pp. 577~614). Oxford, England : Oxford University Press.

Morris, M. W. & Peng, K. (1994). Culture and cause : American and Chinese attributions for social and physical events. *Journal of Personality and Social Psychology, 67*, pp. 949~971.

Moscovici, S. (1981). On social representation. In J. P. Forgas (Ed.), *Social cognition : Perspectives on everyday understanding* (pp. 181~209). London : Academic Press.

development. In J. W. Stigler, R. A. Shweder, & G. Herdt (Eds.), *Cultural psychology : Essays on comparative human development* (pp. 130~204). New York : Cambridge University Press.

Shweder, R. A. & Miller, J. G. (1985). The social construction of the person : How is it possible? In K. Gergen & K. Davis (Eds.), *The social construction of the person* (pp. 41~69). New York : Springer.

Shweder, R. A., Much, N. C., Mahapatra, M., & Park, L. (1997). The "big three" of morality(autonomy, community, divinity). and the "big three" explanations of suffering. In A. Brandt & P. Rozin (Eds.), *Morality and health* (pp. 119~169). New York : Routlege.

Simmel, G. (1917). Individual and society in eighteenth and nineteenth century views of life : An example of philosophical sociology. In K. H. Wolff (Tr. and Ed.), *The sociology of George Simmel* (pp. 78~83). Glencoe, IL : Free Press, 1950.

Singelis, T. M. (1994). The measurement of independent and interdependent self-construals. *Personality and Social Psychology Bulletin, 20*, pp. 580~591.

Singh, R. (1981). Prediction of performance from motivation and ability : An appraisal of the cultural difference hypothesis. In J. Pandey (Ed.), *Perspectives on experimental social psychology in India* (pp. 31~53). New Delhi, India : Concept.

Skinner, B. F. (1971). *Beyond freedom and diginity.* New York : Knopf. (차재호 역. 《자유와 존엄을 넘어서》. 서울 : 탐구당, 1982.)

Smiles, S. (1859/1958). *Self-help.* Belford : Clarke.

Smith, E. R. & Henry, S. (1996). An in-group becomes part of the self : Response time evidence. *Personality and Social Psychology Bulletin, 22*, pp. 635~642.

Snyder, C. R. & Fromkin, H. L. (1980). *Uniqueness : The human pursuit of difference.* New York : Plenum.

Srull, T. K. & Gaelick, L. (1983). General principles and individual differences in the self as a habitual reference point : An examination of self-other judgments of similarity. *Social Cognition, 2*, pp. 108~121.

Stevenson, H. W. & Lee, S. Y. (1996). The academic achievement of Chinese students. In M. H. Bond (Ed.), *The handbook of Chinese psychology* (pp. 124~142). New York : Oxford University Press.

Stevenson, H. W. & Stigler, J. W. (1992). *The learning gap*. New York : Summit Books.

Stigler, J. W., Smith, S., & Mao, L. (1985). The self-perception of competence by Chinese children. *Child Development, 56*, pp. 1259~1270.

Stover, L. E. (1974). *The cultural ecology of Chinese civilization*. New York : New American Library.

Suh, E. & Diener, E. (1995). Subjective well-being : Issue for cross-cultural research. 한국심리학회 편, 《삶의 질의 심리학》 (pp. 147~165). 서울 : 한국심리학회.

Swart, K. W. (1962). "Individualism" in the mid-nineteenth century (1826~60). *Journal of the History of Ideas, 23*, pp. 77~90.

Tajfel, H. (1981). *Human groups and categories : Studies in social psychology*. Cambridge, England : Cambridge University Press.

Takata, T. (1987). Self-depreciative tendencies in self-evaluation through social comparison. *Japanese Journal of Experimental Social Psychology, 27*, pp. 27~36.

Taylor, C. (1989). *Soures of the self : The making of modern identities*. Cambridge, MA : Harvard University Press.

Taylor, S. E. (1983). Adjustment to threatening events : A theory of cognitive adaptation. *American Psychologist, 38*, pp. 1161~1173.

Taylor, S. E. & Brown, J. D. (1988). Illusion and well-being : A social psychological perspective on mental health. *Psychological Bulletin, 103*, pp. 193~210.

―――― (1994a). Positive illusion and well-being revisited : Separating fact from fiction. *Psychological Bulletin, 116*, pp. 21~27.

―――― (1994b). "Illusion" of mental health does not explain positive illusions. *American Psychologist, 49*, pp. 972~973.

Taylor, S. E., Peplau, L. A., & Sears, D. O. (2003). *Social psychology* (11th ed.). Upper Saddle River, NJ : Prentice-Hall. (8th, 9th, 10th eds. in 1994, 1997, 2000 respectively.)

Tesser, A. (1988). Toward a self-evaluation maintenance model of social behavior. In L. Berkowitz (Ed.), *Advances in experimental social psychology* (Vol. 21, pp. 181~227). San Diego, CA : Academic Press.

Tocqueville, A. de (1835). *De la démocratie en Amérique.* Paris : R. Laffont. (임효선·박지동 역. 《미국의 민주주의》 Ⅰ·Ⅱ. 서울 : 한길사, 1997.)

Tönnies, F. (1887/1957). *Community and society* (C. P. Loomis, Trans.). East Lansing, MI : Michigan State University Press.

Toulmin, S. (1990). *Cosmopolis : The hidden agenda of modernity.* New York : Free Press. (이종흡 역. 《코스모폴리스 : 근대의 숨은 이야깃거리들》. 마산 : 경남대학교출판부, 1997.)

Triandis, H. C. (1988). Collectivism versus individualism : A reconceptualization of a basic concept of cross-cultural psychology. In G. K. Verma & C. Bagley (Eds.), *Cross-cultural studies of personality, attitudes and cognition* (pp. 60~95). London : Macmillan.

────── (1989). The self and social behavior in differing cultural contexts. *Psychological Review, 96,* pp. 506~520.

────── (1990). Cross-cultural studies of individualism and collectivism. In J. J. Berman (Ed.), *Cross-cultural perspectives : Nebraska Symposium on Motivation, 1989* (pp. 41~133). Lincoln, NB : University of Nebraska Press.

────── (1994a). Theoretical and methodological approaches to the study of collectivism and individualism. In U. Kim, H. C. Triandis, C. Kagitcibasi, S. C. Choi, & G. Yoon (Eds.), *Individualism and collectivism : Theory, method, and applications* (pp. 41~51). Thousand Oaks, CA : Sage.

────── (1994b). *Culture and social behavior.* New York : McGraw-Hill.

────── (1995). *Individualism and collectivism.* Boulder, CO : Westview.

────── (1996). The psychological measurement of cultural syndromes. *American Psychologist, 51,* pp. 407~415.

Triandis, H. C., Bontempo, R., Villareal, M. J., Asai, M., & Lucca, N. (1988). Individualism and collectivism : Cross-cultural perspectives on self-ingroup relationships. *Journal of Personality and Social Psychology, 54*, pp. 323～338.

Triandis, H. C., Leung, K., Villareal, M. J., & Clark, F. L. (1985). Allocentric versus ideocentric tendencies : Convergent and discriminant validation. *Journal of Research in Personality, 19*, pp. 395～415.

Triandis, H. C., McCusker, C., & Hui, C. H. (1990). Multimethod probes of individualism and collectivism. *Journal of Personality and Social Psychology, 59*, pp. 1006～1020.

Tupes, E. C. & Christal, R. C. (1961). *Recurrent personality factor based on trait ratings* (Tech. Rep. No. ASD-TR-61-97). Lackland Air Force Base, TX : U. S. Air Force.

Tu, Wei-Ming (1985). Selfhood and otherness in Confucian thought. In A. J. Marsella, G. A. DeVos, & F. L. K. Hsu (Eds.), *Culture and self : Asian and Western perspective* (pp. 231～251). New York : Tavistock.

───── (1996). *Confucian tradition in East Asian modernity*. Cambridge, MA : Harvard University Press.

Tversky, A. (1977). Features of similarity. *Psychological Review, 84*, pp. 327～352.

Tversky, A. & Kahneman, D. (1974). Judgment under uncertainty : Heuristic and biases. *Science, 185*, pp. 1124～1131.

Ullmann, W. (1967). *The individual and society in the Middle Ages*. London.

Valentine, J. (1997). Conformity, calculation, and culture. In D. Munro, J. F. Schumaker, & S. C. Carr (Eds.), *Motivation and culture* (pp. 97～116). New York : Routledge.

Watkins, J. W. N. (1955). Methodological individualism : A reply. *Philosophical Sciences, 22*, p. 58.

Watkins, J. W. N. (1957). Historical explanation in the social science, *British Journal of Philosophical Science, 8*, p. 505.

Weber, M. (1904～5). *The protestant ethic and the spirit of capitalism*. tr. by T.

Parsons, London : Routledge, 1930.

Weber, M. (1957). *The theory of social and economic organization.* Glencoe, IL : Free Press.

Weiner, B. (1974). *Cognitive views of human motivation.* New York : Academic Press.

———— (1979). A theory of motivation for some classroom experiences. *Journal of Educational Psychology, 21,* pp. 3~25.

———— (1986). *An attributional theory of emotion and motivation.* New York : Springer.

Weinstein, N. D. (1980). Unrealistic optimism about future life events. *Journal of Personality and Social Psychology, 39,* pp. 806~820.

Weisz, J. R., Rothbaum, F. M., & Blackburn, T. C. (1984). Standing out and standing in : The psychology of control in America and Japan. *American Psychologist, 39,* pp. 955~969.

Weldon, E. (1984). Deindividuation, interpersonal affect and productivity in laboratory task groups. *Journal of Applied Social Psychology, 14,* pp. 469~485.

Wiggins, J. S. (1992). Agency and communion as conceptual coordinates for the understanding and measurement of interpersonal behavior. In W. M. Grove & D. Cicchetti (Eds.), *Thinking clearly about psychology* (pp. 89~113). Minneapolis, MN : University of Minnesota Press.

Williams, T. P. & Sogon, S. (1984). Group composition and conforming behavior in Japanese students. *Japanese Psychological Research, 26,* pp. 231~234.

Wilson, R. W. (1974). *The moral state : A study of the political socialization of Chinese and American children.* New York : Free Press.

Wilson, S. R. (1997). Self-actualization and culture. In D. Munro, J. F. Schumaker, & S. C. Carr (Eds.), *Motivation and culture* (pp. 85~96). New York : Routledge.

Witkin, H. A. (1969). *Social influences in the development of cognitive style.* New York : Rand McNally.

Witkin, H. A. & Berry, J. W. (1975). Psychological differentiation in cross-cultural perspective. *Journal of Cross-Cultural Psychology, 6,* pp. 4~87.

Witkin, H. A. & Goodenough, D. R. (1977). Field dependence and interpersonal behavior. *Psychological Bulletin, 84,* pp. 661~689.

Yang, K. S. (1981). Social orientation and individual modernity among Chinese students in Taiwan. *Journal of Social Psychology, 113,* pp. 159~170.

Yeh, C. (1996). *A cultural perspective on interdependence self and morality : A Japan—U. S. comparison.* Unpublished doctoral dissertation, Stanford University.

Yu, A. B. & Yang, K. S. (1994). The nature of achievement motivation in collectivistic societies. In U. Kim, H. C. Triandis, C. Kagitcibasi, S. C. Choi, & G. Yoon (Eds.), *Individualism and collectivism : Theory, method, and applications* (pp. 239~250). Thousand Oaks, CA : Sage.

Zajonc, R. B. (1980). Feeling and thinking : Preferences need no inferences. *American Psychologist, 35,* pp. 151~175.

——— (1984). On the primacy of affect. *American Psychologist, 39,* pp. 117~123.

——— (1998). Emotion. In D. T. Gilbert, S. T. Fiske, & G. Lindzey (Eds.). *The handbook of social psychology* (4th ed., Vol. 1, pp. 591~632). Boston, M A : McGraw-Hill.

Zebrowitz, L. A. (1990). *Social perception.* Pacific Grove, CA : Brooks/Cole.

Ziller, R. C. (1965). Toward a theory of open and closed groups. *Psychological Bulletin, 64,* pp. 164~182.

찾아보기

용 어

【ㄱ】

618

인 명

【ㄱ】

고전 장·쪽

648